芝中学校

〈収録内容〉

2024年度	……	第1回（算・理・社・国）
		第2回（算・理・社・国）
2023年度	……	第1回（算・理・社・国）
		第2回（算・理・社・国）
2022年度	……	第1回（算・理・社・国）
		第2回（算・理・社・国）
2021年度	……	第1回（算・理・社・国）
		第2回（算・理・社・国）
DL 2020年度	……	第1回（算・理・社・国）
		第2回（算・理・社・国）
DL 2019年度	……	第1回（算・理・社・国）
		第2回（算・理・社・国）
DL 平成30年度	……	第1回（算・理・社・国）
		第2回（算・理・社・国）
DL 平成29年度	……	第1回（算・理・社・国）
		第2回（算・理・社・国）

便利なDLコンテンツは右のQRコードから

解答用紙　過去年度　国語の問題は紙面に掲載

※データのダウンロードは2025年3月末日まで。
※データへのアクセスには、右記のパスワードの入力が必要となります。 ⇒ 795421

〈合格最低点〉

	第1回	第2回
2024年度	196点	226点
2023年度	195点	190点
2022年度	210点	203点
2021年度	194点	195点
2020年度	189点	197点
2019年度	196点	202点
2018年度	197点	199点

本書の特長

実戦力がつく入試過去問題集

- ▶ 問題 ……………… 実際の入試問題を見やすく再編集。
- ▶ 解答用紙 …… 実戦対応仕様で収録。
- ▶ 解答解説 …… 詳しくわかりやすい解説には、難易度の目安がわかる「基本・重要・やや難」の分類マーク つき（下記参照）。各科末尾には合格へと導く「ワンポイントアドバイス」を配置。採点に便利な配点つき。

入試に役立つ分類マーク

基本 確実な得点源！
受験生の 90%以上が正解できるような基礎的、かつ平易な問題。
何度もくり返して学習し、ケアレスミスも防げるようにしておこう。

重要 受験生なら何としても正解したい！
入試では典型的な問題で、長年にわたり、多くの学校でよく出題される問題。
各単元の内容理解を深めるのにも役立てよう。

やや難 これが解ければ合格に近づく！
受験生にとっては、かなり手ごたえのある問題。
合格者の正解率が低い場合もあるので、あきらめずにじっくりと取り組んでみよう。

合格への対策、実力錬成のための内容が充実

- ▶ 各科目の出題傾向の分析、合否を分けた問題の確認で、入試対策を強化！
- ▶ その他、学校紹介、過去問の効果的な使い方など、学習意欲を高める要素が満載！

解答用紙ダウンロード 解答用紙はプリントアウトしてご利用いただけます。弊社ＨＰの商品詳細ページよりダウンロードしてください。トビラのＱＲコードからアクセス可。

UD FONT 見やすく読みまちがえにくいユニバーサルデザインフォントを採用しています。

芝中学校

浄土宗の精神がベース
中・高６年間の一貫教育で
抜きんでた進学率を維持

URL	https://www.shiba.ac.jp/

生徒数　892名
〒105-0011
東京都港区芝公園3-5-37
☎ 03-3431-2629(代)
日比谷線神谷町駅　徒歩５分
都営三田線御成門駅　徒歩７分
都営大江戸線赤羽橋駅　徒歩10分
都営浅草線大門駅　徒歩15分

プロフィール　大乗仏教の教えで学力と人格形成を

1906（明治39）年、浄土宗の子弟に対する教育を行うために設立。大乗仏教の趣旨にそった教育観が基本になっている。

カリキュラム　高2からコース別先取り授業で万全

厳選された教科書、吟味された独自の副教材を併用した、無理、無駄のない指導には定評がある。

中学では、基本的な学力を身につけることがメインだが、一貫教育のメリットを生かした先取り授業も行われていて、３年次から数学・理科が高校１年の内容に入る。また、２年次には、高校の理科基礎の内容のうち、化学分野を先取り学習すると共に、校外実習や実験を多く組み込んでいる。

高校では、２年次より文系・理系の２コースに。コースに分かれた後は、それぞれの希望進路に即した入試総合問題演習に取り組む。また、受験対策として、小論文の授業にも力を入れている。さらに、中学２年次以降、随時行われる実力テストや模擬試験により、一層の学力アップを図っている。

学校生活　法然上人の教えを学び心身を鍛える

都心にありながら緑に囲まれた校舎

クラブ活動が盛んで、80％以上の生徒が参加している。運動系17、文化系19の中には、技術工作、弁論、落語研究、考古学などユニークなものもある。

年間行事も多彩で、春には花まつり、法然上人御忌参拝、運動会など、夏には、中学２年生と高校２年生を対象に校外学習がそれぞれ開かれている。秋には盛大な学園祭、冬にはスキー教室もある。また、忘れてならないのが、宗祖日行事。各学年ごとに年１回、増上寺の道場で静座と講和の修養を行う伝統行事である。また1月25日の「大宗祖日」には本校講堂で音楽法要が行われ、著名な卒業生による講演会も開かれている。

進路　徹底した進学指導で有名大学に合格

生徒全員が４年制大学への進学を希望しているため、進学指導の担当教師を中学１年から各学年に配置し、早い時期から万全の進学指導体制をとっている。適切なカウンセリングをはじめ、気軽に立ち寄れる専用の進学指導室の設置や、卒業生との懇談会も開かれている。

教育レベルの高さは大学合格者数に顕著に表れており、2023年３月には、東大13名をはじめ、京都大、東京工業大、一橋大、筑波大、東北大、北海道大、横浜国大、千葉大など、国公立大に128名が合格している。私立大学では、慶應義塾大79名、早稲田大120名、上智大49名、東京理科大135名をはじめ明治大、立教大、中央大、法政大、青山学院大など、実に1024名の合格者を出している。

ひとこと　目指せ！情熱「芝大陸」

2023年9月に「第76回学園祭」が開かれた。今回の学園祭のテーマは「Be the best」。300人以上の実行委員たちが中心となり、半年以上の歳月を費やし企画、立案、スケジュール管理等を行った。教員たちはほぼノータッチのため、準備が思うように進まず手こずるところもあったが、学園祭直前には、仲間たちと協力し、持ち前の底力を発揮して、学園祭は成功裏に終わった。2日間の来場者は過去最高の1万7千人。テーマ通り、ベストを尽くした学園祭となった。

さて受験生の君も「第一志望校合格」という大きな目標に向かって、日々の勉強に取り組んでいることだろう。焦りや苛立ちを感じ、不安になることもあるかもしれない。でも君は決してひとりではない。君を支えてくれる家族や仲間（ライバル）、先生がいる。だから今は、自分自身を信じて、一日一日を大切に過ごして、力強く前へ進もう。長く厳しい旅の後に見える景色は格別だから。ベストを尽くして、すがすがしい笑顔の君が情熱「芝大陸」に来る日を楽しみに待っているよ。

御忌参拝

2024年度入試要項

試験日　2/1（１回）　2/4（２回）

試験科目　国・算・理・社

2024年度	募集定員	受験者数	合格者数	競争率
１回	150	530	188	2.8
２回	130	860	256	3.4

過去問の効果的な使い方

① **はじめに**　ここでは，受験生のみなさんが，ご家庭で過去問を利用される場合の，一般的な活用法を説明していきます。もし，塾に通われていたり，家庭教師の指導のもとで学習されていたりする場合は，その先生方の指示にしたがって，過去問を活用してください。その理由は，通常，塾のカリキュラムや家庭教師の指導計画の中に過去問学習が含まれており，どの時期から，どのように過去問を活用するのか，という具体的な方法がそれぞれの場合で異なるからです。

② **目的**　言うまでもなく，志望校の入学試験に合格することが，過去問学習の第一の目的です。そのためには，それぞれの志望校の入試問題について，どのようなレベルのどのような分野の問題が何問，出題されているのかを確認し，近年の出題傾向を探り，合格点を得るための試行錯誤をして，各校の入学試験について自分なりの感触を得ることが必要になります。過去問学習は，このための重要な過程であり，合格に向けて，新たに実力を養成していく機会なのです。

③ **開始時期**　過去問との取り組みは，通常，全分野の学習が一通り終了した時期，すなわち6年生の7月から8月にかけて始まります。しかし，各分野の基本が身についていない場合や，反対に短期間で過去問学習をこなせるだけの実力がある場合は，9月以降が過去問学習の開始時期になります。

④ **活用法**　各年度の入試問題を全問マスターしよう，と思う必要はありません。完璧を目標にすると挫折しやすいものです。できるかぎり多くの問題を解けるにこしたことはありませんが，それよりも重要なのは，現実に各志望校に合格するために，どの問題が解けなければいけないか，どの問題は解けなくてもよいか，という眼力を養うことです。

算数

どの問題を解き，どの問題は解けなくてもよいのかを見極めるには相当の実力が必要になりますし，この段階にいきなり到達するのは容易ではないので，この前段階の一般的な過去問学習法，活用法を2つの場合に分けて説明します。

☆偏差値がほぼ55以上ある場合

掲載順の通り，新しい年度から順に年度ごとに3年度分以上，解いていきます。

ポイント1…問題集に直接書き込んで解くのではなく，各問題の計算法や解き方を，明快にわかるように意識してノートに書き記す。

ポイント2…答えの正誤を点検し，解けなかった問題に印をつける。特に，解説の 基本 重要 がついている問題で解けなかった問題をよく復習する。

ポイント3…1回目にできなかった問題を解き直す。同様に，2回目，3回目，…と解けなければいけない問題を解き直す。

ポイント4…難問を解く必要はなく，基本をおろそかにしないこと。

☆偏差値が50前後かそれ以下の場合

ポイント1～4以外に，志望校の出題内容で「計算問題・一行問題」の比重が大きい場合，これらの問題をまず優先してマスターするとか，例えば，大問2までをマスターしてしまうとよいでしょう。

理科

理科は1から順番に解くことにほとんど意味はありません。理科は，性格の違う4つの分野が合わさった科目です。また，同じ分野でも単なる知識問題なのか，あるいは実験や観察の考察問題なのかによってもかかる時間がずいぶんちがいます。記述，計算，描図など，出題形式もさまざまです。ですから，解く順番の上手，下手で，10点以上の差がつくこともあります。

過去問を解き始める時も，はじめに1回分の試験問題の全体を見通して，解く順番を決めましょう。得意分野から解くのもよいでしょう。短時間で解けそうな問題を見つけて手をつけるのも効果的です。くれぐれも，難問に時間を取られすぎないように，わからない問題はスキップして，早めに全体を解き終えることを意識しましょう。

社会

社会は1から順番に解いていってかまいません。ただし，時間のかかりそうな，「地形図の読み取り」，「統計の読み取り」，「計算が必要な問題」，「字数の多い論述問題」などは後回しにするのが賢明です。また，3分野（地理・歴史・政治）の中で極端に得意，不得意がある受験生は，得意分野から手をつけるべきです。

過去問を解くときは，試験時間を有効に活用できるよう，時間は常に意識しなければなりません。ただし，時間に追われて雑にならないようにする注意が必要です。“誤っているもの”を選ぶ設問なのに“正しいもの”を選んでしまった，“すべて選びなさい”という設問なのに一つしか選ばなかったなどが致命的なミスになってしまいます。問題文の“正しいもの”，“誤っているもの”，“一つ選び”，“すべて選び”などに下線を引いて，一つ一つ確認しながら問題を解くとよいでしょう。

過去問を解き終わったら，自己採点し，受験生自身でふり返りをしましょう。できなかった問題については，なぜできなかったのかについての分析が必要です。例えば，「知識が必要な問題」ができなかったのか，「問題文や資料から判断する問題」ができなかったのかで，これから取り組むべきことも大きく異なってくるはずです。また，正解できた問題も，「勘で解いた」，「確信が持てない」といったときはふり返りが必要です。問題集の解説を読んでも納得がいかないときは，塾の先生などに質問をして，理解するようにしましょう。

国語

過去問に取り組む一番の目的は，志望校の傾向をつかみ，本番でどのように入試問題と向かい合うべきか考えることです。素材文の傾向，設問の傾向，問題数の傾向など，十分に研究していきましょう。

取り組む際は，まず解答用紙を確認しましょう。漢字や語句問題の量，記述問題の種類や量などが，解答用紙を見て，わかります。次に，ページをめくり，問題用紙全体を確認しましょう。どのような問題配列になっているのか，問題の難度はどの程度か，などを確認して，どの問題から取り組むべきかを判断するとよいでしょう。

一般的に「漢字」→「語句問題」→「読解問題」という形で取り組むと，効率よく時間を使うことができます。

また，解答用紙は，必ず，実際の大きさのものを使用しましょう。字数指定のない記述問題などは，解答欄の大きさから，書く量を考えていきましょう。

算数　出題傾向の分析と合格への対策

●出題傾向と内容

近年の出題数は，第1回，第2回とも大問が7～10題，小問数が20問程度で，それぞれが独立した設問であり，一行問題はない。

出題分野は広く，かなりレベルの高い問題も出されている。計算問題もやさしくはなく，正確で迅速な処理能力が要求されるので，工夫しながら計算する習慣が必要である。「数の性質」に対する感覚を意識することも必要であり，「割合と比」，「平面図形」の出題率が高い。また，機械的に解こうとするとかなりの難問になるようなものも含まれているので，視点を変えてヒントを見つけ，それを確かめていくといった姿勢も必要となってくる。

✔学習のポイント

複雑な計算を正確に速く解けるようにしておくことはもちろん，各分野の基本を身につけ，応用できる力もつけておこう。

●2025年度の予想と対策

全般的に容易ではないレベルの出題が予想される。問題文の読み取りに注意して，難しめの問題にも対応できるように応用力を身につけるようにすることが大切である。

本校の問題をこなすためには，「これを求めるには何と何がわかればよいのか，さらにそのためには何を求めれば…」といった論理的思考力を身につけておく必要がある。問題を解くときには，ノートにわかっている内容を整理して書き出す練習を積んでおきたい。本校の問題では，「数の性質」「割合と比」「速さの文章題」「表とグラフ」「数列・規則性」「図形」が重視される。過去問を利用して，問題に対する感触をつかんでおこう。

▼年度別出題内容分類表

※　よく出ている順に☆，◎，○の３段階で示してあります。

出題内容			2022年		2023年		2024年	
			1回	2回	1回	2回	1回	2回
数と計算		四則計算	○	○	○	○	○	○
数と計算		概数・単位の換算	○	◎	◎	○	○	
数と計算		数の性質	☆		◎	○	◎	☆
数と計算		演算記号						
図形		平面図形	☆	☆	☆	☆	☆	☆
図形		立体図形		☆		☆		
図形		面積	○			◎		◎
図形		体積と容積						
図形		縮図と拡大図	◎		○	◎	◎	☆
図形		図形や点の移動		☆	☆	☆		
速さ		三公式と比	◎	☆	☆	☆	☆	☆
速さ	文章題	旅人算		☆			○	○
速さ	文章題	流水算			☆			
速さ	文章題	通過算・時計算				☆		
割合		割合と比	☆	☆	☆	☆	☆	☆
割合	文章題	相当算・還元算						
割合	文章題	倍数算						
割合	文章題	分配算						○
割合	文章題	仕事算・ニュートン算	◎	◎		○		
文字と式								
2量の関係(比例・反比例)								
統計・表とグラフ			◎	☆	☆	☆	☆	☆
場合の数・確からしさ				◎	☆	◎	◎	
数列・規則性				☆	◎	◎	☆	
論理・推理・集合								
その他の文章題		和差・平均算		○				
その他の文章題		つるかめ・過不足・差集め算	☆			◎		
その他の文章題		消去・年令算		○	○		○	
その他の文章題		植木・方陣算						○

芝中学校

算数 ――グラフで見る最近3ヶ年の傾向――

最近3ヶ年に出題されたすべての問題を内容別に分類・集計し，全体に対して何パーセントくらいの割合になっているかを示しました。

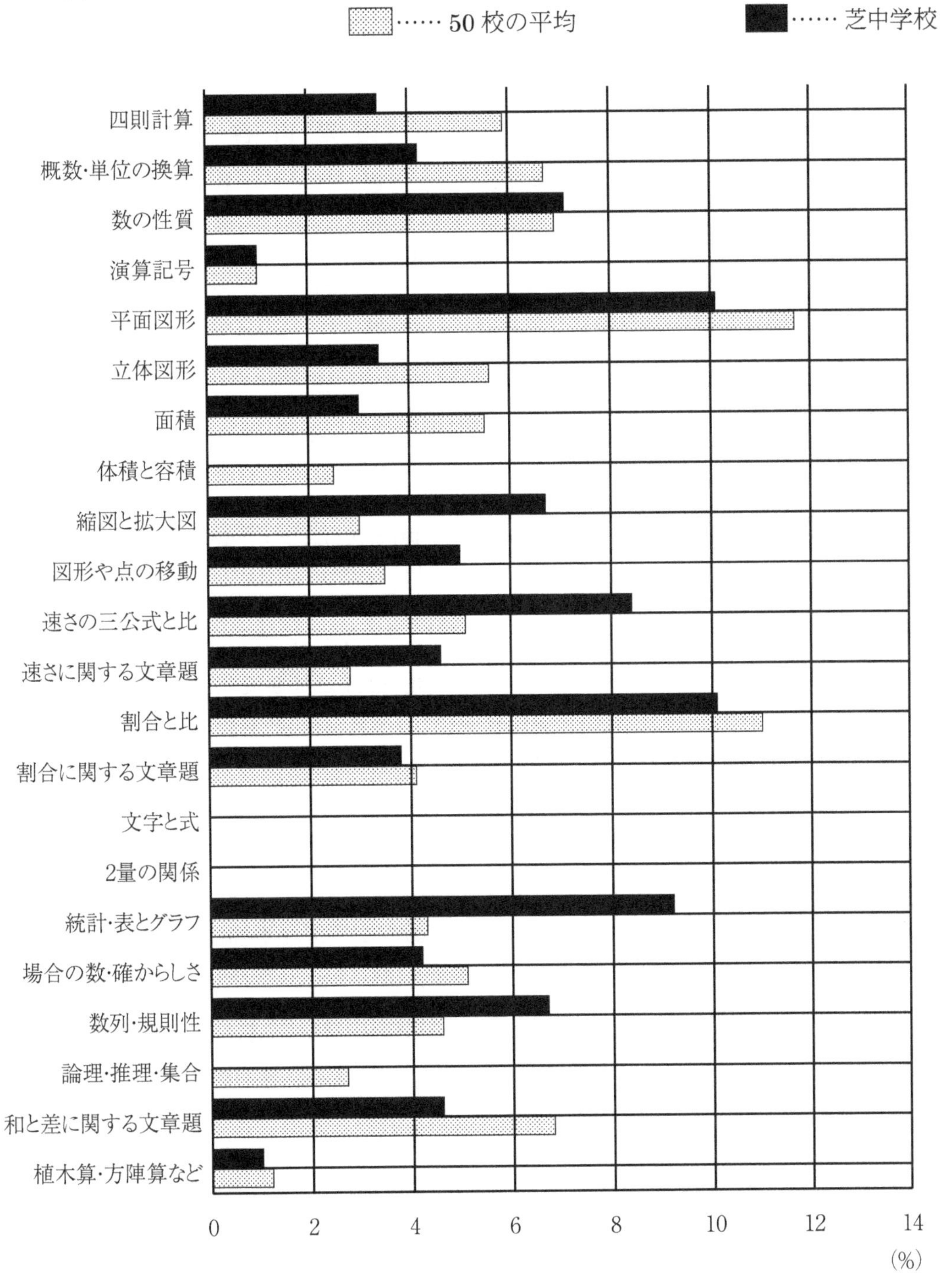

理科　出題傾向の分析と合格への対策

●出題傾向と内容

出題数は，大問が5～6題で，小問数にすると30問前後であった。出題形式は，選択式が多いが，用語・理由の記述や複雑な計算問題も多く出題されている。

今年度は，物理・化学・生物・地学の各分野から1題ずつ，4つの分野の小問集合が1題出された。

全体的に問題レベルは高度で，幅広い知識と深い理解力が必要である。特に，物理と化学分野においては，難度の高い計算問題が出されている。また，与えられた条件をうまく整理する力を必要とする問題も出されている。

学習のポイント

基本・標準はしっかり，さらに応用レベルまでチャレンジする学習を心がけたい。

●2025年度の予想と対策

生物では，知識を広げるとともに，よく整理したい。また，すべての分野において，日ごろから身近な現象の観察を積極的に行い，その際に観察の方法や注意力を身につけることが大切である。

物質と変化，力のはたらき，電流の分野では，かなり練られた難度の高い計算問題が出されることが多いので，多くの問題を解き，慣れておく必要がある。また，理科の基本的な用語や環境問題について問われることもあるので，しっかり理解しておくこと。

さらに，短文記述が出題されているので，要点をまとめる練習もしておきたい。

▼年度別出題内容分類表

※　よく出ている順に☆，◎，○の３段階で示してあります。

出題内容		2022年		2023年		2024年	
		1回	2回	1回	2回	1回	2回
生物	植物	☆	○	○	○	○	
	動物	◎	☆	◎	○		○
	人体			◎		☆	
	生物総合	○	○	◎			
天体・気象・地形	星と星座						
	地球と太陽・月		☆		☆	◎	
	気象	☆		○		◎	
	流水・地層・岩石			☆	○	○	☆
	天体・気象・地形の総合						
物質と変化	水溶液の性質・物質との反応	◎		○	○		○
	気体の発生・性質	☆	○	☆	☆		☆
	ものの溶け方	○			○	☆	
	燃焼		☆				☆
	金属の性質					○	○
	物質の状態変化		○			○	
	物質と変化の総合		◎				
熱・光・音	熱の伝わり方						
	光の性質			☆			○
	音の性質						
	熱・光・音の総合						
力のはたらき	ばね		☆				
	てこ・てんびん・滑車・輪軸		◎				
	物体の運動						
	浮力と密度・圧力				☆		☆
	力のはたらきの総合				○		
電流	回路と電流	◎		○		◎	☆
	電流のはたらき・電磁石	☆				☆	
	電流の総合						
実験・観察		☆	☆	☆	☆	☆	☆
環境と時事／その他		○	◎	○	☆	○	○

芝中学校

理科 ——グラフで見る最近３ヶ年の傾向——

最近３ヶ年に出題されたすべての問題を内容別に分類・集計し，全体に対して何パーセントくらいの割合になっているかを示しました。

……50校の平均　……芝中学校

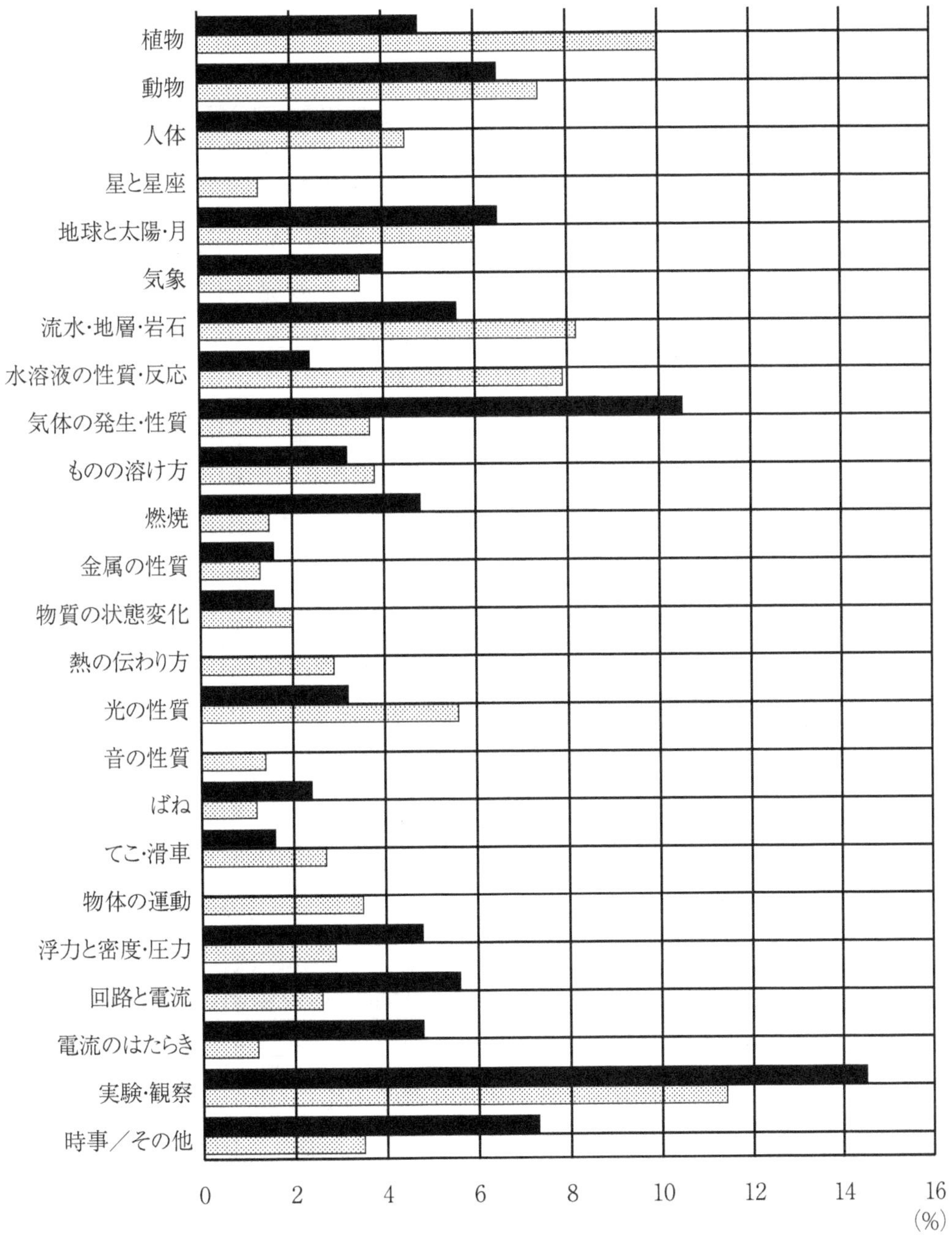

社会

出題傾向の分析と 合格への対策

●出題傾向と内容

大問が4題で小問数が35題～50題程度，地名や人名，用語などを答える問題が中心であるが，統計や史料も出題されている。また例年通り，長文の論述問題が出題された。

地理は第1回・第2回ともに日本地図が示され地形や自然などを中心に出題された。歴史は第1回が古代から近代までの争いと人々の生活を題材とした出題，第2回が古代から現代までの木造建築についての略年表をもとにした出題であった。政治は第1回が介護を題材とした問題，第2回がコロナ禍や利害関係を題材とした問題であった。最後の大問は，第1回は「箱根駅伝」を題材とした問題，第2回は「規制と自由」を題材とした問題であった。

学習のポイント

地図や図表を使った問題に強くなろう！
年表にあてはめる問題に強くなろう！
長文の論述問題に強くなろう！

●2025年度の予想と対策

出題範囲が多岐にわたるので，不得意分野はつくらないようにしたい。各分野とも基本的事項を的確におさえることが重要。用語を覚えるだけでなくその背景もつかんでおきたい。

地理分野は，地図・グラフ・統計資料などを含めて総合的な理解を，歴史分野は，政治史を中心に外交・文化などを時代ごとに整理するとともに，史料集にも目を通しておきたい。政治分野は，憲法や三権分立を中心にまとめておくとよい。

論述問題は，現代社会における諸問題についての思考を求める出題が多い。題材は，最近話題性のあるものが中心だが，本文の内容に沿って自分の考えをまとめる練習をしておきたい。

▼年度別出題内容分類表

※　よく出ている順に☆，◎，○の３段階で示してあります。

出題内容			2022年		2023年		2024年	
			1回	2回	1回	2回	1回	2回
地理	日本の地理	地図の見方	○					
		日本の国土と自然	☆	◎	☆	☆	☆	◎
		人口・土地利用・資源	◎	◎	○	○	○	○
		農業	○	○	○	○	○	
		水産業			○			
		工業	○	○		◎		○
		運輸・通信・貿易		◎	○	○	○	
		商業・経済一般		○			○	○
	公害・環境問題		○		○	○		◎
	世界の地理			○				○
日本の歴史	時代別	原始から平安時代	◎	○	○	◎	☆	◎
		鎌倉・室町時代	○	○	◎	○	○	○
		安土桃山・江戸時代	○	○	○	○	◎	◎
		明治時代から現代	◎	◎	☆	◎	◎	◎
	テーマ別	政治・法律	◎	◎	◎	☆	◎	☆
		経済・社会・技術	○	○	◎	◎	☆	○
		文化・宗教・教育	◎	○	◎	○	○	○
		外交		◎	○	○	○	○
政治	憲法の原理・基本的人権			○	☆	◎	◎	◎
	政治のしくみと働き		○	○	☆	○		○
	地方自治				○		○	○
	国民生活と福祉		○	○		○	☆	◎
	国際社会と平和		◎	○	○	◎		
時事問題			◎	○			○	○
その他			○	◎	○	○	○	○

芝中学校

社会 ——グラフで見る最近3ヶ年の傾向——

最近3ヶ年に出題されたすべての問題を内容別に分類・集計し，全体に対して何パーセントくらいの割合になっているかを示しました。

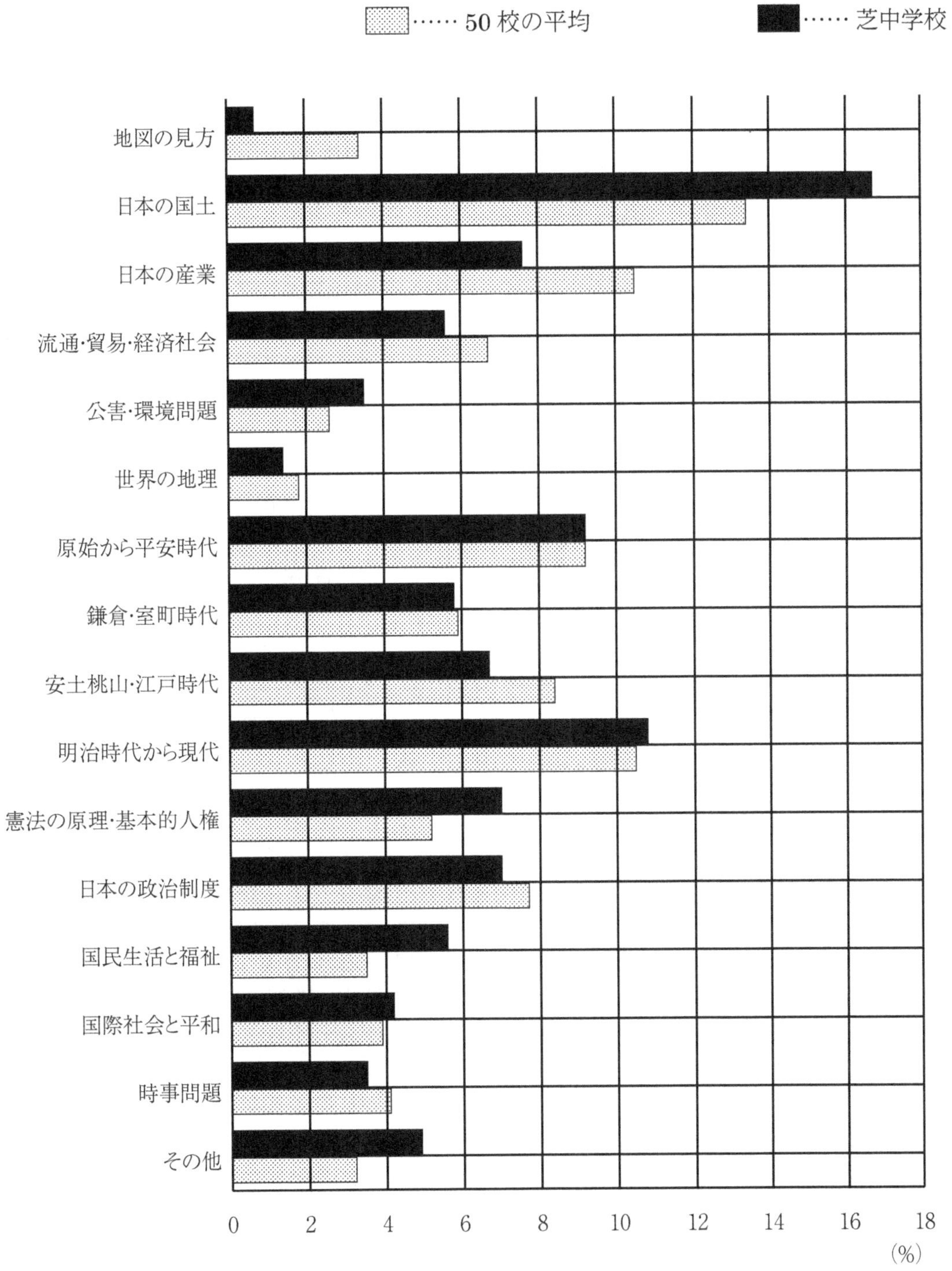

国語　出題傾向の分析と合格への対策

●出題傾向と内容

今年度も昨年同様，漢字の書き取りのみの独立問題が2題と長文読解問題2題という，大問4題の構成であった。

読解問題は第1回・2回を通して，論説文，小説ともすべて記述式となっている。記述は25字～60字前後のものから，100字程度でまとめるものもあり，指定字数以内でまとめる力が必要だ。また大問それぞれ最後の設問では，本文全体をふまえた記述となっており，文章全体の要旨と主題を読み取れる深い読解力が要求されている。漢字は標準的難易度だが，慣用句やことわざなどからの出題もあるので，注意が必要だ。

学習のポイント

字数以内でまとめる要約力と記述力をしっかり身につけよう！　漢字は音読み・訓読みともに着実に覚えよう！

●2025年度の予想と対策

来年度以降も記述のみの出題傾向が続くと思われる。ただこれまでの設問形式が出題される場合に備えて，過去問はしっかり解いておこう。

論説文では筆者の主張や考え、小説では登場人物の心情の変化を的確に記述できるようにしておきたい。新聞記事や短編小説などの要約を書いていくことで，記述に必要な要約力と記述力をきたえておこう。

必ず出題される漢字は，音読み・訓読みとともに熟語や慣用句などもからめて，幅広く積み重ねておきたい。

▼年度別出題内容分類表

※　よく出ている順に☆，◎，○の３段階で示してあります。

出題内容			2022年		2023年		2024年	
			1回	2回	1回	2回	1回	2回
内容の分類	読解	主題・表題の読み取り						
		要旨・大意の読み取り	☆	☆	☆	☆	☆	☆
		心情・情景の読み取り	☆	☆	☆	☆	☆	☆
		論理展開・段落構成の読み取り						
		文章の細部の読み取り	☆	☆	☆	☆	☆	☆
		指示語の問題	○	○			○	◎
		接続語の問題						
		空欄補充の問題						
	知識	ことばの意味						
		同類語・反対語						
		ことわざ・慣用句・四字熟語	○	○	○	○	○	○
		漢字の読み書き	☆	☆	☆	☆	☆	☆
		筆順・画数・部首						
		文と文節						
		ことばの用法・品詞						
		かなづかい						
		表現技法						
		文学作品と作者						
		敬語						
	表現	短文作成						
		記述力・表現力	☆	☆	☆	☆	☆	☆
文の種類		論説文・説明文	○	○	○	○	○	○
		記録文・報告文						
		物語・小説・伝記	○	○	○	○	○	○
		随筆・紀行文・日記						
		詩(その解説も含む)						
		短歌・俳句(その解説も含む)						
		その他						

国語 ——グラフで見る最近３ヶ年の傾向——

最近３ヶ年に出題されたすべての問題を内容別に分類・集計し，全体に対して何パーセントくらいの割合になっているかを示しました。

……50校の平均　　……芝中学校

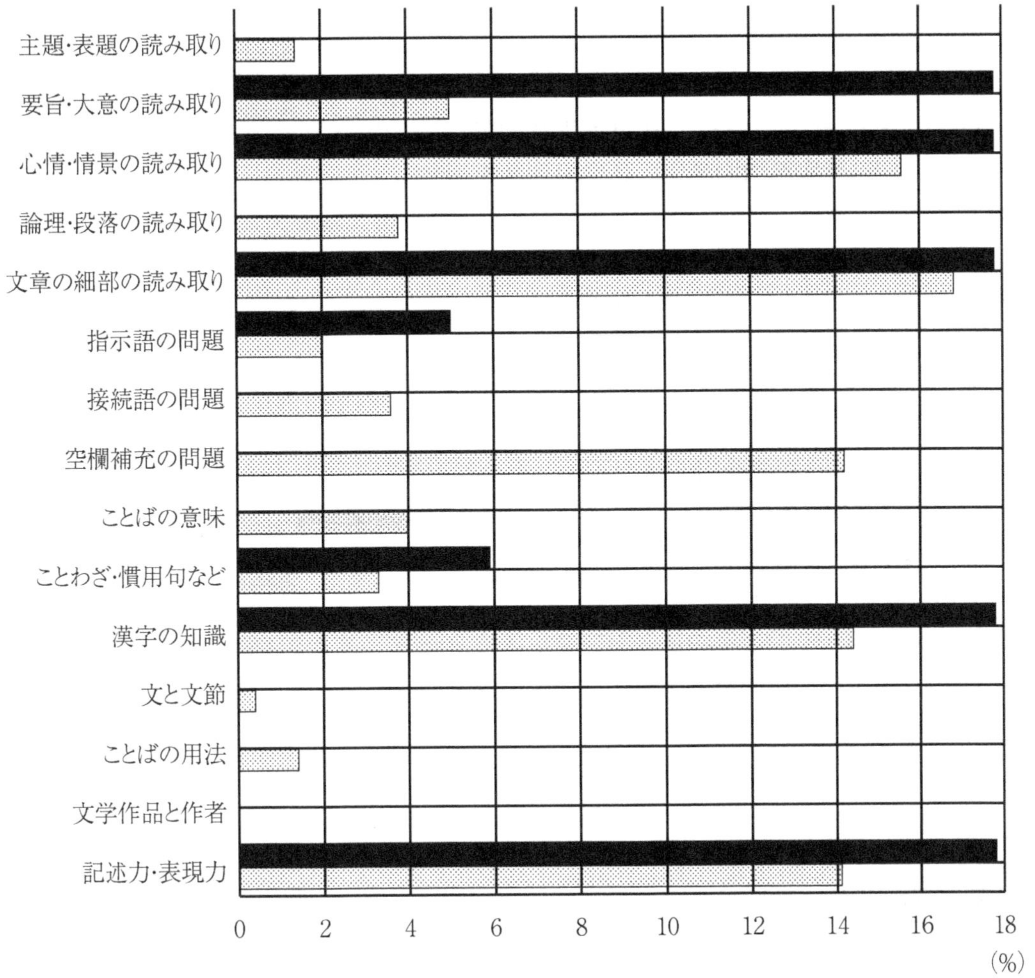

	論説文 説明文	物語・小説 伝記	随筆・紀行 文・日記	詩 （その解説）	短歌・俳句 （その解説）
芝中学校	50.0%	50.0%	0.0%	0.0%	0.0%
50校の平均	47.0%	45.0%	8.0%	0.0%	0.0%

2024年度 合否の鍵はこの問題だ!!

(第1回)

算数 3

「三角形の相似」を利用して解く問題であり，「辺の長さ」と「面積」を求める問題である。解けるように練習しよう。

【問題】

四角形ABCDはAB6cm，AD8cmの長方形であり，E・F・Gは辺BCを4等分する点，H・Iは辺CDを3等分する点である。また，BDがAE，AIと交わる点をそれぞれJ，Kとする。

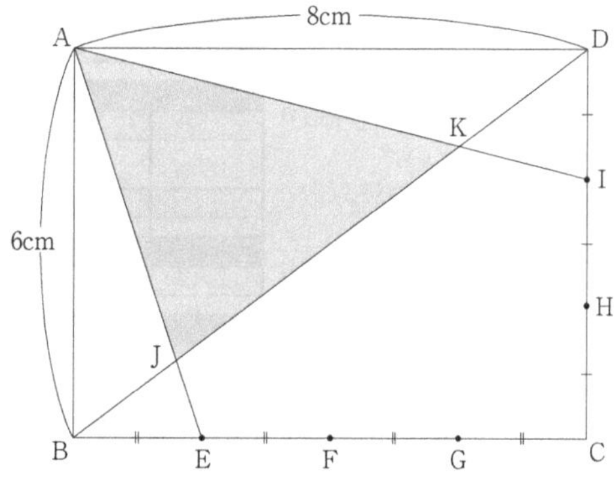

（1） BJ：KDを簡単な整数比で表しなさい。

（2） 三角形AJKの面積は何cm²か。

【考え方】

（1） 三角形AJDとEJBの相似比…4：1
BJ：JD…1：4
三角形ABKとIDKの相似比…3：1
BK：KD…3：1
（上の2組について）→ この2組を使う
BD…1＋4＝5，3＋1＝4の最小公倍数20 ← こうすると計算がラク
したがって，BJ：KDは（20÷5）：（20÷4）＝4：5

（2） BJ：JK：KD… （1）より，4：11：5
したがって，三角形AJKは6×8÷2÷20×11＝13.2（cm²）

理科 4

第1回の大問は5題で，物理，化学，地学，生物の各分野から1題ずつ，各分野からの小問集合1題の出題であった。その中で鍵となる問題として，4をとり上げる。

本問は，2種類の電熱線について，乾電池の個数を変えたときの回路に流れる電流，発熱に関する実験結果をもとに，電熱線や発熱について問う問題である。（1）は，「電熱線に流れる電流の大きさは，電熱線の断面積に比例し，長さに反比例する」という内容についての典型的な問題で，確実に正解しておきたい問題である。（2）～（4）は電熱線のつなぎ方を変え，流れる電流や水の上昇温度を考えていく問題

で，特に並列と直列の混合回路なのでそのまま解こうとすると手間がかかる。しかし，(2)で問われている図7の回路は，図3と図6の回路に分けて考えられるので，表1がそのまま利用できる。また，(3)で問われている図8の回路は，直列つなぎの場合，回路に流れる電流はどこでも等しいということを利用して考え，図2と図4の回路に分けて考えられることに気づくと，これも表1をそのまま利用できる。(4)の図9の回路についても，電熱線Pの並列部分を，(1)をヒントにして「電熱線P2個の並列→断面積が2倍→電熱線Q1個と同じ」というように考えられると，乾電池3個に電熱線Q2個をつないだ回路と見なすことができ，図9の回路そのままで考えるよりも正解を導きやすくなる。

本校の問題は試験時間に対する量が多めであるため，本問のように与えられたものを利用することで解答時間を短縮していけると，有利にはたらくであろう。入試問題を解く際に，同じ大問の他の小問を利用して解いていくというのは一般的な手法である。小問を一問一答のように見るのではなく，複数の小問をかたまりとして見るという感覚もしっかりと身につけておこう。

社 会 【4】問4

この問題は，箱根駅伝の歴史や取り組みなどについての文章をもとに，文中で比喩として述べられていることから筆者がどのようなことを伝えようとしているかを，3つの指定語句を用いて100字以内で書くという問題である。問題文についてしっかりと読み込んで理解したうえで，指定語句を3つ使用しなければならないという条件が課されており，100字以内と社会科としてはかなり長文の文章記述を行うことが求められており，推定配点も高いと考えられることから，合否を分けた問題であるといえる。「過去」「状況」「原動力」の3つの語句が指定語句となっており，筆者が比喩として使用した二重線が引かれた部分は「駅伝を走る選手がタスキを受け継いでいくように」である。指定語句が使用されている場所から考えると，「過去」「状況」は6段落目に「過去をふりかえることで，そのような状況におちいっても…」とあり，「原動力」は7段落目に「自分の未来をひらく原動力にしたいものですね」とあるので，主に6段落目・7段落目に着目するとよい。

二重傍線部の比喩は，「自分の未来をひらく原動力にしたいもの」につながる。また，「過去をふりかえることで，そのような状況におちいっても，できることを探して，前向きに取り組む人がいたことに気づく」ことが「自分の未来をひらく原動力にしたいもの」であると考えられる。そして，「そのような状況」は，「自分ではどうすることもできない状況」と考えられる。以上より，筆者は過去を振り返ることで，自分ではどうすることもできない状況におちいっても，できることを探して，前向きに取り組む人がいたことに気づくことが，自分の未来をひらく原動力となるということを伝えようとしていると考えられる。

国語 四 問四

★合否を分けるポイント

――線部④〈主体的な意志が未成熟で，自分のしたいことがわからなくなってしまう〉とあるが，このような状態にならないためには，どのような生活を送る必要があるか，本文全体をふまえて，指定字数以内で説明する記述問題である。本文のどの部分に着目すればよいかをとらえ，的確に説明できているかがポイントだ。

★説明に必要な部分を的確に見極める

本文は，「したい」ことがわからない，という若者が増えているが，幼児期にさかのぼれば「したい」こともあったにちがいない→「したい」ことに没頭することは，主体的な意志をもった人間になる上で，とても貴重な体験であり，本当にしたいことを自覚していく力になる→もちろん，他人の迷惑にならないように，周囲と協調して生きることも必要であるが，子どもには「したい」ことを十分にさせてあげたほうがよい→親の期待や要求，命令が多すぎると，「したい」ことがわからなくなり，自己不全感に苦しむようになるので，やはり「したい」ことに没頭できる時間が必要→現在の学校は多様性よりも同一性が重視され，同調せざるを得ない雰囲気に満ちているため，仲間の集団的承認を維持する行動を取るしかなく，価値も達成感もない行動をすることで心を病むことさえある→自分の「したい」ことを十分にしてこなかったことで，――線部④の状態になってしまう背景には家庭や学校生活の影響もかなり大きい，という内容になっている。本文では，したいことがわからなくなってしまう原因や背景について述べている部分が多いので，整理してまとめる必要がある。前半では，子ども時代に「したい」ことを思う存分に楽しむことが本当にしたいことを自覚していく力になること，後半では，親や学校の問題点から④にならない生活に必要なことを読み取り，その内容をまとめるということになる。本文のどの部分に着目して説明すればよいか，しっかりと見極めよう。

2024年度

★★★★★★★★★★★★★★★★★★★★★★★★

入　試　問　題

2024年度

芝中学校入試問題（第１回）

【算　数】（50分）　＜満点：100点＞

次の問いの □ をうめなさい。

1　次の計算をしなさい。

⑴　$5.3\times1.25+96\times0.125+125\times0.152+0.83\times12.5=\square$

⑵　$\left\{2\frac{4}{5}\times2-1.75\times(1.85-\square)\div\frac{1}{3}\right\}\div\left(1\frac{1}{3}-\frac{3}{4}\right)=6$

2　今年のＳ中学校の学園祭に小学５年生と小学６年生あわせて4200人が参加しました。この参加人数は昨年より12％増え，小学５年生は昨年より16％増えて，小学６年生は昨年より８％減りました。

⑴　昨年の学園祭に参加した小学５年生は □ 人です。

⑵　今年の学園祭に参加した小学６年生は □ 人です。

⑶　毎年，学園祭では焼きそばとカレーライスを販売しています。今年の学園祭に参加した小学６年生全員にアンケートをとったところ，焼きそばを買った人は210人，カレーライスを買った人は180人，焼きそばもカレーライスも買わなかった人は200人でした。焼きそばとカレーライスの両方を買った人は □ 人です。

3　四角形ABCDはAB＝６㎝，AD＝８㎝の長方形で，点Ｅ，Ｆ，Ｇは辺BCを４等分する点，点Ｈ，Ｉは辺CDを３等分する点とします。また，BDとAE，AIとの交わる点をそれぞれＪ，Ｋとします。

⑴　BJ：KDを最も簡単な整数の比であらわすと □ ： □ です。

⑵　三角形AJKの面積は □ cm^2です。

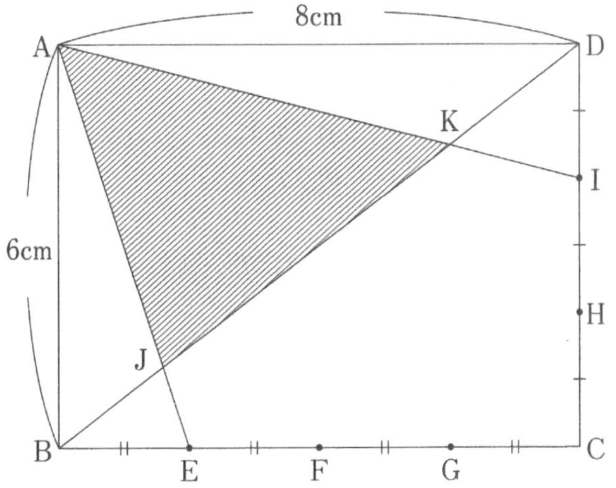

4　チョコレートが150個あります。150個すべてを使って，３個入りと５個入りの袋をどちらも少なくとも１袋は作るとき，袋の作り方は全部で □ 通りあります。

また，３個入りと５個入りの袋の数の差が一番小さくなるのは，３個入りが □ 袋，５個入りが □ 袋のときです。

5　１つの円を，何本かの弦を引いて分けます。ただし，どの２本の弦も重ならないこととします。たとえば右の【図】は２本の弦によって，４個の部分に分けられています。

【図】

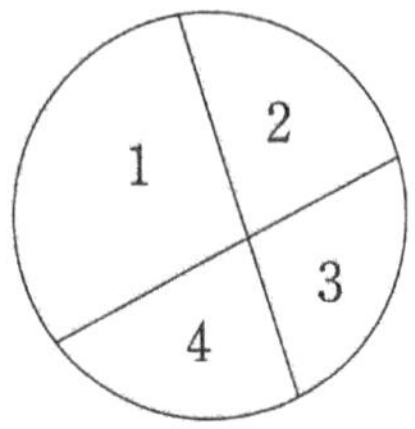

⑴　５本の弦を引いたとき，分けられた部分の個数が最も少ない場合は □ 個に分けられました。分けられた部分の個数が最も多い場合は □ 個に分けられました。

⑵　□ 本の弦を引いたら，分けられた部分の個数が最も多い場合は46個に分けられました。

6　Ａさん，Ｂさん，Ｃさんの３人は一定の速さで池のまわりの道を何周もジョギングします。３人とも同じ場所から同時に出発し，ＡさんとＢさんは同じ向きに，ＣさんはＡさんとＢさんとは反対の向きに進みます。

出発してから１分12秒後にＡさんとＣさんがはじめてすれちがい，その18秒後にＢさんとＣさんがはじめてすれちがいました。

Ａさんは出発してから２分15秒後にはじめて出発した地点に戻りました。

⑴　Ｂさんがはじめて出発した地点に戻るのは，出発してから □ 分 □ 秒後です。

⑵　ＡさんがＢさんにはじめて追いつくのは，出発してから □ 分後です。

⑶　３人がはじめて同時に出発した地点に戻るのは，出発してから □ 分後です。

7　赤，白，青の３種類の玉を左から横一列に，以下のルールで並べていきます。

（ルール１）　赤の右にはどの色の玉も置くことができる。
（ルール２）　白の右には青の玉だけ置くことができる。
（ルール３）　青の右には赤の玉だけ置くことができる。

⑴　５個の玉を並べる方法は全部で □ 通りです。

⑵　９個の玉を並べる方法は全部で □ 通りです。

8　次のページの図のように，BCの長さが60㎝の長方形ABCDがあります。対角線ACとBDの交わる点をOとします。

点Ｐは，Ａを出発し長方形の辺土を時計周りに一定の速さで進み，Ｂに18秒後に到着して止まります。点Ｑは，点Ｐと同時にＤを出発し長方形の辺上を反時計周りに一定の速さで進み，点Ｐが止まると同時に点Ｑも止まります。

グラフは，点ＰがＡを出発してからの時間と，OPとOQと長方形ABCDの周で囲まれた図形のうち，小さい方の面積の関係を表したものです。

⑴　点Qの速さは毎秒 □ cmです。

⑵　グラフの［ア］は □ cm²，［イ］は □ 秒です。

⑶　OPとOQと長方形ABCDの周で囲まれた図形のうち，点ＰがＡを出発してから，小さい方の面積が最初に500cm²になるのは □ 秒後で，次に500cm²になるのは □ 秒後です。

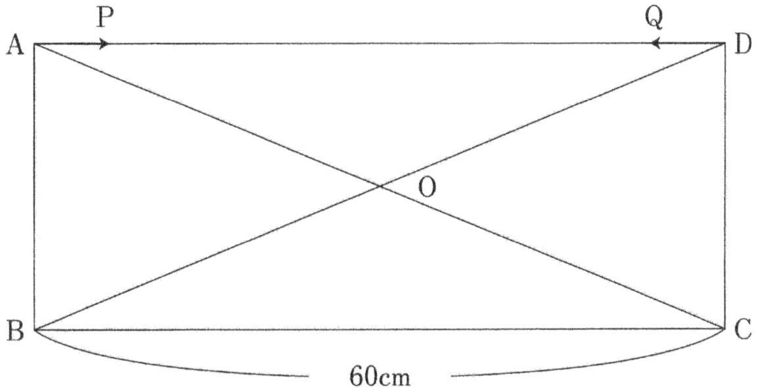

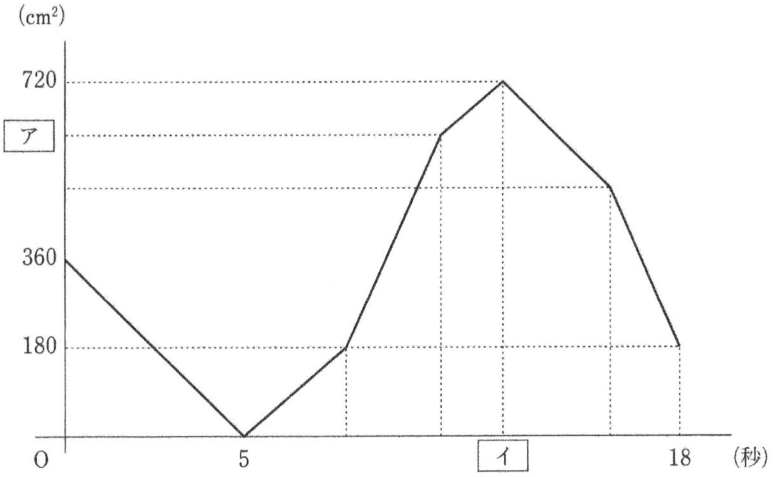

【理　科】（40分）　＜満点：75点＞

1　次の文を読み，問いに答えなさい。

芝太郎君は，家族旅行でメジャーリーグの野球観戦に行くため，①成田空港を出発しました。

まずは日本人メジャーリーガーの活躍《かつやく》を楽しみに，エンゼルスタジアムに行きました。この日は幸運なことに豪快《ごうかい》なホームランを見ることができ，胸が熱くなった芝太郎君は，②打球の軌道《きどう》に興味を持ちました。

翌日はヨセミテ国立公園です。芝太郎君は「世界一高い木」として保護されている木を見に行けることにワクワクしています。

芝太郎君　「世界で一番高い木って何ていう木なの？」

お父さん　「③セコイアという木だよ。セコイアは，高さや大きさだけでなく，その樹齢《じゅれい》の長さでも知られていて，長いものでは2000年をこえると推定されているんだよ。日本でも近いなかまであるスギには，鹿児島県の屋久島で見られる『縄文杉《じょうもんすぎ》』のように，長い年月のたったものやからだの大きなものが見られるね。」

芝太郎君　「そうか，縄文杉に近いなかまなんだね。縄文杉も大きいもんね。楽しみだなぁ。」

お父さん　「そうだ，せっかくだから本場の④ブラックバスをつりに行こうか。」

車で移動する途中《とちゅう》で，芝太郎君はあることに気が付きました。

芝太郎君　「お父さん，このあたり太陽光パネルがいっぱいだよ。」

お父さん　「そうだね。カリフォルニア州の海岸地域は以前から⑤半導体産業が盛んで，シリコンバレーと呼ばれていたんだ。シリコンというのは半導体の原料のことだよ。現在でも半導体産業は盛んで半導体を利用した太陽光発電の設備の普及《ふきゅう》も進んでいるらしいよ。化石燃料のような，将来的になくなるエネルギーとはちがい，太陽光に代表されるような絶えず補充《ほじゅう》されるエネルギーのことを（　⑥　）エネルギーといって注目されているんだ。これらの多くは脱《だつ》炭素社会を目指す意味でも重要なんだよ。」

家族旅行で初めての海外でしたが，新しい文化にふれ，いろいろなことを考えらえて充実した夏休みになりました。

⑴　下線部①について。次のページの表は成田空港とロサンゼルス空港をつなぐA社からE社までの航空便の時刻表です。所要時間が行きと帰りで異なります。このちがいがおきる理由を，あとの（ア）～（キ）から1つ選んで，記号で答えなさい。

（ア）飛行機の種類（機種）がちがうため，飛行速度がちがうから。

（イ）航空会社がちがうと，飛行機の速度がちがうから。

（ウ）地球が北極の上空から見ると反時計まわりに自転しているので，東向きに飛ぶ時と西向きに飛ぶ時では，移動距離《きょり》がちがうから。

（エ）地球が北極の上空から見ると時計まわりに自転しているので，東向きに飛ぶ時と西向きに飛ぶ時では，移動距離がちがうから。

（オ）中緯度《いど》の上空では西風が吹いているため，東向きに飛ぶ時と西向きに飛ぶ時では，かかる時間がちがうから。

（カ）中緯度の上空では東風が吹いているため，東向きに飛ぶ時と西向きに飛ぶ時では，かかる時間がちがうから。

（キ）行きは日付変更線《へんこうせん》を西から東へ越《こ》えるが，帰りは日付変更線を東から西へ越えるため。

成田空港　→　ロサンゼルス空港

航空会社	便名	出発時刻	到着《とうちゃく》時刻（現地時間）	所要時間	機種
A社	SG24	14：40	08：25	9時間45分	787-8
B社	SH6	17：00	11：00	10時間00分	787-9
C社	SG6092	17：00	11：00	10時間00分	787-9
D社	SA7946	17：00	11：00	10時間00分	787-9
E社	SS7310	17：20	11：00	9時間40分	787-8

ロサンゼルス空港　→　成田空港

航空会社	便名	出発時刻（現地時間）	到着《とうちゃく》時刻	所要時間	機種
A社	SG23	10：25	14:10（翌日）	11時間45分	787-8
B社	SH5	12：45	16:30（翌日）	11時間45分	787-9
C社	SG6093	12：45	16:30（翌日）	11時間45分	787-9
D社	SA7945	12：45	16:30（翌日）	11時間45分	787-9
E社	SS7311	13：05	16:40（翌日）	11時間35分	787-8

⑵　下線部②について。「バットから離れた直後のボールの速さ」のことを「初速度」と呼ぶことにします。いま，あらゆる方向に同じ初速度でボールを打つことのできる強打者がいたとします。ここでは，ホームベースからセンター方向（ピッチャーの上や後方）に飛んだボールについて考えます。ボールは空気の抵抗《ていこう》を受けないものとします。また，打点はホームベースの上ですが，打点の高さはないものとします。

図１は点Oを打点とし，ボールの初速度が水平方向となす角を５°刻みで５°～85°まで変化したときのボールの軌道《きどう》を示しています。45°の軌道は他の線より太くかいてあります。図中の灰色の部分は外野後方のフェンス（壁《かべ》）で，フェンスの上を越《こ》えた打球はホームランになります。図では，ホームランにならなかったボールの軌道もフェンスがないものとしてかいてあります。

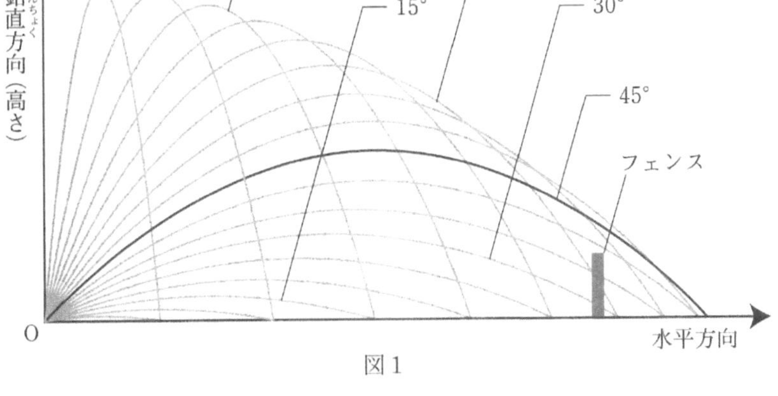

図１

実際は角度によって打球の初速度が異なり，しかもボールは空気の抵抗力を受けるため図１のような軌道になりませんが，以下では図１をもとに考えて答えること。

(a)　図１で外野後方のフェンスを越えてホームランになるのはどれですか。水平方向と初速度のなす角５°，10°，…，85°から選んですべて答えなさい。小さい値から順に答えること。

(b)　図１のうち滞空《たいくう》時間が最も長いのはどれですか。水平方向と初速度のなす角５°，10°，…，85°から１つ選んで答えなさい。

(3)　下線部③について。次の図**あ**～**え**のなかからセコイアの葉をかいたイラストとして正しいものを，文章**お**～**く**のなかからセコイアの特ちょうを述べた文として正しいものを，それぞれ１つずつ選んだ組み合わせを，次の（ア）～（タ）から１つ選んで記号で答えなさい。

あ　　い　　う　　え

お：受粉した後，種子の周りに果実をつくる。

か：春から秋にかけて細い針のような葉を作り，冬には葉を落とす。

き：葉の裏にほう子を作り，風で飛ばして受粉する。

く：お花とめ花がある。

（ア）あ，お　（イ）あ，か　（ウ）あ，き　（エ）あ，く
（オ）い，お　（カ）い，か　（キ）い，き　（ク）い，く
（ケ）う，お　（コ）う，か　（サ）う，き　（シ）う，く
（ス）え，お　（セ）え，か　（ソ）え，き　（タ）え，く

(4)　下線部④について。ブラックバスのように，元々日本に生息していなかった生物が入りこみ，定着したものを外来種といいます。外来種のうち，もともとの生態系や人間の生活にひ害をおよぼすおそれのあるものは，「特定外来生物」に指定され，きびしい制限がもうけられています。2023年６月１日に，新たに２種の生物が，「条件付き特定外来生物」に指定されました。その２種の生物を次の中から２つ選んで記号で答えなさい。

（ア）ウシガエル　（イ）アカミミガメ　（ウ）セイタカアワダチソウ
（エ）キョン　（オ）ヒグマ　（カ）ヒアリ
（キ）アメリカザリガニ　（ク）オオサンショウウオ

(5)　下線部⑤について。電気を良く通すものを導体，電気をほとんど通さないものを絶えん体，その中間の性質を持つものを半導体といいます。次の中から導体をすべて選んで記号で答えなさい。

（ア）ガラス　（イ）ゴム　（ウ）アルミニウム　（エ）ポリエチレン
（オ）水　（カ）ダイヤモンド　（キ）黒鉛《こくえん》　（ク）紙

(6)　空らん⑥について。空らんに当てはまる語を，漢字４文字で答えなさい。

2　次の文を読み，問いに答えなさい。

ある年の８月11日，芝太郎君は家族と富士登山に行きました。富士山は円すい形をしています。芝太郎君は，その形から富士山は安山岩の溶岩《ようがん》でできていると思っていましたが，主な溶岩の種類はちがうのだそうです。①色が黒くて流れやすい種類の溶岩だそうです。

富士山は日本一の高さの山なので，２日かけて登りました。１日目は８合目まで登って山小屋に泊《と》まりました。泊まったと言っても真夜中の０時には再び山小屋を出発しました。山頂で日の出（ご来光）を見るためです。富士山の上では②星が良く見えました。③星座早見盤《ばん》と合わせてみると，夏の大三角が頭の上に見えることがわかりました。④日の出は午前５時でした。そのころにはとても寒かったですが，太陽が顔を出すと，一面の⑤雲海にオレンジの光が反射してとてもきれいでした。

⑴　下線部①について。次の(a)，(b)に答えなさい。

(a)　この岩石の名前をカタカナで答えなさい。

(b)　登山道で見たこの溶岩には，たくさんの小さな穴があいているものがありました。この穴はどうしてできたのでしょうか。15文字以内で簡単に説明しなさい。

⑵　下線部②について。星が良く見えた理由を，次の中から２つ選んで記号で答えなさい。

（ア）富士山の上は，市街地から遠いため，街の灯りの影響《えいきょう》が少ないから。

（イ）光の強さは距離《きょり》の２乗に反比例し，富士山の上は，星との距離がより近くなるから。

（ウ）富士山の上は，雲ができる限界の高さより高いため，雲にさえぎられずに星が見えるから。

（エ）富士山の上は，それより上にある空気が少ないため，星の光が届きやすいから。

（オ）富士山の上は，気圧が低いため眼の水晶《すいしょう》体が大きくなり，遠くにピントが合いやすくなるから。

（カ）富士山の上は，気温が低いため山頂付近の湿度《しつど》が高いから。

⑶　下線部③について。次のページの図１は星座早見盤で，次のページの図２はその一部を拡大したものです。観測している日付と時刻を合わせると，そのときの星空がわかるようになっています。

(a)　東の方角は図１の（ア）～（エ）のどれですか。１つ選んで記号で答えなさい。

(b)　図１，図２は８月12日の０時の星空を示しています。このときと同じ星空が見られるのは，９月12日ではおよそ何時でしょう。次の中から１つ選んで記号で答えなさい。

（ア）18時　（イ）20時　（ウ）22時

（エ）０時　（オ）２時　（カ）４時

(c)　６月12日に同じ星空が見られるのはおよそ何時でしょう。次の中から１つ選んで記号で答えなさい。

（ア）18時　（イ）20時　（ウ）22時

（エ）０時　（オ）２時　（カ）４時

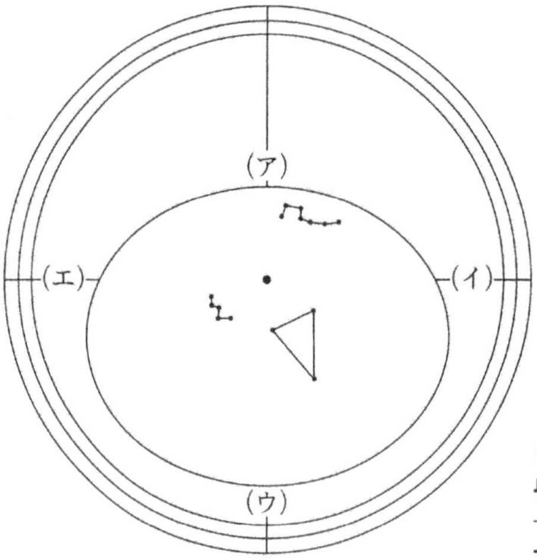

図１

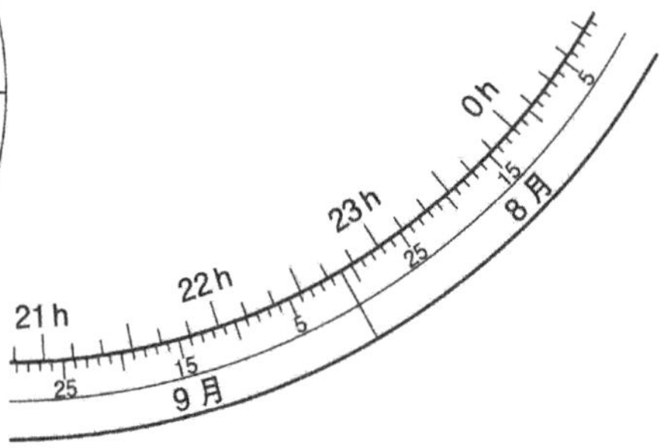

図２

⑷　下線部④について。次の⒜，⒝に答えなさい。

⒜　この日の日の出の方角について，最も適当なものを次の中から１つ選んで記号で答えなさい。

（ア）真東　（イ）真東より北側　（ウ）真東より南側

（エ）真西　（オ）真西より北側　（カ）真西より南側

⒝　この日は日の入りから日の出まで月が見られませんでした。この日，月は地球から見てどの方向にあったでしょうか。15文字以内で簡単に説明しなさい。

⑸　下線部⑤について。この雲海をつくっていた雲の名前として最も適当なものを次の中から１つ選んで記号で答えなさい。

（ア）積乱雲　（イ）巻積雲　（ウ）層雲　（エ）高積雲　（オ）巻層雲

3　次の文を読み，問いに答えなさい。

ヒトの心臓は主に筋肉でできていて，２つの心ぼうと２つの心室，合計４つの部屋があります。図１は正面から見たヒトの心臓の内部を模式的に示した図です。４つの部屋を数字１～４で示し，４カ所の血管を**あ**～**え**で示しています。血液は心臓から肺に向かい，そこで酸素を多く受け取った後，また心臓にもどり，その後全身に送り出されます。

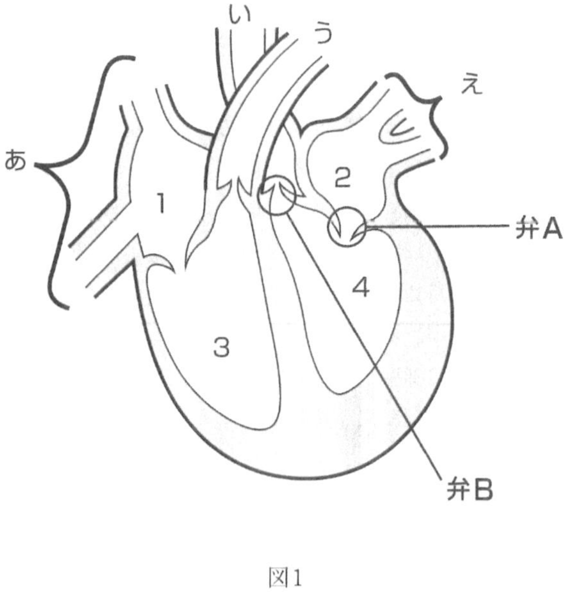

図１

⑴　血液を心臓から肺へ送り出す血管を，図１の血管**あ**～**え**から１つ選んで記号で答えなさい。

⑵　⑴で選んだ血管の名しょうをひらがなで答えなさい。

⑶　図１の部屋**1**～**4**，血管**あ**～**え**のうち，静脈血（ふくまれる酸素が比かく的少ない血液）が流れている場所として正しい組み合わせを，（ア）～（ク）の中からすべて選んで，記号で答えなさい。

（ア）**1**，**あ**　（イ）**2**，**あ**　（ウ）**3**，**う**　（エ）**4**，**う**

（オ）**1**，**い**　（カ）**2**，**い**　（キ）**3**，**え**　（ク）**4**，**え**

⑷　心臓の各部屋どうしや，部屋と血管をつなぐ部分には血液の出入りを調節する弁《べん》があります。図１の部屋**2**と部屋**4**の間には**弁A**が，部屋**4**と血管**い**の間には**弁B**があります。

弁は，閉じているときは血液を通さず，一定以上の力がかからないと開かないようになっています。心臓のはく動に合わせて弁が閉じたり開いたりして，血液を移動させています。

図２のグラフは，ある人の心臓で，1回のはく動のあいだの部屋**4**の容積の変化と，内部の圧力(部屋のかべを内側から外に向かっておす力)の変化を示したものです。

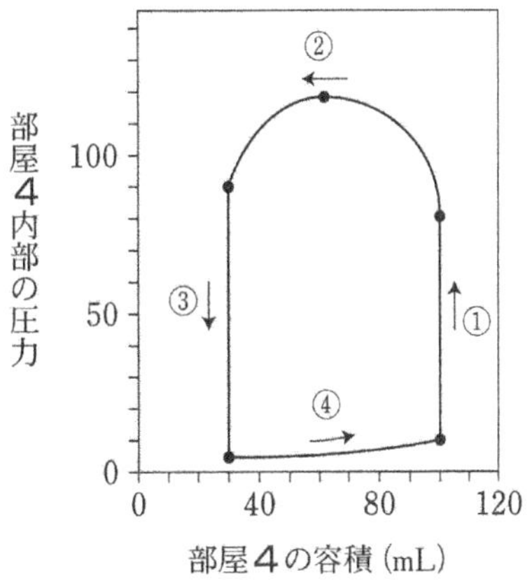

図２

心臓が１回はく動する間に，部屋**4**の容積と内部の圧力は，グラフの矢印①→②→③→④の順番で変化します。

①の段階では部屋**4**の容積は変化していないので，血液の出入りが無く，**弁A**と**弁B**はどちらも閉じていると考えられます。また，内部の圧力が大きくなっているのは，筋肉が収縮しているためです。

(a)　グラフの矢印②，矢印③，矢印④の時点では，**弁A**と**弁B**はそれぞれどうなっていると考えられますか。次の（ア）～（エ）から適当なものをそれぞれ１つ選んで記号で答えなさい。なお，同じ記号を何度選んでも良いとします。

	（ア）	（イ）	（ウ）	（エ）
弁A	開いている	開いている	閉じている	閉じている
弁B	開いている	閉じている	開いている	閉じている

(b)　グラフから，この人の心臓が１分間に65回のペースではく動し続けるとすると，１時間に心臓が送り出す血液の量は何Ｌになりますか。整数で答えなさい。なお，①の段階での部屋４の容積を100mL，③の段階での部屋４の容積を30mLとして求めること。

4　次の文を読み，問いに答えなさい。

図１～６（次のページ）のように容器に同じ量の水（10.0℃）を入れ，容器にフタをして電熱線**P**と電熱線**Q**に電流を流す実験をしました。ただし，図には電熱線**P**と電熱線**Q**を同じ形でかいてあります。図中のⒶは電流計です。実験では，「電流計に流れる電流の値」と「電流を５分間流し

た後の水温」を測定しました。表１はその実験結果です。

かん電池は時間が経過しても性能は変化しないとします。また，水の蒸発はなく，電熱線で発生した熱は全て水温を高くするのに使われるものとします。

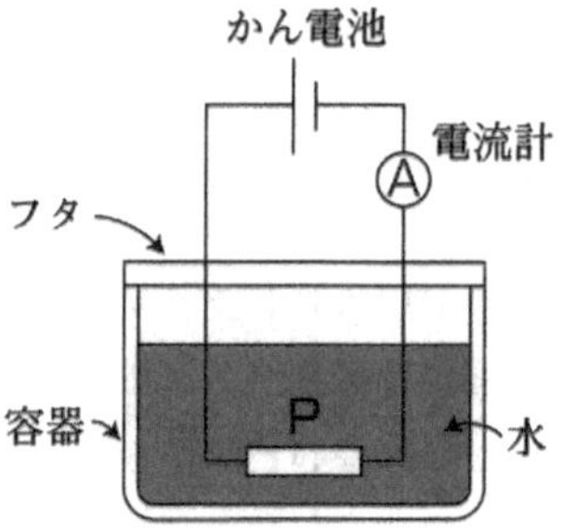

図１

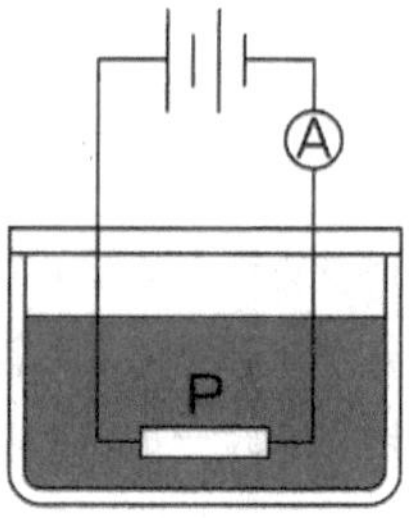

図２

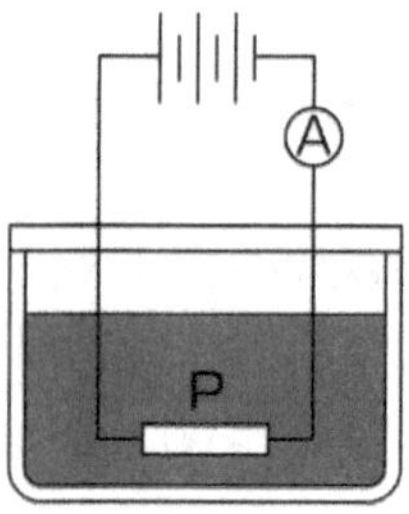

図３

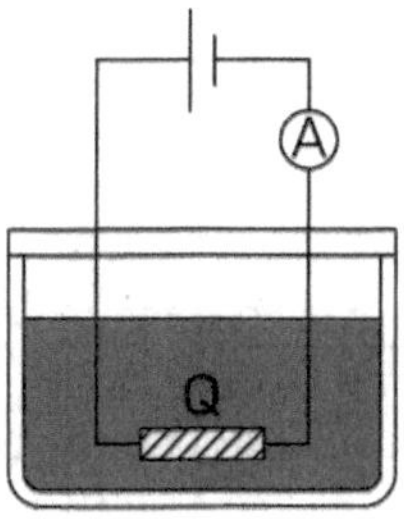

図４

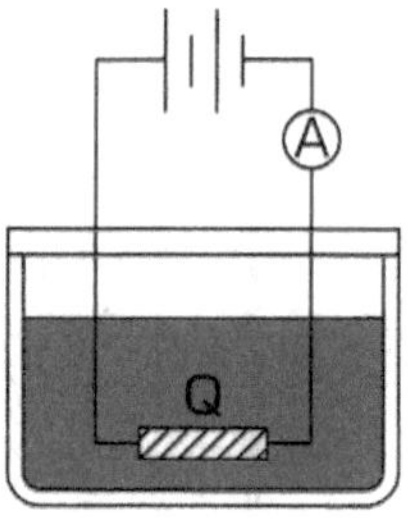

図５

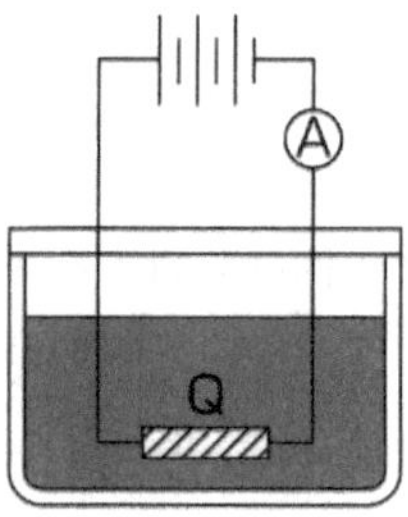

図６

表１

	電流［mA］	電流を５分間流した後の水温［℃］
図１	30	10.4
図２	60	11.6
図３	90	13.6
図４	60	10.8
図５	120	13.2
図６	180	17.2

⑴　電熱線Ｐと電熱線Ｑはどちらもニクロム線で材質は同じですが，形状（断面積や長さ）にちがいがあります。ＰとＱの断面積と長さの関係として正しいものを，次の中から２つ選んで記号で答えなさい。

（ア）ＰとＱの断面積は同じで，Ｐの長さはＱの長さの２倍

（イ）ＰとＱの断面積は同じで，Ｐの長さはＱの長さの$\frac{1}{2}$倍

（ウ）ＰとＱの長さは同じで，Ｐの断面積はＱの断面積の２倍

（エ）ＰとＱの長さは同じで，Ｐの断面積はＱの断面積の$\frac{1}{2}$倍

（オ）Ｐの断面積はＱの断面積の２倍で，Ｐの長さはＱの長さの２倍

（カ）Ｐの断面積はＱの断面積の$\frac{1}{2}$倍で，Ｐの長さはＱの長さの$\frac{1}{2}$倍

次に，図７～９のように配線して電流を５分間流しました。容器，フタ，水の量，かん電池は図３，６と同じものを用い，電流を流す前の水温はいずれも10.0℃でした。次の問いに答えなさい。ただし，答えが小数を含むときは小数第２位を四捨五入して，小数第１位まで書くこと。

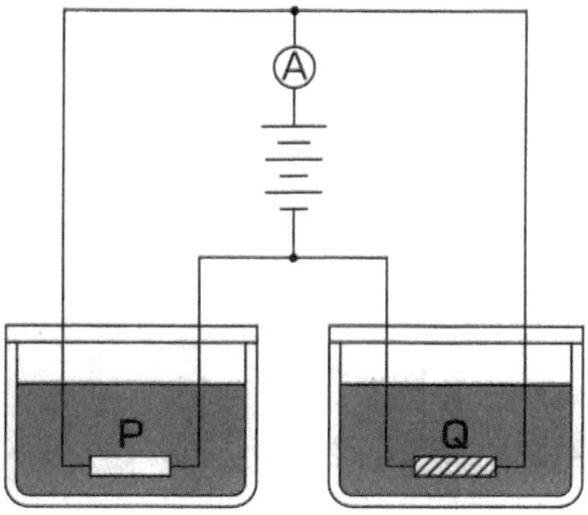

図７

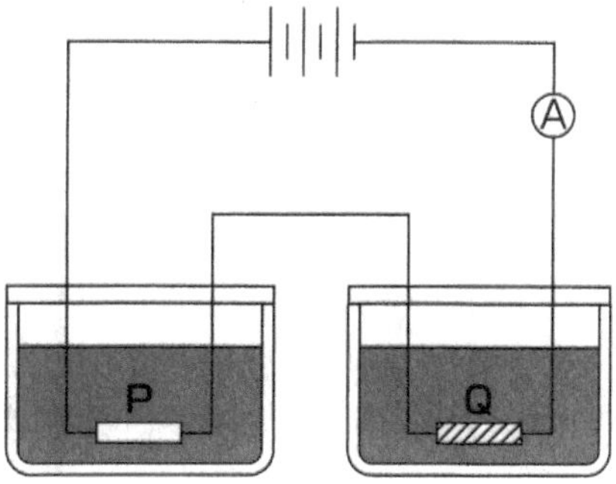

図８

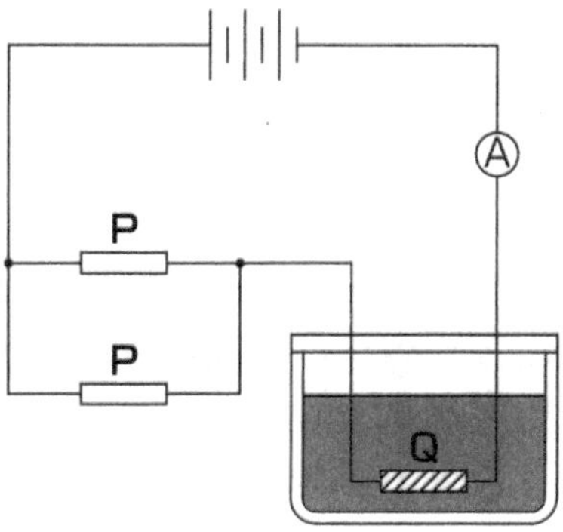

図９

⑵　図７の結果を次のようにまとめるとき，（ア）と（ウ）には適する数値を，（イ）にはＰまたはＱを補いなさい。

「電流計に流れる電流は（　ア　）mAでした。また，電流を５分間流した後の水温は，（　イ　）の入った方が（　ウ　）℃だけ高かった。」

⑶　図８の結果を次のようにまとめるとき，（ア）と（ウ）には適する数値を，（イ）にはＰまたはＱを補いなさい。

「電流計に流れる電流は（　ア　）mAでした。また，電流を５分間流した後の水温は，（　イ　）の入った方が（　ウ　）℃だけ高かった。」

⑷　図９において，電流計に流れる電流は何mAですか。また，電流を５分間流した後の水温は何℃ですか。

5　次の文を読み，問いに答えなさい。

図１（次のページ）は常温で固体の物質（ア）～（エ）について100ｇの水にとける重さと温度の関係を示したものです。これらの物質に関する次のページの⑴～⑶に答えなさい。

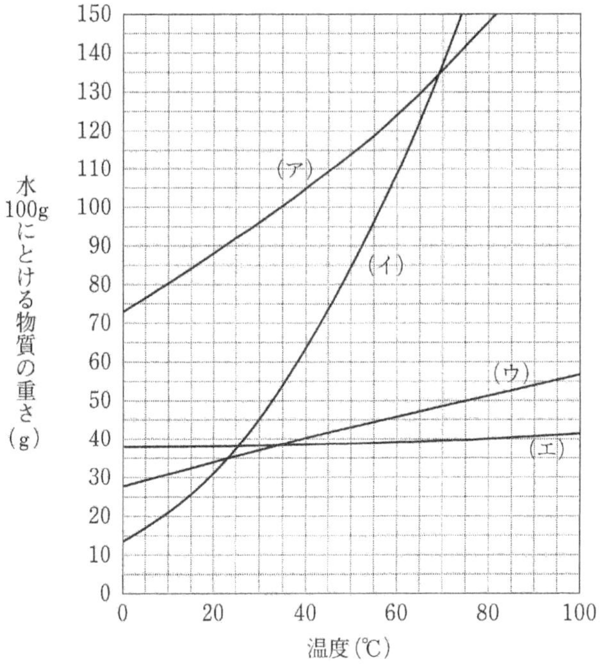

図１

⑴　（ア）～（エ）を50ｇずつとり，それぞれを50℃で100ｇの水に入れて十分にかき混ぜました。このとき，固体が完全にとけるものを（ア）～（エ）からすべて選んで記号で答えなさい。

⑵　（イ）の50℃におけるほう和水よう液100ｇを30℃まで冷やすと，とけきれなくなった結しょうが出てきました。この結しょうを30℃に保ったままろ過し，乾燥《かんそう》させてから重さをはかりました。得られた結しょうは何ｇですか。小数第１位まで答えなさい。割り切れない場合は小数第２位を四捨五入すること。

⑶　水200ｇに（ウ）を加えて得られる20℃と80℃の水よう液について，加えた（ウ）の重さと水よう液のこさの関係を示したものを，あとの①～⑧から選んで番号で答えなさい。なお，①～⑧では実線が20℃，破線が80℃におけるグラフです。

①

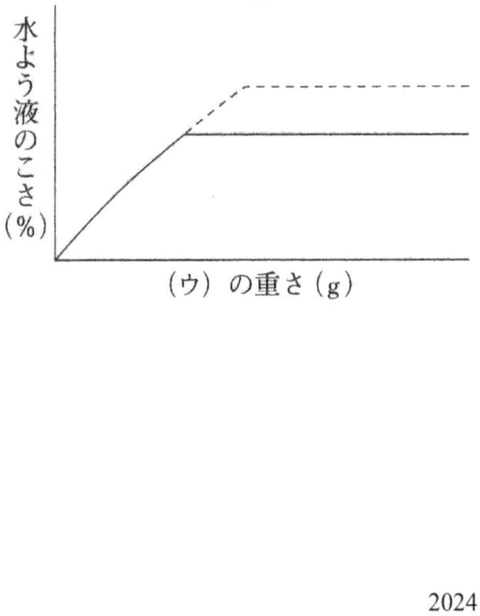

②

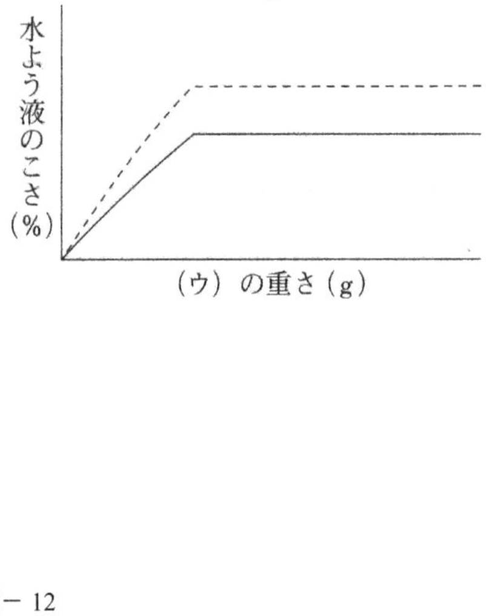

③

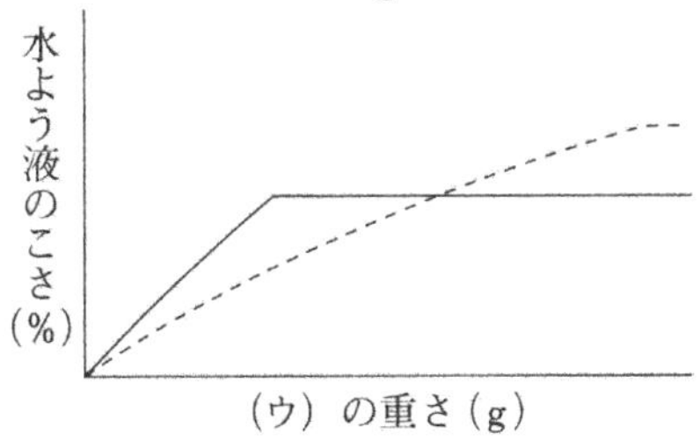

④

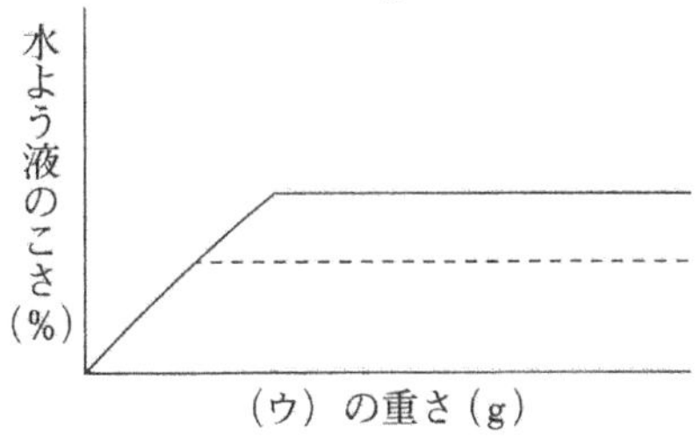

⑤

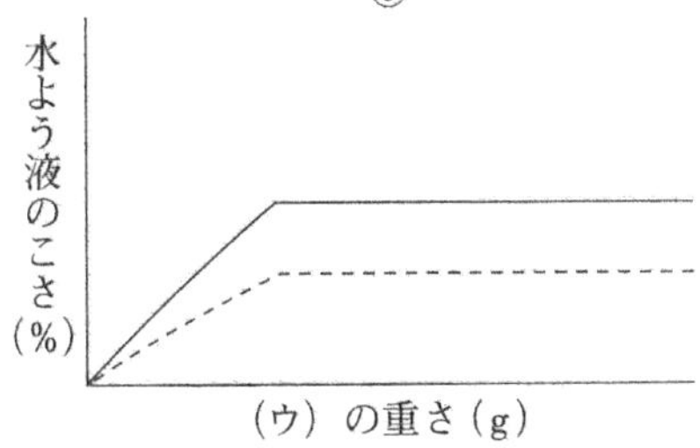

⑥

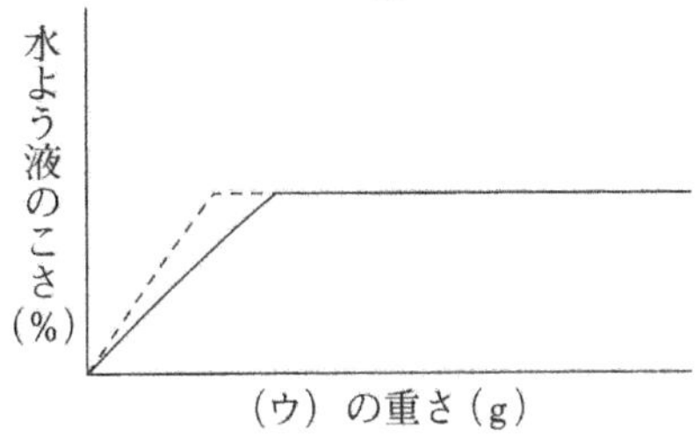

⑦

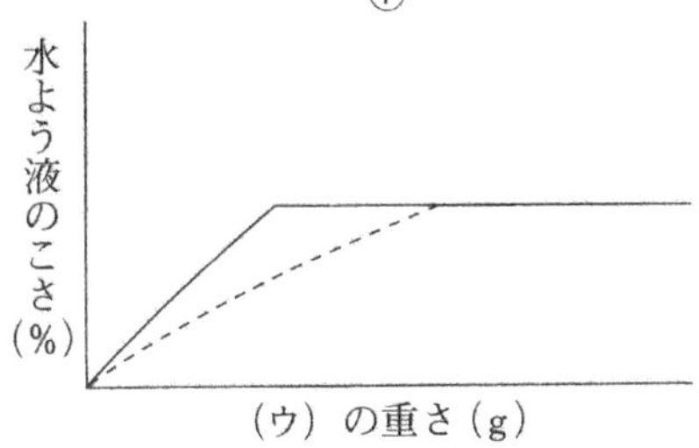

⑧

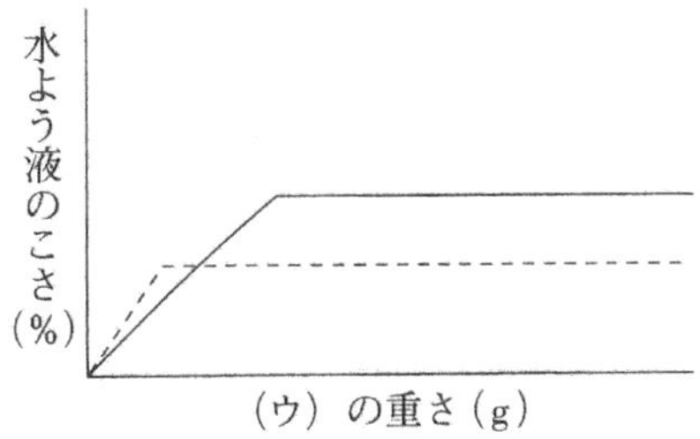

エタノールは常温で液体の物質で，水によくとけて，水よう液は消毒などに利用されています。エタノール水よう液（試料とする）を図２のような装置でじょうりゅうすると，じょう発した気体を冷きゃくして得られる水よう液（じょうりゅう液とする）とじょう発せずに残った水よう液（残液とする）が得られます。じょうりゅう液のエタノールのこさと試料のエタノールのこさとの関係を調べるために【実験１】と【実験２】を行いました。これらの実験について次のページの(4)～(7)に答えなさい。

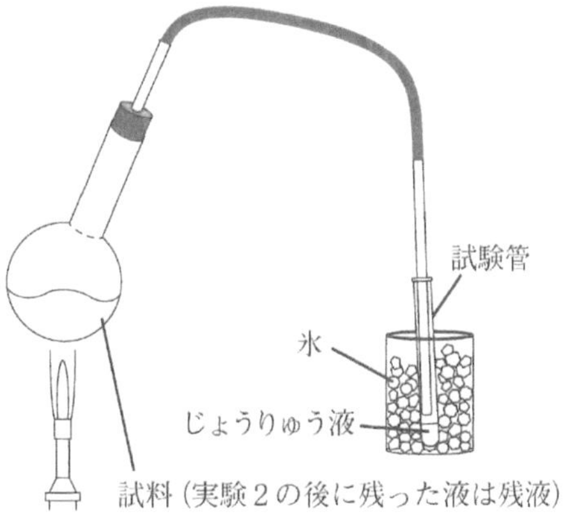

図２

【実験１】　エタノールのこさが10%から90%までの９種類のエタノール水よう液をつくり，これをそれぞれ試料Ａ～Ｉとした。このとき，水，エタノール，メスシリンダーを用いたが，水とエタノールとでは１㎤あたりの重さが異なるので，エタノール水よう液のこさと１㎤あたりの重さの関係を示した表１の値を利用した。

表１

試料	※	A	B	C	D	E	F	G	H	I	※
エタノールのこさ（%）	0	10	20	30	40	50	60	70	80	90	100
１㎤あたりの重さ（g）	1.00	0.98	0.97	0.95	0.93	0.91	0.89	0.86	0.84	0.81	0.78

※エタノールのこさ０%は水を，100%はエタノールを意味する。

【実験２】　じょうりゅう装置を用いて試料Ａ～Ｉを100ｇそれぞれ加熱して，じょうりゅう液を10ｇ得たところでじょうりゅうをやめてじょうりゅう液のエタノールのこさを測定すると，図３のような結果が得られた。

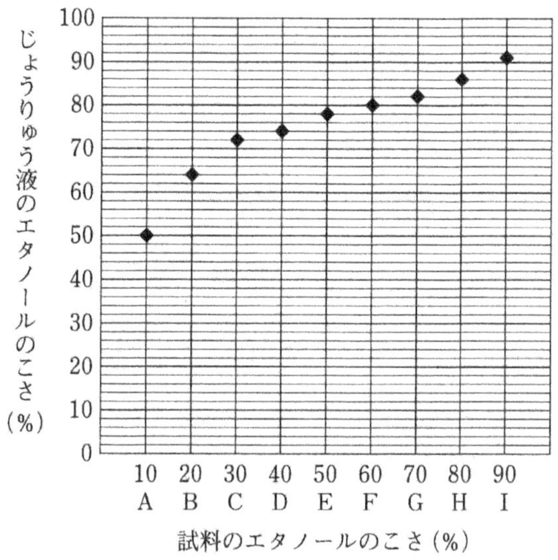

図３

⑷　【実験１】について，試料Ｅ（50%）を100ｇつくるために必要な水とエタノールはそれぞれ何㎤ですか。小数第１位まで答えなさい。割り切れないときは小数第２位を四捨五入すること。

⑸　水とエタノールを混ぜると，混ぜる前の体積の和よりも体積は小さくなる。⑷で得られた100ｇの試料Ｅの体積は混合前の水とエタノールの体積の和よりも何㎤小さくなっていますか。小数第１位まで答えなさい。割り切れないときは小数第２位を四捨五入すること。

⑹　【実験２】に関する次の記述①～⑤のうち，まちがいをふくむものを１つ選んで番号で答えなさい。

①　エタノールの方が水よりもふっ点が低いため，先に気体になる。

②　常に試料よりもじょうりゅう液の方がエタノールのこさが大きい。

③　試料とじょうりゅう液のこさの差が最も小さいのは試料Ｉを用いた場合である。

④　試料とじょうりゅう液のこさの差が最も大きいのは試料Ａを用いた場合である。

⑤　エタノール水よう液を加熱し続けると，最終的には何も残らない。

⑺　試料Ｆを用いて【実験２】を行ったとき，残液のエタノールのこさは何%ですか。小数第１位まで答えなさい。割り切れないときは小数第２位を四捨五入すること。

【社　会】（40分）　＜満点：75点＞

【１】 次の地図，および日本に関するあとの各問いに答えなさい。

地図

〔問１〕 次のＡ～Ｄの文は，地図中のＡ～Ｄについてそれぞれ述べたものです。Ａ～Ｄに当てはまる名称をそれぞれ答えなさい。

Ａ．農業に使う水を引く水路が発達した，2つの県にまたがる稲作のさかんな平野。

Ｂ．温暖な気候により，ピーマンなどの野菜の促成栽培が行われている平野。

Ｃ．20世紀に，西に位置する島と火山噴火の影響によって陸続きとなった半島。

Ｄ．沿岸にはリアス海岸が発達しており，鯛《たい》や真珠《しんじゅ》などの養殖がさかんな海。

〔問２〕 地図中の山Ｅは，過去の火山噴火の際に高温の火山灰や岩石，火山ガス，空気，水蒸気が一体となり，時速数十キロメートルから数百キロメートルの高速で山を流れおりる現象が発生しました。この現象を何といいますか。

〔問３〕 地図中の県の中で，2015年の時点ですでに県内に新幹線の停車駅が設置されており，その後2024年１月までの間に新たに新幹線の停車駅が設置された県はどこですか。

〔問４〕 次のページの図１中の①～③は，地図中のＦ～Ｈのいずれかの地点の降水量の変化を示したものです。①～③とＦ～Ｈの組み合わせとして正しいものをあとのア～カのうちから一つ選び，記号で答えなさい。

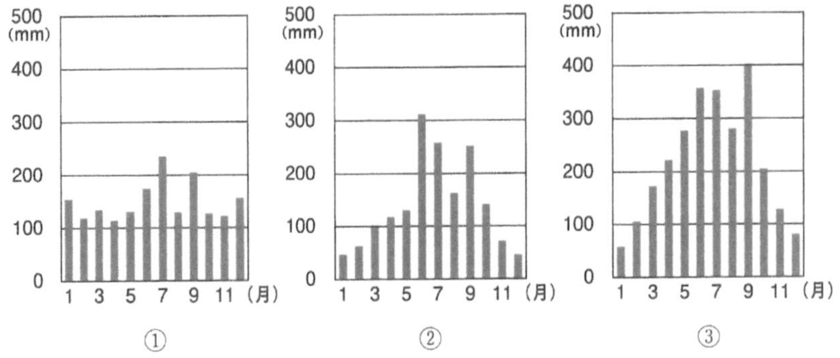

図１

気象庁webサイトより作成

	ア	イ	ウ	エ	オ	カ
①	F	F	G	G	H	H
②	G	H	F	H	F	G
③	H	G	H	F	G	F

［問５］　地図中の島Ｊについて述べた文として，内容が最も適当なものを次のア～エのうちから一つ選び，記号で答えなさい。

ア．温暖な気候による農業や，付近を流れる黒潮の影響で漁業がさかんである。

イ．サンゴ礁《しょう》やマングローブ林が発達しており，沖縄県に属している。

ウ．島全体が世界自然遺産に指定されており，多くの観光客が訪れている。

エ．火山活動が非常に活発であり，九州地方で最も高い山が位置する。

［問６］　次の表１は，太陽光発電，地熱発電，風力発電の都道府県別発電電力量の上位５位までを表したものです。④～⑥に当てはまる発電方法の組み合わせとして正しいものを以下のア～カのうちから一つ選び，記号で答えなさい。

表１

④	
青森	1253
北海道	1130
秋田	926
三重	409
岩手	404

⑤	
大分	823
秋田	399
鹿児島	376
岩手	204
北海道	87

⑥	
福島	1547
茨城	1372
岡山	1346
北海道	1187
宮城	1129

単位は百万kWh（電気事業者のみ）、統計年次は2021年度

『データでみる県勢2023』より作成

	ア	イ	ウ	エ	オ	カ
④	太陽光発電	太陽光発電	地熱発電	地熱発電	風力発電	風力発電
⑤	地熱発電	風力発電	太陽光発電	風力発電	太陽光発電	地熱発電
⑥	風力発電	地熱発電	風力発電	太陽光発電	地熱発電	太陽光発電

［問７］　次のページのア～エは，日本の国立公園について述べた文です。内容があやまっているも

のを一つ選び，記号で答えなさい。

ア．２つ以上の都道府県にまたがっている国立公園はない。

イ．すぐれた自然の風景地を保護・保全することが目的の一つである。

ウ．国立公園は広大であり，公園内に私有地が存在することもある。

エ．公園内で開発を行う場合には，各種法令に従う必要がある。

〔問８〕　次の図２は，日本の品目別の食料自給率の変化を示しており，図２中のア～オは果実，牛乳・乳製品，米，肉類，野菜のいずれかです。牛乳・乳製品に当てはまるものをア～オのうちから一つ選び，記号で答えなさい。

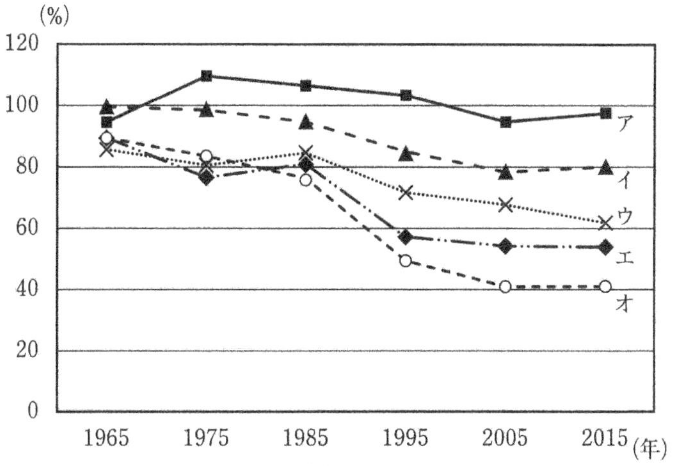

図２

「食料需給表（農林水産省）」より作成

〔問９〕　次の表２は，北海道，長野県，神奈川県，京都府，大阪府におけるキャンプ場，旅館・ホテル，林野率を比べたものです。京都府に当てはまるものを表２中のア～オのうちから一つ選び，記号で答えなさい。

表２

	キャンプ場	旅館・ホテル	林野率
ア	4	1520	30.0
イ	52	1349	38.7
ウ	40	1017	74.2
エ	149	2602	75.9
オ	222	2877	70.2

キャンプ場、旅館・ホテルは施設数、林野率（総面積に対する林野面積の割合）は％

統計年次は2020または2021年、『データでみる県勢2023』より作成

【２】　日本の歴史における争いと人々の生活について説明した次の文章を読んで，あとの設問に答えなさい。

A　1稲作が日本列島各地に広まり，暮らしが安定すると，人々は共同作業を行うため集落を拡大させました。集落のなかでは貧富の差や身分の差がみられるようになり，2集落どうしの争いも

おこるようになりました。

〔問１〕　下線部１について，この時期について説明した次の文Ｘ・Ｙの正誤の組み合わせとして正しいものを，下のア～エより選び，記号で答えなさい。

Ｘ．石の基礎の上に柱を立てた住居が個人の住まいとして数多くつくられました。

Ｙ．農業用水が豊富で稲作の行いやすい台地の上に多くの集落がつくられました。

ア．Ｘ－正　Ｙ－正　　　イ．Ｘ－正　Ｙ－誤

ウ．Ｘ－誤　Ｙ－正　　　エ．Ｘ－誤　Ｙ－誤

〔問２〕　下線部２について，福岡県の板付遺跡では，水田に必要となる用水路を一部にめぐらせることで防衛力を高めていたことが確認されています。このように，まわりに人為的な工夫をこらしたり，設備をもうけたりして防衛力を高めた集落を何といいますか。

Ｂ　７世紀にはいり，中国大陸で強大な統一王朝が出現すると，その影響は日本列島にもおよびました。当時強大な勢力をもっていたと考えられるヤマト政権は，3大陸の国々と関係を結ぶ一方で，ときには対立することもありました。4争いに参加したり，備えたりするために多くの人々が動員されました。

〔問３〕　下線部３について，次の図①は６世紀末の朝鮮半島の勢力をあらわしたものです。図中のＸ～Ｚにあてはまる語の組み合わせとして正しいものを，下のア～カより選び，記号で答えなさい。

図①

	X	Y	Z
ア	新羅	高句麗	百済
イ	新羅	百済	高句麗
ウ	高句麗	新羅	百済
エ	高句麗	百済	新羅
オ	百済	新羅	高句麗
カ	百済	高句麗	新羅

〔問４〕　下線部４について，663年におこった他国との争いに敗北したことをきっかけに，北九州に集められるようになった兵を何といいますか。

Ｃ　朝廷の律令に基づいた支配がゆらぐと，5武士が台頭して各地で争いがおこるようになりました。自然災害も多く発生して人々の生活が不安定になったことを背景に，阿弥陀仏にすがれば死後に極楽［６］へ生まれ変わることができるという［６］教が流行しました。のちに法然上人が開いた［６］宗も，この流れをくむものです。

〔問５〕　下線部５について述べた次の文Ⅰ～Ⅲを，古いものから順に並びかえた場合，正しいものはどれですか。あとのア～カより選び，記号で答えなさい。

Ⅰ．源義家が清原氏を助けて東北地方の争乱を平定しました。

Ⅱ．源義朝が平清盛とともに戦い，崇徳上皇の勢力に勝利しました。

Ⅲ．元国司であった藤原純友が瀬戸内地方の海賊を率いて反乱をおこしました。

ア．Ⅰ－Ⅱ－Ⅲ　イ．Ⅰ－Ⅲ－Ⅱ　ウ．Ⅱ－Ⅰ－Ⅲ

エ．Ⅱ－Ⅲ－Ⅰ　オ．Ⅲ－Ⅰ－Ⅱ　カ．Ⅲ－Ⅱ－Ⅰ

〔問６〕 空らん 6 にあてはまる語を答えなさい。

D　鎌倉時代から室町時代にかけて，朝廷は全国を実際に支配する力を失い，7人々はみずからの財産や権利をみずからの力で守らなければいけなくなりました。8各地に出現した戦国大名たちは，みずからの方法で特定の領域を支配しましたが，一方で，戦国大名たちは領内の人々からそれぞれのもつ財産や権利を安定させることを期待されました。

〔問７〕 下線部７について，当時の世の中の様子を説明した文ａ～ｄについて，正しいものの組み合わせを，下のア～エより選び，記号で答えなさい。

ａ．人々の間で土地をめぐる争いがおこった際には幕府が裁判を行いましたが，室町時代になると守護大名が幕府の意向を無視して裁判を行うようになりました。

ｂ．鎌倉時代初期の武士の家における相続をみると，土地の相続は当主の子どもに分割して行われ，女性にも相続の権利がありました。

ｃ．各地の都市では商人たちによる自治が行われ，商人の多くが寄合と呼ばれる同業者組合をつくるようになりました。

ｄ．農村部では惣村と呼ばれる自治組織がつくられ，領主への年貢納入などの負担を村単位でうけおうものも現れました。

ア．ａ・ｃ　イ．ａ・ｄ　ウ．ｂ・ｃ　エ．ｂ・ｄ

〔問８〕 下線部８について，次のＸ・Ｙとそれぞれ最も関係の深い人物は①～④のどれですか。組み合わせとして正しいものを，下のア～エより選び，記号で答えなさい。

Ｘ．キリスト教宣教師の国外追放を命じた。

Ｙ．分国法に喧嘩《けんか》両成敗を明記した。

①豊臣秀吉　②織田信長　③上杉謙信　④武田信玄

ア．Ｘ－①　Ｙ－③　イ．Ｘ－①　Ｙ－④

ウ．Ｘ－②　Ｙ－③　エ．Ｘ－②　Ｙ－④

Ｅ　江戸幕府が成立すると，各地の争いは徳川将軍と諸大名によっておさえられるようになりました。大きな争いがなくなっていく中で，人々は，新たな生産技術を生み出して生活を豊かにしていく一方で，9身分に応じた制限をうけることもありました。

〔問９〕 下線部９について説明した次の文Ｘ・Ｙの正誤の組み合わせとして正しいものを，下のア～エより選び，記号で答えなさい。

Ｘ．百姓は，稲作を行うことと，全員で村の運営に関わることを義務付けられました。

Ｙ．都市に集められた商人や武士は，それぞれ居住できる地区が指定されていました。

ア．Ｘ－正　Ｙ－正　イ．Ｘ－正　Ｙ－誤

ウ．Ｘ－誤　Ｙ－正　エ．Ｘ－誤　Ｙ－誤

F　明治新政府は，欧米列強に対抗するため，富国強兵をかかげて政治や社会の改革を進めていきました。10この大きな変化によって人々の生活も様変わりした一方で，人々はこれまでになかった負担を強いられることとなりました。明治時代後期には，国家の利益のためにある程度の負担を受け入れるという考えが，人々の中に少しずつ広まっていきました。しかし，日露戦争の結果，11日本が賠償金を手に入れられずに終わると，この考えに疑問をもつ人々も増えていきました。

〔問10〕　下線部10について述べた文として**あやまっているもの**を，次のア～ウより一つ選び，記号で答えなさい。なお，**すべて正しい場合はエと答えなさい**。

ア．農民や商人は平民とされ，兵役を義務づけられましたが，それによって働き手がとられたため政府への不満が高まりました。

イ．武士はすべて華族とされ，政府から住居や収入などを保障された一方で，銀行の設立にあたって資金を提供することもありました。

ウ．えた・ひにんと呼ばれた人々は平民と同じ立場であるとされましたが，職業選択などの場面で不平等に扱われることもありました。

〔問11〕　下線部11について，この結果をもたらした講和条約を何といいますか。

G　12大正から昭和初期にかけて，国民の考えを政治に生かそうとするデモクラシーの考えが人々に広まり，比較的好景気な状態も重なって都市部に住む人々の生活水準は向上しました。しかし，昭和の初めに不景気となると失業者が増え，また農村部は凶作が重なり生活に大打撃を受けました。人々の生活の不安定さや格差に対する不満は，少しずつ政治にも影響を与え，それらを背景に軍部が力を持つようになりました。そのような背景により，日中戦争やアジア・太平洋戦争がおこり，13長期化する戦争の中で，人々には平均化された最低限度の生活と，大きな負担が求められるようになっていきました。

〔問12〕　下線部12について述べた次の文ａ～ｄについて，正しいものの組み合わせを，下のア～エより選び，記号で答えなさい。

ａ．第三次桂太郎内閣が退陣すると，次に成立した加藤高明内閣のもとで，普通選挙法が成立しました。

ｂ．デモクラシーの風潮をうけて，市川房江らは女性参政権獲得を目指しましたが，この時期には達成されませんでした。

ｃ．大戦景気によって物価が急激に下落したことで，高い給料をもらえるようになった都市の人々の購買意欲が増進されました。

ｄ．大学や師範学校などで高等教育をうけたサラリーマンが安定した収入を得られるようになると，子どもにも高水準の教育を受けさせようとする人々が増えました。

ア．ａ・ｃ　　イ．ａ・ｄ　　ウ．ｂ・ｃ　　エ．ｂ・ｄ

〔問13〕　下線部13について説明した次の文Ｘ・Ｙの正誤の組み合わせとして正しいものを，次のページのア～エより選び，記号で答えなさい。

Ｘ．国家総動員法が成立して政府が議会の承認なく物資の供給に介入できるようになりました。

Ｙ．大政翼賛会のもとに隣組が結成され，近所の住民どうしの助け合いや監視の役割を果たしました。

ア．X－正　Y－正　　　イ．X－正　Y－誤
ウ．X－誤　Y－正　　　エ．X－誤　Y－誤

【3】 次の文章を読んで，あとの問いに答えなさい。

> **“老いた親につくせ”**
> **人の子として生まれた以上,「親を養う道」を知らないというのは通用しない。親の心が楽しくなるようにし，親の気持ちを裏切らず，怒りを買う言動はひかえて，余計な心配をさせないようにする。居室や寝室は，暑さ寒さに応じて過ごしやすいようにし，食べものや飲みものは味を工夫するなど，真心をつくして養わなければならない。**
> **城島明彦訳『養生訓《ようじょうくん》』より**

これは，江戸時代，1貝原益軒《かいばらえきけん》という人物が著した書物の一節です。このなかで語られているように年老いた親を養うのは子供の義務と考えられていました。家族がいないお年寄りについては，近所の人たちが協力して面倒を見ていたそうです。

現在，日本が直面している介護の問題は，今に始まったことではなく，古くから日常生活の一部として存在していました。ただ，今と違って，明治の時代の2家制度のように，長子が親の老後の面倒を見なければならないという価値観がありました。ところが現代では，（　1　）家族化や非婚化など，家族のありかたが変わったことや，3少子化によってお年寄りを支える人たちが少なくなったことなどにより，老老介護や独居老人世帯が増えています。

近年，国は介護を取り巻く問題に対処しようと，様々な制度を整備しました。例えば，（　2　）歳以上のすべての人が加入する4介護保険制度があります。これは，〈　A　〉が運営主体となって，将来自分が介護を必要としたときにサービスを受けることができる制度です。また，家族の介護のために仕事を休まなければならなくなった場合には介護休業という制度もあります。これは，休んでいる期間も雇用が継続され，さらに一定の給与が保障されるというものであり，安心して家族の介護をすることができます。

しかし，これら介護に関わる制度には問題点もあります。一つ目は，制度の維持にはお金がかかるということです。今の5国の財政は赤字続きで，介護だけに予算をあてることが難しいのが現状です。そのため，介護保険制度の保険料は年々上がり続けていて，保険料を払うことが困難な人々も出てきています。

二つ目に，介護に関わっている人たちに対する理解が広がっていないという問題があります。介護休業制度があっても，仕事を休みづらくて制度を利用できないというケースが少なくありません。厚生労働省の調査によると，介護休業を取得した人がいた事業所の割合は，令和元年度には2.2%でしたが，令和４年度には1.4%と減少してしまっています。

介護マーク

単純に制度を作ったからと言って，それが問題の解決にすべてつながるというわけではありません。制度の意味をしっかりと理解したうえで，利用しやすいように相互理解をする雰囲気を作ることが大切だと考えます。10年ほど前に，介護をする人が介護中であることを周囲の人に知らせるための6「介護マーク」が静岡県で作成されました。現在，このマークは政府の号令で全国に広がり，芝中学校がある東京都港区でも利用促進が呼びかけられてい

ます。このような標識マークには様々な種類がありますが，マークを見かけた人に，相手に対して思いやりを持って接しようという気持ちが生まれるのでとても良い取り組みであると感じます。

江戸時代もそうでしたが，助け合いの精神は，社会生活の根幹を成しています。現代においては，自分一人で解決できない問題を抱えている人を，政府や自治体のサポートとともに，周囲の人たちの理解や地域のボランティアなど，いろいろな方法で支えていくことが社会生活を送っていくうえで大切なことだと感じます。

〔問１〕　文中の空欄（１）と（２）に適する語を以下の指示に従って答えなさい。

※空欄（１）は漢字一字　　　※空欄（２）は数字

〔問２〕　文中の空欄〈A〉に最もふさわしいものを下から選び，記号で答えなさい。

ア．国　　　　イ．都道府県　　ウ．市区町村　　エ．企業

〔問３〕下線部１に関連して，貝原益軒は江戸時代の儒学者として知られています。益軒が生きていた時代，５代将軍徳川綱吉は，「文武忠孝を励し，礼儀を正すべき事」と武士たちに求めています。これは，儒学に基づいた考え方ですが，後に幕府が公式の学問とした儒学の一派を何といいますか。下から選び，記号で答えなさい。

ア．朱子学　　イ．心学　　　　ウ．古学　　　　エ．陽明学

〔問４〕　下線部２に関連して，日本国憲法の成立によって，家制度は廃止されました。その根拠となる条文，第13条と，第14条の一部を以下に示してあります。空欄に適する語を補充して条文を完成させなさい。

日本国憲法

〈第13条〉

すべて国民は，（　Ⅰ　）として尊重される。生命，自由及び幸福追求に対する国民の権利については，公共の福祉に反しない限り，立法その他の国政の上で，最大の尊重を必要とする。

〈第14条〉

すべて国民は，法の下に（　Ⅱ　）であつて，人種，信条，性別，社会的身分又は門地により，政治的，経済的又は社会的関係において，差別されない。

〔問５〕　下線部３に関連して，あとの４つのグラフは，2010年～2020年までの完全失業率・合計特殊出生率・男性の育児休業取得率＊１・有効求人倍率の推移を表しています。この中で，合計特殊出生率と男性の育児休業取得率を表したものを選び，それぞれ記号で答えなさい。

＊１　2011年は岩手県，福島県及び宮城県を除く全国の結果

ア

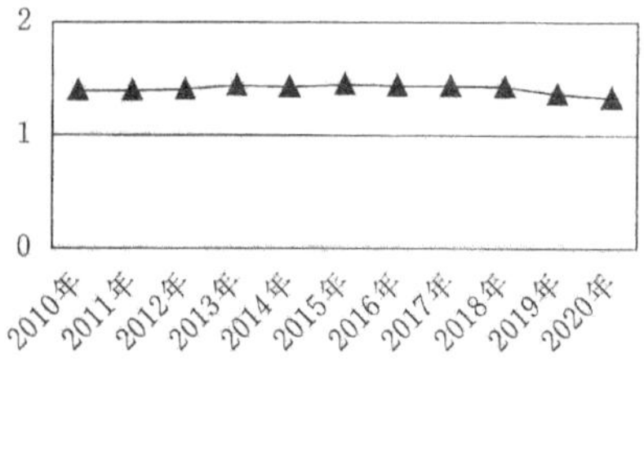

イ

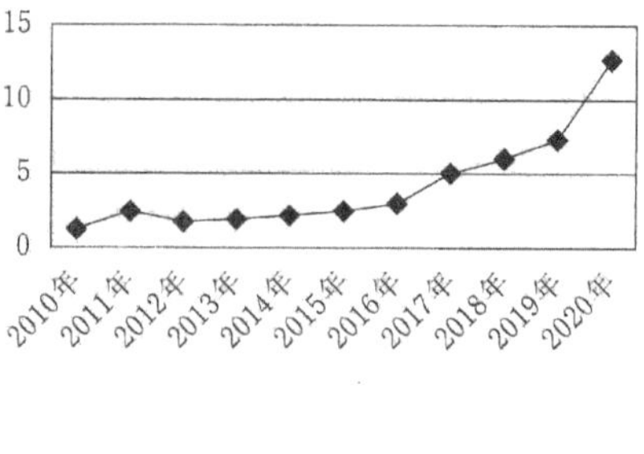

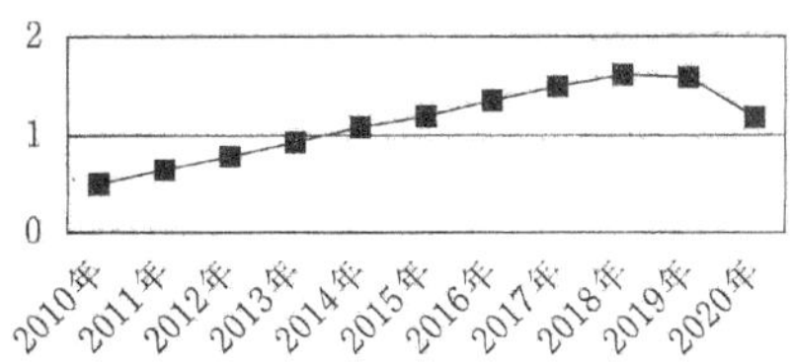

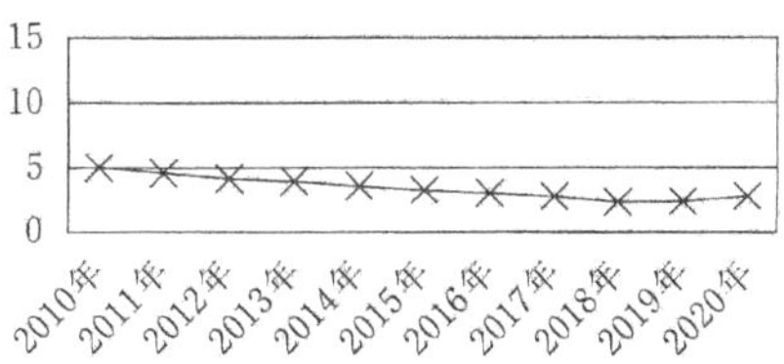

単位は完全失業率・男性の育児休業取得率が％、有効求人倍率が倍、合計特殊出生率が人

厚生労働省資料、労働政策研究・研修機構資料より作成

〔問６〕下線部４について，介護保険制度は日本国憲法第25条の「健康で文化的な最低限度の生活を営む権利を有する」に由来します。憲法第25条に書かれている権利を何といいますか。下のア～エから選び，記号で答えなさい。

ア．生存権　　イ．財産権　　ウ．平等権　　エ．勤労権

〔問７〕 下線部５について，次の一般会計税収の推移に関する資料を参考に，以下の設問に答えなさい。

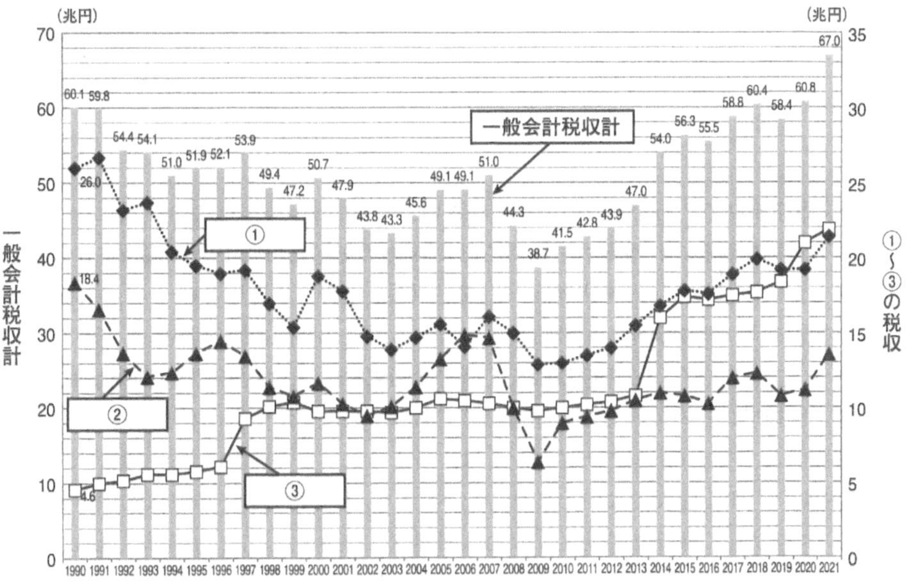

（　Ｘ　）崩壊以降の約30年間，一般会計の税収は横ばい，もしくは時期によっては減少傾向にありました。とくに，2008年に起きたリーマンショックによってもたらされた不景気によって，税収は大きく落ち込みました。しかし，その後は景気が回復傾向にある中で，二度の消費税率引き上げも影響し，税収は（　Ｘ　）期を越えてさらに増加傾向にあります。

⑴　文中の空欄Ｘに適する語をカタカナで答えなさい。

⑵　資料中のグラフ①～③は，消費税・所得税・法人税のいずれかを表しています。これらは，国の税収を支える基幹三税として重要な位置付けがされています。それぞれの組み合わせとして正しいものを次のページから選び，記号で答えなさい。

	消費税	所得税	法人税
ア	①	②	③
イ	①	③	②
ウ	②	①	③
エ	②	③	①
オ	③	①	②
カ	③	②	①

〔問８〕 下線部６について，このマークは，介護をする人が周囲に対して介護をしていることを知らせるために使いますが，具体的にはどのような場面で必要とされるでしょうか。下のア～エをよく読んで，**当てはまらないもの**を一つ選び，記号で答えなさい。

ア．介護をする人が，認知症の方と外出したときに，周囲の人の協力を求めなければならない場面で，周囲の人からの誤解や偏見を生まないようにするために必要となる。

イ．駅やサービスエリアなどのトイレで要介護者を介助しているときに，周囲の人からの誤解や偏見を生まないようにするために必要となる。

ウ．バスや電車の中で，介護をする人が優先席を利用する要介護者を見守るために，優先席近くで立っていたりすることが誤解や偏見を生まないようにするために必要となる。

エ．介護をする人は体力を必要とするため，要介護者に付き添っていないときでも席を譲ってもらったり，列に並ばなかったりすることが誤解や偏見につながらないようにするために必要となる。

【４】 次の文章を読んで，あとの設問に答えなさい。

箱根駅伝の通称で親しまれる東京箱根間往復大学駅伝競走は，2024年１月２日・３日の開催で100回を迎えました。東京の大手町を出発し，川崎，戸塚，平塚，小田原という，1東海道の宿場を中継点として箱根の芦ノ湖を目指し，翌日に戻ってくる，全10区間の駅伝競走は，多くのランナーの憧れのイベントです。また，この競技会を主催する関東学生陸上競技連盟（関東学連）は，1919年の設立で陸上競技では日本で最も古い連盟組織であり，大学生が中心となって運営されています。お正月の風物詩ともなっているこのイベントは，多くの大学生の熱意によって動いています。

さて，箱根駅伝の第１回大会は1920年のことですから，毎年行われていれば2019年の開催で100回を迎えるはずでした。５回分の空白，すなわち開催されなかった年は，1941年，1942年，1944年，1945年，1946年です。原因は言わずもがなでしょう。箱根にあこがれ，箱根をめざして走ってきた多くの学生ランナーにとって，その夢が絶たれることへのショックは想像しきれないものだったと思われます。

ただし，この期間の中で1943年が「欠番」になっていないことに着目しなければなりません。この年，「東京箱根間往復大学駅伝競走」は「靖国神社・箱根神社間往復関東学徒鍛錬継走大会」という名称で実施されました。大会運営をになう関東学連は，なんとか競技の機会を得ようと努力し，軍部との交渉を重ね，「学徒鍛錬」すなわち，学生たちが戦争に備えて体をきたえることの一環と位置づけることで，開催にこぎつけたのです。

戦争が多くの人の平穏な生活を壊す事例は枚挙にいとまがありません。戦争を起こさないように，2参政権の行使を通じて慎重に代表者を選んだり，表現の自由にもとづいてさまざまな場面で意見を表明したりすることはできますが，領土や宗教をめぐる対立をもとに他国が攻めてくるような事態を，一般の市民がにわかに止めることはできません。ですから，わたしたちにとって戦争とは，いわば自然災害のように，自分ではどうすることもできない状況の一つであるとも言えます。

みなさんが生まれたころに起こった3東日本大震災では，津波によって多くの被害が出たばかりでなく，原子力発電所の事故とあいまって，現在でも多くの人が以前の生活を取り戻せないでいます。また，昨今の新型コロナウイルス感染症の広まりに際して，ことに2020年は年度のはじめには社会が大きく混乱しました。みなさんも，学校が休みになり，再開が見通せない不安のなかで日々を送ったのではないでしょうか。

しかし，過去を振り返ることで，そのような状況におちいっても，できることを探して，前向きに取り組む人がいたことに気づくはずです。箱根駅伝が再開されるときに備えて練習を積んでいた選手や，「競走」ではなく「鍛錬」ならば実施できるのではないかと考えて懸命に軍部とかけあった陸連の学生がそうでした。それが先日の第100回大会につながったことは，わたしたちにも大きな希望を与えてくれます。

これから先も，ある日突然，困難に直面することがあるでしょう。そんなときに，駅伝を走る選手がタスキを受け継いでいくように，箱根駅伝をなんとか開催しようと尽力した人びとのありようを，自分の未来をひらく原動力にしたいものですね。

〔問１〕 下線部１に関連して，江戸時代に整えられた「五街道」について，江戸から出発したときに中山道と甲州街道が合流する場所は，現在のどの県ですか。次のア～エから選びなさい。

ア．群馬県　　イ．静岡県　　ウ．長野県　　エ．山梨県

〔問２〕 下線部２について，この権利の一部と考えられている，署名運動などによって人々の意見を集約し，法律や制度の設置を議会に働きかける権利をなんと言いますか。

〔問３〕 下線部３について，この災害で大きな被害を受けた三陸鉄道は，地方公共団体と民間が資本を出し合って経営されています。このような経営の方法を何と言いますか。数字の一つ入ることばで答えなさい。ただし，解答には漢数字・算用数字のどちらを用いてもかまいません。

〔問４〕 二重線部について，この比喩をもちいて，筆者はどのようなことを伝えようとしていますか。次の条件に従って100字以内で答えなさい。

《条件》

次のことばを必ず使い，使ったことばには下線を引くこと。同じことばは何回使ってもかまわないが，そのたびに下線を引くこと。また，句読点や記号は１字と数えること。

[　過去　状況　原動力　]

み〉とありますが、これはどういうことですか。50字以上60字以内で説明しなさい。

問三　——線部③〈同じこと思ってるんだ〉とありますが、これはどういうことですか。25字以上35字以内で説明しなさい。

問四　——線部④〈たった一本の線によって、さっきまで見えなかった新しい図形がわかるようになっている〉とありますが、これは、〈図形〉だけではなく、〈伽凛〉が自分の本心に気づいたとも考えられます。では、それはどのようなことですか。気づく前の気持ち、きっかけ、気づいた内容の三つがよく分かるように、80字以上100字以内で説明しなさい。

下書き用（使っても使わなくてもかまいません）

姉は淡々《たんたん》と言いながら、平面図形にもう一本の補助線を引いた。

「杏珠、そんなふうに思わないで」

「たぶん、わたしと伽凛、③同じこと思ってるんだ」

同じ？　伽凛は姉の横顔を見た。姉もこちらを見て、少し笑って、目を伏《ふ》せた。

「お母さん、ずっと杏珠に申し訳ないって思ってるの。プレッシャーをかけすぎちゃったせいで、知らないうちにあなたを追《お》い詰《つ》めていたんだよね」

「それ、違うよ」

「違う？」

母は姉に訊き返した。

「たしかにプレッシャーはきつかった。でも、期待されないのはもっとつらい。だから、お母さんにお願いがある。こんなわたしだけどさ、もう少しだけ期待してくれないかな。わたし、お母さんに期待してもらえないと、頑張れないみたい。わかってるよ、親のためじゃなく、自分のために頑張らないといけないんだって。自分のための勉強、すべて自分のためって、わかってる。来年には高校生になるのに、何を子供みたいなことを言ってるんだってことも、わかってる。だから言えなかったけど、やっぱり、本当のところ、そうなんだよ……お母さんに期待してほしいんだってこと」

「……杏珠」

「そのうち見つけるから。自分のために頑張れること、必ず見つけるから、だからもうちょっとだけ、期待して」

「もう！　バカね……あんたってば」

母の呆《あき》れたような声が、姉を遮《さえぎ》った。

「期待しているに決まってるでしょう。ずっと期待してるわよ。あなたが……あなたたちが、あなたたちらしい人生を送って、楽しみ尽《つ》くしてくれること、生まれた時から、ずっと、ずっと」

母は強い口調でそう言ってから、なんだろうね、と額に手を当てて、ため息を吐《つ》いた。

「……難問だな、人を育てるって」

母の声が、少し笑って、でも苦しげに掠《かす》れた。

大人になっても、難問にぶつかることがあるんだ。

そんなことを思いながら、伽凛は平面図形に目を向ける。これも難問だけど……あっ。

姉が引いた補助線。そっか、ここに引けばいいんだ。

④たった一本の線によって、さっきまで見えなかった新しい図形がわかるようになっている。

たぶん、ちょっとしたことなんだ。なかなか気づけないけど、ほんのちょっとしたことで、見えないものが見えてくるんだ。

（尾崎英子『きみの鐘が鳴る』より。）

※解答の際、「伽凛」は「かりん」、「杏珠」は「あんじゅ」と書いても構いません。

〈注〉1　ドラゴン――塾の名前。

2　八女先生――塾の先生の名前。

問一　――線部①〈そう〉とありますが、〈そう〉が指す内容とはどのようなことですか。30字以上40字以内で説明しなさい。

問二　――線部②〈この喉の奥のほうを強く締め付けられるような痛

るの。とくに中学受験なんて、①そうなの。だって、子供がすることなんだもの。注1ドラゴンの先生も注2八女《やめ》先生も、受験をよくわかっている人はみんな口を揃《そろ》えて言うわ。お母さんも杏珠の時に、よくわかった、だから」

「うっさい！　静かにして、問題解いてるんだから！」

「大事な話でしょう。杏珠だって、ずっと強気だったけど」

「杏珠、杏珠って！　あたしはお姉ちゃんとは違う！」

　握っていたシャーペンを壁《かべ》に投げつけると同時に、「伽凜！」母親の声が一瞬《いっしゅん》にして怒声《どせい》に変わった。

「そういう言い方しないで。杏珠だって頑張《がんば》ってきたんだから、バカにするような言い方はやめて」

「違うよ！　バカになんかしてない！」

　伽凜は母を鋭《するど》い目で睨《にら》んだ。

「いい加減にして」

「それ、こっちが言いたいよ。伽凜、お姉ちゃんのことをバカにしたことなんてないよ。お母さんでしょ、お姉ちゃんのこと、失敗したって思ったり……。あたしはお姉ちゃんとは違うってこと！　お姉ちゃんはお姉ちゃん、あたしはあたし……それを言いたいだけなのに、お母さんは」

　全然わかってくれないじゃん。

　視界がプールの中みたいに揺《ゆ》らいだ。目からぼろぼろと涙《なみだ》が溢《あふ》れて、鼻水が流れ出てくる。

「伽凜」

「無理してないんだから、無理って言わないで。女子学芸に行きたいの……全力出すから、もっと必死になるから、お願いだから、頑張らせてよ。勝手にブレーキかけないでよ」

　喋《しゃべ》っているうちに嗚咽《おえつ》になって、伽凜はしゃくり上げながら、両手で顔を覆《おお》った。悲しいんじゃない。悔《くや》しいとも違う。②この喉《のど》の奥《おく》のほうを強く締《し》め付《つ》けられるような痛みを、四十字以内で説明しなさいって問題が出たら、どう答えたらいいんだろう。

　すぐそばに人の気配がする。

「お母さん？　違う？」

　目を塞《ふさ》いでいた両手を外した。伽凜は顔を上げた。

「どれ？」

　姉だった。おもむろに跪《ひざまず》いて、伽凜の手元を覗き込んだ。

「えっ」

「わかんない問題、どれ？」

　そう訊《き》かれて、伽凜は平面図形を指さした。

「ああ、これ。よく出るよね。補助線、二本引かなくちゃいけないのはわかる？」

　机の上に転がっていた鉛筆《えんぴつ》を手に取り、伽凜は一本の線を図形の中に引いた。うん、そう、と姉が頷く。

「……お姉ちゃん」

「お母さん、わたしさ、中学受験楽しかったんだよ。大変だったけど、その時は勉強好きだったし、できる問題が増えると自信がついたし、なによりさ、お母さんの期待に応《こた》えたかったから、いい点数取って、偏差値が上がって、お母さんが喜んでくれたら最高に嬉《うれ》しかったんだよ。結果的には、力が足りなかったから、期待に応えられなかったんだけど」

ると、母は一つ頷《うなず》いた。

やっぱり……。

そっか、やっぱり落ちたんだ。でも、でも。

「東大宮女子は……合格してたよね？」

「それがね、ダメだったみたい」

「えっ？　嘘《うそ》でしょ？」

「何度も確認《かくにん》した」

「待って、ちょっと待って。おかしいよ、それ。絶対におかしい。もう一回ちゃんと見て。番号、ほんとに間違《まちが》えてない？」

「じゃ、一緒《いっしょ》に」

母の手にはすでにスマホが握《にぎ》られていた。テーブルの上の東大宮女子学園で保護者に配られた合格発表の案内のプリントのＱＲコードを読み取って、サイトを開いた。伽凛も小さな画面を覗《のぞ》き込《こ》み、受験番号が入力されていくのを確認した。

クリックを押《お》すと、あっさりと画面が切《き》り替《か》わった。まだ心の準備が、と言う間もなく、『不合格』という大きな文字が目に飛び込んできた。

埼玉境学園特進コースも確認したが、不合格だった。

「伽凛、気持ち変えていこう。どっちも難しい学校だもの。簡単ではないのはわかっていて受験したんじゃない。埼玉境の本科ならまだしも、特進コースは、女子学芸中と同じくらいの偏差値《へんさち》だし、東大宮女子だって」

「なんでなの!?　こんなことってある？　だってＡ判定だったんだよ？　まあまあ手応えだってあったの！　そりゃ……ちょっと自信なかったところもあったけど」

いったいどこで点数を落としたんだろう。埼玉境学園は……捨て問だと思った時計算ができなかったのがまずかったのが。平面図形かもしれない。やり方はあっているはずだから、計算をミスった？　理科は、社会は、そうだ国語の物語文で躓《つまず》いたのかも……。

「受験ってそういうものなのよ。お母さん自身も、経験してきた。前に話したことがあったと思うけど、お母さんも中学受験したでしょう。桜鳳《おうほう》中学を受けて、自分ではけっこうできたと思ったけどダメだったって。杏珠だってそう……どこかで杏珠に期待しすぎてたのよね……あの子には申し訳ないことしちゃった。何が言いたいかっていうと」

「もういい！　時間ないんだから！」

伽凛はリュックを持って、受験部屋である和室に入った。ライトをつけて、リュックからさっきまで塾でやっていたテキストを引っ張り出す。

「帰ってきたばっかりじゃない。お風呂《ふろ》に入ったら」

「ほっといて」

さっき塾で解けなかった平面図形、これをやっておこう。

「ショックかもしれないけど、一月に練習できてよかったよ。でも、次は本番だから。第一志望、女子学芸中のままでいい？　正直、過去問との相性《あいしょう》を考えると、埼玉境のほうがよかったくらいなのよね？　それでもダメだったっていうのは……あ、そうだ、第一志望の女子学芸中は変えなくてもいいとして、一日《ついたち》の午後校や二日校は練り直したほうが」

「ああ、えっと、なんだっけ、これって補助線を引くんだよね……直線ＡＢを延長させて、直線ＣＤと交差する点がここで」

「無理しすぎるとダメなの。受験って、最終的にはメンタルに左右され

問二　――線部②〈「したい」という思いを回避するようになり、「したい」ことがわからなくなるかもしれません〉とありますが、家庭において、このような状況が生じる原因を、誰が、誰に対して、どうすることかの三つを明らかにして、25字以上30字以内で説明しなさい。

問三　――線部③〈本来、学校は多様な人間が集う場所なので、さまざまな価値観や考え方、感受性に出会い、多様なあり方を学べます〉とありますが、筆者は、その学びが十分に達成されていない現状があると考えています。その理由を、30字以上40字以内で説明しなさい。

問四　――線部④〈主体的な意志が未成熟で、自分のしたいことがわからなくなってしまう〉とありますが、このような状態にならないためには、どのような生活を送る必要がありますか。本文全体をふまえて、80字以上100字以内で説明しなさい。

下書き用（使っても使わなくてもかまいません）

20

四　次の文章を読んで後の問いに答えなさい。

伽凛《かりん》は小学六年生の女の子で、中学入試の時期を迎えています。三つ年上の姉の杏珠《あんじゅ》は、中学受験に失敗し、不登校になっています。

埼玉境《さいたまさかい》学園特進コースと東大宮《ひがしおおみや》女子学園の合格発表は同日だった。その日は塾《じゅく》で、伽凛はいつもどおり夜九時半に帰宅した。電車の中、心の中でずっと自分と話していた。

東大宮女子は手応《てごた》えがあったから、きっと合格してるって。埼玉境は少し不安だけど、六割取れていれば合格のはず。うん、大丈夫《だいじょうぶ》。万が一落ちていたとしても、いいじゃん。だって、受かっていたとしても通う学校じゃないんだから。

「ただいまー」

スニーカーを脱《ぬ》ぐと、伽凛はまっさきにダイニングへ入った。母は食卓《しょくたく》の椅子《いす》に座《すわ》って、おかえり、と振《ふ》り返《かえ》る。あれ？　と思う。その表情が、笑っているけど、こわばっているように見えた。

「結果出てんでしょ？　どうだった？」

背負っていた重いリュックを下ろしてフローリングに放《ほう》り出《だ》し、伽凛は母の隣《となり》に座った。

「うん、出たよ」

「見たんでしょ？　受かってた？」

「えっとね、伽凛」

背中がゾクッとした。これってダメなフラグ？

「わかった、埼玉境がダメだった？　そうでしょ？」

聞くのが怖《こわ》いから、先に言った。そんなの想定内だと言うように。す

が生まれてくるかもしれません。周囲に忖度《そんたく》し、横並びを重視する大人の姿勢は、子どもにも影響《えいきょう》を与えてしまう可能性があるのです。

　そもそも思春期の子どもは自意識が強いため、承認されるための安定した評価基準にすがりやすい傾向を持っています。その結果、学校内の価値基準に同調したり、場の空気を過剰《かじょう》に読みこみ、異質な存在でないことを示そうとします。思春期はもっとも[注4]空虚《くうきょ》な承認ゲームにはまりやすい時期なのです。

　この時期はクラス内でも小グループに分かれ、どこかのグループに属さなければ学校で居場所がなくなるため、グループの仲間からの承認は優先事項《じこう》となります。こうしたグループには、閉鎖的《へいさてき》で排他的《はいたてき》な傾向が強いものも多いため、後から入《はい》り込《こ》むのは容易ではありません。

　しかも最近のグループ化には、おしゃれでいけてるグループから地味でオタクなグループまで、いくつかの差別的な階層があり、グループ間での交流はほとんどないという、スクール・カーストと呼ばれる現象がしばしば見られます。こうなると、ますます所属グループの承認だけが大事になってくるのです。

　このような空虚な承認ゲームには、承認を得るための明確な価値基準がありません。仲間で共有している価値観は曖昧《あいまい》で流動的なものであり、リーダー格の人間の気ままな言動に左右されやすいのです。

　そのため、仲間の[注5]集団的承認を維持《いじ》するには、同調し、忖度した行動を取るしかありません。それは別に価値ある行為《こうい》ではないので、達成感もありませんし、求められるギャラを演じ続け、自己不全感に苦しむ子もいます。また、ちょっとしたきっかけで仲間外れになったり、いじめにあうこともあり、その結果、不登校になったり、心を病《や》んでしまうことさえあるのです。

　こうした危機を乗《の》り越《こ》え、思春期を[注6]サバイブできたとしても、他人の顔色ばかりうかがって、自分の「したい」ことを十分にしてこなかったツケが回ってきます。④主体的な意志が未成熟で、自分のしたいことがわからなくなってしまうのです。昨今《さっこん》、「したい」ことがわからない若者が増えている背景には、家庭における過度の要求や期待の影響だけでなく、同質性が求められがちな学校生活の影響もかなり大きいような気がします。

（山竹伸二『ひとはなぜ「認められたい」のか――承認不安を生きる知恵』より。）

〈注〉
1　承認不安――自分が周囲の人たちに認められているのか、認めてもらえるのか、という不安。
2　親和的承認――家族などの親密で信頼《しんらい》できる人に認められること。
3　アイデンティティ――自分が自分であると自覚すること。また、その自分の価値を他者に認められること。
4　空虚な承認ゲーム――周囲からの承認を得るために、一定のルールの中でかけひきをする状況《じょうきょう》を、ゲームに例えている。また、閉じた集団における独特なルールや雰囲気に本来価値はないので、「空虚」と表現している。
5　集団的承認――自分が所属する集団の人に認められること。
6　サバイブ――生き残る・耐《た》え抜《ぬ》く、という意味。

問一　――線部①〈周囲の人にも認められ、承認不安に苦しむことなく、「したい」こともできるはずです〉とありますが、そのために必要なことは何ですか。**30字以上35字以内**で説明しなさい。

と言えます。「したい」ことを存分にすることは、したいことを増やし、本当にしたいことを自覚していく力になるからです。たとえば、大人になったとき、自分のしたいことを楽しみ、集中して問題に取り組める人間になるかもしれないし、夢や理想を抱き、それを実現しようと邁進《まいしん》できる人間になる可能性もあるでしょう。

もちろん、自分のしたいことだけに没頭するわけにはいきません。他人の迷惑《めいわく》にならないように、周囲と協調して生きることも必要です。それが適度にできれば、①周囲の人にも認められ、承認不安に苦しむことなく、「したい」こともできるはずです。しかし、必要以上に他人の目を気にし、周囲に配慮《はいりょ》しすぎれば、自由の実感は失われてしまいます。

したがって、子どもがなにか関心のあること、興味のあることを試《ため》そうとしたとき、十分にさせてあげたほうがよいでしょう。少なくとも、幼児期から小学校低学年頃《ごろ》までは、こうした体験を十分にすることが必要です。そうでなければ「したい」ことは増えないし、「しなければならない」ことばかりが雪だるま式に増えていき、それは強い承認不安と過度の自意識を生んでしまいます。

たとえば、親の期待や要求、命令が多すぎれば、子どもは「したい」ことをあきらめ、「しなければならない」ことだけで頭が一杯《ぱい》になります。子どもが「したい」と思ったことをしようとする度《たび》に、親に注意され、止められ、勝手にやろうとすれば不機嫌《ふきげん》になるようなら、やがて「したい」という思いが生じても、同時に不安が生じてブレーキがかかるようになり、親の顔色をうかがうようになるでしょう。こうなると②「したい」という思いを回避《かいひ》するようになり、「したい」ことがわからなくなるかもしれません。

幼稚園《ようちえん》や保育園、小学校などで集団行動を優先しすぎたり、根拠《こんきょ》の不明確なルールを頑《かたく》なに守らせれば、やはり同じような問題を生み出します。そして、相手の要求に従わなければ認められない、愛されない、という不安を抱《かか》えた人間となるのです。

このような子どもは、親や学校の要求を最優先するため、表面的には「いい子」で優等生になりがちですが、心の奥底《おくそこ》に不安を抱えており、後年、自己不全感に苦しむようになります。そう考えると、自分のしたいことを自覚し、主体的に行動できる、そんな人間に育てるためには、やはり「したい」ことに没頭できる時間が必要なのです。

思春期は最も承認不安の嵐《あらし》が吹《ふ》き荒《あ》れる時代と言えます。それは、自意識が強くなり、アイデンティティ[注3]を気にしはじめる時期でもあるからです。

③本来、学校は多様な人間が集《つど》う場所なので、さまざまな価値観や考え方、感受性に出会い、多様なあり方を学べます。それはお互《たが》いの考えや感じ方を認め合い、自由に生きる上で、とても重要な経験となるでしょう。自由を認め合い、自由に生きる能力を身につける場として、学校は重要な役割を担《にな》っているのです。

ところが、現在の学校は多様性よりも同一性が重視されています。同じような考え、行動、価値観が求められ、同調せざるを得ない雰囲気《ふんいき》に満ちているのです。

もちろん、社会で共に生きていくためには、最低限のルールや価値の共有は必要ですが、学校がルールの根拠を示さないまま、無意味な校則を守らせたり、平等性を強調して同じような行動ばかりさせていれば、子どもたち同士の間でも同質性を求めあい、異質な言動を排除《はいじょ》する傾向《けいこう》

【国　語】（五〇分）〈満点：一〇〇点〉

一　次の①～⑤の□に当てはまる言葉を語群から選び、漢字で答えなさい。

①□場感のある映像作品だ。
②他人の意見を無□判に取り入れてはいけない。
③あの人は□力がある。
④その差は□然としている。
⑤そこは□線道路である。

《語群》
バ　カン　リン　レキ　ヒ

二　次の①～⑤の□に当てはまる漢字一字を自分で考えて答えなさい。

①母は□いまれな才能を持っている。
②この役目は私には□が重い。
③思案に□れる。
④この部屋は掃除《そうじ》が行き□いている。
⑤地道な努力が事業を成功に□いた。

三　次の文章を読んで、後の問いに答えなさい。

最近、「したい」ことがわからない、という若者が増えています。おそらく注1承認《しょうにん》不安があるために、自分のしたいことをがまんし、他人に対して同調ばかりしてきたため、「したい」という欲望が見えなくなり、意欲も生じにくくなっているのでしょう。しかし、そのような人であっても、幼児期にさかのぼれば、きっと「したい」こともいろいろあったにちがいありません。

もともと子どもは好奇心旺盛《こうきしんおうせい》で、なんでも「やってみたい」「試《ため》してみたい」という欲望を持っているものです。少なくとも、身体が自由に動かせるようになり、外界のさまざまな対象に目を向けるようになれば、世界は未知なる興味深い場所として目に映ります。道端《みちばた》に咲《さ》く花や虫、得体のしれない物など、なんでも関心を抱《いだ》き、不思議そうな顔で凝視《ぎょうし》したり、つかんで母親のところへ持ってきますし、見知らぬ場所にさえ、ずんずんと進んで探索《たんさく》しようとするでしょう。

このような行動ができる子どもは、注2親和的承認が満たされている可能性が高いと思います。やったことのない行動は、どうなるかわからない怖《こわ》さ、スリルをはらんでいますし、それをすれば叱《しか》られるかもしれない、という不安もある。ですから、そのような行動をしても大丈夫《だいじょうぶ》、という安心感が必要なのです。親密な大人による親和的承認は、この安心感を与《あた》えてくれるため、子どもたちは未知なる世界へと飛び出していけるのです。

自分の「したい」遊びを思う存分にしている子どもは、他人の目を気にすることなく、その遊びに没頭《ぼっとう》します。いくら話しかけても、まるで聞こえていないかのように、こちらを見向きもせず、自分の取り組んでいることに夢中になるのです。

こうした「したい」ことに没頭することは、子どもが自分の「したい」ことを拡《ひろ》げ、主体的な意志をもった人間になる上で、とても貴重な体験

MEMO

大切なことはメモしておこうネ！

2024年度

芝中学校入試問題（第２回）

【算　数】（50分）　＜満点：100点＞

次の問いの □ をうめなさい。

1　次の計算をしなさい。

(1)　$21\times45+56\times65+143\times144+35\times78+21\times33=\square$

(2)　$\frac{15}{16}-\frac{9}{32}\div0.375+\left(1\frac{1}{9}-\frac{7}{24}\right)\times\left(\square+6\frac{3}{10}\right)=6\frac{1}{3}$

2　A，B，Cがそれぞれビー玉をいくつか持っています。Cが一番多く持っていたので，持っている$\frac{1}{5}$の数のビー玉をAとBそれぞれに渡しました。すると，Bの持っているビー玉の数が一番多くなりました。

そこで，Bは持っている$\frac{1}{12}$の数のビー玉をAとCそれぞれに渡したところ，3人の持っているビー玉の数が400個ずつで等しくなりました。

最初にAは □ 個，Cは □ 個のビー玉を持っていました。

3　直径６㎝の円を図のように分けました。図の中の最も小さい四角形はすべて１辺が１㎝の正方形で，点Oは円の中心です。このとき，影を付けた部分の面積の和は □ ㎝²です。

ただし，円周率を使うときには3.14とします。

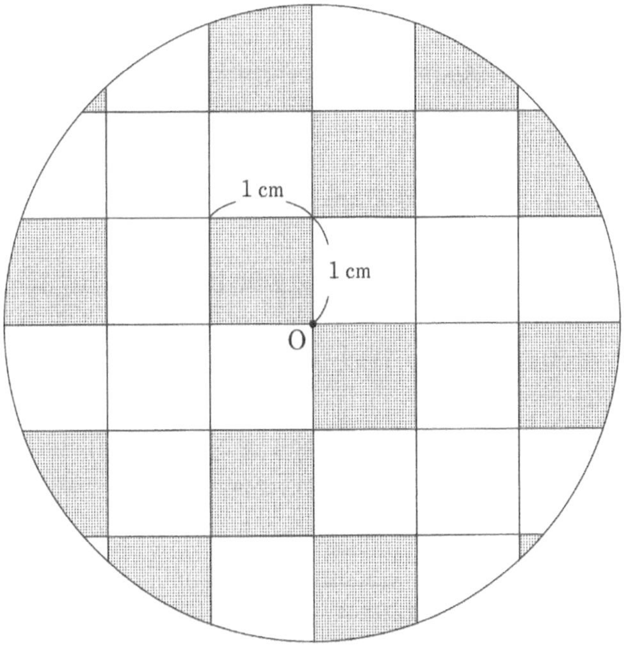

4 芝太郎君の家から駅に向かう途中に図書館があります。芝太郎君のお父さんは家から出発して駅まで歩きます。芝太郎君は図書館で勉強していましたが，お父さんが家を出発してから10分後に自転車で駅に向かったところ，お父さんよりも４分早く駅に着きました。次のグラフは，お父さんが家を出発してからの時間と２人の間の距離の関係を表しています。

⑴　お父さんが図書館に着くのは，家を出発してから □ 分後です。

⑵　芝太郎君の自転車での速さは分速 □ mです。

⑶　芝太郎君は家から □ mの地点でお父さんを追い越します。

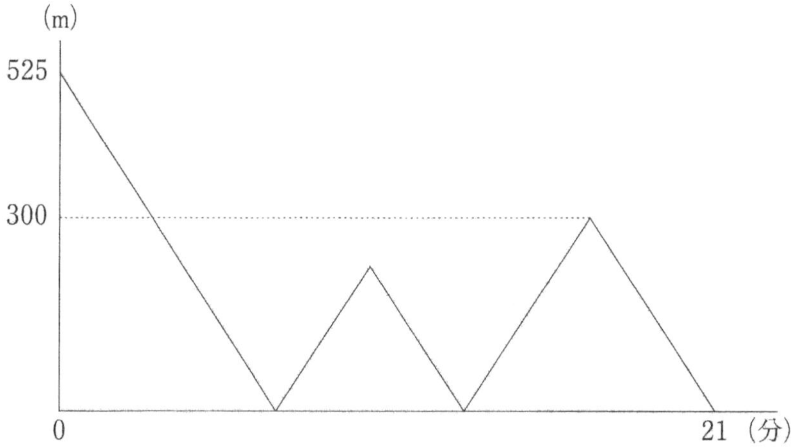

5 ３種類の商品A，B，Cがあり，１個の値段はそれぞれ50円，85円，96円です。３種類の商品をそれぞれいくつか買ったときの合計金額は2024円でした。

⑴　A，B，Cをそれぞれ少なくとも１個ずつは買うとき，３種類の買い方は全部で □ 通りです。

⑵　A，B，Cのうち買わない商品があってもよいとするとき，買った商品の合計個数が最も少なくなるのは，Aを □ 個，Bを □ 個，Cを □ 個買ったときです。

6 次のページの図のように，長方形ABCDと直角三角形BCEがあります。長方形の対角線ACとBDの交わる点を点Ｆとします。

点Ｇは長方形の辺AD上に，点Ｈは直角三角形の辺BE上にあり，GHはADと垂直に交わり，点Ｆを通ります。

また，点Ｉは長方形の辺CD上にあり，HIとBCの交わった点を点Ｊ，HIとACの交わった点を点Ｋとします。

EC：CD＝１：４，AK：KC＝５：２です。

次の問いについて，最も簡単な整数の比で答えなさい。

⑴　FK：KC＝ □ ： □ です。

⑵　HJ：JK：KI＝ □ ： □ ： □ です。

⑶　四角形DFKIと四角形CKHEの面積の比は □ ： □ です。

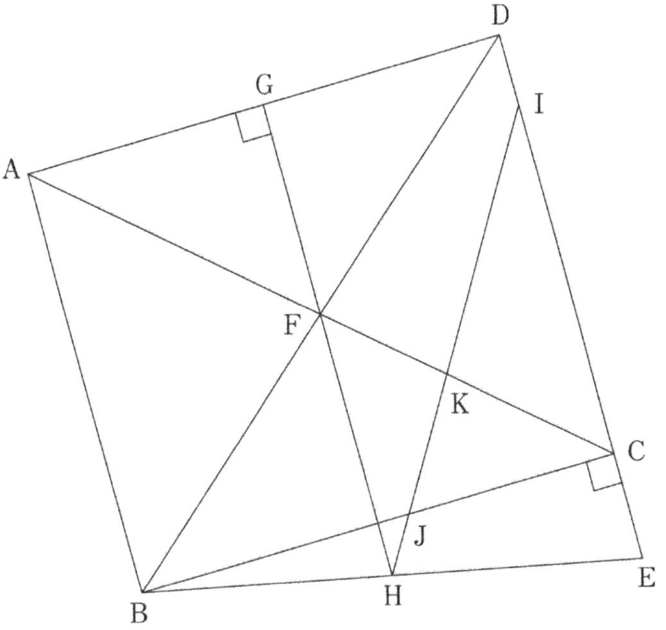

7 点Oを中心とする半径4.5㎝の円周上に点P，半径1.8㎝の円周上に点Qがあります。図のように，はじめは３点O，P，Qは一直線上に並んでいて，点Pは時計回りに，点Qは反時計回りに，円周上を点Pは点Qの２倍の速さで進みます。

点P，Qが同時にはじめの位置に戻ったとき止まります。

ただし，円周率を使うときには3.14とします。

⑴ 点P，Qが進み始めてからはじめて３点O，P，Qが一直線上に並ぶとき，点Pが進んだ道のりは □ ㎝です。

⑵ 三角形OPQの面積が最も大きくなるときの面積は □ cm^{2}です。

⑶ 点P，Qが止まるまでに，三角形OPQの面積が最も大きくなるときは □ 回あります。

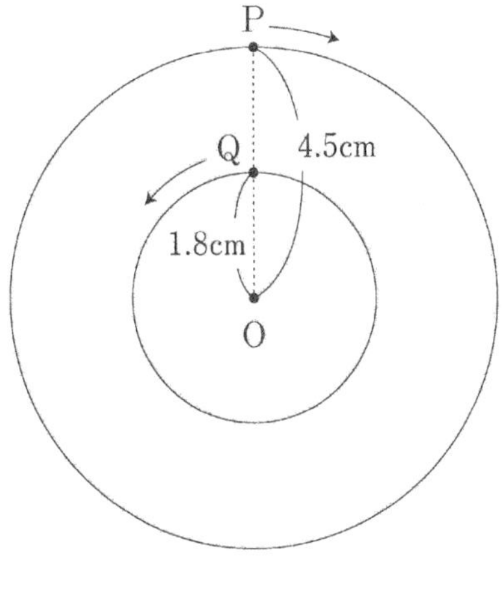

【理　科】（40分）　＜満点：75点＞

1　次の文を読み，問いに答えなさい。

芝太郎君は，お父さんが家庭菜園のための肥料を買うというので一緒《いっしょ》にホームセンターに出かけました。肥料のそばには，①赤玉土，鹿沼土《かぬまつち》，荒木田土《あらきだつち》，洗い砂，バーミキュライトなどといった土も売っていました。このうち赤玉土について聞くとお父さんが次のように教えてくれました。

お父さん「赤玉土は風化した火山灰層をフルイに通して数ミリの粒《つぶ》を集めたものなんだ。通気性，保水性があるためガーデニングでよく利用されるんだよ。」

園芸売り場には他にも，②石材，野菜や果物の種，害虫用の農薬を売っていました。農薬に目がとまった芝太郎君は「③虫にとっては，生きるために食べているだけなのに，害虫と言われてしまうなんて。」と複雑な気持ちになりました。

最近，金魚を飼い始めた芝太郎君は，水槽《すいそう》の水をかえるための道具が欲しくなり，お父さんに相談しました。すると，右の図のような④ポンプを提案されたので，買うことにしました。

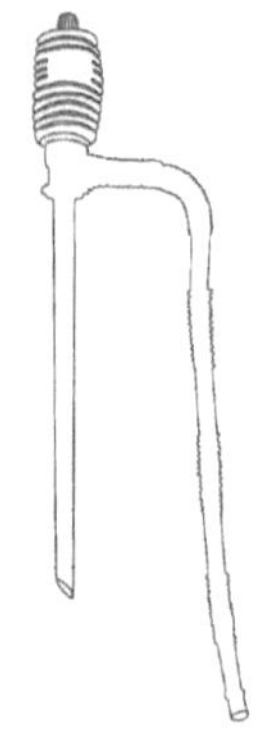

他にも夏休みの宿題で，モーターを使った自動車作りをしようと思っていたので，電子部品のコーナーに行きました。スイッチを探していると，液体がガラス管に入っているスイッチを見つけました。

お父さん　「これは⑤水銀スイッチといって，家具がたおれたりしたときにスイッチがオフになる仕組みになっているんだ。水銀は金属だけど常温で液体であることを利用しているんだよ。温度の変化によってスイッチが切りかわる⑥バイメタルスイッチもあるよ。これは暖ぼう器具やドライヤーなどに使われていて，決まった温度で自動的にスイッチがオフになったりオンになったりする仕組みに利用されているんだ。」

面白いものがたくさん見つかり，すっかりホームセンターが好きになりました。

⑴　下線部①について。この風化した火山灰層は東京の台地の上に今でもあり，名前がついています。この地層の名前を答えなさい。

⑵　下線部②について。石材は次の（ア）～（オ）の５種類がありました。これらの石材の中で，石英・長石・黒雲母をふくむものはどれですか。次の中から１つ選んで記号で答えなさい。

（ア）うすい板状で灰色の火山岩

（イ）六角形や五角形の柱状で色の黒い火山岩

（ウ）白っぽくて点々と黒い粒のある直方体の深成岩

（エ）緑色でうすくはがれやすい変成岩

（オ）白くてざらざらして，酸でとける変成岩

⑶　下線部③について。畑に植えられている野菜や，植物の葉を主に食べる生き物を，次のページの中からすべて選んで記号で答えなさい。

（ア）ナナホシテントウ

（イ）コガネムシ

（ウ）オオカマキリ

（エ）モンシロチョウの幼虫

（オ）ジョロウグモ

（カ）トノサマバッタ

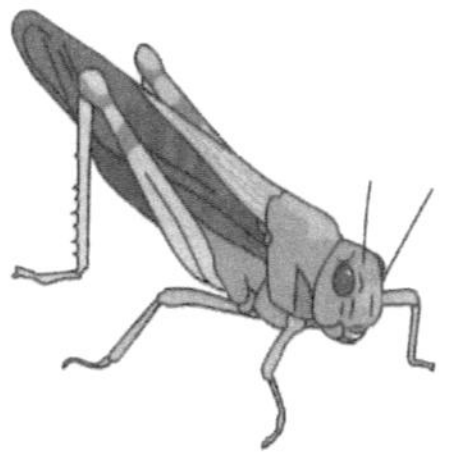

⑷　下線部④について。次の文はポンプの仕組みを説明したものです。次の問いに答えなさい。

図１のように，水の吸い込み口をA，水が出てくるホースの先端《せんたん》をB，上部をCとします。Cは柔《やわら》かい素材でできていて，手で握《にぎ》るとつぶれ，手をはなすと元の形に戻ります。Cを手で握ったり，はなしたりを繰《く》り返すと，やがて水がBから出てきます。

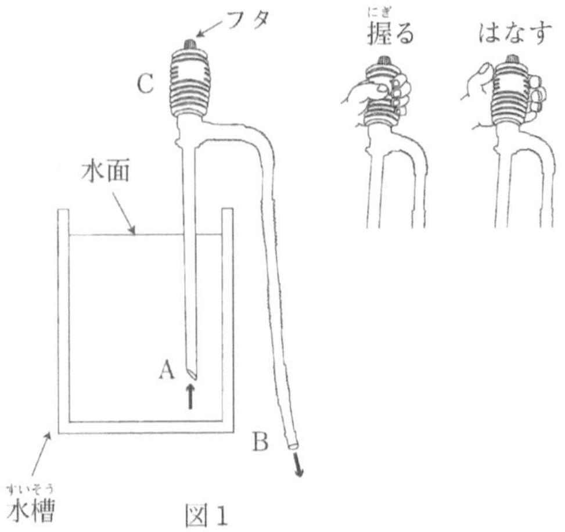

図１

(a)　このポンプには弁《べん》が２つ付いていました。弁は空気や水を一方向にのみ通すはたらきをします。図２のように流れてくるとき，弁が開いて空気や水を通します。逆に図３のように流れてくると，弁は閉じたまま空気や水を通しません。

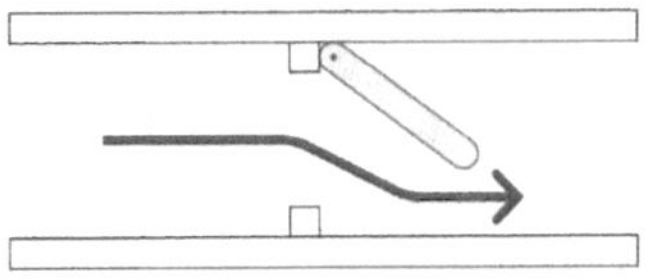

図２

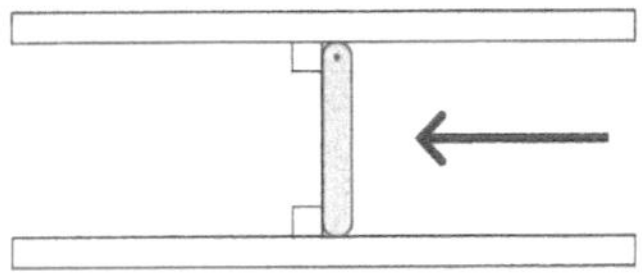

図３

このポンプに弁はどのように付いていますか。次のページの図（ア）～（エ）から適するものを１つ選んで記号で答えなさい。ただし，図では弁は開いた状態でかいてあります。

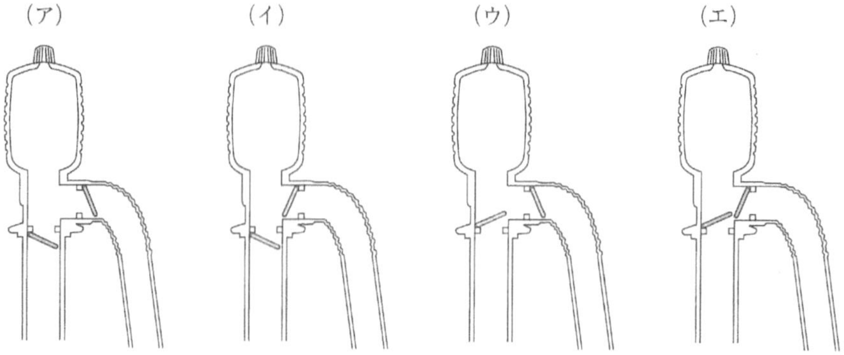

⒝　図１のポンプを用いて水槽の水を抜く作業をしました。下の断面図（あ）～（お）は，作業のようすを左から順に並べたものです。（あ）～（え）ではポンプの上部Ｃのフタは閉じていて，（お）でＣのフタを外しました。ただし，（あ）～（お）の図中に弁はかいてありません。下の文（ア）～（キ）の中で正しいものはどれですか。３つ選んで記号で答えなさい。

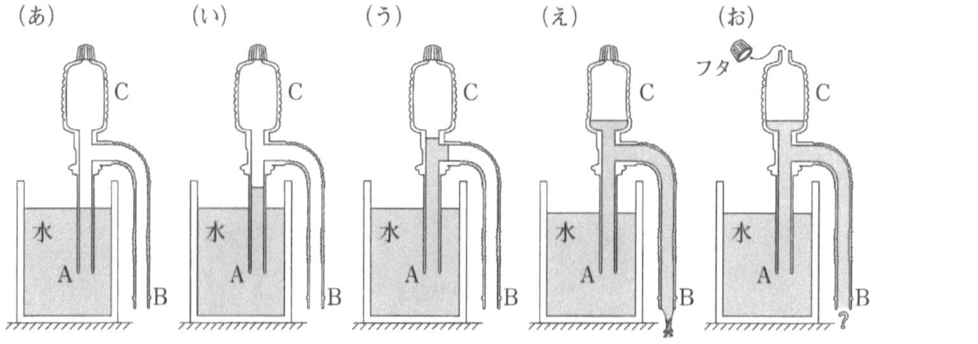

（ア）（あ）→（い）→（う）では，Ｃを握ったりはなしたりを繰り返さないと水を吸い上げることはできない。
（イ）（え）のようになったら，Ｃを握ったりはなしたりしなくても水はＢから出続ける。
（ウ）（え）のようになったら，ホースの先端《せんたん》Ｂを水槽の水面より高くしても水は外に出続ける。
（エ）（お）でＣのフタを外すと，ポンプ内にあった水は水槽の外側にだけ向かって落ちる。
（オ）（お）でＣのフタを外すと，ポンプ内にあった水は水槽の内側にだけ向かって落ちる。
（カ）（お）でＣのフタを外すと，ポンプ内にあった水は水槽の外側と内側にそれぞれ落ちる。
（キ）（お）でＣのフタを外してもポンプ内にあった水はそのままで落ちない。

⑸　下線部⑤について。水銀スイッチは図４（次のページ）のように，スイッチがかたむくと水銀が流れてスイッチがオフになる仕組みです。表１（次のページ）はいくつかの異なる物質の性質を示した表で，物質のうち水だけが明らかになっています。これを参考にして水銀を（ア）～（エ）のうちから１つ選んで記号で答えなさい。

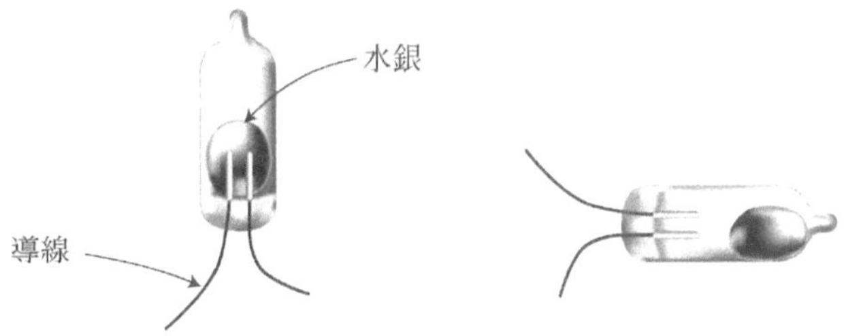

【オン】　　　　【オフ】

図４

表１

物質	融《ゆう》点［℃］	沸《ふっ》点［℃］	電気伝導率	体ぼうちょう率
水	0	100	0.001	210
（ア）	962	2162	62900000	56.7
（イ）	232	2603	8700000	80.7
（ウ）	－39	357	1000000	180
（エ）	－114	78	0.0000001	112

⑹　下線部⑥について。バイメタルスイッチは二種類の金属をはり合わせてつくります。鉄とあえんを用いて，常温でオン（図５），高温でオフ（図６）となるバイメタルスイッチを作成する場合について，表２の鉄とあえんの性質を参考にして次の【説明】の（ア）～（ウ）に適する語句を書きなさい。

【説明】

金属Ａには（　ア　）を用います。その理由は，金属Ａの方が（　イ　）の値が（　ウ　）いためです。

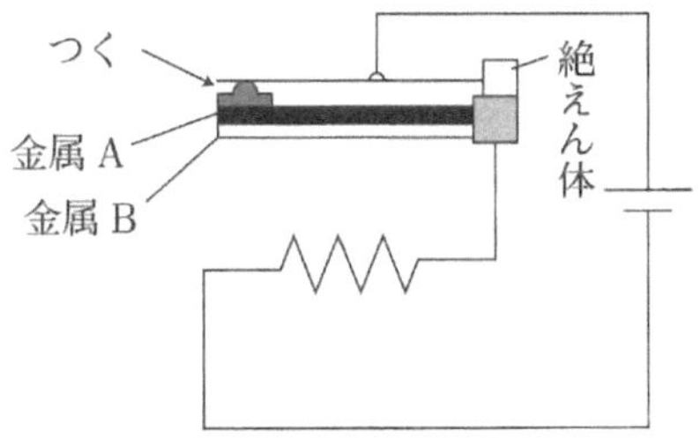

【オン】

図５

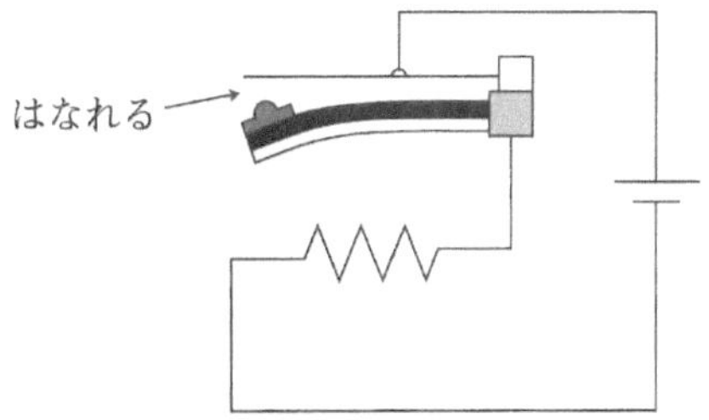

【オフ】

図６

表２

物質	融《ゆう》点［℃］	沸《ふっ》点［℃］	電気伝導率	体ぼうちょう率
鉄	1535	3235	4850000	36.3
あえん	420	907	16900000	90.6

2　次の文を読み，問いに答えなさい。

芝太郎君は旅行に行って次のような形の山をみました。この山では石灰岩《せっかいがん》をとっているとのことです。

⑴　石灰岩は生物の死がいが堆積《たいせき》してできることがあります。石灰岩のもととなった生物として適当なものを，次の中から2つ選んで記号で答えなさい。

（ア）広葉樹　（イ）針葉樹　（ウ）サンゴ　（エ）カニ　（オ）エビ
（カ）サメ　（キ）二枚貝　（ク）シダ植物

⑵　石灰岩を電気炉《でんきろ》で高温に熱したところ，白色の物質Aになりました。これに水をかけると激しく反応して高温になった後，物質Bになりました。

(a)　物質Aを利用しているものとして適当なものを，次の中から1つ選んで記号で答えなさい。

（ア）海苔《のり》の袋《ふくろ》の中の乾燥剤《かんそうざい》　（イ）ホットケーキミックス　（ウ）入浴剤
（エ）粉末の漂白《ひょうはく》剤　（オ）使い捨てのカイロ　（カ）ミョウバン

(b)　物質Bを使っているものとして適当なものを，次の中から2つ選んで記号で答えなさい。

（ア）石灰水　（イ）歯みがき粉　（ウ）発泡《はっぽう》スチロール　（エ）畑の酸度中和剤
（オ）ミョウバン　（カ）片栗《かたくり》粉　（キ）瞬間冷却《れいきゃく》剤

⑶　石灰岩とねん土と石こうを混ぜて焼いて作る工業原料は何ですか。カタカナ4文字で答えなさい。

⑷　ここではフズリナ（下図）の化石も見つかっているそうです。フズリナと同じ時代に生きていた生物を，あとの中から1つ選んで記号で答えなさい。

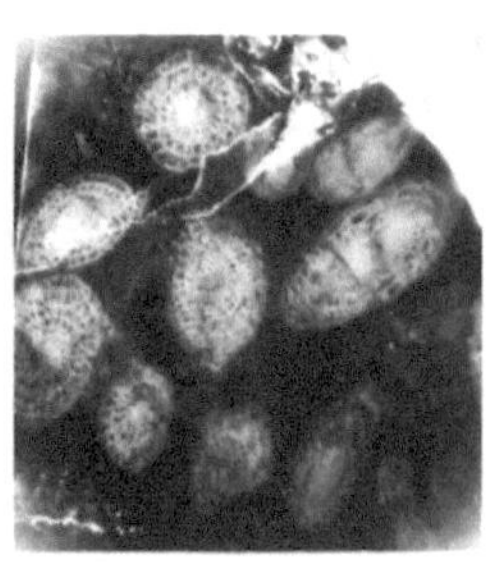

（ア）

（イ）

（ウ）

（エ）

（オ）

⑸　このようにその化石が出ると，その地層の時代がわかる化石を○○化石といいます。○○にあてはまる漢字を答えなさい。

⑹　⑸で答えた化石として使いやすいのは，次のどの条件を満たす場合ですか。すべて選んで記号で答えなさい。

（ア）生息していた時代が短い　　（イ）生息していた時代が長い
（ウ）分布範囲《はんい》が広い　　（エ）分布範囲がせまい
（オ）体が大きい　　（カ）体が小さい
（キ）特定の環境《かんきょう》にのみ生息していた

3　酸素に関する実験の説明を読んで，問いに答えなさい。

【実験１】

試験管に少量のつぶ状の二酸化マンガン0.1ｇを入れ，そこに２％の過酸化水素水10cm^{3}を入れて一定温度20℃で反応させました。発生した酸素を水上置かんでメスシリンダーに集め，１分ごとに目盛りを読んで，それまでに発生した酸素の体積をはかりました。反応開始から16分までの結果は表１および図１のグラフのようになりました。

表１

反応開始からの時間(分)	発生した酸素の体積(cm^3)
0	0.0
1	12.8
2	22.9
3	30.9
4	37.3
5	42.2
6	46.2
7	49.3
8	51.7
9	53.8
10	55.4
11	56.6
12	57.5
13	58.3
14	59.0
15	59.7
16	59.9

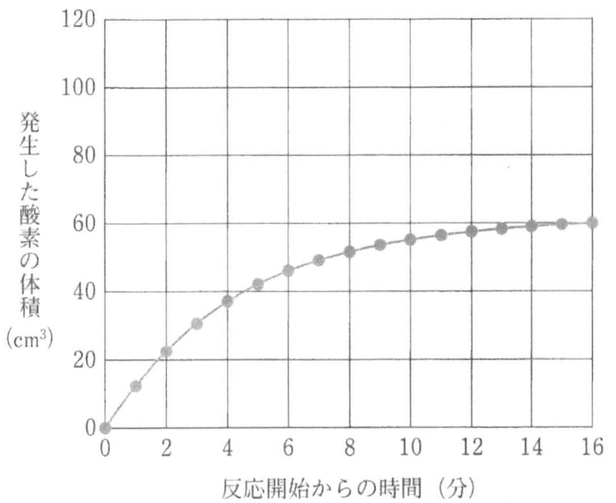

図１

⑴　酸素は過酸化水素が分解することで発生します。二酸化マンガンはこのとき過酸化水素の分解を速くするはたらきをしていて，この反応の前と後で変化していません。このような物質を何といいますか。ひらがなで答えなさい。

⑵　この過酸化水素の分解反応について，表１および図１のグラフから読み取れる内容として正しい記述を次の（ア）～（エ）から１つ選んで記号で答えなさい。

（ア）１分間に発生する酸素の量は，反応開始直後が最も多く，次第に減少する。

（イ）１分間に発生する酸素の量は，反応開始直後が最も少なく，次第に増加する。

（ウ）１分間に発生する酸素の量は，反応開始直後は少なく，次第に増加するが，途《と》中から再び減少する。

（エ）１分間に発生する酸素の量は常に一定である。

⑶　【実験１】を下の①～⑤のように試薬を変えて同様に実験を行うと，図２の（ア）～（オ）の実線のグラフが得られました。①，③，⑤の試薬で行った実験の結果として当てはまるグラフを（ア）～（オ）からそれぞれ選んで記号で答えなさい。なお，図２には図１のグラフも比かくのために記してあります。

①　４％の過酸化水素水10cm^3と二酸化マンガン0.1ｇを用いる

②　２％の過酸化水素水20cm^3と二酸化マンガン0.1ｇを用いる

③　１％の過酸化水素水10cm^3と二酸化マンガン0.1ｇを用いる

④　１％の過酸化水素水20cm^3と二酸化マンガン0.1ｇを用いる

⑤　２％の過酸化水素水10cm^3と二酸化マンガン0.5ｇを用いる

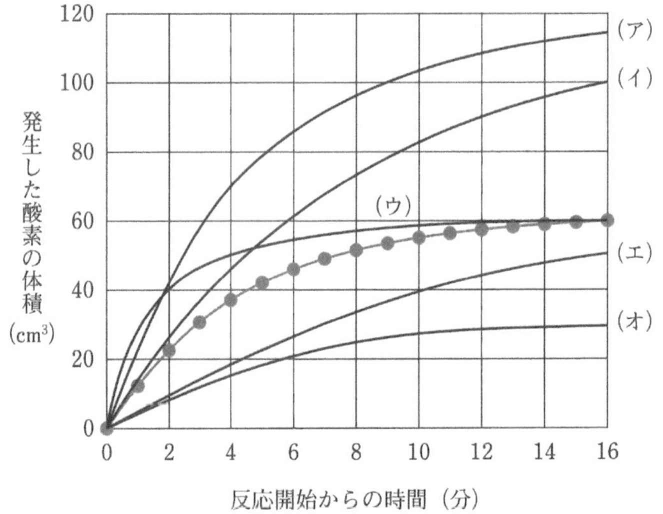

図２

【実験２】

マグネシウム粉末をステンレス皿の上にのせて加熱し，空気中の酸素と反応させる実験を行いました。図３（次のページ）はその装置です。マグネシウムを加熱すると，明るく光りながら燃焼します。燃焼する前の重さと，十分に燃焼した後の重さをそれぞれはかると，結果は表２（次のページ）

のようになりました。

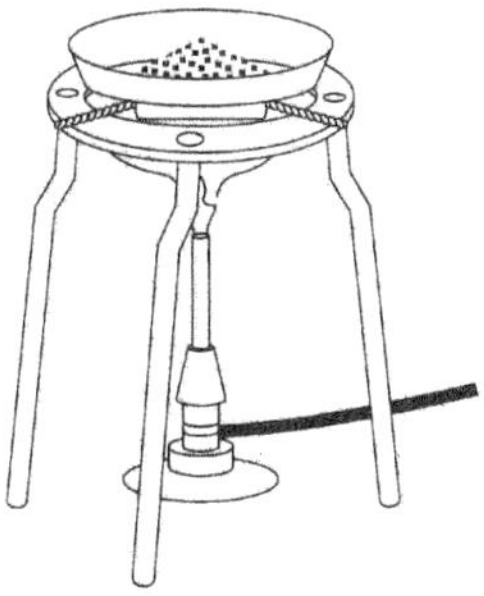

図3

表2

燃焼前の重さ（g）	0.6	0.9	1.2	1.5	1.8
燃焼後の重さ（g）	1.0	1.5	2.0	2.5	3.0

⑷　3.3gのマグネシウムで実験をしたときに結びつく酸素の重さは何gですか。小数第1位まで答えなさい。割り切れない場合は小数第2位を四捨五入すること。

⑸　6.0gのマグネシウムを加熱し，燃焼していないマグネシウムが残っている状態で重さを測ったところ，8.6gでした。この実験で燃焼したマグネシウムはもとのマグネシウムの何％ですか。整数で答えなさい。割り切れない場合は小数第1位を四捨五入すること。

【実験3】

図4のように大きなドライアイスの上にマグネシウム粉末を置き，マグネシウム粉末に点火しました。点火してすぐにドライアイスのふたをして密閉し，空気を断ちましたが，マグネシウムは明るく光りながら燃焼し続けました。燃焼がおさまってからふたを開けてみると，中には酸化マグネシウムと黒い炭素の粉末が残っていました。

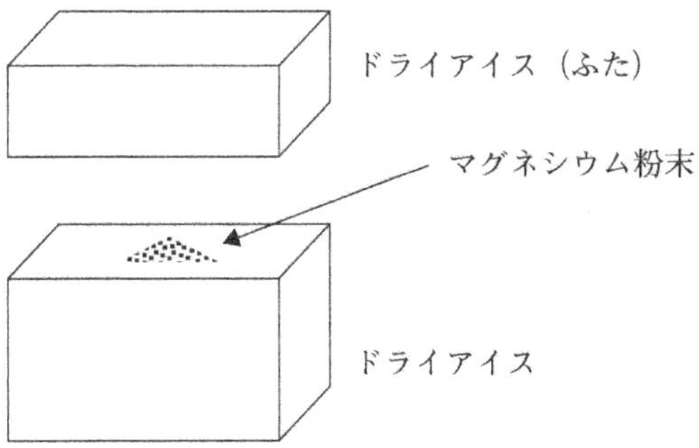

図4

⑹　この実験でマグネシウムが空気のない状態で燃焼し続けることができる理由を25字以内で書きなさい。

4　次の文を読み，問いに答えなさい。

今日は芝中学理科の最初の授業です。先生の指示で，シバオ君とミナト君は2種類のけんび鏡を机の上に取り出しました。（図1）

（図1は次のページにあります。）

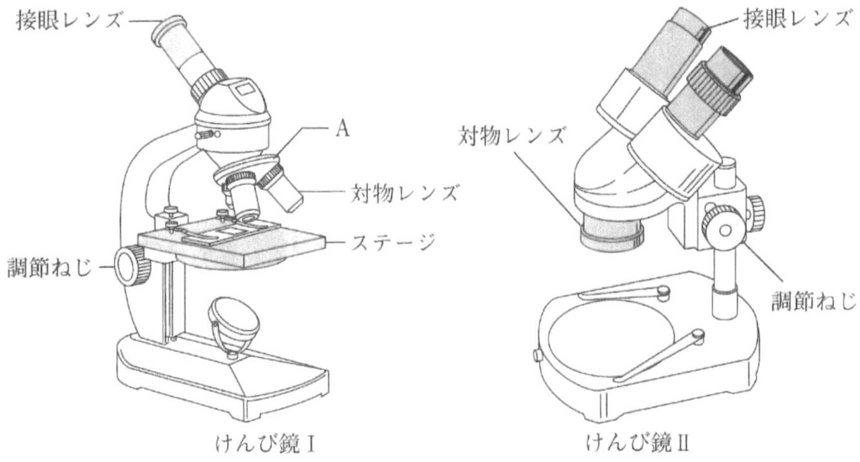

図１

先生　：芝中学の理科の授業ではこの２種類のけんび鏡を使います。それぞれ，見たいものの大きさや，目的に応じて使い分けるようになっているよ。

シバオ：けんび鏡Ⅰは，接眼レンズと，対物レンズを交かんすることで倍率を変えることができますね。

先生　：そうだね，接眼レンズは２種類，対物レンズは３種類の倍率があるから組み合わせると６通りの倍率で観察ができるんだ。

ミナト：けんび鏡Ⅱは，倍率は低いけれど，両目でのぞくことができるので，生きたままの生物を立体的にみることができますね。

先生　：そう。プレパラートをつくる必要も無いしね。だけど，けんび鏡Ⅱは20倍か40倍の低い倍率でしか観察することはできないんだ。

⑴　けんび鏡ⅠではAの部分を操作して倍率を変えます。Aの部分の名しょうを答えなさい。

⑵　けんび鏡Ⅰを使った観察について述べた次の文章のうち，正しいものを２つ選んで記号で答えなさい。

（ア）観察の際，はじめは低い倍率で観察し，その後倍率を上げていく。

（イ）ピントを合わせるときには，接眼レンズをのぞきながら，調節ねじを回して対物レンズとプレパラートとのきょりをゆっくりと近づけていく。

（ウ）倍率を高くすると，視野の明るさは明るくなり，細かい部分が見えるようになる。

（エ）対物レンズを倍率の低いものにかえると，対物レンズとプレパラートとのきょりは遠くなる。

⑶　けんび鏡Ⅱを使用するのが適当であるものを，次の中から２つ選んで記号で答えなさい。

（ア）ジャガイモのデンプン粒《りゅう》を観察する。

（イ）トンボの複眼を観察する。

（ウ）池の水にいる，ケイソウやミカヅキモなどを観察する。

（エ）メダカの卵がふ化するまでを観察する。

⑷　紙に小さく漢字で「芝」と書き，けんび鏡Ⅰとけんび鏡Ⅱでそれぞれ観察しました。見える像は次のページの（ア）～（エ）のどれになりますか。それぞれ１つ選んで記号で答えなさい。な

お，同じ記号を２度選んでもよいとします。

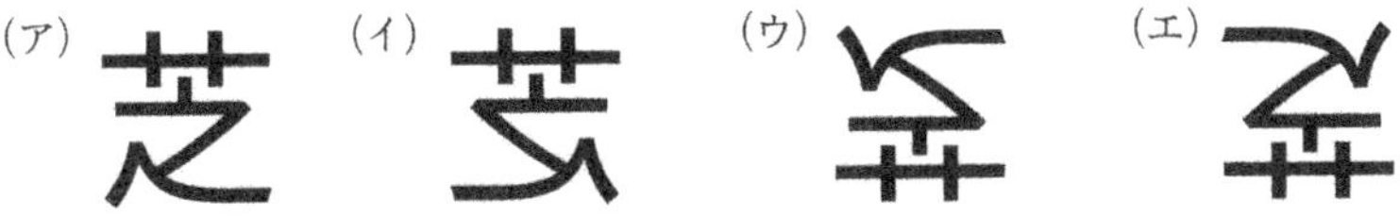

けんび鏡Ⅰを用いた観察で，観察物の長さを測りたいときには，「けんび鏡のものさし」と呼ばれるミクロメーターという道具を使います。ミクロメーターは，接眼ミクロメーター「以下，「**接眼M**」）と対物ミクロメーター（以下，「**対物M**」）があります。**接眼M**は円形のガラスに一定の間かくで肉眼では読み取れないくらい細かい目盛りが刻んであります(図２)。**対物M**はプレパラートと同じ形と大きさのガラスの中央に目盛りが刻んであるもので，その目盛りの間かくは0.01㎜になっています。(図３)

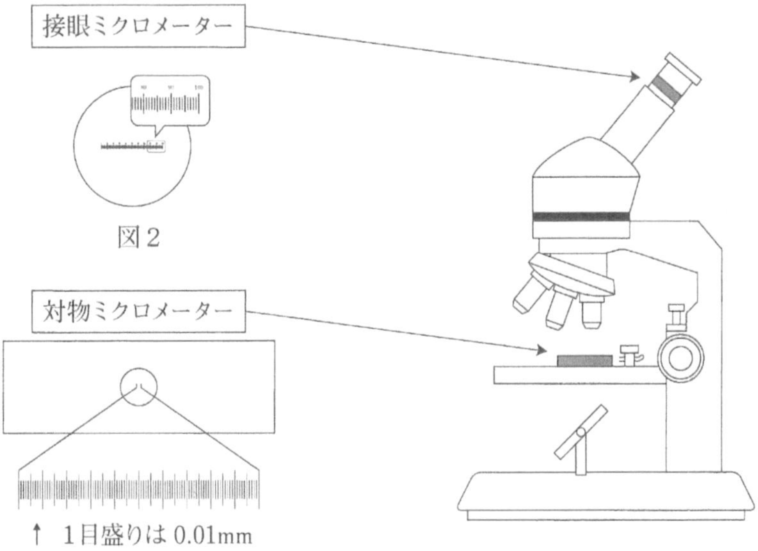

図２

図３

図４

実際に使用するには，図４のように２つをセットします。まず**接眼M**を接眼レンズの内部に入れて，けんび鏡をのぞくと，**接眼M**の目盛りが視野内に見えるようになります。つぎに，**対物M**をステージにのせてけんび鏡で見ると，**接眼M**の目盛りと**対物M**の目盛りが重なって見えるようになります。

この時，**対物M**の目盛りは0.01㎜と決まっているので，**接眼M**の目盛りと重ねることによってこの倍率における**接眼M**の１目盛り分の長さがわかります。

その後，**対物M**を取り外し，観察したいプレパラートをステージにのせて観察すると，視野内の観察物の上に**接眼M**の目盛りが重なって見えます。**接眼M**の目盛り１目盛り分の長さはすでに求めているので，目盛りを数えれば，観察物の長さがわかります。

シバオ君が，ある植物の葉の先たんを観察したところ，たくさんの細ぼうが見えました。そこで，ミクロメーターを使ってその大きさを測ってみました。**接眼M**と**対物M**をけんび鏡にセットして，接眼レンズを10倍，対物レンズを40倍にしてのぞいてみると，図５（次のページ）のように目盛りが重なって見えました。

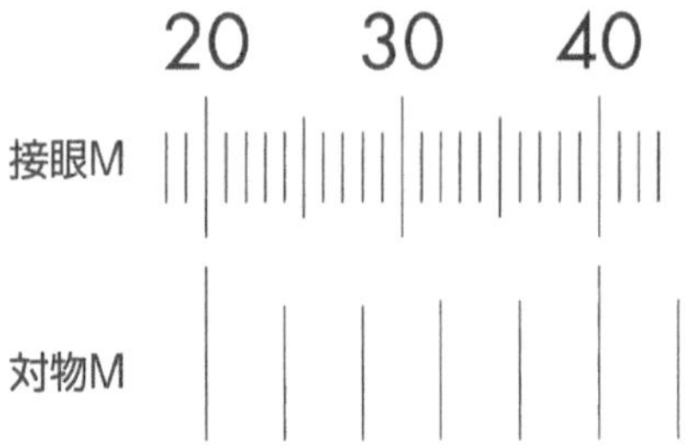

図５

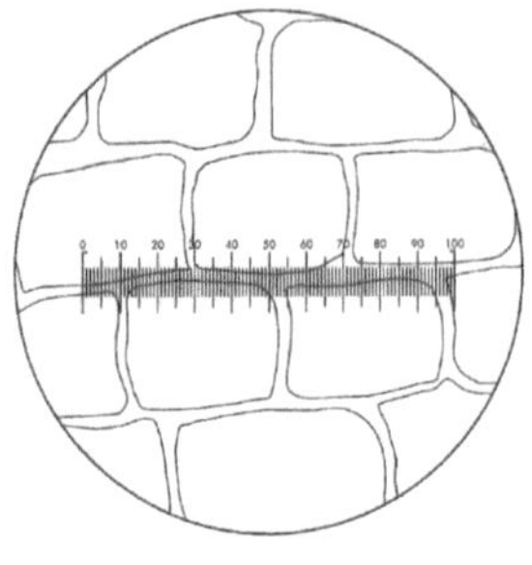

図６

シバオ：この倍率で，**接眼M**の目盛り１つ当たりの長さは〔　あ　〕㎜だね。

次に，ミナト君が**対物M**をステージから取り除き，葉を観察したところ，図６のように細ぼうと**接眼M**の目盛りが重なって見えました。

ミナト：この倍率だと，視野内に細ぼうがだいたい10個見えるよ。目盛りと細ぼうの長辺を重ねてみるとちょうど40目盛りだ。つまり，この細ぼう１つの長辺の長さは〔　い　〕㎜だね。

シバオ：いったん倍率を下げてみよう。接眼レンズはそのままで，対物レンズを10倍にしてみたよ。こうすると見え方はどうなるかな。

ミナト：**接眼M**の目盛り１つ当たりの長さは〔　う　〕㎜になるはずだね。
うわあ，細ぼうがものすごくたくさん見えて数えきれないくらいだよ。

シバオ：細ぼうの大きさがみんな同じで一様に見えているとすれば，視野内に細ぼうは約〔　え　〕個くらい見えているはずだね。

⑸　上の会話文〔あ〕～〔え〕に入る数字を，次の中からそれぞれ１つ選んで記号で答えなさい。

（ア）0.0025　（イ）0.004　（ウ）0.00625　（エ）0.01　（オ）0.025
（カ）0.04　（キ）0.0625　（ク）0.1　（ケ）0.25　（コ）0.4
（サ）0.625　（シ）1　（ス）1.6　（セ）4　（ソ）10
（タ）16　（チ）40　（ツ）80　（テ）120　（ト）160

5　次の文を読み，問いに答えなさい。

物体に糸を付けてばねはかりでつり下げたところ，ばねはかりは75ｇを示しました。図１のように底に定滑車《ていかっしゃ》を取り付けた容器を用意し，容器に水を入れて台はかりの上に置くと，台はかりは1000ｇを示しました。次に，図２のようにばねはかりを持つ手を下ろしていったところ，物体は水に浮《う》かび，物体をつり下げていた糸はたるんでしまいました。さらに，図３のように物体とばねはかりをつないでいる糸を定滑車に通して物体が水中にあるようにしたところ，ばねはかりは42ｇを示しました。図１～３において，水の量は等しいものとします。

水１㎝^{3}の重さは１ｇであり，物体は水を押《お》しのけると，押しのけた体積に比例した大きさの浮力《ふりょく》を水から受けます。糸は細くて軽いため，糸の太さや重さはないものとします。割り切れない場合は，小数第１位を四捨五入して，整数で答えること。　（図１～図３は次のページにあります。）

⑴　図２において，台はかりは何ｇを示しますか。

⑵　図３において，台はかりは何ｇを示しますか。

⑶　物体の体積は何㎝^{3}ですか。

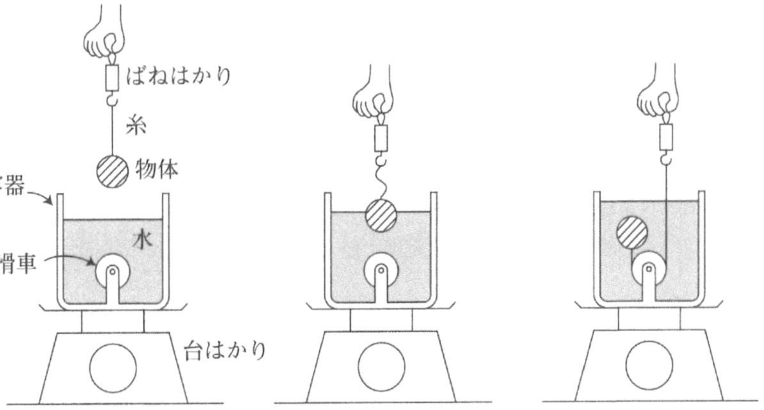

図１　　図２　　図３

６ 次の文を読み，問いに答えなさい。

同じ５個の豆電球（ア）～（オ）があります。かん電池のかわりに電源装置を用いて豆電球の明るさを調べる実験をしました。電源装置はかん電池を３個直列につないだときと同じはたらきをするように設定してあります。

図１では豆電球（オ）を点Aと点Cの間につなぎました。さらに図２では点Cと点Dを導線でつなぎました。図３では豆電球（オ）を点Aと点Dの間につなぎました。

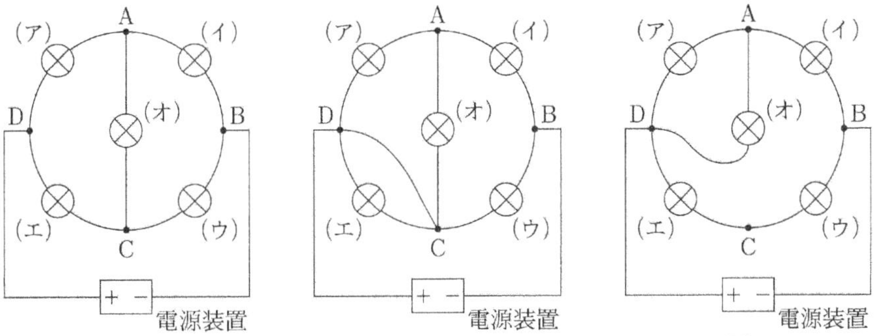

図１　　図２　　図３

⑴　図１において，豆電球（ア）と同じ明るさで点灯する豆電球はどれですか。（イ）～（オ）からすべて選んで記号で答えなさい。答えはアイウエオ順で書くこと。

⑵　各豆電球の明るさを図１と図２で比べたとき，図１より図２の方が明るい豆電球はどれですか。（ア）～（オ）からすべて選んで記号で答えなさい。答えはアイウエオ順で書くこと。

⑶　図３において，豆電球（ア）～（オ）には明るさにちがいがあります。（ア）～（オ）を明るいものから順に左から並べて答えなさい。同じ明るさのものがある場合は，例1，例２にならって答えること。

例１　「（ア），（ウ），（エ），（オ）の順で，（ア）と（イ）が同じ明るさのとき，ア＝イ，ウ，エ，オ」

例２　「（ア），（ウ），（エ）の順で，（ア）と（イ）が同じ明るさで，（エ）と（オ）が同じ明るさのとき，ア＝イ，ウ，エ＝オ」

【社　会】（40分）　＜満点：75点＞

【１】 次の地図，および日本に関するあとの各問いに答えなさい。

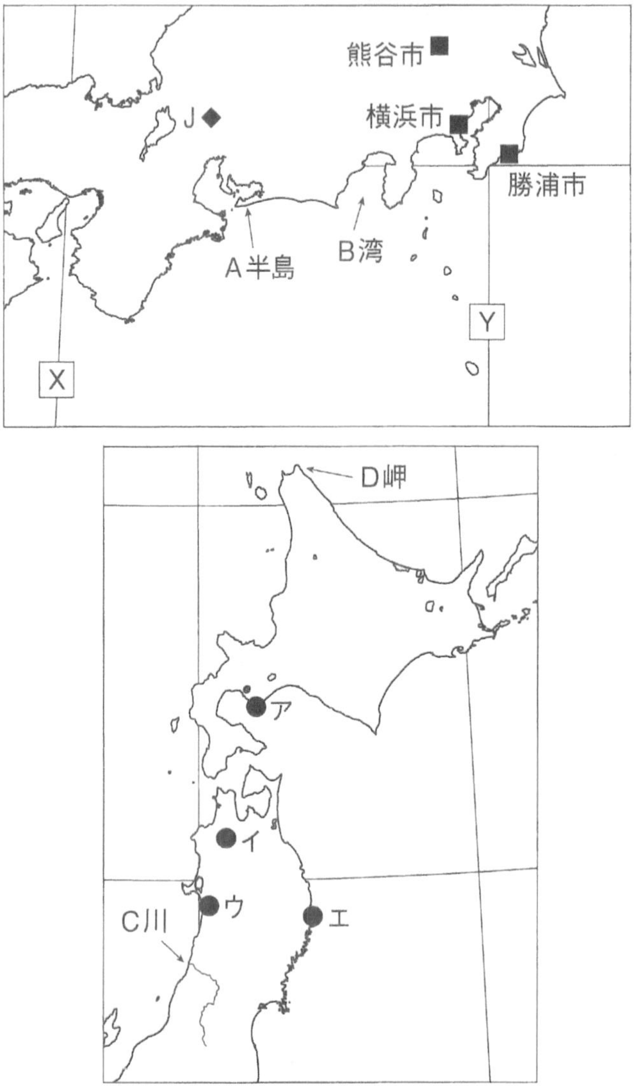

地図

〔問１〕 次のＡ～Ｄの文は，地図中のＡ～Ｄについてそれぞれ述べたものです。Ａ～Ｄに当てはまる名称をそれぞれ答えなさい。

Ａ．出荷時期を調整した菊や，メロンの栽培がさかんな半島

Ｂ．沿岸に遠洋漁業の拠点となる港があり，最深部は2500mにも達する湾

Ｃ．中流域の盆地ではおうとう，下流域の平野では米の生産がさかんな川

Ｄ．年間を通して風が強い，北海道本島の最北端に位置する岬

〔問２〕 日本全国では各地で様々な夏祭りが開催されており，同じような形式であっても少しずつ

形態《けいたい》や名称が異なることがあります。次の写真１・２は，城下町を起源とする，ある都市の祭りの様子を撮影したものです。写真１・２が撮影された場所として最も適当な都市を，地図中のア～エのうちから一つ選び，記号で答えなさい。

写真１

写真２

〔問３〕　次の表１中の①～③は，地図中の熊谷市，横浜市，勝浦市のいずれかの地点の月別平均気温を示したものです。①～③と都市の組み合わせとして正しいものを以下のア～カのうちから一つ選び，記号で答えなさい。

表１

	1月	2月	3月	4月	5月	6月	7月	8月	9月	10月	11月	12月
①	6.8	7.2	10.0	14.2	18.0	20.8	23.9	25.9	23.5	18.8	14.2	9.3
②	6.1	6.7	9.7	14.5	18.8	21.8	25.6	27.0	23.7	18.5	13.4	8.7
③	4.3	5.1	8.6	13.9	18.8	22.3	26.0	27.1	23.3	17.6	11.7	6.5

単位は℃、気象庁webサイトより作成

	ア	イ	ウ	エ	オ	カ
①	熊谷市	熊谷市	横浜市	横浜市	勝浦市	勝浦市
②	横浜市	勝浦市	熊谷市	勝浦市	熊谷市	横浜市
③	勝浦市	横浜市	勝浦市	熊谷市	横浜市	熊谷市

〔問４〕　地図中のＸとＹはそれぞれ，５の倍数の経度を示す経線です。赤道と経線Ｘの交点となる地点の日の出は，赤道と経線Ｙの交点となる地点の日の出の何分後になると考えられますか。最も適当なものを次のア～エのうちから一つ選び，記号で答えなさい。

ア．約20分後　　イ．約40分後　　ウ．約60分後　　エ．約80分後

〔問５〕　地図中のＪは県庁所在地を示しています。Ｊに県庁所在地がある県について述べた文として，内容が最も適当なものを次のア～エのうちから一つ選び，記号で答えなさい。

ア．美濃焼や西陣織，輪島塗などの伝統工芸品の産地が位置しているが，いずれも後継者不足などに悩まされている。

イ．自動車など輸送用機関の生産額が最も多い都道府県であり，全国での生産額の約60％を占めている。

ウ．海に面する都市では石油化学工業などが発達しているが，かつては工場から排出される煙による公害問題が発生した。

エ．木の梁《はり》を山形に組み合わせて建てられた伝統的な家屋があり，世界文化遺産に登録されている。

〔問６〕　今年，フランスのパリで夏季オリンピック・パラリンピック大会が開催されます。東京か

らパリまでの最短経路を示しているものとして，最も適当なものを図1中のア～エのうちから一つ選び，記号で答えなさい。

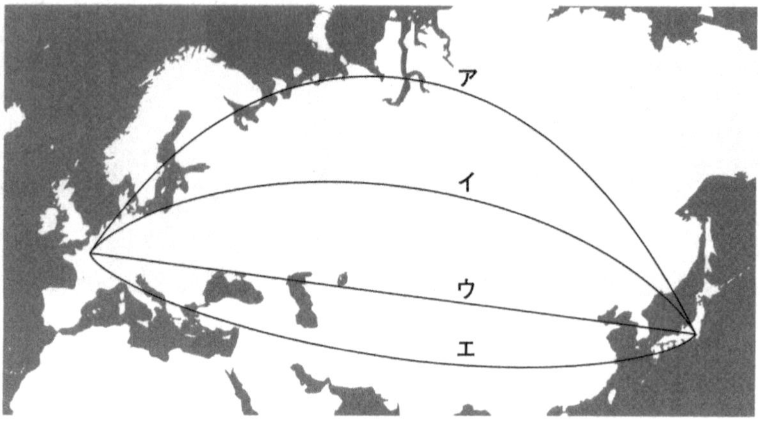

図1

『地理院地図』などにより作成

〔問7〕 近年，海洋ごみによるさまざまな問題に注目が集まっており，2019年に開催されたG20大阪サミットでも取り扱われました。このことについて述べた以下の文章中の Z に当てはまることばをカタカナで答えなさい。

> 世界全体で日々大量に発生する「海洋プラスチックごみ」は長期にわたり海に残存し，地球規模での対策が必要となっています。その中でも Z プラスチックと呼ばれる5㎜未満のものについて，近年，海洋生態系への影響が心配されており，発生と流出を少なくするための取り組みが求められています。

〔問8〕 次の表2は，2つの期間における都道府県別の年平均人口増減率＊[1]を示したものであり，表2中のL～Nは愛知県，高知県，宮城県のいずれかです。L～Nと県名の組み合わせとして正しいものを以下のア～カのうちから一つ選び，記号で答えなさい。

表2

	1995～2000年	2015～2020年
L	-0.07	-1.03
M	0.50	0.16
N	0.31	-0.27

＊1 人口増減率は一定期間内に増加した人口の割合

『データでみる県勢2023』より作成

	ア	イ	ウ	エ	オ	カ
L	愛知県	愛知県	高知県	高知県	宮城県	宮城県
M	高知県	宮城県	愛知県	宮城県	愛知県	高知県
N	宮城県	高知県	宮城県	愛知県	高知県	愛知県

〔問9〕 次のページの表3は，関東地方に位置する県を比べたもので，表3中のア～エは神奈川県，埼玉県，茨城県，千葉県のいずれかです。埼玉県に当てはまるものを一つ選び，記号で答えなさい。

表3

	耕地率[*1] （%）	鉄鋼業製造品 出荷額等（億円）	昼夜間 人口比率[*2]
ア	23.8	16288	88.3
イ	7.5	6806	89.9
ウ	26.6	8333	97.6
エ	19.4	3801	87.6

＊1 総土地面積のうち、耕地面積（田畑計）が占める割合
＊2 昼夜間人口比率は、【昼間の人口÷夜間の人口×100】で算出される。
統計年次は鉄鋼業製造品出荷額等が2019年、
昼夜間人口比率が2020年、
耕地率が2021年
『データでみる県勢2023』より作成

【2】 日本の木造建築についてまとめた次の略年表を見て，あとの設問に答えなさい。

	≪A≫
607年	飛鳥に法隆寺が建立される
	≪B≫
1052年	宇治に平等院が創建される
	≪C≫
1203年	1 再建された東大寺南大門に、金剛力士像がおさめられる
	≪D≫
1482年	京都東山にて足利義政の山荘建築が始まる
	≪E≫
1657年	2 明暦の大火で江戸城天守が焼失する
	≪F≫
1873年	3 芝増上寺の大殿が放火により焼失する
	≪G≫
1921年	芝増上寺の大殿が再建される
	≪H≫
1974年	再度焼失した芝増上寺の大殿が再建され、現在に至る

〔問1〕 下線部1について，①この出来事に関わった人物と，②これより前に東大寺が被害を受けた出来事の組み合わせとして正しいものを，次のア～エより選び，記号で答えなさい。

ア．①－行基　②－承久の乱　　　イ．①－行基　②－源平の争乱
ウ．①－運慶　②－承久の乱　　　エ．①－運慶　②－源平の争乱

〔問2〕 下線部2について，次のページの文中の空らん P ・ Q にあてはまる語をそれぞれの指示にしたがって答えなさい。

明暦の大火によって江戸の町の大半が焼失したため，幕府は長年にわたり復興事業を進めましたが，それには膨大な量の木材が必要になりました。木材の運搬には［Ｐ（人名）］が整備した航路が活用され，そのうち，日本海側から津軽海峡を通過して房総半島を経由する航路は［Ｑ（漢字一文字）］まわり航路と呼ばれました。

〔問３〕 下線部３について，その背景にあったと考えられる，明治政府のすすめた宗教政策を説明した文Ｘ・Ｙの正誤の組み合わせとして正しいものを，下のア～エより選び，記号で答えなさい。

Ｘ．明治政府は神道をさかんにするため，豊臣秀吉によって整えられた寺請制度で人々の生活に根づいた仏教をおりまぜ，布教政策をすすめました。

Ｙ．明治政府は欧米からの要望にこたえて，江戸時代には禁止されていたキリスト教の布教を，五箇条の御誓文のなかで認めました。

ア．Ｘ－正　Ｙ－正　　イ．Ｘ－正　Ｙ－誤

ウ．Ｘ－誤　Ｙ－正　　エ．Ｘ－誤　Ｙ－誤

〔問４〕 ≪Ａ≫の時期におきた次の出来事ア～オを，年代の古いものから順に並びかえた場合，２番目と５番目にくるものはどれとどれですか。それぞれ記号で答えなさい。

ア．百済が倭国に仏教を伝える。

イ．高句麗好太王が倭国を撃退する。

ウ．倭の奴国の王が後漢の皇帝から金印を授かる。

エ．倭王の武が宋に使節を送る。

オ．倭国の王が後漢の皇帝に奴隷160人を献上する。

〔問５〕 ≪Ｂ≫の時期について述べた次の文ａ～ｄについて，正しいものの組み合わせを，下のア～エより選び，記号で答えなさい。

ａ．遣隋使に随行した高向玄理は，大陸の政治制度などを伝えて政治改革に影響を与えました。

ｂ．遣唐使として派遣された阿倍仲麻呂は，帰国後右大臣にまで昇進して朝廷を支えました。

ｃ．聖武天皇は伝染病の流行など国内の混乱をうけて，都を転々と移しました。

ｄ．桓武天皇は国司の不正を取りしまるなど律令制の再建につとめ，都を藤原京へ移しました。

ア．ａ・ｃ　イ．ａ・ｄ　ウ．ｂ・ｃ　エ．ｂ・ｄ

〔問６〕 ≪Ｃ≫の時期の出来事について説明した次の文Ｘ・Ｙの正誤の組み合わせとして正しいものを，下のア～エより選び，記号で答えなさい。

Ｘ．平将門が関東地方で反乱をおこし，自らを新皇と称しました。

Ｙ．鎌倉幕府は京都に六波羅探題を設置して，朝廷や西国御家人を監視させました。

ア．Ｘ－正　Ｙ－正　　イ．Ｘ－正　Ｙ－誤

ウ．Ｘ－誤　Ｙ－正　　エ．Ｘ－誤　Ｙ－誤

〔問７〕 ≪Ｄ≫の時期について述べた文として**誤っているもの**を，あとのア～エより一つ選び，記号で答えなさい。

ア．鎌倉時代の中ごろから，幕府が天皇の皇位継承に影響力をもつようになりましたが，これに反発した後醍醐天皇が倒幕を呼びかけた結果，鎌倉幕府は滅亡しました。

イ．鎌倉時代に北条泰時のもとで作成された御成敗式目は，室町幕府のもとでも政治運営や紛争解決の方針として継承され，利用されました。

ウ．鎌倉時代に西国でみられるようになった二毛作の技術が，室町時代にも引きつづいて広まり，増産した生産物は各地の定期市に運ばれました。

エ．鎌倉時代には，実在の人物や風景を写実的に描くことは避けられていましたが，室町時代には，写実的な肖像画である似絵や，風景を描いた水墨画が発展しました。

〔問８〕 ≪Ｅ≫の時期におきた次の出来事ア～カを，年代の古いものから順に並びかえた場合，2番目と５番目にくるものはどれとどれですか。それぞれ記号で答えなさい。

ア．禁中並公家諸法度が出される　　イ．オランダ商館を長崎の出島に移す

ウ．山城の国一揆がおこる　　エ．フランシスコ＝ザビエルが鹿児島に上陸する

オ．バテレン追放令が出される　　カ．慶長の役がおこる

〔問９〕 ≪Ｆ≫の時期の出来事について述べた次の文Ⅰ～Ⅲを，古いものから順に並びかえた場合，正しいものはどれですか。下のア～カより選び，記号で答えなさい。

Ⅰ．冷害と浅間山の噴火により天明のききんがおこる。

Ⅱ．江戸で初めて大規模な打ちこわしがおこる。

Ⅲ．幕府の元役人であった大塩平八郎が反乱をおこす。

ア．Ⅰ－Ⅱ－Ⅲ　　イ．Ⅰ－Ⅲ－Ⅱ　　ウ．Ⅱ－Ⅰ－Ⅲ

エ．Ⅱ－Ⅲ－Ⅰ　　オ．Ⅲ－Ⅰ－Ⅱ　　カ．Ⅲ－Ⅱ－Ⅰ

〔問10〕 ≪Ｇ≫の時期になると，歴史的木造建築物の修復に必要な巨大な木材が日本国内で不足するようになり，のちには植民地化した朝鮮に木材を求めるようになっていきました。韓国併合が行われて以降，植民地経営の中心となった統治機関を何といいますか。

〔問11〕 ≪Ｈ≫の時期について，次の出来事Ｘ・Ｙと，その際に内閣総理大臣を務めていた人物①～④の組み合わせとして正しいものを，下のア～エより選び，記号で答えなさい。

Ｘ．日米新安全保障条約の締結　　Ｙ．特需景気の発生

①佐藤栄作　　②岸信介　　③吉田茂　　④鳩山一郎

ア．Ｘ－①　Ｙ－③　　イ．Ｘ－①　Ｙ－④

ウ．Ｘ－②　Ｙ－③　　エ．Ｘ－②　Ｙ－④

【３】 次の文章を読んで，あとの問いに答えなさい。

コロナによる様々な制限が解除されつつある中で，甲子園（高校野球）で声を出しての応援が解禁されたことが話題となりました。スポーツに限らず，地域のお祭りや花火大会なども再開となったところが多く，街に賑わいが戻ってきているように思います。

様々なことがコロナ禍《か》前に戻ってよかった反面，互いの権利がぶつかり合ってトラブルに発展してしまう場面も増えてきています。たとえば，子どもの声は1騒音か否かという問題が，以前から議論されていましたが，近年実際に，近隣住民の要望により，公園が閉鎖となってしまったり，保育園の建設が取りやめになったりなどしています。確かに，子どもたちの遊んでいる声は，2落ち着いた静かな生活を求める人たちにとっては邪魔になるかもしれません。ただ一方で，子どもたちの居場所がなくなってしまうことを懸念する声があるのも理解できます。

こういった問題を解決するためにはどのような方法があるのでしょうか。3国や自治体には，利害関係者の言い分を聞いたうえで，たとえば，公園の利用時間に制限を設けたり，保育園に防音壁の設置を義務付けたりして，お互いの落としどころを見出せるよう，導いていくことが求められて

います。そのための法律や条例などのルールが規定されることがありますが，その内容は最高法規である憲法の考えに沿うものであることが条件となっています。また，憲法には人権同士がぶつかり合ってしまった場合は，調整することがある，ということが示されています。ですから，場合によっては，双方またはどちらかに必要最低限の制限を求めることがあります。

政治的な解決方法の他に，上記のようなケースでは事前に当事者同士の相互理解を築くことで，トラブルを未然に防いだり，解決に導いたりすることができます。相互理解を深めるための例として，地域の交流や助け合いを目的とした，町内会のお祭りや子供会，清掃活動などがあげられますが，これらの活動は，人と人とが面と向かってコミュニケーションを取ることで信頼関係を築き，安心感が得られることから，これまで大切にされてきました。また近年，核家族化や少子高齢化が進み，〔　Ｘ　〕や独居老人世帯の問題が出てくる中で，地域コミュニティの果たす，「見守り」という役割が再評価されてきています。

しかし４個人を尊重する立場から，地域のつながりよりもプライベートを大切にし，静かな生活環境を求める人も増えていて，住民同士の直接の交流や助け合いがしづらい状況になってきています。そのために，最初の方で述べたような住民同士のトラブルが起こってしまい，結局は５司法機関に解決を求めることも少なくありません。

コロナ後の新しい社会を築いていくうえで，６ＳＮＳなどがこれまで以上に活用されることになるでしょう。今後は，新しいツールを利用し，別の方法で人と人とのつながりを構築することで問題が解決するかもしれません。そうした新しいコミュニティと今までのような地域のコミュニティのそれぞれの良さを生かして，よりよい社会を築いていくことが必要だと考えます。

〔問１〕　文中の空欄Ｘに入る語は，家族と一緒に暮らしているにも関わらず，子どもが一人で食事をとらざるを得ない状況のことを指しています。空欄Ｘに入る語としてもっともふさわしいものを下から選び，記号で答えなさい。

ア．小食　　イ．孤食　　ウ．単食　　エ．独食

〔問２〕　下線部１について，次の文を読んであとの設問に答えなさい。

> 環境基本法に規定されている典型七公害には，大気汚染・（　Ａ　）・土壌汚染・騒音・振動・地盤沈下・（　Ｂ　）が指定されています。高度経済成長によって経済的な豊かさを得た反面，公害が社会問題となりました。例えば，1950年代，熊本県で確認された水俣病は，典型七公害のうちの（　Ａ　）にあたり，工場から排出された（　Ｃ　）により多くの人が被害を受けました。国や自治体，企業を相手取った裁判は各地で起こされ，長期間続きました。
>
> 近年は，大規模な開発行為を行う場合，その開発が自然環境にどれほど影響があるかを事前に調査・予測・評価する環境（　Ｄ　）が実施されるようになり，環境保全に対する意識は高まりつつあります。

⑴　文中の空欄Ａ・Ｂに当てはまる語を下から選び，それぞれ記号で答えなさい。

ア．悪臭　　イ．オゾン層破壊　　ウ．温暖化　　エ．水質汚濁

オ．光害　　カ．不法占拠　　キ．不法投棄

⑵　文中の空欄Ｃに当てはまる語を下から選び，記号で答えなさい。

ア．亜硫酸ガス　　イ．カドミウム　　ウ．鉱毒　　エ．有機水銀

⑶　文中の空欄Ｄに適する語をカタカナで答えなさい。

〔問３〕　下線部２に関連して，私たち一人ひとりには，個人の自由が与えられていると同時に，他者への配慮も求められています。保育園を設置する場合，近隣の人々に対する影響はどのようなものがあるでしょうか。**適切でないもの**を下から選び，記号で答えなさい。

ア．近隣住民に不眠などの健康被害が生じること

イ．保育園への人の出入りが多くなることで，近隣住民のプライバシーが守られなくなること

ウ．園児を送迎する車の出入りが激しくなることで，交通事故のリスクが上がること

エ．保育園が新たに建設されることで，住民の所得税が増税され，経済的負担が増すこと

〔問４〕　下線部３に関連して，以下の設問に答えなさい。

⑴　国会が定めた法律について述べた文として正しいものを下から選び，記号で答えなさい。

ア．内閣も法律案を提出できるが，本会議で３分の２以上の賛成を得なければならない。

イ．臨時国会で可決された法案は，次の通常国会で改めて過半数の賛成を得なければならない。

ウ．衆参両院で可決された法案は，天皇が国民に向けて公布することになっている。

エ．法案を審議する際は，専門家や学者などの意見を聴くための特別国会を開くことがある。

⑵　地方自治体の条例について述べた文として**誤っているもの**を下から選び，記号で答えなさい。

ア．ある自治体の条例で定められた内容が，他の自治体の条例では定められていないことがある。

イ．住民は有権者の３分の１以上の署名を集めれば，条例の廃止を求めることができる。

ウ．地域の重要な問題についての賛否を住民投票で問う条例が，住民の求めによって定められることがある。

エ．議会で制定された条例について，首長は拒否し，議会へ再議を求めることができる。

〔問５〕　下線部４について，基本的人権に関する以下の規定について，空欄Ｅ・Ｆに適する語を入れなさい。

> 日本国憲法　第13条
> 　すべて国民は，個人として尊重される。生命，自由及び（　Ｅ　）追求に対する国民の権利については，（　Ｆ　）の福祉に反しない限り，立法その他の国政の上で，最大の尊重を必要とする。

〔問６〕　下線部５について，裁判所は，人権を侵害していると判断した法律について，改正するよう国会に対して求めることができます。この権限を何といいますか。下から選び，記号で答えなさい。

ア．違憲審査権　　イ．検察審査権　　ウ．国政調査権　　エ．国民審査権

〔問７〕　下線部６について，次の文を読んであとの設問に答えなさい。

> 　情報技術の発展により，ソーシャル・ネットワーキング・サービス（ＳＮＳ）などの活用により，遠く離れた人とのコミュニケーションが円滑になり，便利になりました。
> 　しかしながら，ＳＮＳの利用が進むにつれて，著作権や特許権などの（　Ｇ　）財産権の

侵害や，サイバー犯罪などといった問題が浮上してきていて，利用する一人ひとりに高い倫理観と判断力が求められています。

⑴　文中の空欄Gに適する語を入れなさい。

⑵　波線部について，ＳＮＳなどで得られる多くの情報を無批判に受け入れることなく，正しく判断し活用する能力を何といいますか。下の空欄に適する語を入れなさい。

インターネット□□□□□

【４】 次の文章を読み，あとの問に答えなさい。

ひところ，東京近郊の駅で降りると，どこにいっても同じような風景に出会う印象がありました。よく知っているAハンバーガーショップ，喫茶店，コンビニエンスストア，カラオケ施設などが，改札を出るとすぐ目に入ってきます。電車ではなく，自家用車での移動が主となる地域にいくと，古くからの町なみから離れたところに，渋滞解消のためのバイパス道路がひかれ，その両側に，やはり同じような店が，東京の駅前からするとはるかに大きな店がまえでならんでいます。

ある意味，これは企業努力の結果です。経済活動の自由が認められていますから，企業はあらゆる町に支店を出して，少しでも多くの消費者に利用してもらおうとします。一方その地域の消費者にとっても，全国的に有名な店が自分の住んでいる地域にできれば，どこにでもある店が自分の町にもあるという安心感や，都会にしかなかった店が自分の町にもできたという満足感が生まれます。両者の思いが一致した結果，このようなことになるのでしょう。

自由にふるまうことで景観が画一的になってしまったと言えそうですが，B旅行者や仕事で訪れた人のように，その町なみを初めて見る人からすると，どこに行っても同じような景観ばかりを目にするごとになり，その町の持つ本来の魅力に気づきにくくなってしまいます。こうした問題に早くから取り組んできたのが京都市です。2014年には，京都市屋外広告物条例が完全施行され，広告物の色や大きさ，伝統的な風景と調和しているかどうかなどが規制されています。京都市に行ったことのある人なら誰でも，全国にチェーン店のあるお店が，他の都市と異なるデザインや色の看板を用いているのを見たことがあるでしょう。同じような動きは，C歴史的な町なみが残る各地の都市にも広がっています。

こうした規制は企業の側に，デザインを考えたり他の都市とは違う素材を用意したりといった，時間や金銭面でのコストを求めることになります。一方で，規制に合うように考え出された店名表示や看板，お店の建物の外観などは，他の都市では見たことのない独特なものとなります。京都市で規制が強められたとき，多くの人たちの心のなかには驚きと，いくらかの違和感が生まれたことでしょう。ですが，そこから10年が経過しようとする現在では，都市の魅力の一つが新たに生み出され，定着しつつあるとも言えます。規制が創意工夫の原動力となった事例です。

規制は，自由を制限するものですから，多くの場合マイナスのイメージを持たれます。しかしながら，ルールを守るという前提の中で，どうやったら自分の力を発揮できるだろうと知恵を働かせるとき，思ってもいなかった面白いものが生まれることがあるのだと思います。逆にまったく制限がない中で，誰もが自由にふるまうとき，最初に挙げたような，どこもかしこも同じ風景になってしまうということもおこります。そのような，一見するとあべこべなことが起こるのですから，この世界はまことに不思議で，面白いものだというほかありません。

〔問１〕 下線部Ａについて，2006年に，世界的なハンバーガーショップの日本国内におけるチェーン店で働くアルバイトやパートの人たちが，労働条件の改善を求めるために労働組合を結成しました。こうした動きを保障する，憲法第28条に定められている権利の名称を，解答欄に合うように答えなさい。

〔問２〕 下線部Ｂについて，ある観光地に多数の旅行者が一度に訪れることで，地域の住民が公共交通機関を利用できなかったり，自然環境がそこなわれたりするなどの問題が，近年生じています。こうした問題は「観光公害」と呼ばれますが，これと同じような内容を表すことばに含まれるものを，以下のア～エから１つ選び，記号で答えなさい。

ア．アンダー　　イ．ウルトラ　　ウ．オーバー　　エ．スーパー

〔問３〕 下線部Ｃについて，誤りをふくむものを以下のア～エから１つ選び，記号で答えなさい。

ア．金沢市は，安土・桃山から江戸時代にかけて，大名である前田氏の城下町として成立し，九谷焼などの伝統工芸がさかんである。

イ．萩市は，戦国大名の毛利氏が江戸時代に居城を移してきたことで発展した城下町で，萩焼などの伝統工芸がさかんである。

ウ．鎌倉市は，源頼朝が幕府を開いたのち，室町幕府の関東支配の拠点ともなり，鎌倉彫などの伝統工芸がさかんである。

エ．川越市は，江戸時代に大名の城下町としてさかえて「小江戸」と呼ばれ，清水焼などの伝統工芸がさかんである。

〔問４〕 本文全体について，以下の問いに答えなさい。

ａ）次の文は，筆者が述べている，全国で同じような町なみが見られる理由をまとめたものです。空欄に当てはまる文中のことばを答えなさい。

○○○○○○○にもとづいた企業努力と，消費者の△△△や◇◇◇が一致したこと。

ｂ）二重線部について，筆者がそのように考えるのはなぜでしょうか。ａ）をふまえた上で，以下の条件に合うように答えなさい。

① 「□□□□□するものである規制が☆☆☆☆☆☆☆☆となり，」と書き始める。空欄に当てはまることばは，問題文中から抜きだして答える。なお，□部分は５字，☆部は８字。

② ①につづき，かつ「～が起こるから。」ということばが後ろにつづくように，45字以内で答える。

③ 途中に句点（。）を用いない。

④ 読点（，）は１字と数える。

る。

「でも勇哉くん、ねんざはもう大丈夫《だいじょうぶ》なの？　それに走るのイヤって言ってたよなぁ」

　ぼくはきっぱりと答えた。

「大丈夫、リカバリーしたんだ。④もう、前と同じぼくじゃない」

（青山美智子『リカバリー・カバヒコ』より。）

問一　――線部①〈それ〉とは、どのようなことですか。30字以上40字以内で説明しなさい。

問二　――線部②〈そんなこと〉とは、どのようなことですか。「ぼくがランナーになってしまったら、」に続く形で、45字以上55字以内で説明しなさい。

問三　――線部③〈意外な効果〉とありますが、「足から意識を飛ばす練習」の〈意外な効果〉とは、どういうことですか。40字以上50字以内で説明しなさい。

問四　――線部④〈もう、前と同じぼくじゃない〉とありますが、〈ぼく〉の走ることへの向き合い方は、何をきっかけに、どのように変化しましたか。**「前の自分」「回復した後の自分」**という二つの言葉を使って、80字以上100字以内で説明しなさい。

下書き用（使っても使わなくてもかまいません）

20

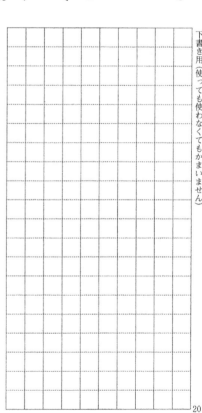

に言った。

「ちょっと違うかな。人間の体はね、回復したあと、前とまったく同じ状態に戻《もど》るというわけじゃないんだ」

「えっ」

「病気や怪我《けが》をしたっていう、その経験と記憶《きおく》がつく。体にも心にも頭にもね。回復したあと、前とは違う自分になってるんだよ」

ぼくは戸惑《とまど》った。

穴から少しだけ顔を抜《ぬ》き、伊勢崎さんに訊ねる。

「前とは違うって、良い自分なんですか、悪い自分なんですか」

「それは僕《ぼく》には決められない。ただ、その人が良い方向に行くようにと願いながら、僕はこの仕事をしてる。少なくとも勇哉くんは、足が痛くなる前にはわからなかったことが、わかってきたんじゃないかな。だから、それをこれから良いほうに活《い》かしていってくれたらいいな」

伊勢崎さんはそれから黙《だま》って、ぼくの体をていねいに押し続けた。

ぼくは伊勢崎さんの指を背中に感じながら、ぼんやりと、リカバリーのそのあとのことを考えていた。

翌朝、ぼくはまた早起きをして、日の出公園に向かった。

そしてカバヒコにひとこと、心を込めてお礼を言うと、背中に座《すわ》ってスグルくんが通るのを待った。

ブランコ、すべり台、砂場、ベンチ。小さな公園に置かれたそれらは、どれも古くなっている。

この公園、何年前からあるんだろう。カバヒコって何歳《なんさい》なのかな。

そんなことを思っているうち寒くなってきて両腕《りょううで》をさすり始めたころ、公園の植え込みの向こうを走っているスグルくんの姿を見つけた。

ぼくはカバヒコから飛び降りる。

公園の外に出ようとすると、中に入ってきたスグルくんと向かい合う形になった。

「あれえ、勇哉くん」

「お、おはよう」

「おはよう。またここで会ったねえ」

スグルくんは息を切らしながら、うれしそうにそう言った。

「スグルくんが来るかなと思って、待ってたんだ」

「ええー？　おれのこと待ってたの？　なんで」

ぼくはぎゅっとこぶしを握《にぎ》り、スグルくんを正面から見る。

「あの、あのさ。駅伝まであと一週間だろ。自主練、ぼくと一緒にやらないか」

「勇哉くんと？」

口をぽかんと開けているスグルくんに、ぼくはうなずく。

「ぼくも走るの苦手だから、正しいフォームとか教えることはできないけど……一緒に走ったら、楽しいかもって思ったんだ」

スグルくんは「ひゃあ」と変な声で叫《さけ》んで、両手をぶんぶんと振《ふ》った。

「ほんとに？　うれしいなあ！」

小躍《こおど》りしているスグルくんを見て、ほっとした。

迷惑《めいわく》がられたらどうしようと思っていたけど、思い切って言ってよかった。

スグルくんは振《ふ》り回《まわ》していた手をふと止めて、心配そうに訊ねてく

頭が、間違えちゃったんだ。

ホントのホントは、嘘なんてつきたくなかったんだ、そうだ、ぼくは……。

そういう自分のことが、イヤなんだ……。

次の週、ぼくはまたお母さんと一緒に伊勢崎整体院を訪《おとず》れた。

伊勢崎さんからの「ふたつの宿題」は、ぼくなりに仕上げてきたつもりだ。

体のバランスを整える体操は、朝、学校に行く前と、夜、お風呂《ふろ》に入ったあとの二回、毎日こなした。

そして「足から意識を飛ばす練習」は、伊勢崎さんの言うとおり、目の前のことに集中するように心がけた。

びっくりした。③意外な効果の連続だった。

たとえば、ごはんを食べるとき、何が入っていて、どんなふうに調理されているかをちょっと注意して見るだけで、前よりもおいしく感じた。歯をみがくとき、歯のことだけを考えていたら一本ずつていねいにブラシを当てようという気になった。授業中、黒板に書かれていることをノートに写すとき、なるべくきれいな字で書くようにしたら内容をすごく覚えやすくなった。

あたりまえのことかもしれない。

でも今までのぼくは、出された食事を特に気に留《と》めずに口に入れていたし、歯磨《はみが》きなんてささっと適当にブラシをくわえるだけだったし、黒板をろくに見ていないときさえあったのだ。

そしてその「練習」は、そのときだけじゃなく、普段《ふだん》の生活の中で意識が変わっていくことにつながった。

お母さんがいつもどうやって献立《こんだて》を決めているのか想像したり、歯ブラシの形や大きさにいろんな種類があることを知ったり、今まで好きじゃなかった教科にちょっと興味を覚えたり。

爪《つめ》を切るときの自分の指の曲がり方、鉛筆《えんぴつ》の芯《しん》のにおい、傘《かさ》にあたる雨音。目の前のいろんなことに集中してみると、それまで気がつかなかった発見がたくさんある。そうしているうちに、足のことを気に病《や》む時間が少しずつ減っていった。

そして伊勢崎さんのところに行くころにはもう、足にとらわれなくなっていた。あんなに悩《なや》んでいたのに、いつのまにか痛みを忘れて、なんだか体がほかほかしていた。

前と同じようにふたりきりになった部屋で、うつぶせのぼくの体に手を当てた伊勢崎さんは「おぅ」と息をもらした。

「すごいな。一週間でこんなに整えてくるなんて、びっくりしたよ。体のこわばりもずいぶん取れて、やわらかくなってる」

ぼくはうれしくなって、顔だけ伊勢崎さんのほうに向けて得意げに言った。

「ぼくの足、リカバリーしましたか」

伊勢崎さんは「ええ？」とちょっと笑ったあと、大きくうなずいた。

「そうだね、リカバリーしたよ。お見事だ」

「じゃ、これで元どおりですね」

カバヒコにお礼を言いに行かなくちゃ。

にやにやしながらベッドの穴に顔をうずめると、伊勢崎さんは穏《おだ》やか

スグルくんは、へへへ、と笑った。
「駅伝、やったことないからさ。おれに番が回ってきたから、まずはやってみるっていう、それだけ。もしかしたら楽しいかもしれないし、やっぱりすごくつらいだけかもしれないし、でもそれってやらないとわかんないじゃん」
①それを聞いてぼくは、なんだか息が止まるみたいな思いがした。
言葉も出ず、動くこともできず、まるでカバヒコと一体になったみたいに固まっていると、スグルくんは急にちょこちょこと足踏《あしぶ》みをし始めた。
「じゃ、おれ、ここから走っていくから。自主練、自主練。この公園を折り返し地点にしてるんだ。あとで学校でね！」
スグルくんは公園を去っていく。
自主練として、登校のときに遠回りして走ってるんだ。
ひとりで、ランドセルをしょったまま。

やっと、わかった。
ぼくの体と心が本当にイヤだったのは、走ること自体じゃない。
ただ、みんなにカッコ悪いところを見られるのがイヤだったんだ。
走るのが得意な子たちの中、もしもランナーになってしまったら、ぼくが出たとたん、あっというまにビリになってしまうだろう。
全学年の同じ組の子たちの怒《いか》りを買い、見ている人たち全員から笑われ、駅伝当日だけじゃなくこれからのぼくの学校生活は絶望的になるだろう。
ぼくの頭は、そう考えたんだ。
だから②そんなこと、どうにかして避《さ》けなくちゃって。
スグルくんは、そんなことちっとも気にしていない。みんながどう思うかなんて。
他の誰もやりたがらなかったランナーを、文句ひとつ言わず引き受けたスグルくん。
得意じゃなくても、やるからには全力で取り組もうとしているスグルくん。
ぼくが足を引きずっていることに、気がついてくれたスグルくん。
ぼくはスグルくんの強さも優《やさ》しさも、まったくわかっていなかった。

カバヒコに頭を押《お》しつけながら、ぼくはこらえきれずに泣いた。
涙《なみだ》と一緒《いっしょ》に、勝手に言葉がこぼれてくる。
心と体が、カバヒコに聞いてもらおうとしているみたいだった。
「ぼくは……ぼくは、どうやったら自分が駅伝に出なくてすむかってことばかりで……嘘をついて…それが思い通りにいったことで、ますます苦しくなって……」
そこではっとした。
今ぼくは、なんて言った？
ああ、そうか。そういうことなんだ。
体が緊張《きんちょう》しているのは、ずるいことしたって罪悪感でびくびくしているからだ。

四 次の文章を読んで後の問いに答えなさい。

小学四年生の勇哉《ゆうや》（ぼく）は、駅伝大会のランナーになりたくなかったので、足をねんざしたと嘘《うそ》をついて駅伝メンバーを決めるくじ引きを逃《のが》れました。ところが、数日後、本当に右足が痛くなってしまいます。勇哉はお母さんに連れられて、伊勢崎《いせざき》さんという整体師のところに通うことになりました。そんなある日、勇哉は公園にある遊具（カバヒコ）に会いに行きます。

翌日の朝、少し早起きするとぼくは、登校の前に遠回りをして、ひとりで日の出公園に向かった。

カバヒコに会うためだ。

「楽しいこと」なんてすぐには思いつかなかったけど、カバヒコのことを考えるとちょっと安らいだ気持ちになる。

誰《だれ》もいない公園に着くと、ぼくはカバヒコのところまでまっすぐ歩いていく。カバヒコがぼくを見て笑ってくれたように思えた。

なんだかまるで、約束して待ち合わせしたみたいに。

伊勢崎さんの言うとおり、整体院に一度行ったからってたちまち足の痛みがなくなったわけじゃない。だけど昨日はぐっすり眠《ねむ》れて、気分がすっきりしていた。

体と話をするつて、どうやってやればいいんだろう。

走るのがイヤで、駅伝に出たくなかったっていうことは、間違《まちが》いない。

それは体も心も、そして頭だって、みんな同じだったはずだ。

そしてぼくはくじ引きからうまく逃れて、ただ道の端《はし》で応援《おうえん》するだけなのに……「イヤなこと」はもう、しなくてよくなったのに。

ほんとは痛くないのに痛いって、頭はなんで間違えちゃうのかな。

ああ、結局足のことを考えている。意識を飛ばすのって、難しい。

ぼくはカバヒコの前にしゃがみ、カバヒコの後ろの右足をすりすりとなでながら、思わず話しかけた。

「走るのがこんなにイヤなんて、ぼくはほんとに弱虫でダメだな……」

すると、「ダメじゃないぞ」と声がした。

びっくりした。

カバヒコが、しゃべった？

あたりを見回すと、いつのまにか、ブランコのそばにスグルくんがいた。

「走るのがイヤだと思うことなんて、ぜんぜんダメじゃない。イヤなもんはイヤだろ」

スグルくんはそう言って、上着の袖口《そでぐち》で鼻水をぬぐった。何度もそうしているのか、袖口はもう、かぴかぴになっている。

ぼくはしゃがんだまま訊《たず》ねる。

「スグルくんも、本当は走るのイヤなんじゃないの？　駅伝なんか、出たくないって思わないの？」

うーん、とスグルくんは首を傾《かたむ》けた。

「べつに、イヤじゃないよ」

「でもスグルくん、走るのそんなに得意そうじゃないし……」

「そう、おれ、足遅《おそ》いんだよなあ」

だよね？　走るの遅いってわかってるのに、どうして平気なんだ？

ぼくはその言葉を飲《の》み込《こ》みながら訊ねた。

「……だって、みんなが見てる中を走らなきゃいけないんだよ？」

「うん？　ああ、そうだねえ」

し合うというプロセスがなく、直接に顔を合わせて作られるリアルな運動体にあるようなメンバーシップが欠けています。

ここで言える大切なことは、次のようなことでしょう。

すなわち、ＳＮＳでの政治的な活動が望ましい形で社会を変えていくことができるのは、「ハッシュタグをつけて投稿《とうこう》して終わり」ではなく、ハッシュタグの向こうにかけがえのない個人がいるということが自覚され、リアルな運動体とは異なるとしても、ＳＮＳ上の連帯ならではのメンバーシップを作りだし、継続《けいぞく》していこうと努力されるときである、ということです。そしてそのとき、アーレントの示唆《しさ》した許しと約束の力は、ＳＮＳ上の連帯においても重要な役割を演じるのではないでしょうか。

〈注〉

1　ＳＮＳ――ソーシャル・ネットワーキング・サービス（Social Networking Service）の略。インターネット上でのユーザー同士の交流が可能なサービスのこと。代表的なものとしてX〔旧Twitter（ツイッター）〕やInstagram（インスタグラム）などがある。

2　アーレント――政治思想家、ハンナ・アーレントのこと。

3　ハッシュタグ――主にＳＮＳ上で利用され、「#」記号とともにキーワードを入力して検索《けんさく》することで、同様のキーワードを主題とする投稿《とうこう》だけがまとめて表示される機能。近年では、「#」記号に続けて投稿者の政治的な主張を入力するなど、政治的な場面でも活用されている。

4　先ほど確認した――この前の部分で筆者は、二〇一三年にアメリカで広まった、アフリカ系アメリカ人に対する差別への抗議《こうぎ》を表明する「ブラック・ライブズ・マター運動」において、ハッシュタグを用いた投稿が活用された事例を紹介《しょうかい》している。

問一　――線部①〈本当の意味で自由を獲得し、他者との議論の場に加わる〉とありますが、そのために必要なのはどうすることですか。25字以上35字以内で説明しなさい。

問二　――線部②〈「活動」を不安定にもします〉とありますが、それはなぜですか。30字以上40字以内で説明しなさい。

問三　――線部③〈そうした人間の本質を前提にしながら、他者とともに持続できる活動をしていくためには、何が必要なのでしょうか〉とありますが、アーレントの考えでは、〈必要〉なのはどうすることですか。50字以上60字以内で説明しなさい。

問四　――線部④〈ＳＮＳを活用して行われる政治的な活動〉のために必要なのはどうすることですか。80字以上100字以内で説明しなさい。

下書き用（使っても使わなくてもかまいません）

20

アーレントはその答えを次のように説明します。それは、「この世界にはひとりとして同じ人間が存在せず、ひとりひとりがちがった存在であるから。それゆえ、ひとりひとりがそれぞれに、世界に新しい始まりをもたらす存在であるから」です。アーレントはこうした人間の本質を「複数性」と呼びます。

この世界に、自分と同じ人はひとりとして存在しません。だからこそ、私たちはひとりひとりが新しい存在なのです。そしてそれは、言い換《か》えるなら「人間は誰しも前例のない存在である」ということでもあり、前例がない以上、私たちは誰もが予測不可能な存在です。

こうした人間の予測不可能性は、②「活動」を不安定にもします。何しろ人間は誰もが前例のない存在です。「私」が他者と連帯し、活動を始めようとしても、その他者は「私」の思いもしないことをしたり、期待を裏切る行動をしたりするかもしれません。とはいえ、そうした予測不可能性こそが、新しい活動を始める原動力なのです。

では、③そうした人間の本質を前提にしながら、他者とともに持続できる活動をしていくためには、何が必要なのでしょうか。

アーレントは、二つの要素を挙げています。

一つは、「許し」です。「活動」は、予測不可能な人間が行うものである以上、本質的に予測不可能です。その活動を行うことでどのような結末に至るのかは、誰にもわかりません。だからこそ、私たちは、他者と連帯して行う活動がどのような結末に終わるのだとしても、その結末をもたらした仲間を許すことができなければなりません。

もし、活動の結末に対して常に重い責任を負わないといけないとしたら、活動を始めることのハードルは非常に高くなるでしょう。そうなると、この世界に変革は容易にはもたらされません。もちろん責任を負うことは大切です。しかし同時に、望ましくない結果をある程度は許す寛容《かんよう》さがなければ、活動はそもそも不可能になるのです。

そして、もう一つの要素は「約束」です。私たちは活動において誰しもが予測不可能な存在である。だから、他者とともに行う活動のなかでこれから何が起こるのか、どのような変化が生じるのかは、完全には見通すことができません。そして、だからこそ、自分が行う活動について約束をすることが、他者とともに活動をする上では重要になります。

もちろん、その約束を完全に履行《りこう》できるとは限りません。しかし、何の約束もしていなければ、活動は不安定で滅茶苦茶《めちゃくちゃ》なものになってしまうでしょう。活動が何らかの目的を達成するためには、私たちは互《たが》いの不確実な未来について、約束を交《か》わさなければならないのです。

④ＳＮＳを活用して行われる政治的な活動は、アーレントの言う「私的領域」と「公的領域」の区別をとり払《はら》っていくものであるように思います。もちろん、ひとりひとりの私的な生活は大切です。しかし、そこから距離《きょり》をとり、自由になって、「私」の問題を「みんな」の問題として語ることができなければ、本来の政治は成り立ちません。

ハッシュタグ[注3]は、この問題に一つの解決をもたらすシステムかもしれません。つまり、ハッシュタグを使えば、私的な生活に根ざした私的な言葉がそのまま、「みんな」の問題を語る言葉になるのです。そして、それを活用したハッシュタグ的連帯が、実際に社会を変えるために有効であることは、先ほど[注4]確認《かくにん》したとおりです。

しかし、そこにはひとりひとりが向かい合い、話し合い、互いを理解

【国　語】〈五〇分〉〈満点：一〇〇点〉

一　次の①～⑤の□に当てはまる言葉を語群から選び、漢字で答えなさい。

①兄は度□がある。
②彼《かれ》は調理師の資□を持っている。
③彼の演説は□に入《い》っている。
④ここの□園ではりんごを栽培《さいばい》している。
⑤みんなで「カエルの歌」を□唱する。

《語群》
リン　キョウ　ドウ　ノウ　カク

二　次の①～⑤の□に当てはまる漢字一字を自分で考えて答えなさい。

①彼は改革の□振《ふ》り役となった。
②時間を持て□している。
③二人の話し合いの機会を、明日の十時に□けることにした。
④あの人の言ったことが本当かどうかは□わしい。
⑤各地から花の便りが□せられた。

三　次の文章は、戸谷洋志[注1]『ＳＮＳの哲学《てつがく》　リアルとオンラインのあいだ』の一部です。本文で筆者は、ＳＮＳ上で出会う多様な人々との連帯によって政治的な活動のあり方がどのように変わったかを考察しています。以下の文章を読んで、後の問いに答えなさい。

自分の生活にとらわれている限り、人は自由ではありません。誰《だれ》かと議論しているときでも、自分の生活ばかりに目を向けているなら、その議論は平行線をたどってしまうでしょうし、そもそもそんな議論には誰も参加してくれないでしょう。「それって結局自分のことでしょ？　私には関係ないでしょ？」と、まわりの人々は思うだろうからです。

だからこそ、他者と議論するためには、自分の生活にこだわることをやめなければなりません。自分にとって利益があるかどうかとは関係なく、「みんな」にとって望ましいのかどうか。そうした視点から物事を考えられるようになったとき、はじめて人は①本当の意味で自由を獲得《かくとく》し、他者との議論の場に加わることができます。[注2]アーレントは、そうした議論こそが公共性を形づくる、と考えていました。

もっとも、ただ話し合いをすることだけが政治ではありません。政治とは、先ほども述べたとおり、現実に対して働きかけ、何かを変えていく運動です。そうである以上、他者と議論を重ねながらも、他者と連帯し、ともに活動することが必要になります。

アーレントは、このような意味での政治的な「活動action」を、新しいことを始める営みとして説明しました。それまで誰も予想していなかったこと、誰もやったことがなかったことを開始すること。それがアーレントの考える「活動」にほかなりません。

では、なぜ人間にはこうした「活動」が可能なのでしょうか。なぜ人間は、新しい「活動」を始め、それまでの社会に新しい風を吹《ふ》きこむことができるのでしょうか。

MEMO

大切なことはメモしておこうネ！

第1回

2024年度

解　答　と　解　説

《2024年度の配点は解答欄に掲載してあります。》

＜算数解答＞《学校からの正答の発表はありません。》

1 (1)　48　(2)　1.45　2 (1)　3125人　(2)　575人　(3)　15人
3 (1)　4：5　(2)　13.2cm^2　4　9通り　3個入り　20袋　5個入り　18袋
5 (1)　最少6個　最多16個　(2)　9本
6 (1)　3分36秒後　(2)　6分後　(3)　18分後　7 (1)　31通り　(2)　355通り
8 (1)　毎秒4cm　(2)　612cm^2　12秒　(3)　最初$9\frac{13}{18}$秒後　次に$15\frac{1}{27}$秒後

○推定配点○

1～3，5　各4点×10　他　各5点×12(4袋数完答)　計100点

＜算数解説＞

1 (四則計算)

(1)　1.25×(5.3＋9.6＋15.2＋8.3)＝38.4÷4×5＝48

(2)　□＝1.85－(5.6－3.5)÷3÷1.75＝1.85－0.7÷1.75＝1.85－0.4＝1.45

重要 2 (割合と比，消去算，集合)

今年の参加人数…4200人

昨年の参加人数…4200÷1.12＝3750(人)

昨年の5年生の人数…□　昨年の6年生の人数…○

今年の5年生の人数…□×1.16　今年の6年生の人数…○×0.92

(1)　□＋○＝3750より，□×0.92＋○×0.92＝3750×0.92＝3450…ア　□×1.16＋○×0.92＝4200…イ　イ－アより，□×(1.16－0.92)＝□×0.24＝4200－3450＝750　したがって，昨年の5年生は750÷0.24＝3125(人)

(2)　今年の6年生…(3750－3125)×0.92＝575(人)

(3)　焼きそばまたはカレーライスを買った人…(2)より，575－200＝375(人)　したがって，両方，買った人は210＋180－375＝15(人)

重要 3 (平面図形，相似，割合と比)

(1)　三角形AJDとEJBの相似比…4：1　BJ：JD…1：4　三角形ABKとIDKの相似比…3：1　BK：KD…3：1　BD…1＋4＝5，3＋1＝4の最小公倍数20　したがって，BJ：KDは(20÷5)：(20÷4)＝4：5

(2)　BJ：JK：KD…(1)より，4：11：5　したがって，三角形AJKは6×8÷2÷20×11＝13.2(cm^2)

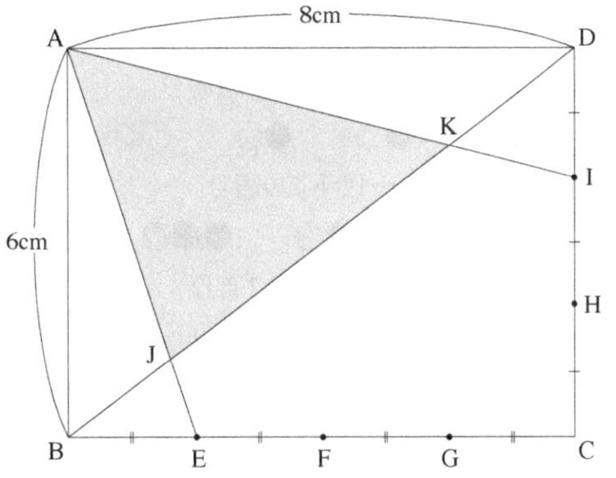

重要 **4** **(数の性質)**

3個入りの袋の数…△　5個入りの袋の数…□　3×△＝150－5×□＝5×(30－□)　30－□…3の倍数であり，3，6，～，27　したがって，袋の作り方は27÷3＝9(通り)　(3個入りの袋数，5個入りの袋数)…(45，3)(40，6)～(20，18)～(5，27)　したがって，袋数の差が最小になる場合は3個入りが20袋，5個入りが18袋

重要 **5** **(平面図形，場合の数，規則性)**

(1)　最少の個数…図アより，6個

1本のとき…2個

2本のとき…2＋2＝4(個)

3本のとき…4＋3＝7(個)

したがって，5本で最多の場合は2＋2＋3＋4＋5＝16(個)

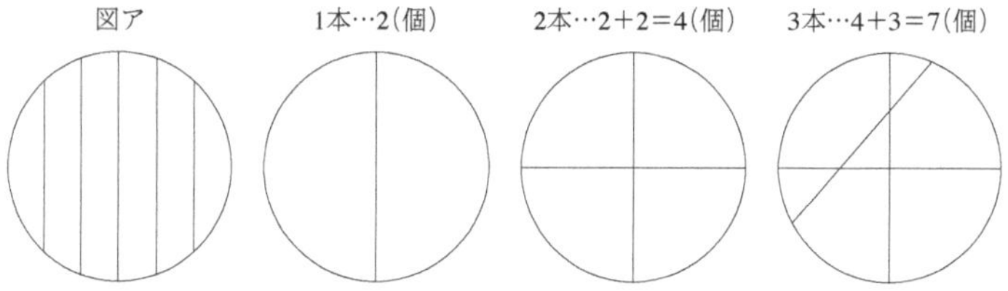

(2)　(1)より…46－1＝45＝1＋2＋～＋9　したがって，求める本数は9本

重要 **6** **(速さの三公式と比，旅人算，割合と比，数の性質，単位の換算)**

1分12秒後…1.2分　1分12秒＋18秒＝1分30秒…1.5分　2分15秒後…2.25分

(1)　AさんとCさんの速さの比…1.2：(2.25－1.2)＝1.2：1.05＝8：7　BさんとCさんの速さの比…(8＋7－7÷1.2×1.5)：(7÷1.2×1.5)＝6.25：8.75＝5：7　したがって，Bさんが出発地点に戻るのは2.25÷5×8＝3.6(分後)すなわち3分36秒後

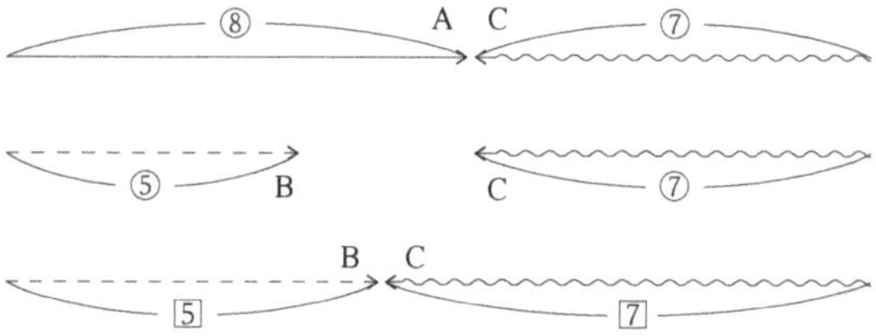

(2)　池の周りの道のり…8×2.25＝18

したがって，(1)より，AさんがBさんに追いつくのは18÷(8－5)＝6(分後)

(3)　Aさんが出発地点に戻る時刻…2.25分後，4.5分後，6.75分後，～　Bさんが出発地点に戻る時刻…(1)より，3.6分後，7.2分後，10.8分後，～　Cさんが出発地点に戻る時刻…$\frac{18}{7}$分後，～，18分後，～　したがって，3人が出発地点で出会うのは18分後

7 **(場合の数，規則性)**

(ルール1)　赤の右にはどの色の玉も置くことができる。 (ルール2)　白の右には青の玉だけ置くことができる。 (ルール3)　青の右には赤の玉だけ置くことができる。

赤・白・青…それぞれ●・○・◎で表す。

(1)　2個の場合…以下の5通り

●●　●○　●◎　○◎　◎●

3個の場合…以下の9通り

●●●　●●○　●●◎　●○◎　●◎●　○◎●　◎●●　◎●○　◎●◎

4個の場合…同様に17通り

5個の場合…5＋9＋17＝31(通り)

(2)　6個の場合…9＋17＋31＝57(通り)

7個の場合…17＋31＋57＝105(通り)

8個の場合…31＋57＋105＝193(通り)
9個の場合…57＋105＋193＝355(通り)

重要 8 (平面図形，速さの三公式と比，旅人算，グラフ，割合と比)

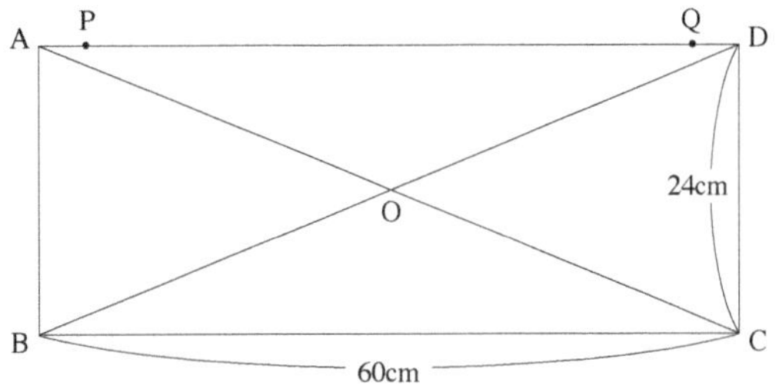

グラフの面積…OP，OQ，長方形の周で囲まれた図形のうち，小さい図形の面積　長方形の縦の長さ…グラフより，360×2÷60×2＝24(cm)　P…18秒でA→D→C→Bまで進み，停止　Q…D→A方向へ進み，18秒後に停止

(1) Pの秒速…(60×2＋24)÷18＝8(cm)　したがって，Qの秒速はグラフより，60÷5－8＝4(cm)

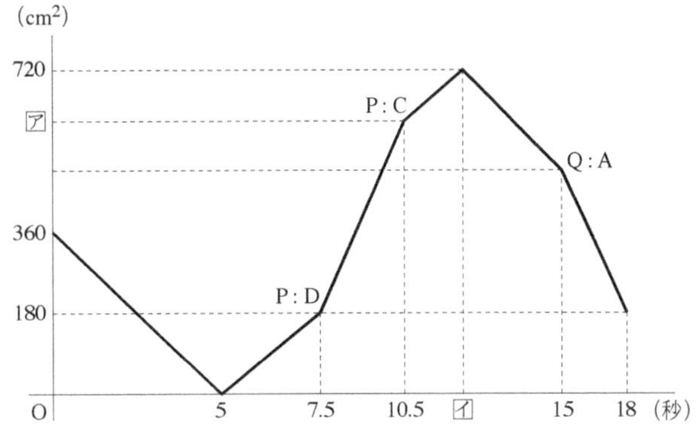

(2) PがDに着いた時刻…(1)より，60÷8＝7.5(秒)　7.5秒後の図形の面積…180cm²　PがCに着いた時刻…7.5＋24÷8＝10.5(秒)　10.5秒後のQD間の距離…4×10.5＝42(cm)
ア　10.5秒後の図形の面積…図アより，42×12÷2＋24×30÷2＝252＋360＝612(cm²)
イ　図形の面積が720cm²になる時刻…図イより，①＋②＝③が60－42＝18(cm)，①が6cmであり，求める時刻は10.5＋6÷4＝12(秒)

図ア

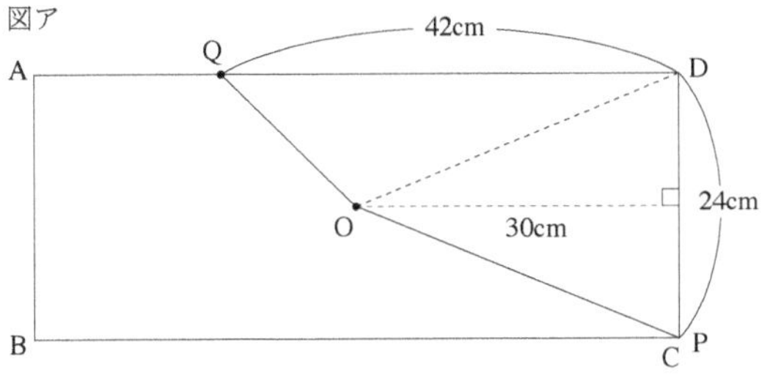

図イ

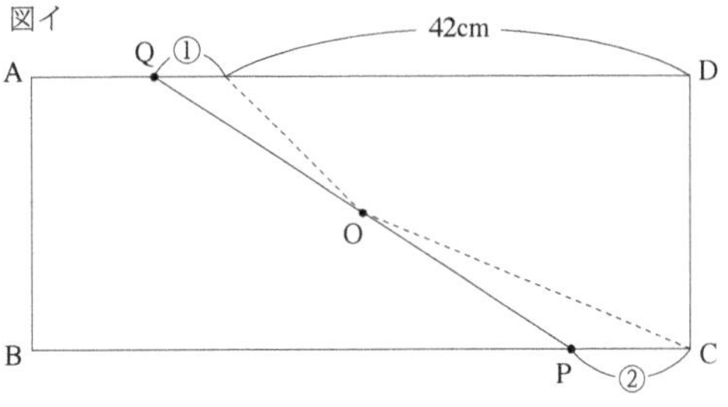

(3) 1回目に図形の面積が500cm²になる時刻…グラフより，PはDC間にあり，面積は10.5－7.5＝3(秒)で612－180＝432(cm²)増加し求める時刻は7.5＋(500－180)÷(432÷3)＝7.5＋320÷144＝$9\frac{13}{18}$(秒後)　2回目に図形の面積が500cm²になる時刻…15秒後の面積は360＋{60－8×(15－10.5)}×12÷2＝504(cm²)であり，18－15＝3(秒)で504－180＝324(cm²)減少し，求める時刻は15＋(504－500)÷(324÷3)＝15＋$\frac{1}{27}$＝$15\frac{1}{27}$(秒後)

★ワンポイントアドバイス★

1の計算問題を除くと，どの問題も簡単には解けないレベルの問題が並んでいるが，3「三角形の相似」の問題は，よく出題されるタイプであり，解けるように練習しよう。8「速さとグラフ」の問題も頻出で，内容自体は難しくはない。

＜理科解答＞《学校からの正答の発表はありません。》

1 (1) オ (2) (a) 40(°), 45(°), 50(°), 55(°) (b) 45(°) (3) エ
(4) イ, キ (5) ウ, キ (6) 再生可能

2 (1) (a) ゲンブ(岩) (b) (例) とけていた気体がぬけたから。 (2) ア, エ
(3) (a) エ (b) ウ (c) カ (4) (a) イ
(b) (例) 地球をはさんだ反対側。 (5) ウ

3 (1) う (2) はいどうみゃく (3) ア, ウ (4) (a) ② ウ ③ エ
④ ア (b) 273(L)

4 (1) ア, エ (2) (ア) 270 (イ) Q (ウ) 3.6 (3) (ア) 60 (イ) P
(ウ) 0.8 (4) (電流) 90(mA) (水温) 11.8(℃)

5 (1) ア, イ (2) 21.6(g) (3) ① (4) (水) 50.0(cm^3)
(エタノール) 64.1(cm^3) (5) 4.2(cm^3) (6) ④ (7) 57.8(%)

○推定配点○

1 (6) 1点 他 各2点×6 2 各2点×9 3 各2点×7
4 各2点×7((2)(イ)(ウ), (3)(イ)(ウ)各完答) 5 各2点×8 計75点

＜理科解説＞

1 (総合―小問集合)

重要 (1) 地球の中緯度上空には偏西風と呼ばれる強い西風が吹いていて，航空機の速度に影響を与える。そのため，西向きに進むときは速くなり，東向きに進むときは遅くなる。

(2) (a) 図1から，水平方向と初速度のなす角が40°，45°，50°，55°のとき，打球はフェンスを越えてホームランになることがわかる。5°～25°，65°～85°では打球はフェンスまで届かず，35°，30°，60°のときは打球がフェンスに当たるため，フェンス越えのホームランにはならない。

(b) 打球の鉛直方向の速さは変化するが，水平方向の速さは変化しない。このことから，滞空時間が最も長い打球は水平方向の移動距離が最も長い，水平方向と初速度のなす角が45°のものである。

(3) セコイアは裸子植物のなかまで，葉は「あ」のようなようすをしている。種子でふえるが子房をもたないので果実はつくらず，常緑樹なので葉を落とすことはない。また，同じ木にお花とめ花がある。

(4) 特定外来生物のうち，一部の条件(飼育など)についての禁止項目が除外されているものを条件付き特定外来生物といい，2023年6月1日にアカミミガメとアメリカザリガニが指定された。ウシガエル，キョン，ヒアリは特定外来生物で，セイタカアワダチソウは外来種だが特定外来生物には指定されていない。また，ヒグマとオオサンショウウオは日本の固有種である。

基本 (5) 金属であるアルミニウムは導体である。また，炭素のなかまのうち，ダイヤモンドは絶縁体だが，黒鉛は電気を通す導体である。ガラス，ゴム，ポリエチレン，水，紙はいずれも絶縁体である。

基本 (6) 太陽光のように絶えず補充されるエネルギーを再生可能エネルギーといい，太陽光以外には，風力や地熱，波力などがあり，「二酸化炭素を排出しない・枯れることがない」といった特徴もある。

2 (地学総合―岩石・気象・天体)

重要 (1) (a) 安山岩は火山岩の一種で，安山岩よりも黒っぽい火山岩は玄武岩である。 (b) 地下にあるマグマには高い圧力が加わっていて，水蒸気や二酸化炭素などのさまざまな気体がとけている。地表に近づいたり地表に出たりして圧力が小さくなると，ふくまれていた気体がぬけ，かたまった溶岩には穴が生じる。

やや難 (2) イ…光の強さは距離の2乗に反比例するが，星からの距離に対して富士山の高さは非常に小さいため，距離の違いによる光の強さの違いはほとんどない。 ウ…雲ができる限界の高さは富士山の上よりも高い。 オ…水晶体の厚さは，目のまわりにある毛様体筋とよばれる筋肉によって調整される。 カ…湿度が高いと雲ができやすくなる。

基本 (3) (a) 図1の星座早見盤では，アが北，イが西，ウが南，エが東となる。 (b) 右の図のように，図2で9月12日は22時ごろを示していることがわかる。

重要 (c) (b)より，8月12日の0時と9月12日の22時が同じ星空であることから，1か月進むごとに，同じ星空を見れる時刻が2時間早まることがわかる。よって，同じ星空が見えるのは，8月12日の2か月前の6月12日の場合，0時の4時間後の4時だと考えられる。

図2

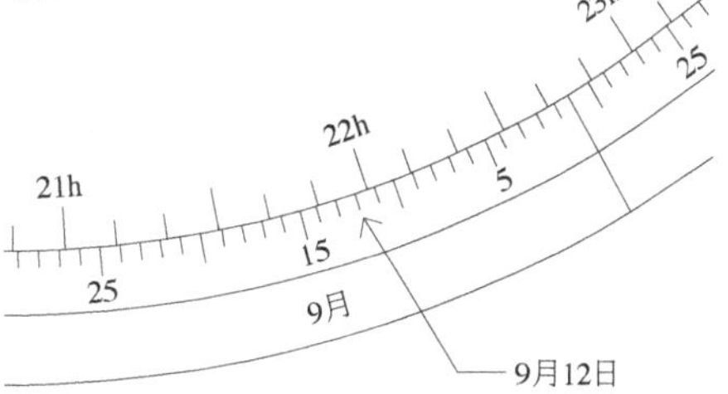

基本 (4) (a) 「この日」は8月11日なので，夏至と秋分の間であることがわかる。夏至の日の太陽は真東より北側から，秋分の日の太陽は真東からのぼるので，「この日」の太陽は真東よりも北側からのぼることがわかる。 (b) 日の入りから日の出まで月が見られなかったことから，月は日の入り後に出て，日の出前にしずむことがわかる。このように動いて見える月は満月であり，太陽－地球－月の順にならぶときに満月になる。

(5) 雲海は富士山の山頂よりも低いところに見えることから，富士山の標高3776mよりも低い位置にできる雲がつくっていることがわかる。選択肢のうち，層雲が富士山の山頂よりも低い位置にできる。積乱雲は低いところからできはじめるが，雲頂(雲の最も高いところ)は富士山の標高よりもはるかに高い。また，巻積雲，高積雲，巻層雲は，富士山の山頂よりも高いところからできはじめる。

3 (人体―心臓)

重要 (1)・(2) 血管**あ**は全身から心臓へ流れこむ血液の流れる大静脈，血管**い**は全身へ出ていく血液の流れる大動脈，血管**う**は肺へ出ていく血液の流れる肺動脈，血管**え**は肺から心臓へ流れこむ血液の流れる肺静脈である。

重要 (3) 酸素は肺でとり入れられ，全身で使われる。そのため，全身からの血管**あ**(大静脈)と肺への血管**う**(肺動脈)を流れる血液にふくまれる酸素は少ない。また，心臓では血液は，(全身→)**あ**→1→3→**う**(→肺)と流れる。

やや難 (4) (a) ②…部屋4の容積が小さくなっていることから，血液が部屋4から出ていく段階であることがわかる。血液は部屋4から血管いに流れ出すので，弁Bは開いている。また，逆流を防ぐために弁Aは閉じている。 ③…部屋4の容積は変化していないので，血液の出入りがなく，弁Aと弁Bはどちらも閉じている。 ④…部屋4の容積が大きくなっていることから，血液が部屋4に流れこんでいる段階であることがわかる。血液は部屋3から部屋4に流れこむので，弁Aは開いていて，弁Bは閉じている。 (b) ①の段階と③の段階での容積の差から，1回のはく動で心臓から流れ出る血液の量は100－30＝70(mL)であることがわかる。よって，1時間に心臓が送り出す血

液の量は70(mL)×65(回)×60(分)＝273000(mL)＝273(L)

4 (電流のはたらき―電流と発熱)

重要 (1) つなぐ乾電池の個数が同じとき，電熱線に流れる電流の大きさは，電熱線の長さに反比例し，断面積に比例する。図1と図4を比べると，乾電池1個に対して，流れる電流の大きさが電熱線Pは30mA，電熱線Qは60mAなので，断面積が同じとき電熱線Pの長さはQの長さの2倍，長さが同じとき電熱線Pの断面積はQの断面積の$\frac{1}{2}$であることがわかる。

(2) 図7では，電熱線PとQは並列につながれているので，どちらの電熱線にも乾電池3個がつながれていると考えることができる。よって，Pの入ったほうは図3，Qの入ったほうは図6と同じように考えることができるので，電流計に流れる電流の大きさは90＋180＝270(mA)，電流を5分間流した後の水温は，Qの入ったほうが17.2－13.6＝3.6(℃)高くなる。

(3) 図8では，電熱線PとQは直列につながれているので，どちらの電熱線にも同じ大きさの電流が流れる。図1～6のうちで，電流の大きさが等しい図2と図4より，電熱線Pは乾電池2個で60mA，電熱線Qは乾電池1個で60mAの電流が流れることがわかる。このことから，電熱線PとQを直列につなぐと，乾電池3個でそれぞれに60mAの電流が流れることがわかる。よって，図8では，Pの入ったほうは図2，Qの入ったほうは図4と同じように考えることができるので，電流計に流れる電流の大きさは60mA，電流を5分間流した後の水温は，Pの入ったほうが11.6－10.8＝0.8(℃)高くなる。

やや難 (4) 図9で，同じ電熱線を並列に2個つなぐと，断面積が2倍の1つの電熱線とみなすことができる。電熱線PはQの断面積の$\frac{1}{2}$なので，電熱線P2個を並列につないだものは，電熱線Q1個と同じものとみなすことができる。このことから，図9は，電熱線Qが2個直列につながれたものとみなすことができ，電熱線P2個を並列につないだものと電熱線Qのそれぞれには乾電池3÷2＝1.5(個)がつながれていると考えることができる。よって，図6より，乾電池3個と電熱線Q1個に流れる電流は180mAなので，図9の電流計は180(mA)×$\frac{1.5(個)}{3(個)}$＝90(mA)を示す。表1から，電流を5分間流した後の水温は，乾電池の個数と電流の大きさのそれぞれに比例することがわかる。よって，図9の回路で，電熱線Qには乾電池が1.5個つながれていて，90mAの電流が流れるので，図6の結果と比べて考えると，図6での5分間の温度上昇は17.2－10.0＝7.2(℃)だから，図9での5分間の温度上昇は7.2(℃)×$\frac{1.5(個)}{3(個)}$×$\frac{90(mA)}{180(mA)}$＝1.8(℃)となり，水温は10.0＋1.8＝11.8(℃)となる。

5 (化学総合―ものの溶け方・水溶液の濃度)

基本 (1) 図1より，50℃の水100gに50g以上溶けるのはアとイであることがわかる。

重要 (2) 図1より，50℃の水100gにイは85gまでとけるので，このときの飽和水溶液の重さは100＋85＝185(g)である。この水溶液を30℃まで冷やすと，30℃の水100gにイは45gまでとけるので，ろ過したときに85－45＝40(g)の結晶が得られる。よって，イの50℃における飽和水溶液100gの場合，得られる結晶は40(g)×$\frac{100(g)}{185(g)}$＝21.62…より，21.6g

(3) 図1から，水100gにウは，20℃では約34g，80℃では約51gまでとけることから，水200gには，20℃では約68g，80℃では約102gまでとける。水200gにウを加えていくとき，68gまでは，20℃の水でも80℃の水でも水溶液の重さは同じように変化するので，水溶液の濃さも同じように変化する。加えたウの重さが68gを超えると，20℃の水にはそれ以上溶けないので濃さは変化しなくなるが，80℃の水は102gまで溶けるので濃さは102gまで大きくなっていく。よって，加えたウの重さと水溶液の濃さの関係を表すグラフは①のようになる。

やや難 (4) 濃さ50％のエタノール水溶液100gは，水50gとエタノール50gからできている。表1より，水1cm^3の重さは1.00g，エタノール1cm^3の重さは0.78gなので，水50gの体積は50.0cm^3，エタノール

50gの体積は$1(\mathrm{cm}^3)\times\dfrac{50(\mathrm{g})}{0.78(\mathrm{g})}=64.10\cdots$より64.1$\mathrm{cm}^3$である。

(5) 表1より，エタノールの濃さが50%のとき，1cm^3あたりの重さが0.91gなので，100gのときの体積は$1(\mathrm{cm}^3)\times\dfrac{100(\mathrm{g})}{0.91(\mathrm{g})}=109.89\cdots$より，109.9$\mathrm{cm}^3$である。これと(4)から，水とエタノールを混ぜると混ぜる前よりも$(50+64.1)-109.9=4.2(\mathrm{cm}^3)$小さくなっていることがわかる。

(6) 表2から，試料Aでは濃さが10%から50%になり差が40%だが，試料Bでは濃さが20%から64%になり差が44%となっており，試料Bを用いたときが濃さの差が最も大きい。よって，④は誤り。

(7) 濃さ60%の試料F100gには，水が40gとエタノール60gからできている。実験2で試料Fからえられたじょうりゅう液10gの濃さは図3より80%なので，水2gとエタノール8gからできていることがわかる。これらのことから，残液90gは，水40－2＝38(g)とエタノール60－8＝52(g)からできていることがわかるので，濃さは52(g)÷90(g)×100＝57.77…より，57.8%である。

★ワンポイントアドバイス★

極端に難易度が高い問題の出題はないが，出題範囲も広く，思考力・計算力などを要求する問題が多く，制限時間に対する問題数は多い。いろいろな問題にあたり，すばやく解答できるように練習を重ねよう。

＜社会解答＞《学校からの正答の発表はありません。》

【1】 問1 A 筑紫(平野) B 宮崎(平野) C 大隅(半島) D 宇和(海)
問2 火砕流 問3 佐賀(県) 問4 イ 問5 ア 問6 カ 問7 ア
問8 ウ 問9 ウ

【2】 問1 エ 問2 環濠集落 問3 カ 問4 防人 問5 オ 問6 浄土
問7 エ 問8 イ 問9 ウ 問10 イ 問11 ポーツマス条約 問12 エ
問13 ア

【3】 問1 (1) 核 (2) 40 問2 ウ 問3 ア 問4 Ⅰ 個人 Ⅱ 平等
問5 (合計特殊出生率) ア (男性の育児休業取得率) イ 問6 ア
問7 (1) バブル (2) オ 問8 エ

【4】 問1 ウ 問2 請願権 問3 第三セクター 問4 (例) 過去を振り返ることで，自分ではどうすることもできない状況におちいっても，できることを探して，前向きに取り組む人がいたことに気づくことが，自分の未来をひらく原動力となること。

○推定配点○

【1】 問1 各1点×4 他 各2点×8 【2】 各2点×13
【3】 問2～問4・問6 各1点×5 他 各2点×7
【4】 問4 4点 他 各2点×3 計75点

＜社会解説＞

【1】 (日本の地理－九州・四国，資源・エネルギー，農業，都道府県の特徴)

問1 A 有明海に面している，水路が発達している，福岡県と佐賀県の2つの県にまたがる稲作のさかんな平野は，筑紫平野である。 B 宮崎県にあり，ピーマンなどの野菜の促成栽培が行われている平野は，宮崎平野である。 C 鹿児島県の東部にある大隅半島は，西に位置する桜島の噴火によって，20世紀に桜島と陸続きになっている。　D　豊後水道の愛媛県側に位置し，沿岸にはリアス海岸が発達している海は，宇和海。

問2　地図中の山Eは，長崎県にある雲仙岳を示している。火山噴火の際に高温の火山灰や岩石，火山ガス，空気，水蒸気が一体となり，時速数十キロメートルから数百キロメートルの高速で山を流れおりる現象は，火砕流という。雲仙岳では，1991年に発生した火砕流で大きな被害が発生している。

問3　地図中の県の中で，2015年の時点ですでに県内に新幹線の停車駅が設置されており，その後2024年1月までの間に新たに新幹線の停車駅が設置されたのは，佐賀県である。佐賀県には，2015年の時点で九州新幹線の新鳥栖駅があったが，その後，2022年に新たに開業した西九州新幹線の武雄温泉駅，嬉野温泉駅が設置されている。

基本　問4　Fは日本海側に位置しているので冬の降水量が比較的多いと考えられるので，①と判断できる。Gは太平洋に面していることから特に夏の降水量が多いと考えられるので，③と判断できる。よって，Hが②となり，イの組み合わせが正しい。

問5　島Jは種子島を示している。種子島は温暖な気候による農業や，付近を流れる黒潮の影響で漁業がさかんなので，アが適当とわかる。種子島は鹿児島県に位置しているので，イは適当でない。また，種子島は世界自然遺産に登録されていないので，ウは適当でない。九州地方で最も高い山は屋久島にある宮之浦岳であり，九州本土の最高峰である火山はくじゅう連山の中岳(大分県)なので，エは適当でない。

問6　地熱発電は大分県や秋田県，鹿児島県などで盛んなので⑤と判断できる。風力発電は青森県や北海道，秋田県などで盛んなので，④と判断できる。よって，太陽光発電は⑥となり，カの組み合わせが正しい。

問7　日本の国立公園のなかには，2つ以上の都道府県にまたがっているものも多くあるので，アが誤っている。日本の国立公園はすぐれた自然の風景地を保護・保全することを目的の一つとしており，イは適当。国立公園は広大であり，公園内に私有地が存在することもあるので，ウは適当。国立公園内で開発を行う場合には，各種法令に従う必要があるので，エは適当。

重要　問8　日本の品目別の食料自給率のうち，かつては100%を超えていた時期もあり，2015年時点でも95%以上となっているアは米，2015年時点でも約80%の自給率があるイは野菜，1965年は80%を超えていたが2015年には約60%となっているウが牛乳・乳製品，2015年には50%台となっているエは肉類，2015年には約40%となっているオは果実と判断できる。

問9　北海道，長野県，神奈川県，京都府，大阪府のうち，林野率が最も低くキャンプ場の数も最も少ないアは大阪府，林野率が最も高いエが長野県，キャンプ場の数と旅館・ホテルの数が最も多いオが北海道と判断できる。残る神奈川県と京都府を比べると，京都府は北部などに林野が多いことから神奈川県に比べると林野率は高いと考えられるので，ウが京都府，イが神奈川県となる。

【2】（日本の歴史－古代～近代）

問1　稲作が日本各地に広まったのは弥生時代である。弥生時代の人びとの住まいは，地表をほり下げた地面に柱をたて，屋根をかける形のたて穴住居であったので，Xは正しくない。弥生時代にも台地に多くの集落がつくられたが，農業用水が得やすいのは台地ではなく平野なので，Yは正しくない。よって，エの組み合わせが適当となる。

問2　まわりに人為的な工夫をこらしたり，設備をもうけたりして防衛力を高めた集落を，環濠集落という。

問3　6世紀末の朝鮮半島では，北部(Y)に高句麗，南西部(X)に百済，南東部(Z)に新羅があったので，カの組み合わせが正しい。

問4　663年におこった他国との争いは，白村江の戦いである。白村江の戦いに敗北したことをきっかけに，北九州に集められるようになった兵は，防人という。

問5　Ⅰについて，源義家が清原氏の助けを得て東北地方の騒乱を平定したのは，11世紀半ばの前九年の役。Ⅱについて，源義朝が平清盛とともに戦い，崇徳上皇の勢力に勝利した出来事は，12世紀半ばの保元の乱。Ⅲについて，藤原純友が瀬戸内地方の海賊を率いて反乱をおこしたのは10世紀前半。よって，古いものから順に並びかえるとⅢ→Ⅰ→Ⅱとなり，オが正しい。

問6　法然上人が開いたのは浄土宗である。また，阿弥陀仏にすがれば死後に極楽浄土へ生まれ変わることができるという教えは，浄土教である。

問7　室町時代になると，守護大名は土地についての争いに関する幕府の裁定を執行するための権限を得ているが，守護大名が幕府の意向を無視して裁判を行うようになったわけではないので，aは適当でない。鎌倉時代初期の武士の家における相続をみると，土地の相続は当主の子どもに分割して行われ，女性にも相続の権利があったので，bは正しい。鎌倉時代から室町時代にかけての商人の同業者組合は寄合ではなく座なので，cは誤り。鎌倉時代後期から室町時代にかけての農村部では，惣村と呼ばれる自治組織がつくられ，領主への年貢納入などの負担を村単位でうけおうものも現れたので，dは正しい。よって，エの組み合わせが適当となる。

問8　Xについて，キリスト教宣教師の国外追放を命じた伴天連(バテレン)追放令を出したのは，①の豊臣秀吉である。Yについて，分国法に喧嘩両成敗を明記したのは，④の武田信玄である。よって，イの組み合わせが正しい。

問9　Xについて，江戸時代の百姓のうち，村の運営は主に村役人が担っており，すべての百姓が村の運営に関わっていたわけではないので，適当でないと判断できる。Yについて，江戸時代の都市では，武士の居住地(武家地)と町人の居住地(町人地)は分けられていたので，適当と判断できる。よって，ウの組み合わせが適当。

問10　明治時代になると，武士のうち大名は華族となったが，それ以外の旧幕臣や大名家の家臣であった武士は士族とされたので，イが誤っている。農民や商人は平民とされ，兵役が義務付けられたが，それによって働き手がとられたため，政府への不満が高まったので，アは正しい。えた・ひにんと呼ばれた人々は平民と同じ立場であるとされたが，職業選択などの場面で不平等に扱われることもあったので，ウは正しい。

重要　問11　日露戦争の講和条約は，1905年に結ばれたポーツマス条約である。ポーツマス条約では，日本はロシアから賠償金を獲得することはできなかった。

問12　aについて，普通選挙法は加藤高明内閣のもとで成立したが，加藤高明内閣の前の内閣は清浦圭吾内閣であり，第三次桂太郎内閣ではないので，誤り。bについて，大正デモクラシーのころに市川房枝らは婦人参政権獲得を目指したが，この時期には達成されなかったので，正しい。cについて，大戦景気によって物価は上昇し，庶民の生活は苦しくなったことから，誤り。dについて，大学や師範学校などで高等教育を受けたサラリーマンが安定した収入を得られるようになると，子どもに高水準の教育を受けさせようとする人々が増えたので，正しい。よって，エの組み合わせが正しい。

問13　1938年に国家総動員法が成立したことで，政府が議会の承認なしに物資の供給に介入できるようになったので，Xは正しい。1940年に大政翼賛会が成立すると，そのもとに隣組が結成され，近所の住民どうしの助け合いや監視の役割を果たしたので，Yは正しい。よって，アの組み合わせが正しい。

【3】(政治－家族，社会保障)

問1 (1) 現代では，核家族化や非婚化などが進行している。核家族とは，「夫婦と未婚の子ども」，「夫婦のみ」，「一人親と子ども」の家族形態を指す言葉である。 (2) 介護保険制度は，40歳以上のすべての人が加入する形となっている。

問2 介護保険制度の運営主体は，市区町村なので，ウが最もふさわしい。

問3 江戸幕府が公式の学問とした儒学の一派は，アの朱子学である。

基本 問4 Ⅰ 日本国憲法第13条は「すべて国民は，個人として尊重される。生命，自由及び幸福追求に対する国民の権利については，公共の福祉に反しない限り，立法その他の国政の上で，最大の尊重を必要とする。」と規定しているので，(Ⅰ)には「個人」があてはまる。 Ⅱ 日本国憲法第14条第1項は「すべて国民は，法の下に平等であつて，人種，信条，性別，社会的身分又は門地により，政治的，経済的又は社会的関係において，差別されない。」と規定しているので，(Ⅱ)には「平等」があてはまる。

やや難 問5 日本の合計特殊出生率は，近年は1.3～1.4前後で推移しているので，アと判断できる。男性の育児休業取得率は2010年代後半から急速に増加しているので，イと判断できる。なお，近年の完全失業率は5%を下回っている状態が続いていたことからエとなり，有効求人倍率はウとなる。

問6 日本国憲法第25条第1項の「すべて国民は，健康で文化的な最低限度の生活を営む権利を有する。」は，アの生存権について規定している。

問7 (1) 一般会計税収計はバブル経済が崩壊した1990年代初頭以降の約30年間，横ばい，もしくは時期によっては減少傾向にあった。 (2) 消費税は税率が引き上げられた1997年，2014年，2019年に大きく税収が増加しており，③とわかる。法人税は世界金融危機が発生した影響を受けた2008年・2009年に大幅に減少していると考えられるので，②と考えられる。よって，所得税は①となり，オの組み合わせが正しい。

問8 「介護中」のマークは，介護をする人が周囲に対して介護していることを知らせるために使うものなので，要介護者に付き添っていないときに使用することは，「介護中」のマークを必要とされる場面として適当でないので，エが当てはまらない。

【4】(総合問題)

問1 江戸から出発したときに中山道と甲州街道が合流するのは現在の長野県にある下諏訪宿なので，ウが適当である。

問2 署名運動などによって人々の意見を集約し，法律や制度の設置を議会に働きかける権利は，参政権の一部と考えられている請願権である。

問3 地方公共団体と民間が資本を出し合って経営されている企業を，第三セクターという。

やや難 問4 「駅伝を走る選手がタスキを受け継いでいくように」という比喩は，「自分の未来をひらく原動力にしたいもの」につながる。また，6段落目にある「過去をふりかえることで，そのような状況におちいっても，できることを探して，前向きに取り組む人がいたことに気づく」ことが「自分の未来をひらく原動力にしたいもの」であると考えられる。「そのような状況」は，4段落目にある「自分ではどうすることもできない状況」と考えられる。よって，筆者は「駅伝を走る選手がタスキを受け継いでいくように」という比喩をもちいて，過去を振り返ることで，自分ではどうすることもできない状況におちいっても，できることを探して，前向きに取り組む人がいたことに気づくことが，自分の未来をひらく原動力となるということを伝えようとしていると考えられる。

★ワンポイントアドバイス★
資料の読み取りに慣れるようにしておこう。

<国語解答>《学校からの正答の発表はありません。》

一 ① 臨　② 批　③ 馬　④ 歴　⑤ 幹
二 ① 類　② 荷　③ 暮　④ 届　⑤ 導
三 問一 (例) 他人の迷惑にならないように，適度に周囲の人に配慮し協調して生きること。
問二 (例) 親が，子どもに対して，多すぎる期待や要求，命令をすること
問三 (例) 多様性よりも同一性や平等性が重視され，同調せざるを得ない雰囲気に満ちているから。　問四 (例) 本当にしたいことを自覚していく力につなげるためには，適度に周囲と協調して，自分のしたいことを思う存分楽しむ生活が必要で，家庭や学校では過度な要求や同質性などを求めず，見守る姿勢でいることが重要である。
四 問一 (例) メンタルに左右される中学受験では無理しすぎると良い結果につながらないということ。　問二 (例) 全力で勉強したい自分の気持ちと，無理していると止めようとする母親の気持ちがかみあわなくてもどかしく思っているということ。　問三 (例) 伽凛も杏珠も，お母さんの期待に応えたいと思っているということ。　問四 (例) 受験は無理しすぎると失敗すると言う母に伽凛は反発していたが，姉の杏珠の話をきっかけに，自分も杏珠と同じように，無理をしてでも頑張りたいのは，母の期待に応えたいからなのだということに気づいたということ。

○推定配点○
一・二 各1点×10　三 問四 15点　他 各10点×3
四 問四 15点　他 各10点×3　計100点

<国語解説>

基本 一 (漢字の書き取り)
①の「臨(リン)場感」は実際にその場に身を置いているかのような感じ。②の「無批(ヒ)判」は客観的に考えずにそのまま受けいれること。③の「馬(バ)力がある」は肉体的，精神的強さを備えているさま。④の「歴(レキ)然」はまぎれもなくはっきりしているさま。⑤の「幹(カン)線」は主要な道筋となる線。

重要 二 (慣用句，漢字の書き取り)
①の「類(たぐい)まれ」はめったにないことであるさま。②の「荷が重い」は責任や負担が大きいこと。③の「思案に暮れる」はまよって考えがまとまらないこと。④の「行き届く」はすみずみまで気が配られていること。⑤の「導く」は物事がそうなるように働きかけること。

三 (論説文－要旨・大意・細部の読み取り，記述力)

基本 問一 ——線部①のある段落で，「他人の迷惑にならないように，周囲と協調して生きることも必要です。それが適度にできれば」①であるということ，「必要以上に……周囲に配慮しすぎれば，自由の実感は失われてしま」うことを述べていることをふまえ，①のために必要なことを指定字数以内でまとめる。

重要 問二　――線部②のある段落では，「親の期待や要求，命令が多すぎ」ることが，子どもを②のようにしてしまうことを述べているので，この内容を「誰が，誰に対して，どうすること」を明確にして指定字数以内でまとめる。

問三　「ところが……」で始まる段落で「現在の学校」について，「多様性よりも同一性や平等性が重視され……同調せざるを得ない雰囲気に満ちている」ことを述べているので，この内容を③の学びが十分に達成されていない現状として，指定字数以内でまとめる。

やや難 問四　「こうした……」で始まる段落で「自分のしたいこと」について，「『したい』ことに没頭することは，子どもが自分の『したい』ことを拡げ，主体的な意志をもった人間になる上で，とても貴重な体験」であり，「『したい』ことを存分にすることは……本当にしたいことを自覚していく力になる」ことを述べている。また最後の段落で，――線部④の背景として「家庭における過度の要求や期待の影響だけでなく，同質性が求められがちな学校生活の影響もかなり大きい」と述べていることをふまえ，④のような状態にならないための生活について，指定字数以内で説明する。

四　(小説－心情・情景・細部の読み取り，記述力)

基本 問一　――線部①は直前の「『無理しすぎるとダメなの。受験って，最終的にはメンタルに左右されるの』」ということを指しているので，これらの内容を指定字数以内でまとめる。

重要 問二　――線部②直前で，「『無理してないんだから，無理って言わないで。……全力だすから……頑張らせてよ。勝手にブレーキかけないでよ』」と伽凛が話していることから，②は，全力で勉強したい自分の気持ちと，無理していると止める母親の気持ちがかみあわなくてもどかしく思っている，というような内容で指定字数以内で説明する。

問三　――線部③前で「『……なによりさ，お母さんの期待に応えたかったから，……お母さんが喜んでくれたら最高に嬉しかったんだよ……』」，③後でも「『……お母さんに期待してもらえないと，頑張れないみたい……』」ということを杏珠が話していることから，③の「同じこと」は，伽凛も杏珠もお母さんの期待に応えたいと思っていることであることを指定字数以内で説明する。

やや難 問四　受験した学校がどちらも不合格だったことで，休む間もなく勉強を始める伽凛に，母は無理しすぎるのはダメだと話すが，全然わかってくれないという思いで，伽凛は母に反発していた。しかし，姉の杏珠が，中学受験が楽しかったのはお母さんの期待に応えたかったからだということを話したことで，杏珠が言うように，自分もそのような思いだったことに気づいた，ということが読み取れるので，杏珠の話を聞いた前と後の伽凛の気持ちの変化を具体的に説明していく。

★ワンポイントアドバイス★

小説では，情景にも心情が重ねられて描写される場合があるので，それぞれの場面描写もていねいに読み取っていこう。

第2回

2024年度

解　答　と　解　説

《2024年度の配点は解答欄に掲載してあります。》

＜算数解答＞《学校からの正答の発表はありません。》

1　（1）　28600　　（2）　1.2　　2　Aは240個・Cは600個　　3　10.13cm^2

4　（1）　7分後　　（2）　分速150m　　（3）　975m

5　（1）　2通り　　（2）　Aを0個・Bを8個・Cを14個

6　（1）　3：4　　（2）　21：48：92　　（3）　44：51

7　（1）　6.28cm　　（2）　4.05cm^2　　（3）　16回

○推定配点○

1，3，5　各6点×5（5(2)完答）　他　各7点×10（2完答）　計100点

＜算数解説＞

1　（四則計算）

（1）　$(21+35)\times78+56\times65+143\times144=(56+144)\times143=28600$

（2）　$\square=\left(6\frac{1}{3}-\frac{3}{16}\right)\times\frac{72}{59}-6.3=7.5-6.3=1.2$

や難　2　（分配算，割合と比）

結果…A400個＋B400個＋C400個

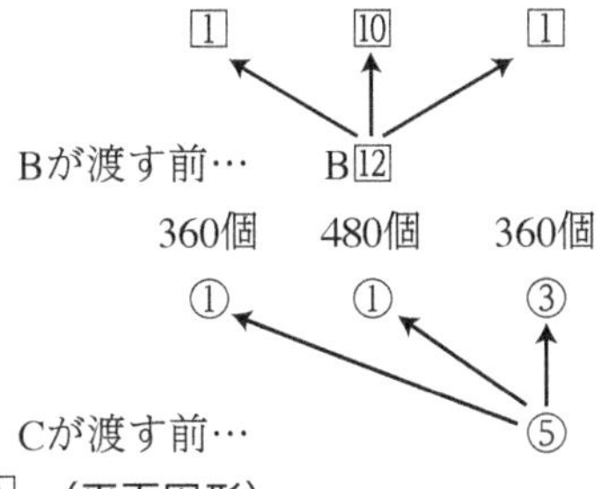

Bが渡す前のB…左表より，400÷10×12＝480（個）

Bが渡した個数…（480－400）÷2＝40（個）ずつ

最初のC…360÷3×5＝600（個）

最初のA…360－600÷5＝240（個）

重要　3　（平面図形）

右図より，求める面積は3×3×3.14÷2－1×4＝10.13（cm^2）

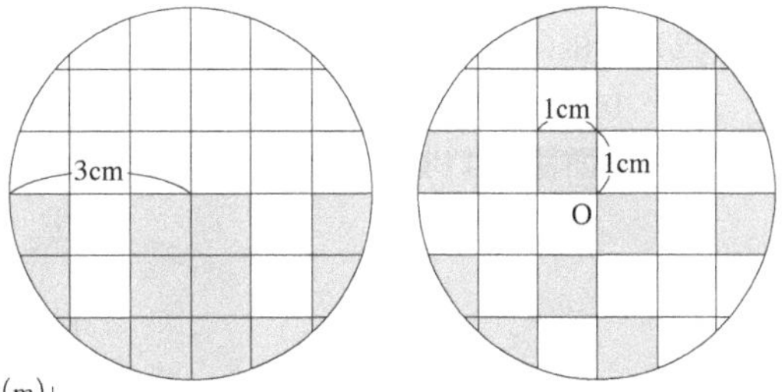

重要　4　（速さの三公式と比，旅人算，グラフ）

（1）　お父さんの分速…グラフより，300÷4＝75（m）　したがって，お父さんが図書館に着くのは525÷75＝7（分後）

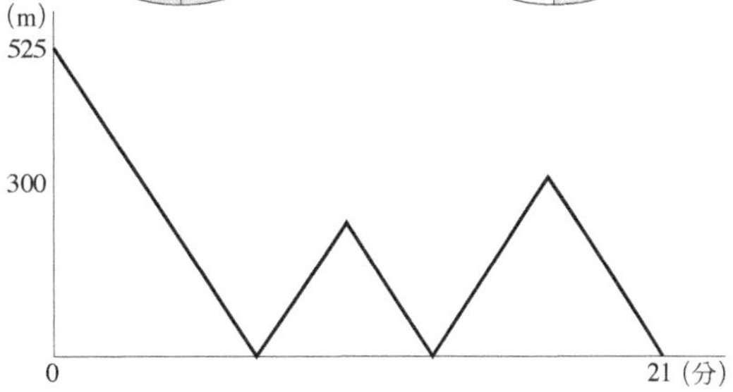

(2)　図書館から駅までの距離…(1)より，75×(21−7)＝1050(m)　　したがって，自転車の分速は1050÷(17−10)＝150(m)

(3)　頂点Pを共有する2つの三角形の相似比…3：4　したがって，(2)より，家からPまでの距離は525＋1050÷(3＋4)×3＝975(m)

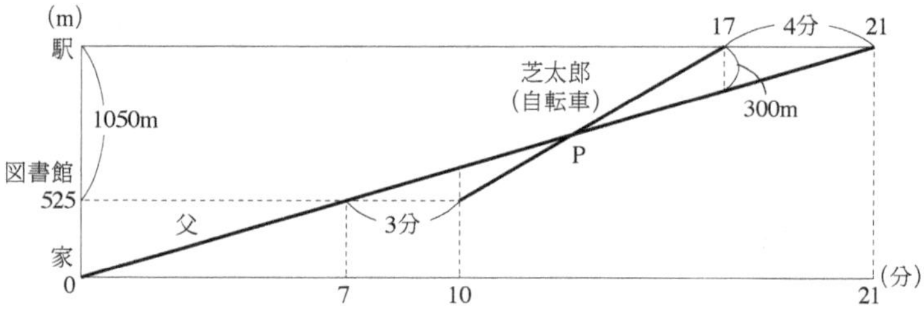

重要 5　**(数の性質)**

A…50円　B…85円　C…96円　合計金額…2024円

(1)　1個ずつ買った後の残金…2024−(50＋85＋96)＝1793(円)　　A・B・C…それぞれの個数を△・□・○で表す。50×△＋85×□＋96×○＝1793…5×(10×△＋17×□)＝1793−96×○　　1793−96×○…5の倍数　　(△，□，○)…(25，3，3)(8，13，3)　　したがって，買い方は2通り

(2)　それぞれの個数…A・B・Cで表す。50×A＋85×B＋96×C＝2024…5×(10×A＋17×B)＝8×(253−12×C)　　253−12×C…5の倍数　　(A，B，C)…(26，4，4)(9，14，4)(0，8，14)(4，0，19)　　したがって，求める組み合わせはA0個，B8個，C14個

重要 6　**(平面図形，相似，割合と比)**

(1)　AK：KC…図1より，5：2＝10：4　　したがって，FK：KCは{(10＋4)÷2−4}：4＝3：4

(2)　三角形FHKとCIKの相似比…(1)より，3：4　三角形FBMとDBCの相似比…図2より，1：2　DC…(③−1)×2＝⑥−2＝8(cm)　①…10÷6＝$\frac{5}{3}$(cm)　　三角形MHJとCIJの相似比…1：$\left(\frac{5}{3}\times4\right)$＝1：$\frac{20}{3}$＝3：20　HI…3＋20＝23　　HK…23÷(3＋4)×3＝$\frac{69}{7}$　したがって，HJ：JK：KIは3：$\left(\frac{69}{7}-3\right)$：$\left(\frac{69}{7}\times\frac{4}{3}\right)$＝21：48：92

(3)　三角形DFCの面積…図3より，8×7＝56(÷2は略)　　三角形IHEの面積…$\left(\frac{20}{3}+2\right)\times7=\frac{182}{3}$　三角形IKCの面積…$\frac{20}{3}\times4=\frac{80}{3}$　　これらの面積比…168：182：80＝84：91：40　　したがって，求める面積比は(84−40)：(91−40)＝44：51

図1
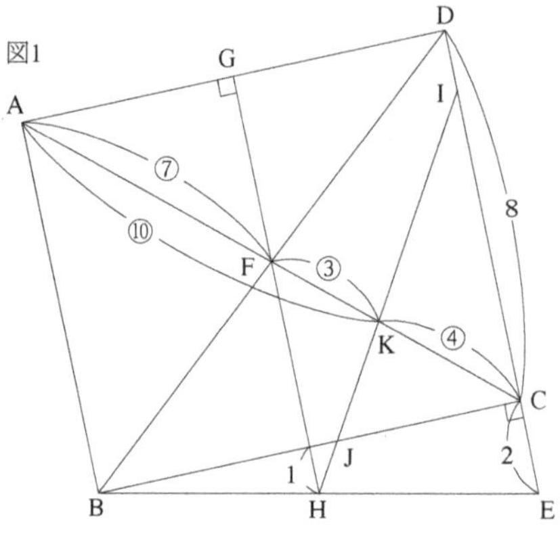

図2
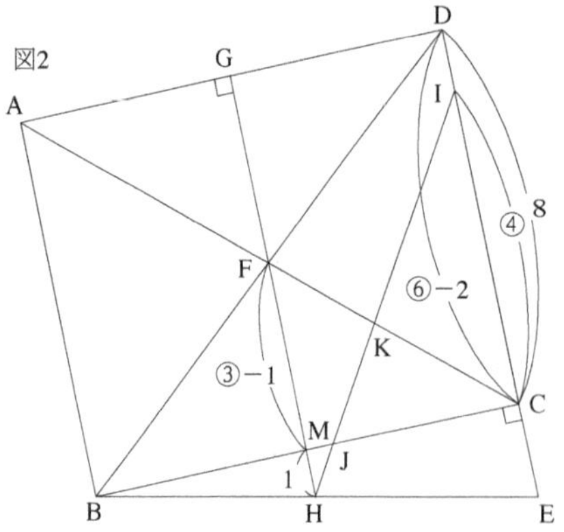

図3
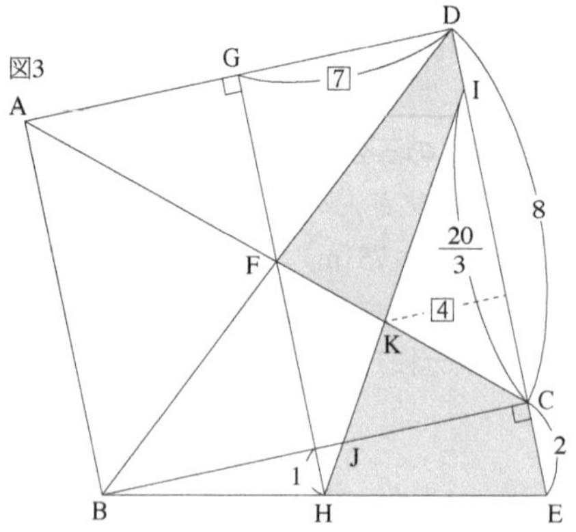

や難 7 (平面図形，速さの三公式と比，割合と比，数の性質，規則性，植木算)

外側の円周と内側の円周の比…4.5：1.8＝5：2　PとQの速さの比…2：1　同じ時間に回転する割合の比…(2÷5)：(1÷2)＝4：5

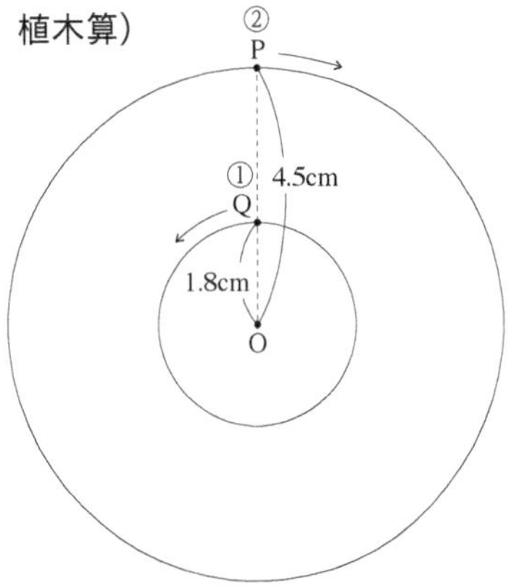

(1)　Pが回転した角度…右図より，180÷(4＋5)×4＝80(度)　したがって，Pの道のりは9×3.14÷360×80＝6.28(cm)

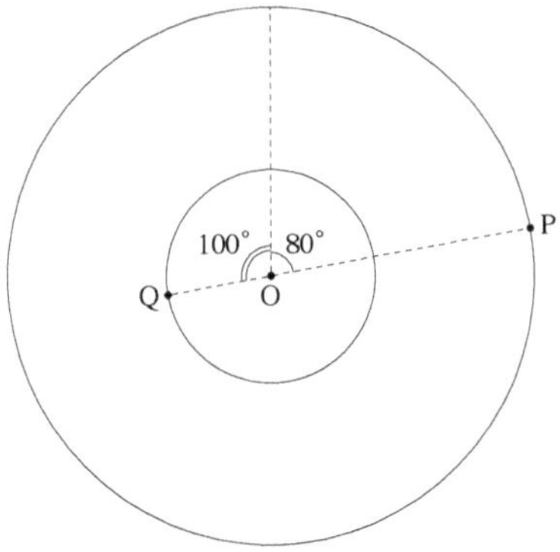

(2)　最大の面積…右図より，1.8×4.5÷2＝0.9×4.5＝4.05(cm²)

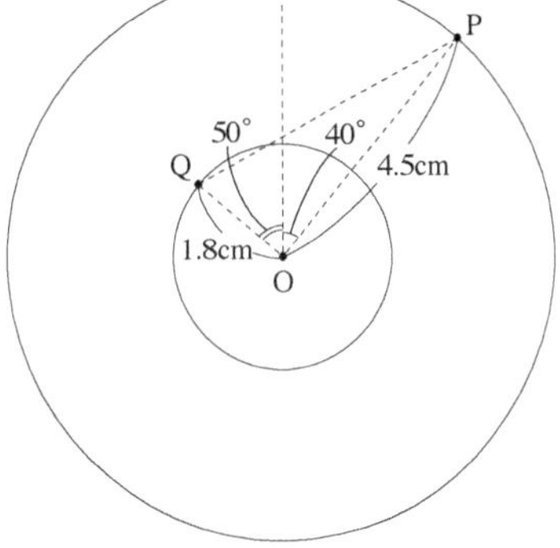

(3)　PとQの秒速…4度と5度(以下，4度×□と5度×□の場合も割合が同じ)　PとQが1周する時間…360÷4＝90(秒)と360÷5＝72(秒)　PとQが同時に初めの位置に戻る時刻…360秒後　1回目に直角三角形ができる時刻…90÷(4＋5)＝10(秒後)　2回目に直角三角形ができる時刻…270÷(4＋5)＝30(秒後)　PとQが出合う時刻…360÷(4＋5)＝40(秒後)　360秒後までにPとQが出合う回数…360÷40＝9(回)　したがって，求める回数は2×(9－1)＝16(回)

★ワンポイントアドバイス★

2「ビー玉の分配」は出題される頻度が多くなく，慣れていないと取り組みが難しくなる。6「長方形と三角形の相似」はよく出題される問題であり，解けるようにしよう。7「円周上の移動」の問題は，難問ではないが簡単ではない。

＜理科解答＞《学校からの正答の発表はありません。》

1 (1)　関東ローム(層)　(2)　ウ　(3)　イ，エ，カ　(4)　(a)　ウ　(b)　ア，イ，エ　(5)　ウ　(6)　(ア)　あえん　(イ)　体ぼうちょう率　(ウ)　大きい

2 (1)　ウ，キ　(2)　(a)　ア　(b)　ア，エ　(3)　セメント　(4)　ア　(5)　示準(化石)　(6)　ア，ウ

3 (1)　しょくばい　(2)　ア　(3)　①　ア　③　オ　⑤　ウ　(4)　2.2(g)　(5)　65(%)　(6)　(例)　マグネシウムがドライアイス(二酸化炭素)から酸素をうばったから。[マグネシウムがドライアイス(二酸化炭素)中の酸素と結びついたから。]

4 (1)　レボルバー　(2)　ア，エ　(3)　ウ，エ　(4)　(Ⅰ)　エ　(Ⅱ)　ア　(5)　(あ)　オ　(い)　ク　(う)　エ　(え)　ト

5 (1) 1075(g) (2) 1117(g) (3) 117(cm^3)
6 (1) ア，イ，ウ，エ (2) イ，ウ，オ (3) イ，ウ＝エ，ア＝オ
○推定配点○
1 (4)(b) 各1点×3 他 各2点×6((3),(6)各完答) 2 各2点×7((1),(2)(b),(6)各完答)
3 各2点×8 4 各2点×9((2),(3)各完答) 5 各2点×3 6 各2点×3 計75点

＜理科解説＞

1 (総合一小問集合)

(1) 関東平野をおおう，富士山や箱根山，浅間山などの噴火によって噴出されたものがたい積してできた層を関東ローム層という。

(2) 石英は無色や白っぽい色，長石は白っぽい色，黒雲母は黒っぽい色をしている。これらはマグマが冷え固まってできた火成岩にふくまれる。火山岩の流紋岩，深成岩の花こう岩がそれにあたる。流紋岩も花こう岩も石英や長石の割合が大きいため，白っぽい岩石になり，黒雲母の黒い粒が点々とみられるような岩石になる。

(3) コガネムシ・モンシロチョウの幼虫・トノサマバッタは植物の葉を食べる草食の生き物，ナナホシテントウ・オオカマキリ・ジョロウグモは肉食の生き物である。

やや難

(4) (a) 図1では，水そうから水がAからCへと流れるとき，Bへは水が流れないようにする必要がある。また，CからBへと流れるとき，Aへは水が流れないようにする必要がある。よって，ポンプの弁はウのようになっていると考えられる。 (b) 図1のポンプは，Aの部分を水の中に入れ，Cを握ってCの中の空気を出しからCをはなすと，Cの中の圧力が水の圧力より小さくなって水がAからCへと流れこむ。そのため，(あ)(い)(う)の状態では，Cを握ったりはなしたりを繰り返さないと水を吸い上げることはできない。(え)の状態になると，Cを握ったりはなしたりしなくても，水の圧力によってBから水が出る。ただし，水の圧力のはたらきによることから，ホースの先端を水槽の水面よりも高くすると，Bから水は出なくなる。(お)のようにCのフタを外すと，Cの中に空気が入るため，空気の力によって水が押される。このとき，水はポンプから出ていく向きに流れようとするが，A側には弁があるため水は流れず，Bから水槽の外側にだけ向かって流れて落ちる。

(5) スイッチが傾くと水銀が流れることから，常温(25℃前後)では液体であることがわかり，これを満たすのは，融点と沸点の間に25℃がふくまれるウ・エである。また，水銀は金属なので電流を通す物質であることから，電気伝導率は大きいことがわかる。よって，水銀に当てはまるのはウである。

重要

(6) バイメタルスイッチは，金属の熱による膨張率のちがいを利用している。図5・図6から，高温になったとき金属Bよりも金属Aのほうが大きく膨張するとバイメタルスイッチはオフになることから，金属Aには体膨張率が大きいほうのあえんを用いる。

2 (流水・地層・岩石一石灰岩，化石)

基本

(1) 石灰岩は，貝殻やサンゴなどの炭酸カルシウムをふくんだ生物の死がいが堆積してできた岩石である。

(2) 石灰岩にふくまれる炭酸カルシウムを高温に熱してできる物質Aは，生石灰とも呼ばれる酸化カルシウムである。酸化カルシウムと水が反応してできる物質Bは，消石灰とも呼ばれる水酸化カルシウムである。 (a) 酸化カルシウムには水を吸収しやすい性質があるため，乾燥剤に用いられる。 (b) 水酸化カルシウムの水溶液は石灰水である。また，石灰水はアルカリ性を

示すため，中和反応を利用して，畑などの酸性を弱めるサンド中和剤として用いられる。

(3)　石灰岩と粘土と石こうを混ぜて焼くと，コンクリートの材料となるセメントができる。

重要 (4)～(6)　その地層の時代がわかる化石を示準化石といい，短い期間に広い範囲に生息していた生物の化石が利用される。対して，その地層ができた当時の環境がわかる化石を示相化石といい，特定の環境にのみ生息していた生物の化石が利用される。(4)のアは三葉虫の化石で，三葉虫はフズリナと同じ古生代に栄えていた生物である。イは恐竜の化石，エはアンモナイトの化石で，中生代に栄えていた生物の化石であり，ウはナウマンゾウの歯の化石，オはビカリアの化石で，新生代に栄えていた生物の化石である。

[3] (気体の発生と性質―酸素の発生・酸素とマグネシウムの反応)

(1)　自身は変化せず，物質どうしの反応を進めるはたらきをもつ物質を触媒(しょくばい)という。

(2)　図1の反応開始からの時間と発生した酸素の体積との関係を示すグラフは，時間がたつにつれてしだいに傾きがゆるやかになっていくことから，1分間に発生する酸素の量は，反応開始直後が最も多く，次第に減少していくことがわかる。

やや難 (3)　発生する酸素の最大量は過酸化水素水にふくまれる過酸化水素の量によってきまる。実験1で用いた2%の過酸化水素水10cm^3にふくまれる過酸化水素を[2]とすると，①は濃度が2倍，体積が同じなので，ふくまれる過酸化水素は[4]，②は濃度が同じ，体積が2倍なので，ふくまれる過酸化水素は[4]，③は濃度が半分，体積が同じなので，ふくまれる過酸化水素は[1]，④は濃度が半分，体積が2倍なので，ふくまれる過酸化水素は[2]，⑤は濃度が同じ，体積も同じなので，ふくまれる過酸化水素は[2]となる。これらのことから，①・②のグラフはそれぞれア・イのどちらか，③のグラフはオ，⑤のグラフはウ・エのどちらかとわかる。また，触媒は反応する物質とふれあいやすいほど反応が速く進む。①と②で二酸化マンガンの重さ，過酸化水素中の過酸化水素の量はそれぞれ同じだが，体積の小さい①のほうが二酸化マンガンが過酸化水素とふれあいやすいため反応が速く進む。よって，①のグラフがア，②のグラフがイとなる。④と⑤でふくまれる過酸化水素の量は同じだが，過酸化水素水の体積が小さく，二酸化マンガンの量が多い⑤のほうが二酸化マンガンが過酸化水素とふれあいやすいため反応が速く進む。よって，④のグラフがエ，⑤のグラフがウとなる。

基本 (4)　燃焼前後の重さの差は，マグネシウムと結びついた酸素の重さを表している。マグネシウムが酸素と結びつくとき，マグネシウムの重さと酸素の重さは比例するので，マグネシウム3.3gと結びつく酸素をxgとすると，マグネシウム0.6gと結びつく酸素は1.0－0.6＝0.4(g)なので，3.3(g)：x(g)＝0.6(g)：0.4(g)　x＝2.2(g)

(5)　加熱によって増加した重さの8.6－6.0＝2.6(g)は，マグネシウムと結びついた酸素の重さを表しているので，酸素2.6gと結びついたマグネシウムをygとすると，y(g)：2.6(g)＝3：2　y＝3.9(g)である。マグネシウム6.0g中3.9gが反応したので，その割合は3.9(g)÷6.0(g)×100＝65(%)

やや難 (6)　ドライアイスは二酸化炭素の固体で，二酸化炭素は炭素が酸素と結びついたものである。マグネシウムに点火して燃焼させ，密閉した酸素のない状態でも燃焼は続き，反応後に酸化マグネシウムと炭素が残ったことから，マグネシウムは空気中ではなく，ドライアイス(二酸化炭素)中の酸素と反応したと考えられる。なお，マグネシウムと炭素では，マグネシウムのほうが酸素と結びつきやすいため，火をつけたマグネシウムを二酸化炭素中に入れると，マグネシウムは二酸化炭素から酸素をうばって酸化マグネシウムになり，酸素をうばわれた二酸化炭素は炭素になる。

[4] (実験・観察―けんび鏡)

基本 (1)　対物レンズをとりつけるAの部分をレボルバーといい，レボルバーを回転させることで対物レンズの倍率を切りかえることができる。

重要 (2)　イ…ピントを合わせるときは，接眼レンズをのぞきながら，対物レンズとプレパラートとのきょりを遠ざけていく。　ウ…倍率を高くすると，視野の明るさは暗くなる。

基本 (3)　けんび鏡Ⅱを双眼実体けんび鏡といい，プレパラートをつくらずに観察することができる。そのため，水中で生活する生物を生きたまま観察することができる。

基本 (4)　けんび鏡Ⅰでは上下左右が逆向きに見え，けんび鏡では同じ向きに見える。

(5)　あ…図5では，対物M5目盛り分と接眼M20目盛り分が一致していることがわかる。対物M5目盛り分は0.01(mm)×5＝0.05(mm)なので，接眼M1目盛り分は0.05(mm)÷20＝0.0025(mm)である。　い…細胞の長辺は接眼M40目盛り分の長さなので，0.0025(mm)×40＝0.1(mm)　う…対物レンズを40倍から10倍にかえると，倍率が14になる。そのため，接眼Mの1目盛り分は0.0025(mm)×4＝0.01(mm)になる。　え…倍率が14になると，視野の縦も横も4倍になるため，見える範囲の面積は4×4＝16(倍)になる。よって，見える細胞の数は10(個)×16＝160(個)になる。

重要 $\boxed{5}$　(浮力—浮力)

(1)　物体は水に浮いていることから，物体は水から重さと同じ75gの大きさの浮力を受けている。このとき，水は浮力と同じ大きさで逆向きの力を受けるので，台はかりは1000＋75＝1075(g)を示す。

(2)　図3で，ばねはかりが42gを示していることから，水中にある物体は上向きに42gの力を受けていることがわかる。「浮力－物体の重さ＝42g」ということになるので，物体の重さが75gだから，物体には75＋42＝117(g)の大きさの浮力がはたらくことがわかる。水は浮力と同じ大きさで逆向きの力を受けるので，台はかりは1000＋117＝1117(g)を示す。

(3)　水中にある物体にはたらく浮力の大きさと，物体がおしのけた体積分の水の重さは等しいので，図3で，物体は117g分の水をおしのけたことがわかり，水$1cm^3$の重さが1gなので，おしのけた水の体積は$117cm^3$とわかる。よって，物体の体積は$117cm^3$である。

$\boxed{6}$　(電流回路—豆電球と回路)

重要 (1)　図1の回路はⓐのように表すことができ，同じ豆電球を用いた場合，豆電球(オ)には電流が流れない。そのため，ⓑのような回路として考えることができる。電源装置は乾電池3個を直列につないだときと同じはたらきをするようにしているので，(ア)(イ)の直列部分と(エ)(ウ)の直列部分のそれぞれに乾電池3個分の電流を流すはたらき(電圧)が加わり，豆電球に流れる電流の大きさは直列につないだ個数に反比例するので，乾電池1個を豆電球1個につないだときに豆電球に流れる電流を$\boxed{1}$とすると，(ア)～(エ)のそれぞれの豆電球に$\boxed{1}\times 3\times\frac{1}{2}=\frac{\boxed{3}}{\boxed{2}}$の電流が流れる。よって，豆電球(ア)と同じ明るさで点灯するのは，同じ大きさの電流が流れる豆電球(イ)・(ウ)・(エ)である。

図1
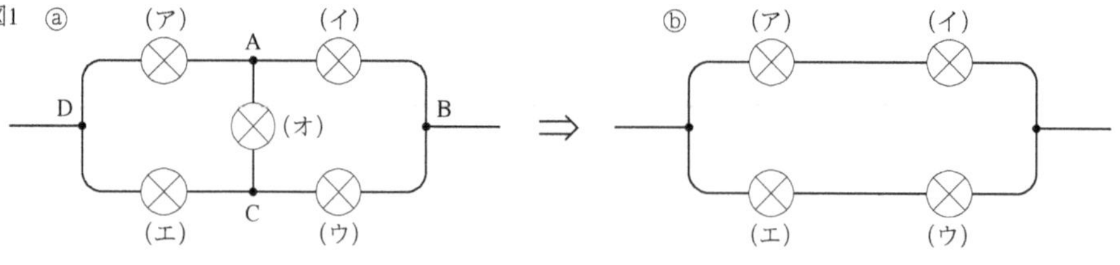

重要 (2)　図2の回路は次ページのⓒのように表すことができ，導線と並列になっている豆電球(エ)には電流は流れないため，次ページのⓓのような回路として考えることができる。豆電球(ア)と(オ)のように並列に豆電球を2個つなぐと，まとめて12個の豆電球と見なすことができ，直列につないだ豆電球に加わる電流を流すはたらき(電圧)は豆電球の個数に比例するので，電圧は(ア・オの部分)：(イ)＝$\frac{1}{2}$：1＝1：2となり，流れる電流は，豆電球(ア)と(オ)は1，豆電球(イ)は$\boxed{2}$と

なる。また，豆電球(ウ)には電源装置の電圧がそのまま加わるので，流れる電球は3となる。よって，図1より豆電球が明るいのは，(イ)・(ウ)・(オ)となる。

図2 ⓒ

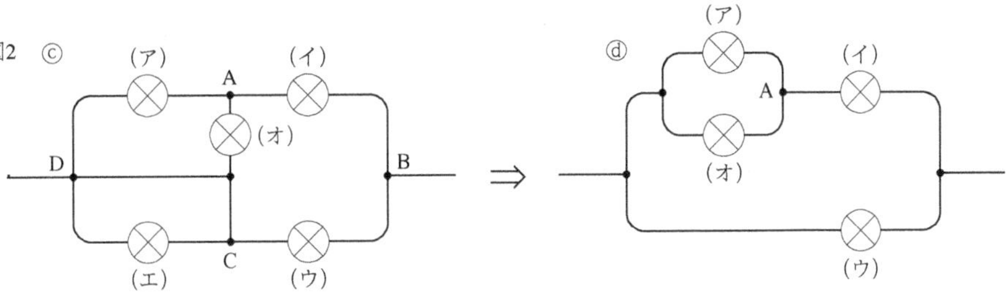

(3)　図3の回路はⓔのように表すことができ，豆電球(ア)，(イ)，(オ)の部分は(2)と同じ，豆電球(ウ)，(エ)の部分は(1)と同じであることがわかるので，それぞれの豆電球に流れる電流は，(ア)が$\boxed{1}$，(イ)が$\boxed{2}$，(ウ)が$\frac{\boxed{3}}{\boxed{2}}$，(エ)が$\frac{\boxed{3}}{\boxed{2}}$，(オ)が$\boxed{1}$となる。よって，豆電球が明るいものから順に並べると，イ，ウ＝エ，ア＝オとなる。

図3 ⓔ

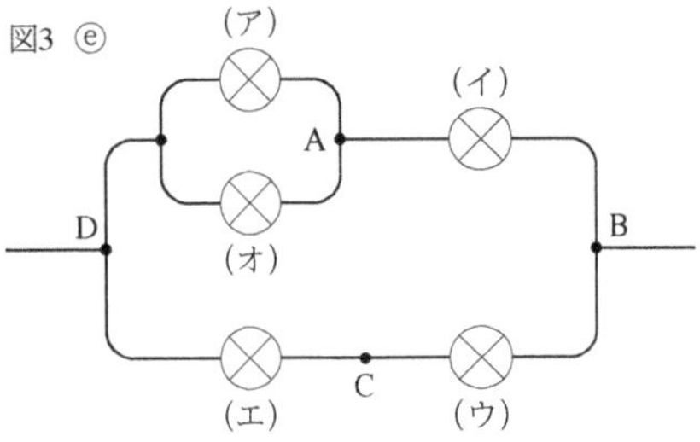

★ワンポイントアドバイス★

知識だけでなく問題文などで与えられた条件を読み取った上で思考力を要求する問題も出題されているので，やや難易度の高い入試問題などにとり組んで応用力を身につけていこう。

＜社会解答＞《学校からの正答の発表はありません。》

【1】 問1　A　渥美(半島)　B　駿河(湾)　C　最上(川)　D　宗谷(岬)　問2　イ
問3　カ　問4　ア　問5　エ　問6　ア　問7　マイクロ(プラスチック)
問8　ウ　問9　エ

【2】 問1　エ　問2　P　河村瑞賢　Q　東　問3　エ　問4　2番目　オ　5番目　ア
問5　ア　問6　ウ　問7　エ　問8　2番目　エ　5番目　ア　問9　ウ
問10　朝鮮総督府　問11　ウ

【3】 問1　イ　問2　(1)　A　エ　B　ア　(2)　エ　(3)　アセスメント　問3　エ
問4　(1)　ウ　(2)　イ　問5　E　幸福(追求)　F　公共(の福祉)　問6　ア
問7　(1)　知的(財産権)　(2)　リテラシー

【4】 問1　団結(権)　問2　ウ　問3　エ　問4　(a)　経済活動の自由(にもとづいた企業努力と，消費者の)安心感(や)満足感(が一致したこと。)　(b)　自由を制限(するものである規制が)創意工夫の原動力(となり，)(例)知恵を働かせるときに思ってもいなかった面白いものが生まれるという，一見あべこべなこと(が起こるから。)

○推定配点○

【1】 問1　各1点×4　他　各2点×8　【2】 各2点×12
【3】 問1・問2(1)・(2)・問4・問6　各1点×7　他　各2点×6
【4】 問4(b)　4点　他　各2点×4　計75点

<社会解説>

【1】 (日本の地理－中部地方，関東地方，東北地方，北海道地方)

問1 A 愛知県南部に位置しており，出荷時期を調整した菊や，メロンの栽培がさかんな半島は，渥美半島である。 B 伊豆半島の西側に広がる湾は，駿河湾である。 C 山形県を流れて日本海に注いでおり，中流域の盆地ではおうとう，下流域の平野では米の生産がさかんな川は，最上川である。 D 北海道本島の最北端に位置する岬は，宗谷岬である。

基本 問2 写真1・2はねぶた祭と考えられる。ねぶた祭は青森県の祭りなので，青森県にあるイの都市が適当と判断できる。

問3 熊谷市は関東地方の内陸部に位置していることから冬の平均気温が横浜市・勝浦市に比べて低いと考えられるので，③と判断できる。横浜市と勝浦市を比較すると，房総半島南部に位置する勝浦市のほうが冬は温暖と考えられるので，①が勝浦市，②が横浜市となる。よって，カの組み合わせが正しい。

やや難 問4 Xは東経135度線を，Yは東経140度線を示している。地球1周が360度，1日が24時間[＝24×60＝1440(分)]であることから，赤道上で経度1度ずれると日の出の時刻は1440÷360＝4で4分ずれると考えられる。東経135度と東経140度の経度差は5度なので，日の出の時刻の差は5×4＝20で約20分ずれると考えられ，アが適当。

問5 地図中のJは岐阜県の県庁所在地である岐阜市を示している。岐阜県には木の梁を山形に組み合わせて建てられた伝統的な家屋である合掌造りの集落がある白川郷があり，白川郷は「白川郷・五箇山の合掌造り集落」として1995年に世界文化遺産に登録されているので，エが適当。アについて，美濃焼は岐阜県の伝統工芸品であるが，西陣織は京都府の，輪島塗は石川県の伝統工芸品なので，誤り。イについて，自動車など輸送用機械の生産額が最も多い都道府県は愛知県であり，岐阜県について述べた文としては適当でない。ウについて，岐阜県は海に面していないので，海に面する都市はなく，岐阜県について述べた文としては適当でない。

問6 東京からパリまでの最短経路はシベリアやスカンディナビア半島を通ることなるので，アが適当。

問7 海洋プラスチックごみの中でも，5mm未満のものはマイクロプラスチックと呼ばれる。

問8 三つの県のうち，1995～2000年と2015～2020年のいずれも人口が減少しているLは過疎化が大きな問題となっている高知県，1995～2000年と2015～2020年のいずれも人口が増加しているMは中京工業地帯にある愛知県となり，Nは宮城県と判断できる。よって，ウの組み合わせが正しい。

問9 神奈川県，埼玉県，茨城県，千葉県のなかで，昼夜間人口比率が最も高いウは茨城県，鉄鋼業製造品出荷額等が最も多いアは京葉工業地帯がある千葉県，耕地率が最も低いイが神奈川県となるので，埼玉県はエとなる。

【2】 (日本の歴史－古代～現代)

問1 ①について，金剛力士像は運慶らの作品であり，行基は奈良時代に東大寺の大仏を造るのに協力した僧である。②について，東大寺が被害を受けた出来事としては，源平の争乱がある。よって，エの組み合わせが正しい。なお，承久の乱は1221年に起こっている。

問2 江戸時代に整備された，日本海側から津軽海峡を通過して房総半島を経由する航路は，東まわり航路という。東まわり航路や西まわり航路を整備した人物は，河村瑞賢である。よって，Pには河村瑞賢が，Qには東があてはまる。

問3 寺請制度は江戸時代に整えられており，豊臣秀吉が整えたものではないので，Xは誤り。五箇条の御誓文のなかではキリスト教の布教を認めていないので，Yは誤り。よって，エの組み合わせが正しい。なお，五箇条の御誓文が公布された翌日に出された五榜の掲示では，キリシタンを禁止している。

重要 問4　アの百済が倭国に仏教を伝えたのは6世紀である。イの高句麗好太王が倭国を撃退したのは4世紀末から5世紀初頭にかけての時期と考えられている。ウの倭の奴国の王が後漢の皇帝から金印を授かったのは，1世紀である。エの倭王の武が宋に使節を送ったのは5世紀後半である。オの倭国の王が後漢の皇帝に奴隷160人を献上したのは2世紀初頭。年代の古い順に並びかえると，ウ→オ→イ→エ→アとなり，2番目はオ，5番目はアとなる。

問5　遣隋使に随行した高向玄理は，大陸の政治制度などを伝えて大化の改新に大きな影響を与えたので，aは正しい。阿倍仲麻呂は唐に渡った後，帰国できなかったので，bは誤り。聖武天皇は伝染病の流行など国内の混乱をうけて，都を恭仁京や難波宮，紫香楽宮と転々と移したので，cは正しい。桓武天皇は都を長岡京，次いで平安京に移しているが，藤原京には移していないので，dは誤り。よって，アの組み合わせが正しい。なお，藤原京は持統天皇のときに完成している。

問6　平将門が関東地方で反乱をおこしたのは10世紀前半であり，《C》の時期よりも前であることから，Xは誤り。鎌倉幕府は1221年に起こった承久の乱の後，京都に六波羅探題を設置し，朝廷や西国御家人を監視させたので，Yは正しい。よって，ウの組み合わせが正しい。

問7　鎌倉時代には，写実的な肖像画である似絵が発達したので，エが誤っている。なお，日本で水墨画が発展したのは室町時代である。

問8　アの禁中並公家諸法度が出されたのは1615年。イのオランダ商館を長崎の出島に移したのは1641年。ウの山城の国一揆がおこったのは1485年。エのフランシスコ＝ザビエルが鹿児島に上陸したのは1549年。オのバテレン追放令を豊臣秀吉が出したのは1587年。カの慶長の役は1597年に始まっている。年代の古いものから順に並びかえると，ウ→エ→オ→カ→ア→イとなり，2番目はエ，5番目はアとなる。

問9　Ⅰについて，天明のききんがおこったのは18世紀後半の1782年～1788年である。Ⅱについて，江戸で初めて大規模な打ちこわしがおこったのは18世紀前半，享保のききんの翌年の1733年である。Ⅲについて，大塩平八郎が乱をおこしたのは1837年である。よって，古いものから順に並びかえた場合，Ⅱ→Ⅰ→Ⅲとなり，ウが正しい。

問10　韓国併合が行われて以降，植民地経営の中心となった統治機関は，朝鮮総督府である。なお，韓国統監府は韓国を保護国化した1905年に設置された組織である。

問11　日米新安全保障条約は1960年に岸信介内閣が締結しているので，Xは②があてはまる。特需景気は1950年に勃発した朝鮮戦争によるものであり，朝鮮戦争のころの内閣総理大臣は吉田茂なので，Yは③があてはまる。よって，ウの組み合わせが正しい。なお，①の佐藤栄作は1964年から1972年にかけての内閣総理大臣，④の鳩山一郎は1954年から1956年にかけての内閣総理大臣である。

【3】（政治のしくみ－公害・環境問題，日本国憲法，政治のしくみ）

問1　家族と一緒に暮らしているにも関わらず，子どもが一人で食事をとらざるを得ない状況は，イの孤食に含まれる。

重要 問2　(1)　A　工場排水によって引き起こされた水俣病は，典型七公害のなかでは水質汚濁となるので，エが当てはまる。　B　典型七公害は，大気汚染，水質汚濁，土壌汚染，騒音，振動，地盤沈下のほかにアの悪臭が当てはまる。　(2)　水俣病は，工場から排出された有機水銀が原因物質となっているので，エがあてはまる。なお，アの亜硫酸ガスは四日市ぜんそくの原因物質となっており，イのカドミウムはイタイイタイ病の原因物質となっている。　(3)　大規模な開発行為を行う場合に実施される，その開発が自然環境にどれほど影響があるかを事前に調査・予測・評価することを，環境アセスメント(環境影響評価)という。

問3　保育園が新たに建設されることと，所得税には関連はないため，エが適切でない。所得税は国税であり，保育園が新たに建設されることで住民の所得税が増税されることはない。

問4　(1)　法律案は内閣と国会議員が提出できるが，いずれも衆議院と参議院のそれぞれの本会議で過半数の賛成を得なければならないので，アは誤り。臨時国会で可決された法案も，法律として成立するので，イは誤り。衆参両院で可決された法案は，天皇が国民に向けて公布することになっているので，ウが正しい。法案を審議する際に開かれる，専門家や学者などの意見を聞く場は，特別国会ではなく公聴会なので，エは誤り。　(2)　直接請求権のうち，条例の制定・改廃請求は有権者の50分の1の署名を集めればできるので，イが誤っている。有権者の3分の1以上の署名が必要なのは，議会の解散請求や首長・議員の解職請求などである。ある自治体の条例で定められた内容が，他の自治体の条例では定められていないことはあるので，アは正しい。地域の重要な問題についての賛否を住民投票で問う条例が，住民の求めによって定められることがあるので，ウは正しい。議会で制定された条例について，首長は拒否し，議会へ再議を求めることができるので，エは正しい。

基本　問5　日本国憲法第13条は，「すべて国民は，個人として尊重される。生命，自由及び幸福追求に対する国民の権利については，公共の福祉に反しない限り，立法その他の国政の上で，最大の尊重を必要とする。」と規定されているので，空欄Eには幸福が，空欄Fには公共があてはまる。

問6　裁判所は，法律について憲法に反していないか判断する権限である違憲審査権をもっており，裁判を通して違憲と判断した法律について改正するよう国会に対して求めることができるので，アが正しい。

問7　(1)　著作権や特許権などをあわせて，知的財産権という。　(2)　SNSなどで得られる多くの情報を無批判に受け入れることなく，正しく判断し活用する能力を，インターネット・リテラシーという。インターネット・リテラシーは省略してネットリテラシーという場合もある。

【4】（総合問題）

問1　日本国憲法第28条に規定されている，労働者が労働組合を結成することを保障する権利は，団結権という。

問2　「観光公害」と同じような内容を表すことばに，オーバーツーリズムがあるので，ウが適当。

問3　清水焼は京都の伝統工芸品であり，川越市の伝統工芸品ではないので，エが誤りをふくむ。

やや難　問4　(a)　全国で同じような町なみが見られる理由について，筆者は2段落目で「ある意味，これは企業努力の結果です。経済活動の自由が認められていますから」と述べているほか，「消費者にとっても，…安心感や，…満足感が生まれます」と述べている。よって，筆者が述べている，全国で同じような町なみが見られる理由をまとめると，経済活動の自由にもとづいた企業努力と，消費者の安心感や満足感が一致したこととなる。　(b)　5段落目に「規制は，自由を制限するもの」とあり，4段落目に「規制が創意工夫の原動力となった」とあることから，書き始めは「自由を制限するものである規制が創意工夫の原動力となり，」となると考えられる。また，5段落目には「ルールを守るという前提の中で，どうやったら自分の力を発揮できるだろうと知恵を働かせるとき，思ってもいなかった面白いものが生まれることがある」，「一見するとあべこべなことが起こる」とある。よって，「自由を制限するものである規制が創意工夫の原動力となり，」に続けて「知恵を働かせるときに思ってもいなかった面白いものが生まれるという，一見あべこべなこと」が起こるから，「この世界はまことに不思議で，面白い」と考えることができる。

★ワンポイントアドバイス★

年代の並べ替え問題に慣れるようにしておこう。

＜国語解答＞《学校からの正答の発表はありません。》

一 ① 胸 ② 格 ③ 堂 ④ 農 ⑤ 輪

二 ① 旗 ② 余 ③ 設 ④ 疑 ⑤ 寄

三 問一 (例) 自分だけでなく,「みんな」にとって利益があるかという視点で考えること。
問二 (例) 人間は誰もが前例のない存在のため,他者が予測不可能なことをする可能性があるから。 問三 (例) 望ましくない結果や,それをもたらした仲間を許す寛容さを持つことと,自分が行う活動についてお互いに約束を交わすこと。 問四 (例) SNSで「私」の問題を「みんな」の問題として語るためにハッシュタグの活用は有効だが,ハッシュタグの向こうにかけがえのない個人がいることを自覚してメンバーシップを作り,継続させる努力をすることが必要である。

四 問一 (例) やったことないことは,まずはやってみないと楽しいかどうかはわからないということ。 問二 (例) (ぼくがランナーになってしまったら,)ビリになり,同じ組の子たちの怒りを買い,見ている人たちに笑われるだけでなく,今後の学校生活が絶望的になること。 問三 (例) 目の前のいろんなことに集中し,発見がたくさんあることに気づくと,足を気に病む時間が減っていったこと。 問四 (例) 前の自分は,みんなにカッコ悪いところを見られるのがイヤで走ることを避けていたが,回復した後の自分は前の自分とは違うという伊勢崎さんの話を聞いたことで,走ることを積極的に楽しもうという気持ちに変化した。

○推定配点○

一・二 各1点×10 三 問四 15点 他 各10点×3

四 問四 15点 他 各10点×3 計100点

＜国語解説＞

基本 一 (漢字の書き取り)

①の「度胸(キョウ)」は物事に動じない心。②の「資格(カク)」は業務などを行うために必要とされる条件。③の「堂(ドウ)に入る」は物事に慣れていて,よく身についていること。④の「農(ノウ)園」は園芸作物をつくる農場。⑤の「輪(リン)唱」は同じ旋律を一定の間かくでずらし,追いかけるようにして歌う合唱。

重要 二 (慣用句,漢字の書き取り)

①の「旗振り役」は先頭に立って周りを導いていく存在のこと。②の「持て余す」は何もすることがなく,退屈な様子。③の「設ける」はある事をする場を作ること。④の「疑わしい」は真実かどうか疑いたくなる,信用できない,という意味。⑤の「寄せられる」は送られてくる,集まってくる,という意味。

三 (論説文－要旨・大意・細部の読み取り,記述力)

基本 問一 「他者と議論するためには……自分にとって利益があるかどうかとは関係なく,『みんな』にとって望ましいのかどうか。そうした視点で考えられるようになったとき,」——線部①ができる，と述べているので，①直前の内容を指定字数以内でまとめる。

問二　——線部②前後で,「私たちは誰もが予測不可能な存在で」あるため,「他者は『私』の思いもしないことをしたり，期待を裏切る行動をしたりするかもしれ」ないことを述べているので，これらの内容をふまえ，②の理由として指定字数以内でまとめる。

重要　問三　——線部③「一つは……」から続く4段落でアーレントの考えとして,「どのような結末に終わるのだとしても，その結末をもたらした仲間を許すこと」「望ましくない結果をある程度許す寛容さ」という「許し」と,「自分が行う活動について約束をすること」という「約束」について述べているので，この二つのことを，③で必要なこととして指定字数以内でまとめる。

やや難　問四　——線部④のある段落から最後までで④について,「『私』の問題を『みんな』の問題として語る」ために「ハッシュタグを使えば……有効であること」,「SNSでの政治的な活動が望ましい形で社会を変えていくことができるのは，……ハッシュタグの向こうにかけがえのない個人がいるということが自覚され，……メンバーシップを作りだし，継続していこうと努力されるときである」と述べていることをふまえ，これらの内容を④に必要なこととして指定字数以内でまとめる。

四　(小説－心情・情景・細部の読み取り，指示語，記述力)

基本　問一　——線部①は直前の「『……まずはやってみるっていう，それだけ。もしかしたら楽しいかもしれないし，やっぱりすごくつらいだけかもしれないし，でもそれってやらないとわかんないじゃん』」というスグルくんの言葉を指しているので，この言葉をふまえて指定字数以内で具体的に説明する。

問二　——線部②は「走るのが得意な……」で始まる段落で,「ぼく」が「もしランナーになってしまったら，……あっというまにビリになってしまうだろう。全学年の同じ組の子たちの怒りを買い，見ている人たち全員から笑われ……これからのぼくの学校生活は絶望的になるだろう」と描かれている「ぼく」の心情を指しているので，この部分を指示に従って指定字数以内でまとめる。

重要　問三　——線部③直後から続く6段落で③の説明として,「ごはんを食べるとき」や「歯をみがくとき」,「爪を切るとき」など「目の前のいろんなことに集中してみると，それまで気がつかなかった発見がたくさんある。そうしているうちに，足のことを気に病む時間が減っていった」ことが描かれているので，これらの内容を③の〈意外な効果〉として指定字数以内でまとめる。

やや難　問四　「やっとわかった。……」で始まる場面で,「ぼくの体と心が本当にイヤだったのは……みんなにカッコ悪いところを見られるのがイヤだった」から，走ることを「どうにかして避けなくちゃ」と考えていたことが描かれている。「そして伊勢崎さんのところに……」で始める場面で，伊勢崎さんの「『……回復したあと，前とは違う自分になってるんだよ』」という話を聞いた後，——線部④のある場面では，スグルくんと一緒に走ることを楽しもうとしている「ぼく」の様子が描かれていることから，伊勢崎さんの話を聞く前を「前の自分」，聞いた後を「回復した後の自分」として,「ぼく」の走ることに対する心情の変化を指定字数以内で具体的に説明する。

★ワンポイントアドバイス★

論説文では，段落ごとの要旨をとらえ，本文の論の流れを的確につかんでいこう。

2023年度

★★★★★★★★★★★★★★★★★★★★★★★★★

入　試　問　題

2023年度

芝中学校入試問題（第１回）

【算　数】（50分）　＜満点：100点＞

次の問いの □ をうめなさい。

1　次の計算をしなさい。

(1)　$11.1\times22.2+33.3\times44.4+55.5\times66.6+77.7\times88.8=\square$

(2)　$72\times\left\{\left(\square\div\frac{1}{7}\times\frac{1}{2}\right)\div\frac{1}{14}+2\div3\div3\right\}=79$

2　３つのビーカーに以下のような液体が入っています。

Ａの液体は８％の食塩水，Ｂの液体は７％の食塩水，Ｃの液体は水です。

(1)　３種類の液体の量をＡ：Ｂ：Ｃ＝１：１：１の割合で混ぜると □ ％の食塩水になります。

(2)　３種類の液体の量をＡ：Ｂ：Ｃ＝１：２：□ の割合で混ぜると２％の食塩水になります。

3　はじめにＡ君とＢ君あわせて52本の鉛筆を持っています。

Ａ君がＢ君に持っている鉛筆の本数のちょうど $\frac{1}{3}$ をあげてもまだＡ君の方が多かったので，さらに，［ア］本あげるとＡ君の持っている鉛筆の本数とＢ君の持っている鉛筆の本数が等しくなります。

ただし，［ア］本は，はじめにＢ君が持っていた鉛筆の本数のちょうど $\frac{1}{5}$ です。このとき，Ａ君がはじめに持っていた鉛筆の本数は［イ］本です。

4

(1)　分母が80で $\frac{4}{5}$ と $\frac{23}{24}$ の間にある分数のうち，約分できない分数は［ア］個あり，それらすべての和は［イ］です。

(2)　$\frac{1}{80}$，$\frac{2}{80}$，$\frac{3}{80}$，・・・，$\frac{78}{80}$，$\frac{79}{80}$ の79個の分数のうち，約分できない分数の和は □ です。

5　右図の三角形ABCについて，辺AB，BC，CA上に点D，E，Fをとります。AEとDFの交点をＰとします。

AD：DB＝１：１，AF：FC＝１：２，DP：PF＝１：１です。

(1)　AP：PE＝ □ ： □ です。

もっとも簡単な整数の比で答えなさい。

(2)　三角形DEFの面積は三角形ABCの面積の □ 倍です。

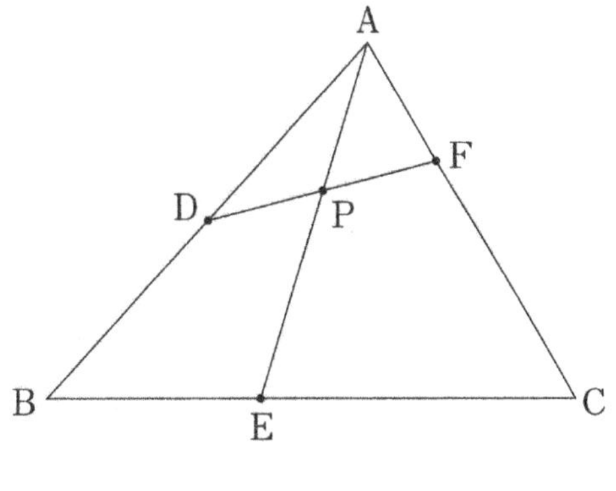

6 太郎君と次郎君は公園と丘の間を散歩します。太郎君は丘から，次郎君は公園から同時に出発し，出発してから11分後にはじめて出会いました。

２人の，公園から丘へ歩く速さと丘から公園へ歩く速さはそれぞれ一定です。グラフは２人の出発してからの時間と公園からの距離を表しています。

(1) ２人は公園から □ mのところではじめて出会います。

(2) 太郎君と次郎君の公園から丘へ歩く速さの比は □：□ です。
もっとも簡単な整数の比で答えなさい。

(3) ２回目に２人が出会うのは出発してから □ 分後です。

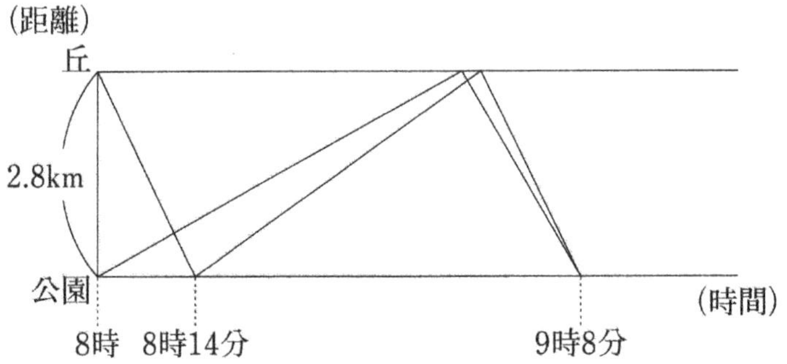

7 図のような白と黒にぬり分けた正方形が４枚あります。この４枚を１辺の長さがその正方形の倍である正方形の板にはり付けて白黒の模様を作ります。

板に上下左右の違いがあると模様の種類は ア 通りあります。

その中で左右対称な模様は イ 通りあります。さらに左右対称でもあり上下対称でもある模様は ウ 通りあります。また，左右対称でもあり上下対称でもあり90°回転しても同じ模様は エ 通りあります。

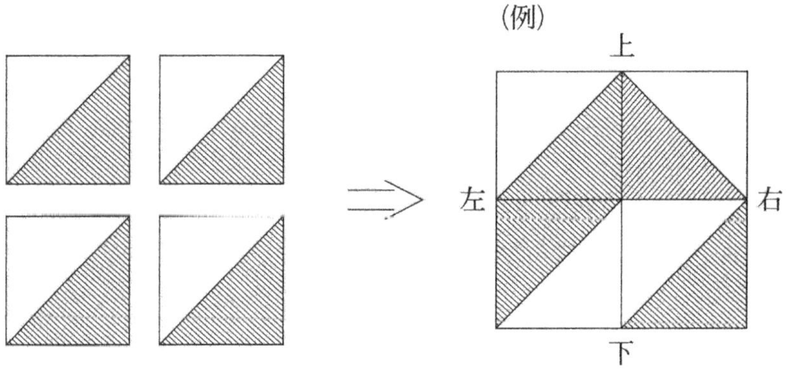

8 静水時の速さが同じ２つの船Ａと船Ｂがあります。

船Ａと船Ｂは川の下流のＰ地点と上流のＱ地点を何度も往復します。

船ＡはＰ地点から出発してＱ地点についたらすぐにＰ地点に戻り，そのあと ア 分間止まり再びＱ地点を目指します。

船ＢはＱ地点から出発してＰ地点，Ｑ地点に到着するごとに［ア］分間止まりもう一方の地点を目指します。また，上りと下りの速さの比は１：２です。

グラフは出発してからの時間と船Ａと船Ｂの間の距離を表したものです。

(1) 川の流れの速さは時速［　］kmです。

(2) ［ア］，［イ］にあてはまる数を入れなさい。

(3) ５回目に船Ａと船Ｂがすれ違うのは，Ｑ地点から［　］km離れたところです。

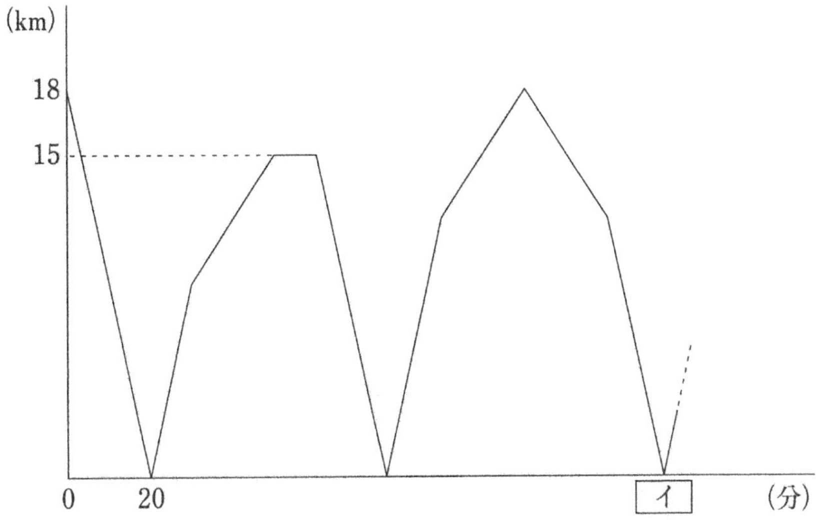

【理　科】（40分）　＜満点：75点＞

1　次の文を読み，問いに答えなさい。

芝太郎君は，あこがれの芝中学校に入学し，楽しい学校生活を送っています。すべてのものが新《しん》鮮《せん》にみえ，興味を持ったものを調べたり，実験したりできる芝中学校の生活は毎日が発見の連続です。

６月のある日，神谷町駅から降りて学校に向かうと，正門にあるアジサイがちょうど満開でした。芝太郎君はアジサイの色にちがいがあることに気づき，なぜだろうと疑問を持ちました。

芝中学校では登校すると手指をアルコール(エタノール)消毒してから校舎に入ります。エタノールの濃度《のうど》は100％ではなく，①エタノールと水からできていました。

朝からアジサイの疑問を持った芝太郎君は，さっそく３階の図書館に向かい，調べ学習をすることにしました。すると，この花の色は，土の性質(酸性か②アルカリ性か)によって変わることが分かりました。

さて，今日は授業で豆電球を用いて実験をしました。実験中，この豆電球の仕組みについて，興味をもった芝太郎君は，先生に③豆電球を分解する許可を得ました。放課後，ペンチを使って分解してみると，どのように電気が流れ，豆電球が点灯するのかが分かりました。

下校の時刻になり，帰宅しようとすると，④急な雷雨《らいう》とともに氷の粒《つぶ》が降ってきました。そこで，芝太郎君は雷雨が過ぎるまで待つ時間に，⑤この氷の粒の大きさを測ってみることにしました。

しばらくすると雨もあがり，明るい光が差し始め，晴れ間が見えています。キラキラと太陽が照り付け，緑もきれいです。卒業生が植樹してくれた⑥センペルセコイアの緑もまぶしく，「後輩《こうはい》よ，がんばれ！」と応えんされているように感じた芝太郎君なのでした。

(1)　下線部①について。エタノールと水を混合すると，重さはエタノールと水の和になりますが，体積は和にならないことが知られています。いま，エタノール（１cm^3あたり0.79ｇ）70cm^3と水（１cm^3あたり1.0ｇ）30cm^3を混合したエタノール水よう液を作りました。この水よう液が１cm^3あたり0.87ｇであるとき，体積は何cm^3ですか。ただし，値が割りきれない場合は小数第１位を四捨五入して，整数で答えなさい。

(2)　下線部②について。身の回りにある身近な水よう液のうち，アルカリ性を示すものを，次の中からすべて選んで，記号で答えなさい。

（ア）　食酢《しょくす》

（イ）　木の灰を加えた水

（ウ）　レモン果汁《かじゅう》

（エ）　牛乳

（オ）　セッケン水

(3)　下線部③について。図１は手を加えていない通常の豆電球のスケッチです。図２と図３は，内部の配線を調べるために解体した豆電球を別の角度からとった写真です。解答らんには通常の豆電球とかん電池のスケッチが書いてあります。豆電球にかん電池をどうつなげば点灯しますか。解答らんに必要な導線「――」を２本かきなさい。導線の長さや曲がり方は自由に設定してかまいません。ただし，２本の導線が交差しないようにかきなさい。

（図１，図２，図３は次のページにあります。）

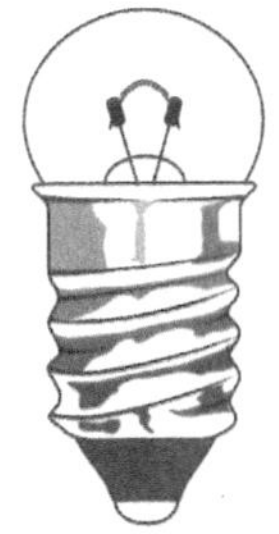

図１

図２

図３

(4)　下線部③について。図４の右上は解体した豆電球，左下は解体したとき豆電球の内部から出てきた破片《はへん》です。この破片は電気を通しますか。また，そのはたらきは何ですか。最も適当なものを次の中から１つ選んで，記号で答えなさい。

（ア）　破片は電気を通し，フィラメントに電流を流すはたらきをする。

（イ）　破片は電気を通し，フィラメントを包んでいるガラス球に電流を流すはたらきをする。

（ウ）　破片は電気を通し，フィラメントを包んでいるガラス球を支えている。

（エ）　破片は電気を通さず，フィラメントを包んでいるガラス球に電流を流すはたらきをする。

（オ）　破片は電気を通さず，フィラメントを包んでいるガラス球を支えている。

図４

(5)　下線部④について。この天気をもたらす雲として最も適当なものを次の中から１つ選んで，記号で答えなさい。

（ア）　巻積雲　　（イ）　巻層雲　　（ウ）　高積雲

（エ）　高層雲　　（オ）　層積雲　　（カ）　積乱雲

(6)　下線部⑤について。氷の粒の大きさによって，あられとひょうに区別することができます。その基準として，正しいものを次の中から１つ選んで，記号で答えなさい。

（ア）　直径２㎜未満をあられ，直径２㎜以上をひょうという。

（イ）　直径２㎜未満をひょう，直径２㎜以上をあられという。

（ウ）　直径５㎜未満をあられ，直径５㎜以上をひょうという。

（エ）　直径５㎜未満をひょう，直径５㎜以上をあられという。

（オ）　直径１㎝未満をあられ，直径１㎝以上をひょうという。

（カ）　直径１㎝未満をひょう，直径１㎝以上をあられという。

(7)　下線部⑥について。センペルセコイアは裸子《らし》植物ですが，この裸子植物の説明として次の(ア)と(イ)に入る用語を書きなさい。ただし，(ア)はひらがな４文字，(イ)はひらがな３文字で答えること。

「裸子植物は，(　ア　)が(　イ　)に包まれていない植物のことである。」

2　次の文を読み，問いに答えなさい。

図１のＡ～Ｃ地点でボーリング調査をしました。その結果が図２で示す通りです。図２に見られる火山灰でできた地層は，Ａ～Ｃ地点それぞれ同じ地層であると分かっています。図２のＸ層からは①シジミの化石が見つかり，Ｙ層からは図３で示す化石が見つかっています。調査地域の地層に断層やしゅう曲はないものとします。

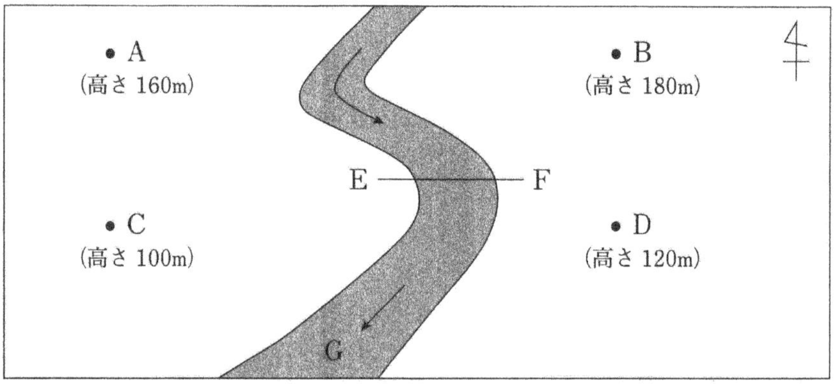

図１

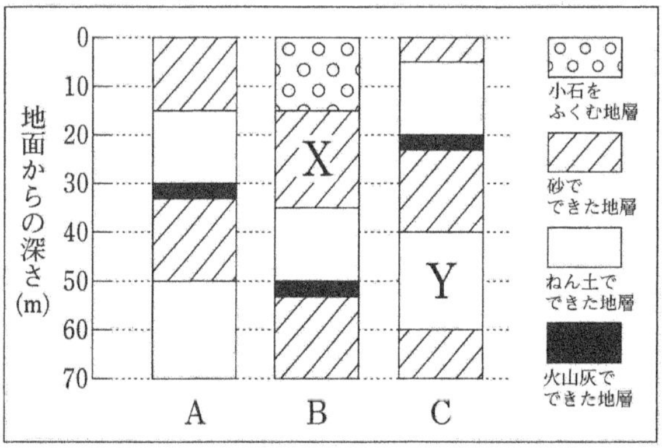

図２

図３

(1)　図１について。Ｄ地点でボーリング調査をしたとき，Ａ～Ｃ地点と同じ火山灰でできた地層が出てくるとすると，それは地表から何ｍほったときにはじめて出てきますか。その値を整数で答えなさい。

(2)　下線部①について。Ｘ層がたい積したのはどのような環境《かんきょう》であったと推定できますか。最も適当なものを次の中から１つ選んで，記号で答えなさい。

（ア）　寒冷な深い海　（イ）　川の上流域　（ウ）　暖かく浅い海
（エ）　河口または湖　（オ）　温帯のやや寒冷な環境

(3)　下線部①について。シジミの化石のように，地層がたい積した当時の環境を推定するのに役立つ化石を「○○化石」と呼びます。○○に適する漢字２文字を答えなさい。

(4)　前のページの図３で示す化石について。この生物と同じ時代にはんえいした生物はどれですか。最も適当なものを次の中から１つ選んで，記号で答えなさい。

（ア）　アンモナイト　　（イ）　デスモスチルス　　（ウ）　恐竜《きょうりゅう》

（エ）　三葉虫　　（オ）　フズリナ

(5)　前のページの図１で示す川について。川をEFで切ったとき，川の断面として最も適当なものを次の(ア)～(カ)から１つ選んで，記号で答えなさい。

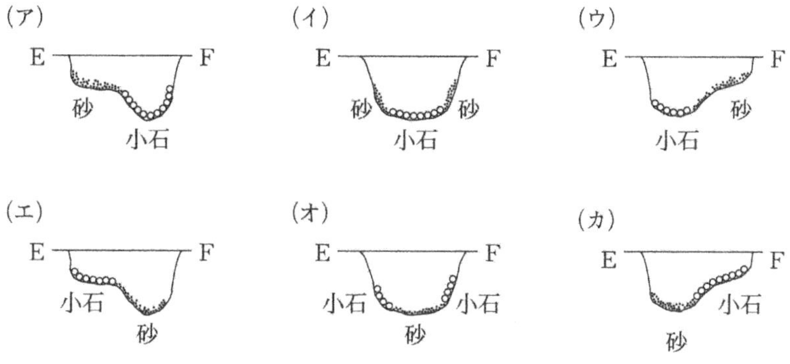

(6)　前のページの図１で示す川について。G地点で運ばれる水の重さは，川の断面積１m^2あたり１秒間に50kgです。G地点の流れの速さは，１秒間に何cmですか。ただし，値が割りきれない場合は小数第１位を四捨五入して，整数で答えなさい。

(7)　水の入った大きなビンの中に小石，泥《どろ》，砂を入れて，ふたをしました。そのビンをよくふった後，水平な台の上でしばらく放置しました。ビンの中に積み重なった層を，下から表したものとして最も適当なものを次の中から１つ選んで，記号で答えなさい。

（ア）　小石，泥，砂　　（イ）　小石，砂，泥　　（ウ）　泥，砂，小石

（エ）　泥，小石，砂　　（オ）　砂，小石，泥　　（カ）　砂，泥，小石

3　次の文を読み，問いに答えなさい。

凸《とつ》レンズについて考えましょう。図１のように，凸レンズに平行な光線を当てると，点Ｆに光が集まります。この点Ｆのことを焦点《しょうてん》といい，レンズの中心Ｏから焦点Ｆまでの距離《きょり》を焦点距離といいます。焦点はレンズの前後に１つずつあり（点Ｆと点Ｇ），点Ｏから点Ｆまでの距離と点Ｏから点Ｇまでの距離は同じです。図２のようにレンズの焦点Ｇに小さな光源を置くと，レンズを通過した光線は平行に進みます。ただし，図１，図２ともレンズの中心で１度だけ進路を変えたものとして

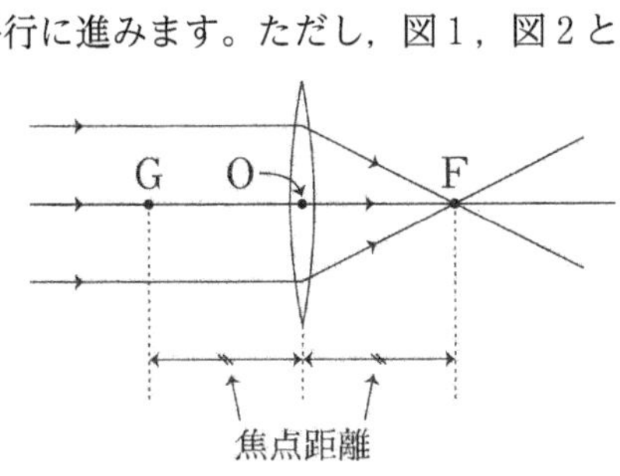

図１

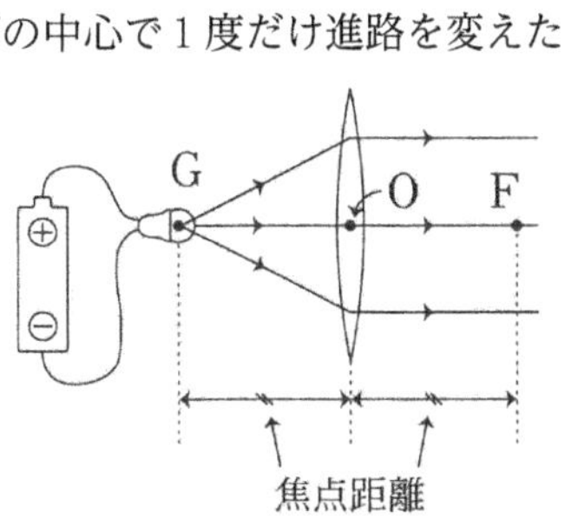

図２

作図してあります。以下でもこのルールに基づいて作図するものとします。

図３のように，ロウソクの炎《ほのお》を光源とし，凸レンズによってスクリーン上にロウソクの像がはっきり映る位置を調べる【実験１～４】をしました。次の表はその結果をまとめたものです。スクリーン上に像がはっきり映るようにすることを「ピントを合わせる」といいます。

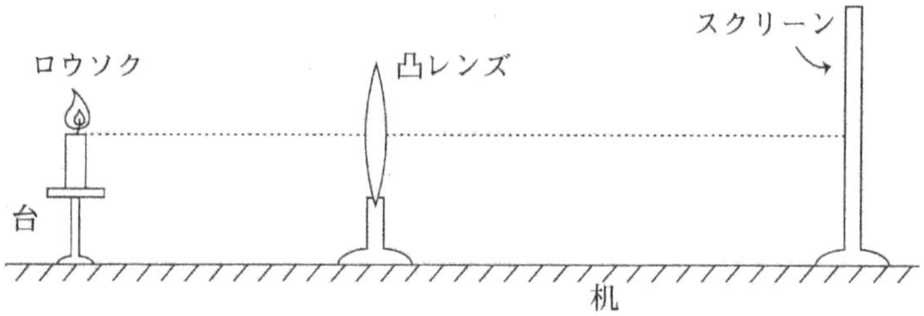

図３

表

	凸レンズの焦点距離	ロウソクから凸レンズまでの距離	凸レンズからスクリーンまでの距離
【実験１】	20cm	60cm	30cm
【実験２】	20cm	30cm	60cm
【実験３】	18cm	30cm	45cm
【実験４】	15cm	30cm	30cm

(1) 【実験１】について。図４にはロウソクの炎の先たんＰから２方向に出た光線がかいてあります。図中の点Ｆと点Ｇは凸レンズの焦点です。スクリーンがない場合，これら２本の光線は凸レンズを通過後，どのように進みますか。次の（ア）～（オ）から最も適するものを１つ選んで，記号で答えなさい。

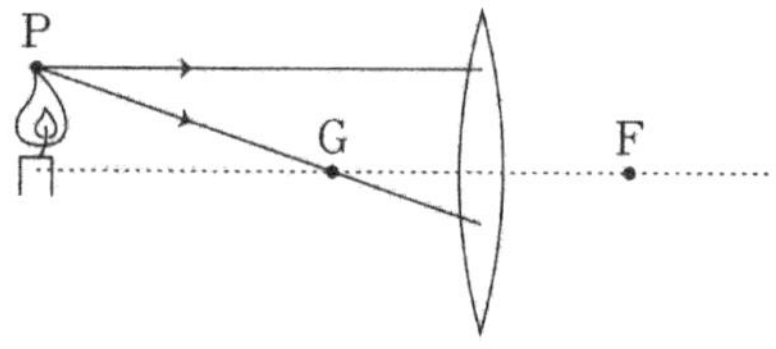

図４

（ア）

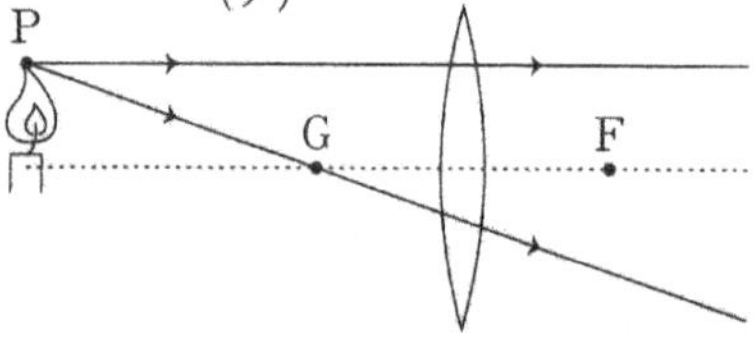

（イ）

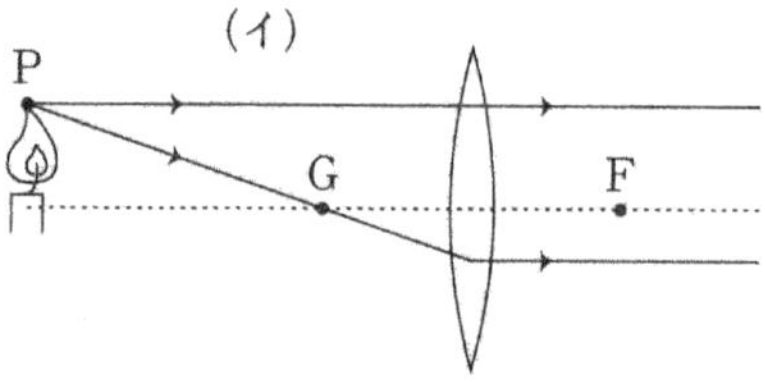

（ウ）

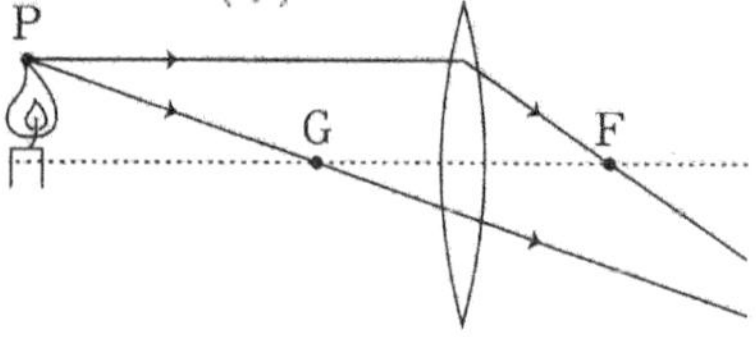

（エ）

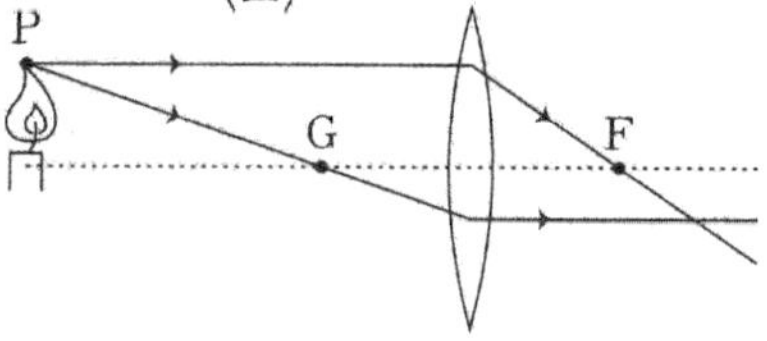

（オ）

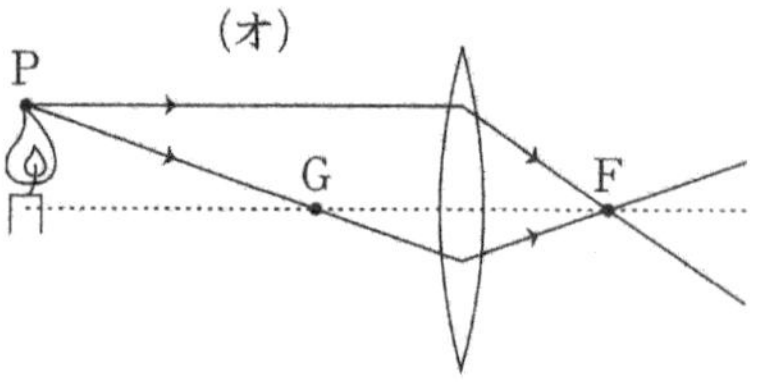

(2) 【実験２】において，図５のように凸レンズの上半分をノートでかくすと，スクリーン上の像はどうなりますか。次の(ア)～(カ)から最も適するものを１つ選んで，記号で答えなさい。

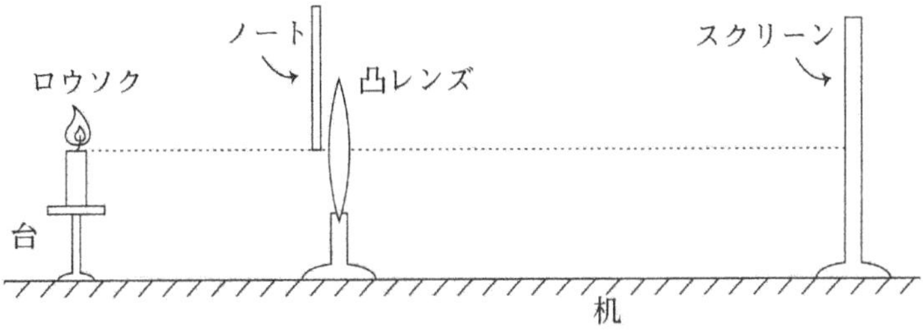

図５

(ア) ロウソクの像の上半分だけ映り，下半分はノートが映る。
(イ) ロウソクの像の下半分だけ映り，上半分はノートが映る。
(ウ) ロウソクの像の大きさや形はそのままで，上半分が暗くなる。
(エ) ロウソクの像の大きさや形はそのままで，下半分が暗くなる。
(オ) ロウソクの像の大きさや形はそのままで，全体が暗くなる。
(カ) ロウソクの像は映らなくなる。

(3) 【実験３】においてロウソクを元の高さから１cm持ち上げると，像の位置はどうなりますか。次の(ア)～(キ)から最も適するものを１つ選んで，記号で答えなさい。

(ア) 上に0.5cmずれる。　(イ) 下に0.5cmずれる。
(ウ) 上に１cmずれる。　(エ) 下に１cmずれる。
(オ) 上に1.5cmずれる。　(カ) 下に1.5cmずれる。
(キ) 像の位置は変わらない。

(4) 【実験４】において，右の図６のように　ロウソクの後ろに左手を近づけました。ただし，図６はスクリーン側《がわ》から見たもので，目に届いた光は凸レンズを通ったものではありません。このとき，スクリーン上にはどのような像が映りますか。次の図（ア）～（ク）から最も適するものを１つ選んで，記号で答えなさい。

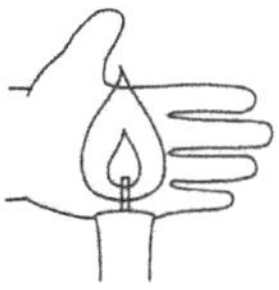

図６

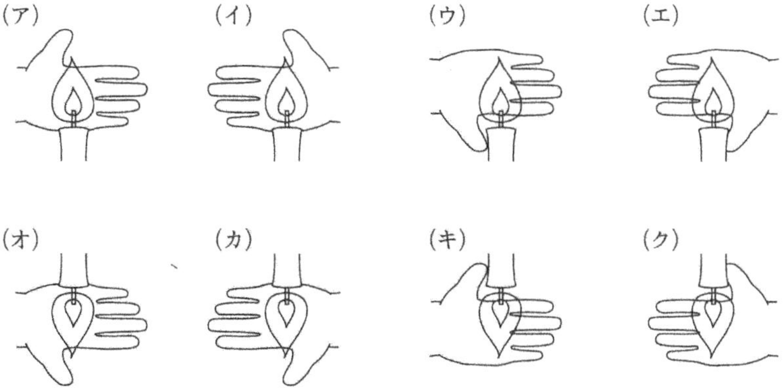

(5) 【実験１～４】において，スクリーン上の像の大きさにちがいがあります。像の大きいものから順に並べかえなさい。ただし，大きいものを左から順に並べ，大きさが等しいものがある場合は

例にしたがって表すこと。例「大きいものから１，２，３の順で，２と４が同じ大きさの場合の書き方　１，２＝４，３」

⑹　生物の「目」は，どのようにして近くのものや遠くのものにピントを合わせているのでしょうか。図７はイカの目を，図８は人の目を表しています。見ようとする物体からの光は，角膜《かくまく》側から入って水晶体《すいしょうたい》を通り網膜《もうまく》に達します。ここでは水晶体を凸レンズ，網膜をスクリーンと見なすことにします。先の【実験１～４】における「凸レンズとスクリーン」は像を結ぶための装置なので，これらの実験をヒントに考えてみましょう。

イカは水晶体の位置を動かすことができます。見ようとする物体と目までの距離に応じて水晶体の位置を角膜の側や網膜の側に動かしてピントを合わせるのです。この方法は，焦点距離の同じ凸レンズを用いた【実験１，２】に対応しています。

人の目では水晶体から網膜までの距離は一定です。そこで，見ようとする物体と目までの距離に応じて水晶体の厚さを調節して焦点距離を変えて，網膜上に像を結びます。この方法は，焦点距離の異なる凸レンズを用いた【実験１，４】に対応しています。

次の文中の（①）～（⑤）に適する語句はなんですか。下の（ア）～（ク）の組み合わせより最も適するものを１つ選んで，記号で答えなさい。

「同じ材質の凸レンズであれば，レンズの中央が厚いほど焦点距離は（　①　）い。イカは，遠くのものを見るとき水晶体の位置を（　②　）の側に移動し，近くのものを見るときは水晶体の位置を（　③　）の側に移動して，網膜上に像を結ぶ。人は遠くのものを見るときには水晶体を（　④　）し，近くのものを見るときは水晶体を（　⑤　）して網膜上に像を結ぶ。」

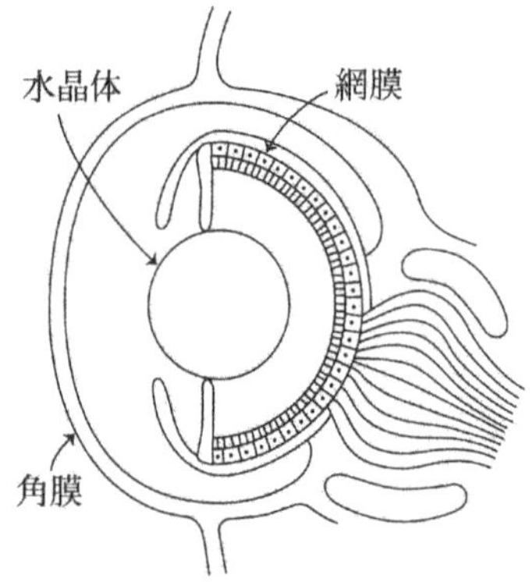

図７（イカの目）

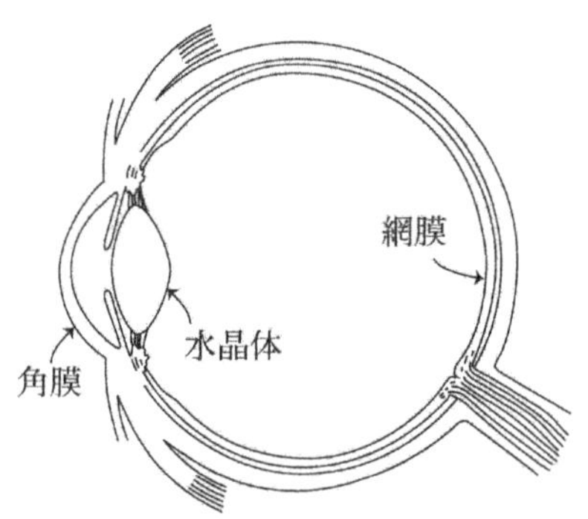

図８（人の目）

	（①）	（②）	（③）	（④）	（⑤）
（ア）	短	角膜	網膜	厚く	うすく
（イ）	短	網膜	角膜	厚く	うすく
（ウ）	短	角膜	網膜	うすく	厚く
（エ）	短	網膜	角膜	うすく	厚く
（オ）	長	角膜	網膜	厚く	うすく
（カ）	長	網膜	角膜	厚く	うすく
（キ）	長	角膜	網膜	うすく	厚く
（ク）	長	網膜	角膜	うすく	厚く

4 次の文を読み，問いに答えなさい。

寄生はさまざまな生物間で見られる現象である。例えば，人が生魚やイカの塩から(イカの①かん臓を使った塩づけ)を食べると，ときどきアニサキスが入っていることがある。アニサキスは線虫の仲間で，人が食物とともに飲みこんでしまうと，胃液にふくまれる強い（　②　）でも死なず，胃に穴をあけて宿主を苦しめる。

寄生をするこん虫も多く，③チョウやガの幼虫やさなぎに卵を産み付けるハチ，ほ乳類の体毛内に住むノミ，動物の傷口などに卵を産み幼虫（うじ虫）を育てるハエなどが知られている。植物に寄生するこん虫もおり，④アブラムシやダニ，タマバエが寄生した結果，植物に「虫こぶ」と呼ばれる異常成長したこぶが形成されることもある。

特に，この寄生という現象で有名なのは，カマキリのお腹にいる「⑤ハリガネムシ」だろう。お腹の大きなカマキリを水に入れると，おしりから細長い針金のような生き物が出てくることがある。これがハリガネムシで，アニサキスと同じ線虫の仲間である。

(1) 下線部①について。人のかん臓では，消化を助ける消化液がつくられ，消化管内に分ぴつされます。その消化液がはたらくのは下の図の（ア）～（カ）の内，どの部分ですか。当てはまるものを1つ選び，記号で答えなさい。

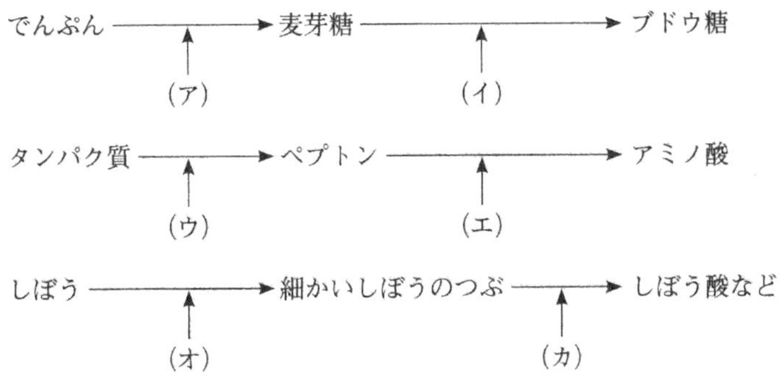

(2) 空らん②に当てはまる物質を漢字2文字で答えなさい。

(3) 下線部③について。ハチ，ノミ，ハエの成虫のはねの枚数は何枚ですか。次の（ア）～（カ）の組み合わせより正しいものを選んで，記号で答えなさい。

	ハチ	ノミ	ハエ
（ア）	0	2	4
（イ）	0	4	2
（ウ）	2	0	4
（エ）	2	4	0
（オ）	4	0	2
（カ）	4	2	0

(4) 下線部④について。アブラムシとダニと分類が近い生き物はどれですか。次のページの（ア）～（ケ）の組み合わせより正しいものを選んで，記号で答えなさい。

	アブラムシと近い分類の生き物	ダニと近い分類の生き物
(ア)	テントウムシ	クモ
(イ)	テントウムシ	ムカデ
(ウ)	テントウムシ	ミジンコ
(エ)	ハエ	クモ
(オ)	ハエ	ムカデ
(カ)	ハエ	ミジンコ
(キ)	セミ	クモ
(ク)	セミ	ムカデ
(ケ)	セミ	ミジンコ

(5) 下線部⑤について。森林におけるハリガネムシの一生について説明した次の文章を読み，後の問いに答えなさい。

ハリガネムシは川などの水中でオスとメスの成虫が出会い，産卵します。卵からふ化した幼生は川底にいる水生こん虫（カゲロウの幼虫など）の体内に取りこまれると，その腹の中で「シスト」と呼ばれる殻《から》につつまれた状態になります。水生こん虫はそのまま成長後，羽化して陸に上がるとカマドウマに食べられます。そのとき，シストもカマドウマの体内に取りこまれ，ハリガネムシはカマドウマの体内で成長して成虫になります。つまり，水生こん虫はカマドウマへ行き着くまでの中間宿主と呼ばれる存在です。

しかし，ハリガネムシはカマドウマの体内で成長した後，再び水中にもどらなければ子孫を残せません。そこで，カマドウマを操作して，水に飛びこむよう行動させていると考えられています。

ある森林内の河川において，サケ科の魚が食べている生物の割合が調べられました。その河川では，サケ科の魚の食べていた生物の内，約60％が川に飛びこんだカマドウマで，約22％がたまたま川に落下したその他の陸生こん虫，残りは川底で落ち葉を食べて分解している水生こん虫であることがわかりました。この研究は，ハリガネムシの存在が，川魚の食物を陸上から川へ運んでいたことを証明した興味深い調査です。下の図１はカマドウマとその体内から出てきているハリガネムシのイラストで，次のページの図２はハリガネムシの一生とその他の生物の関係を示しています。

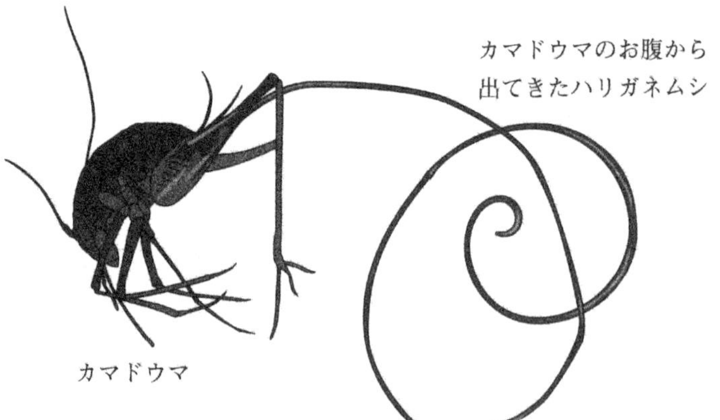

図１

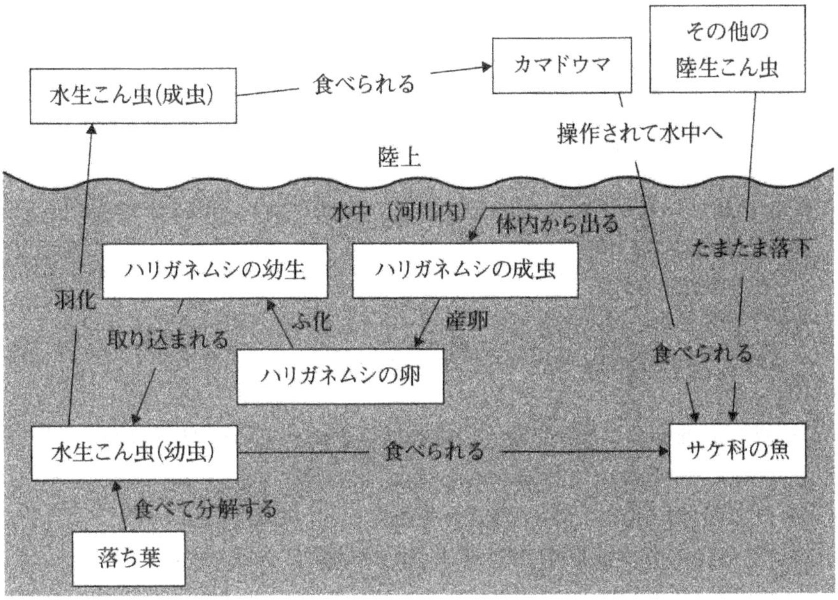

図２

（A）　もしもハリガネムシがいなくなりカマドウマが河川に全く飛びこまなくなった場合，(あ)サケ科の魚が食べる水生こん虫（幼虫）の数と，(い)サケ科の魚が食べるその他の陸生こん虫の数はそれぞれどうなると考えられますか。図を参考にして，減る場合には「－」，増える場合には「＋」，変わらない場合には「０」と答えなさい。

（B）　もしも河川内に全ての陸生こん虫だけが落下できない装置を設置すると，装置を設置しない場合と比べて河川内の生物や落ち葉はどのように変化しますか。次のうち，増加すると思われるものをすべて選んで記号で答えなさい。

（ア）　サケ科の魚　　（イ）　落ち葉　　（ウ）　水生こん虫(幼虫)

（エ）　ハリガネムシの成虫

5　次の文を読み，問いに答えなさい。

みなさんは理科の実験で酸素を発生させたことはありますか。もっとも代表的な方法は過酸化水素水に二酸化マンガンを加えることです。このとき，二酸化マンガンは［ 1 ］として働きます。ですが，酸素を発生させるために過酸化水素水に加える物質は二酸化マンガンでなくてもよいことが知られています。例えば，塩化鉄という物質を過酸化水素水に加えても酸素が発生します。また，ブタのレバー（かん臓）を加えても酸素が発生します。このレバーにはカタラーゼという物質がふくまれていて，これが二酸化マンガンと同じように［ 1 ］として働き，酸素が発生します。

このカタラーゼの働きを調べるために次の実験を行いました。

操作１　ブタのレバーをナイフで少量切り取って乳ばちに入れ，純すいな水を加えてよくすりつぶす。これをガーゼに包んでしぼり，固形物などがない液体とした。この液体をレバー液と呼ぶことにする。

操作２　このレバー液を用いて次のページのＡ～Ｈの８通りの方法で酸素がどのように発生するかを観察した。

A　レバー液１cm^{3}に３％過酸化水素水を３cm^{3}加えた。

B　レバー液１cm^{3}に３％過酸化水素水を６cm^{3}加えた。

C　レバー液２cm^{3}に３％過酸化水素水を３cm^{3}加えた。

D　レバー液２cm^{3}に３％過酸化水素水を６cm^{3}加えた。

E　レバー液１cm^{3}にうすい塩酸１cm^{3}を加えてよく混ぜてから，３％過酸化水素水を３cm^{3}加えた。

F　レバー液１cm^{3}にうすい水酸化ナトリウム水よう液１cm^{3}を加えてよく混ぜてから，３％過酸化水素水を３cm^{3}加えた。

G　レバー液１cm^{3}をあらかじめ80℃の熱湯にしばらくつけて温めてから，３％過酸化水素水を３cm^{3}加えた。

H　レバー液１cm^{3}をあらかじめ０℃の氷水にしばらくつけて冷やしてから，３％過酸化水素水を３cm^{3}加えた。

次の表１は，A～Hの方法において，酸素が発生するようすを観察した結果をまとめたものです。Dについては，設問の都合上，省略してあります。

表１

	酸素が発生するようす
A	激しく発生した。
B	Aと同じ程度に激しく発生し、発生時間はAの２倍ほどであった。
C	Aよりもさらに激しく発生したが、発生時間はAの半分ほどであった。
D	(省略)
E	ほとんど発生しなかった。
F	ほとんど発生しなかった。
G	ほとんど発生しなかった。
H	ほとんど発生しなかった。

ただし，この実験で発生する気体は酸素のみとします。また，発生した酸素は水にはとけず，発生した酸素の体積はA～Hの方法に書かれた条件以外のえいきょうを受けないものとします。

(1)　文中の空らん［１］に当てはまる語をひらがな５文字で答えなさい。

(2)　酸素の性質を説明した文として，まちがっているものはどれですか。次の中からすべて選んで，記号で答えなさい。

(ア)　酸素は空気よりも重い。

(イ)　酸素は水にとけにくいため，水上ちかんで集める。

(ウ)　酸素で満たされた試験管に火のついた線香を入れると，火はすぐに消える。

(エ)　酸素で満たされた試験管に火のついたマッチを近づけると，ポンと音が鳴って火が消える。

(オ)　酸素がとけた水にBTBよう液を加えると，緑色に変化する。

(3)　カタラーゼは水よう液が中性のときにもっとも働き，酸素を発生させることがわかっています。このことを確かめるためには，８通りの方法のうち，どれを比べればよいですか。A～Hの中から３つ選んで，記号で答えなさい。

(4)　８通りの方法のうち，ＡとＧとＨの３つを比べると，カタラーゼのどのような性質がわかりますか。25字以内で説明しなさい。句読点や記号は１字と数えること。

(5)　酸素が発生したＡとＢとＣの方法において，発生した酸素をすべて集めてその体積をはかりました。過酸化水素水を加えてからの時間と発生した酸素の体積との関係をグラフにしたところ，次の図１となりました。Ａは「―――」，Ｂは「■■■■」，Ｃは「●●●●」で示してあります。グラフが平らになったのは，カタラーゼの働きによって過酸化水素水中の過酸化水素がすべて酸素に変化したことを意味します。

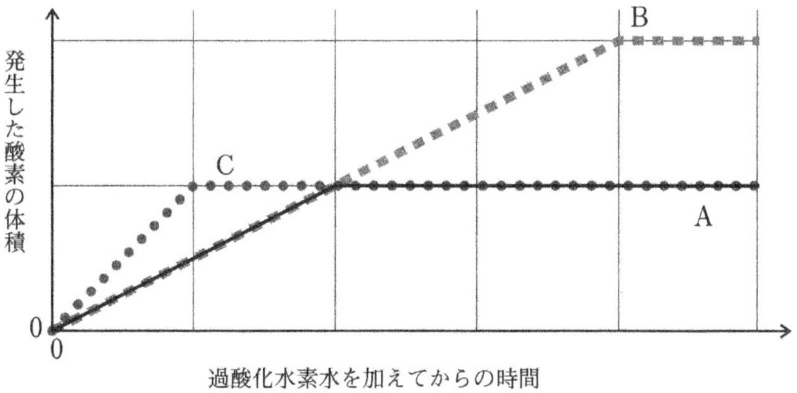

図１

(a)　図１のＡ～Ｃのグラフを参考にして，Ｄのグラフを解答らんに実線「―――」でかきなさい。定《じょう》規《ぎ》は使えないので，ていねいにかくこと。なお，解答らんにはＡのグラフが参考としてうすくかかれています。

(b)　次に，同じレバー液を３cm^3とり，３%過酸化水素水を９cm^3加えました。このとき，発生する酸素の体積と，グラフが平らになるまでの時間はＡと比べてそれぞれ何倍になると考えられますか。ただし，変わらない場合は１倍と書きなさい。

【社　会】（40分）　＜満点：75点＞

【１】 以下の問いに答えなさい。

地図１

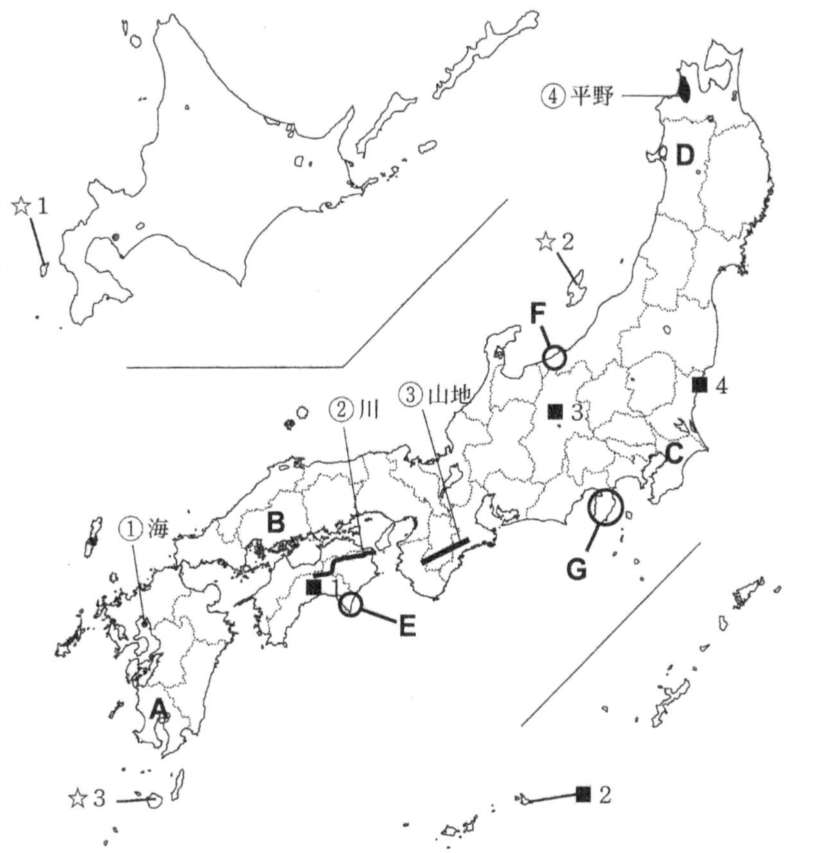

〔問１〕 地図１の①～④にあてはまる地名をそれぞれ答えなさい。

〔問２〕 次のⅠ～Ⅲの文は地図１の☆１～☆３のいずれかの島を説明しています。その組み合わせとして正しいものをア～カから一つ選び，記号で答えなさい。

Ⅰ　大部分が森林におおわれた自然豊かな島で，中心付近に標高1936mの高い山がある。ガジュマルやクスなどのほか，巨大な杉の木がみられ観光客も多く訪れる。

Ⅱ　1993年に近海を震源とする地震とそのあとの大津波により大きな被害を受けた島である。近年は名産のウニや美しい風景が観光客に人気である。

Ⅲ　古くから漁業がさかんであり，水あげされる魚の種類が豊富である。また，かつては金の産出量が多いことで知られた。

	ア	イ	ウ	エ	オ	カ
☆１	Ⅰ	Ⅰ	Ⅱ	Ⅱ	Ⅲ	Ⅲ
☆２	Ⅱ	Ⅲ	Ⅰ	Ⅲ	Ⅰ	Ⅱ
☆３	Ⅲ	Ⅱ	Ⅲ	Ⅰ	Ⅱ	Ⅰ

〔問３〕 次のグラフは気温の年較差と年間降水量の関係を示しています。グラフ中のア～エは地図１の■１（高知），■２（宮古島），■３（松本），■４（日立）のいずれかです。このうち，■２（宮古島）にあてはまるものをア～エから一つ選び，記号で答えなさい。

※ 気温の年較差とは最も暖かい月の平均気温と最も寒い月の平均気温の差のこと。

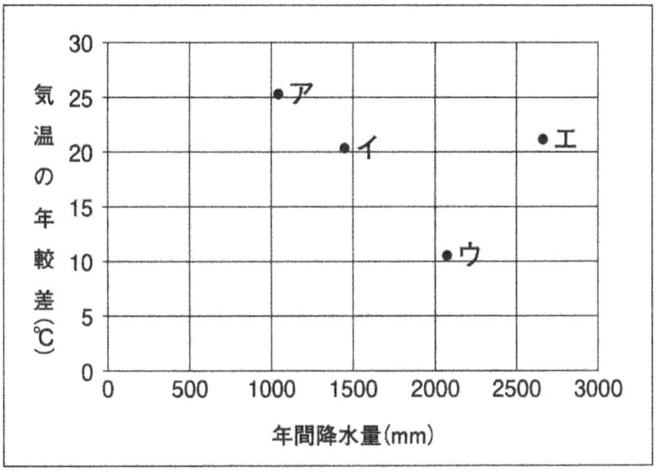

気象庁ホームページ（https://www.jma.go.jp）より作成

〔問４〕 次の表１のア～エは地図１のＡ～Ｄのいずれかの県を示しています。このうち，Ｃにあてはまるものをア～エから一つ選び，記号で答えなさい。

表１　各県の統計

	内水面養殖業収穫量（t）	テレビ受信契約世帯支払い率（%）	林業産出額（千万円）	農業産出額（億円）
ア	68	88.0	776	1168
イ	7169	86.7	881	4890
ウ	53	97.4	1620	1931
エ	89	80.8	230	3859

※テレビ受信契約世帯支払い率は2020年、他は2019年

『データでみる県勢2022』より作成

〔問５〕 次のⅠ～Ⅲは，いずれも世界ジオパークに認定されている地図１のＥ～Ｇのいずれかの地域について説明したものです。文と場所の組み合わせとして正しいものを次のページのア～カから一つ選び，記号で答えなさい。

Ⅰ 平均で1000年あたり２ｍも隆起し，切り立った崖と平坦地が交互にあらわれる海岸段丘が発達している。斜面や潮風に耐えるウバメガシを原料とする備長炭の生産もさかんである。

Ⅱ フォッサマグナの西端に位置し，断層に沿って削られた谷地形が発達している。山間部では細かな亀裂《きれつ》が多くみられ，天然ガスの産出もみられる。

Ⅲ フィリピン海プレート上に発達した火山島が起源で，膨大な溶岩が海に流れ込んでつくられた複雑な景観が特徴である。複数の場所から温泉がわき，古くから観光地として発展してきた。

	ア	イ	ウ	エ	オ	カ
E	Ⅰ	Ⅰ	Ⅱ	Ⅱ	Ⅲ	Ⅲ
F	Ⅱ	Ⅲ	Ⅰ	Ⅲ	Ⅰ	Ⅱ
G	Ⅲ	Ⅱ	Ⅲ	Ⅰ	Ⅱ	Ⅰ

〔問６〕 次の表２は，かき，キウイフルーツ，小麦の生産上位を示しています。表２の空欄Xにあてはまるものをア～エから一つ選び，記号で答えなさい。

表２　農作物の生産上位

かき			キウイフルーツ			小麦		
都道府県	（t）	%	都道府県	（t）	%	都道府県	（t）	%
和歌山	43,400	20.8	愛媛	6,000	23.7	北海道	629,900	66.4
奈良	31,300	15.0	X	5,230	20.7	X	56,900	6.0
X	16,600	8.0	和歌山	3,040	12.0	佐賀	39,100	4.1
岐阜	14,300	6.9	神奈川	1,480	5.8	愛知	29,800	3.1
愛知	10,500	5.0	静岡	949	3.8	三重	23,100	2.4

※かき、キウイフルーツは2019年、小麦は2020年

『日本国勢図会2021／22』より作成

ア．山形　　イ．福岡　　ウ．長野　　エ．宮崎

〔問７〕 次の表３は港別の輸出品を示し，Ⅰ～Ⅲには名古屋港，横浜港，関西国際空港のいずれかがあてはまります。その組み合わせとして正しいものをア～カから一つ選び，記号で答えなさい。

表３　港別の輸出品（2020年）

Ⅰ			Ⅱ			Ⅲ		
輸出品目	百万円	%	輸出品目	百万円	%	輸出品目	百万円	%
自動車	927,475	15.9	集積回路	1,113,947	22.3	自動車	2,557,063	24.6
プラスチック	271,828	4.7	科学光学機器	311,482	6.2	自動車部品	1,733,298	16.6
内燃機関	258,556	4.4	電気回路用品	309,116	6.2	内燃機関	431,768	4.1
自動車部品	247,779	4.3	個別半導体	247,724	5.0	電気計測機器	356,317	3.4
ポンプ、遠心分離機	170,051	2.9	半導体等製造装置	239,885	4.8	金属加工機械	334,174	3.2

『日本国勢図会2021／22』より作成

	ア	イ	ウ	エ	オ	カ
Ⅰ	横浜港	横浜港	名古屋港	名古屋港	関西国際空港	関西国際空港
Ⅱ	名古屋港	関西国際空港	横浜港	関西国際空港	横浜港	名古屋港
Ⅲ	関西国際空港	名古屋港	関西国際空港	横浜港	名古屋港	横浜港

〔問８〕 次の文の空欄Yに適する語をカタカナで答えなさい。

アメリカの大手航空会社は，輸送効率を高めるために国内の主要都市に［　Y　］空港とよぶ拠点空港を置き，ここから周辺の地方都市に向けて複数の路線を設定した。近年［　Y　］空港の重要度が高まっているが，日本の空港は大型化や長時間の運用などの課題が解決できず，韓国や中国に大きくおくれをとっている。

［問9］ 次の地図2は，福岡市を中心に等距圏を描いたものです。この線の間隔として正しいものをア～エから一つ選び，記号で答えなさい。

国土地理院ウェブサイト（https://maps.gsi.go.jp/）より作成

ア．800km　　イ．1250km　　ウ．2000km　　エ．2500km

【2】 次の略年表を見て，あとの設問に答えなさい。

239年	卑弥呼が魏に使いを送る
	≪A≫
694年	持統天皇が藤原京に都を移す
	≪B≫
1175年	1 法然上人が浄土宗を開く
	≪C≫
1334年	建武の新政が始まる
	≪D≫
1641年	オランダ商館が長崎の出島へ移転する
	≪E≫
1868年	2 戊辰戦争が始まる
	≪F≫
1918年	シベリア出兵が行われる
	≪G≫
1972年	3 沖縄が日本に返還される

［問1］ 下線部1について，次の文中の空らん ① ② にあてはまる語を，指示された字数の漢字で答えなさい。

政権を争う内乱が相次ぎ，飢饉や疫病がはびこるなど社会不安が増大していた時代に，法然上人は「南無 ① 仏」とただ一心に唱えることにより，全ての人々が救われるという専修《せんじゅ》 ② の教えを説き，武士や庶民の信仰を集めました。

＊ ① は3字，② は2字。

〔問２〕 下線部２について，次のⅠ～Ⅲの写真はいずれも戊辰戦争中の出来事に関連するものです。Ⅰ～Ⅲが表す出来事を，古いものから順に並べかえた場合，正しいものはどれですか。下のア～カより選び，記号で答えなさい。

Ⅰ

Ⅱ

Ⅲ

ア．Ⅰ－Ⅱ－Ⅲ　　イ．Ⅰ－Ⅲ－Ⅱ　　ウ．Ⅱ－Ⅰ－Ⅲ
エ．Ⅱ－Ⅲ－Ⅰ　　オ．Ⅲ－Ⅰ－Ⅱ　　カ．Ⅲ－Ⅱ－Ⅰ

〔問３〕 下線部３について述べた文として誤っているものを，次のア～エより一つ選び，記号で答えなさい。

ア．太平洋戦争末期の1945年４月，アメリカ軍は沖縄本島に上陸し，住民を巻き込んだ３ヵ月近い地上戦の末に，これを占領しました。

イ．アメリカによるベトナム戦争への介入が本格化すると，その前線基地となった沖縄では祖国復帰運動が高まりました。

ウ．那覇市首里の小高い丘に立地している首里城は，太平洋戦争での戦火を免れ，現在も琉球王国時代の姿を伝えています。

エ．沖縄には，現在も日本におけるアメリカ軍専用施設（基地）の70％以上が集中しており，基地の縮小を求める活動が続けられています。

〔問４〕 ≪Ａ≫の時期に関して述べた次の文Ｘ・Ｙの正誤の組み合わせとして正しいものを，下のア～エより選び，記号で答えなさい。

Ｘ．渡来人により，丘の斜面を利用したのぼり窯《がま》で須恵器を焼く技術が伝えられました。

Ｙ．白村江の戦いに敗れた倭は，大宰府の防衛のためその南方に水城を築造しました。

ア．Ｘ－正　Ｙ－正　　イ．Ｘ－正　Ｙ－誤
ウ．Ｘ－誤　Ｙ－正　　エ．Ｘ－誤　Ｙ－誤

〔問５〕 ≪Ｂ≫の時期について述べた文として誤っているものを，次のア～エより一つ選び，記号で答えなさい。

ア．奈良時代には人口の増加などを原因として口分田が不足してきました。そこで聖武天皇は，墾田永年私財法を出して開墾を奨励すると同時に，土地の私有を認めました。

イ．桓武天皇は，坂上田村麻呂を征夷大将軍に任じて東北地方へ兵を送り，蝦夷の首長であるアテルイを降伏させましたが，その後も蝦夷との戦いはしばらく続きました。

ウ．都で摂関政治が行われていたころ，地方の政治は国司に任せきりとなっていました。このため藤原元命のように不正を訴えられる国司も現れ，地方政治は乱れていきました。

エ．後三条天皇は，摂関家と外戚関係がないことから天皇親政を復活させ，そのあとを受けて即位した後白河天皇は，位を幼い鳥羽天皇にゆずり，みずから上皇として御所（院）で政治を行いました。

〔問６〕≪Ｃ≫の時期について，次のＸ・Ｙとそれぞれ最も関係の深い人物・文学作品は①～④のどれですか。組み合わせとして正しいものを，下のア～エより選び，記号で答えなさい。

Ｘ．御成敗式目　　Ｙ．琵琶法師

①　北条泰時　　②　北条時宗　　③　徒然草　　④　平家物語

ア．Ｘ－①　Ｙ－③　　イ．Ｘ－①　Ｙ－④

ウ．Ｘ－②　Ｙ－③　　エ．Ｘ－②　Ｙ－④

〔問７〕≪Ｄ≫の時期の外交について述べた次の文Ｘ・Ｙの正誤の組み合わせとして正しいものを，下のア～エより選び，記号で答えなさい。

Ｘ．15世紀初めに足利義満は明との貿易を開始しましたが，このとき日本からの貿易船は，倭寇と区別するために勘合という証票の持参を義務づけられました。

Ｙ．日本は，14世紀末に建国された朝鮮とも貿易を行いましたが，この貿易では朝鮮からは大量の木綿が輸入され，日本からは生糸などが輸出されました。

ア．Ｘ－正　Ｙ－正　　イ．Ｘ－正　Ｙ－誤

ウ．Ｘ－誤　Ｙ－正　　エ．Ｘ－誤　Ｙ－誤

〔問８〕≪Ｅ≫の時期の出来事について述べた次の文Ⅰ～Ⅲを，古いものから順に並べかえた場合，正しいものはどれですか。下のア～カより選び，記号で答えなさい。

Ⅰ．杉田玄白・前野良沢らは，オランダ語の解剖書を翻訳し，『解体新書』として出版しました。

Ⅱ．青木昆陽は，飢饉に備えるための作物としてさつまいもの栽培を研究しました。

Ⅲ．オランダ商館医師として来日したシーボルトが長崎郊外に鳴滝塾を開き，多くの蘭学者を育てました。

ア．Ⅰ－Ⅱ－Ⅲ　　イ．Ⅰ－Ⅲ－Ⅱ　　ウ．Ⅱ－Ⅰ－Ⅲ

エ．Ⅱ－Ⅲ－Ⅰ　　オ．Ⅲ－Ⅰ－Ⅱ　　カ．Ⅲ－Ⅱ－Ⅰ

〔問９〕≪Ｆ≫の時期について述べた次の文ａ～ｄについて，正しいものの組み合わせを，下のア～エより選び，記号で答えなさい。

ａ．朝鮮全土で独立を求める三・一独立運動がおきました。

ｂ．ロシアで革命が起こり，世界初の社会主義政権が成立しました。

ｃ．中国では清朝が倒れ，中華民国が成立しました。

ｄ．最初の本格的な政党内閣として，原敬内閣が成立しました。

ア．ａ・ｃ　　イ．ａ・ｄ　　ウ．ｂ・ｃ　　エ．ｂ・ｄ

〔問10〕≪Ｇ≫の時期におきた次の出来事ア～カを，年代の古いものから順に並べかえた場合，2番目と５番目にくるものはどれとどれですか。それぞれ記号で答えなさい。

ア．警察予備隊が創設される。　　イ．二・二六事件がおこる。

ウ．日独伊三国同盟が成立する。　　エ．日ソ共同宣言が調印される。

オ．東海道新幹線が開通する。　　カ．日本が国際連盟を脱退する。

【３】 次の文章を読んで，あとの設問に答えなさい。

日本の議会は二院制を採用しています。国会議員や内閣から提出された法案を1衆議院と参議院の両院で審議し，可決すると法案が成立するという決まりです。同じ法案を両院で審議することは，丁寧にものごとを進めることにつながります。審議をつくし，法秩序を形成することは民主主義の根幹であり，とても大切なことであります。

一方で審議のプロセスを二度繰り返すことは非効率的だという見方があります。以前から，［　Ａ　］といわれていて，いっそのこと参議院を廃止して，衆議院のみの一院制にしてしまえばよいという考えも出てきています。実際に，昨年７月の参議院議員選挙のときには，参議院の存在意義を改めて問い直すということが話題の一つにあがっていました。二院制に対して理解を得るためには，両院がそれぞれ異なった角度から議論できるよう，差別化を図ることが求められているように思います。

そもそも，日本の二院制は，明治憲法下の（　１　）議会に始まります。当時，衆議院とともに（　１　）議会の一翼を担っていた貴族院は，皇族や華族の中から選ばれたり，（　２　）から任命を受けた人物がなったりと，選挙によって選ばれた代表者ではありませんでした。しかし，戦後になり，2華族制度が廃止されたことによって貴族院に代わって参議院が設置されることになりました。衆議院と同じように選挙によって選ばれた議員で構成される参議院ができたことで，より開かれた議会になったのです。被選挙権の下限が（　３　）歳，任期が６年で解散がない参議院は，衆議院に比べて（　４　）に属さない議員が多く，世論の動向を気にすることなく，腰をすえてじっくり議論できることが強みでした。しかし，3選挙制度の変更で比例代表制が導入されるなど，参議院の中で徐々に（　４　）の力が強くなってくると，衆議院との差別化が図れなくなりました。そのため，一院制でもよいのではないかという議論が起こってしまいました。

国際機関である列国議会同盟に加盟している議会のうち，二院制のものは79，一院制は111となっています。一院制が多数ですが，二院制をとる国にもれっきとした理由があります。例えば，二院制を採用しているアメリカでは，上院議員を各州から２名ずつ選出することで，それぞれの州の立場を尊重するようにしています。また，同じく二院制の国フランスでは，4地方議員が上院議員を兼任することもできるようになっています。両国ともに下院については，人口比に応じて議席を割り振っていて，議員選出の方法で両院の差別化が図られています。

日本の場合，両院に差がないので参議院を廃止するという考えがでてきています。ですが，これまでも二院制を維持してきたという歴史があるので，両院を生かすことができる制度を，みんなで知恵を絞って考えることもよいのではないでしょうか。じっくり話し合い，ルールを決めていくという［　Ｂ　］の最も大切な部分を守れるような国であり続けてもらいたいと思います。

〔問１〕 下線部１について，以下の設問に答えなさい。

Ⅰ　次のページの図中の空欄ア・イに適することばをそれぞれ答えなさい。なお，アについては下の説明文を参考に，イについては選択肢①～④から選び番号で答えなさい。

ア－委員会で審議した内容について最終的な意思決定をする場

イ－①３分の１以上　　②２分の１以上　　③過半数　　④３分の２以上

図＜法律の制定過程＞

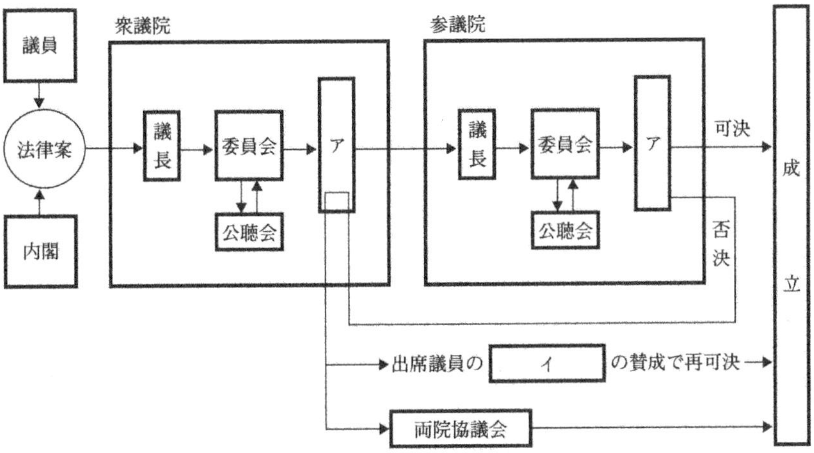

Ⅱ　2022年の通常国会で国会議員と内閣それぞれが提出した法案数と成立数の組み合わせについて，正しいものを番号で答えなさい。

	国会議員 成立数／法案数	内閣 成立数／法案数
①	17／96	61／61
②	48／96	35／61
③	72／96	23／61
④	96／96	13／61

内閣法制局webサイトより

〔問２〕　文中の空欄〔Ａ〕に入る言葉として正しいものを選び番号で答えなさい。

①参議院は衆議院のカーボンコピー　　②参議院は「良識の府」

③両院はねじれの関係にある　　④国会は国権の最高機関

〔問３〕　文中の空欄（１）～（４）に適する語または数字を答えなさい。

〔問４〕　下線部２について，華族制度の廃止をうたっている日本国憲法第14条に関連して，以下の設問に答えなさい。

＜日本国憲法第14条＞

１　すべて国民は，（　ウ　）の下に平等であつて，人種，信条，性別，社会的身分又は門地により，政治的，経済的又は社会的関係において，差別されない。

２　華族その他の貴族の制度は，これを認めない。

３　栄誉，勲章その他の栄典の授与は，いかなる特権も伴はない。栄典の授与は，現にこれを有し，又は将来これを受ける者の一代に限り，その効力を有する。

Ⅰ　条文中の空欄（ウ）に適する語を答えなさい。

Ⅱ　以下の文を読んで空欄（エ）・（オ）に適する語を答えなさい。

昨年の４月に改正民法が施行され，男女平等の観点から，婚姻が可能な年齢が男女ともに（　エ　）歳以上となりました。日本は，1979年に国連総会で採択された女子差別撤廃条

約を批准するに伴って，1985年に（　オ　）法を制定しました。しかしながら，これまでも国際機関から様々な点が指摘されているように日本国内の男女格差については解消が遅れています。

〔問５〕 下線部３について，このことについて述べた文として誤っているものを一つ選び番号で答えなさい。

① 参議院議員通常選挙では，選挙区の区割りで合区となった県がある。

② 衆議院議員総選挙では，小選挙区と比例代表の両方に立候補することができる。

③ 参議院議員通常選挙は，３年に一度，半数改選というかたちで行われる。

④ 衆議院議員総選挙では，各小選挙区で当選できるのは２～３人となっている。

〔問６〕 下線部４に関連して，日本の地方自治に関する文として正しいものを選び番号で答えなさい。

① 首長は議会に対して解散権を持っている。

② リコールには有権者の50分の１以上の署名が必要である。

③ 市民オンブズマンは住民の直接選挙で選出される。

④ 都道府県知事の任期は６年である。

〔問７〕 文中の空欄〔Ｂ〕に入る語を本文中から抜き出して答えなさい。

【４】 次の文章を読んで，あとの設問に答えなさい。

1 1970年ころ，「２人以上の世帯が１か月に使うお金の平均」は，およそ８万円でした。それが1990年になると30万円を超えるようになりました。たくさんのものを買うようになったのかといえば，必ずしもそうではありません。ここには，「ものが売れる→企業がもうかる→働く人の給与が上がる→ものを買おうとする→ものの値段が上がる→それでもものが売れる・・・」というサイクルがあります。ものの値段と給与がお互いに関連しながら上がってきたのです。

ところが，2019年になると，この金額は30万円を下回る程度になりました。バブル経済の崩壊やリーマンショックなど，日本だけでなく世界中の経済活動に大きな影響を与えるできごとによって，前の時代とは逆のサイクルが起こり，給与も物価も上がりにくい状況が続いたと言えます。

このような時代背景を反映してか，新品ではなく中古品を利用するという選択をする人が増えました。本や音楽ＣＤ，パソコンや家電製品など，リユース店を利用すれば，新品よりも安く手に入れることができるばかりでなく，使わなくなったものを売ってお金にかえることもできます。最近では，インターネットを通じた個人売買が手軽になったことも，この傾向をおしすすめています。

2 環境への配慮という視点からも，このような「リユース」が推し進められていますが，新品の売れ行きがにぶるので，商品の生産者にとっては頭の痛い話でしょう。とくに，小説家や漫画家など，出版物の作者から，なげきの声が上がっています。作者は本が１冊売れるごとに，その売上の一部を出版社から受け取っていますが，これは新品として売られた部数だけが対象となります。ですから，たとえばあなたのクラスである小説が流行し，クラスの全員がその本を読んだとしても，みんなが新品ではなく古本を買っていたら，作者の収入にはつながりません。収入を得ることで，作者は創作活動を続けることができるのですが，その機会を失いかねません。

日本は 3 資本主義の国ですから，だれもが利益を求めた経済活動をしてよいことになっていて，裏を返せば利益が上がらないのは自己責任と考えられています。ですから，リユース店の売上がよいならば，消費者のニーズにあった経営であると評価されるべきですし，それによって痛手をこうむっている生産者は，自分の利益を守る手立てを自分たちの責任で考えなくてはなりません。消費者もまた，自分たちの持っているお金をどのように使うかは各自の自由ですから，同じものを手に入れるなら安いほうがよいと思うのは無理のないことです。

それらをふまえた上で，あえて値の張る選択肢を選ぶという消費行動にも注目するべきだと，私は考えています。お気に入りの小説の続編を読むためには，目先の利益にとらわれてはいけません。その場では割高に思える出費であっても，長い目で，あるいは広い視野で見ると，自分にとって利益をもたらすような消費行動が理にかなっているという考え方もやしなった方がよいと思うのです。そのためには，社会でどのような経済活動が行われているのか，その全体について学び，考えることが大切であろうと思います。

〔問１〕 下線部１について，1970年代のできごととして正しいものを次のア～エから一つ選び，記号で答えなさい。

ア．東京タワーが完成した。　　イ．国鉄が分割民営化された。

ウ．オイルショックがおこった。　　エ．東京でオリンピックが行われた。

〔問２〕 下線部２に関連して，次世代の自動車の燃料として普及が期待される物質を，次のヒントをもとに答えなさい。

・　常温では気体であり，無色・無臭で空気よりも軽い。

・　燃焼した時に二酸化炭素や窒素酸化物などを排出しない。

・　燃料電池の燃料として使われている。

〔問３〕 下線部３に関連して，これと対立する考え方に社会主義があり，戦前には危険な考え方であるとして取り締まられました。1910年に多くの社会主義者がとらえられ，翌年に処刑された事件をなんといいますか。

〔問４〕 二重線部について，以下の問いに答えなさい。

⑴ 二重線部の記述が意図している行為の例として最も適当なものを次のア～エから一つ選び，記号で答えなさい。

ア．日常の買い物は，少しはなれたショッピングモールに行ってまとめ買いをしているよ。近所の商店街で済ませてもいいんだけど，自動車の運転をすることも楽しいので，ドライブをかねてね。

イ．閉店間際のスーパーに行って，売れ残りを買うようにしています。まだ食べられるのに捨てられる食べ物がたくさんあると聞いたので，それを減らすためにもいいことだと思います。

ウ．伝染病の世界的な流行などで貿易が止まってしまうことを考えると，食料の大半を輸入にたよっている状況に不安を感じる。地域の無人販売所で野菜を買うことも，国内の農家への応援になるよね。

エ．コーヒーは外国の農場で作られていますが，満足な収入を得られない人たちがいることを知ってからは，公正な貿易であることを認証するマークのついた商品を手に取るようになりました。

⑵ 筆者の考え方に従うと，小説を例にとった場合，二重線部の行為は具体的にどのようなもの

ですか。また，小説の作者と消費者にどのような影響をもたらしますか。以下の条件に従って80字以内で答えなさい。

《条件》

次のことばを必ず使い，使ったことばには下線を引くこと。同じことばは何回使ってもかまわないが，そのたびに下線を引くこと。また，句読点や記号は一字と数えること。

［　創作活動　お気に入り　古本　］

字以上15字以内で答えなさい。

問二 ——線部②〈何ともいえない感慨が、彼の中に湧いて来た〉とありますが、このような〈感慨〉が、なぜ〈彼の中に湧いて来た〉のですか。35字以上45字以内で説明しなさい。

問三 ——線部③〈自分の幸せ〉とありますが、〈彼〉の〈幸せ〉とは、誰《だれ》が、どうなっていたことですか。ここまでの本文の内容をふまえて30字以上40字以内で説明しなさい。

問四 ——線部④〈座席の隅の方に身を丸めて小さくなっている男〉とありますが、この後、〈年長の車掌〉は、あることをきっかけに〈男〉の死の受け止め方が変わりました。受け止め方の変化を、きっかけを含《ふく》めて「年長の車掌は、男の死を、」に続く形で、80字以上100字以内で説明しなさい。

下書き用（使っても使わなくてもかまいません）

20

と、若い車掌がもう一度謝《あやま》る。
「でも——まさか回送電車に人が乗ってるとは思わなかったもんですから」
「こんな連中は、どこにだって入りこむんだよ。雨風さえしのげりゃいいんだからな」
と、渋い顔で、④座席の隅《すみ》の方に身を丸めて小さくなっている男を、見下ろす。
その男はもう、降りたくても降りられない。死んでいるのだった。凍《とう》死《し》したのである。
「——いくつぐらいでしょうね」
「知らんな」
と、年長の車掌は肩をすくめて、「この様子じゃ、さっぱり分らんよ」
見るからに浮浪《ふろう》者、という様子。不精《ぶしょう》ひげは半ば白くなって、まるで霜でもおりたみたいだった。
しかし、髪《かみ》は割合に豊かだったから、そう年齢《とし》でもないのかもしれない。
「よっぽど、酒が好きだったんですね」
その浮浪者は、空になったウイスキーのボトルを、まるで我《わ》が子《こ》か何かのように、しっかりと抱《だ》きしめていた。
「酒びたりのアル中さ。ここで死なくても、どうせ体をこわして死ぬんだ」
「そうでしょうね。でも……」
「何だ？」
「よっぽどいい夢を見てたんでしょうね。ほら、にっこり笑ってますよ」
「そうか。——おい、行って、早くしてくれと言えよ。こっちは忙しいんだ」
「はい！」
若い車掌は、かじかんだ手に白い息を吐《は》きかけながら、急いでホームへ出て行った。
もう五十歳《さい》近い年長の車掌は、一人になると、死んでいるその浮浪者の、びっくりするほど穏《おだ》やかで、楽しげな笑顔から、目を離《はな》すことができなかった。
どうしてこんなに幸せそうなんだ？　こんな惨《みじ》めな死に方をしてるのに。
何かを振《ふ》り切《き》るように、その車掌はホームへ出た。
冬の朝の厳しい寒さが、指先から、爪先《つまさき》からしみ込《こ》んで来る。
しかし、今、もっともっと冷たい風がこの車掌の胸の内側を吹《ふ》き抜《ぬ》けていた。
俺は、と、いつか自分に問いかけてみる。俺は、あんなに幸せそうな顔で死ねるだろうか？
あんなに満ち足りた、安らかな顔で。
——若い車掌が、駆《か》け足《あし》で戻って来る。
その足取りは、年長の車掌が、もう永久に失ったものだった。

（集英社文庫編集部編『短編復活』所収　赤川次郎「回想電車」より。）

〈注〉感慨——しみじみとした感情。

問一　——線部①〈いいたいこと、訊きたいことは、どっちも分っていたのだ〉とありますが、この時、二人が話題にしたかったことを、10

火傷《やけど》を負い、長い入院生活を送った挙句、神経をやられて、辞職して行ったのだ。

ずっと、その記憶は彼の中に、重苦しく淀《よど》んでいた。

「殴《なぐ》ってもいいぜ」

と、彼は言った。

「馬鹿《ばか》だな」

と、その男は笑って、「工場から出た補償金《ほしょうきん》をもとでに、会社を始めたんだ。そうしたら、これが楽しいんだな。思ってもみなかったが、俺はどうも経営の才があるらしい」

「成功してるんだから、そういうことになるか」

と、彼は笑って言った。

「そうなんだ。――人間、自分の不運を嘆《なげ》いてばかりいちゃしょうがないんだな。不運ってものは確かにあるが、生きてさえいりゃ、それを幸運に転じることだってできる。教訓話は嫌《きら》いだが、こいつは俺の実感だよ」

「俺よりずっと太って、いい背広を着てるじゃないか」

と、つついてやる。

「ああ、何しろ社長だ。車もベンツだ。今夜は接待で飲んだから、電車にしたがね」

「大したもんじゃないか」

「これからさ」

と、肯《うなず》いて見せ、「毎日がスリリングで、手応えがある。こいつは、サラリーマンだったら味わえない気分だぜ。――ああ、もう降りなきゃ。一度遊びに来いよ。家を今年、新築したんだ。ちょっとしたもんだぜ。ぜひ一度――。おっと！　それじゃ！」

閉りかけた扉を、強引《ごういん》にこじ開けて、かつての同僚は降りて行った。

（中略）

本当に――本当に良かった。

ふと、目を閉じた。

おい、眠《ねむ》っちゃいけないんだよ。次の駅で降りるんだから。乗り過したら、戻《もど》れなくなるかもしれない。

いや、眠るんじゃない。ただ、ちょっと目を閉じるだけさ。

こんなすてきな夜には、③自分の幸せを確かめるために、「ふと目を閉じる」なんて、芝居《しばい》がかった真似《まね》をしてみてもいいじゃないか。

そうだろう？

目を閉じていると、今会った人たちだけでなく、色んな顔が浮んで来る。会いに来る……。

彼は、じっと目を閉じて――。

「参ったな」

と、年長の車掌《しゃしょう》は、腕組《うでぐ》みをして、不機嫌《ふきげん》に、顔をしかめた。

「すみません」

若い車掌が、頭をかきながら、そばに立っている。

「――もう、連絡《れんらく》したのか？」

「はい。今、警察の人が……」

「冬は多いんだから。気を付けろと言ってるじゃないか」

「すみません」

電車のスピードが落ちた。「あ、降りなきゃ。――じゃ、これで」

「会えて嬉しかったよ」

「私もよ」

上品な手袋《てぶくろ》をはめた手が、彼の手に重なる。そのぬくもりは、遠い青春を思い起こさせた。ハッとするほど、変らなかった。

電車が停《と》まって、扉《とびら》が開いた。

「さよなら」

彼女はそう言って降りて行ったのに、彼はただ、ちょっと手を上げて見せただけだった。

言葉が出なかったのだ。

電車が動き出し、ホームを歩く彼女を追《お》い越《こ》したが、もう彼女は彼のことを見ようとはせず、バッグから取り出した硬貨《こうか》を手に、公衆電話へと歩み寄るところだった。家へ電話して、今から帰るわ、と娘に言うのだろう。

そっと息を吐《は》き出《だ》して、彼は目を閉じた。――いい日だったな、今日は。

「おい」

自分が呼ばれているとは思わなかったので、目を閉じたままでいると、「おい、寝《ね》てるのか？」

声に聞き憶えがあった。目を開いて、彼はびっくりした。

「お前……。もう大丈夫《だいじょうぶ》なのか？」

「見た通りさ。いや、びっくりしたぜ」

ドサッと勢いよく隣に座った、かつての同僚《どうりょう》は、「疲《つか》れてるようだな。大丈夫か？」

「ああ、俺《おれ》は……。しかし、いつ退院したんだ？」

「もう二年も前だよ」

「そうか……。いや、気になってたんだ」

「俺もそうだろうと思って、知らせたかったんだが、仕事が忙《いそが》しくてね。――ああ、今はこんなことをやってる」

名刺《めいし》を受け取って、彼はびっくりした。

「社長だって？　じゃ、自分で？」

「小さな会社さ」

と、少し照れたように、「しかし、三人で始めて、一年半で社員十五人だ」

「凄《すご》いじゃないか」

「運が良かったのさ」

この友人が、「運が良かった」というのを聞いて、②何ともいえない感慨《かんがい》注が、彼の中に湧《わ》いて来た。不運といえば、こんなに不運な男もいない、と言われたほどだったからだ。

しかし――と彼は思った――今日は何て日だろう。懐しい人に二人も出くわすとは。

「しかし……」

と、彼は、ためらいがちに、「お前には恨《うら》まれてると思ってた」

「恨んださ、正直に言えばな」

当然だ。――彼は、ある仕事を、この同僚に押《お》し付《つ》けてしまった。しかも理由は、といえば、その日が親しいバーのマダムの誕生日だったから、というつまらないことで。

同僚は渋々《しぶしぶ》出かけて行った先で、工場火災に遭《あ》った。逃《に》げ遅《おく》れて、大《おお》

「そうね」

二人は軽く声をたてて笑う。

――まさか、二度と二人で笑うことがあろうとは思わなかったのに。

しかし、本当に笑っている。

「君……。こんな時間に？」

「ええ。いつもじゃないわ。親しい奥《おく》さん同士の集まりがあって……。そのクリスマスパーティだったの」

「そうか」

「主人は主人で忘年会《ぼうねんかい》。どうせ、まだ帰らないわ」

彼は、その女性の毛皮のコートを見て、

「立派だね」

と、言った。

「プレゼント。主人からの。――誕生日だったから」

「十二月の三日だったね」

「憶《おぼ》えててくれたのね」

と、嬉《うれ》しそうに、微笑《ほほえ》む。

「忘れるもんか」

二人は、ちょっと黙《だま》った。①言いたいこと、訊《き》きたいことは、どっちも分っていたのだ。

ちょうど電車が駅に着いて、何人かが降りて行った。

「次で降りるの」

と、彼女が言った。

「そうか。――あの子は、元気？」

「ええ。もう高校生」

「そんなになったか」

「私より背が高いのよ。この間、学校の文化祭で、ミス・文化祭に選ばれたわ」

「君に似たんだ」

「眉《まゆ》の形は、あなたそっくり」

と、彼女は言った。

――若い日の、熱に浮《う》かされたような恋《こい》の日々。それは、彼女の妊娠《にんしん》と、同棲《どうせい》、そして生活費も稼《かせ》げない暮しから来る当然の破局、というお決りの道を辿《たど》った。

「主人も、とてもあの子に優《やさ》しいわ。他にも二人子供がいるけど、あの子が一番の自慢《じまん》よ」

「そうか……」

目頭《めがしら》に熱いものが浮《うか》ぶ。

「――良かった」

「あなたは？　今は――」

「見た通りのサラリーマンだよ」

と、肩《かた》をすくめて見せる。

「でも、とても立派よ。昔の、あの頼《たよ》りないあなたとは信じられないみたい」

「おいおい……。手きびしいね」

と、彼は笑った。

「もちろん、ご家族は――」

「うん。娘《むすめ》が二人。女の子しかいないんだな、僕《ぼく》には」

「お似合いだわ」

問二　――線部②〈子どもすでに社会に出ている〉とありますが、ここで〈社会に出ている〉とはどのようなことですか。30字以上40字以内で説明しなさい。

問三　――線部③〈〝自立〟といわれる状態〉とありますが、この状態になるためにはどうすることが必要ですか。20字以上30字以内で説明しなさい。

問四　筆者は最終部分で、〈社会人〉を〈社会の偏った厳しさを和らげようと努め、相互依存の網の目からこぼれ落ちる人々に手を伸ばす者〉と定義しています。では、筆者の考える〈社会人〉になるために、私たちが持つべきなのはどのような意識ですか。本文全体をふまえて、80字以上100字以内で説明しなさい。

下書き用（使っても使わなくてもかまいません）

20

四　次の文章を読んで後の問いに答えなさい。

珍《めずら》しいな、と思った。中年の女性が、フワッとした暖かそうな毛皮のコートを着て、乗って来た。どこにだって座《すわ》れるのだが、たまたま彼《かれ》の正面の席に……。

丸顔の、どこか子供のころの面影《おもかげ》を残した面持ち。その目は、なぜか彼の方をいやにしつこく見ていた。

彼は膝《ひざ》の上のアタッシェケースから、英文の新聞を取り出し、読み始めた。

「あの――」

と、声がして、手もとに影が落ちる。

顔を上げると、向いに座っていた女性が、目の前に立っている。

「何か？」

「失礼ですけど――さんでは？」

どうして名前を知っているんだ？

「そうです。失礼ですが――」

「やっぱり――」

笑顔《えがお》が、彼の記憶《きおく》を呼びおこした。

「君……。驚《おどろ》いたな！――いや、笑うと昔のままだ」

「もうおばさんよ。座っても？」

「もちろん」

隣《となり》に座ったその女性を、彼は懐《なつか》しい胸の痛みと共に眺《なが》めた。

「あなた、少しも変らないわ」

と、彼女《かのじょ》は言った。「少し首のあたりが太ったけど」

「お互《たが》い、変ってないってことにしようじゃないか」

にかかわり合いながら生きる場だ。その意味では、②子どももすでに社会に出ている。そして、彼《かれ》らにとって社会は決して楽なものではないし、大して守られているわけでもない。日々厖大《ぼうだい》な務めを果たし、大人と同様のシビアな人間関係——しかも、大人よりも遙《はる》かに露骨《ろこつ》な人間関係——と、直接的な暴力の危険に曝《さら》されている。

　私たちはよく、子どもの頃に戻《もど》れたら、と夢想する。けれども、もしも私が頭の中はそのままで体だけが小学生になり、あの注名探偵《めいたんてい》コナンのように子どもとして暮らすことを本当に強《し》いられるとすれば、私はその状況《じょうきょう》にとても耐《た》えられないと思う。

　では、「ひとり立ちする」ことが「社会に出る」ことなのだろうか。いや、文字通りの意味で自立している大人など誰もいない。その仕事や生活が、どれほど多様な人々に依存《いそん》していることか。

　脳性麻痺《まひ》の当事者である医師の熊谷晋一郎《くまがやしんいちろう》さんは、あるインタビューのなかで、「自立」の反対語が「依存」だというのは勘違《かんちが》いだと指摘《してき》している。たとえば熊谷さんが挙げているのは、東日本大震災《だいしんさい》のときに職場のエレベーターが止まり、自身が五階の研究室から逃《に》げられなかったエピソードだ。健常者であれば、エレベーター以外にも階段やハシゴという別の依存先もあるから、下に降りられる。しかし、身体の自由が利《き》かない熊谷さんには、そのときエレベーターしか依存先がなかった。

　熊谷さんによれば、「依存先が限られてしまっている」ということこそ、障害の本質にほかならない。逆に言うなら、「実は膨大《ぼうだい》なものに依存しているのに、「私は何にも依存していない」と感じられる状態こそが、③〝自立〟といわれる状態」だということである。

　健常者は何にも頼《たよ》らずに自立していて、障害者はいろいろなものに頼らないと生きていけない人だと勘違いされている。けれども真実は逆で、健常者はさまざまなものに依存できていて、障害者は限られたものにしか依存できていない。依存先を増やして、一つひとつへの依存度を浅くすると、何にも依存してないかのように錯覚《さっかく》できます。〝健常者である〟というのはまさにそういうことなのです。

　誰でも、否《いや》が応《おう》でも、すでに社会に出ている。にもかかわらず、敢《あ》えて「社会に出る」と言うのであれば、それは社会の多様な場所、多様な側面にかかわるようになることを指す——そう私は理解したい。ひとつの場所の方法や慣習にただ順応するのではなく、むしろそれを相対的に見て、別の可能性を想像できる場に立つことを意味する、と考えたい。

　繰《く》り返《かえ》すように、社会は一枚岩ではない。「社会は厳しい」のではなく、社会は特定の人々に厳しい。敢えて「社会人」という、ある者を別の者と区別する言葉を用いるのであれば、社会の偏った厳しさを和《やわ》らげようと努め、相互《そうご》依存の網《あみ》の目からこぼれ落ちる人々に手を伸《の》ばす者を、「社会人」と私は呼びたい。

（古田徹也『いつもの言葉を哲学する』より。）

〈注〉　名探偵コナン——高校生の心を持ったままで体が小学生になってしまった、少年漫画《まんが》の主人公。

問一　——線部①〈陰で反発する〉とありますが、〈説教された生徒〉が〈反発〉するのはなぜですか。30字以上40字以内で説明しなさい。

【国　語】（五〇分）〈満点：一〇〇点〉

一　次の①〜⑤の□に当てはまる言葉を語群から選び、漢字で答えなさい。

①昨日の彼《かれ》は、□子が良さそうだった。
②あの人は□容力がある。
③□意に約束の時間に遅《おく》れたわけではない。
④これからはたくさん親□行をしたいと思います。
⑤書類をコピー機で□写して配った。

《語群》
コウ　フク　チョウ　コ　ホウ

二　次の①〜⑤の□に当てはまる漢字一字を自分で考えて答えなさい。

①私の□み足によって、物事がうまく進まなくなってしまった。
②□りよがりな発言は慎《つつし》まなければならない。
③二人のやりとりはまさに□り言葉に買い言葉だ。
④チームは試合に□れたものの、次につながる試合であった。
⑤鶯《うぐいす》は春の訪《おとず》れを□げる鳥です。

三　次の文章を読んで後の問いに答えなさい。

中高生の頃《ころ》、学校の先生がよくこう言っていたことを思い出す。「社会は厳しいぞ」、「社会に出たら通用しないぞ」。

そう説教された生徒の側はといえば、「先生こそ社会に出たことないじゃないか」と①陰《かげ》で反発するのが常だった。そして、同様の物言いは大人の口からも、まさに常套句《じょうとうく》として発せられがちだ。「学校の先生は社会に出たことがないから常識がない」、「社会人として揉《も》まれたことがないから、教師には未熟な者や非常識な者が多い」、等々。

しかし、そこで言われている「社会」とはどこのことだろう。「社会に出る」とは何をすることを意味するのだろう。「社会人」とは誰《だれ》のことを指すのだろうか。

「社会に出る」ということが、たんに教職以外の業種の仕事に就《つ》くことを意味し、「社会人」とはそうした仕事をしている人のことを指すのであれば、社会に出ることも社会人になることも至極《しごく》簡単だ。そして、どの職種や職場にも、未熟な者や非常識な者が嫌《いや》というほどいることを、私たちは知っているはずだ。同じ仕事を続けている人であろうと、転職を経験した人であろうと。

なかでも厄介《やっかい》なのは、ひとつの場所に慣れて未熟でなくなったベテランが、それゆえに偏《かたよ》った考え方に凝《こ》り固《かた》まってしまうケースだ。年を経て経験を積むごとに、当人にとっての「社会」はかえって狭《せま》くなる傾向《けいこう》すらあるのだ。

「社会」とは、決して一枚岩ではない、多様な人々が直接的・間接的

2023年度

芝中学校入試問題（第2回）

【算　数】（50分）　＜満点：100点＞

次の問いの □ をうめなさい。

1 次の計算をしなさい。

(1) $13.4\times5.2+2\frac{3}{5}\div1\frac{1}{4}-7.8\times6.2-\frac{13}{20}\times16=\square$

(2) $121\div110-\frac{1}{5}\div\left\{3\div\left(\frac{11}{5}-\square\right)+0.125\right\}=1$

2 あるクラブで３年生が１年生と２年生の部員にあめ玉を配ることにしました。

１年生に５個ずつ，２年生に９個ずつ配ろうとすると，あめ玉は72個余り，その逆の個数で配ったとしても16個余ってしまいます。

１年生に10個ずつ，２年生に７個ずつ配ろうとすると，今度は34個足りません。

このとき，２年生の人数は $\boxed{\text{ア}}$ 人で，あめ玉の個数は $\boxed{\text{イ}}$ 個です。

3 図の三角形ABCについて，辺AB，BC，CA上に点D，E，Fをとります。AEとCDの交点をP，AEとBFの交点をQ，BFとCDの交点をRとします。

AD：DB＝BE：EC＝CF：FA＝１：３です。

(1) 三角形ABRの面積は三角形ARCの面積の □ 倍です。

(2) 三角形PQRの面積は三角形ABCの面積の □ 倍です。

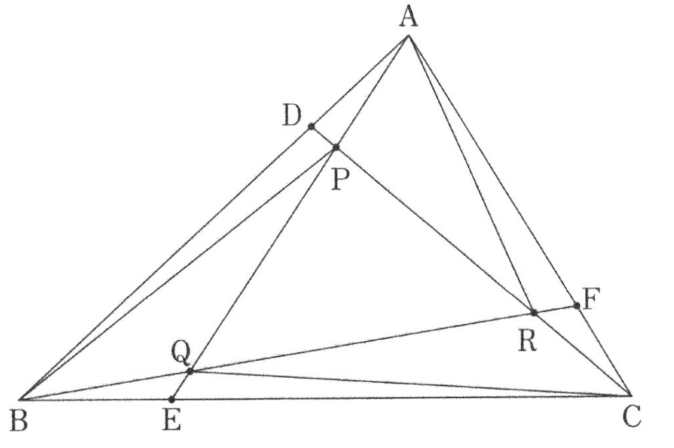

4 時計の長針と短針が午前８時を指しています。

(1) 午前８時50分までに長針と短針の間の角の大きさが30°になるのは □ 回あります。

(2) ７回目に長針と短針の間の角の大きさが30°になるのは

午前 □ 時 □ 分です。

(3) 午前８時から午後２時30分までに長針と短針の間の角の大きさが30°になるのは □ 回あります。

5 図のように正方形が３個あります。

点A，B，C，D，E，Fは正方形の頂点で，AFとCEの交点をGとします。AFの長さは50cmです。

(1) 正方形ABCDの面積は □ cm^2です。

(2) 四角形ABCGの面積は □ cm^2です。

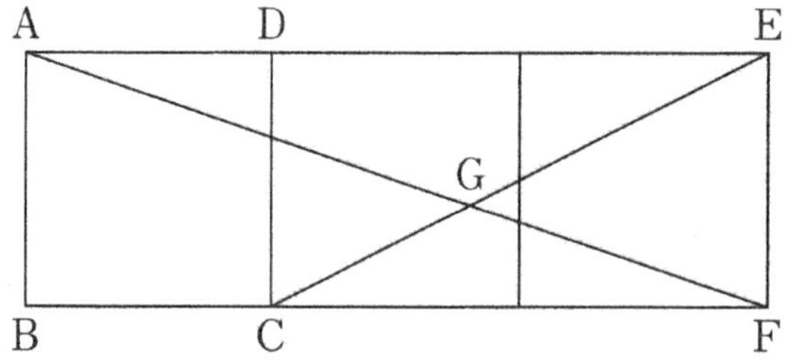

6 次のようにある規則に従って数字が並んでいます。

$\frac{1}{3}$，$\frac{1}{2}$，1，$\frac{3}{5}$，$\frac{2}{3}$，1，$\frac{5}{7}$，$\frac{3}{4}$，1，$\frac{7}{9}$，$\frac{4}{5}$，1，……

(1) 左から数えて50番目の数字は □ です。

(2) 左から数えて１番目から50番目までの数をすべてかけてできる数は □ です。

7 空の水そうを満水にする作業に３本の管A，B，Cを利用しました。

この作業を何回か行ったところ，次の①から③のことがわかりました。

①Aだけを３分使用した後，Bだけを４分使用すると完了します。

②AとCの２本を同時に使用すると，４分で完了します。

③AとBとCの３本を同時に使用すると，２分40秒で完了します。

(1) BとCの２本を同時に使用すると，この作業は

□ 分 □ 秒で完了します。

(2) はじめにAとBを同時に使用しましたが，途中でAが故障してしまい，Bだけを使用しました。その後Cも同時に使用したところ，Cを使用しはじめてから12秒後に水そうの容積の半分が水で満たされました。次のページのグラフは，作業時間と水そうに入っている水の量の関係を表したものです。このとき，Bだけ使用していた時間は □ 分 □ 秒です。

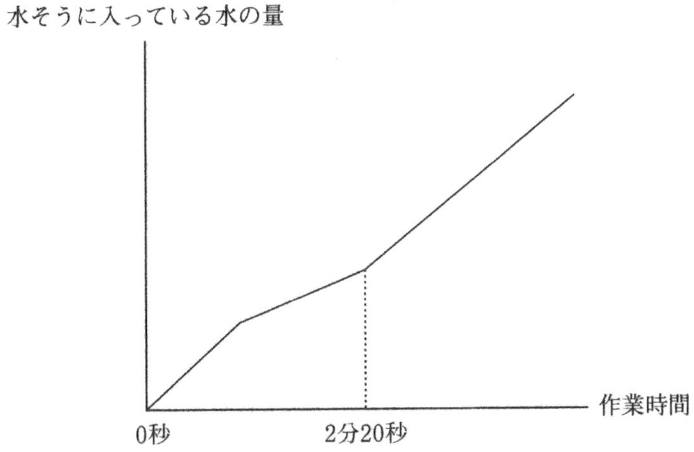

8　ますおくんが持っているゲーム機のコントローラーには図のようにＡボタン，Ｂボタン，Ｃボタンがついています。Ｃボタンには等間かくで円形に５つのボタンがついていて，回転させることができます。このコントローラーは，ボタンの色の数と配色を選ぶことができます。ますおくんは新しいコントローラーを買う予定だったので，選ぶ色の数によってボタンの配色はどのくらいのパターンがあるのか考えることにしました。ただし，Ｃボタンについて回転して同じになる場合は同じものとします。

(1)　選んだ色が７色のとき，配色のパターンは □ 通りあります。

(2)　選んだ色が２色のとき，配色のパターンは □ 通りあります。

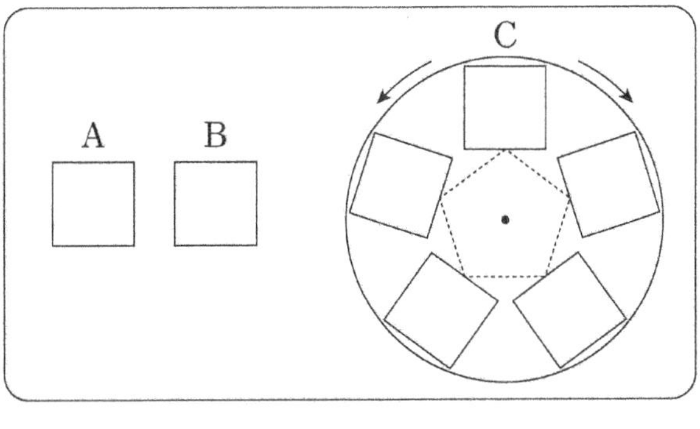

9　すべての辺の長さが24cmの三角すいABCDがあります。

２点ＰとＱはそれぞれ一定の速さで三角すいの辺上を移動します。２点とも１つの頂点に到《とう》達すると，戻ることなしに他の２方向のどちらかに進みます。ＰはＡを出発してＣの方向に移動し，ＱはＢを出発してＣの方向に移動します。

次のページのグラフはＰとＱが同時に出発してからの時間とＰとＱの「へだたり」の関係を表したものです。ただし「へだた

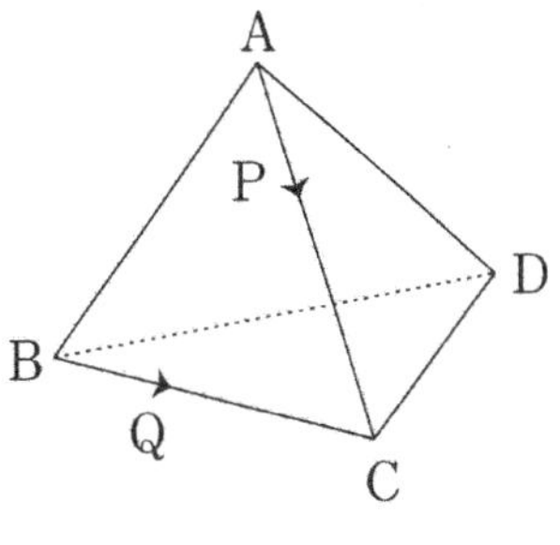

り」とはＰとＱを三角すいの辺上を経由した道のりの中で最も短い長さのことをいいます。Ｐの速さは毎秒２㎝です。（一部改題）

(1)　Ｑの速さは毎秒 [　　　] ㎝です。

(2)　グラフの [あ] は [　　　] 秒です。

(3)　グラフの [い] は [　　　] 秒です。

(4)　グラフの [う] は [　　　] ㎝です。

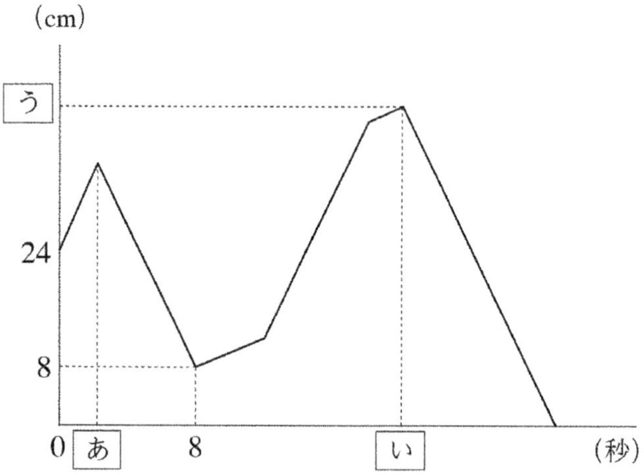

【理　科】（40分）　＜満点：75点＞

1　次の文を読み，問いに答えなさい。

夏休みに芝太郎君は家族で島のおじいちゃんの家に遊びにいきました。港から出港した時には①赤みがかった海だったのに，島に着くころには海の青さがとてもきれいで，同じ海とは思えませんでした。

おじいちゃんの家に着くと，庭で②トカゲを発見しました。都会ではなかなか見ることができないので，よく観察しようとしましたが，弟がつかまえようと追いかけたので，すぐに草むらにスルスルとにげてしまいました。

そこで，にげたトカゲをもう一度見つけようと，おじいちゃんの家の周りを探検しました。すると，蔵の前で大きな桶《おけ》を発見しました。弟がこれに入って遊ぶのを見て，あることを思いつき，おじいちゃんに相談しました。

芝太郎君　「おじいちゃん，この桶を船のように海にうかべて遊んでもいい？」

おじいちゃん　「面白そうなことを考えるね。では，オールも貸してあげよう。でも，気を付けるんだよ。」

③芝太郎君は大きな桶を海にうかべて，弟といっしょに乗りこみました。芝太郎君と弟がそれぞれ１本ずつオールを持っています。④はじめは上手く進みませんでしたが，しばらくしてコツをつかみました。ときどき転ぷくして⑤海水を飲んでしまいましたが，二人とも泳ぎは得意なので楽しく遊ぶことができました。

泳ぎつかれた芝太郎君と弟はおじいちゃんと家にもどることにしました。そこで，弟が１つの石をけりながら歩き始めました。家まで運んできた石をお父さんが拾い上げました。

お父さん　「おや，これは⑥玄武岩《げんぶがん》だね。」

芝太郎君　「ゲンブガン？それって何？石にもそれぞれ名前があるの？」

気になった芝太郎君は，玄武岩を東京にもどってから調べてみようと思いました。

夜になり，おばあちゃんがたくさんの料理を作ってくれたので，家族みんなでおいしい料理を食べながら，楽しい時間を過しました。

(1)　下線部①について。海が赤くそまる現象は，海水中のプランクトンが大量に増加することで起こります。この現象を漢字で答えなさい。

(2)　下線部②について。ある種のトカゲは同じ島に生息するほ食者によって，幼体の体色が異なることがあります。これはほ食者に対しての体色が防御《ぼうぎょ》機能としてはたらいているからです。島にいるほ食者とトカゲ（幼体）の体色の関係が以下の表のようになる時，トカゲの戦略として，不適当な説明は次のうちのどれですか。次のページの(ア)～(エ)から１つ選んで，記号で答えなさい。

島	主なほ食者	トカゲ(幼体)の体色
A	イタチ、ヘビ、鳥類	 胴体《どうたい》：ストライプ　尾《お》:青色

B	ヘビ、鳥類	 胴体：ストライプ　尾：茶色~緑色~青色
C	鳥類	 胴体：ストライプなし　尾：茶色

（ア）　ストライプの体色は近い距離《きょり》からおそわれたときに役立つ可能性がある。

（イ）　青い尾は特にほ乳類のほ食者に対して役立つ体色である可能性がある。

（ウ）　ストライプは，特に鳥類のほ食者に対して役立つ体色である可能性がある。

（エ）　茶色の体色は，遠い距離からは食者に見られたとき，地面と同化して見つかりづらい可能性がある。

(3)　下線部③について。図１のように，二人が乗りこんだ桶は円筒《えんとう》状の側面に底板を取り付けたもので，桶の側面の高さは100cm，底板の面積（外の海水に接している部分の面積）は7500cm^2，桶だけの重さは30kgでした。弟は帽子《ぼうし》をかぶっていて，二人の体重の和は81kg，オールの重さは２本合わせて６kgでした。桶の中に海水を入れたところ，桶の底板は海面下60cmになりました。桶の中に入れた海水の重さは何kgですか。値は小数第１位を四捨五入して，整数で答えなさい。ただし，海水は１cm^{3}あたり1.03ｇの重さがあり，海水を１cm^{3}押しのけると1.03ｇの浮力を受けます。また，板の厚さは考えないものとします。

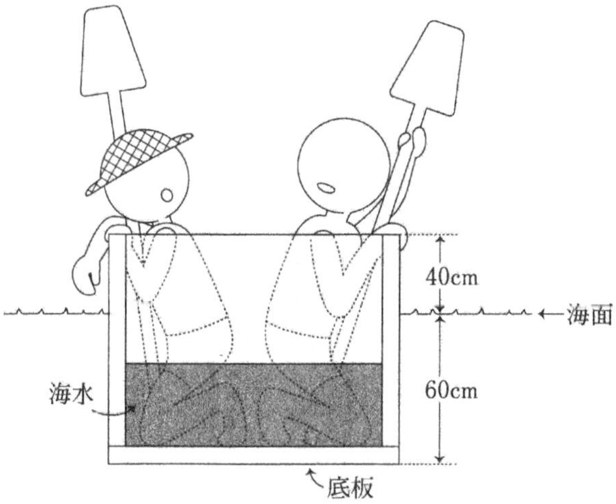

図１

(4)　下線部④について。次のページの図２は二人がオールをこいでいるようすを真上から見たもので，帽子《ぼうし》をかぶっている方が弟です。芝太郎君はオールをＡまたはＢの向きに，弟はＣまたはＤの向きに動かすものとします。次のページの文中の［（い）］～［（に）］に適する記号はなんですか。(い)，(ろ) に適するものを下の表中の(ア)～(エ)から１つ，(は)，(に) に適するものを下の表中の(オ)～(ク)から１つ選んで記号で答えなさい。ただし，オールをこぐ力の強さは二人とも同じとします。

「芝太郎君がオールの先を (い) の向きに動かし，弟がオールの先を (ろ) の向きに動かすと，桶は時計回りに回転しました。また，芝太郎君がオールの先を (は) の向きに動かし，弟がオールの先を (に) の向きに動かすと，桶は東の方へ進みました。

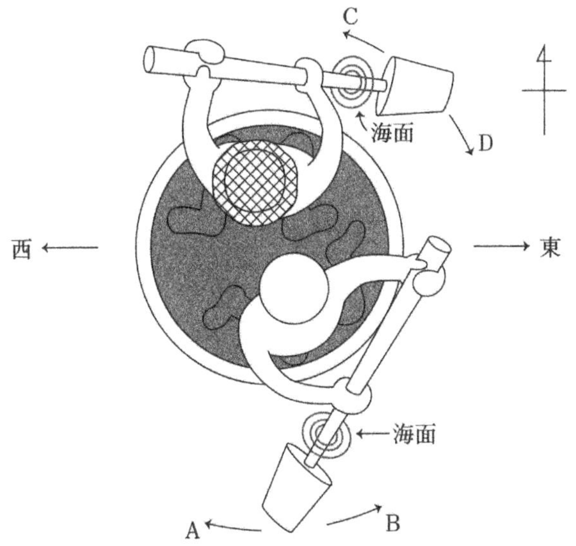

図２

	(い)	(ろ)
(ア)	A	C
(イ)	A	D
(ウ)	B	C
(エ)	B	D

	(は)	(に)
(オ)	A	C
(カ)	A	D
(キ)	B	C
(ク)	B	D

(5) 下線部⑤について。芝太郎君は，海水から水を蒸発させれば，塩化ナトリウムを取り出すことができると考えました。そこで海水をくんできて，ガスコンロで加熱していきました。１気圧のもとで水を加熱した場合では，図３のように加熱時間とともに温度が上昇《じょうしょう》していき，水の沸点である100℃ になるといったん温度の上昇がみられなくなります。１気圧のもとで海水を加熱した場合，加熱時間と温度の関係はどのようになりますか。最も適当なものを次のページの(ア)～(オ)から１つ選んで，記号で答えなさい。

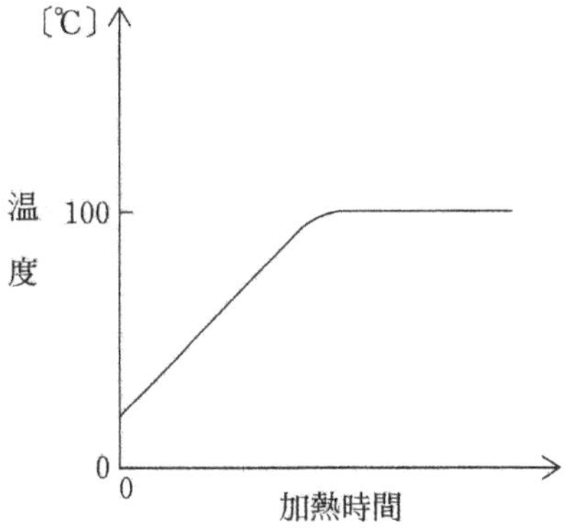

図３

（ア）

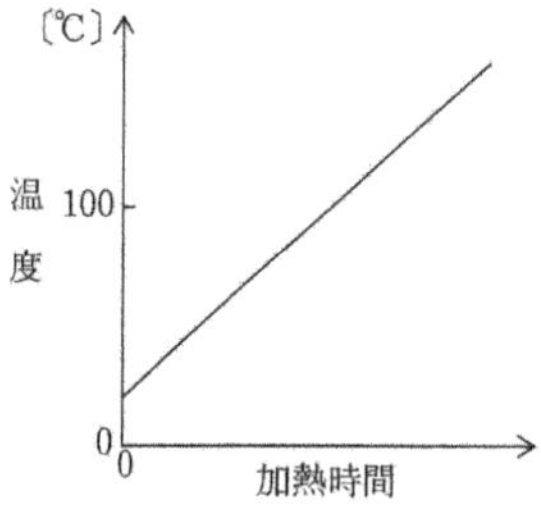

（イ）

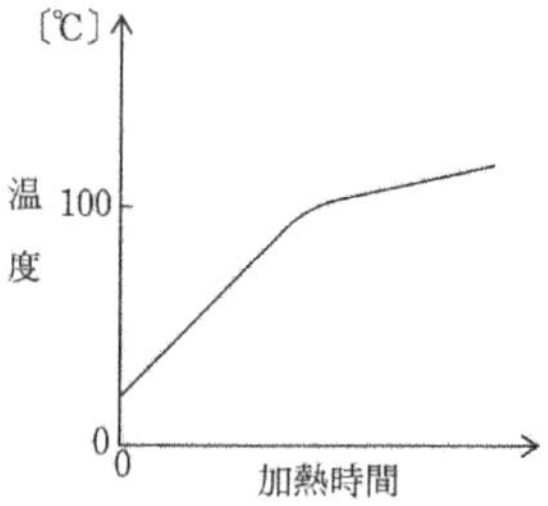

（ウ）

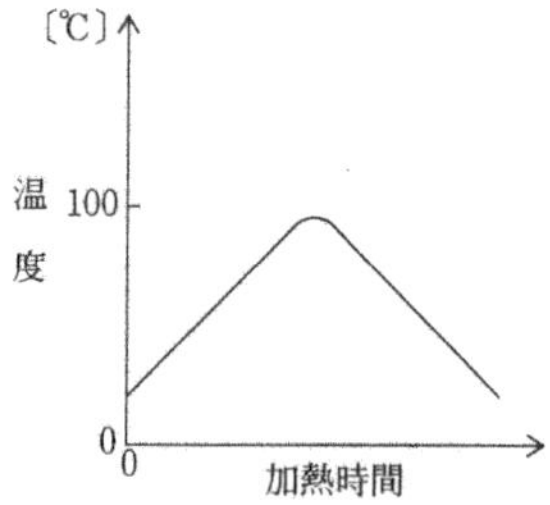

（エ）

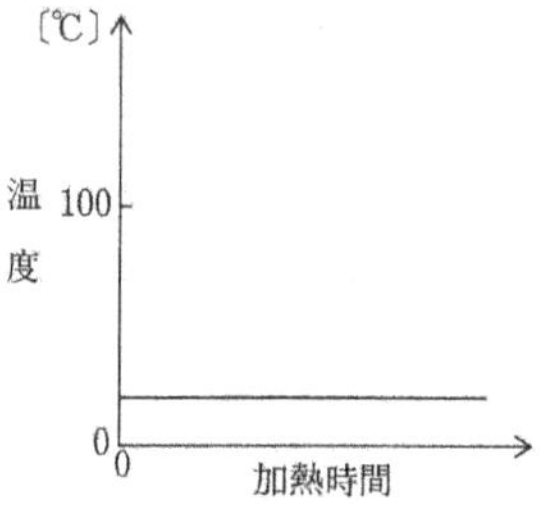

（オ）

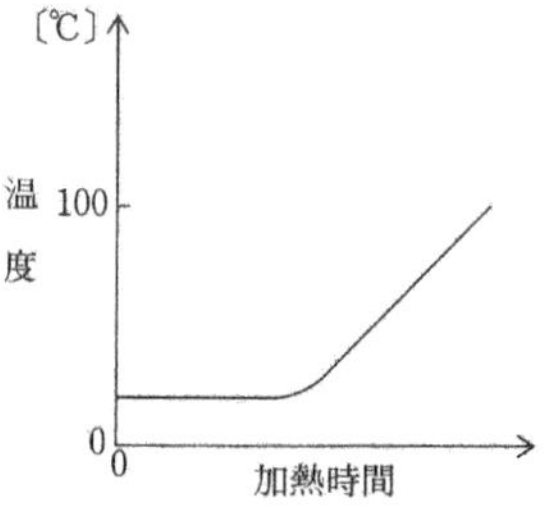

⑹　下線部⑥について。火成岩の分類表を下に示します。玄武岩は表中の（ア）～（オ）のいずれにあてはまりますか。１つ選んで，記号で答えなさい。

	白っぽい岩石	灰色の岩石	黒っぽい岩石
深成岩	（ア）	せん緑岩	（イ）
火山岩	（ウ）	（エ）	（オ）

2　次の問１，問２に答えなさい。

問１

①2022年６月24日の３時40分ごろ，東京都港区では東から南の空で，図１に示すように太陽系の全ての惑星《わくせい》と月を観測することができました。

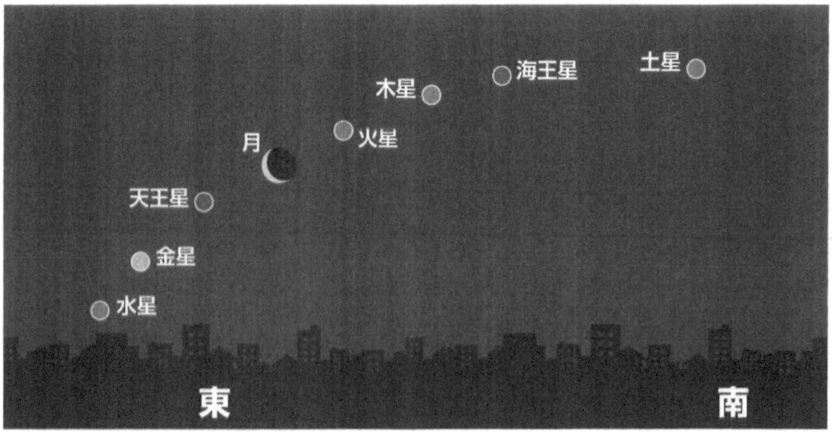

図１

(1) 惑星は大きく分けると地球型惑星と木星型惑星の2つに分類することができます。正しく分類されているものを表中の(ア)～(ク)から1つ選んで，記号で答えなさい。

	地球型惑星			木星型惑星		
(ア)	水星	金星	天王星	火星	海王星	土星
(イ)	土星	水星	金星	天王星	火星	海王星
(ウ)	海王星	土星	水星	金星	天王星	火星
(エ)	火星	海王星	土星	水星	金星	天王星
(オ)	天王星	火星	海王星	土星	水星	金星
(カ)	金星	天王星	火星	海王星	土星	水星
(キ)	水星	金星	火星	天王星	海王星	土星
(ク)	天王星	海王星	土星	水星	金星	火星

(2) 図1の金星は明けの明星《みょうじょう》と呼ばれますが，次に示す図2の中で明けの明星はどれですか。最も適当なものを図中のア～エから1つ選んで，記号で答えなさい。

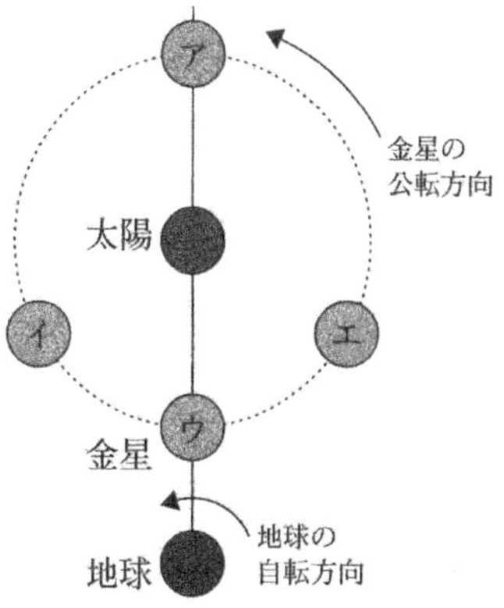

図2

(3) 下線部①について。翌日の同じ時刻に観測をしました。その時の月の位置の説明として，最も適当なものを次の中から1つ選んで，記号で答えなさい。

(ア) 前日と同じ方角で同じ高度にみられる。
(イ) 前日と同じ方角で高度が高くみられる。
(ウ) 前日と同じ方角で高度が低くみられる。
(エ) 前日より西側でみられる。
(オ) 前日より東側でみられる。

問2

次の表は，東京での日の出，日の入り，月の出，月の入りの時刻を示したものです。この表を参考にしてあとの(1)～(5)に答えなさい。

日付	日の出	日の入り	月の出	月の入り
9月4日	5時16分	18時02分	13時13分	22時49分
9月10日	5時19分	17時56分	18時11分	4時37分
9月18日	5時25分	17時45分	22時39分	13時08分
9月26日	5時32分	17時33分	5時31分	17時53分

(1) 前のページの表に示される日付の中で，新月と考えられるのはいずれの日ですか。最も適当なものを次の中から１つ選んで，記号で答えなさい。

（ア） ９月４日　（イ） ９月10日　（ウ） ９月18日　（エ） ９月26日

(2) 表に示される日付の中で，明け方に月が南中すると考えられるのはいずれの日ですか。最も適当なものを次の中から１つ選んで，記号で答えなさい。

（ア） ９月４日　（イ） ９月10日　（ウ） ９月18日　（エ） ９月26日

(3) ９月18日に，月はどの方角の地平線から出てきますか。最も適当なものを次の中から１つ選んで，記号で答えなさい。

（ア） 真西　（イ） 真西より北側　（ウ） 真西より南側

（エ） 真東　（オ） 真東より北側　（カ） 真東より南側

(4) 月の出は９月18日から９月26日の間で，1日あたり約何分おそくなっていますか。ただし，小数第１位を四捨五入して，整数で答えなさい。

(5) 月はいつも地球に同じ面を向けていますが，その理由は何ですか。最も適当なものを次の中から１つ選んで，記号で答えなさい。

（ア） 地球自身が１回転するのにかかる時間と，月自身が１回転するのにかかる時間が同じだから。

（イ） 地球自身が１回転するのにかかる時間と，地球が太陽の周りを１回転するのにかかる時間が同じだから。

（ウ） 地球が太陽の周りを１回転するのにかかる時間と，月が地球の周りを１回転するのにかかる時間が同じだから。

（エ） 月自身が１回転するのにかかる時間と，月が地球の周りを１回転するのにかかる時間が同じだから。

（オ） 地球自身が１回転するのにかかる時間と，月が地球の周りを１回転するのにかかる時間が同じだから。

３ 次の文を読み，問いに答えなさい。

スーパーマーケットやホームセンターに並んでいる商品をよく見ると，理科の実験に使えるものが意外と多いことに気がつくかもしれません。たとえば図１の「クエン酸」はレモンなどのかんきつ類や梅干しに多くふくまれ，そうじ用品として台所やトイレの洗浄《せんじょう》に用いたり，食品や飲み物の成分として加えたりしています。図２の「重曹《じゅうそう》」もそうじ用品として用いたり，ふくらし粉として

図１

図２

食品に加えたりしています。どちらも白色の粉末（固体）ですが，①水にとかすとクエン酸の水よう液は酸性，重曹の水よう液はアルカリ性を示します。

②このクエン酸と重曹を水の中で混ぜると二酸化炭素が発生することが知られています。そこで，次の実験を行い，クエン酸および重曹の重さと発生する二酸化炭素の重さの関係を調べました。

操作１　ビーカーに水を50cm^{3}入れ，ビーカーと水の合計の重さを測定する。

操作２　クエン酸と重曹の重さの和が10ｇになるように，表１に示すＡ～Ｅの５つの組み合わせのクエン酸と重曹をそれぞれはかり取る。

操作３　水50cm^{3}の入ったビーカーにクエン酸を加えて，ガラス棒でかき混ぜる。

操作４　クエン酸が完全にとけた後，ガラス棒でかき混ぜながら，はかり取った重曹全部を少しずつ加える。

操作５　二酸化炭素の発生が完全に止まった後，ビーカーと水よう液の重さを測定する。

表１

	A	B	C	D	E
クエン酸の重さ〔g〕	2.0	3.5	5.6	6.7	8.9
重曹の重さ〔g〕	8.0	6.5	4.4	3.3	1.1

③以上の操作１～操作５より，発生した二酸化炭素の重さを計算で求めたところ，表２の結果が得られました。

表２

	A	B	C	D	E
二酸化炭素の重さ〔g〕	1.20	2.10	2.16	1.62	0.54

ただし，この実験で発生する気体は二酸化炭素のみとします。また，発生した二酸化炭素は水にはとけず，発生した後は空気中に出ていってビーカー内には残っていないものとします。

(1)　下線部①について。クエン酸をとかした水よう液と重曹をとかした水よう液にBTBよう液とフェノールフタレインよう液をそれぞれ数滴《てき》ずつ加えると，水よう液は何色に変化しますか。下の表に示される組み合わせ(ア)～(ク)から最も適当なものをそれぞれ１つ選んで，記号で答えなさい。

	ＢＴＢよう液	フェノールフタレインよう液
(ア)	青	無
(イ)	青	赤
(ウ)	緑	無
(エ)	緑	赤
(オ)	黄	無
(カ)	黄	赤
(キ)	赤	無
(ク)	赤	赤

⑵　下線部②について。クエン酸と重曹のように二酸化炭素が発生する組み合わせとして最も適当なものを次の中から１つ選んで，記号で答えなさい。

（ア）　あえんと塩酸

（イ）　アルミニウムと塩酸

（ウ）　マグネシウムと塩酸

（エ）　炭酸カルシウムと塩酸

（オ）　二酸化マンガンと過酸化水素水

⑶　下線部③について。操作１～操作５をふまえて，発生した二酸化炭素の重さを計算により求める方法を説明しなさい。

⑷　クエン酸3.0ｇと重曹7.0ｇの組み合わせで実験を行ったとき，発生する二酸化炭素の重さは何ｇですか。値が割り切れない場合は小数第２位を四捨五入して，小数第１位まで答えなさい。

⑸　発生する二酸化炭素の重さが最大となるときのクエン酸と重曹の重さはそれぞれ何ｇですか。値が割り切れない場合は小数第２位を四捨五入して，小数第１位まで答えなさい。また，必要があれば次の方眼紙を使うこと。

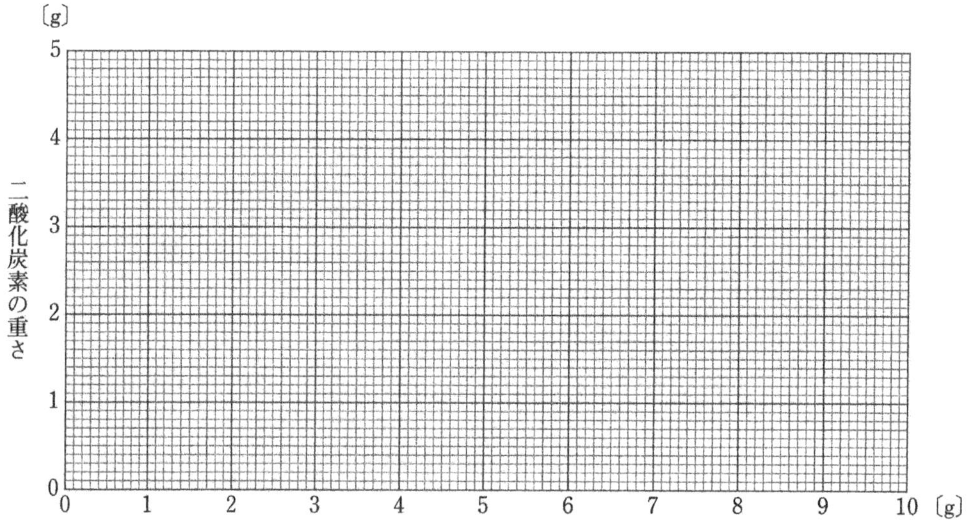

4　次の文を読み，問いに答えなさい。

四季の変化に合わせて，生物たちはその生活を大きく変えている。四季のうち最も厳しい季節は寒い冬で，卵や①さなぎ，種子のすがたで過ごす生物もいれば，活動をほとんどせずに②冬眠《とうみん》する生物もいる。

植物は，樹木と草花で冬をこす方法が大きく異なる。例えばタンポポやナズナは，葉を地面に広げて冬をこす。このような葉を（　③　）葉と呼ぶ。樹木は，寒く光合成があまり出来ない冬には葉を落とす落葉樹と，一年中葉をつける④常緑樹がいる。また，地域によって年間の降水量も異なるため，ある地域にどのような森林が育つかは年間降水量と年平均気温で決まっている。日本国内では，年間の降水量はあまり変わらないため，その地点の気温によって森林のタイプがだいたい決まっている。「⑤暖かさの指数《しすう》」という数値を計算すると，その地域に育つ森林のタイプを予測することが可能である。

(1)　下線部①について。成長過程でさなぎをつくらないこん虫を次の中から３つ選んで記号で答えなさい。

（ア）　カイコ　　（イ）　カブトムシ　　（ウ）　オオカマキリ

（エ）　アブラゼミ　　（オ）　ミツバチ　　（カ）　トビムシ

(2)　下線部②について。日本でふつう冬眠をする生物を次の中からすべて選んで記号で答えなさい。

（ア）　シマリス　　（イ）　スズメ　　（ウ）　クマネズミ　　（エ）　カエル　　（オ）　キツネ

(3)　空らん③について。空らんに当てはまる言葉をカタカナ４文字で答えなさい。

(4)　下線部④について。常緑樹を次の中から２つ選んで記号で答えなさい。

（ア）　イチョウ　　（イ）　サザンカ　　（ウ）　マツ　　（エ）　メタセコイア　　（オ）　サクラ

(5)　下線部⑤について。「暖かさの指数」について説明した次の文章を読み，後の問いに答えなさい。

「暖かさの指数」は，日本国内のある地域に育つ森林がどのようなタイプかを推測する時に役立ちます。１年間のうち，月平均気温が５℃以上の各月について月平均気温から５℃引いた値の合計値を「暖かさの指数」と言います。月平均気温が５℃未満の月は，計算せずに無視します。この数値によって，亜熱帯多雨林《あねったいたうりん》，照葉樹林《しょうようじゅりん》，夏緑樹林《かりょくじゅりん》，針葉樹林《しんようじゅりん》のどのタイプの森林が育つかが推測できるのです。下の表１は，暖かさの指数と育つ森林のタイプをまとめたものです。

表１

暖かさの指数	育つ森林のタイプ
180以上240未満	亜熱帯多雨林
85以上180未満	照葉樹林
45以上85未満	夏緑樹林
15以上45未満	針葉樹林

（A）　下の表２は日本国内におけるある地点で測定された年間の月別平均気温です。暖かさの指数を計算して，小数第１位まで答えなさい。

表２

月	１月	２月	３月	４月	５月	６月
平均気温（℃）	−3.5	−2.9	1.0	7.6	13.4	17.4
月	７月	８月	９月	10月	11月	12月
平均気温（℃）	21.8	22.3	18.4	11.7	7.1	−1.2

（B）　(A)の地点で育つ森林のタイプは，表１のどの森林だと推測されますか。次の(ア)～(オ)の内，１つ選んで記号で答えなさい。ただし，(A)で計算した数値をもとに推測すること。

（ア）　亜熱帯多雨林　　（イ）　照葉樹林　　（ウ）　夏緑樹林　　（エ）　針葉樹林

（オ）　どれにもあてはまらない

（C）　近年，温暖化により世界中で気温の上しょうが報告されています。暖かさの指数により推測される(A)の地点の森林のタイプが，温暖化により変わってしまう場合，各月の平均気温が最低何℃上しょうする必要がありますか。計算して数値を答えなさい。ただし，値は小数第２位を四捨五入して，小数第１位まで答えること。

5 次の文を読み，問いに答えなさい。

芝太郎くんが生物部の活動を見学したとき，友達の港《みなと》くんは水槽《すいそう》の水を入れかえようとしていました。そのとき港くんが手こずっていたので，①芝太郎くんは水槽の中の水をホースで外に出すのを手伝いました。

水槽の掃除《そうじ》が終わってから，芝太郎くんは実験室の棚《たな》に不思議な茶碗《ちゃわん》があるのを見つけました。図１は茶碗を上から見たもので，茶碗の中にはシーサー＊の人形がありました。また，茶碗をひっくり返したら図２のような穴が一つ開いていました。先生に聞いたところ，「これは②教訓茶碗と呼ばれているよ。君にこの茶碗のナゾ（仕組み）を解いてもらいたいな。」といって，水を注ぐ実験を見せてくれました。先生が図１の茶碗に水を注いでいくと，しばらくは底の穴から水はこぼれません。けれどさらに水を注いでいくと，満タンになる前に底の穴から水がこぼれ出しました。ん～，どんな仕組みなのだろう。欲張ってはいけない，というのはわかるけど…。

＊シーサー：沖縄県などでみられる伝統的な獣《けもの》の像で，魔除《まよ》けの願いがこめられています。

図１

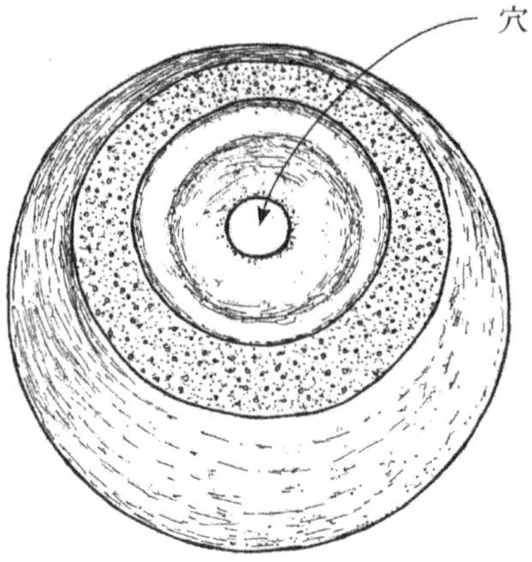

図２

(1) 下線部①について。港くんと芝太郎くんは，水槽内の水をホースで外に出す作業をしました。まず，ホースを水槽の中にしずめてホースの中の空気を追い出しました。次に，ホースの一端《いったん》を指でふさいで外に出し，ホースから指をはなしました。指をはなす位置が適切な場合，ホースを通って水が外に出てきました。この作業は，ホース内の空気をすべて追い出して水がつながっていることが大切でした。図(Ｐ)～(Ｒ)はホースと指をはなす位置を示しています。

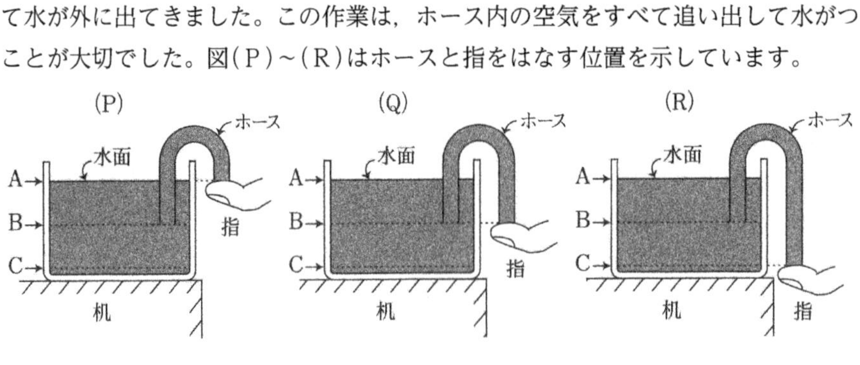

次に，図Ｐ～Ｒの位置でホースから指をはなし，十分に時間が経過すると水槽内の水はそれぞれどれだけ残りますか。図Ｐ～Ｒについて，最も適するものを下図(ア)～(ウ)からそれぞれ１つ選んで，記号で答えなさい。同じ記号を複数回用いてもかまいません。ただしＡ，Ｂ，Ｃの位置は図(Ｐ)～(Ｒ)と図(ア)～(ウ)で同じとします。

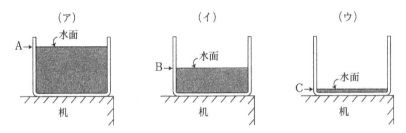

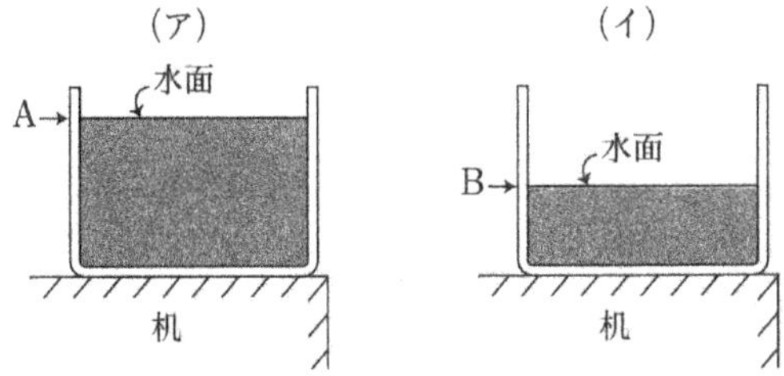

(2) 下線部②について。芝太郎くんは教訓茶碗のナゾを解くために，プラスチック製の透明《とうめい》なコップとストローを用意して実験しました。図３のように，コップの底に１つ穴をあけ，曲げたストローを穴に通してネリ消しゴムで固定し，すき間から水がもれないようにしました。このコップを以下では「教訓コップ」と呼びます。教訓コップの内側にＡ～Ｄの印をつけました。

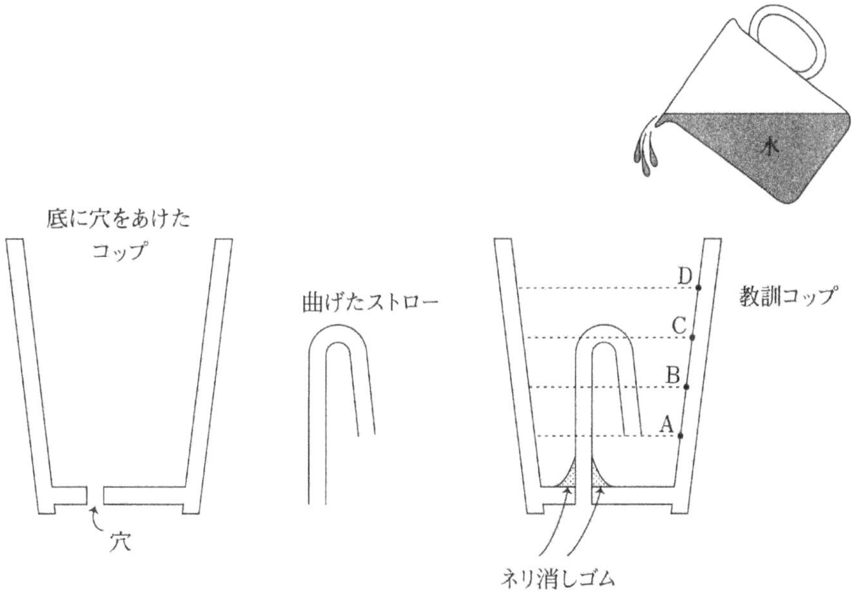

図３

さて，教訓コップに水を注いでいくとします。コップ内の水位をＡ，Ｂ，Ｃ，Ｄにすると，コップ内の水はどうなりますか。次の文中の（①）に適するものを，図３のＡ～Ｄからすべて選んで記号で答えなさい。また，文中の（②）と（③）に適するものを，図３のＡ～Ｄから１つ選んで，それぞれ記号で答えなさい。

「コップ内の水位を（　①　）にしても，穴から水はこぼれ出ない。コップ内の水位を（　②　）にすると，穴から水が勢いよくこぼれ出す。水が穴から勢いよくこぼれ出した後，水位が（　③　）になると穴から水は出なくなる。」

(3) 最後に，図4のように水の入っていない教訓コップを手で持ち，図5，図6のように水に入れるとします。ただし，図5，図6には教訓コップ内の水のようすはかかれていません。十分時間がたつと図5，図6において，教訓コップの内側に水は入りますか。入る場合には，水の入る部分をぬりつぶしなさい。水が入らない場合には，何もぬりつぶす必要はありません。

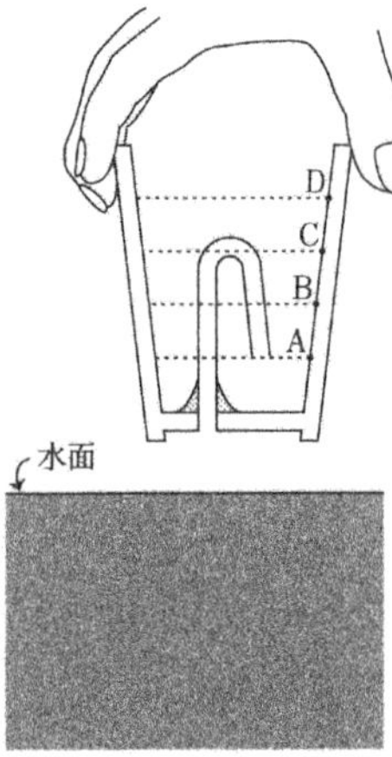

図4

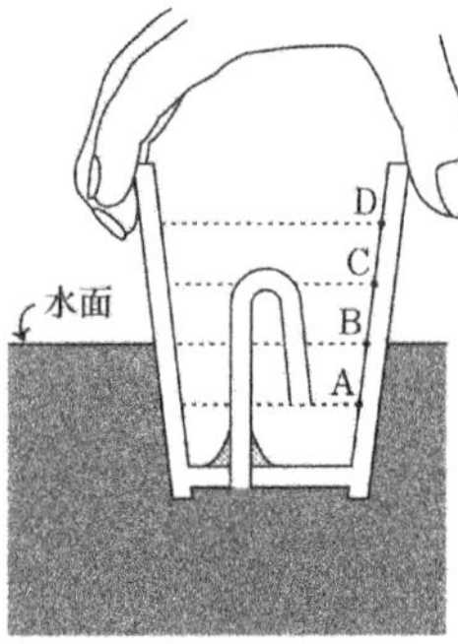

図5

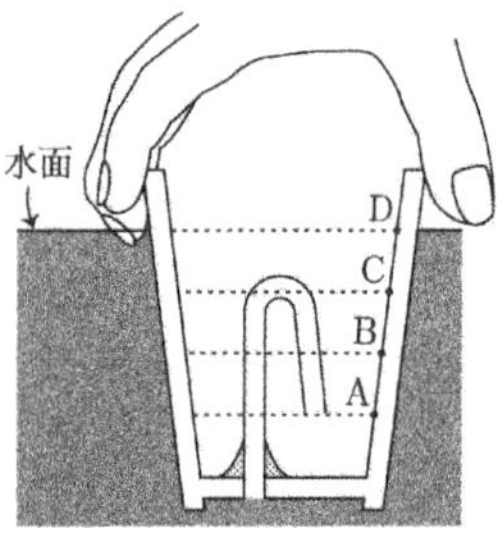

図6

【社　会】（40分）　＜満点：75点＞

【１】 以下の問いに答えなさい。

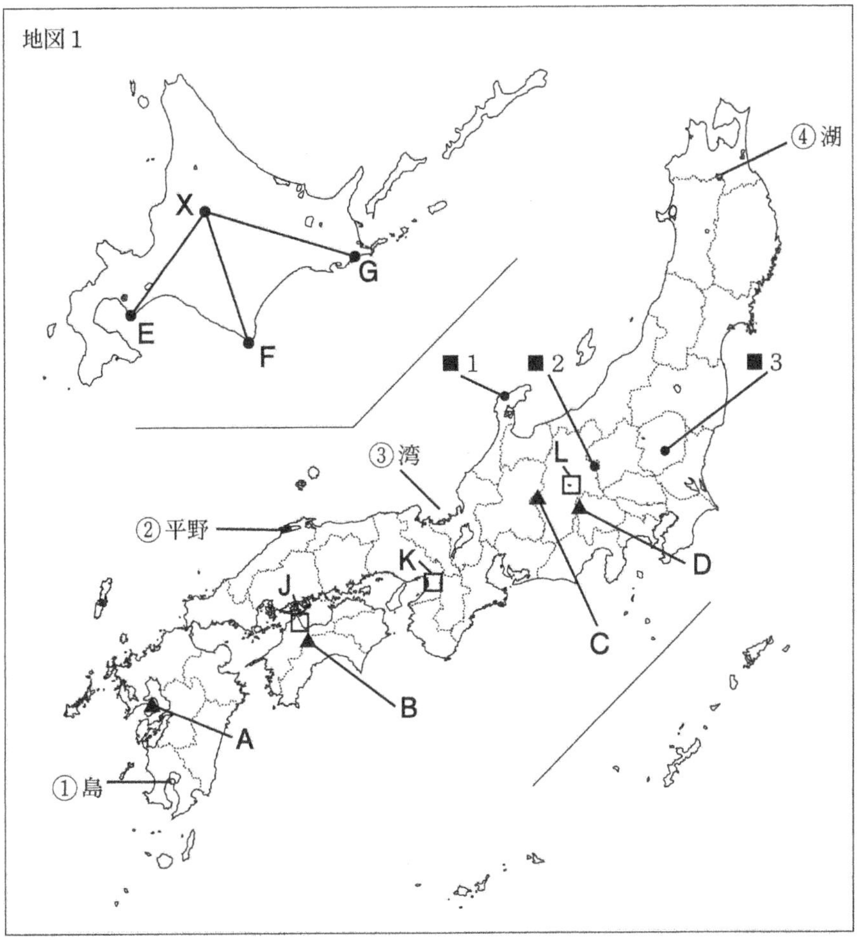

〔問１〕 地図１の①～④にあてはまる地名をそれぞれ答えなさい。

〔問２〕 次の表１のⅠ～Ⅲは地図１の■１（輪島），■２（軽井沢），■３（宇都宮）のいずれかの月平均気温を示しています。また，グラフ１はそれぞれの都市の月平均日照時間を示しています。Ⅰ～Ⅲと地図中■１～■３の組み合わせとして正しいものをア～カから一つ選び，記号で答えなさい。

表１　月平均気温（℃）

	1月	2月	3月	4月	5月	6月	7月	8月	9月	10月	11月	12月
Ⅰ	-3.3	-2.6	1.1	7.0	12.3	16.0	20.1	20.8	16.7	10.5	4.8	-0.5
Ⅱ	3.3	3.4	6.1	11.1	16.1	20.0	24.4	25.9	22.0	16.3	10.8	5.9
Ⅲ	2.8	3.8	7.4	12.8	17.8	21.2	24.8	26.0	22.4	16.7	10.6	5.1

	■1	■2	■3
ア	Ⅰ	Ⅱ	Ⅲ
イ	Ⅰ	Ⅲ	Ⅱ
ウ	Ⅱ	Ⅰ	Ⅲ
エ	Ⅱ	Ⅲ	Ⅰ
オ	Ⅲ	Ⅰ	Ⅱ
カ	Ⅲ	Ⅱ	Ⅰ

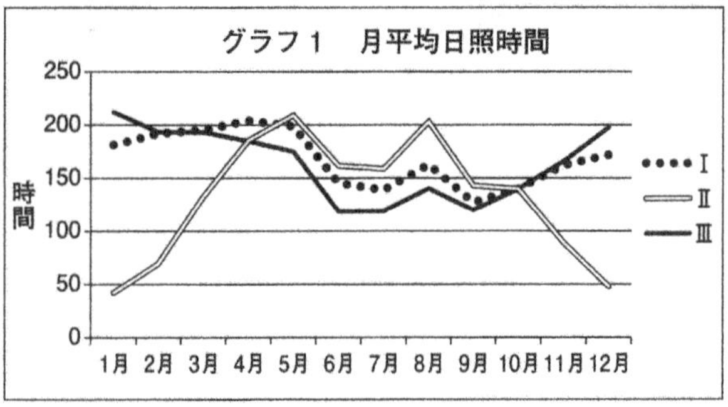

気象庁ホームページ（https://www.jma.go.jp）より作成

〔問３〕　次の文は，地図１のＡ～Ｄのいずれかの山について説明しています。このうち地図中Ｃの山について説明している文をア～エから一つ選び，記号で答えなさい。

ア．赤石山脈に位置する標高3193ｍの非常に険しい山である。国内では富士山についで高い。

イ．古くから山岳信仰の対象となっており，お遍《へん》路《ろ》の順路にもふくまれている。この地方では最も高く，標高は1982ｍである。

ウ．複数の活火山があつまって形成されている。1991年の噴火では大規模な火砕流が発生して大きな被害が発生した。

エ．すそ野にロープウェイやスキー場が立地する標高3067ｍの山である。2014年に突然噴火し，多くの登山客が噴石や降灰による被害を受けた。

〔問４〕　次のグラフⅠ～Ⅲは，地図１のＸ（旭川）からＥ，Ｆ，Ｇのいずれかの地点までの断面図を示しています。正しい組み合わせをア～カから一つ選び，記号で答えなさい。

※Ⅰ～Ⅲの図はいずれも距離に対して標高を50倍にしている。

Ⅰ

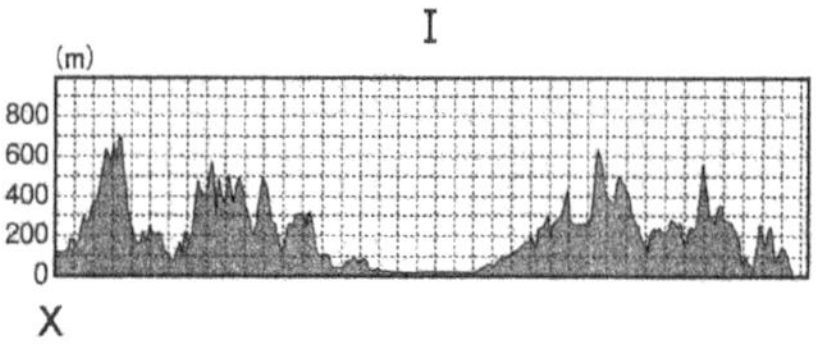

Ⅱ

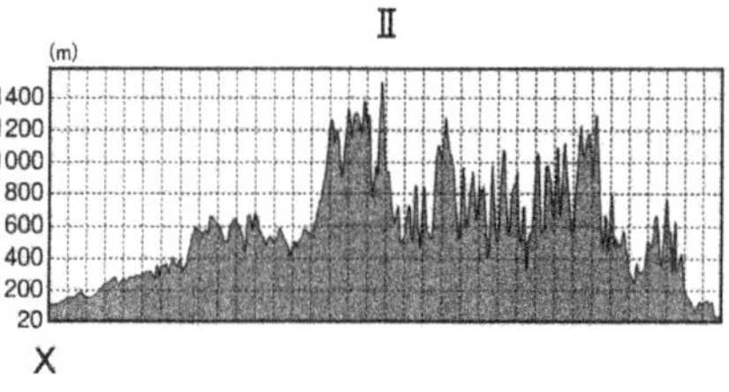

	E	F	G
ア	Ⅰ	Ⅱ	Ⅲ
イ	Ⅰ	Ⅲ	Ⅱ
ウ	Ⅱ	Ⅰ	Ⅲ
エ	Ⅱ	Ⅲ	Ⅰ
オ	Ⅲ	Ⅰ	Ⅱ
カ	Ⅲ	Ⅱ	Ⅰ

Ⅲ

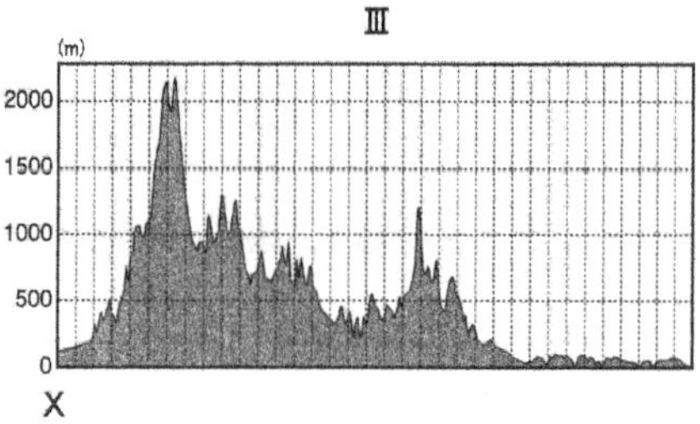

国土地理院ウェブサイト（https://maps.gsi.go.jp）より作成

〔問５〕　次のⅠ～Ⅲは地図１のＪ～Ｌのいずれかの地域で生産量の多い製品について説明しています。その組み合わせとして正しいものをア～カから一つ選び，記号で答えなさい。

Ⅰ　自転車業界の大手数社の本社が立地し，国内の自転車の多くはこの地域で生産される。

Ⅱ　古くからの工業地域であり大手企業の工場が立地し，研究用や学校教育で使用される顕微

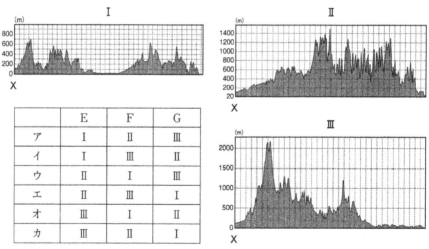

鏡・拡大鏡の大部分はこの地域で生産される。

Ⅲ　豊富で良質な地下水を利用した高品質なタオルの生産がさかんで，近年は輸出も増加している。

	ア	イ	ウ	エ	オ	カ
J	Ⅰ	Ⅰ	Ⅱ	Ⅱ	Ⅲ	Ⅲ
K	Ⅱ	Ⅲ	Ⅰ	Ⅲ	Ⅰ	Ⅱ
L	Ⅲ	Ⅱ	Ⅲ	Ⅰ	Ⅱ	Ⅰ

［問６］　世界遺産について説明している次の文のうち，適当ではないものをア～エから一つ選び，記号で答えなさい。

ア．東京都にあるル・コルビュジエの近代建築が登録されている。

イ．岡山県にある白壁に囲まれた姫路城が登録されている。

ウ．広島県にある原爆ドームや厳島神社が登録されている。

エ．沖縄県の沖縄本島北部や鹿児島県の奄美大島が登録されている。

［問７］　次の表２は日本の品目別の農業産出額を示しています。表のⅠとⅡには1980年または2019年のいずれかがあてはまります。また，表のＯとＰには米または肉用牛があてはまります。これらの組み合わせとして正しいものをア～エから一つ選び，記号で答えなさい。

ア．Ⅰは1980年，Ｏは米

イ．Ⅰは1980年，Ｏは肉用牛

ウ．Ⅰは2019年，Ｏは米

エ．Ⅰは2019年，Ｏは肉用牛

表２　農業産出額（億円）

	Ⅰ	2000年	Ⅱ
Ｏ	7880	4564	3705
Ｐ	17426	23210	30781
果実	8399	8107	6916
麦類	527	1306	1661
いも類	1992	2298	2088
野菜	21515	21139	19037

『日本国勢図会2021／22』より作成

［問８］　次の表３は，政令指定都市の札幌・横浜・静岡・北九州のデータを比較したものです。このうち，札幌にあてはまるものを表のア～エから一つ選び，記号で答えなさい。

表３　政令指定都市の比較

	面積（km^2）	人口密度（人/km^2）	産業別就業者割合（%）			農業産出額（千万円）	製造品出荷額（億円）
			第１次	第２次	第３次		
ア	1412	492	2.7	26.3	71.0	1536	21203
イ	1121	1749	0.5	15.4	84.1	540	5896
ウ	492	1921	0.8	24.6	74.6	491	23221
エ	438	8590	0.5	20.7	78.8	1193	39269

※面積は小数第１位を四捨五入した

※面積は2020年、産業別就業者割合は2015年、農業産出額と製造品出荷額は2019年

『データでみる県勢2022』より作成

〔問9〕 次の文の空欄［Y］に適する語をカタカナで答えなさい。

食料の輸送量に輸送距離をかけ合わせた指標のことを［　Y　］とよぶ。この数値が高ければ輸送にともなう二酸化炭素の排出量が多くなる。そのため環境問題を話し合う場で使用されることが多い言葉である。日本の一人あたりの［　Y　］はアメリカ合衆国の約3倍，ドイツの約5倍で世界でも最も高いといわれている。そのため，日本政府は地産地消をよびかけたり，自給率向上を農業政策の目標にかかげたりしている。

【2】 次のA～Eの文章を読んで，あとの設問に答えなさい。

A　今からおよそ1万年前，地球の気候が暖かくなると，地表を覆っていた氷がとけて海面が上昇し，1日本列島は大陸から切り離されました。そしてこうした自然環境の変化に対応して，2人々の生活も大きくかわっていきました。

〔問1〕 下線部1に関連して述べた次の文X・Yの正誤の組み合わせとして正しいものを，下のア～エより選び，記号で答えなさい。

X．氷河時代の日本列島は大陸と陸続きになっていたため，マンモスやナウマンゾウなどの大型動物が渡来してきたと考えられています。

Y．栃木県や群馬県にも貝塚が発見されていることから，当時は海が現在の内陸部まで達していたと考えられています。

ア．X－正　Y－正　　イ．X－正　Y－誤　　ウ．X－誤　Y－正　　エ．X－誤　Y－誤

〔問2〕 下線部2に関連して，縄文時代の人々のくらしについて述べた文として誤っているものを，次のア～エより一つ選び，記号で答えなさい。ただしすべて正しい場合は「オ」と答えなさい。

ア．狩りや漁・採集など食料の獲得法が多様化したことによって人々の生活は安定し，竪穴住居をつくって定住するようになりました。

イ．各地の遺跡から丸木舟が発見されていたり，伊豆大島や八丈島にも縄文時代の遺跡が発見されたりしていることから，この時代の人々は外洋航海術をもっていたと考えられています。

ウ．黒曜石などの石器の原材料やひすいなどの出土状況から，かなり遠方の集団との交易が行われていたことがわかっています。

エ．埴輪はおもに女性をかたどった土の人形で，この時代の人々が厳しい自然の力をおそれながらもその恵みに感謝し，まじないをもちいて生きていたことを表しています。

B　3 9世紀末から10世紀にかけて地方政治が大きく変化していく中で，地方の豪族や有力農民たちもみずからの勢力を拡大し，武装して国司に反抗することもありました。一方で朝廷は中級・下級貴族や地方の有力者を武官に任じ，都の警備や地方の反乱を鎮めるために利用しました。こうして都や地方では，戦いを仕事とする4武士が育っていきました。

〔問3〕 下線部3について，10世紀の出来事として適当でないものを，次のア～オより一つ選び，記号で答えなさい。

ア．菅原道真が大宰府に左遷される。　　イ．『古今和歌集』が編さんされる。

ウ．藤原道長が摂政となる。　　エ．中国で唐が滅亡する。

オ．空也が都で浄土教を広め，市聖とよばれる。

〔問4〕 下線部4に関連して，11世紀後半には東北地方で2度の戦乱がおこりましたが，この戦乱に

ついて，以下の設問①・②に答えなさい。

① この２度の戦乱を鎮めるのに活躍し，東国武士団の棟梁として名声を高めた人物は誰ですか。

② この２度の戦乱ののち，東北地方では奥州「〇〇」を本拠地として藤原氏が勢力を強め，３代約100年間にわたり繁栄しました。「〇〇」にあてはまる地名を漢字２字で答えなさい。

C 5応仁の乱以降，16世紀後半までの約100年間を戦国時代とよびます。各地では，みずからの実力で領国を独自に支配する戦国大名が現れましたが，彼らは6家臣団を統制したり，領国を支配したりするための政策をつぎつぎに打ち出しました。

〔問５〕 下線部５の期間の出来事について述べた次の文Ｘ・Ｙとそれぞれ最も関係の深い旧国名・人物は①～④のどれですか。組み合わせとして正しいものを，下のア～エより選び，記号で答えなさい。

Ｘ．1488年，約20万人の農民を中心とする一揆勢が守護を滅ぼし，その後100年近く自治を続けました。

Ｙ．15世紀末に京都からくだってきたこの人物は，相模国小田原を本拠地としました。そして孫の代には関東の大半を支配する戦国大名となりました。

① 加賀国　② 山城国　③ 今川義元　④ 北条早雲

ア．Ｘ－①　Ｙ－③　イ．Ｘ－①　Ｙ－④

ウ．Ｘ－②　Ｙ－③　エ．Ｘ－②　Ｙ－④

〔問６〕 下線部６について述べた次の文Ｘ・Ｙの正誤の組み合わせとして正しいものを，下のア～エより選び，記号で答えなさい。

Ｘ．戦国大名の中には，領国を支配するために分国法とよばれる独自の法律をつくる者もいましたが，その例として甲州法度之次第を制定した武田氏があげられます。

Ｙ．戦国大名の多くは，それまで平地にあった城を山上に移し，城下には有力な家臣や商工業者を集住させました。

ア．Ｘ－正　Ｙ－正　イ．Ｘ－正　Ｙ－誤

ウ．Ｘ－誤　Ｙ－正　エ．Ｘ－誤　Ｙ－誤

D 開国に反対する人々は，71858年に幕府が朝廷の許しを得ないまま日米修好通商条約に調印したことを非難しました。そこで大老の井伊直弼は，幕府を批判する公家・大名や武士たちを多数処罰しましたが，この弾圧に反発した水戸藩などの浪士は，8井伊を江戸城桜田門外で暗殺しました。

〔問７〕 下線部７に関連して，この翌年から開始された日本と欧米諸国との貿易とその影響について述べた文として正しいものを，次のア～エより一つ選び，記号で答えなさい。ただしすべて誤っている場合は「オ」と答えなさい。

ア．貿易は横浜・長崎・新潟の３港で始まりましたが，輸出入額では横浜が圧倒的に多く，また最大の貿易相手国はイギリスでした。

イ．日本からは生糸や茶などの半製品や農水産物が多く輸出され，毛織物・綿織物や武器などの工業製品が輸入されました。また貿易額では，当初から輸入が輸出を大幅に上回っていました。

ウ．金銀の交換比率が日本では１：5，外国では１：15と差があったことで，多量の金貨が外国商人によって海外に持ち出されました。幕府は小判の質を落としてこれに対応したため，物価の上昇は抑えられました。

エ．貿易の開始による経済の混乱は，下級武士や庶民の生活を直撃し，社会不安を増大させる一因となりました。こうした中で，人々の間には世直しへの願望が高まり，各地で「ええじゃないか」とよばれる一揆が起こりました。

〔問８〕　下線部８の事件以後の出来事について述べた次の文Ⅰ～Ⅲを，年代の古いものから順に並べかえた場合，正しいものはどれですか。下のア～カより選び，記号で答えなさい。

Ⅰ．15代将軍徳川慶喜が，大政奉還を行い，政権を朝廷に返上しました。

Ⅱ．土佐藩出身の坂本龍馬らの仲立ちで，薩摩藩と長州藩は軍事同盟の密約を結びました。

Ⅲ．薩英戦争を経験した薩摩藩は，攘夷から開国進取の方針に転じ，イギリスに接近して軍備の強化を図りました。

ア．Ⅰ－Ⅱ－Ⅲ　　イ．Ⅰ－Ⅲ－Ⅱ　　ウ．Ⅱ－Ⅰ－Ⅲ

エ．Ⅱ－Ⅲ－Ⅰ　　オ．Ⅲ－Ⅰ－Ⅱ　　カ．Ⅲ－Ⅱ－Ⅰ

E　ポツダム宣言に対して，「黙殺する」とした日本政府の対応を拒絶と判断したアメリカは，1945年８月６日に広島，８月９日に長崎に原子爆弾を投下しました。また８月８日には9ソ連が日本に対して日ソ中立条約を無視して宣戦布告し，満州・朝鮮に攻め込んできました。このため日本はついにポツダム宣言の受諾を決定し，８月15日正午，天皇のラジオ放送で戦争の終結が国民に発表されました。こうして10満州事変以来15年に渡って続いた長い戦争は，ようやく終わりました。

〔問９〕　下線部９について，1945年２月にアメリカ・イギリス・ソ連の３国による首脳会談で，ソ連が対日参戦するかわりに，南樺太・千島列島をソ連領にするという密約が結ばれていましたが，この首脳会談を何といいますか。

〔問10〕　下線部10について，満州事変勃発から太平洋戦争の終結までにおきた次の出来事ア～カを，年代の古いものから順に並べかえた場合，２番目と５番目にくるものはどれとどれですか。それぞれ記号で答えなさい。

ア．五・一五事件がおこる。　　イ．国家総動員法が制定される。

ウ．沖縄本島にアメリカ軍が上陸する。　　エ．盧溝橋事件がおこる。

オ．大政翼賛会が結成される。

カ．ミッドウェー海戦で日本軍が敗北する。

F　19［ 11 ］年から続いていた自由民主党の長期政権は，政治の安定や経済成長をもたらしましたが，一方で政治家・官僚・企業がからんだ汚職事件が次々に明らかになると，国民の政治に対する不信は高まりました。そして1993年７月，自由民主党が衆議院議員総選挙で過半数割れの大敗北を喫すると，日本新党の［ 12 ］を首相とする非自民の連立政権が誕生し，いわゆる［ 11 ］年体制は崩壊しました。

〔問11〕　空らん［ 11 ］にあてはまる２桁の数字を答えなさい。

〔問12〕　空らん［ 12 ］にあてはまる人物として適当なものを，次のア～エより選び，記号で答えなさい。

ア．小泉純一郎　　イ．村山富市　　ウ．鳩山由紀夫　　エ．細川護熙

【３】 次の文章を読んで，あとの設問に答えなさい。

難民の保護や支援についての国際的な機関として，1国連難民高等弁務官事務所があります。第２次世界大戦で難民の流出が深刻化したことを受けて，1950年に2国連の補助機関として発足しま

した。その発表によると，昨年の5月時点では，世界中で故郷を追われた人の数が1億人を超えているそうです。この数は自国内で避難している人も含めた数であり，実際に国外へ「難民」となって脱出した数としては約2700万人ですが，それでも衝撃的な数字だと思います。

一方，1948年に採択された世界人権宣言の中で，政治的迫害を受けた者が他国にかばってもらう権利と，避難した先での3基本的人権とが保障されるむねが確認されたことを受けて，1951年に「難民の地位に関する条約」，1967年に「難民の地位に関する議定書」がそれぞれ定められました。これら二つを合わせたのがいわゆる難民条約で，国際的な基準となっています。

これを受けて，多くの国が難民を受け入れています。必然的に難民の受け入れ役となるのはほとんどが隣国となりますが，4受け入れ国側の経済的な問題などがあり，難民をすべて受け入れるのが難しいというのが現実です。また，先進国の中にも多くの難民を受け入れている国がありますが，課題を抱えているのが現状です。出身国に帰れない状況が長く続くなかで，難民が受け入れ国の社会にうまく対応できないことがあります。そうした場合に彼らを支援できるような制度を整えていくことが必要なのですが，それには5自国民の理解も必要になるので，一筋縄ではいかない問題になっています。

6日本はというと，他国と比較して難民の受け入れが著しく少ないのが現状です。国境を陸地で接していないことや，文化・言語・宗教が独自であることなどが理由になっていると考えられますが，受け入れ数の少なさや認定率の低さについて国際的に批判を受けることがあります。日本は，戦後一貫して7国際協調主義をとってきました。受け入れ数の問題についても検討しながら，難民問題の根本となる貧困や紛争の解決に向けても努力し，国際貢献を果たすべきだと思います。

「文化，宗教，信念が異なろうと，大切なのは苦しむ人々の命を救うこと。自分の国だけの平和はありえない。世界はつながっているのだから」。これは日本人として初めて国連難民高等弁務官を務めた（　X　）が残した言葉です。現場主義で知られていたこの人物は在任中，イラク北部やボスニア・ヘルツェゴビナで起こった紛争に際し，現地へ直接おもむき指揮をして，難民流出の解決に向けて努力したと言われています。難民キャンプでは，（　X　）と同じ名前の子どもが何人もいるそうです。これは，救われた人達の感謝，尊敬の念の現れだと考えられています。

一人ひとりの力は微力かもしれませんが，その一人の行動が世の中の意識を変えることもあると思います。戦後日本の外交政策の柱になっているのは国際協調です。「世界はつながっているのだから」という言葉の意味を考えながら，我々が今できることは何かを真剣に検討するべきだと思います。

〔問1〕　下線部1について，この組織をアルファベットで何といいますか。下から選び番号で答えなさい。

①　UNICEF　　②　UNHCR　　③　UNESCO　　④　UNEP

〔問2〕　下線部2について，以下の設問に答えなさい。

(1)　国連について述べた文として正しいものを一つ選び番号で答えなさい。

①　通常総会での投票は一国一票で，議決は重要問題を除き，出席投票国の3分の2以上の賛成で成立する。

②　緊急特別総会は，安全保障理事会の9ヵ国，または加盟国の過半数の要請で24時間以内に開かれる。

③　国際司法裁判所は，国家間の争いについて，一方の国が訴えた場合に必ず裁判を行う。

④　事務局の責任者である事務総長は，経済社会理事会の勧告に従って総会が任命する。

(2)　以下は，昨年9月の国連総会で日本の岸田首相が行った一般討論演説の一部です。空欄（あ）に当てはまる語を下から選び番号で答えなさい。

> 　私は，広島出身の首相として，被爆者の方々の思いも胸に「核兵器のない世界」の実現に向けて，並々ならぬ決意で取り組みを推し進めています。
> 　国際的な核軍縮・不拡散体制の礎である（　あ　）体制の維持及び強化に向けた，世界が一体となった取り組みは，先月，（中略）合意を得るに至りませんでした。圧倒的多数の国々と同じく，私も深い無念を感じました。
> 　しかし，諦めてはいません。最終成果文書のコンセンサス採択まであと1カ国まで迫ることができたからです。同文書案が今後，国際社会が核軍縮に向けた現実的な議論を進めていく上での新たな土台を示しました。

外務省webサイトより

①　CTBT　　②　IAEA　　③　NPT　　④　PKO

〔問3〕　下線部3に関連して，以下の設問に答えなさい。

(1)　以下は日本国憲法の条文を抜き出したものです。自由権についての規定に該当しないものを二つ選び，番号で答えなさい。

①　財産権は，これを侵してはならない。

②　すべて国民は，健康で文化的な最低限度の生活を営む権利を有する。

③　何人も，いかなる奴隷的拘束も受けない。

④　勤労者の団結する権利及び団体交渉その他の団体行動をする権利は，これを保障する。

(2)　経済発展や社会生活の急速な変化にともない，主張されるようになってきた人権を新しい人権といいます。一般市民が国や地方公共団体に対して，必要とする情報をさまたげられることなく自由に受け取ることができる権利もその一つとされますが，この権利をなんと言いますか。

〔問4〕　下線部4について，全難民の約3割は開発途上国が受け入れていると言われています。開発途上国の経済の現状について述べた文ア・イの正誤の組み合わせとして，正しいものを選び番号で答えなさい。

ア　あらゆる産業に注力し輸出を強化したモノカルチャー経済によって発展著しい国も存在する。

イ　開発途上国の中でも資源の有無などによって格差が生じてしまう南南問題が指摘されている。

①　アー正　イー正　　②　アー正　イー誤

③　アー誤　イー正　　④　アー誤　イー誤

〔問5〕　下線部5について，自国民の理解が得られない場合の理由の一つとして，国内の格差問題があげられます。難民の保護よりも自国の低所得者の救済が優先であるなどの声があり，受け入れる側の国民が十分に納得できるかが重要な点になっています。現在，日本で実施されている救済策に関連した以下の設問に答えなさい。

(1)　憲法第25条の理念に基づき，社会保障制度の一環として，生活が苦しい人に対して生活費や医療費など必要な経済的支援を行う制度のことを何といいますか。

(2)　2021年度一般会計予算のうち社会保障関係費と国債費を合わせた割合はどれくらいです

か。最も適当なものを下から選び番号で答えなさい。

① 22%　② 33%　③ 44%　④ 55%　⑤ 66%　⑥ 77%

〔問６〕 下線部６について，外国人材の受け入れ，難民認定などの外国人関連の行政事務を担っている出入国在留管理庁はどの省の外局にあたりますか。下から選び番号で答えなさい。

① 外務省　② 総務省　③ 法務省　④ 防衛省　⑤ 厚生労働省

〔問７〕 下線部７について，日本国憲法の前文には国際協調主義の考えが記されています。前文を一部抜粋した以下の文の空欄（い）に適する語を答えなさい。

> **われらは，（　い　）を維持し，専制と隷従，圧迫と偏狭を地上から永遠に除去しようと努めてゐる国際社会において，名誉ある地位を占めたいと思ふ。われらは，全世界の国民が，ひとしく恐怖と欠乏から免かれ，（　い　）のうちに生存する権利を有することを確認する。**

〔問８〕 文中の空欄（Ｘ）に当てはまる人名を下から選び番号で答えなさい。

① 中村哲　② 緒方貞子　③ 杉原千畝　④ 野口英世

【４】 以下の文章を読み，問いに答えなさい。

A瀬戸内海にいどむ岡山県の児島半島。この半島は，その名のとおり，もともとは海にうかぶ島でした。それが江戸時代の干拓で北側の陸地とつながり，半島になります。塩分がふくまれ，稲作には向いていない土地も多かったため，製塩業や綿花栽培が営まれるようになっていきます。

明治時代には，綿花栽培をいかして繊維工業がさかんになります。大正時代には日本でも有数の規模に成長していき，足袋《たび》の生産では日本一に輝きました。足袋の生地《きじ》は，厚くてかたく，ぬい合わせにくいものです。児島ではそうした難しさをこえる，高い技術力がつちかわれていきます。

Bライフスタイルが変化して洋風の服装が流行すると，足袋の売れゆきは落ちていきました。ここから，時代の流れに合わせて工夫をこらすという，児島の強みがあらわれはじめます。目をつけたのが，当時広まりつつあった学生服でした。現在の芝中学校の学生服はウール（羊毛）とポリエステルの生地ですが，当時の児島では綿の生地の学生服を生産しはじめます。するとこれが大当たりし，学生服の生産量でも日本一となります。昭和のなかばになると，学生服の売れゆきも落ちていきます。このときにチャンスを見いだしたのが，戦後に広まったジーンズでした。ジーンズはアメリカ生まれですが，生地が綿，色を染めるのが藍《あい》という，日本でもおなじみの素材でできています。また，普通の洋服に比べて生地が厚くかたいのですが，これもX児島が得意とするものでした。

まずは，アメリカから生地を輸入し，それをぬい合わせて製品化することが1964年に始まりました。これが日本で作られた最初のジーンズとなったため，児島は「国産ジーンズ発祥《はっしょう》の地」と呼ばれることになります。やがて，生地づくりから製品化までを一貫して児島でおこなうようになり，その工程にたずさわる企業もどんどん増え，海外にも品質を知られるジーンズの産地になっていきました。

日本企業が，コスト削減のために工場を海外に移転するようになっても，児島でのジーンズ生産は続きます。とはいえ，21世紀に入るころには，ジーンズ自体の流行が下火になりつつありましたし，海外で作られた安いジーンズを販売する，他地域の企業も増えていきました。またしても児島は苦しい時代をむかえます。

C2009年，地元のジーンズメーカーが中心となって，「児島ジーンズストリート」が発足します。これは児島の商店街を作りかえて，まるまるジーンズ専門店を中心とした町なみにしてしまおうというプロジェクトです。それぞれの店舗では，安い品物はほとんどあつかっていないそうです。そうではなく，値段は高いけれども，丈夫だったりデザインがすぐれていたりするジーンズが主な商品となっています。この取り組みに対し，国内外の多くの人が興味を持ちました。発足から10年目の2018年には，年間に20万人以上が訪れるようになったといいます。いわば，児島が長らくつちかってきた，確かな技術力と，それに裏づけられた高い品質が評価されたのです。

残念ながら，2020年からコロナ禍《か》となり，またしても児島は大きな打撃を受けることになってしまいました。しかしずっと述べてきたとおり，何度も危機を迎えながら，強みをいかし，多くの人に評価されるような価値を生み出しながら発展し続けてきたのが，この地域です。ですからきっと，今回の危機も乗りこえていくに違いありません。

［問１］ 下線部Aについて，この海の周辺にひろがる瀬戸内工業地域について，誤りをふくむものを以下のア～エから１つ選び，記号で答えなさい。

ア．瀬戸内海の北がわには岡山県，広島県，山口県が，南がわには香川県，愛媛県がふくまれる。

イ．瀬戸内海を海上輸送路として利用できたことが，この地域が発展した理由のひとつである。

ウ．呉市は造船業が，宇部市はセメント工業がさかんである。

エ．東から順に，瀬戸大橋，瀬戸内しまなみ海道，明石海峡大橋で結ばれているため，本州と四国との往来がさかんである。

［問２］ 下線部Bについて，大正時代における都市部のライフスタイルの変化として，誤りをふくむものを以下のア～エから１つ選び，記号で答えなさい。

ア．カレーライスなどの洋食がひろまった。

イ．鉄筋コンクリートのビルが増えた。

ウ．スーパーマーケットが増えた。

エ．バスガールなど，女性の職場進出がひろまった。

［問３］ 下線部Cについて，この年から，一般の国民が司法の現場に参加する制度が実施されています。この制度の名称を「～制度」のかたちで答えなさい。

［問４］ 本文全体について，以下の問いに答えなさい。

(a) 二重下線部Xについて，そう言えるのはなぜでしょうか。次の文の空欄に当てはまる文中のことばを答えなさい。

生地をぬい合わせる難しさをこえる，○○○○○があったから。

(b) (a)をふまえた上で，筆者は児島の今後をどのように考えているでしょうか。以下の条件にしたがって答えなさい。

① 「児島は△△△△△△△△△△△△△△△△という強みをいかし，」と書き始める。空欄に当てはまることばは，問題文中から抜きだして答える。なお，△部分は16字。

② ①につづき，かつ「～と考えている。」ということばが後ろにつづくように，60字以内で答える。

③ 途中に句点（。）を用いない。

④ 読点（，）は１字と数える。

な変化も含めて、80字以上100字以内で説明しなさい。

下書き用（使っても使わなくてもかまいません）

20

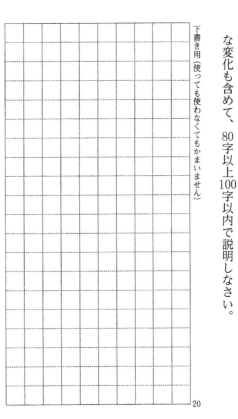

と柔らかい和音が広がる。そう和音である。和を保った音の響《ひび》き。再び色に戻《もど》ってぐしゃりとなることはない。だってそうだろう。スクリーンに映る色は本当に素朴《そぼく》にしかし秩序《ちつじょ》を保って並んでいる。これがどうして泥水の曲となろうか。目を見開いた先でただ静かに動き続ける映像は私の中に未知の協和音を流した。山奥の静かな場所の、湧《わ》き出《い》でる清水のように、音が鼓膜にくる。初めて、生まれて初めて音楽を聴いた。それは本当に芸術品であったのだ。

④頬が筋状に熱くなるのを感じていた。それを気にも留《と》めず私はただスクリーンに耳を澄ました。先生の指がだんだん暖かくなってきて、私はそれを強く引き留めた。

「ああ、先生」

「うん」

「先生、音楽だ」

音楽だよ。

全てのメロディが流れ去った。スクリーンの白キャンバスはふうと暗くなって、やがてホールに星明かりが戻ってくる。隣の先生は満足そうに目を細めて私を見ていた。

「これが私の音楽だ。共感覚者もちょっとなら音、楽しめんだろ？　作んの時間かかったんだぜこれ。パパは全然パソコンかしてくんないしさ」

道化《どうけ》のように笑う先生はまたすっと大人びた……あやめ色の表情を作って私の頬を指で拭《ぬぐ》った。

「少年が楽しんでくれたようでよかったよ」

「うん、うん」

言うこともなくてただ音を縦に小さく振り続けた。ホールはこんなにも音を美しく響かせる場所だったんだ。初めて知った。色が多過ぎて、それで音もぐちゃぐちゃだと思っていたけれど、夜闇に映し出される流《りゅう》麗《れい》な音、それは多分に色を含《ふく》んでるくせにこのだだ広い空に澄み渡っていくのだから。

「私は芸術家になりたい」

小さくつぶやかれた彼女《かのじょ》の声に、私は微かに振《ふ》り仰《あお》いだ。外よりかは薄暗いホールの星明かりの下で、先生の檸檬色の瞳《ひとみ》は爛々《らんらん》と輝《かがや》いていた。

（珠川こおり『檸檬先生』より。）

〈注〉1　ホワイエ――劇場等の建物の出入り口近くの広間。ロビーと近い意味で使われる。

〈注〉2　コスメ　コスメティックの略。化粧《けしょう》品等をまとめた呼び方。

＊問一～問四で「檸檬先生」という語句を用いるときには「先生」と書くこととする。

問一　――線部①〈檸檬先生の通常運転〉とありますが、これはどういうことですか。25字以上35字以内で説明しなさい。

問二　――線部②〈先生はへの字口で応答する〉とありますが、〈先生〉が〈への字口で応答〉したのはなぜですか。45字以上55字以内で説明しなさい。

問三　――線部③〈心に薄く、炭酸のような気持ちが広がった〉とありますが、ここで〈広がった〉のは〈私〉のどのような気持ちですか。30字以上40字以内で説明しなさい。

問四　――線部④〈頬が筋状に熱くなるのを感じていた〉とありますが、これはどういうことですか。〈音〉に対する〈私〉の感じ方の具体的

　先生に手を引かれて入ったホールの中には、ワインレッドの椅子《いす》が段々畑になって奥までぶわあと敷《し》き詰《つ》められていた。舞台《ぶたい》には白い幕が張ってあり、体育館のスクリーンのようになっている。天井《てんじょう》が高いんだな。顔を真上に向けていっぱいに目を見開けば天井に見える小さなたくさんのライトがちかりちかりと星のように光を降らした。密閉空間のようだけれど空気は澄《す》んでいる。そして静かだ。色がない。

　先生は真ん中より後ろらへんのセンター二つを陣取《じんど》って座《すわ》った。

「何するのこれ」

　ホール自体慣れぬ私は肩身狭《かたみせま》く隣《となり》に縮まって上目遣《うわめづか》いに先生を見つめる。先生は唇を真横に引いた。がさりと鞄《かばん》から取り出したのは黒い小さなリモコンである。昔家にあったそれよりもひとまわりばかし小さい。

「私音楽作っててさ。それ一緒に見ようぜ」

「え、音楽……⁉」

　思わず飛び上がる。まるで陸に上がった海老《えび》のように。音楽という単語につい拒否《きょひ》反応を示してしまった。今日は散々気持ちの悪いあの混色を耳にした。もういいだろう。これ以上は耳を泥に浸《つ》からせたくない。

　ぶんぶんと首を振る私を先生は呆《あき》れた表情で見てくる。

「お前な、忘れたのかよ。私も共感覚者なんだから『そういう』音楽はやだよ。そゆのじゃなくてさ、まあ見りゃわかるから騙《だま》されたと思って」

　肩を押さえつける動作の見た目はそれほど大きくもないのに、力はやたらと強くて私の体はあっさり座面に沈《しず》み込んだ。ここの椅子は随分柔《やわ》らかい。

　先生は後ろに向かってリモコンのボタンを操作した。

　ぶー、という少し縮れた音のあと、ホールが徐《おもむろ》に暗くなる。あの天井の星が消えていく。慎《つつ》ましやかな非常扉の緑だけちらりと覗《のぞ》いてあとは白いスクリーンだけが闇《やみ》に浮かんだ。

　白いスクリーンは白く光っている。その中にふわりと色が浮かんだ。水に濡《ぬ》らした画用紙の上に、薄めた水彩絵の具を垂らしたみたいに、様々な場所にふわりふわりと色が染《し》み渡《わた》っていく。目に入った瞬間《しゅんかん》にそれらは即座《そくざ》に頭の中で音に変換《へんかん》されて私の鼓膜《こまく》を揺《ゆ》らす。あんなにぱらりぱらりとなっているのに、

「あ、……」

　微《かす》かに声をもらした私の手は未《いま》だにひんやりとした先生の白い指に搦《から》め捕《と》られていた。

　頭のどこか真っ白なところに広がっていく音の並び。彩りに応じて耳の中を躍《おど》る音の並び。それは今までに一度も美しいと思ったことのない音楽。泥水のようだと思っていた曲を模《かたど》っていた。

「しん、こ、……」

　音にもならない掠《かす》れ声を、先生は余すところなく拾って、前を見たまゆっくり笑った。

「そうだよ、シンコペーテッドクロック。あれ、すんごい気持ち悪ィ曲だろ。音跳《は》ねたり伸ばしたり重ねたりするからさ、すぐに混ざってぐっちゃぐちゃ。でも先にこうやって色を並べてあげて、それを音に変換してみるとさ、音の色を気にしないで音楽そのものを『聴《き》ける』ってわけだ」

　どんどん音へと変換されていくその時計の色彩映像を食い入るように見つめた。ロングトーンは長く画面を彩り続け、上下にある色でふわり

「受け付けの、お姉さんが」
「ああ、あいつら？」
「目になんか塗ってた。青っぽい」
「あー……。アイシャドウね、アイシャドウ。あれは高いやつ塗らせてんの。宝《たから》井《い》堂《どう》注2のコスメのでさ。確かコラボグッズで、あれはんぱねー高さなのよ。誰《だれ》が買うかってのアイシャドウなんて今じゃ百均とかでも買えちゃうしな」
「アイシャドウってんだ」
「見たことないの」
「ううん、ママが夜塗ってる。ちょっと赤っぽいの」
「……あ、っそ」
　檸檬先生はすっと目を横にそらしてしまったから私は慌《あわ》てて腕を引っ張ってこちらを向かせた。
「あの色、僕《ぼく》知らなくてさ、何色かなって思って」
「あの色？」
　眉《まゆ》を寄せると先生の顔は凄《すご》みがあってちょっと怖《こわ》い。正直にそう言うとイケメンだからさ、ってちょっと戯《おど》けた。
「アイ、いィ……シャドウの色」
「あー、あれな？　確かなー商品名的にはヴァイオレットクールブルーとかだった。くそだっさ！　そのまんまかよ！」
「ゔぁい……ブルーは青でしょ？　じゃああれ青なのやっぱり」
「いんや、一口に青っつったら大雑把《おおざっぱ》だから知りてえんだろ」
　檸檬先生の言葉にちょっと頷《うなず》く。
「あれはな、ヴァイオレットってのがすみれ色だ。薄紫《うすむらさき》。つまり紫がかった青ってことだろうな。冷たい……クール……まあクールっつったらかっけーってことだけどざっくり言うと知的青紫ってわけ」
「それはそれでカッコ悪いよ先生そのまんまじゃん」
　唇《くちびる》を突き出す。②それを見た先生はへの字口で応答する。
「かっこいい名前が必要かよ」
「流石《さすが》に知的青紫はやだ」
「あっそ」
　先生は黙《だま》り込《こ》んでしまった。大ホールのA扉を目指して長い廊下《ろうか》を歩く。白い壁はどこまでも白い。
　あの青はなんだろう。あの青は水の青じゃない。海は青だっていうけれど、夏ならきっとあの青はもっと鮮《あざ》やかだろうしかといって「クール」な印象のある冬なら、海の青はそう灰色だ。灰色と鮮やかな青の合間ならあのアイシャドウの色になるかもしれない。秋の海色だ。きっと。
　重い二重扉の外側の方を、先生は意地で片手で開けた。私は先生と扉の間に入って全身で一緒《いっしょ》に押してみる。と、上から涼《すず》やかな声が降ってきた。
「あやめ色だ」
「ぅえ？」
「あやめ色だよ少年。朝露《あさつゆ》を受けて、カッコ良く佇《たたず》むあやめ色」
　③心に薄く、炭酸のような気持ちが広がった。私は歯を見せた。檸檬先生もにっと笑った。
「かっけーだろ」
「うん」
　先生の頬の泥が乾《かわ》いた音でぱきりとひび割れた。

「ホウライホールです」

き、ときっちり止まった車からいの一番に飛び降りる。奥《おく》で檸檬先生があの分厚い財布《さいふ》を広げて乱雑に一枚お札を運転手に押《お》し付《つ》けていた。

「釣《つ》りはいらねー。私ら急いでんだ」

突《つ》き放《はな》した言い方だ。それが①檸檬先生の通常運転だということは知っている。タクシーの扉《とびら》が閉まり車は間を置いてからゆっくりと発進した。私はタクシーの背中にぶんぶんと一往復手を振《ふ》った。大きく右手で振った。左手を檸檬先生に掴《つか》まれる。

「ほらいくぞ少年」

　ホールの前はそこそこに賑《にぎ》わいのある大通りだが、エントランスは閑《かん》散《さん》としている。土曜の真昼間、ホールでのイベントもなく理由なく訪《おとず》れるものも稀《まれ》であるがために、私と檸檬先生二つの影《かげ》くらいしか床《ゆか》に伸《の》びるものはなかった。青い服で全身の黄色を押し隠《かく》した警備員が、何もない平和な日にうつらうつらと目を細めている。ホールに突然《とつぜん》入ってきた凸凹《でこぼこ》の体操着を見て狐《きつね》のようであった瞼《まぶた》をぱっちりと開いた。訝《いぶか》しげに見てくる。先生はその前を素通《すどお》りして横にあるインフォメーションカウンターに向かった。

　カウンターの二人のお姉さんはどちらも黒い髪《かみ》をぴっと頭のてっぺんでお団子にしていて、目と、二重《ふたえ》のしわのその合間に紫《むらさき》とも青ともつかぬ色を浮《う》かべていた。檸檬先生の顔を見ると元から背中に下敷《したじ》きが入ってるのではと錯覚《さっかく》するほど真《ま》っ直《す》ぐだった背筋をそれはもうこの上ないほど伸ばし、最上級の作り笑いを浮かべた。周りの空気が冷たい水色だから私はなんだか急に心臓を氷水に浸《ひた》したかのようにぎゅっと身を縮こまらせて緊張《きんちょう》した。

「お嬢《じょう》様、よくいらっしゃいました」

「お嬢様とか言うな」

間髪《かんはつ》をいれずばっさりと切り落とした先生はカウンターに不良みたいに片腕《かたうで》だけ突き、体重をかけた。

「申し訳ございません、お嬢様」

「だから！」

　先生は声を荒《あ》らげたけど、その声色《こわいろ》は少しマイルドカラーだったから私は胸を撫《な》で下《お》ろした。受け付けのお姉さんもまた作り笑いを解いた。

「本日はどのようなご用件で……多目的室のご利用ですか？　只今蓬莱《ただいまほうらい》幼稚園《ようちえん》が利用中ですが、あけましょうか」

「いや、いいよ。ホール使うわ。大ホール。それとシアター設備セットしといて。パパ名義でよろしく」

「承知いたしました」

　深々と頭を下げた女性二人を置き去りにして檸檬先生はさっさとその場を去った。腕《うで》を掴まれている私もそのまま連動してついていく。

　大ホールは入り口がまず分厚い二重扉で、[注1]ホワイエの奥にさらに防音の二重扉、というようになっている。真っ白く塗《ぬ》られた壁《かべ》と真っ赤なカーペットがロイヤルで落ち着かなかった。体操着で堂々と歩く先生が嫌に様になる。きっと姿勢がよくて髪がさらさらと靡《なび》いているからだ。見つめていた私は頰《ほお》についた泥《どろ》を見てまた気持ち悪くなった。先生はふと口元を笑《え》みで彩《いろど》った。

「ホールは初めて？　随分《ずいぶん》カチコチ」

　鼻で笑われてむっとした。違《ちが》う、と鋭《するど》めに言ってみる。先生はよけいに口から耐《た》えきれない息をもらした。

ンティア団体のことを、ネットをつうじて知った。

日常生活を送るさいに、どこかに立ち寄る習慣をつくっておくのも効果的だ。お酒やコーヒーが好きならば、居酒屋やスナック、カフェの常連になるという手もある。

そのさい、重要なのは、交流やつながりづくりを目的とした集まりは、なるべく避《さ》ける、ということだ。交流やつながりづくりを重視した場では、「友だち」感覚が醸成《じょうせい》され、肩に力が入りやすくなる。

ゆえに、何らかの活動をベースに定期的に参加できるものがよい。交流以外の目的で定期的に参加してゆくなかで、仲良くなってゆく、あるいは、仲のよい人ができたらもうけもの、くらいがちょうどよいのである。まず、④「友だちになる」「友だちをつくる」という考えを脇《わき》におき、人のなかに入っていくことこそが肝要《かんよう》である。

〈注〉コスパ意識――「コスパ」とはコストパフォーマンスの略で、費用対効果のこと。筆者は、自分にとってどれだけ得るものがあるかどうかで友人を判断することを、コスパ意識と呼んでいる。

問一　――線部①〈友だちを得よう〉とありますが、私たちが〈友だちを得〉る目的はどうすることですか。15字以内で説明しなさい。

問二　――線部②〈「友人」「友だち」というラベルは重すぎるのである〉とありますが、この〈ラベル〉が人との付き合いを不自由なものにしてしまうと筆者が考えるのはなぜですか。65字以上75字以内で説明しなさい。

問三　――線部③〈「友だち」になることを求めてくる圧力とやや距離をとり、フラットな視点でいるほうがよいだろう〉とありますが、〈「友だち」になることを求めてくる圧力とやや距離をと〉る〈ほうがよい〉と筆者が考えるのはなぜですか。50字以上60字以内で説明しなさい。

問四　――線部④〈「友だちになる」「友だちをつくる」という考えを脇におき、人のなかに入っていく〉とありますが、これはどういうことですか。80字以上100字以内で説明しなさい。

下書き用（使っても使わなくてもかまいません）

20

四　次の文章を読んで後の問いに答えなさい。

小中一貫校《いっかんこう》に通う小学三年生の〈私〉（少年）は、数字や音や人の姿に色《しき》彩《さい》を感じとってしまう「共感覚」という特異な感覚の持ち主で、そのことが理由で周囲から嫌《いや》がらせを受けています。ある時、音楽室で出会った同じ学校の中学三年生の少女も共感覚者であることを知り、少女のことを〈檸檬《れもん》先生〉と呼び、学校生活になじめるように様々なことを教えてもらう関係になりました。初参加の運動会で様々な色や音が混じり合い、気分が悪くなってしまった〈私〉を、〈檸檬先生〉は学校から連れ出し父の会社が所有する〈ホウライホール〉へとタクシーで向かいます。以下はそれに続く部分です。

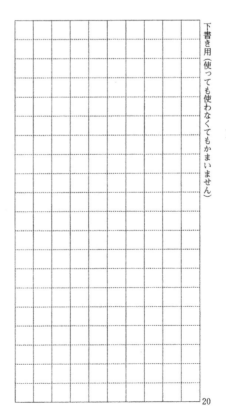

私自身はつながりのある相手を友だちかどうかという基準で区分しない。誰かに対して「友人」「友だち」という言葉を使うこともない。家族・親族は別だが、それ以外は「知り合い」で統一している。理由は以下のとおりだ。

友人や友だちは、「よきもの」というイメージが強く根付きすぎている。かりに、ある人を「友だち」と呼ぶようになったとしよう。誰かに「友だち」というラベルを割《わ》り振《ふ》るようになると、私は相手に対して、つながりにかんするある一定の水準を満たした人と判断しているような気分になる。

このような考えにとらわれるのが非常に煩《わずら》わしいため、私は、出会った人はみな、「知り合い」と呼ぶようにしている。そうすると、出会った相手を判定するという感覚から距離をおけるので、注コスパ意識を緩和《かんわ》することもできる。

では、私に「友だち」がいないのかというと、おそらくそんなことはないだろう。相手が私のことを「友だち」と認識《にんしき》してくれていることはあるだろうし、定期的に飲食をともにする「知り合い」もいる。ただ、関係性に貼《は》り付《つ》けられたラベルに振り回されて、悩《なや》むことは疲《つか》れるので、そうしていないだけだ。

「友だち」というメッセージ性の強い概念から距離をおくことで、人と自由につきあえるようになることもある。私から見れば、②「友人」「友だち」というラベルは重すぎるのである。

その一方で、社会の側から「友だち」を意識させようと圧力がかかる機会は多い。「はじめに」でも指摘《してき》したように、卒園式や入学式では、「友だちができること」「ずっと友だちでいること」を礼賛《らいさん》する歌が歌われている。

哲学《てつがく》者は友人を理想の関係性と見なし、そのようなつながりをつくることを人生の幸せととらえていた。

日常生活でも友人・友だちに触《ふ》れる機会は多い。私たちは子どもと話をするさいに、「学校の友だちと仲良くしなさい」という言葉を頻繁《ひんぱん》に使う。教員もそうだろう。「友だちなんだからクラスの人とは仲良くしなさい」としばしば言う。若者の間では、友だちのいない人を「ぼっち」と呼び、見下した視線を注ぐ。

こうした行為《こうい》には、出会った人、居合わせた人とは「友だち」になり仲良くするのがよいというメッセージや、「友だち」のいない人はさびしい人だというメッセージが込められている。

とはいえ、出会った人、居合わせた人すべてと「友だち」になるというのは無理な想定だ。人は頑張《がんば》っても「友だち一〇〇人」などそうそうできないし、「ずっと友だち」でいられることもなかなかない。そうであるならば、③「友だち」になることを求めてくる圧力とやや距離をとり、フラットな視点でいるほうがよいだろう。

その一方で、世のなかに目を向けると、つながりをつくる機会はたくさんある。趣味《しゅみ》のサークルを探そうと思えばいくらでもあるし、趣味はお金がかかるというのであれば、ボランティア活動でもよい。多くのボランティア団体はメンバー不足に悩んでいるのが実情だ。

前の章で批判的に記述したインターネットを介《かい》したつながりも、そこに頼《たよ》りすぎなければよいだろう。私自身も、今所属している地域のボラ

【国　語】（五〇分）〈満点：一〇〇点〉

一　次の①～⑤の□に当てはまる言葉を語群から選び、漢字で答えなさい。

①この事態に私は□惑《わく》してしまった。

②これくらいのことなら□作なくできるよ。

③激しく降っていた雨も、今は小□状態になりました。

④□道されているような事実は本当にあったのだろうか。

⑤旅行中の出来事を□行文にまとめた。

《語群》
ホウ　キ　コウ　コン　ゾウ

二　次の①～⑤の□に当てはまる漢字一字を自分で考えて答えなさい。

①僧侶《そうりょ》は念仏を「南無阿弥陀仏《なむあみだぶつ》」と□えた。

②彼はいつも笑顔を□やさず応対する。

③社長は断□の思いで社員に倒産《とうさん》を伝えた。

④運命に身を□ねてみようと思う。

⑤おいしい料理に□鼓《つづみ(づつみ)》を打った。

三　次の文章は、石田光規『「友だち」から自由になる』の一部です。本文で筆者は「かつて」の友人・友だちと「いま」の友人・友だちについて考察しています。以下の文章を読んで後の問いに答えなさい。

結局のところ、「かつて」であっても「いま」であっても、友情で結ばれたつながりができる機会はまれであっても存在するし、友人関係がもろさを抱《かか》えていることも共通していた。

それならば、友人関係の有無《うむ》や関係の破綻《はたん》にそこまでおびえることもないだろう。かりに関係が破綻にいたったとしても、ニーチェのように、「互《たが》いにいっそう敬意を払《はら》うに足る存在」になればよいのだ。

重要なポイントは、関係の流動化とともに、友人・友だち概念《がいねん》が蔓延《まんえん》し、私たちが必要以上に「友人・友だち」をつくるよう意識させられてしまったこと、その一方で「かつて」の人びとのように、安定的な関係を下地に、友情を育むほどの時間に恵《めぐ》まれていないことにある。

以上の議論をふまえて私が提案したいのは、いったん、友人・友だち・友情といった概念から距離《きょり》をおくことである。

自らが動かなければ、つながりから漏《も》れる可能性のある時代を生きる私たちは、つながりを確保しようと肩《かた》に力を入れがちだ。つながりを確保するために、なんとか友だちをつくろうと焦《あせ》る気持ちはわからなくもない。しかし、①友だちを得ようと欲《ほっ》するほど、かえって苦しくなることもある。

友だちを得ようと意識すれば、私たちは目の前にあるつながりを逃《のが》すまいと肩に力を入れてしまう。その結果、相手の気持ちにとらわれ、つながりのなかにマイナスの材料を持《も》ち込《こ》まないよう気を遣《つか》ってしまう。

誰《だれ》かと友だちであろうと意識するあまり、相手に率直《そっちょく》にものを言えなくなったり、逆に、おたがいをぶつけ合えるつながりがないことに目がいったり、ということは多くの人が経験する。

第1回

2023年度

解 答 と 解 説

《2023年度の配点は解答欄に掲載してあります。》

＜算数解答＞《学校からの正答の発表はありません。》

[1] (1) 12321 (2) $\frac{1}{56}$ [2] (1) 5% (2) 8 [3] ア 2本 イ 42本

[4] (1) ア 4個 イ 3.5 (2) 16 [5] (1) 5：7 (2) $\frac{7}{30}$倍

[6] (1) 600m (2) 77：60 (3) $52\frac{2}{17}$分後

[7] ア 256通り イ 16通り ウ 4通り エ 2通り

[8] (1) 時速9km (2) ア 20分間 イ $143\frac{1}{3}$分 (3) 4km

○推定配点○

[1]～[3],[7] 各4点×10 他 各5点×12 計100点

＜算数解説＞

[1] (四則計算)

(1) $11.1\times11.1\times(2+12+30+56)=11.1\times1110=12321$

(2) $\square=\left(\frac{79}{72}-\frac{2}{9}\right)\div14\times\frac{2}{7}=\frac{7}{8}\div49=\frac{1}{56}$

重要 [2] (割合と比)

(1) $(8\times1+7\times1)\div3=5(\%)$

(2) $8\times1+7\times2=22=2\times(1+2+\square)$

$\square=22\div2-3=8$

や難 [3] (割合と比，消去算)

A君の初めの本数を③，B君の初めの本数を[5]とする。

2人の最後のそれぞれの本数…52÷2＝26(本)ずつ

A君の本数についての式…②－[1]＝26

B君の本数についての式…[5]＋①＋[1]＝[6]＋①＝26

2つの式…[6]＋①が②－[1]に等しく[7]＝①

[1]の本数…[7]×2－[1]＝[13]が26本に相当するので[1]は26÷13＝2(本)

[ア]…A君がB君に2回目にあげた本数は2本

[イ]…A君の初めの本数は2×7×3＝42(本)

重要 [4] (割合と比，数の性質，数列)

(1) $\frac{\square}{80}=\frac{4}{5}$のとき，$\square=80\times4\div5=64$，$\frac{\square}{80}=\frac{23}{24}$のとき，$\square=80\times23\div24\fallingdotseq76.6$ 80…2×2×2×2×5

[ア]約分できない分数の個数…分子が67から73までの奇数であり，(73－67)÷2＋1＝4(個)

[イ]約分できない分数の和…(67＋73)×2÷80＝3.5

(2) 5の倍数を除く1から79までの奇数の和

…1＋3＋7＋9＋～＋71＋73＋77＋79＝(1＋79)×4×4＝80×16

したがって，約分できない分数の和は80×16÷80＝16

【別解】　1から79までの奇数の和…$(1+79)\times(80\div2)\div2=80\times20$
5から75までの5の倍数の奇数の和…80×4
したがって，求める分数の和は$80\times(20-4)\div80=16$

重要 5 （平面図形，相似，割合と比）

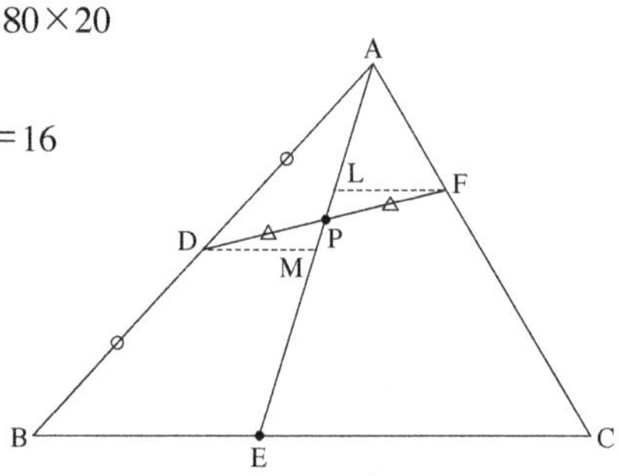

(1)　三角形LPFとMPD…右図より，LF，MD，BCは平行であり，これらの三角形は合同
AEの長さを12とする。
AL…$12\div3=4$　AM…$12\div2=6$　AP…$(4+6)\div2=5$
したがって，AP：PEは$5:(12-5)=5:7$

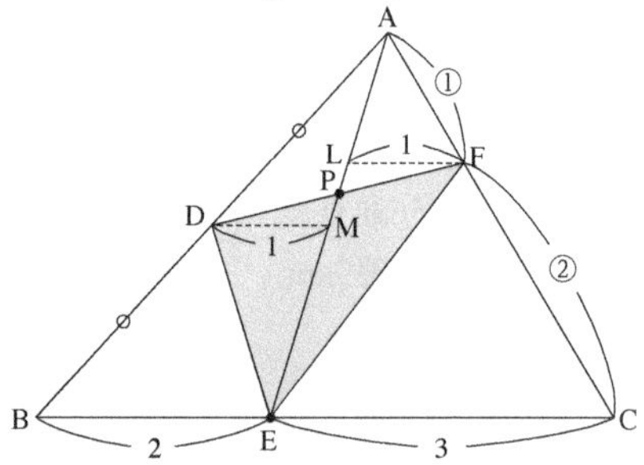

(2)　LF＝MD＝1とする。　EC…3　BE…2
三角形ADFの面積…三角形ABCの面積の$\frac{1}{2}\times\frac{1}{3}=\frac{1}{6}$
三角形BEDの面積…三角形ABCの面積の$\frac{1}{2}\times\frac{2}{5}=\frac{1}{5}$
三角形CFEの面積…三角形ABCの面積の$\frac{3}{5}\times\frac{2}{3}=\frac{2}{5}$
したがって，三角形DEFの面積は三角形ABCの
$1-\left(\frac{1}{6}+\frac{1}{5}+\frac{2}{5}\right)=\frac{7}{30}$(倍)

重要 6 （速さの三公式と比，旅人算，グラフ，割合と比，単位の換算）

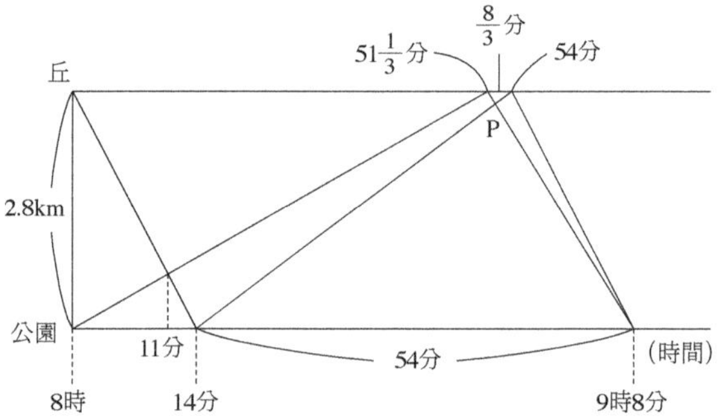

(1)　次郎君と太郎君の速さの比…グラフより，$(14-11):11=3:11$　したがって，11分までに次郎君が歩いた距離は$2800\div(3+11)\times3=600$(m)
(2)　次郎君の初めの分速…$\frac{600}{11}$m
太郎君が2回目に丘から歩く時刻…9時8分－14分＝8時54分
太郎君が公園から歩く分速…$2800\div(54-14)=70$(m)
したがって，2人の速さの比は$70:\frac{600}{11}=77:60$
(3)　次郎君が丘に着いた時刻…$2800\div\frac{600}{11}=\frac{154}{3}=51\frac{1}{3}$(分)
頂点Pを共有する2つの三角形の相似比…$(68-14):\left(54-51\frac{1}{3}\right)=81:4$
したがって，2回目に2人が出会うのは$54-(54-14)\div(81+4)\times4=52\frac{2}{17}$(分)

7 （平面図形，図形や点の移動）

ア…1枚の正方形の向きが4通りあり，4枚の正方形をそれぞれ配置するので，全体の模様は$4\times4\times4\times4=256$(通り)

重要 イ…左右対称は右図より，$4\times4=16$(通り)

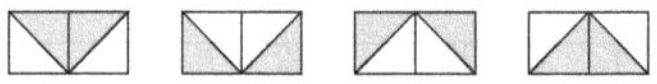

ウ…左右・上下対称は右図より，4通り

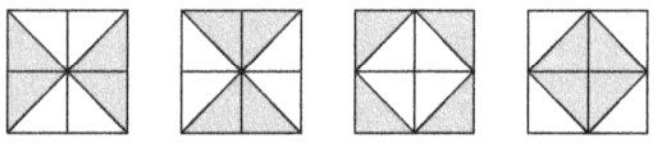

エ…左右・上下対称で90度回転しても同じものは2通り

8 (速さの三公式と比，流水算，グラフ，割合と比，単位の換算)

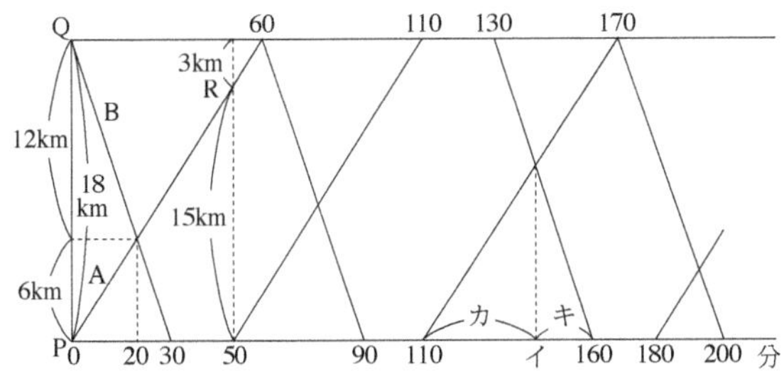

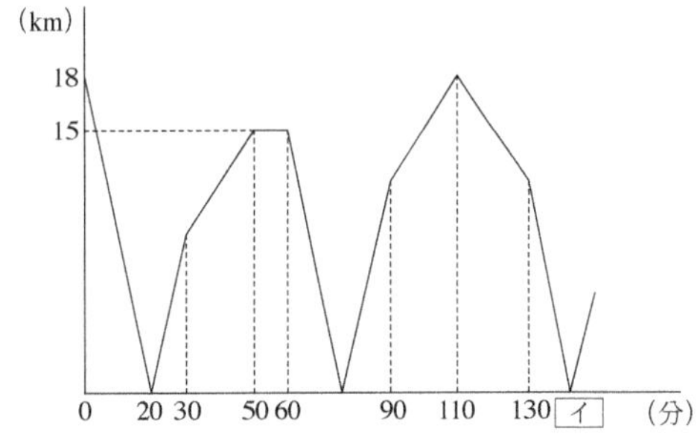

(1) 上りの時速…グラフより，18km
下りの時速…18×2＝36(km)
流れの時速…(36－18)÷2＝9(km)

(2) BがPまで下った時刻…60×18÷36＝30(分)
AがRまで上った時刻…60×15÷18＝50(分)
ア…船の休止時間は50－30＝20(分間)
イ…グラフより，時間キは(160－110)÷(2＋1)
$=16\frac{2}{3}$(分)であり，イは$160-16\frac{2}{3}=143\frac{1}{3}$(分)

(3) ウ…右図より，頂点Sを共有する2つの三角形の相似比は(290－220)：(280－260)＝7：2であり，SQの距離は18÷(7＋2)×2＝4(km)

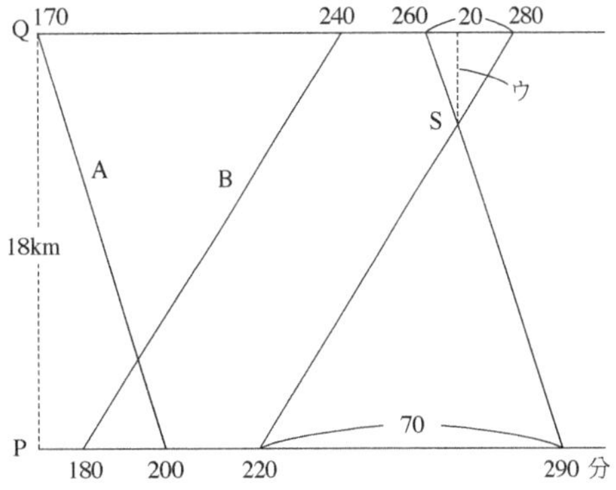

★ワンポイントアドバイス★

2「食塩水の濃度」は，方法によっては簡単に解ける。3「鉛筆の本数」は簡単ではなく，5「三角形の長さの比と面積の割合」は，よく出題されるタイプの問題であり，6「速さとグラフ」の問題も，解けるように練習すべきである。

＜理科解答＞《学校からの正答の発表はありません。》

1 (1) 98(cm^3) (2) イ，オ (3) 右図
(4) オ (5) カ (6) ウ
(7) (ア) はいしゅ
(イ) しぼう

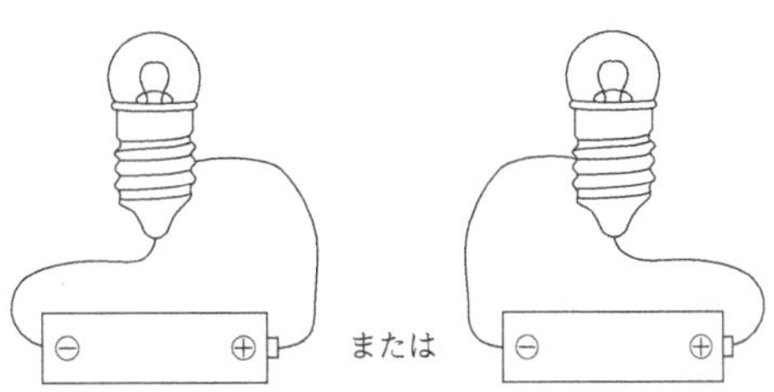

2 (1) 40(m) (2) エ
(3) 示相 (4) イ (5) ア
(6) 5(cm) (7) イ

3 (1) エ (2) オ (3) カ (4) オ (5) 2，3，4，1 (6) エ

4 (1) オ (2) 塩酸 (3) オ (4) キ
(5) (A)(あ) － (い) － (B) ウ

5 (1) しょくばい (2) ウ，エ (3) C，E，F
(4) (例) カタラーゼは，80℃や0℃でははたらきが弱まる。

(5) (a) 右図

(b) 体積 3(倍)

時間 1(倍)

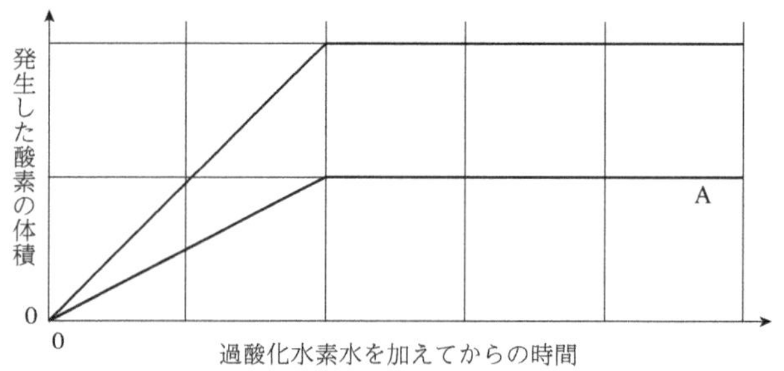

○推定配点○

1 (1) 3点 他 各2点×7 2 (1) 3点 他 各2点×6

3 (5)・(6) 各3点×2 他 各2点×4 4 各2点×7

5 (5)(a) 3点 各2点×6((3)完答) 計75点

<理科解説>

1 (総合―小問集合)

重要 (1) エタノール70cm^3の重さは 70×0.79＝55.3(g), 水30cm^3の重さは30gなので, 水よう液の重さは 55.3＋30＝85.3(g) になる。水よう液1cm^3あたりの重さが0.87gのとき, 水よう液の体積は85.3÷0.87＝98.0…より, 98cm^3

(2) 食酢とレモン果汁は酸性, 牛乳は中性である。

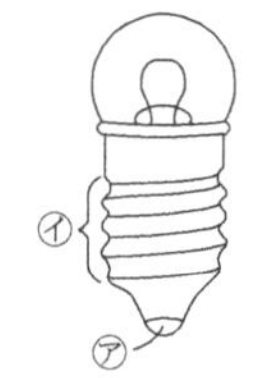

基本 (3) 豆電球をソケットを使わずに点灯させるには, 乾電池の＋極と－極からの導線を, 一方は右の図の㋐の部分, もう一方は㋑の部分につなぐ。

(4) 豆電球を分解したときに内部から出てきた破片は, ガラス球と口金の間にあったものである。これは, 電気を通さず, ガラス球を支えている。

重要 (5) 雨をもたらす主な雲には積乱雲と乱層雲があり, 急な雷雨をもたらすのは積乱雲である。

(6) 上空から降ってくる氷の粒のうち, 直径が5mm以上のものをひょう, 5mm未満のものをあられという。

重要 (7) 胚珠が子房に包まれている植物を被子植物, 胚珠が子房に包まれていない植物を裸子植物という。胚珠は種子, 子房は果実になるため, 裸子植物には果実ができない。

2 (流水・地層・岩石―地層の観察)

やや難 (1) 図1と図2から, 火山灰の層の上面の標高は, A地点では 160－30＝130(m), B地点では 180－50＝130(m), C地点では 100－20＝80(m)とわかる。火山灰の層は同じ地層であることから, この地域の地層は東西方向には傾きはなく, 南北方向には, 南が低くなるように傾いていることがわかる。よって, D地点の火山灰の層の標高はC地点と同じなので, D地点では地表から 120－80＝40(m) ほったときにはじめて火山灰の地層が出てくる。

重要 (2) X層から河口や湖で生息するシジミの化石が見つかったことから, X層がたい積したとき, この地域は河口や湖であったと考えられる。

基本 (3) シジミの化石のように, 地層がたい積した当時の環境を推定するのに役立つ化石を示相化石という。一方, 地層がたい積した年代を推定するのに役立つ化石は示準化石という。

重要 (4) 図3はビカリアの化石で, ビカリアは新生代にはんえいしていた生物である。デスモスチルスもビカリアと同じ新生代にはんえいしていた生物である。なお, アンモナイトと恐竜は中生代, 三葉虫とフズリナは古生代にはんえいしていた生物である。

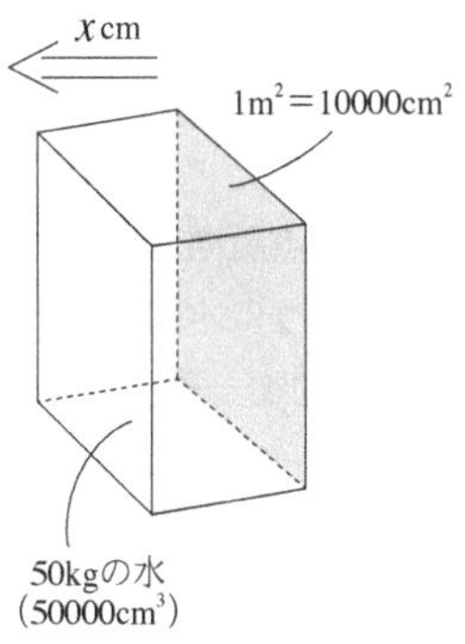

基本 (5) 川が蛇行して流れているところでは，外側の流れが速く，内側の流れがおそい。そのため，内側には粒の小さな砂がたい積しやすく，外側は流れによって川底が深くけずられやすくなる。

(6) 水1gの体積は$1cm^3$なので，50kg＝50000gの水の体積は$50000cm^3$である。また，$1m^2＝10000cm^2$だから，右の図のような，$50000cm^3$の水のかたまりが1秒間に$x$cm動くと考えると，$10000(cm^2)\times x(cm)＝50000(cm^3)$　$x＝5(cm)$

重要 (7) 粒の大きなものほど底に沈み，粒の大きさは，大きいものから順に小石，砂，泥となるので，一番下には小石の層，一番上には泥の層ができる。

3 (光の性質―凸レンズの性質)

重要 (1) 図1から，凸レンズの軸(図の凸レンズの中心を通る点線)に平行な光は，レンズを通った後，焦点を通ることがわかる。また，図2から，焦点を通る光は，レンズを通った後，凸レンズの軸に平行に進むことがわかる。よって，図4のように進んだ光は，レンズを通過後，エのように進む。

やや難 (2) ロウソクからの光は凸レンズのあらゆる面を通過してスクリーンに届く。そのため，凸レンズの半分をかくしても，ロウソクからの光は，レンズのかくされていない部分を通過するので，像の大きさや形は変わらない。しかし，レンズを通過する光の量が少なくなるため，像全体が暗くなる。

やや難 (3) 右の図のように，ロウソクのPが1cm上のQに移動したと考え，スクリーンにうつったP，Qからの光による像の位置をそれぞれP'，Q'とする。ロウソクから凸レンズまでの距離が30cm，凸レンズからスクリーンまでの距離が45cmなので，図で，OA：OB＝30(cm)：45(cm)＝2：3 となり，AQとBQ'は平行なので，PQ：P'Q'＝OA：OB＝2：3とわかる。よって，PQ＝1cmだから，1(cm)：P'Q'＝2：3　P'Q'＝1.5(cm)である。したがって，ロウソクを元の位置から1cm持ち上げると，像の位置は下に1.5cmずれる。

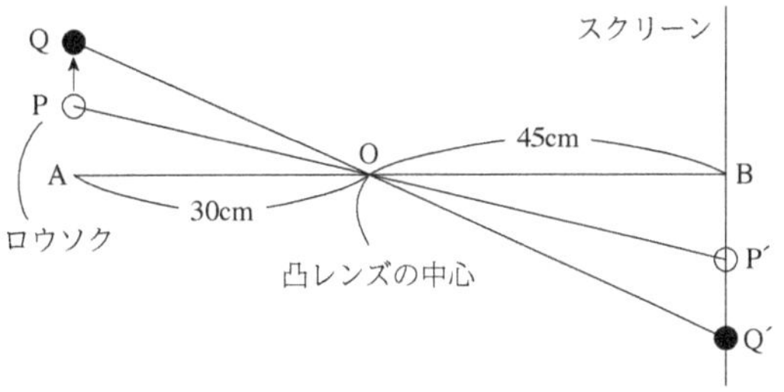

(4) 凸レンズを通った光によってスクリーン上にできる像は，実際の物体と上下左右が逆向きになる。ただし，図6はスクリーン側から見たものなので，凸レンズ側からスクリーンを見たときに見える像の手の向きは図6と同じになる。

やや難 (5) ロウソクが焦点距離の2倍の位置にあるとき，スクリーン上の像の大きさはロウソクと同じになり，焦点距離の2倍の位置より遠い位置にあるとき，像の大きさはロウソクより小さくなり，凸レンズと焦点距離の2倍の位置の間にあるとき，像の大きさはロウソクより大きくなる。よって，実験1のときの像の大きさはロウソクより小さく，実験2，3のときの像の大きさはロウソクより大きくなり，実験4のときの像の大きさはロウソクと同じになる。また，ロウソクと凸レンズの間の距離が同じであるとき，凸レンズの焦点距離が大きいほど像は大きくなるので，実験2と実験3の像の大きさを比べると，実験2の像のほうが大きくなる。よって，像の大きさは大きいものから順に，実験2の像＞実験3の像＞実験4の像＞実験1の像 となる。

やや難 (6) ① 凸レンズは，レンズの中央が厚いほど焦点距離が短くなる。 ②・③ 実験1・2で，「ロウソクから凸レンズまでの距離」が長くなると，「凸レンズからスクリーンまでの距離」が短くなることから，イカが遠くのものを見るときは，網膜と水晶体の間の距離が短くなるように水晶体の位置を網膜側に移動させる。また，近くを見るときは，逆に水晶体の位置を角膜側に移動させる。　④・⑤　実験1・4で，「ロウソクから凸レンズまでの距離」が長くなると，「凸レンズの焦点距離」が長くなることから，ヒトが遠くのものを見るときは，水晶体の焦点距離は長くなるように水晶体をうすくする。また，近くを見るときは，逆に水晶体を厚くする。

4 (動物―寄生生物)

(1)　ヒトのかん臓でつくられる消化液は胆汁である。胆汁は消化酵素はふくまないが，脂肪を細かい粒にするはたらきをもつ。

(2)　胃液には強い塩酸がふくまれている。

基本 (3)　ハチの成虫のはねの枚数は多くの昆虫と同じ4枚である。ノミはアリなどと同じで成虫のはねの枚数は0枚，ハエはアブやカと同じで成虫のはねの枚数は2枚である。

(4)　アブラムシは，大きな分類ではセミと同じカメムシのなかまに分類される。ダニはあしが8本あり，大きな分類ではクモと同じなかまに分類される。

(5)　(A)　サケ科の魚のエサの60％を占めていたカマドウマがいなくなってもサケ科の魚の数はすぐには変化せず，サケ科の魚はカマドウマ以外にエサとしていた水生昆虫(幼虫)やその他の陸生昆虫をより多く食べるようになるため，水生昆虫やその他の陸生昆虫の数は減っていく。

(B)　すべての陸生昆虫が水中に落下できなくなると，サケ科の魚のエサは大きく減少する。そのため，エサが減ったサケ科の魚の数は減る。サケ科の魚が減ると，サケ科の魚に食べられていた水生昆虫の数は，食べられにくくなるため増える。水生昆虫が増えると，水生昆虫に食べられるため落ち葉は減る。また，ハリガネムシは陸上昆虫を利用して水中に戻ることができなくなるため，水中のハリガネムシの成虫は減る。

5 (気体の発生と性質―酸素の発生)

(1)　自身は変化せず，他の物質の反応を促進するはたらきをもつものを触媒という。

基本 (2)　ウ　酸素にはものを燃やす性質があるため，酸素で満たされた試験管に火のついた線香を入れると，線香はほのおを上げて激しく燃える。　エ　酸素自身は火をつけても燃えない。火をつけたときにポンと音がなって燃えるのは水素で，水素が燃えると水ができ，火は消える。

重要 (3)　水よう液の性質によるはたらきのちがいを調べるときは，水よう液の性質の条件だけを変え，他の条件は同じにした実験の結果を比べる。よって，塩酸を用いていて水よう液が酸性のE，水酸化ナトリウム水よう液を用いていて水よう液がアルカリ性のFと，これらと過酸化水素水の体積が同じ3cm^{3}であるCの結果を比べればよい。なお，このような実験を対照実験という。

(4)　A，G，Hでは温度の条件を変えていて，80℃にしたGや0℃にしたHでは，酸素がほとんど発生しなかったことから，カタラーゼのはたらきが弱まったことがわかる。

(5)　(a)　Aの結果を基準にすると，レバー液の体積が同じで，過酸化水素水の体積が2倍になったBでは，発生する酸素の体積は2倍になり，同じ体積の酸素が発生するのにかかる時間は変わらないことがわかる。また，過酸化水素水の体積が同じで，レバー液の体積が2倍になったCでは，発生する体積は変わらず，同じ体積の酸素が発生するのにかかる時間が半分になることがわかる。　(b)　過酸化水素水の体積が3倍になると，発生する酸素の体積は3倍になる。また，レバーの体積が3倍になると，同じ体積の酸素が発生するのにかかる時間が$\frac{1}{3}$になる。同じ体積の酸素が発生するのにかかる時間が$\frac{1}{3}$になるが，発生する体積が3倍になるので，グラフが平らになるまでの時間はAと同じになる。これをグラフに表すと右の図のようになる。

やや難

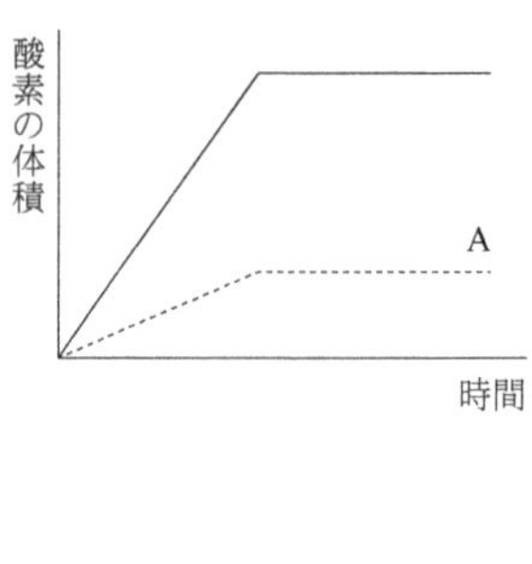

★ワンポイントアドバイス★

単なる知識だけを問う問題は少なく，学んだ知識や与えられた条件などをもとに考える問題が多いので，知識だけでなく，読解力や思考力を養える練習を重ねておこう。

＜社会解答＞《学校からの正答の発表はありません。》

【1】 問1 ① 有明(海) ② 吉野(川) ③ 紀伊(山地) ④ 津軽(平野)
問2 エ 問3 ウ 問4 エ 問5 ア 問6 イ 問7 イ
問8 ハブ(空港) 問9 イ

【2】 問1 ① 阿弥陀 ② 念仏 問2 ウ 問3 ウ 問4 エ 問5 エ
問6 イ 問7 イ 問8 ウ 問9 ウ 問10 2番目 イ 5番目 エ

【3】 問1 Ⅰ ア 本会議 イ ④ Ⅱ ① 問2 ① 問3 1 帝国(議会)
2 天皇 3 30(歳) 4 政党 問4 Ⅰ 法 Ⅱ エ 18(歳)
オ 男女雇用機会均等(法) 問5 ④ 問6 ① 問7 民主主義

【4】 問1 ウ 問2 水素 問3 大逆事件 問4 (1) エ (2) (例) 価格が安い古本ではなく定価の新品を購入することが小説の作者の収入につながり，作者が創作活動を続けられることから，お気に入りの小説の続編を読むことができる。

○推定配点○

【1】 問1 各1点×4 問2～問9 各2点×8 【2】 各2点×11(問10完答)
【3】 問1Ⅰ・問3・問4Ⅰ 各1点×7 他 各2点×7
【4】 問4(2) 4点 他 各2点×4 計75点

＜社会解説＞

【1】 (日本の地理－日本の国土と自然，農林水産業，貿易，交通)

問1 ① 九州地方の福岡県や佐賀県，熊本県などが面している海は，有明海である。 ② 徳島県北部などを流れ，紀伊水道に注いでいる河川は，吉野川である。 ③ 奈良県南部や三重県南部などにまたがる山地は，紀伊山地である。 ④ 青森県西部に広がる平野は，津軽平野である。

問2 ☆1は北海道の奥尻島，☆2は新潟県の佐渡島，☆3は鹿児島県の屋久島を示している。Ⅰは「中心付近に標高1936mの高い山」が宮之浦岳と考えられることや，「巨大な杉の木」が屋久杉と考えられることから，☆3(屋久島)と考えられる。Ⅱは「1993年に近海を震源とする地震とそのあとの大津波により大きな被害を受けた」とあるので，1993年の北海道南西沖地震で大きな被害を受けた☆1(奥尻島)と考えられる。Ⅲは「金の産出量が多いことで知られた」からかつて佐渡金山があった☆2(佐渡島)と考えられる。よって，エの組み合わせが正しい。

重要 問3 ア～エのうち，年間降水量が最も少ないアは内陸の気候がみられる■3(松本)とわかる。■1(高知)，■2(宮古島)，■4(日立)のうち，降水量が最も少ないのは■4(日立)と考えられるので，イが■4(日立)となる。■1(高知)と■2(宮古島)を比べると，気温の年較差は南西諸島の気候がみられる■2(宮古島)より太平洋側の気候がみられる■1(高知)のほうが大きいと考えられるので，ウが■2(宮古島)となり，エは■1(高知)となる。

問4　Aは鹿児島県，Bは広島県，Cは千葉県，Dは秋田県を示している。内水面養殖業収穫量が4県で最も多く，農業産出額も4県で最も多いイは鹿児島県(A)，農業産出額が4県の中で2番目に多いエが千葉県(C)と判断できる。なお，林業産出額が4県のなかで最も多いウは秋田県(D)となり，残るアは広島県(B)となる。

やや難　問5　Eは室戸，Fは糸魚川，Gは伊豆半島を示している。Ⅰは「海岸段丘が発達」「備長炭の生産もさかん」などから室戸(E)について説明したものとわかる。Ⅱは「フォッサマグナの西端に位置」などから糸魚川(F)について説明したものとわかる。Ⅲは「火山島が期限」「複数の場所から温泉がわき，古くから観光地として発展」などから伊豆半島(G)について説明したものとわかる。よって，アの組み合わせが正しい。

問6　小麦の都道府県別生産量が北海道に次いで2番目に多いのは福岡県なので，Xはイがあてはまる。

問7　名古屋港は自動車などの輸送用機器の生産が盛んな中京工業地帯に位置していることから，自動車や自動車部品などの占める割合が大きいⅢとわかる。関西国際空港は航空機での輸送に適した軽量で価格の高い集積回路などが上位となると考えられるのでⅡとわかる。よって，横浜港はⅠとなり，イの組み合わせが正しい。

問8　輸送効率を高めるために主要都市に拠点空港を置き，ここから周辺の地方都市に向けて複数の路線を設定する方法をハブアンドスポーク方式といい，拠点空港をハブ空港という。

問9　地図2からは，福岡市から青森県や台湾付近が等距離の線で結ばれており，イの1250kmの距離が間隔として適当と判断できる。なお，福岡市から東京までの直線距離が900km弱となっている。

【2】（日本の歴史－古代～現代）

問1　法然上人は浄土宗を開いた人物で，ただ一心に「南無阿弥陀仏」と念仏を唱えることによって，全ての人々が救われるという専修念仏の教えを説いた。よって，［①］には阿弥陀が，［②］には念仏があてはまる。

問2　Ⅰは「江戸開城」「西郷南洲(西郷隆盛のこと)」「勝海舟」「会見」とある。Ⅱは「鳥羽伏見戦」とある。Ⅲは函館にある五稜郭の写真である。戊辰戦争は京都の鳥羽・伏見の戦い(Ⅱ)で始まり，江戸城無血開城(Ⅰ)などを経て，五稜郭の戦い(Ⅲ)で終結しているので，古いものから順に並べかえるとⅡ→Ⅰ→Ⅲであることから，ウとなる。

問3　首里城は太平洋戦争での戦火によってほとんどが破壊されたので，ウが誤っている。首里城は1992年に正殿などが復元されたが，2019年に火災で正殿などが焼失している。

問4　丘の斜面を利用したのぼり窯は16世紀末に日本に伝わったと考えられており，須恵器は半地下式のあな窯と呼ばれる方法が用いられたので，Xは誤り。水城は，白村江の戦いの後に大宰府の北方に設けられたので，Yは誤り。よって，エの組み合わせが正しい。

基本　問5　後三条天皇のあとを受けて即位し，のちに上皇として院政を開始したのは後白河天皇ではなく白河天皇なので，エが誤っている。

問6　Xの御成敗式目は，1232年に鎌倉幕府の執権北条泰時が制定したものなので，①と関係が深い。②の北条時宗は元寇(文永の役，弘安の役)のときの鎌倉幕府の執権である。Yの琵琶法師は④の平家物語を語り継いだ。③の徒然草は兼好法師(吉田兼好)の随筆である。よって，イの組み合わせが正しい。

問7　15世紀初めに足利義満は明との貿易を開始したが，このとき日本からの貿易船は倭寇と区別するために勘合の持参が義務づけられたので，Xは正しい。日本は14世紀末に建国された朝鮮との貿易で，綿織物などを輸入し，日本からは銅や硫黄などを輸出したので，Yは誤り。よって，イの組み合わせが正しい。

問8　Ⅰの『解体新書』は18世紀後半に出版されている。Ⅱの青木昆陽は18世紀前半に享保の改革を行った江戸幕府8代将軍徳川吉宗の命で蘭学を学んでいる。Ⅲのシーボルトが長崎郊外に鳴滝塾を開いたのは19世紀前半である。よって，古いものから順に並べかえるとⅡ→Ⅰ→Ⅲとなり，ウが正しい。

問9　aの三・一独立運動は1919年，bのロシア革命は1917年，cの中国で清朝が倒れ中華民国が成立したのは1912年，dの原敬内閣が成立したのは1918年。よって，1868年から1918年のシベリア出兵までの期間である≪F≫にあてはまるのはbとcとなり，ウの組み合わせが正しい。なお，dの原敬内閣はシベリア出兵が始まった後に成立している。

問10　アの警察予備隊は1950年に創設されている。イの二・二六事件は1936年におこっている。ウの日独伊三国同盟が成立したのは1940年。エの日ソ共同宣言が調印されたのは1956年。オの東海道新幹線が開通したのは1964年。カの日本が国際連盟を脱退したのは1933年。年代の古いものから順に並べかえるとカ→イ→ウ→ア→エ→オとなり，2番目はイ，5番目はエとなる。

【3】（政治－基本的人権，政治のしくみ，地方自治）

問1　Ⅰ　ア　国会において，委員会で審議した内容について最終的な意思決定をする場は本会議という。　イ　法律案は衆議院が可決し参議院が否決した場合，衆議院が出席議員の3分の2以上の賛成で再可決すると成立するので，④が適当。　Ⅱ　法案のうち，内閣提出法案は議員提出法案に比べて成立する割合が高い傾向にあることから，①の組み合わせが正しいとわかる。

問2「審議のプロセスを二度繰り返すことは非効率」や「いっそのこと参議院を廃止して」などから，①の「参議院は衆議院のカーボンコピー」が入ると考えられる。カーボンコピーとは，複写のことである。

基本　問3　1　明治憲法下の議会は，帝国議会という。帝国議会は，衆議院と貴族院の二院制であった。　2　明治憲法下の貴族院は，皇族や華族の中から選ばれたり，天皇から任命を受けた人物などが議員となっていた。　3　参議院議員の被選挙権の下限は30歳である。　4　かつての参議院は，衆議院に比べて政党に属さない議員が多かった。

問4　Ⅰ　日本国憲法第14条第1項は「すべて国民は，法の下に平等であつて，人種，信条，性別，社会的身分又は門地により，政治的，経済的又は社会的関係において，差別されない。」と規定している。　Ⅱ　エ　2022年4月に改正民法が施行され，婚姻が可能な年齢は男女ともに18歳以上となった。　オ　女子差別撤廃条約の批准に伴って，1985年に男女雇用機会均等法が制定された。

重要　問5　小選挙区制は，1つの選挙区から1人が当選するものであり，衆議院議員総選挙における各小選挙区で当選できるのは1人なので，④が誤っている。

問6　日本の地方自治においては，首長は議会に対して解散権を持っているので，①が正しい。日本の地方自治において，首長や議員の解職を求めるリコールには原則として有権者の3分の1以上の署名が必要なので，②は誤り。市民オンブズマンに関しては，地方自治体の中には条例を制定してオンブズマン制度を設けている場合があるが，この場合でもオンブズマンは市長が議会の同意を得て任命する例が多く，直接選挙で選出されることはないので，③は誤り。都道府県知事の任期は4年なので，④は誤り。

問7　じっくり話し合い，ルールを決めていくことは，民主主義の最も大切な部分であるといえる。

【4】（総合問題）

問1　アの東京タワーが完成したのは1958年。イの国鉄が分割民営化されたのは1987年。ウのオイルショック(第1次オイルショック)は1973年におこった。なお，第2次オイルショックは1979年にはじまっている。エの東京でオリンピックが開催されたのは1964年と2021年。よって，ウが1970年代のできごととして正しい。

問2　常温では気体であり，無色・無臭で空気よりも軽く，燃料電池の燃料としても使われている，燃焼した時に二酸化炭素や窒素酸化物などを排出しない物質は，水素である。

問3　1910年に多くの社会主義者らがとらえられ，翌年に処刑された事件は，大逆事件である。

やや難　問4　(1)「あえて値の張る選択肢を選ぶという消費行動」としては，エのコーヒーに関して公正な貿易であることを認証するマークのついた商品を手に取り購入する行動があてはまる。公正な貿易であることを認証するマークがついた商品は，他より値段が高くなるが，「公正な貿易」にのっとったものを購入し，生産者などを支援するという考え方のもとにあえて値の張る選択肢を選んでいると捉えられる。アはまとめ買いの行動であり，値の張る選択肢を選んでいるわけではない。イはフードロスを減らす取り組みであり，値の張る選択肢を選んでいるわけではない。ウについて，地域の無人販売所における野菜の価格については必ずしもスーパーマーケットなどよりも価格が高いとは限らず，あえて値の張る選択肢を選んでいるわけではないといえる。

(2)　問題文からは，「リユース」が推し進められて新品の売れ行きがにぶることは，商品の生産者にとっては頭の痛い話であり，出版物の作者にとっては新品が売れた部数だけが作者の収入につながり，古本がいくら売れても作者の収入にはつながらないこと，作者が収入を得られないと作者は創作活動を続けることができなくなりかねないことが読み取れる。そのため，お気に入りの小説の続編を読むためには，「その場では割高に思える出費」である新品を購入することが，長い目で，あるいは広い視野でみると，お気に入りの小説の続編を作者が書いて出版するという自分にとっての利益をもたらすことにつながると考えられることが指摘されている。

★ワンポイントアドバイス★

地理・歴史・政治のいずれの分野も，正確に覚えるようにしておこう。

＜国語解答＞《学校からの正答の発表はありません。》

一　①　調　②　包　③　故　④　孝　⑤　模

二　①　勇　②　独　③　売　④　敗　⑤　告

三　問一　(例)　社会は厳しいと説教する先生こそ，社会に出たことがないと思っているから。
問二　(例)　毎日たくさんの務めを果たして多様な人々と直接的・間接的にかかわり合っていること。　問三　(例)　依存先を増やして，一つひとつの依存度を浅くすること。
問四　(例)　公共の乗り物を利用する時に身体の不自由な方の手助けをするなど，周りの人にも気を配り，相手の立場を考え，想像力を働かせながら行動しようとする意識をもつことが，筆者の考える〈社会人〉に必要な意識だと思う。

四　問一　(例)　二人の間にできた子どものこと。　問二　(例)　仕事先で火災に遭い，入院生活を送った挙句，辞職までした不運な友人が社長になっていたから。　問三　(例)　自分が傷つけてしまったかつての彼女と同僚が今は幸せな生活を送っていたということ。
問四　(例)　(年長の車掌は，男の死を，)惨めな死に方をしていると思ったが，その男の穏やかで楽しげな笑顔を見たことで，自分はこの男のように満ち足りた安らかな顔で死ねるだろうかと自問し，不安とともに深く考えさせられる気持ちに変化した。

○推定配点○
一・二　各1点×10　三　問四　15点　他　各10点×3
四　問四　15点　他　各10点×3　計100点

＜国語解説＞

基本　一　(漢字の書き取り)

①の「調(チョウ)子」は身体の状態やぐあいのこと。②の「包(ホウ)容力」は心の器の広さ。③の「故(コ)意」はわざとすること。④の「孝(コウ)」を「考」などとまちがえないこと。⑤の「模(モ)写」は写し取ること。

重要　二　(慣用句，漢字の書き取り)

①の「勇(いさ)み足」はやり過ぎたり，失敗したりすること。②の「独(ひと)りよがり」は人の気持ちなどを考えずに自分の意見を押し通すこと。③の「売り言葉に買い言葉」は相手の暴言に同じような調子で言い返すこと。④の「敗(やぶ)れ」の音読みは「ハイ」。熟語は「勝敗」など。⑤の「告(つ)げる」の音読みは「コク」。熟語は「申告」など。

三　(論説文－要旨・大意・細部の読み取り，記述力)

基本　問一　——線部①直前で述べているように，①のようにする〈説教された生徒〉の「『先生こそ社会に出たことないじゃないか』」という思いをふまえて，反発する理由を指定字数以内でまとめる。

重要　問二　——線部②前後で〈社会に出ている〉ことの説明として，「社会」は「多様な人々が直接的・間接的にかかわり合いながら生きる場」であること，「子ども」は「日々厖大な務めを果たし……シビアな人間関係……に曝されている」ことを述べているので，これらの内容を指定字数以内でまとめる。

問三　——線部③は「実は膨大なものに依存しているのに，「私は何にも依存していない」と感じられる状態」のことで，このことを③直後の引用部分で「依存先を増やして，一つひとつの依存度を浅くすること」と述べている。

やや難　問四　筆者が定義している内容を，私たちの生活にあてはめて具体的に考えてみよう。解答例では，公共の乗り物で身体の不自由な方の手助けをするといった具体例を挙げ，相手の立場を想像力を働かせて考えることを，私たちが持つべき意識として述べている。筆者の考える〈社会人〉になるために持つべき意識とは具体的にどのようなものか，身近なところから考えていくことが重要だ。

四　(小説－心情・情景・細部の読み取り，記述力)

基本　問一　——線部①後で二人が話している「あの子」は，若いころ恋人同士だった二人の子どものことで，妊娠していた彼女とはそのまま破局してしまったことが描かれているので，「あの子」のことを「二人が話題にしたかったこと」として指定字数以内でまとめる。

問二　——線部②後で描かれているように，友人は仕事先の火災で「逃げ遅れて，大火傷を負い，長い入院生活を送った挙句……辞職した」不運な男だったが，今は社長になっていたことで彼は②のように感じているので，友人の状況を具体的に説明する。

重要　問三　——線部③は，妊娠していたのに生活が苦しく別れてしまった彼女と，自分が仕事を押し付けたせいで結果的に辞職してしまったかつての同僚が，二人とも今は幸せに暮らしていることが③の「幸せ」なので，彼がやりとりした二人の状況を指定字数以内でまとめる。

やや難　問四　——線部④の「男」に対して，「年長の車掌」は「惨めな死に方」をしていると思っていたが，浮浪者である「男」の「穏やかで，楽しげな笑顔」を見たことで，自分はこの男のように「満ち足りた，安らかな顔で」「死ねるだろうか？」と自問していることが描かれているので，死んでいる「男」の表情をきっかけに，不安とともに深く考えさせられる気持ちに変化したことを指定字数以内で説明する。

★ワンポイントアドバイス★

論説文では，本文で用いられているキーワードを筆者がどのような意味でとらえているかを読み取ろう。

第2回

2023年度

解　答　と　解　説

《2023年度の配点は解答欄に掲載してあります。》

＜算数解答＞《学校からの正答の発表はありません。》

1 (1) 13　(2) 0.6　2 ア 12人　イ 310個　3 (1) 9倍　(2) $\frac{4}{13}$倍
4 (1) 2回　(2) 11時54$\frac{6}{11}$分　(3) 12回　5 (1) 250cm^2　(2) 275cm^2
6 (1) $\frac{17}{18}$　(2) $\frac{1}{630}$　7 (1) 4分48秒　(2) 1分20秒　8 (1) 1008通り
(2) 30通り　9 (1) 毎秒3cm　(2) 2.4秒　(3) 20秒　(4) 44cm

○推定配点○

1，4　各4点×5　他　各5点×16　計100点

＜算数解説＞

1 （四則計算）

(1) $1.3\times(53.6+1.6-37.2-8)=1.3\times(55.2-45.2)=13$

(2) $\square=2.2-3\div\{0.2\div(1.1-1)-0.125\}=2.2-3\div\frac{15}{8}=2.2-1.6=0.6$

重要 2 （過不足算，割合と比）

右表により，Cは(A＋B)÷2であり，D－Cより，1年生の人数は(44＋34)÷(10－7)＝26(人)

ア…AとBより，2年生の人数は{(9－5)×26－(72－16)}÷(9－5)＝12(人)

イ…Cより，7×(26＋12)＋44＝310(個)

	1年生	2年生		
A	5…………5	9……9	＋	72
B	9…………9	5……5	＋	16
C	7…………7	7……7	＋	44
D	10…………10	7……7	－	34

重要 3 （平面図形，相似，割合と比）

(1) 図1より，三角形RCFの面積を1とする。

三角形RCAの面積…4

三角形RBCの面積…4×3＝12　BR：RF…12：1

三角形ABRの面積

…三角形ABCの$\frac{3}{4}\times\frac{12}{13}=\frac{9}{13}$

三角形ARCの面積

…三角形ABCの$\frac{1}{4}\times\frac{1}{13}\times4=\frac{1}{13}$

したがって，三角形ABRの面積は三角形ARCの9倍

(2) 三角形RBCの面積

…図2より，三角形ABCの$\frac{1}{4}\times\frac{12}{13}=\frac{3}{13}$

三角形RBC＋三角形PCA＋三角形QABの面積

…三角形ABCの$\frac{3}{13}\times3=\frac{9}{13}$

したがって，三角形PQRの面積は三角形ABCの

$1-\frac{9}{13}=\frac{4}{13}$(倍)

図1

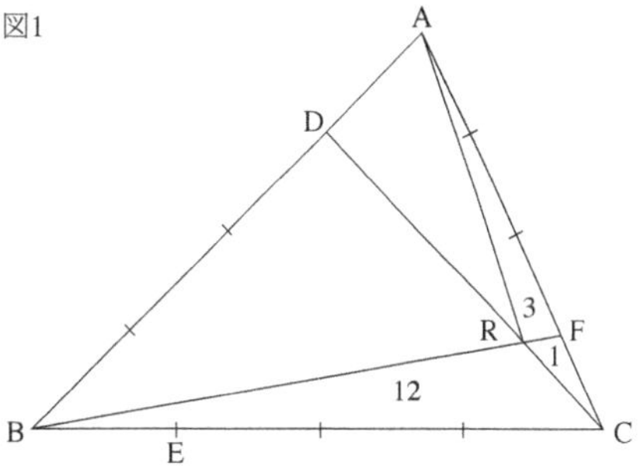

図2

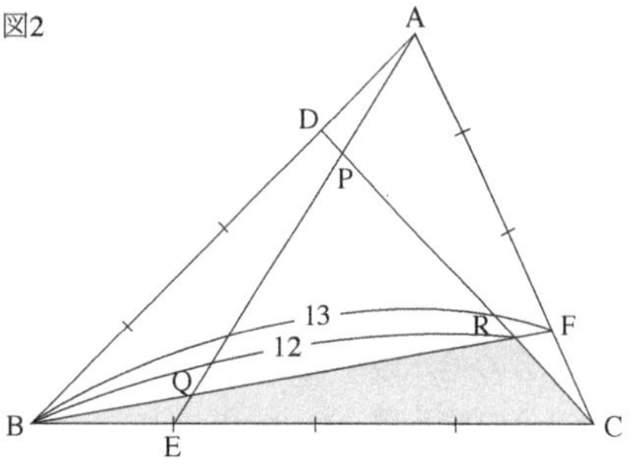

4 (速さの三公式と比，時計算)

開始時刻…午前8時

基本 (1)　両針の間が2回目に30度になる時刻…$30\times(8+1)\div(6-0.5)=49\frac{1}{11}$(分)

したがって，両針の間が30度になる回数は50分までに2回

重要 (2)　8時台から9時台までに両針の間が30度になる回数…$2\times2=4$(回)

10時台に両針の間が30度になる回数…1回

11時…両針の間が30度になる6回目

したがって，8時から両針の間が30度になる7回目の時刻は11時以後であり，$30\times(11-1)\div(6-0.5)=54\frac{6}{11}$(分)

(3)　11時台までの回数…(2)より，7回

午後1時…両針の間が30度になる9回目

午後2時までの回数…10回

したがって，両針の間が30度になる回数は午後2時30分までに12回

図1

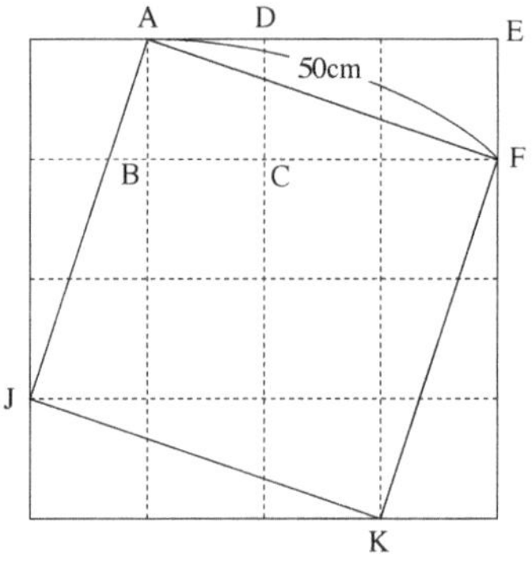

重要 5 (平面図形，相似)

(1)　正方形AJKFの面積…図1より，$50\times50=2500$(cm^2)

正方形AJKF 内部の正方形の個数…$2\times2+3\times2=10$(個分)

したがって，正方形ABCDの面積は$2500\div10=250$(cm^2)

(2)　三角形AGEとFGC…図2より，相似比3：2

三角形GCFの面積…(1)より，

$250\times2\div2\div(2+3)\times2=100$(cm^2)

したがって，四角形ABCGの面積は

$250\times3\div2-100=275$(cm^2)

図2

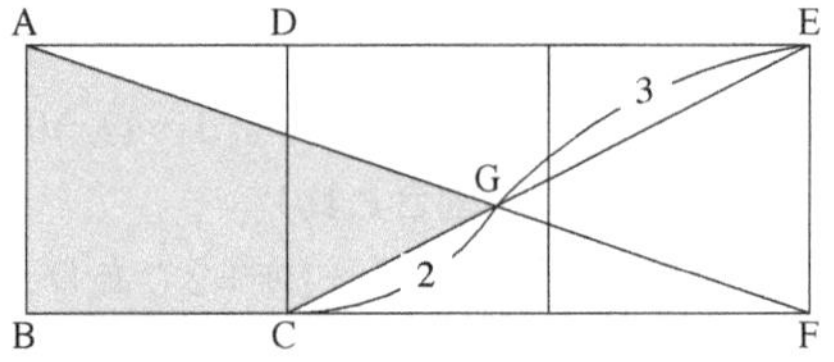

重要 6 (数列，数の性質)

(1)　50番目の数…右表において，$50\div3=16$　余り2より

17行目2番目の分数は$\frac{17}{18}$

(2)　右表における左列の分数…分子は1，3，5，～

分母は3，5，7，～

2番目の列の分数…分子は1，2，3，～

分母は2，3，4，～

17行目左列の分数(49番目)…分子は$2\times17-1=33$，分母は35

左列の分数の積…$\frac{1}{3}\times\frac{3}{5}\times\frac{5}{7}\times\sim\times\frac{33}{35}=\frac{1}{35}$

2番目の列の分数の積…$\frac{1}{2}\times\frac{2}{3}\times\frac{3}{4}\times\sim\times\frac{17}{18}=\frac{1}{18}$

したがって，50番目までの分数の積は$\frac{1}{35}\times\frac{1}{18}=\frac{1}{630}$

$\frac{1}{3}$	$\frac{1}{2}$	1	16行
$\frac{3}{5}$	$\frac{2}{3}$	1	
$\frac{5}{7}$	$\frac{3}{4}$	1	
	⋮		
	$\frac{16}{17}$	1	
	$\frac{17}{18}$		

7 (割合と比，仕事算，鶴亀算，単位の換算)

水そうの容積…3，4，8の公倍数24とする。

AとC1分の給水量…$24\div4=6$

AとBとC1分の給水量…$24\div\frac{8}{3}=9$

B1分の給水量…$9-6=3$

A1分の給水量…$(24-3\times4)\div3=4$

C1分の給水量…$6-4=2$

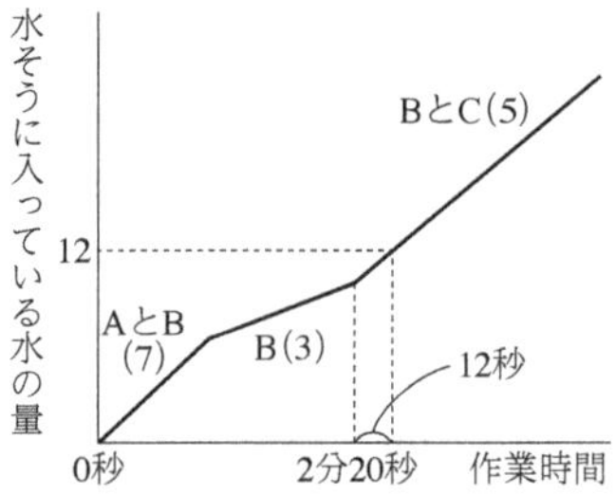

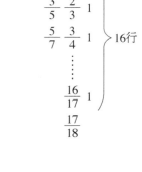

(1)　24÷(3+2)=4.8(分)すなわち4分48秒

(2)　2分20秒までの給水量…$12-5\times\frac{12}{60}=11$

したがって，Bだけの給水時間は$\left(7\times\frac{7}{3}-11\right)\div(7-3)=1\frac{1}{3}$(分)つまり1分20秒

重要 8　(平面図形，場合の数)

(1)　7×6×4×3×2×1=42×24=1008(通り)

(2)　2色を黒・白とする。

A・Bの配色…黒・黒，黒・白，白・黒，白・白

Cの配色

黒5つ…1通り　　黒4つ…1通り　　黒3つ…2通り

黒2つ…2通り　　黒1つ…1通り　　黒0個…1通り

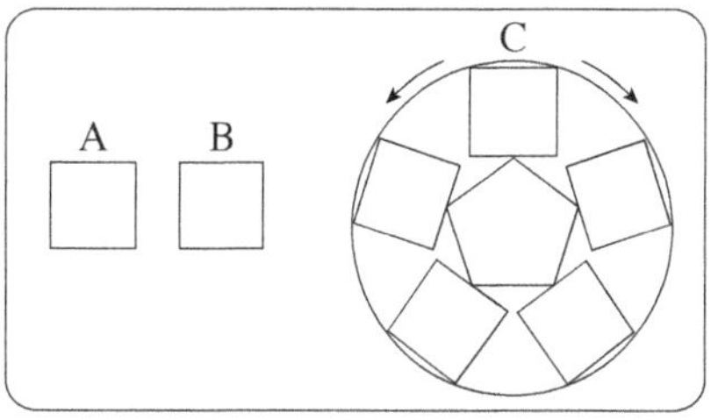

A・Bが黒・黒または白・白の場合…A～Cの配色は(1×3+2×2)×2=14(通り)

A・Bが黒・白または白・黒の場合…A～Cの配色は(1×4+2×2)×2=16(通り)

したがって，全部で14+16=30(通り)

9　(平面図形，図形や点の移動，立体図形，速さの三公式と比，グラフ，割合と比，消去算)

重要 (1)　グラフより，Qは8秒でCまで移動したので秒速は

24÷8=3(cm)

(2)　1辺が24cmの正三角形の3辺の長さの和

…24×3=72(cm)

8秒までにPとQの「へだたり」が最長になる長さ

…72÷2=36(cm)

したがって，あは(36−24)÷(2+3)=2.4(秒)

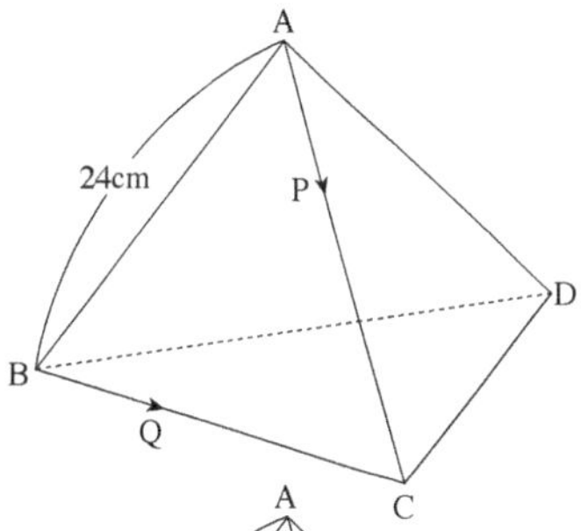

やや難 (3)・(4)　下図より，計算する。

QがDまで移動した時間…24×2÷3=16(秒)

16秒後のPCの長さ…2×16−24=8(cm)

□秒後…16−②+24+24−③=64−⑤が16−②+24+③=40+①と等しいとき，⑤+①=⑥が64−40=24(cm)に相当するので，③は12cm　　したがっていは16+12÷3=20(秒)，うは12+24+8=44(cm)

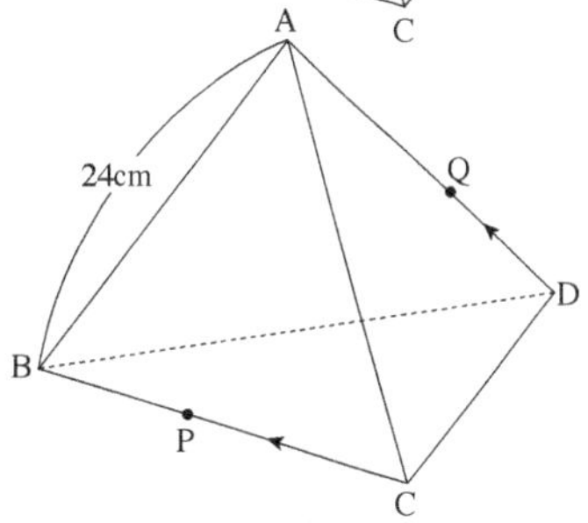

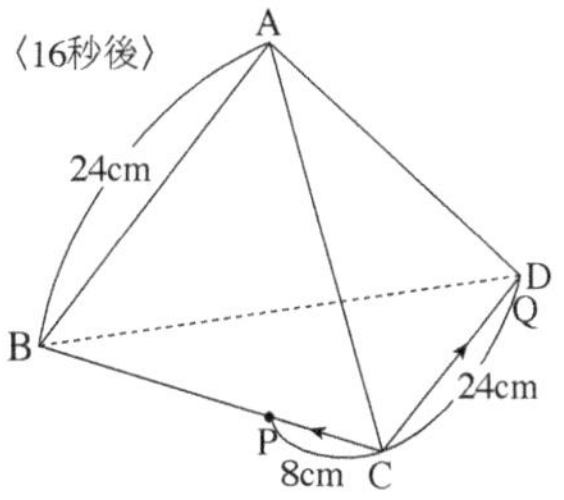

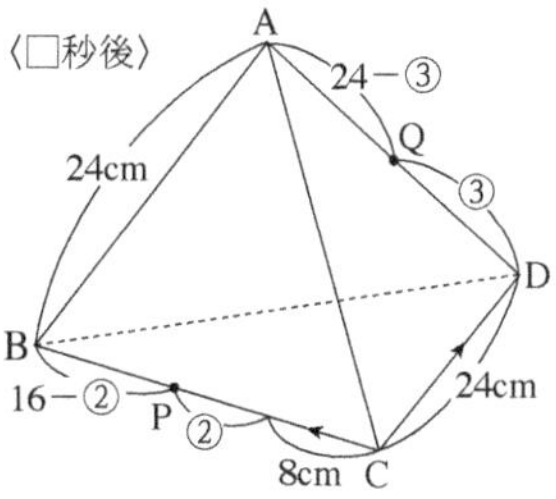

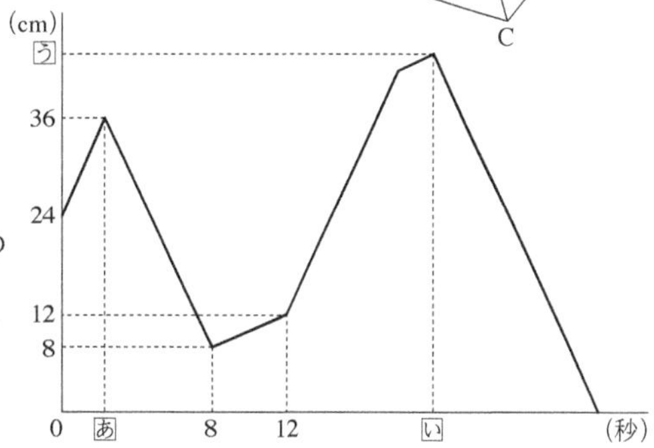

★ワンポイントアドバイス★

難しい問題が並んでおり，2「あめ玉」の問題は5個・9個・7個の関係に気づくことがポイントであり，4「時計算」は11時，1時に注意する。6「数列」は3列の表に書き直すとヒントを見つけやすい。

＜理科解答＞《学校からの正答の発表はありません。》

1　(1)　赤潮　(2)　ウ　(3)　347(kg)　(4)　(い，ろ)　ウ　(は，に)　オ
(5)　イ　(6)　オ

2　問1　(1)　キ　(2)　エ　(3)　オ　問2　(1)　エ　(2)　ウ　(3)　オ
(4)　52(分)　(5)　エ

3　(1)　(クエン酸)　オ　(重曹)　イ　(2)　エ　(3)　(例)　操作1で測定したビーカーと水の重さの合計に10gを加えたものから，操作5で測定したビーカーと水よう液の重さの合計を引いて求める。　(4)　1.8(g)　(5)　(クエン酸)　4.5(g)　(重曹)　5.5(g)

4　(1)　ウ，エ，カ　(2)　ア，エ　(3)　ロゼット　(4)　イ，ウ
(5)　(A)　80　(B)　ウ　(C)　0.7(℃)

5　(1)　P　ア　Q　イ　R　イ　(2)　①　A，B　②　C　③　A
(3)　図5

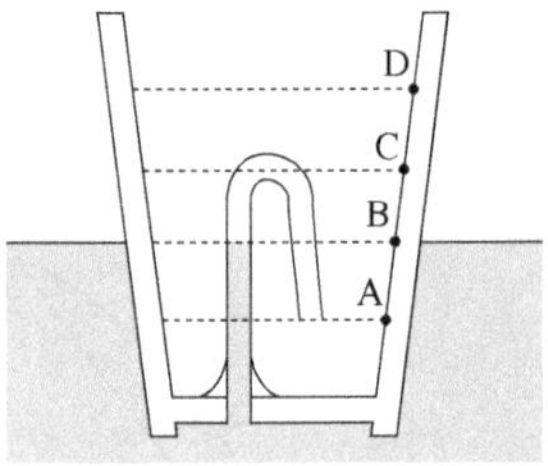

図6

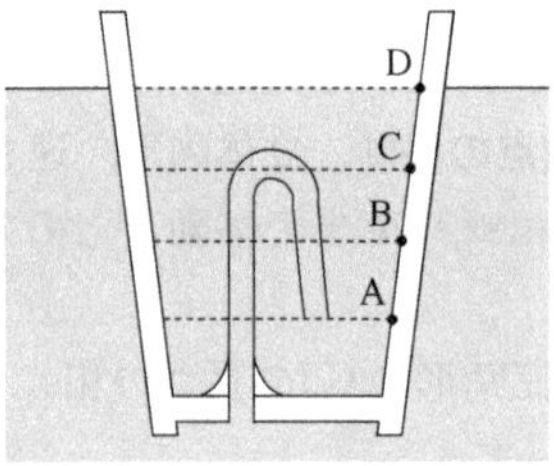

○推定配点○
1　(3)　3点　他　各2点×6　2　各2点×8　3　(3)・(5)　各3点×2((5)完答)
他　各2点×4　4　各2点×7((1)・(4)各完答)　5　各2点×8　計75点

＜理科解説＞

1　(総合―小問集合)

(1)　海にプランクトンの栄養となるちっ素やリンなどの物質が多く流れこむと，プランクトンが大量発生して赤く見え，この現象を赤潮という。赤潮が発生すると，海水中の酸素不足などで魚が死滅するなどの被害が起こることがある。

(2)　主なほ食者が鳥類だけであるC島のトカゲの胴体にストライプがないことから，ストライプが特に鳥類に対して役立つ体色であるとはいえない。

重要　(3)　桶が押しのけた海水の体積は $7500(cm^2) \times 60(cm) = 450000(cm^3)$ なので，浮力の大きさは $1.03(g) \times 450000 = 463500(g) = 463.5(kg)$ である。桶と人間，オールの重さの合計が $30+81+6=117(kg)$ なので，桶の中に入れた海水の重さは $463.5-117=346.5(kg)$，小数第一位を四捨五入すると，347kgとなる。

やや難　(4)　ある物体から別の物体に力を加えると，力を加えられた物体から力を加えた物体に対して，逆向きで同じ大きさの力がはたらく。このことを作用反作用の法則という。オールをこいで桶を動かそうとしてオールから水に力を加えると，水からオールに逆向きで同じ大きさの力がはたらく。　(い)(ろ)　桶が時計回りに回転するのは，水からオールにAの向きとDの向きの力がはたらくからである。よって，作用反作用の法則から，オールを動かした向きは，芝太郎君はBの向き，弟はCの向きである。　(は)(に)　桶が東のほうに動くのは，水からオールにBの向きとDの向きの力がはたらくからである。よって，作用反作用の法則から，オールを動かした向きは，

芝太郎君はAの向き，弟はCの向きである。

基本 (5)　純粋な物質の液体を加熱すると，図3のように，液体が沸騰して気体になるときの温度は一定になるが，混合物の液体を加熱すると沸騰しているときの温度は一定にはならない。水と塩化ナトリウムなどの混合物である海水を加熱すると，水の沸点に近い温度から沸騰が始まり，温度変化がゆるやかになって水が液体から気体に変化していく。

(6)　白っぽいものから黒っぽいものの順に並べると，深成岩は花こう岩，せん緑岩，はんれい岩，火山岩は流紋岩，安山岩，玄武岩となる。

2 （地球と太陽・月一太陽系の惑星・月）

問1　(1)　太陽系の惑星は，地球のように主に岩石でできた地球型惑星と，木星のように主に気体でできた木星型惑星に分けられる。太陽系の8つの惑星のうち，水星・金星・地球・火星は地球型惑星，木星・土星・天王星・海王星は木星型惑星である。

重要 (2)　明けの明星は，明け方，東の空に見える金星のことをいう。また，夕方，西の空に見える金星はよいの明星という。図2で，エの位置にあるときの金星は明けの明星，イの位置にあるときの金星はよいの明星となり，アやウの位置にあるときの金星は地球からは見えない。

重要 (3)　同じ時刻に見える月は，1日ごとに東側にずれていく。

基本 問2　(1)　新月は，月が地球から見て太陽と同じ方向にあるときのもので，太陽とほぼ同じように，明け方東の地平線から出て正午ごろ南中し，夕方西の地平線に沈む。

(2)　明け方に南中するのは，真夜中近くに出て，正午近くに沈む月であることから，9月18日であると考えられる。

重要 (3)　月が真東の地平線からのぼり，真西の地平線に沈むとき，月の出から月の入りまでの時間はほぼ12時間となる。9月18日の月の出から月の入りまでの時間は，22時39分から翌日の13時08分の14時間29分間で，月が真東からのぼるときよりも長いことから，月は真東より北側の地平線から出て，南の空を通って真西より北側の地平線に沈む。

(4)　9月18日から9月26日で，月の出の時刻は22時39分から5時31分に変化していることから，月の出の時刻は8日で6時間52分おそくなっていることがわかる。よって，1日では，6時間52分＝412分より，412÷8＝51.5だから，約52分おそくなっている。

基本 (5)　月自身が1回転するのにかかる時間である自転周期と，月が地球の周りを1回転するのにかかる時間である公転周期は，ともに約27.3日で等しく，回転の向きも同じであるため，月はつねに地球に対して同じ面を向けている。

3 （水溶液の性質・物質との反応一クエン酸と重曹の反応）

重要 (1)　BTB溶液は酸性では黄色，中性では緑色，アルカリ性では青色を示し，フェノールフタレイン溶液は酸性と中性では無色，アルカリ性では赤色を示す。クエン酸をとかした水溶液は酸性なので，BTB溶液では黄色に変化し，フェノールフタレイン溶液では色は変化しない。重曹をとかした水溶液はアルカリ性なので，BTB溶液では青色，フェノールフタレイン溶液では赤色に変化する。

基本 (2)　あえんやアルミニウム，マグネシウムが塩酸と反応すると水素が発生する。二酸化マンガンを過酸化水素水に入れると酸素が発生する。

基本 (3)　反応の前後で，物質の重さの合計は変化しないことから，「操作1で測定したビーカーと水の重さの合計＋クエン酸の重さ＋重曹の重さ」と「操作5で測定したビーカーと水溶液の重さの合計＋発生した二酸化炭素の重さ」は等しくなる。クエン酸と重曹の重さの和は10gなので，発生した二酸化炭素の重さは「操作1で測定したビーカーと水の重さの合計＋10g（クエン酸と重曹の重さの和）－操作5で測定したビーカーと水溶液の重さの合計」で求めることができる。

(4)　A，Bの結果より，クエン酸の重さが $3.5(g)\div2.0(g)=1.75$(倍) になると，発生する二酸化炭素の重さが $2.10(g)\div1.20(g)=1.75$(倍) になっていることから，少なくともクエン酸の重さが3.5gまでの範囲では，クエン酸の重さと発生する二酸化炭素の重さは比例していることがわかる。よって，クエン酸を3.0g使ったときに発生する二酸化炭素の重さは $1.20(g)\times\frac{3.0(g)}{2.0(g)}=1.80$ より，1.8g

(5)　D，Eの結果より，重曹の重さが $3.3(g)\div1.1(g)=3$(倍) になると，発生する二酸化炭素の重さが $1.62(g)\div0.54(g)=3$(倍) になっていることから，少なくとも重曹の重さが3.3gまでの範囲では，重曹の重さと発生する二酸化炭素の重さは比例していることがわかる。このことと，(4)から，発生する二酸化炭素の重さは，クエン酸と重曹のそれぞれの重さに比例するとし，二酸化炭素1.00gが発生するときのクエン酸と重曹のそれぞれの重さを考える。クエン酸2.0gで二酸化炭素が1.20g発生していることから，二酸化炭素が1.00g発生するときのクエン酸は $2.0(g)\times\frac{1.00(g)}{1.20(g)}=\frac{5}{3}(g)$，重曹1.1gで二酸化炭素が0.54g発生していることから，二酸化炭素が1.00g発生するときの重曹は $1.1(g)\times\frac{1.00(g)}{0.54(g)}=\frac{55}{27}(g)$ となる。よって，同じ重さの二酸化炭素が発生するときのクエン酸と重曹の重さの比は $\frac{5}{3}:\frac{55}{27}=9:11$ とわかる。よって，クエン酸と重曹が合わせて10gあるとき，クエン酸 $10(g)\times\frac{9}{9+11}=4.5(g)$，重曹 $10(g)\times\frac{11}{9+11}=5.5(g)$ がちょうど反応し，発生する二酸化炭素の重さが最大になる。

4　(生物総合―季節と生物)

基本　(1)　カイコ，カブトムシ，ミツバチは，いずれも 卵→幼虫→さなぎ→成虫と変態する完全変態の昆虫である。

(2)　シマリスは木や土に穴をほり，その中で冬眠する。カエルは土に穴をほり，その中で冬眠する。

基本　(3)　タンポポやナズナなどが冬をこすときの葉を地面に広げたようすをロゼットという。

(4)　イチョウ，メタセコイア，サクラはいずれも落葉樹である。

(5)　(A)　表2より，月平均気温が5℃以上であるのは，4月～11月の8か月で，それぞれの月の月平均気温から5℃引いた値は次のようになる。

月	4月	5月	6月	7月	8月	9月	10月	11月
平均気温−5(℃)	2.6	8.4	12.4	16.8	17.3	13.4	6.7	2.1

上の表より，暖かさの指数を計算すると $2.6+8.4+12.4+16.8+17.3+13.4+6.7+2.1=79.7$ より，小数第一位を四捨五入すると80となる。

(B)　(A)より，暖かさの指数は80なので，「45以上85未満」にあてはまり，育つ森林のタイプは夏緑樹林だと推測される。

(C)　温暖化によって暖かさの指数が85以上になると育つ森林のタイプが変わる。表2のときの暖かさの指数は79.7だから，暖かさの指数が $85-79.7=5.3$ 大きくなると育つ森林のタイプが変わることになる。また，月平均気温が5℃以上の月は8か月なので，1か月あたりの月平均気温が $5.3\div8=0.66\cdots$ より，約0.66℃上昇すると育つ森林のタイプが変わる。なお，各月の平均気温が0.7℃上昇しても，月平均気温が5℃以上の月の数は変わらない。これらのことから，小数第一位までで考えると，各月の平均気温が0.6℃上昇したときの暖かさの指数は $79.7+0.6\times8=84.5$，各月の平均気温が0.7℃上昇したときの暖かさの指数は $79.7+0.7\times8=85.3$ となるので，各月の平均気温が最低0.7℃上昇すると，森林のタイプが変わることになる。

5 (圧力ーサイホンの原理)

(1) 同じ高さにある水面には，空気の重さによる圧力が水面に対して垂直にはたらき，その大きさは高い位置にあるほど大きい。

(P) 水槽の水面の高さと，指でふさいだホースの先の高さが同じなので，それぞれの水面に加わる空気からの圧力の大きさは等しくなる。よって，指を離しても水槽内の水面は変化しない。

(Q) 水槽の水面のほうが，指でふさいだホースの先よりも高いので，水槽の水面のほうに空気から大きな圧力が加わる。よって，指を離すと水槽の水面は空気の圧力によって，ホースの先の高さと同じになるBの位置まで低くなっていく。

(R) 水槽の水面のほうが，指でふさいだホースの先よりも高いので，水槽の水面のほうに空気から大きな圧力が加わる。よって，指を離すと水槽の水面は空気の圧力によって低くなっていくが，水槽内のホースの先がBの高さまでしかないため，水面もBの位置までしか下がらない。

やや難 (2) Aまで水を入れると曲げたストローの先と水面が一致し，そこからはストローの先にも水が入っていく(図Ⅰ→図Ⅱ)。ストローの曲がった部分の内側まで水が入ると，コップの穴側のストローにも水が入っていき，穴から水が出ていくようになる(図Ⅲ→図Ⅳ)。よって，コップの水位をA，Bにしても穴から水はこぼれず，Cにすると穴から水がこぼれ出す。水がこぼれだした後，曲げたストローの先と水面が一致するAの水位になると穴から水は出なくなる。

図Ⅰ　図Ⅱ　図Ⅲ　図Ⅳ

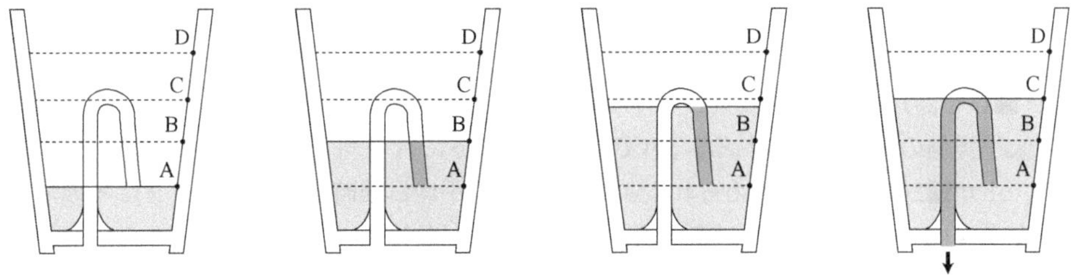

やや難 (3) 水はコップの底の穴からストローに入っていき，その水面の高さは，コップの外側の水面の位置と一致する。ストロー内の水位が曲がった部分より高くなると，ストローの先の方にも水が流れこみ，コップ内に水がたまっていく。やがて，コップ内の水位は水面と同じように変化していく。よって，図5では，ストローの穴側に水面と同じ位置まで水が入り，図6では，ストロー全体に水が入り，コップ内の水位はコップの外の水位と同じ位置となる。

★ワンポイントアドバイス★

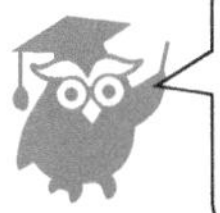

標準レベルの問題が中心だが，応用力が必要とされる問題の出題もある。典型的な問題に関してはしっかりと理解できるまで学習し，応用力が必要なやや難しい問題にもとり組んで実力をつけておこう。

<社会解答>《学校からの正答の発表はありません。》

【1】 問1 ① 桜(島) ② 出雲(平野) ③ 若狭(湾) ④ 十和田(湖) 問2 ウ
問3 エ 問4 ア 問5 オ 問6 イ 問7 エ 問8 イ
問9 フードマイレージ

【2】 問1 ア 問2 エ 問3 ウ 問4 ① 源義家 ② 平泉 問5 イ

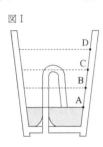

問6　イ　　問7　オ　　問8　カ　　問9　ヤルタ(会談)
問10　2番目　エ　　5番目　カ　　問11　55　　問12　エ

【3】　問1　②　　問2　(1)　②　　(2)　③　　問3　(1)　②(と)④　　(2)　知る権利
問4　③　　問5　(1)　公的扶助　　(2)　④　　問6　③　　問7　平和　　問8　②

【4】　問1　エ　　問2　ウ　　問3　裁判員(制度)　　問4　(a)　(生地をぬい合わせる難しさをこえる,)高い技術力(があったから。)　　(b)　(児島は)時代の流れに合わせて工夫をこらす(という強みをいかし,)　(例)　多くの人に評価されるような価値を生み出しながら,コロナ渦という今回の危機も乗り越え,発展し続けていくに違いない(と考えている。)

○推定配点○
【1】　問1　各1点×4　　他　各2点×8　　【2】　問4　各1点×2　　他　各2点×11(問10完答)
【3】　問1・問6・問8　各1点×3　　他　各2点×8(問3(1)完答)
【4】　問4(b)　4点　　他　各2点×4　　　計75点

＜社会解説＞

【1】　(日本の地理－日本の国土と自然,農業,工業)

問1　①　鹿児島湾にある島は,桜島である。　②　島根県東部にあり宍道湖に面した平野は,出雲平野である。　③　福井県西部から京都府北部にかけての湾は,若狭湾である。　④　青森県と秋田県の県境に位置する湖は,十和田湖である。

基本　問2　■1(輪島)は日本海側の気候がみられる。■2(軽井沢)は内陸の気候がみられる。■3(宇都宮)は太平洋側の気候がみられる。表1ではⅠのみが冬に月平均気温がマイナスとなっていることから,Ⅰが■2(軽井沢)と考えられる。グラフ1の月平均日照時間をみると,Ⅱは冬の月平均日照時間が夏に比べて少なく,Ⅲは夏の月平均日照時間が冬に比べて少ないことから,Ⅱは冬に降水量の多い日本海側の気候と考えられるので■1(輪島)となり,Ⅲが夏に降水量が多くなる太平洋側の気候がみられる■3(宇都宮)となる。よって,ウの組み合わせが正しい。

問3　Aは長崎県の雲仙岳,Bは四国山地にある石鎚山,Cは岐阜県と長野県の県境に位置する御嶽山,Dは山梨県にある北岳を示している。Cの御嶽山は2014年に突然噴火し,多くの登山客が噴石や降灰による被害を受けたので,エが説明している文となる。アは「赤石山脈に位置する」から北岳(D)について述べており,イは「お遍路の順路にもふくまれている」などから石鎚山(B)について述べており,ウは「1991年の噴火では大規模な火砕流が発生」などから雲仙岳(A)について述べているとわかる。

問4　XとEの間に標高の高い山地・山脈はなく,途中に石狩平野を通っていることからⅠとわかる。XとFの間には日高山脈があることから,Ⅱとわかる。XとGの間には標高2000mをこえる大雪山系を通っていることから,Ⅲとわかる。よって,アの組み合わせが正しい。

問5　Ⅰの国内の自転車の多くが生産されているのは大阪府なのでKとなる。Ⅱの顕微鏡・拡大鏡の大部分が生産されているのは精密機械の生産が盛んな長野県の諏訪地方と考えられるのでLとなる。Ⅲの高品質なタオルの生産がさかんなのは愛媛県の今治市なのでJとなる。よって,オの組み合わせが正しい。

問6　姫路城は岡山県ではなく兵庫県にあることから,イが適当でない。

問7　米と肉用牛では米のほうが農業産出額は多いと考えられるので,Pが米,Oが肉用牛となる。米の農業産出額は減少傾向にあり,肉用牛の農業産出額は増加傾向にあることから,Ⅰが2019年,Ⅱが1980年と考えられる。よって,エの組み合わせが正しい。

問8　札幌市・横浜市・静岡市・北九州市のなかで面積が最も大きいのは静岡市なので，アとわかる。4市の中で人口密度が最も高いと考えられるのは横浜市なので，エとなる。札幌市と北九州市を比べると，札幌市のほうが面積が大きく北九州工業地帯にある北九州市のほうが製造品出荷額は大きいと考えられるので，札幌市がイ，北九州市がウとなる。

問9　食料の輸送量に輸送距離をかけ合わせた指標は，フードマイレージという。

【2】（日本の歴史－古代～現代）

問1　氷河時代の日本列島は大陸と陸続きになっていたため，マンモスやナウマンゾウ，オオツノジカなどの大型動物が住んでいたと考えられているので，Xは正しい。栃木県や群馬県でも貝塚が発見されており，当時は現在よりも海が内陸部まで達していたと考えられているので，Yは正しい。よって，アの組み合わせが正しい。

重要　問2　縄文時代の遺跡から出土する，おもに女性をかたどった土の人形は埴輪ではなく土偶なので，エが縄文時代の人びとのくらしについて述べた文として誤っている。埴輪は古墳時代に古墳の表面に並べられていた素焼きの焼き物である。

問3　ウの藤原道長は11世紀前半の1016年に摂政となっており，10世紀の出来事として適当でない。アの菅原道真は10世紀初頭に大宰府に左遷されている。イの『古今和歌集』は10世紀初頭に成立している。エの唐は10世紀初頭の907年に滅びている。オの空也は10世紀に都で浄土教を広めている。

問4　①　11世紀後半に東北地方でおきた2度の戦乱は，前九年合戦と後三年合戦である。前九年合戦・後三年合戦を鎮めるのに活躍し，東国武士団の棟梁として名声を高めたのは，源義家である。　②　前九年合戦・後三年合戦ののち，東北地方では，奥州藤原氏が平泉を本拠地として3代約100年間にわたり繁栄した。

問5　1488年に加賀の一向一揆がおこり，約20万人の農民を中心とする一揆勢が守護を滅ぼし，その後100年近く自治を続けたので，Xは①の加賀国と最も関係が深い。15世紀末に京都からくだり，やがて相模国小田原を本拠地とし，孫の代には関東の大半を支配する戦国大名となったのは，④の北条早雲なので，Yは④と最も関係が深い。よって，イの組み合わせが正しい。なお，③の今川義元は駿河・遠江・三河を支配した戦国大名である。

問6　戦国大名の中には，領国を支配するために分国法とよばれる独自のきまりをつくる者もいた。甲州法度之次第は甲斐の戦国大名である武田氏が制定した分国法であり，Xは正しい。戦国大名の多くは，それまで山に築いていた城を平地に移し，城下に有力な家臣や商工業者を集住させたので，Yは誤っている。よって，イの組み合わせが正しい。

問7　貿易は横浜・長崎・箱館で始まっていることから，アは誤り。開国して貿易が始まると，日本からは生糸や茶が主に輸出され，外国からは毛織物や綿織物・兵器などが輸入されたが，当初の貿易額は輸入より輸出のほうが多かったので，イは誤り。金銀の交換比率は日本が1：5，外国では1：15と差があったことで，多量の金貨が外国商人によって海外に持ち出され，幕府は金の流出を防ぐために小判の質を落としたことから，物価が急速に上昇したので，ウは誤り。貿易の開始による経済の混乱は，下級武士や庶民の生活を直撃し，社会不安を増大させる一因となった。そのため民衆は「世直し」を期待した大規模な一揆なども起こったが，「ええじゃないか」は一揆ではなく民衆の狂乱なので，エは正しくない。よって，オとなる。

問8　Ⅰの大政奉還は1867年，Ⅱの薩摩藩と長州藩による軍事同盟の密約は1866年，Ⅲの薩英戦争は1863年の出来事なので，年代の古いものから順に並べかえるとⅢ→Ⅱ→Ⅰとなり，カが正しい。

基本　問9　1945年2月に行われたアメリカ・イギリス・ソ連の3国による首脳会談は，ヤルタ会談である。

問10　アの五・一五事件は1932年の出来事。イの国家総動員法は1938年に制定された。ウの沖縄本島にアメリカ軍が上陸したのは1945年。エの盧溝橋事件は日中戦争の始まりとなった出来事で1937年におこった。オの大政翼賛会は1940年に結成された。カのミッドウェー海戦で日本軍が敗北したのは1942年である。年代の古いものから順に並べかえるとア→エ→イ→オ→カ→ウとなり，2番目はエ，5番目はカとなる。

問11　1955年から1993年までの自由民主党の長期政権による政治体制は，55年体制と呼ばれた。

問12　1993年に細川護熙を首相とする非自民連立政権が誕生しているので，エが適当。アの小泉純一郎は2001年から2006年にかけての内閣総理大臣，イの村山富市は1994年から1996年にかけての内閣総理大臣，ウの鳩山由紀夫は2009年から2010年にかけての内閣総理大臣である。

【3】（政治－日本国憲法，基本的人権，国民生活と福祉，国際社会）

問1　国連難民高等弁務官事務所のアルファベットでの略称は②のUNHCRである。①のUNICEFは国連児童基金の略称，③のUNESCOは国連教育科学文化機関の略称，④のUNEPは国連環境計画の略称。

やや難　問2　(1)　緊急特別総会は，安全保障理事会の9カ国，または加盟国の過半数の要請で24時間以内に開かれるので，②が正しい。通常総会での投票は一国一票で，議決に関しては，一般事項は過半数，重要事項は3分の2以上の賛成で成立するので，①は誤り。国際司法裁判所による国家間の争いについての裁判には，両当事国の合意が必要なので，③は誤り。事務総長は，経済社会理事会ではなく安全保障理事会の勧告に従って総会が任命するので，④は誤り。　(2)　国際的な核軍縮・不拡散体制の礎としては，③のNPTが適当。NPTは核兵器拡散防止条約の略称である。①のCTBTは包括的核実験禁止条約の略称。②のIAEAは国際原子力機関の略称。④のPKOは国連平和維持活動の略称。

問3　(1)　②は社会権のうちの生存権についての規定であり，④は社会権のうちの勤労者の団結権・団体交渉権・団体行動権についての規定であることから，②と④が自由権についての規定に該当しない。①は自由権のうちの経済活動の自由に含まれる。③は自由権のうちの人身の自由に含まれる。　(2)　一般市民が国や地方公共団体に対して，必要とする情報をさまたげられることなく自由に受け取ることができる権利を，知る権利という。

問4　モノカルチャー経済とは特定の作物または資源などの生産や輸出に国の経済が依存する経済体制のことなので，アは誤り。開発途上国間での経済格差に関する問題は南南問題と呼ばれており，イは正しい。よって，③の組み合わせが正しい。

問5　(1)　社会保障制度の一環として，生活が苦しい人に対して生活費や医療費など必要な経済的支援を行う制度を，公的扶助という。公的扶助は，日本においては生活保護法に基づいて実施されている。　(2)　2021年度一般会計予算のうち，社会保障関係費の占める割合は約34%，国債費の占める割合が約22%ととなっており，社会保障関係費と国債費を合わせた割合に最も近いのは④の55%となる。

問6　出入国在留管理庁は，③の法務省の外局となる。

重要　問7　日本国憲法前文では，「…。われらは，平和を維持し，専制と隷従，圧迫と偏狭を地上から永遠に除去しようと努めてゐる国際社会において，名誉ある地位を占めたいと思ふ。われらは，全世界の国民が，ひとしく恐怖と欠乏から免かれ，平和のうちに生存する権利を有することを確認する。…」とあるので，(　い　)には平和があてはまる。

問8　日本人として初めて国連難民高等弁務官を務めた人物は，②の緒方貞子である。①の中村哲はアフガニスタンで長年，人道支援に携わった医師。③の杉原千畝は第二次世界大戦中にヨーロッパのリトアニアで多くのユダヤ人難民にビザを発行したことで知られる日本の外交官。④の野口英世は黄熱病の研究で知られる人物である。

【4】（総合問題）

問1　本州と四国を結ぶ本州四国連絡橋は，東から順に明石海峡大橋，瀬戸大橋，瀬戸内しまなみ海道となるので，エが誤りを含む。

問2　スーパーマーケットは，日本では第二次世界大戦後に登場しており，大正時代における都市部のライフスタイルの中にスーパーマーケットは存在していないことから，ウが誤りをふくむ。

問3　2009年から始まった，一般の国民が司法の現場に参加する制度は，裁判員制度である。

やや難　問4　(a)　問題文の2段落目に，「足袋の生地は，厚くてかたく，ぬい合わせにくいものです。児島ではそうした難しさをこえる，高い技術力がつちかわれていきます。」とある。よって，児島には普通の洋服に比べて生地が厚くかたいジーンズをぬい合わせる高い技術力があったと考えられる。　(b)　児島の強みについては，問題文の3段落目に「時代の流れに合わせて工夫をこらす」とある。そして，児島の今後については，問題文の最終段落に，児島は「何度も大きな打撃を受けることになって」しまったが，「何度も危機を迎えながら，強みをいかし，多くの人に評価されるような価値を生み出しながら発展し続けてきた」とあり，「今回の危機も乗り越えていくに違いありません」と結んでいる。

★ワンポイントアドバイス★

統計や資料・史料についてもしっかりと整理しておこう。

＜国語解答＞《学校からの正答の発表はありません。》

一　①　困　②　造　③　康　④　報　⑤　紀

二　①　唱　②　絶　③　腸　④　委　⑤　舌

三　問一　(例)　つながりを確保すること。　問二　(例)　「友だち」というラベルを貼ると，相手に対してつながりにかんするある一定の水準を満たした人と判断するようになり，その考えにとらわれることになるから。　問三　(例)　出会った人，居合わせた人すべてと「友だち」になることや，「ずっと友だち」でいられることは頑張っても無理なことだから。

問四　(例)　交流やつながりを目的とした集まりは，「友だち」を作ろうと意識して肩に力が入ってしまうので，参加してゆくなかで，自然と仲良くなって仲のよい人ができればよいという感覚で，つながりをつくっていくということ。

四　問一　(例)　先生の突き放した言い方や，乱雑なふるまいはいつものことだということ。

問二　(例)　アイシャドウの英語の商品名を日本語で説明したが，カッコ悪いと言われて不満に思いつつ自分も納得いかなかったから。　問三　(例)　言葉にできなかった色に，イメージにぴったり合う言葉が見つかった喜びと満足感。　問四　(例)　〈私〉にとって音は様々な色が混じり合って気持ちの悪いものだったが，先に色だけをスクリーンに映して頭の中で音に変換するという先生の作品によって，生まれて初めてそのままの音楽を聴くことができたということ。

○推定配点○

一・二　各1点×10　　三　問四　15点　　他　各10点×3

四　問四　15点　　他　各10点×3　　計100点

＜国語解説＞

基本 一 (漢字の書き取り)

①の「困(コン)惑」はどうしてよいかわからないこと。②の「造(ゾウ)作ない」は手間がかからないこと。③の「小康(コウ)」は一時的に落ち着いているさま。④の「報(ホウ)道」は新聞やテレビなどを通して広く一般に知らせること。⑤の「紀(キ)行文」は旅行中の体験や感想などを書きつづった文章。

二 (慣用句，漢字の書き取り)

①の「唱(とな)えた」は声に出して言うこと。②の「笑顔を絶(た)やさず」は常に笑顔でいること。③の「断腸(だんちょう)の思い」は非常につらく苦しいこと。④の「身を委(ゆだ)ねる」は自分の身の行く先をすっかり任せること。⑤の「舌(した)鼓を打つ」はあまりのおいしさに舌を鳴らすこと。

三 (論説文－主題・要旨・大意・細部の読み取り，記述力)

基本 問一　――線部①直前で，私たちは「つながりを確保するために，なんとか友だちをつくろうと焦る」ことを述べているので，この部分をふまえて〈友だちを得〉る目的を説明する。

重要 問二　「友人や友だちは……」から続く2段落で，「『友だち』というラベルを割り振るようになると，私は相手に対して，つながりにかんするある一定の基準を満たした人と判断しているような気分にな」り，「このような考えにとらわれるのが非常に煩わしい」と述べているので，これらの内容を「この〈ラベル〉が人との付き合いを不自由なものにしてしまうと筆者が考える」理由として説明する。

問三　――線部③の根拠として③直前で，「出会った人，居合わせた人すべてと『友だち』になるというのは無理な想定」であり，「人は頑張っても『友だち一〇〇人』などそうそうできないし，『ずっと友だち』でいられることもなかなかない」と述べているので，これらの内容を指定字数以内でまとめる。

やや難 問四　――線部④の説明として最後の2段落で，「交流やつながりを目的とした集まりは，……交流やつながりづくりを重視した場では，『友だち』感覚が醸成され，肩に力が入りやすくなる」こと，「何らかの活動」に「交流以外の目的で定期的に参加してゆくなかで，仲良くなってゆく，あるいは，仲のよい人ができたらもうけもの，くらいがちょうどよい」ということを述べているので，これらの内容を指定字数以内でまとめる。「醸成」は特定の状況などを作り出すという意味。

四 (小説－心情・情景・細部の読み取り，記述力)

基本 問一　――線部①は前後で描かれているように，「乱雑に……お札を運転手に押し付けて」や「突き放した言い方」といった先生の様子が「通常運転」すなわちいつものことである，ということなので，先生の様子を指定字数以内でまとめる。「通常運転」は人を電車に見立てて，いつも通りであるという意味。

問二　――線部②は，受付のお姉さんのアイシャドウの色を少年に聞かれ，英語の商品名を日本語で説明したが，「『カッコ悪い』」と言われた先生の表情である。続く場面で，先生は「黙り込ん」だ後「『あやめ色だ』」と思いついたことが描かれていることもふまえ，先生の②の心情を説明する。

重要 問三　「あの青はなんだろう」と〈私〉はアイシャドウの色を表す言葉に悩んでいたが，先生が「『朝露を受けて，カッコ良く佇むあやめ色』」と言ったことで，――線部③のようになっている。③の描写から，炭酸の泡がシュワシュワとはじけて広がる様子を，喜びと満足感にたとえているのが読み取れることをふまえ，言葉にできなかった色にぴったり合う言葉が見つかった喜びと満足感というような内容で〈私〉の気持ちを説明する。

やや難 問四　冒頭などにも描かれているように，「共感覚」の〈私〉にとって音は，様々な色が混じり合って気持ちの悪いものだったが，——線部④前で，先に色だけをスクリーンに映して，その色を頭の中で音に変換するという先生の作品によって，〈私〉は生まれて初めてそのままの音楽を聴くことができたことが描かれている。これらの内容をふまえ，先生の作品を見て〈音〉を聴いたことをきっかけとした，〈音〉に対する〈私〉の感じ方の変化を具体的に説明する。

★ワンポイントアドバイス★

慣用句やことわざは，その由来から意味を覚えて，正しい漢字で書けるようにしておこう。

MEMO

大切なことはメモしておこうネ！

2022年度

★★★★★★★★★★★★★★★★★★★★★★★

入　試　問　題

2022年度

芝中学校入試問題（第１回）

【算　数】（50分）　＜満点：100点＞

次の問いの □ をうめなさい。

1　次の計算をしなさい。

(1)　$5.1\times2.8+3.4\times1.8-0.85\times12.4\div(4-0.9)=$ □

(2)　$4\div\left(\square-0.375\right)\times\left(\frac{1}{28}+\frac{2}{21}\right)=3\frac{1}{7}\div(1-0.25)$

2　18％の食塩水300ｇがビーカーに入っています。そのビーカーから □ ｇを取り出し，代わりに同じ量の５％の食塩水を加えたところ，14.1％の食塩水ができました。

3　図のような，対角線AC，BDの長さが14cmの正方形ABCDにおいて，対角線の交わる点をOとします。またAE：EB＝２：３，角CHE＝90°です。

(1)　三角形DGOの面積は □ cm^2です。

(2)　OFの長さは □ cmです。

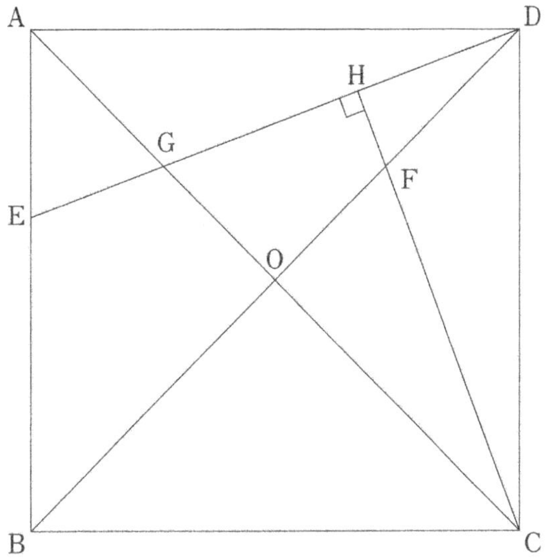

4　S中学の新入生をいくつかの教室に分けます。各教室に24人ずつ入ると，１つだけ空き教室ができ，他の教室にはすべて24人ずつ入ります。また，各教室に30人ずつ入ると，３つの空き教室ができ，１つの教室だけ１人以上10人以下の新入生が入ります。

(1)　教室の数は □ です。

(2)　新入生の人数は □ 人です。

5 下のような７枚のカードがあります。

[2]，[2]，[2]，[3]，[3]，[4]，[4]

(1) ７枚のカードの中から，３枚を選んで並べるとき，３けたの整数は □ 通りできます。

(2) ７枚のカードの中から，４枚を選んで並べるとき，６で割り切れる４けたの整数は □ 通りできます。

6 右図のような面積が75㎠の長方形ABCDがあります。
また，三角形BMNの面積は30㎠，CM＝４㎝です。
このとき，AN＝ □ ㎝です。

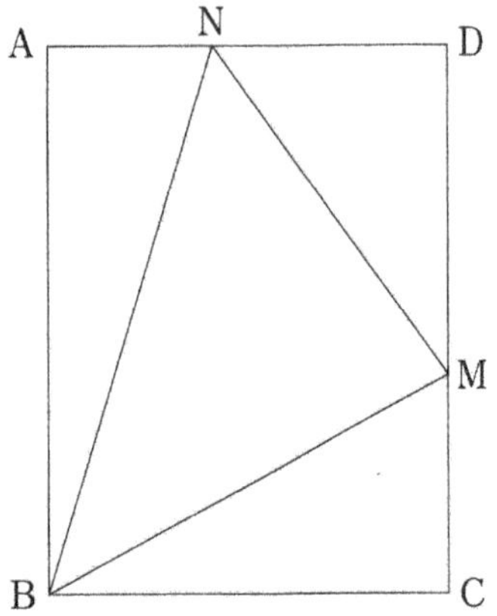

7 Ｓ君は球場に野球観戦に行きました。球場には一定の割合で観客が集まってきます。午後５時45分に開場したときには，何人かの列ができていました。

入場ゲートを５か所にすると48分で列はなくなり，入場ゲートを８か所にすると24分で列はなくなります。

(1) 開場後，午後６時までに列をなくすには，少なくとも □ か所の入場ゲートが必要です。

(2) 開場後，はじめは入場ゲートを５か所にしていましたが，途中で８か所にしたところ，開場から33分後に列はなくなりました。
入場ゲートを８か所にしたのは開場から □ 分後です。

8 図①のような辺ABの長さが３ｍ，辺ADの長さが５ｍの長方形ABCDがあります。辺BC上に点Pを，BP＝４ｍになるようにとり，頂点Ａから点Ｐに向けて光線を発射すると，光線は辺にあたるごとに入射角と反射角が同じになるように反射し，どこかの頂点にあたるまで進みます。

ただし，図②のように３辺の長さが３ｍ，４ｍ，５ｍの三角形は，直角三角形になります。

図①

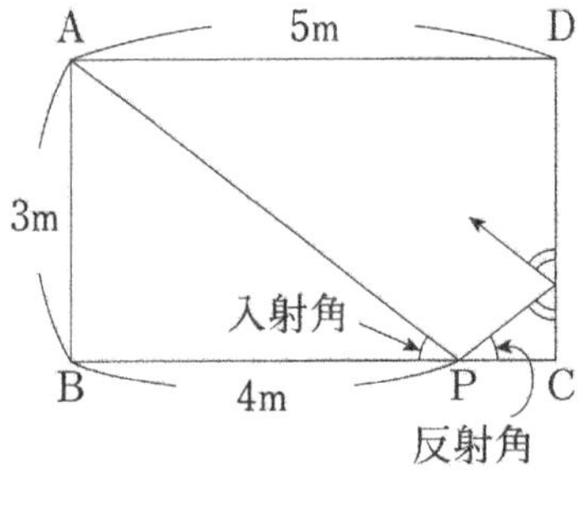

図②

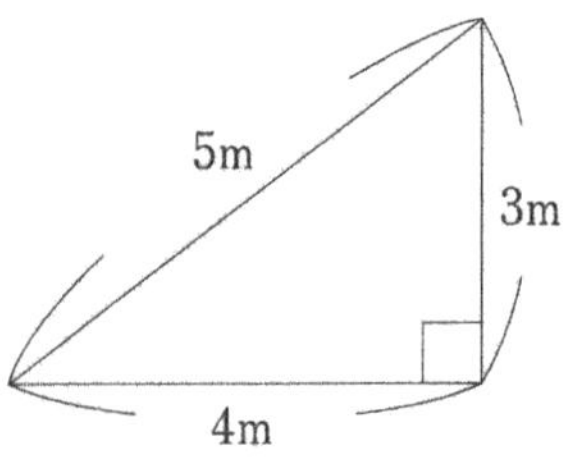

(1)　光線は □ 回反射した後，頂点 □ にあたります。

(2)　光線が進んだ長さは □ ｍです。

9　芝太郎君は弟と２人で自宅と公園の間を走って何度か往復します。芝太郎君は弟よりも走るのが速く，２人は一定の速さで走ります。

グラフは自宅から同時に出発した後の２人のへだたり（距離）と時間の様子を表しています。

(1)　アは □ 分 □ 秒です。

(2)　イは □ 分 □ 秒です。

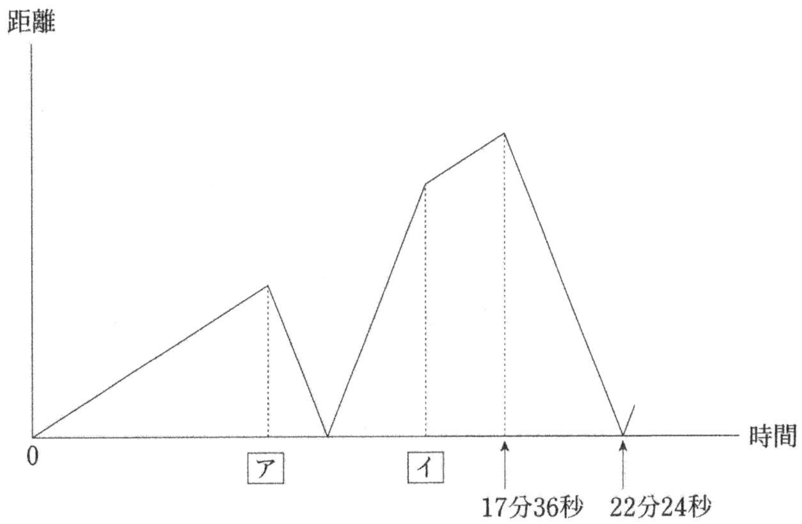

【理　科】（40分）　＜満点：75点＞

1　次の文を読み，問いに答えなさい。

夏休み，芝太郎君は家族で沖縄の海辺にキャンプに来ています。海に着いてすぐに，生き物好きの芝太郎君はさっそく生物採集を始めました。浅く，海そうの生えているところにあみを入れると，小さな①エビやカニのなかまがたくさん採れました。

芝太郎君　「お父さん，ここの海はとてもきれいだね。海岸近くでも，たくさん魚が泳いでいるよ。」

お父さん　「そうだね。少し沖でシュノーケリングをすると，②カクレクマノミも見ることができるよ。カクレクマノミは，イソギンチャクの中で集団生活をしていて，体の大きさで性別が決まっているんだ。集団の中で最も大きな個体がメスで，２番目に大きな個体がオス，それ以外は性別の決まっていない幼魚だよ。ところが，メスが死ぬとオスが体を変化させてメスになり，幼魚の中で最も大きな個体がオスに成長するんだ。とても面白いだろう？」

しばらく遊んでのどがかわいてきたので，芝太郎君はみんなにジュースを作ろうと思いました。ジュースの容器には③「原液を５倍に希しゃくする」と作り方が書いてありましたが，芝太郎君はよく意味が分かりませんでした。

芝太郎君　「お母さん，希しゃくってどういうこと？」

お母さん　「例えば，２倍希しゃくと言われたら，原液と水を１：１で混ぜるという意味だよ。」

午後になり，みんなでテントを設営することになりました。テントの窓から夕日が落ちるところを見られるように，④方位磁針を使って方角を確かめながら，西向きにテントを設営しました。

夕方になり，夕日を観察する前に，芝太郎君は夏休みの課題である天気記録カードを記入することにしました。カードにはその日の天気記号や，⑤雲量を記録することになっています。雲量とは，空全体の広さを10としたときの，雲がおおっている割合を０～10の数字で表すものです。

記入を終えて，夕日がしずむのを待っていると，空模様があやしくなってきました。すると，空に急に雨雲が広がり，らい光が見えるとともに，らい鳴も聞こえ始めたので，芝太郎君はあわてて天気記録カードを取り出し，天気記号を⑥かみなりに書きかえました。

芝太郎君　「せっかくきれいな夕日が見えると思ったのに残念だなあ。」

お父さん　「夏の天気は変わりやすいからね。さあ，早く小屋までひ難しよう！」

(1)　下線部①について。エビやカニと同じこうかく類のものはどれですか。次の中から２つ選んで，記号で答えなさい。

（ア）　（イ）　（ウ）　（エ）　（オ）

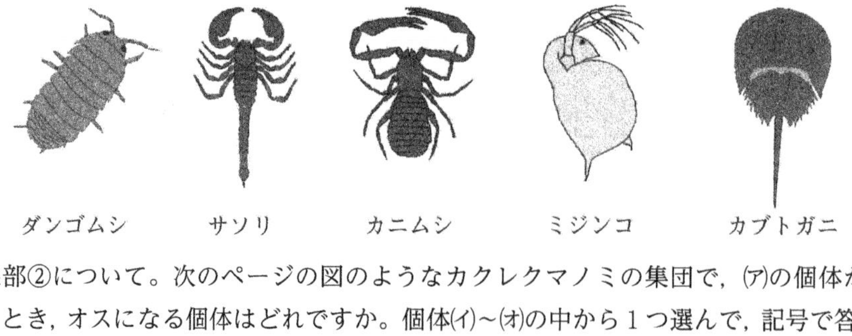

ダンゴムシ　サソリ　カニムシ　ミジンコ　カブトガニ

(2)　下線部②について。次のページの図のようなカクレクマノミの集団で，(ア)の個体が死んでしまったとき，オスになる個体はどれですか。個体(イ)～(オ)の中から１つ選んで，記号で答えなさい。

ただし，どの個体もオスにならないと思う場合は解答らんに「×」と答えること。

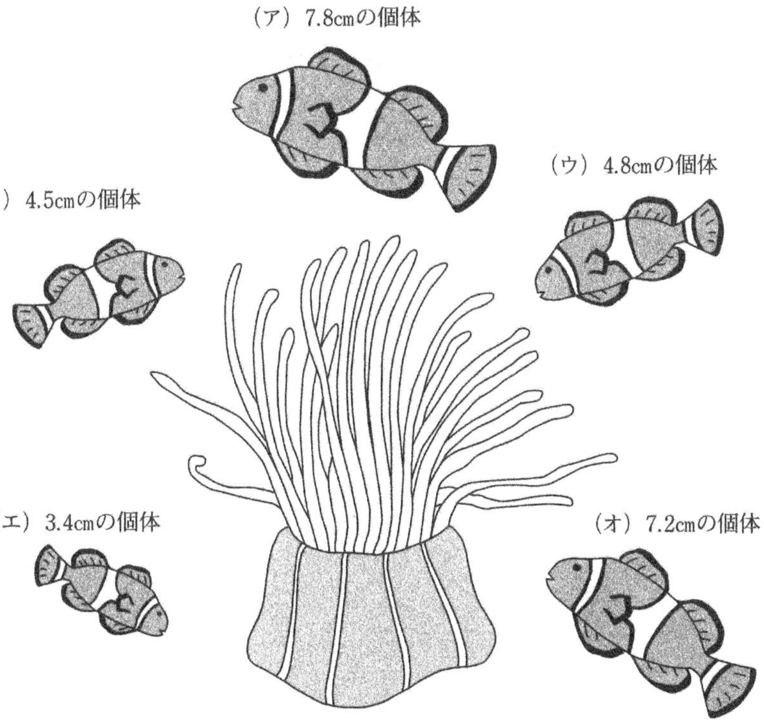

⑶　下線部③について。ジュースの原液に氷と水を加えて，氷がとけきったときに５倍に希しゃくされたジュースを作るとします。原液470mLに対して，氷を１kg 加えました。あと何mLの水を加えればよいですか。ただし，原液と水はどちらも１mLあたりの重さは１ｇとし，値が割り切れない場合は，小数第１位を四捨五入して整数で答えなさい。

⑷　下線部④について。方位磁針を使うと方角がわかる理由を述べた文として，最も適当なものはどれですか。次の中から１つ選んで，記号で答えなさい。

㋐　地球が磁石の性質を持ち，北極付近にＮ極があるから。

㋑　地球が磁石の性質を持ち，北極付近にＳ極があるから。

㋒　地球の自転により，北極付近がＮ極になるから。

㋓　地球の自転により，北極付近がＳ極になるから。

㋔　地じくのかたむきにより，北極付近がＮ極になるから。

㋕　地じくのかたむきにより，北極付近がＳ極になるから。

⑸　下線部⑤について。雲量と天気について書かれた文章のうち，正しいものはどれですか。次の中から１つ選んで，記号で答えなさい。

㋐　雲量が０～２の場合は快晴という。

㋑　雲量が５～10の場合はくもりという。

㋒　雲量が９～10の場合のみ雨になる。

㋓　雲量が１の場合は晴れである。

㋔　雲量が８の場合は晴れである。

⑹　下線部⑥について。日本式天気記号でかみなりを表しているものはどれですか。次の㋐～㋔から１つ選んで，記号で答えなさい。

（ア）　（イ）　（ウ）　（エ）　（オ）

2　次の【実験１】，【実験２】について，各問いに答えなさい。

【実験１】

100ｇの棒磁石をＮ極が上になるようにしてはかりにのせ，その真上になん鉄のしんを入れた電磁石が支えられている装置Ａで実験を行いました。次に，棒磁石の代わりに同じ重さの鉄100ｇをはかりにのせ，電磁石のしんをなん鉄から同じ大きさの銅に変えた装置Ｂを作り，さらに実験を行いました。

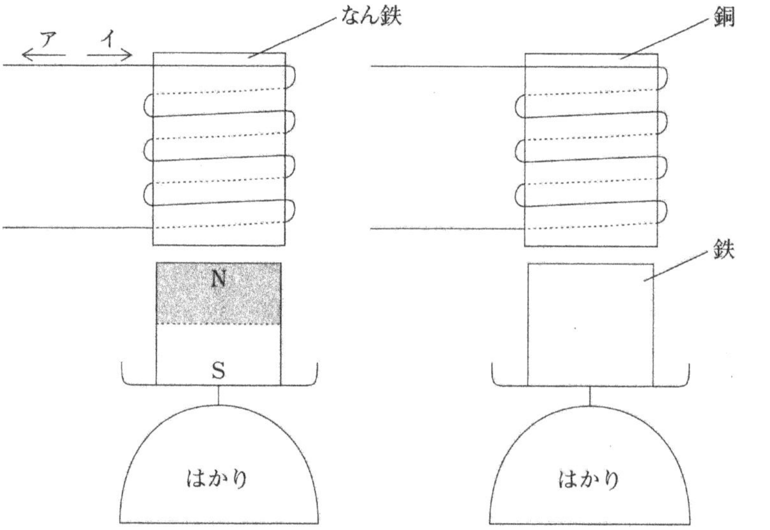

装置Ａ　　装置Ｂ

⑴　装置Ａの電磁石に電流を流すと，はかりの目盛りが110ｇに変化しました。このとき，電磁石に流れている電流の向きは図のア，イどちらですか，記号で答えなさい。

⑵　装置Ｂの電磁石に⑴と同じ条件で電流を流すと，はかりの目盛りはどうなりますか。最も適当なものを次の中から１つ選んで，記号で答えなさい。

㋐　110ｇ　㋑　110ｇより小さく100ｇより大きい　㋒　100ｇ

㋓　100ｇより小さく90ｇより大きい　㋔　90ｇ

⑶　⑴，⑵の実験で電磁石の下の端《はし》はそれぞれ何極ですか。正しい組み合わせを表中の㋐～㋓から１つ選んで，記号で答えなさい。

	（ア）	（イ）	（ウ）	（エ）
（１）	Ｎ極	Ｎ極	Ｓ極	Ｓ極
（２）	Ｎ極	Ｓ極	Ｎ極	Ｓ極

【実験２】

同じ電池２個，同じ豆電球２個，巻き数だけが50巻きと100巻きと異なる電磁石を用いて，Ａ～Ｈの回路を組み立て，実験を行いました。ただし，回路に使用した導線の長さはコイルの部分もふくめてすべて同じであるとし，50巻きの電磁石と100巻きの電磁石に同じ大きさの電流を流すと，100巻きの電磁石の磁力の強さは50巻きの電磁石の２倍であるとします。

(4)　豆電球の明るさが最も暗い回路はＡ～Ｈのどれですか。すべて選んで，記号で答えなさい。

(5)　最も早く電池が使えなくなる回路はＡ～Ｈのどれですか。すべて選んで，記号で答えなさい。

(6)　電磁石の磁力の強さが最も強くなる回路はＡ～Ｈのどれですか。１つ選んで，記号で答えなさい。

(7)　Ａ～Ｈの回路で，電磁石の磁力の強さは何通りありますか。

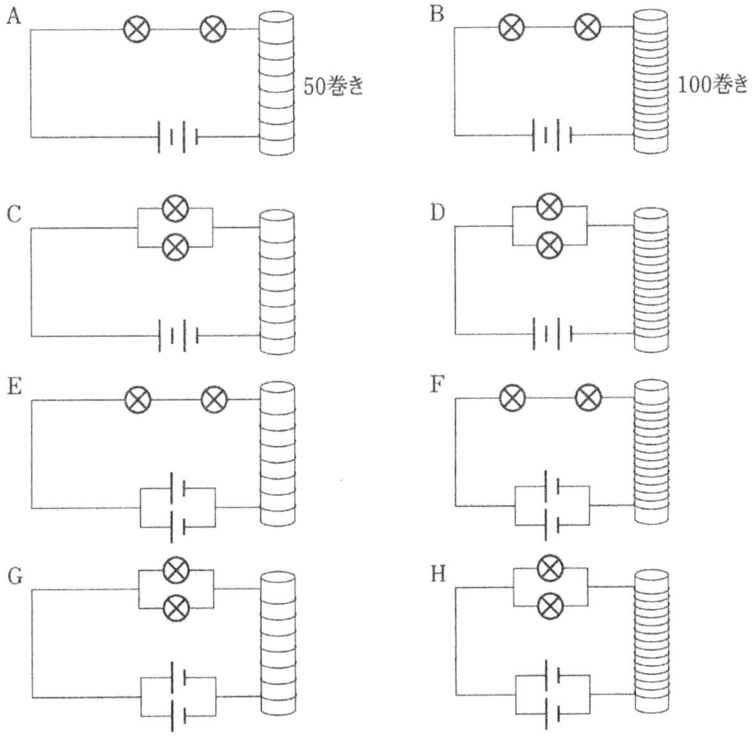

3　次の各問いに答えなさい。

(1)　右図のようにコップに水を注いだ後，氷を入れてじょじょに冷やすと，ある温度でコップの表面に水てきがつくようになります。この温度を何といいますか。ひらがな３文字で答えなさい。

(2)　気温30℃の地表付近で，１m^3の空気がふくむことのできる最大の水蒸気量はおよそいくらですか。最も適当なものを次の中から１つ選んで，記号で答えなさい。ただし，1000mgは１ｇです。

(ア)　3mg　　(イ)　30mg　　(ウ)　300mg　　(エ)　3ｇ　　(オ)　30ｇ　　(カ)　300ｇ

(3)　空気中にふくまれる水蒸気量について述べた文として，正しいものはどれですか。次のページの中から３つ選んで，記号で答えなさい。

(ア)　空気中にふくまれている水蒸気量が同じならば，気温が上がるほど，しつ度は高くなる。

(イ)　気温が同じならば，空気中にふくまれている水蒸気量が多いほど，しつ度は高くなる。

(ウ)　明け方は気温が下がり，ほう和水蒸気量が小さくなるので，しつ度は低くなる。

(エ)　気温が低温であるほど，１℃あたりのほう和水蒸気量の変化は小さい。

(オ)　１日を通じて晴れているとき，空気中にふくまれる水蒸気量はあまり変化しない。

(4)　雲の形成過程に関する次の文章の空らん [1] ～ [3] に入る適切な語句は何ですか。表に示される組み合わせ(ア)～(カ)から最も適当なものを１つ選んで，記号で答えなさい。

地上付近の空気があたためられると，空気のかたまりが [1] して，周囲の空気より軽くなり上しょうする。上空の気圧は地表に比べて [2] ので，[1] はさらに進む。空気が [1] すると温度が [3] なるので，空気がふくむことのできる水蒸気量が限界になり，水てきや氷の小さなつぶになって雲のもとになる。このように空気が上しょうすることによって雲ができる。

	[1]	[2]	[3]
(ア)	収縮	低い	高く
(イ)	収縮	高い	低く
(ウ)	収縮	低い	低く
(エ)	ぼう張	低い	高く
(オ)	ぼう張	高い	低く
(カ)	ぼう張	低い	低く

(5)　大量の雲つぶが成長や結合をして雨つぶとなります。雲つぶの直径を0.01㎜，雨つぶの直径を１㎜とするとき，何個の雲つぶが集まれば，１個の雨つぶとなりますか。最も適当なものを次の中から１つ選んで，記号で答えなさい。なお，雲つぶ，雨つぶはどちらも球形として考えることとします。

(ア)　10個　　(イ)　100個　　(ウ)　1000個　　(エ)　10000個　　(オ)　100000個　　(カ)　1000000個

(6)　台風が芝学園の真上を北上しました。台風通過前後で，芝学園における風の向きはどのように変化したと考えられますか。表に示される組み合わせ(ア)～(カ)から最も適当なものを１つ選んで，記号で答えなさい。

	台風通過前の風の向き	台風通過後の風の向き
(ア)	東側から西側へふく	西側から東側へふく
(イ)	西側から東側へふく	東側から西側へふく
(ウ)	東側から西側へふく	北側から南側へふく
(エ)	西側から東側へふく	北側から南側へふく
(オ)	北側から南側へふく	西側から東側へふく
(カ)	北側から南側へふく	東側から西側へふく

(7)　台風は上陸すると多くの場合，勢力が弱まります。その主な理由を20字以内で説明しなさい。句読点や記号は１字と数えること。

4 次の実験内容を読み，問いに答えなさい。ただし，温度は一定であり，熱による気体の体積変化はないものとします。また，値が割り切れない場合は小数第２位を四捨五入して，小数第１位まで答えなさい。

芝太郎くんは，図１のような装置を用いて，石灰石にふくまれている炭酸カルシウムの割合を調べる実験を行いました。なお，メスシリンダーは水ですべて満たされ，活せん付きロートのコックは閉じています。

純すいな炭酸カルシウムを三角フラスコに入れ，活せん付きロートから30mLの塩酸をすべててき下しました。てき下したあとは，コックを閉めたため，気体の出入りはありませんでした。炭酸カルシウムの重さを変えて３回実験をした結果，メスシリンダー内に集まった気体の体積は表１のようになりました。この実験で発生した気体を気体Ａとします。

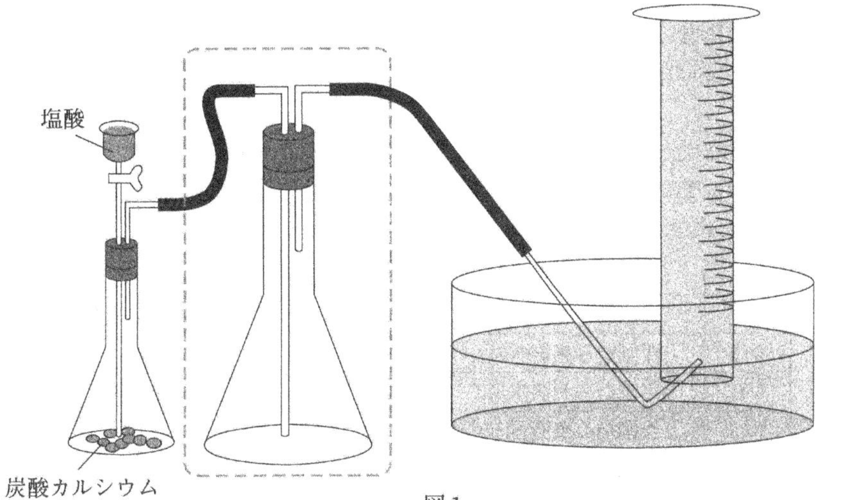

図１

表１

炭酸カルシウムの重さ〔g〕	1.0	2.0	3.0
メスシリンダー内の気体の体積〔mL〕	270	510	630

(1) 炭酸カルシウムは，図２のような電子天びんを用いてはかり取りました。電子天びんには図３にあるような「水準器」がついていて，天びんを水平にするために，はじめに調整する必要があります。その仕組みは，円形のガラス容器の中に液体を入れ，中に気泡《きほう》（空気の泡）を残したものです。角度の変化によって気泡が移動し，図３のように気泡が真ん中にある太わくの丸の中に入るように調整すると，電子天びんが水平になります。

図４は図２の電子天びんを真上から見た図で，ア～エの位置には高さを調整できる脚《あし》が天びんの下についています。

いま，水準器を見ると図５のように気泡が真ん中からずれてしまっていたため，図４中のア～エの位置についているいずれかの脚の高さを低く調整して，電子天びんが水平になるようにしました。低く調整した脚はア～エのどの位置の脚ですか。１つ選んで，記号で答えなさい。

（図２～図５は次のページにあります。）

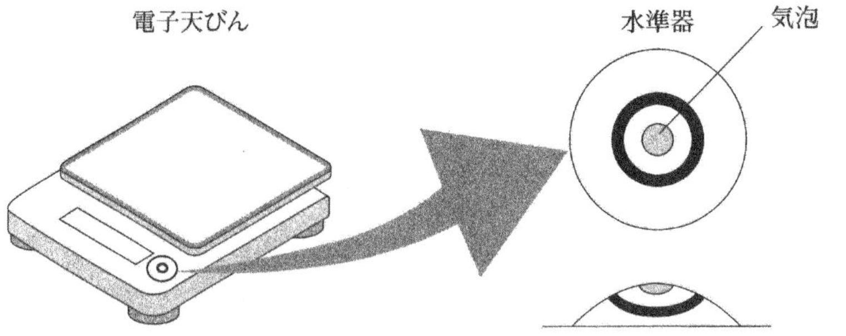

図２　　図３

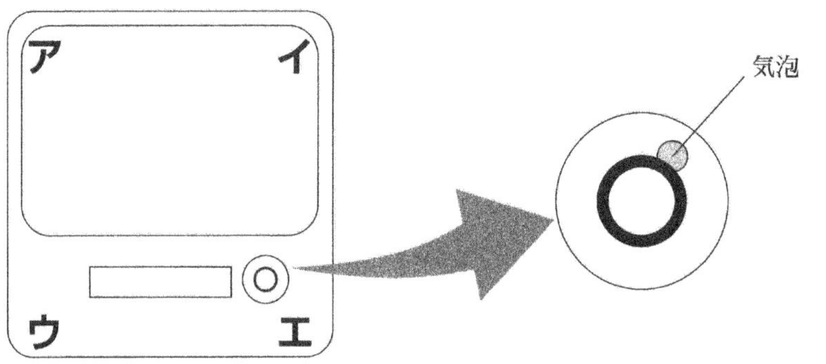

図４　　図５

(2)　この実験によって発生する気体Ａを説明する文として，正しいものはどれですか。次の中から<u>すべて</u>選んで，記号で答えなさい。

(ア)　アルミニウムに塩酸を加えたときに発生する。
(イ)　アルミニウムに水酸化ナトリウム水よう液を加えたときに発生する。
(ウ)　貝がらに酢《す》をかけたときに発生する。
(エ)　酸素中でスチールウールを燃やしたときに発生する。
(オ)　この気体の水よう液はアルカリ性である。
(カ)　この気体の水よう液は中性である。
(キ)　この気体の水よう液は酸性である。

(3)　酸素を水上置かん法によって集める場合は，前のページの図１中の点線内の装置をもちいることはありません。この装置が必要な理由は，気体Ａのある性質によるものです。どのような性質かを答えなさい。

(4)　炭酸カルシウム1.0ｇと塩酸30mLの反応で，発生した気体Ａは何mLですか。メスシリンダー内に集められた気体の体積ではなく，この実験によって発生した気体Ａだけの体積を答えなさい。

(5)　この実験を，炭酸カルシウム2.0ｇと塩酸20mLで実験した場合，発生した気体Ａは何mLですか。メスシリンダー内に集められた気体の体積ではなく，この実験によって発生した気体Ａだけの体積を答えなさい。また，反応後に残るのは(ア)塩酸と(イ)炭酸カルシウムのどちらですか。(ア)，(イ)のどちらかを１つ選んで，記号で答えなさい。

(6)　この実験を，のう度が３倍の塩酸20mLに変えて実験をした場合，炭酸カルシウムの重さと気体Ａの体積との関係はどのように表すことができますか。解答らんにグラフで示しなさい。定規《じょうぎ》は使えないので，ていねいにかくこと。

(7)　石灰石3.0ｇを十分な量の塩酸と反応させると，気体Ａは684mL発生しました。石灰石にふくまれている純すいな炭酸カルシウムは何％ですか。

5　次の文を読み，問いに答えなさい。

火山のふん火でよう岩流が大地を通ると，生物が全くいない岩石の荒れ地ができる。荒れ地に，最初にやってくるのはどんな生物たちだろうか。荒れ地の周りにある生態系によって異なるが，多くは①コケ類，一年草などが始めに育つ。また，動物では②クモ類が早い時期に現れることや，③コオロギ類が大量に発生することが知られている。

早期に現れた④生物の死体や落ち葉によって土がつくられ，少しずつ多年草が増えてくる。多年草は数年成長して大きなからだをもつものも多く，その落ち葉や死体が土をつくっていく。土が多くなってくると，いよいよ樹木が育ち始める。

始めは低木や⑤陽樹，その後しばらくして陰樹《いんじゅ》が生え始める。陽樹とは，光が多くあるかん境で活発に⑥光合成をすることができる樹木であり，逆に光が少ないかん境ではかれてしまう。したがって，陽樹の種子は光が多くあるかん境にたどり着かなければ，芽を出し成長することができない。陰樹とは，多くの光を利用して光合成を活発にする能力は低いが，光が少ないかん境でも育つことができる樹木である。多くの場合では，先に陽樹が成長して陽樹の林がつくられる。しかし，陰樹はじゅ命が長いこともあり，少しずつ陰樹に入れかわる。最終的には⑦陰樹を中心とした森林がつくられる。

(1)　下線部①について。コケ類や一年草の特ちょうを説明した文として，まちがいをふくむものを次の中から１つ選んで，記号で答えなさい。

(ア)　コケ類は根・くき・葉の区別がなく，からだの表面から水を吸収する。

(イ)　コケ類は仮根という構造をもち，土にからだを固定している。

(ウ)　一年草のエノコログサは，ひげ根をもつ単子葉植物である。

(エ)　一年草もコケ類も，非常に小さな種子を風にのせて運ぶ。

(2)　下線部②について。クモ類のからだの特ちょうを説明した文として，正しいものを次の中から２つ選んで，記号で答えなさい。

(ア)　頭胸部にあしが４対生えている。

(イ)　胴部《どうぶ》にあしが４対生えている。

(ウ)　腹部は，こん虫とは異なり節がなく，ふくろのような構造である。

(エ)　頭胸部に，しょっ角が２本ついている。

(オ)　胸部にしょくしと呼ばれる器官がついている。

(3)　下線部③について。荒れ地にコオロギ類が大量発生する現象に関係するコオロギ類の特ちょうとして，正しいものはどれですか。次の中から２つ選んで，記号で答えなさい。

(ア)　あしが発達して移動能力が高いため，荒れ地に早くたどり着くことができる。

(イ)　雑食なので，荒れ地に存在する様々なものを食べることができる。

(ウ)　さなぎで冬を過ごすため，寒い荒れ地の冬をこすことができる。

(エ)　あしが発達しているためはねが２枚しかなく，あまり飛ぶ必要がない荒れ地に適している。

(4) 下線部④について。生物の死体や落ち葉から土ができるまでには，多くの生物が関わっています。この土がつくられるのを助けている生物たちを，生態系の中でなんとよびますか。漢字3文字で答えなさい。

(5) 下線部⑤について。陽樹では，アカマツと呼ばれる樹木が有名です。このアカマツの種子を示した図はどれですか。次の中から1つ選んで，記号で答えなさい。

(ア)

(イ)

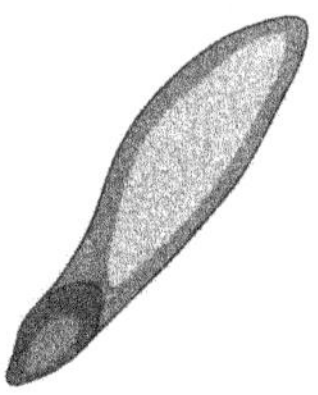

(ウ)

(エ)

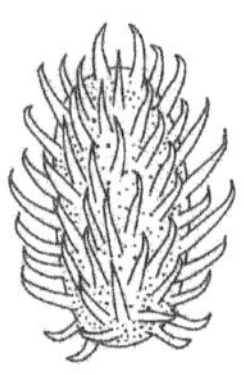

(6) 下線部⑥について。植物は，光合成を行うと二酸化炭素を吸収します。下の図1は，陽樹と陰樹それぞれにおける，光の強さと二酸化炭素の吸収量との関係を示したグラフです。横じくは光の強さをあらわし，縦じくは0よりも上の場合は二酸化炭素を吸収していること，0よりも下の場合は二酸化炭素を放出していることをあらわしています。また，植物は二酸化炭素を吸収しているとき，成長できることとします。グラフからわかることを説明した文として，正しいものはどれですか。下の(ア)～(オ)から2つ選んで，記号で答えなさい。

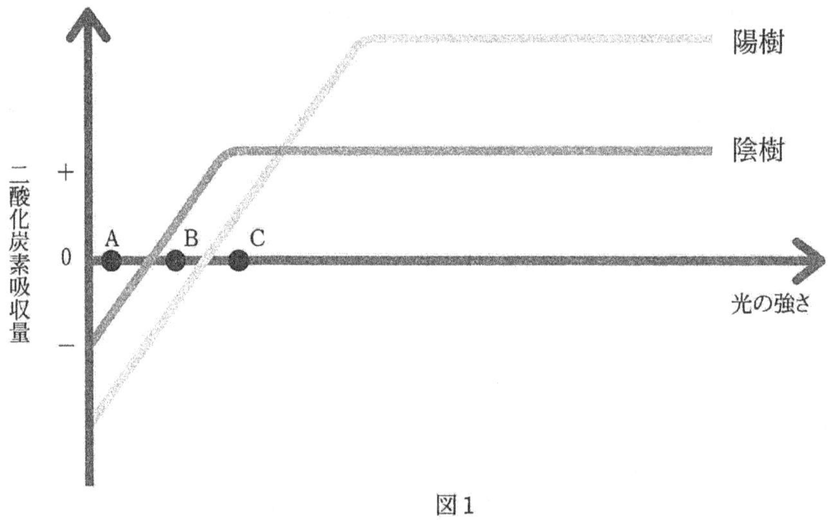

図1

(ア) 陽樹も陰樹も，呼吸で放出する二酸化炭素の量は変わらない。

(イ) 光の強さが●Aのとき，陽樹と陰樹はともに成長できない。

(ウ) 光の強さが●Bのとき，陽樹はかれてしまうが陰樹は成長できる。

(エ) 光の強さが●Cのとき，陽樹の方がはやく成長できる。

(オ) 呼吸で放出する二酸化炭素の量については，このグラフからは読み取れない。

(7) 下線部⑦について。陰樹を中心とした森林がつくられると，次のページの図2のような階層構造ができていきます。図の中の用語は各階層の名しょうです。

次のページの図3は森林の高さにおける相対照度をあらわしています。相対照度とは森林の最上部にあたる光の量を100％とした場合に，各層の高さで光の量が何％程度になるかを大まかに示した数値です。なお，図２と図３の高さは同じです。例えば，図２の高木層にあたる高さは，図３の「あ」にあたる部分の高さです。図２と図３からわかることを述べた文として，適当なものはどれですか。下の(ア)～(エ)からすべて選んで，記号で答えなさい。

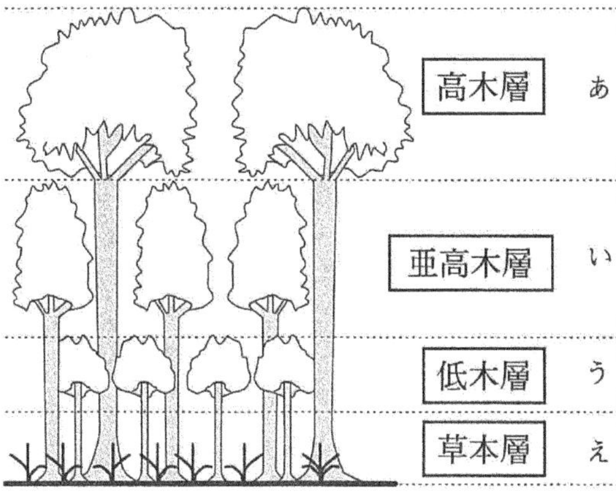

図２

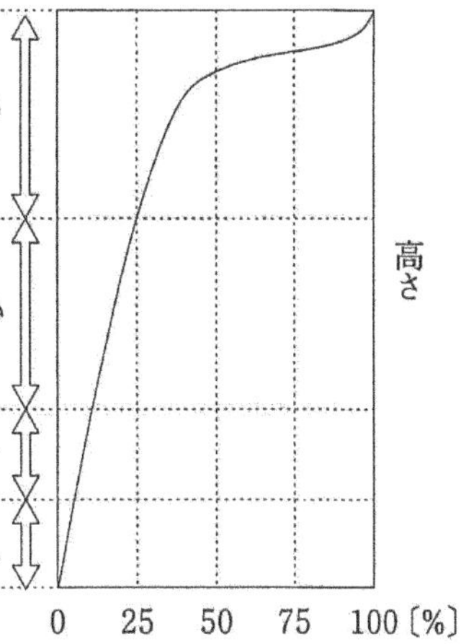

図３

(ア)　草本層には，光は10％未満しか届かない。

(イ)　光は高木層で多くさえぎられ，亜高木層になると60％くらい減っている。

(ウ)　光は森林の上部でほとんどさえぎられ，高木層・亜高木層でさえぎられる光は80％をこえる。

(エ)　低木層までとどく光の量は，全体の30％くらいである。

【社　会】（40分）　＜満点：75点＞

【１】 次の図１を見て，以下の問いに答えなさい。

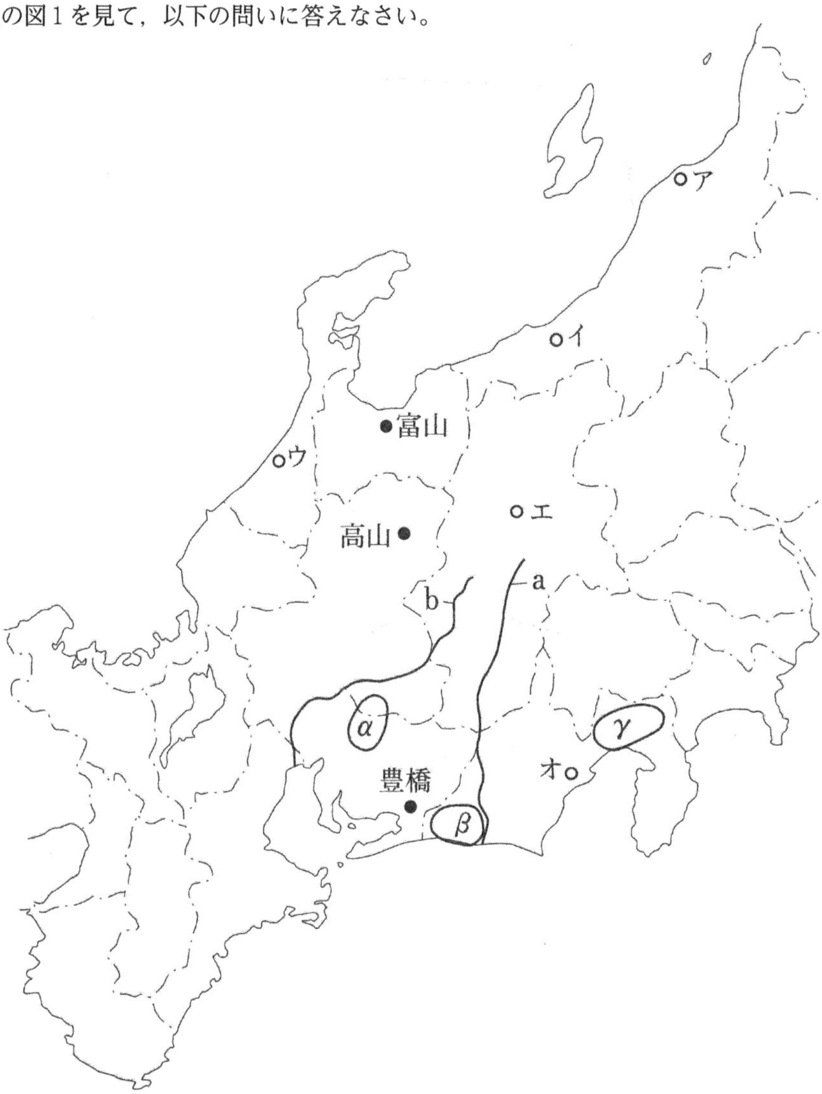

図１

［問１］ 次の文章は，図１中のａ・ｂの河川に関する内容をそれぞれ記したものです。以下の(1)・(2)に答えなさい。

［ a ］川は，長野県の諏訪湖に源を発し，［ b ］山脈（中央アルプス）と［ c ］山脈（南アルプス）にはさまれた伊那盆地（伊那谷）を経た後，山地を流下し，1磐田原台地と三方原台地の間を流れて［ d ］灘に注いでいる。

［ b ］川は，かつて長良川，揖斐川と合流していたが，改修工事を経て，現在は長良川や揖斐川と分離したまま［ e ］湾に注いでいる。下流の濃尾平野は日本最大のゼロメートル地帯が存在し，1959（昭和34）年の［ e ］湾台風では甚大な被害が生じた。

(1) 文中の空欄［ a ］～［ e ］にあてはまる語を答えなさい。

(2) 下線部１に関して，地形図でこのあたりをみると，右の地図記号が確認できます。この地図記号はある農産物を栽培している土地を表しています。この農産物の名称を答えなさい。

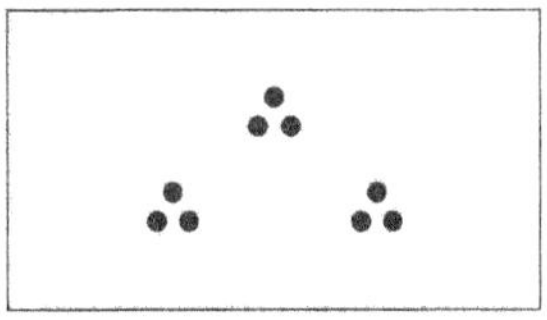

〔問２〕 前のページの図１中のア～オの都市の中から，政令指定都市をすべて選び，記号で答えなさい。

〔問３〕 次のＸ・Ｙの文は，富山市，高山市，豊橋市のいずれかの市の特徴を説明したものです。Ｘ・Ｙの文と富山市，高山市，豊橋市との組み合わせとして正しいものを，以下のア～カの中から一つ選び，記号で答えなさい。

Ｘ．この市は，2005年２月の合併により，日本一面積の広い市町村となった。面積は約2178㎞^{2}で，東京都と同じくらいである。

Ｙ．この市は，路面電車など公共交通を軸としたコンパクトなまちづくりを進めている。また，この市が所在している県は，一住宅あたりの延べ面積が日本一である。

	ア	イ	ウ	エ	オ	カ
Ｘ	富山市	富山市	高山市	高山市	豊橋市	豊橋市
Ｙ	高山市	豊橋市	豊橋市	富山市	富山市	高山市

〔問４〕 次の図２中のＡ～Ｃの雨温図は，図１中の富山市，高山市，豊橋市のいずれかのものです。図２中のＡ～Ｃの雨温図と富山市，高山市，豊橋市との組み合わせとして正しいものを，以下のア～カの中から一つ選び，記号で答えなさい。

図２

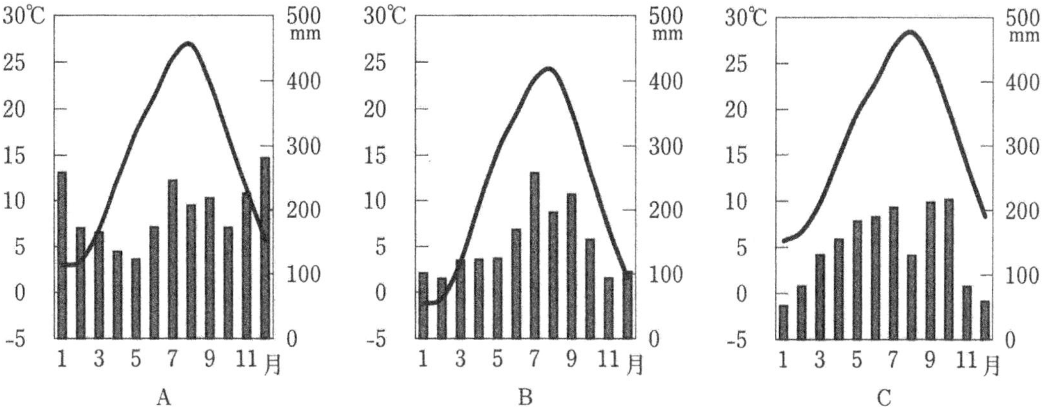

数値は1991～2020年の平均値
「気象庁ホームページ」より作成

	ア	イ	ウ	エ	オ	カ
富山市	A	A	B	B	C	C
高山市	B	C	C	A	A	B
豊橋市	C	B	A	C	B	A

［問５］ 地図中の降雪量が多い地域について説明したＸ・Ｙの文の正誤の組み合わせとして正しいものを，次のア～エの中から一つ選び，記号で答えなさい。

Ｘ．シベリア高気圧から吹く北西の季節風は，日本海をわたるあいだに冬でも水温が高い対馬海流から大量の水蒸気を吸収し，脊梁《せきりょう》山脈にぶつかって日本海側に豪雪をもたらす。日本海をわたる距離が長いほど，吸収する水蒸気が多くなる。

Ｙ．北西の季節風が日本列島を日本海側から太平洋側に抜ける距離がもっとも短いのは，富山湾から駿河湾に抜ける場所である。そのため太平洋側にありながら，その部分に位置する伊吹山や鈴鹿山脈北部には冬季に豪雪がもたらされる。

ア．Ｘ－正　Ｙ－正　　イ．Ｘ－正　Ｙ－誤

ウ．Ｘ－誤　Ｙ－正　　エ．Ｘ－誤　Ｙ－誤

［問６］ 次の表１中の①～③は，中部地方で生産がさかんなレタス，もも，ぶどうのいずれかであり，それぞれの収穫量上位の都道府県と，全国に占める割合を示したものです。表中のＸ～Ｚに当てはまる県の組み合わせとして正しいものを，以下のア～カの中から一つ選び，記号で答えなさい。

表１

①	
X	21.4
Y	18.4
山形	9.5
岡山	9.1
福岡	4.4

②	
Y	34.2
Z	14.9
群馬	8.9
長崎	6.2
兵庫	5.2

③	
X	28.5
福島	25.0
Y	11.1
山形	8.7
和歌山	6.6

2019年産　単位は％　『データでみる県勢2021』より作成

	ア	イ	ウ	エ	オ	カ
X	茨城	茨城	長野	長野	山梨	山梨
Y	長野	山梨	山梨	茨城	茨城	長野
Z	山梨	長野	茨城	山梨	長野	茨城

［問７］ 次の(1)～(3)は，14ページの図１中のα～γのいずれかの工業地域についての特徴を説明したものです。(1)～(3)とα～γとの組み合わせとして正しいものを，次のページのア～カの中から一つ選び，記号で答えなさい。

(1) この地域は，良質な土にめぐまれたため，古くから陶器づくりがさかんであった。この伝統産業の技術が基盤となり，ファインセラミックスが生まれ，最先端の素材として注目を集めている。

(2) この地域では，上流から運ばれる木材資材を使って発展した木工業の技術が楽器の製造に生かされている。第２次世界大戦中，軍用の飛行機部品工場などにかわったが，戦後はその技術を生かしてバイクや自動車を製造する企業も大きく成長した。

(3) この地域では，上流から流れる川の豊富な水を生かして，製紙・パルプ工業が発展してきた。また，高速道路によって交通の便がよいため，電子機器やバイオテクノロジーなど，先端技術

を使った工場や研究所が数多く進出している。

	ア	イ	ウ	エ	オ	カ
（１）	α	α	β	β	γ	γ
（２）	β	γ	γ	α	α	β
（３）	γ	β	α	γ	β	α

〔問８〕 次の表２中のＡ～Ｃは，東京都・愛知県・静岡県のいずれかについて，在留外国人数の国別の割合とその総数を示したものです。表中のＸ～Ｚには，中国，ブラジル，ベトナムのいずれかが当てはまります。Ｘ～Ｚと中国，ブラジル，ベトナムとの組み合わせとして正しいものを，以下のア～カの中から一つ選び，記号で答えなさい。

表２

A	
X	39.9
韓国	16.1
Y	6.5
フィリピン	5.8
ネパール	4.5
その他	27.2
総数	593458人

B	
Z	22.2
X	18.1
Y	14.7
フィリピン	14.0
韓国	10.5
その他	20.5
総数	281153人

C	
Z	31.3
フィリピン	17.6
X	12.3
Y	12.2
韓国	4.7
その他	21.9
総数	100148人

単位は％　2019年末現在　『データでみる県勢2021』より作成

	ア	イ	ウ	エ	オ	カ
X	中国	中国	ブラジル	ブラジル	ベトナム	ベトナム
Y	ブラジル	ベトナム	ベトナム	中国	中国	ブラジル
Z	ベトナム	ブラジル	中国	ベトナム	ブラジル	中国

【２】 次の略年表を見て，あとの設問に答えなさい。

	≪Ａ≫
３世紀	1 西日本各地に前方後円墳が出現する
	≪Ｂ≫
８世紀	平安京に都が移される
	≪Ｃ≫
12世紀	2 法然上人が浄土宗を開く
	≪Ｄ≫
14世紀	足利義満が太政大臣に就任する
	≪Ｅ≫
17世紀	徳川家康が江戸に幕府を開く

	≪F≫
19世紀	戊辰戦争が始まる
	≪G≫
20世紀	大正天皇が即位する
	≪H≫
	ポツダム宣言を受諾する
	≪I≫

〔問１〕　下線部１について述べた次の文X・Yの正誤の組合せとして正しいものを，次のア～エより選び，記号で答えなさい。

X．兵庫県の五色塚古墳は，わが国で最初に復元整備された古墳で，墳丘上に埴輪が並べられ，また表面に樹木が植えられるなど，造営当初の姿をほぼ再現したものとして知られています。

Y．出現期の古墳には，形状の他に遺体を埋葬する石室や，そこにおさめられた副葬品などに共通する特徴がみられることから，古墳をつくった集団の間には政治的なつながりが形成されていたと考えられています。

ア．X－正　Y－正　　イ．X－正　Y－誤　　ウ．X－誤　Y－正　　エ．X－誤　Y－誤

〔問２〕　下線部２について述べた次の文X・Yとそれぞれ最も関係の深い事柄は①～④のどれですか。組合せとして正しいものを，下のア～エより選び，記号で答えなさい。

X．延暦寺に学んだ法然上人は，源平争乱のころ，念仏を唱えれば，死後は誰でも平等に極楽浄土へ往生できると説きました。

Y．浄土宗学東京支校を前身とする芝中学校の３年生は，関西方面への修学旅行では，かならず浄土宗の総本山を訪れています。

①　南無妙法蓮華経　　②　南無阿弥陀仏　　③　法然院　　④　知恩院

ア．X－①　Y－③　　イ．X－①　Y－④　　ウ．X－②　Y－③　　エ．X－②　Y－④

〔問３〕　≪A≫の時期に関して述べたａ・ｂの文と，≪B≫の時期に関して述べたｃ・ｄの文について，正しいものの組合せを，下のア～エより選び，記号で答えなさい。

ａ．弥生時代には稲作によって人々の食生活は安定し，狩りや漁などの食料採取はほとんど行われなくなりました。

ｂ．紀元前１世紀頃の倭では，100あまりの小国が分立していたと，『漢書』地理志には記されています。

ｃ．天武天皇のあとを継いだ皇后の持統天皇は，都を大津宮から最初の本格的な都城である藤原京に移しました。

ｄ．奈良時代には，人口の増加による口分田不足を補うため，政府は三世一身法を定めて期限付きで土地の私有を認めました。

ア．ａ・ｃ　　イ．ａ・ｄ　　ウ．ｂ・ｃ　　エ．ｂ・ｄ

〔問４〕　≪C≫の時期におきた出来事について述べた次の文Ⅰ～Ⅲを，年代の古いものから順に並べかえた場合，正しいものはどれですか。あとのア～カより選び，記号で答えなさい。

Ⅰ．白河天皇が，幼い皇子に譲位をして上皇となり，院政を始めました。

Ⅱ．唐に留学した最澄と空海は，帰国後，それぞれ天台宗・真言宗を開きました。

Ⅲ．藤原純友が，瀬戸内海の海賊を率いて反乱をおこしました。

ア．Ⅰ－Ⅱ－Ⅲ　　イ．Ⅰ－Ⅲ－Ⅱ　　ウ．Ⅱ－Ⅰ－Ⅲ

エ．Ⅱ－Ⅲ－Ⅰ　　オ．Ⅲ－Ⅰ－Ⅱ　　カ．Ⅲ－Ⅱ－Ⅰ

〔問５〕 ≪Ｄ≫の時期の産業や人々の生活について述べた文として正しいものを，次のア～エより一つ選び，記号で答えなさい。

ア．交通の便の良いところや寺社の門前などでは定期市が開かれ，月に三度の市も珍しくありませんでした。

イ．農業技術が発達し，畿内では三毛作が行われたり，肥料には牛馬や人の糞尿も利用されたりするようになりました。

ウ．重い税に苦しんだ農民の中には，口分田を捨てて他の土地に移ったり，貴族や寺社の土地に逃げ込んだりする者もいました。

エ．手工業を専門に行う職人があらわれ，京都の西陣織や美濃（岐阜県）の紙など，さまざまな特産品が各地で生産されるようになりました。

〔問６〕 ≪Ｅ≫の時期の禅宗寺院では，禅の精神で統一された庭園がつくられましたが，中でも右の写真のように，岩石と砂利を組み合わせて自然の風景を象徴的に表現した庭を何とよびますか。**漢字３字**で答えなさい。

〔問７〕 ≪Ｆ≫の時期には流通の発達を背景に，城下町をはじめ，各地で都市が発達しました。都市の種類と具体的な都市名の組合せとして誤っているものを，次のア～エより一つ選び，記号で答えなさい。ただしすべて正しい場合は「オ」と答えなさい。

ア．城下町－彦根　　イ．宿場町－品川　　ウ．港町－酒田　　エ．門前町－長野

〔問８〕 ≪Ｇ≫の時期におきた次の出来事ア～カを，年代の古いものから順に並べかえた場合，**２番目**と**５番目**にくるものはどれとどれですか。それぞれ記号で答えなさい。

ア．自由党が結成される。　　イ．内閣制度が発足する。

ウ．韓国併合が行われる。　　エ．下関条約が調印される。

オ．地租改正が行われる。　　カ．日英同盟が締結される。

〔問９〕 ≪Ｈ≫の時期について述べた次の文Ｘ～Ｚの正誤の組合せとして正しいものを，下のア～カより選び，記号で答えなさい

Ｘ．大正時代になると，民衆の間でも政治への関心が高まりましたが，こうした中で憲法学者の美濃部達吉が民本主義を唱え，普通選挙制度にもとづく政党内閣の実現を主張しました。

Ｙ．1925年，加藤高明内閣のもとで普通選挙法が成立し，満25歳以上のすべての男性に選挙権が与えられましたが，一方で共産主義思想の広がりや労働者の政治に対する影響力の増大を防ぐため，治安警察法が制定されました。

Ｚ．1938年，近衛文麿内閣は国家総動員法を制定しましたが，この法律によって政府には，議会の承認がなくても，戦争に必要な物資や労働力を動員する権限が与えられました。

ア．Ｘ－正　Ｙ－誤　Ｚ－誤　　イ．Ｘ－正　Ｙ－正　Ｚ－誤

ウ．Ｘ－正　Ｙ－誤　Ｚ－正　　エ．Ｘ－誤　Ｙ－正　Ｚ－正

オ．Ｘ－誤　Ｙ－誤　Ｚ－正　　カ．Ｘ－誤　Ｙ－正　Ｚ－誤

〔問10〕　≪Ⅰ≫の時期に関して，戦後の民主化政策について述べた文として，誤っているものを，次のア～エより一つ選び，記号で答えなさい。

ア．衆議院議員選挙法が改正され，満18歳以上の男女に選挙権が与えられました。

イ．農地改革によって多くの小作農が土地を得たことで，自作農が大幅に増えました。

ウ．日本の経済を支配していた財閥が解体され，独占禁止法も制定されました。

エ．教育基本法が制定されて義務教育は９年間と定められました。

【３】　次の文章を読んで，あとの設問に答えなさい。

1国際連合には人権理事会という機関があります。人権に関する様々な条約が各国で正しく守られているかなどを定期的に検証し，守られていない国に勧告を出すことが主な業務です。2017年，人権理事会は，日本に対して定期審査を行い，人権問題に対して様々な勧告を出しました。その中の一つに，死刑制度に関する勧告があります。日本では死刑制度が存続していて，死刑の執行も行われています。国際的にみると制度を存続している国はあるものの，少しずつ少数派になりつつあります。1989年に採択された死刑廃止条約を批准していない日本に対して，命の尊厳を守ることや2えん罪があった場合に国の判断を修正できることを理由に人権理事会が制度を見直すよう勧告を行いました。

日本への様々な勧告に対して，政府は受け入れられるものとそうではないものを検討し，見解を公表しています。死刑制度についてはご存じの通り，廃止という決定には至っていません。これには国内世論も影響しているといわれています。ただ一方で，勧告を受け入れて改善するとした項目も多くあります。たとえば，日本は先住民族に対する差別防止対策の実行を求める勧告を受けて，2019年に［　①　］法を制定し，条文にはアイヌ民族を先住民族と明記しました。さらには，文化・産業・観光の振興に向けた交付金制度も創設しています。このように，第三者からの客観的な評価を受けることが，人権問題を国際的にとらえていくうえではとても大切なことだと思います。

話は少し変わりますが，現在，アジアの一部の国では，国民一人ひとりが安心して生活できないような状況が起きています。たとえば，［　X　］という国です。2020年の総選挙で民主的な政党が勝利を収めたことに危機感を覚えた国軍が，力ずくで権力を奪い取ってしまいました。国民は各地でデモを行い反発しましたが，国軍との激しい衝突によって多くの死者を出してしまい，苦しい状況が続いています。また，3アフガニスタンでは，半世紀近く政治不安が続いていて，国民は不安定な生活を余儀なくされています。総務省の統計によると，アフガニスタン国民の識字率は４割程度とのことで，特に，女性のほうが極端に低いという結果が出ています。十分な4教育が受けられていないことがうかがえます。今後，両国に対して，第三者の国や組織がどのように支援の手を差し伸べるのか，世界中が注目しています。

1948年，［　②　］宣言が国連総会で採択されました。このことをきっかけに，人権問題について世界各国の中で互いに評価しあうようになりました。これからも国家の存在は大きくありつづけるのだろうと思いますが，そこに住む国民一人ひとりの生活をよりよいものにしていくためには，国際機関または民間団体が国家権力に対してチェックしたり，その国の国民を支援したりすることがますます必要になってきます。

〔問１〕　文中の空欄①と②に適することばを答えなさい。

〔問２〕　文中の空欄Xに入る国名を次のページから選び記号で答えなさい。

ア．インドネシア　　イ．カンボジア　　ウ．タイ　　エ．ミャンマー

〔問３〕 下線部１について，以下の設問に答えなさい。

(1) 安全保障理事会について述べた文として正しいものを一つ選び記号で答えなさい。

ア．常任理事国と非常任理事国が存在し，計15ヵ国で組織されている。

イ．議決は全会一致が原則であり，すべての理事国に拒否権が与えられている。

ウ．日本はドイツとともに理事国に一度もなったことがない。

エ．何かあったときのために常に国連軍が組織されている。

(2) 日本の国連に対する関わりについて述べた次の文，ⅠとⅡの正誤の組み合わせとして正しいものを選び記号で答えなさい。

Ⅰ．1990年代に制定されたPKO協力法により，自衛隊がPKOに参加するようになったが，2000年代に入ってからは参加することはなくなった。

Ⅱ．国連分担金は加盟国の経済力に応じて割り当てられるが，2021年度の割り当てで日本はアメリカ，中国に次いで３番目に多い額を負担している。

ア．Ⅰ：正　Ⅱ：正　　イ．Ⅰ：正　Ⅱ：誤

ウ．Ⅰ：誤　Ⅱ：正　　エ．Ⅰ：誤　Ⅱ：誤

〔問４〕 下線部２について，確定した有罪判決に疑いが生じたときに，裁判のやり直しをする制度を何といいますか。

〔問５〕 下線部３に関連して，以下の文を読んで次の設問に答えなさい。

> 30年以上に渡りアフガニスタンで医療活動をしてきた［　X　］氏が武装勢力の襲撃によって命を落としたことは日本でも大きく報道されました。彼の医療活動を支援しようということで発足した非政府組織であるペシャワール会は，彼の理念を受け継ぎ今でも医療活動とともに，自立を促すために不可欠な資源である［　Y　］の確保を続けようと努力しています。

(1) 空欄Xに入る人物を下から選び記号で答えなさい。

ア．植村直己　　イ．緒方貞子　　ウ．杉原千畝　　エ．中村哲

(2) 空欄Yの資源を安定的に確保することは，地域によっては難しく世界的な問題となっていて，SDGsの一つにもなっています。いっけん日本はこの問題に関わりがないように見えますが，多くの食料を輸入に頼る状況で，輸出国のこの資源を大量に使用していると考えられています。空欄Yに入る語を答えなさい。

(3) 二重線部のアルファベットでの略称は何ですか。

〔問６〕 下線部４に関連して，以下の文章は，2014年にノーベル平和賞を受賞したパキスタン出身の女性人権活動家が，2013年に国連で行った演説の一部です。これを読んであとの設問に答えなさい。

> 私たちはすべてのコミュニティに対し，寛容の心でカースト，信条，宗派，人種，宗教，［　A　］による偏見を拒絶するよう呼びかけます。それはまた，女性の自由と平等を確保し，豊かな暮らしを送れるようにすることでもあります。半数の人間が抑圧されている世の中が，うまく行くはずなどないからです。
>
> 私たちは全世界の姉妹の皆さんに対し，勇気を持って自分の強さを認め，その能力を最大

限に発揮するよう呼びかけます。

親愛なる兄弟姉妹の皆さん，何百万もの人が貧困，不正，無知に苦しんでいることを忘れてはなりません。何百万もの子どもたちが学校に通えていない現実を忘れてはなりません。私たちの兄弟姉妹が，明るく平和な未来を待ち望んでいることを忘れてはならないのです。ですから，本と［　B　］を手に取り，全世界の無学，貧困，テロに立ち向かいましょう。それこそ私たちにとって最も強力な武器だからです。

１人の子ども，１人の教師，１冊の本，そして１本の［　B　］が，世界を変えられるのです。

教育以外に解決策はありません。教育こそ最優先です。

webサイト「国際連合広報センター」より

⑴　空欄Aに入ることばは，日本語では社会的性別と訳され，「男性はこうあるべき」「女性はこうするべき」という社会の中でつくられたイメージや役割分担をさしているとされています。空欄Aに入ることばをカタカナで答えなさい。

⑵　空欄Bについて，この演説の別の場面では「［　B　］は剣よりも強し」ということわざを引用して，子どもたちの教育・表現の自由などの大切さを訴えています。空欄Bに入ることばをカタカナで答えなさい。

⑶　この演説をした人物を下から選び答えなさい。

ア．グレタ・トゥンベリ　　イ．ジャシンダ・アーダーン

ウ．マーガレット・サッチャー　　エ．マララ・ユスフザイ

【４】 次の文章を読んで，あとの設問に答えなさい。

遠くない未来に実現するのでしょうか。1月に街をつくって移り住むことができたとしましょう。そこへ行けるのは，世界各地からバラバラに集まった人たちです。月の街はどの国にも属さず，新しいルールが必要だということで，移り住む人たちが話し合うことになりました。さて，この話し合いについて，アメリカの政治学者であるロールズの考え方をもとにして考えてみたいと思います。

まず，話し合いをするときには，参加者どうしがおたがいについてなにも知らない状態であるのがよいとされています。おたがいの顔を見ながら，「お金をたくさん持っていそうな人に賛成して仲良くなればあとでいいことがあるかも」などというように，個人的な感情が入るのは，ルールづくりにはふさわしくないからです。

素性を隠した話し合いの結果，三つのことが合意されるといいます。まず，すべての人に基本的な権利や自由が与えられていること。二つめは，さまざまな職業や地位をめざす機会が，だれにでも公平に与えられていること。そして，貧富の差があるとしても，社会の中で最も恵まれない人の状況の改善をめざすこと。

この話し合いのポイントは，「おたがいについての情報を持たない」というところですから，自分が社会の中で最も弱く，貧しい立場であったときのことを考えないわけにはいきません。自分がだれかに支配されるかもしれないと考えれば，それを避けるために，自分を含めたすべての人の自由を保障するでしょう。また，特定の職業や地位につくことで多くの収入を得たり有名になったり

することができますが，家柄や身分によってそれを目指せる人とそうでない人が決まっているというのは，みんなが納得できる話ではありません。そして，競争に負けたとか，商売に失敗したとか，病気やけがで働けなくなったとか，災害で生活が一変したとか，思うようにいかなかったときのことを想像すれば，弱い立場の人に配慮した制度設計に納得できると考えられるわけです。

こうして「月の街」は住む人みんなにやさしい社会になることでしょうが，現実に目を移すとどうでしょう。都市部には働くところも，学ぶところも，遊ぶところもたくさんありますが，地方では必ずしもそうでなく，経済活動をはじめ生き方の自由が制限されているとも言えます。また，同じ学校で学んでいたとして，一方は裕福な家で家庭教師がつき，もう一方は家計を支えるために2アルバイトをしていたならば，両者の成績の差は公平な競争の結果と言えるでしょうか。そして，先進国の人びとが商品を安価で手に入れることができる背景に，発展途上国の人びととの低賃金労働があることは珍しくはありません。このように，現実の社会には格差があり，生まれ育った環境などの偶然も関係します。これは個人にはどうすることもできません。そうしたなかで，弱い立場にいる人びとが自分たちの状況を改善したいと思うのは当然のことですが，そのためには強い立場にいる人がそれを受け入れてくれなければなりません。

アニメや映画にもなった3漫画『鬼滅の刃』には，ある主要人物が母親に，「人よりも多くの才能に恵まれた者はその力を世のため人のために使わねばならない」と諭される場面があります。強い立場の人がみんなそう考えたら「月の街」はすぐに実現するのかもしれません。せめて，立場の違いは必ずしも個人の努力や才能だけで決まるのではないことに気づいてくれたら，「月の街」に少しは近づくのではないかと思うのです。

〔問１〕　下線部１について，宇宙条約によって，月を含む天体はどこの国も自由に探査利用できると定められています。では，どこかの国が領有権を主張することを条約で凍結している地球上の大陸はどこでしょう。

〔問２〕　下線部２について述べた文として**誤っているもの**を次のア～エから一つ選び，記号で答えなさい。

ア．アルバイトやパートは非正規労働者に分類される。

イ．アルバイトの給与の最低水準を定めた法律はない。

ウ．アルバイトとパートには法律の上で明確な違いはない。

エ．アルバイトとして働く人も労働組合に加入することができる。

〔問３〕　下線部３の作品は，大正時代が舞台になっていますが，大正時代のできごととして**誤っているもの**を次のア～エから一つ選び，記号で答えなさい。

ア．新渡戸稲造が，国際連盟の設立に際して，事務局次長に選出された。

イ．原敬により，日本で初めてとなる本格的な政党内閣が組織された。

ウ．平塚らいてう，市川房枝らが女性の地位向上を求めて新婦人協会を設立した。

エ．与謝野晶子が，出征した弟を思って「君死にたまふことなかれ」を発表した。

〔問４〕　二重線部について，現実の社会が「月の街」のような社会になるためにはどのようなことが必要だと筆者は考えていますか。以下の条件に従って100字以内で答えなさい。

《条件》　次のことばを必ず使い，使ったことばには下線を引くこと。同じことばは何回使ってもかまわないが，そのたびに下線を引くこと。また，句読点や記号は１字と数えること。

［　努力　環境　配慮　］

「……彼が犯人ではないらしいです」

院長は、おばさんを玄関《げんかん》から追い出しながらそういい、「真犯人をつきとめて、厳重に反省させます」と約束した。おばさんは、ぼくらを振り向き、振り返りして、浮かぬような解《げ》せぬような顔で、坂道をくだっていった。

「あなたには心当りがあるはずです。いったい誰《だれ》です？　あなたを悪人にしようとしているのは……？」

よい家に生れ、音楽を愛し、天主の[注]御旨《みむね》が天において行われるように地にも行われている、と信じている④院長には、船橋たちがなぜそこまで執拗《しつよう》なのか、ぼくがなぜ知らぬふりを通そうとするのか、たとえ説明してもわかってもらえそうもなかったから、ぼくはただ、さあ、と首を傾《かし》げてみせた。院長は肩《かた》をすくめた。

（井上ひさし『四十一番の少年』「汚点《しみ》」より。）

〈注〉　御旨――神の意志。

問一　――線部①〈降参させてやる〉とありますが、船橋がぼくを〈降参させ〉るとは、どうすることですか。**20**字以上**25**字以内で具体的に説明しなさい。

問二　――線部②〈独立心〉とありますが、〈院長〉の言う〈独立心〉とは、どのようなことですか。**50**字以上**60**字以内で具体的に説明しなさい。

問三　――線部③〈この事件が前日のハーモニカ事件とごく類似の意図と構造〉とありますが、ここにある〈意図と構造〉とはどのようなことですか。二つの事件に共通する船橋たちの「意図」と、事件の「構造」について、**40**字以上**50**字以内で説明しなさい。

問四　――線部④〈院長には、船橋たちがなぜそこまで執拗なのか、ぼくがなぜ知らぬふりを通そうとするのか、たとえ説明してもわかってもらえそうもなかった〉とありますが、〈院長〉に理解できないこととは何ですか。その理由を含《ふく》めて**90**字以上**100**字以内で説明しなさい。

下書き用（使っても使わなくてもかまいません）

20

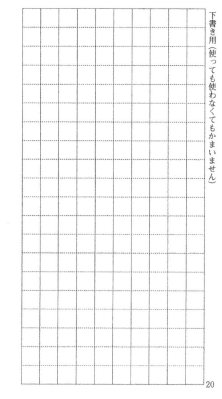

こうして、小川と佐久間の三百ドルは翌年度の公立学校進学者のために、院長が保管しておくことになったのだが、それから、高校入学試験の前日までの一週間、妙《みょう》なことばかり起った。

まず、将校たちが帰ったあとすぐに、事務室の机の上から、寄贈《きぞう》されたばかりのハーモニカ、それも、最も高価なコード・ハーモニカが消《き》え失《う》せたのだった。ダニエル院長は事務室のすべての調度をずらし、動かし、隅々《すみずみ》まで探した。船橋たちが院長に進言し、収容児童全員のベッドとロッカーが調べられることになった。ハーモニカは、ぼくのベッドのマットレスの中に隠《かく》されていた。院長はとても信じられない、というようにぼくを見つめた。ぼくも同じ目つきで院長を見た。しばらく見つめ合いが続いた。やがて院長は首を振って呟《つぶや》いた。

「なにがなんだかよくわかりません」

ぼくには船橋たちの仕業《しわざ》だと見当はついていた。しかし、黙《だま》っていた。証拠《しょうこ》はないのだし、受験をすぐ間近に控《ひか》えて、事を大きくしたくはなかった。なによりも、公立高校へ入学することが先だった。

翌日は、近くの果物屋のおばさんが、息せき切って血相かえて、孤児院の坂を駈《か》けのぼってきた。ぼくは勉強部屋からおばさんを見つけて、何を慌《あわ》てているのだろうかと訝《いぶか》しく思った。それから、ぼくはおばさんの一人娘《ひとりむすめ》のことをちらッと思《おも》い浮《う》べた。その子はぼくらと同じ中学三年生で、学校の廊下《ろうか》でよく顔を合せた。ほっそりしているがやわらかな軀つきをしていて、行《い》き交《か》うたびに、微《かす》かに甘《あま》くて温かい風の立つのを、ぼくは感じていた。果物を買い喰《ぐ》いする余裕《よゆう》などは全くなく一度も店内に入ったことはなかったが、店の前を通るたびに、ぼくら孤児院の中・高校生は、必ず店内を窺《うかが》って、彼女《かのじょ》の姿をたしかめるのだった。つまり、彼女は家庭的な雰囲気《ふんいき》を持っていて、孤児好みの子だったわけだ。

（女の子のことなど考えているときじゃない）

ぼくは受験参考書に心を集中した。

（女の子のことは高校に入ってから、いやというほど考えよう）

ところが、数分後、ぼくは事務室に呼びつけられ、いやというほど、彼女のことを考えなくてはならないことになってしまったのだ。

ぼくが事務室に顔を出したとき、ダニエル院長とおばさんの間で問題になっていたのはノートの切《き》れっ端《ぱし》だった。

「この下らない言葉は、いったい、あなたのどこを押《お》せば出てくるのでしょうか」

院長は、問題の紙片《しへん》を指先でつまみ上げ、ぼくの目の前で、ゆっくりと左右に振った。おばさんは、ただぼくを睨《にら》みつけていた。院長は紙片をぼくの鼻の先まで近づけ、大きな声で読みなさい、といった。紙片に記された文章の初めの三分の一は、あの子がどんなにすばらしい女の子であるかを立証することに重点がおかれていた。中ほどの三分の一は、あの子と結婚《けっこん》したらどんなに仕合《しあわ》せかということが、いきいきと書かれていた。ここまではぼくも同意見だった。残りの三分の一で、ぼくはまるでわけがわからなくなった。そこでぼくが読んだのはぼく以外のだれかがぼくになりすまして、ぼくのことを書いた文章だったのだ。それは、偽《にせ》ぼくから果物屋の娘へあてた恋文《こいぶみ》だった。郵便受に押しこんであるのを、おばさんが見つけたのだという。

「それにしては、ぼくの字とちっとも似てませんよ」

すでにそのとき、院長は、③この事件が前日のハーモニカ事件とごく類似《るいじ》の意図と構造を持っていることに気づいていた。

「こいつら、やる気らしいぜ」

ぼくたちはこの隙《すき》につけ込み、船橋の腰《こし》に組み付いた。けれども、ぼくたちの反抗《はんこう》は簡単に鎮圧《ちんあつ》されてしまった。船橋はぼくたちを腰にしがみ付かせたまま、いきなり湯槽《ゆぶね》に飛びこみ、上からぼくたちの頭を微温《ぬるま》湯《ゆ》の中に押《お》し込んだのだった。ぼくたちはたっぷり小便臭《くさ》い湯を飲んだ。

「どうだ！　おれたちの言うことを聞くか！」

小川も佐久間もついに、お湯を吐《は》きながら、昼間の高校を諦める、と船橋に約束した。だが、ぼくはどうしても諦められなかった。

「勝手に強情《ごうじょう》を張ってろ」

船橋は湯槽から上り、斎藤から受け取ったタオルで軀《からだ》を拭《ふ》きながら、ぼくに言った。

「いつか必ず①降参させてやるからな」（中略）

二月末の日曜日の午後、孤児院の長い急な坂道を、草色の大型バスが二台、登ってきた。進駐軍《しんちゅうぐん》キャンプのカトリック信者将校たちがぼくらを慰問《いもん》にやってきたのだった。（中略）

講堂に将校たちが入ってきた。それぞれ、腕《うで》にボクシングのグラヴをぶら下げていた。それから眩《まぶ》しく光る大小のハーモニカ。

将校たちが何か言うたびにダニエル院長が通訳した。

「今日はボクシングのグラヴやハーモニカのほかに、将校たちはもうひとつ、すばらしいプレゼントを持ってきてくださいました」

それから、院長は小川と佐久間とぼくに、前へ出るようにいった。

「あなたがたのために、将校たちは四五〇ドル寄付してくださいました。これはあなたがた三人が三年間、公立の高校へ納める月謝の合計額とほとんど同じくらいのお金です。あなたがたはもう月謝の心配いりません。そして、もっとすばらしいことに、進駐軍キャンプがあるかぎり、毎年、公立高校へ進学する子どもに、三年間の月謝を寄付したいと、将校たちがいってくださっています。さあ、三人の中学三年生、みんなにかわって礼をいいなさい」

ぼくは将校たちの前に進み、ひとりひとりと握手《あくしゅ》をし、通じるかどうか心もとなかったが、サンキューといって回った。小川と佐久間はためらっていた。二人とも背中に船橋たちの視線を感じ、その視線で金縛《かなしば》りになっているらしかった。

「小川！　佐久間！　どうしました？」

小川がぼそっといった。

「ぼくは働きながら夜間へ通います。佐久間も、ぼくと同じ考えです」

佐久間もしぶしぶ首を縦に振《ふ》った。

「わかりませんね。なぜ、急に考えを変えたのですか」

二人は、なぜだかわかりません、ただ、そう決心したのです、と口の中で答えた。将校たちがダニエル院長に、自分たちのプレゼントがなぜこのような冷淡《れいたん》な受けとられ方をしなければならないのか、そんな意味のことを訊《き》いた。院長はよくわけのわからないまま、あの二人はたいへんな②独立心の持主でありまして、というようなことを答えたようだった。すると、将校たちは小川と佐久間に拍手《はくしゅ》を送り、握手を求め、二人の独立心を称《たた》え、それからさっきとは打ってかわった冷たい目つきでぼくを見た。それはぼくが独立心に欠けていることを非難している目つきだった。

です〉とありますが、現代の〈プラットフォーム〉は、何によって形成されますか。30字以上40字以内で答えなさい。

問二　――線部②〈その潮流〉とはどのようなことですか。35字以上45字以内で答えなさい。

問三　――線部③〈思考体力を身につける〉とありますが、〈思考体力〉を〈高める〉ためにはどうすることが必要ですか。30字以上40字以内で答えなさい。

問四　――線部④〈形式知が暗黙知になっていくのです〉とありますが、これはどういうことですか。80字以上100字以内で説明しなさい。

下書き用（使っても使わなくてもかまいません）

四　次の文章を読んで、後の問いに答えなさい。

親を亡《な》くしたり、経済的に恵《めぐ》まれない家庭の子供が集まる孤児院《こじいん》で暮らすぼくは、同じ中学三年生の小川と佐久間とともに、今年から月謝の安い公立の全日制高校に合格したら昼間部（全日制）に通ってもよい、と孤児院の規則が変わり、全日制高校への進学を目指していました。しかし、同じ孤児院の定時制高校に通う船橋や斎藤たちは、そんなぼくたちに、しつこく嫌《いや》がらせや暴力をふるっていました。ぼくのちょっとした「へま」が原因で、ぼくたちは、今夜も船橋たちに風呂場《ふろば》へ呼び出されていました。

風呂場は、六帖《じょう》ほどの脱衣場《だついじょう》と同じ大きさの流しにわかれている。ぼくたちが入って行くと、脱衣場と流しとをへだてているガラス戸は取《と》り払《はら》われていた。殴《なぐ》られたぼくらがその勢いで戸にぶつかり、ガラスがこわれたりしないようにという、いやな配慮《はいりょ》がしてあるのだ。

「よう、きたな」

脱衣場の真中に突《つ》っ立《た》っていた船橋がいった。斎藤もいた。そして、ほかにもう二人。

「今日は日曜の安息日だ。神様でさえ仕事をお休みになる日だから、おれたちも軽くすませるつもりだ」

船橋は恩着せがましく言い、ぼくに一歩前に出るよう命令した。ぼくは遠慮《えんりょ》して半歩しか出なかった。

「全日制は諦《あきら》めな。おれたちと仲よく、昼は働き、夜は勉強、とこう行こうじゃないか」

ぼくたちは、せっかくですがお断りします、と表情で応じた。つまり、ちょろりと舌を出したのだった。船橋たちは、ぼくたちがいつものような大人しい小羊とはまるで違《ちが》う、図々《ずうずう》しい古狸《ふるだぬき》とでもいった態度をとったので、さすがにすこし驚《おどろ》いたらしく、一瞬《いっしゅん》、互《たが》いに顔を見合わせあった。

初のバーチャル・リアリティ（ＶＲ）だったのかもしれません。そしていまは、目に映るすべてが「貧者のＶＲ」として振《ふ》る舞《ま》うようなプラットフォーム化の世界です。口承伝達が人に極楽《ごくらく》をイメージさせたように、ダンボール製のヘッドマウントディスプレイとスマホは、人の幸福の定義を変え、世界のあちこちに貧者のＶＲを生み出しているのかもしれません。

③思考体力を身につけるには、他人と情報交換《こうかん》ばかりしていても意味がありません。たとえば打ち合わせは、基本的に各自が考えてきたことを提示して取捨選択《しゅしゃせんたく》する場なので、あまり頭を使わないはずなのです。そこで時間をすり潰《つぶ》すことによって均一化されたアイディアを生み出すことと時間の浪費《ろうひ》を行うのは非効率的でしょう。

本当に頭を使うのは、ミーティングに出すネタを考えるときです。ところが思考体力がない人は、よその打ち合わせやＳＮＳやビジネス書などで仕入れたネタを右から左に流すだけ。それでは思考体力はつかないし、暗黙知が深まるはずもありません。

ですから、ネットや他人から得た情報を鵜呑《うの》みにするのではなく、あらためて自分で考える習慣をつけることが、思考体力を高めるための第一歩でしょう。たとえば何か疑問を持ってグーグルで検索《けんさく》したときに、ウィキペディアや「ヤフー！知恵袋《ちえぶくろ》」のようなページですぐ「答え」が出てきたら、その答えを知って満足する以前に、自分が抱《いだ》いた疑問自体を反省しなければいけません。

なぜか。ウィキペディアに答えが書いてある問いが浮《う》かんだということは、その疑問の持ち方そのものにオリジナリティがない証拠《しょうこ》だからです。何を調べてもウィキペディアや「ヤフー！知恵袋」で解決してしまうようでは、クリエイティブ・クラスにはなれないでしょう。また、ネットで知った知識をそのまま人に話しているようではダメ。思考体力の基本は「解釈力《かいしゃくりょく》」です。知識を他の知識とひたすら結びつけておくことが重要です。

したがって大事なのは、検索で知った答えを自分なりに解釈して、そこに書かれていない深いストーリーを語ることができるかどうか。自分の人生とその答えはどうやって接続されていくのか。それを考えることで思考が深まり、④形式知が暗黙知になっていくのです。

（作問の都合上、表現を改めた部分があります。）

〈注〉
1 バーチャルな――仮想的な。擬似的《ぎじてき》な。
2 デジタルネイチャー――技術の進化で生み出された人工物と自然物との相互作用によって作られる新しい自然のこと。
3 コモディティ化――めずらしいことで高い価値をもった商品が、似たような製品が多く出回ることによって、価値が低下し、一般的《いっぱんてき》な商品になること。
4 ヘッドマウントディスプレイ――頭につけるディスプレイ。ゴーグルのように両目をおおう形で身につけ、眼前に現実的な映像を見ることができる。
5 バーチャル・リアリティ――表面的には現実ではないが、本質的には現実となる仮想現実。
6 デジタル・ネイティヴ――デジタル技術やそれを活用したパソコンや携帯《けいたい》電話、インターネットなどが、生まれた時から日常的にある環境で育ち、生活してきた人々。

問一 ――線部①〈人間の個性はプラットフォームに吸収されていくの

もたちも、若いカップルも、家族連れも、高齢者《こうれいしゃ》も、いつもそこで過ごせるわけです。

いずれ、そこで出会い、そこで結婚式《けっこんしき》を挙げ、そこで子どもを産み、そこで死んでいくというライフサイクルが当たり前になるかもしれません。

私自身は、そういう暮らしが悪いとは思いません。ローコストで何も不自由のない生活ができるのですから、ある意味では幸福でしょう。

ただしこれから訪《おとず》れるのは、それがコンピュータプラットフォームによって全世界的に訪れる社会です。『マトリックス』の世界ほど極端《きょくたん》な形ではなくても、コンピュータの作るバーチャルな代替物《だいたいぶつ》で人々が幸福感を得て満足するような面は多少なりとも出てくるでしょう。たとえば、グーグルがカードボードというダンボール製の[注4]ヘッドマウントディスプレイを生産しはじめたとき、「そうか、[注5]バーチャル・リアリティというのは超体験《ちょうたいけん》をもたらす文明の先進性の証明であるとともに、貧者《ひんじゃ》にとっては、満たされない現実の代替でもあるのか」と思いました。シリコンバレーの富豪《ふごう》的バーチャル・リアリティ、たとえば空中に絵を描き、あらゆる体験をみずみずしく、さらに充実《じゅうじつ》したリアルを拡充する方向の技術だけでなく、どうしようもない現実を払《はら》い下げのスマートフォンと単レンズ２枚の装着されたダンボールで代替し夢に浸《ひた》るための技術が存在する。それは、コンピュータと結びついた資本主義の中でさらにその技術格差を広げていくように思えます。

クリエイティブ・クラスになるのは、②その潮流から脱《だっ》するための数少ない方法のひとつです。

そのために必要なのは、[注6]「デジタル・ネイティヴ」としてコンピュータの使い方に習熟することではありません。コンピュータの使い方を覚えるのではなく、「コンピュータとは何か」「プラットフォームとは何か」を考え、自分が何を解決するか、プラットフォームの外側に出る方法を考えに考えて考え抜《ぬ》くことが大切です。その「思考体力」を持つことが若い世代にとって重要になるでしょう。

コンピュータやインターネットの使い方に習熟している人なら、いまでも大勢います。プラットフォームに飲み込《こ》まれた人々も、その存在を意識しないままスマートフォンやフェイスブックのようなＳＮＳを華麗《かれい》に使いこなしています。でも、彼《かれ》らは自分の頭で考えを深めることをしません。ウィキペディア的な形式知が頭の中に蓄積《ちくせき》されるだけです。暗《あん》黙知《もくち》がないので、そこからは新しい価値が何も生まれません。

図　プラットフォームは多くの人間を飲み込む

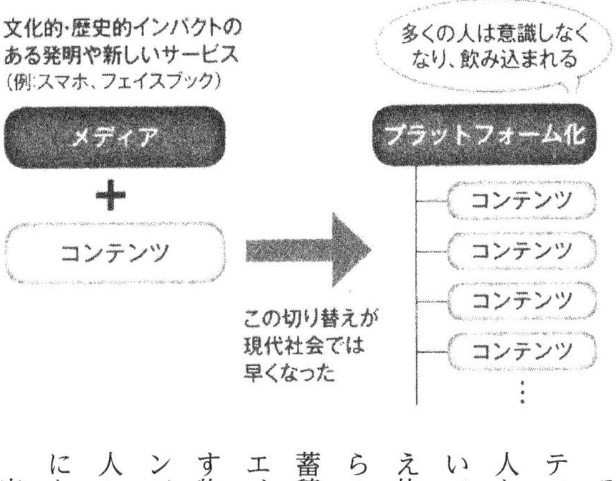

それに対して、クリエイティブ・クラスになるような人たちは常に自分の問題について考えています。一点を考え抜いて深めていくので、彼らの中には暗黙知がどんどん蓄積されます。そうしたクリエイティブな人たちが生み出す物やサービスが、ショッピングモール的世界で暮らす人々が享受《きょうじゅ》する幸福感のタネになるのです。

宗教は人類の生み出した最

【国　語】（五〇分）〈満点：一〇〇点〉

一　次の①～⑤の□に当てはまる言葉を語群から選び、漢字で答えなさい。

①　あの人は、政治家で、□護士の資格も持っている。
②　僕、□肉がいっぱい入ったすきやきが大好物です。
③　運動会に参加した選手たちが、閉会式を終え、□場する。
④　お昼休みとなり、生徒たちが一目□に校庭にかけ出した。
⑤　僧は、仏教の□教のため、さまざまな場所を訪《おとず》れた。

《語群》
タイ　ギュウ　サン　フ　ベン

二　次の①～⑤の□に当てはまる漢字一字を自分で考えて答えなさい。

①　キャンプ場で友だちと魚つりをして、楽しく□んだ。
②　巨大地震《じしん》は、首都圏《しゅとけん》に多大な混乱を□く恐《おそ》れがある。
③　これまでのいきさつは□に流して、またやりなおそう。
④　恥《は》ずかしくて、□があったら入りたいくらいだ。
⑤　彼は、本題に入らず、まったく違《ちが》う話でお□を濁《にご》した。

三　次の文章は、落合陽一の『働き方5・0　これからの世界をつくる仲間たちへ』の一部です。以下を読んで後の問いに答えなさい。なお、この文中で使われている〈プラットフォーム〉とは、「人間の生活の中で共通の基礎《きそ》や基盤《きばん》となっていく装置やサービス、環境《かんきょう》などのこと」です。

『マトリックス』という有名な映画があります。

あの作品では、まさに人間がコンピュータに支配され、発電機として使われる社会が描《えが》かれていました。人間はコンピュータの動力源となりながら、そうとは知らず脳の中でバーチャル[注1]な夢を見ているだけ、という設定です。

私の考える「デジタルネイチャー」[注2]の世界も、それと枠組《わくぐ》みの上では大差ありません。コンピュータが力を持つ社会が経済合理性を突《つ》き詰《つ》めていけば、人間の介在《かいざい》する余地はどんどん減っていきます。つまり①人間の個性はプラットフォームに吸収されていくのです。しかしながら、我々はバーチャルな夢を見るわけではありません。コンピュータと人の共進化によって、いままでにできなかった問題を解決し、知性が物理空間に及《およ》ぶ範囲《はんい》をプラットフォームの外に、拡充《かくじゅう》し続けていくのです。

プラットフォームを形成するものは、コンピュータと結びついたコスト合理性とコモディティ[注3]化の波です。実際、いままでの社会でもそのような経済的な合理性は人間の生活スタイルを変えてきました。たとえば、地方都市によくある巨大《きょだい》ショッピングモール。みんなが車で移動するようになると、「そこに行けばすべてがある」ようなショッピングモールがひとつあるほうが、あちこちに小さな商店街があるよりも合理的になります。

その結果、いまや地方では生活のすべてがそこで完結してしまうまでになってきました。そこには赤《あか》ん坊《ぼう》の粉ミルクから老人の介護《かいご》用品までそろっているし、映画館やゲームセンターなどの娯楽施設《ごらくしせつ》もある。子ど

2022年度

芝中学校入試問題（第２回）

【算　数】（50分）　＜満点：100点＞

次の問いの □ をうめなさい。

1　次の計算をしなさい。

(1)　2.3×1.1＋2.3×2.8＋2.3×3.9＋1.4×3.9－0.4×2.3－0.9×2.3－1.3×2.3－1.3×3.4＝ □

(2)　$\left(\frac{1}{3}+\frac{1}{4}\right)\div\left\{\left(\frac{1}{2}+\frac{1}{3}\right)\div\square+\left(\frac{1}{3}-\frac{1}{5}\right)\right\}=\frac{5}{4}$

2　昨年900円で売っていた商品を，今年は２割引きで販売したところ，昨年より50個多く売れて，売り上げが18000円増加しました。この商品は今年 □ 個売れました。

3　図のような，ADとBCが平行な台形ABCDにおいて，AB＝３㎝，BC＝４㎝，ACとBDの交わる点をO，BCとACのまん中の点をそれぞれE，Fとします。BDは角ABCを２等分していて，AHとBDは垂直に交わっています。

(1)　四角形ABCDの面積は三角形OHFの面積の □ 倍です。

(2)　四角形ABCDの面積は三角形EFHの面積の □ 倍です。

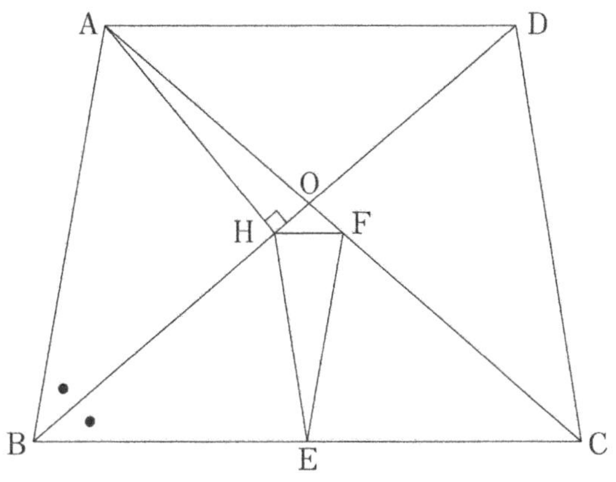

4　同じ大きさの水槽《そう》が２つあります。水槽１には給水口Ａと給水口Ｂがあり，水槽２には給水口Ｃがあります。

給水口Ａは毎時40Ｌ，給水口Ｂは毎時 □ Ｌ，給水口Ｃは毎時60Ｌの水がでます。

水槽１にＡから給水を始めてから６分後にＢからも給水を始めます。その後Ｂは２分間給水すると６分間止めることを繰り返します。

水槽２には，Ａが給水を始めてから３分後にＣから給水を始めます。

Ａから給水を始めてから24分後に水槽１と水槽２が同時に満水になりました。

２つの水槽が満水になる前に，水槽１と水槽２にたまった水の量が２回等しくなりました。Ａから給水を始めてから最初に等しくなるのは □ 分後で，２回目に等しくなるのは □ 分後です。

5 芝楽太郎君の家族は，父，母，弟の４人家族で，ペットを１匹飼っています。現在，芝楽太郎君は12才で，父と母，ペットと弟の年令差はともに６才です。また，父と母はどちらも40才以上50才以下です。４年前，芝楽太郎君と弟とペットの年令の和は，父と母の年令の和の４分の１でした。

現在，ペットの年令は □ 才です。

6 学園祭のパンフレットを３台のコピー機を使って，すべての枚数を印刷するのに，コピー機Ａで印刷すると１時間40分，コピー機Ｂで印刷すると２時間，コピー機Ｃで印刷すると２時間30分かかります。

(1) ３台のコピー機で同時に印刷を始めると □ 分ですべての枚数を印刷できます。

(2) ３台のコピー機で同時に印刷を始めましたが，途中でコピー機Ｂが故障し，その15分後にコピー機Ｃも故障しました。その後は30分間コピー機Ａだけで印刷を続けていましたが，２台のコピー機が修理できたので，最後は３台で印刷しました。すべての枚数を印刷するのに，予定よりも □ 分多く時間がかかりました。

7 Ａ，Ｂ，Ｃの３つの箱があります。箱Ａには１から順に１，２，３，…と整数が書かれているカードが上から小さい順に重ねられています。そのカードを次のルールでなるべく少ない回数で箱Ａから箱Ｃに移動します。

ルール１．１回に移動するカードは重ねられた一番上の１枚だけです。
ルール２．移動するカードは空の箱か，移動するカードの数字より大きいカードの上にしか移動できません。
ルール３．Ａ，Ｂ，Ｃのどの箱のカードもＡ，Ｂ，Ｃのどの箱にでも移動することができます。

(例) 最初に箱Ａに３枚入っている場合

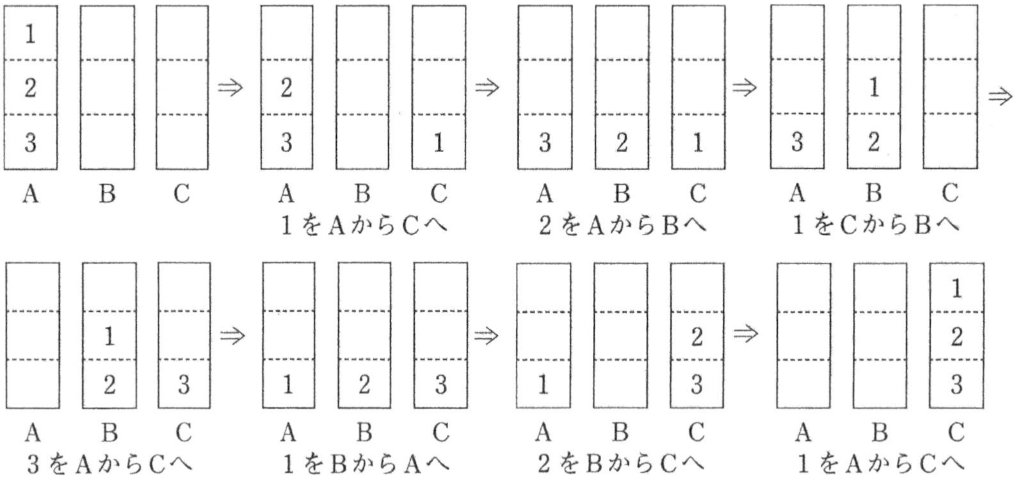

以上のようにして，３枚のカードは７回で移動できます。

(1)　箱Ａに４枚入っている場合を考えます。まず，１，２，３のカードを（例）と同様にして箱Ｂに７回で移動します。次に４のカードを箱Ａから箱Ｃに移動した後，箱Ｂの３枚を（例）と同様にして箱Ｃに移動すると，４枚のカードは［　　］回で移動ができます。

(2)　箱Ａに６枚入っている場合，６枚のカードは［　　］回で移動できます。

8　図のような，BC＝20cmの長方形ABCDの辺上を３点Ｐ，Ｑ，Ｒが以下のルールにしたがって一定の速さで動きます。

> 点Ｐは，Ａを出発すると辺AB上をＢに向かって動き，Ｂに到達すると逆方向に動いてＡに戻ると止まります。
>
> 点Ｑは点Ｐと同時にＡを出発して辺AB上を動き，Ｂに到達すると止まります。
>
> 点Ｒは点Ｐが出発してから５秒後にＣを出発すると辺CD上を動き，Ｄに到達すると止まります。

グラフは，点ＰがＡを出発してからの時間と，４点Ｐ，Ｑ，Ｒ，Ｄを結んでできる図形の面積の関係を表したものです。

(1)　辺ABの長さは［　　］cmです。

(2)　点Ｐの速さは毎秒［　　］cmです。

(3)　グラフの［ア］は［　　］秒，［イ］は秒［　　］です。

図

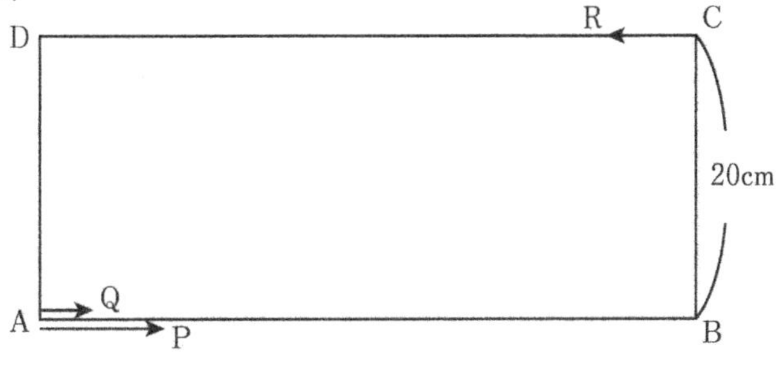

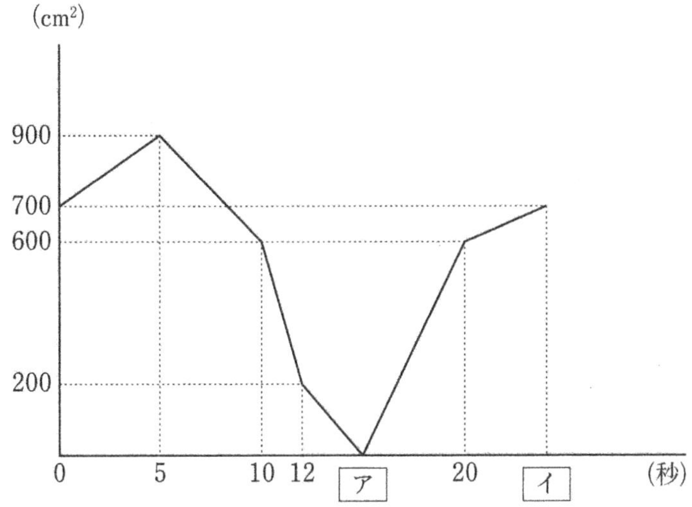

【理　科】（40分）　＜満点：75点＞

1　次の文を読み，問いに答えなさい。

芝太郎君一家は，秋にキャンプをするのが大好きです。今年も11月末のはだ寒くなった時期に，埼玉県の山あいにあるキャンプ場へやってきました。

午前中は野山を歩くオリエンテーリングをしました。行動するときには①方位磁針をもって，地図を読みながらコースを歩きます。歩きながら，芝太郎くんは大好きなこん虫採集もできるように，大きなあみを持っていきました。けれどもなぜかこん虫をほとんど見ることができません。

芝太郎君　「お母さん，不思議だね。夏休みに来た時には，チョウやセミ，クワガタとか，たくさんのこん虫がいたはずなのに。」

お母さん　「もう冬になる時期だからね。②冬には，こん虫はあまり活動せず，暖かくなるまでじっとしながら冬をこしているんだよ。」

昼過ぎになり，川の近くのキャンプサイトにみんなでテントを張りました。地面には大小の石がたくさんあったので，平らにするためにまずみんなで石拾いをしました。大学で地学を研究していたお父さんは，かたくて火打ち石としても使われる③チャートなどの岩石を分類し，作業そっちのけで楽しんでいるようでした。

夕食の準備をする時間になり，みんなでまきになる木を拾うことにしました。キャンプ場の裏側には竹林があり，芝太郎君はばっ採されて落ちている竹を拾って，お父さんにたずねました。

芝太郎君　「お父さん，この竹はまきとして使えないかな？」

お父さん　「そうだね，竹も木の一種で，油をふくんでいるので良く燃えるんだ。ただ，１つ気を付けないといけないことがあるよ。④竹をそのままの形（図ア）で火にくべると，ばく発する危険があるので，こうする必要があるよ。」

そう言うと，お父さんはなたを使って竹をたてに割って見せました（図イ）。

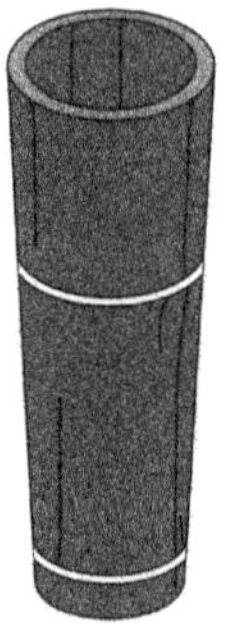

図ア

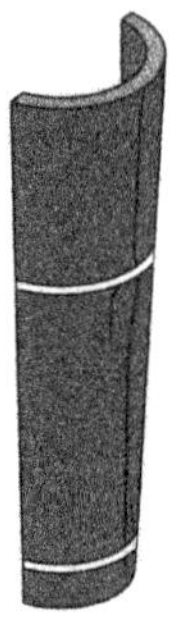

図イ

お父さん　「こうすれば，火にくべても安全だね。」

芝太郎君はお父さんの知識と経験にとてもおどろきました。

(1)　下線部①について。方位磁針と導線を使い，次のページの図１，図２のような実験を行いました。次のページの問いＡ，Ｂに答えなさい。

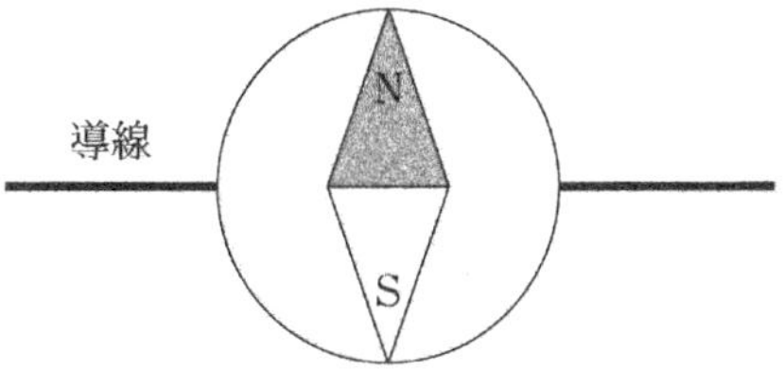

図1

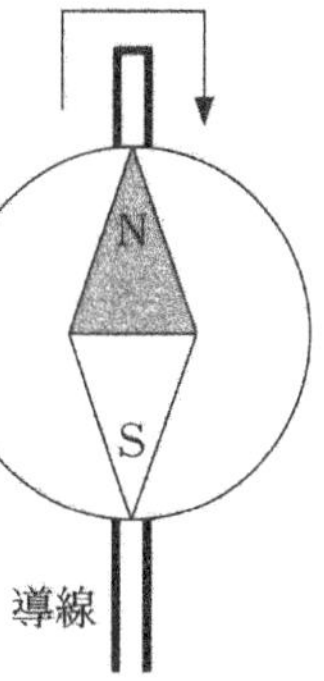

図2

A　図1のように導線の真上に方位磁針を置き，導線に電流を流したところ，電流を流す前後で方位磁針の針は動きませんでした。導線に流れた電流の向きを，次の中から1つ選んで，記号で答えなさい。

(ア)　東向き　　(イ)　西向き　　(ウ)　北向き　　(エ)　南向き

(オ)　北東向き　　(カ)　北西向き　　(キ)　南東向き　　(ク)　南西向き

B　図2のように導線の上に方位磁針を置き，矢印の向きに導線に電流を流しました。このとき，方位磁針の針はどのようにふれますか。次の中から1つ選んで，記号で答えなさい。

(ア)　針はふれない　　(イ)　東向き　　(ウ)　西向き　　(エ)　ふり子のようにしん動する

(2)　下線部②について。次のうち，冬を幼虫でこすこん虫はどれですか。次の中から2つ選んで，記号で答えなさい。

(ア)　ミノガ　　(イ)　カマキリ　　(ウ)　コオロギ

(エ)　モンシロチョウ　　(オ)　テントウムシ　　(カ)　カブトムシ

(3)　下線部③について。チャートについて述べた文章として最も適当なものを次の中から1つ選んで，記号で答えなさい。

(ア)　マグマが地表付近で急速に冷やされて固まった火成岩であり，白っぽい色をしている。

(イ)　マグマが地下深くでゆっくり冷やされて固まった火成岩であり，黒っぽい色をしている。

(ウ)　火山灰が固まってできた堆積岩である。

(エ)　どろが固まってできた堆積岩である。

(オ)　生き物の堆積によってできた堆積岩であり，塩酸をかけると気体を発生する。

(カ)　生き物の堆積によってできた堆積岩であり，塩酸をかけても反応しない。

(4)　下線部④について。前のページの図アのような竹の場合，ばく発の危険がある理由を30字以内で説明しなさい。句読点や記号は1字と数えること。

2　次の文を読み，問いに答えなさい。ただし，ばねや糸の重さは考えず，実験装置はすべて止まっているものとします。また，値が割り切れない場合は小数第2位を四捨五入して小数第1位まで答えること。

長さが同じで材質のちがうばねA，Bの一端《いったん》をそれぞれ天井に固定し，つりさげるおもりの重さを変えると，ばねの伸《の》びは次のページの図1のようになりました。

(1)　ばねＡを真ん中で半分に切り，その半分のばね１つを天井に固定して100ｇのおもりをつり下げると，そのばねの伸びは何cmになりますか。ただしばねが伸びているとき，どの部分も均等に伸びていることとします。

(2)　ばねＡ，ばねＢ，150ｇのおもりＣを図２のように接続したところ，ばねＡとばねＢが同じ長さになりました。ばねＡとばねＢの伸びを足すと何cmになりますか。

(3)　ばねＡ，ばねＢ，おもりＣとおもりＤを図３のように接続しました。

①　おもりＤは何ｇですか。

②　ばねＡとばねＢの伸びを足すと何cmになりますか。

(4)　ばねＡを２つ，ばねＢ，おもりＣを２つ用いて，図４のように接続しました。
３つのばねの伸びをすべて足すと何cmになりますか。

(5)　ばねＡ，ばねＢ，太さがいちようで長さ40cm，重さ10ｇの棒，おもりＣと580ｇのおもりＥを図５のように接続したところ，棒は水平になりました。

①　ばねＡとばねＢの伸びを足すと何cmになりますか。

②　おもりＥをつりさげる位置は棒の左はしから何cmですか。

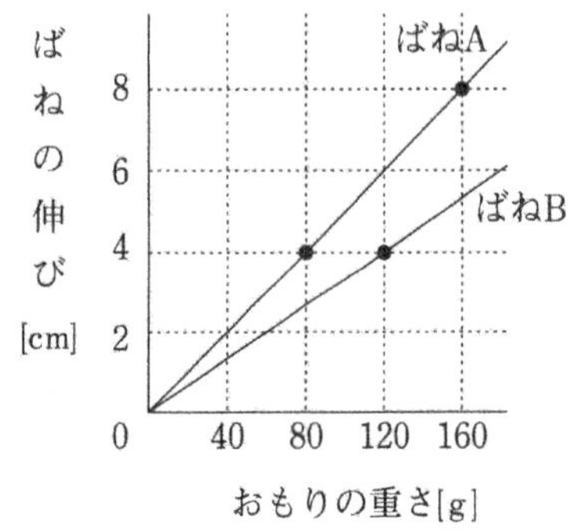

図１

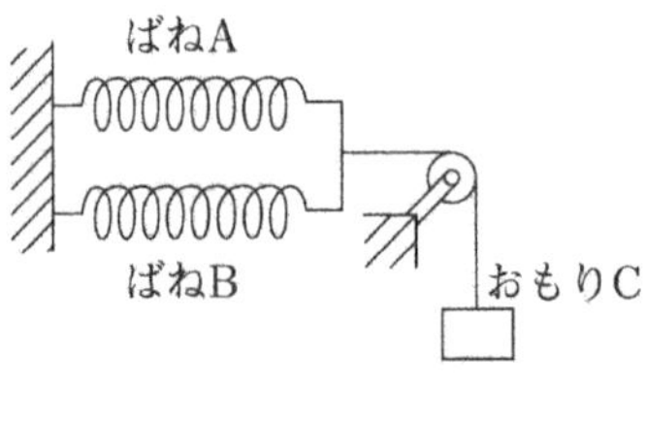

図２

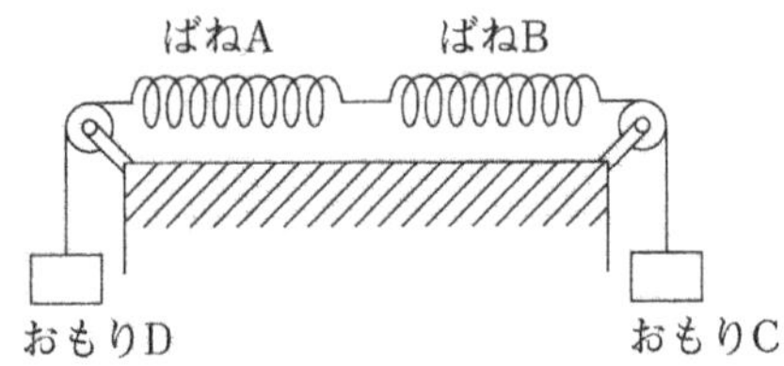

図３

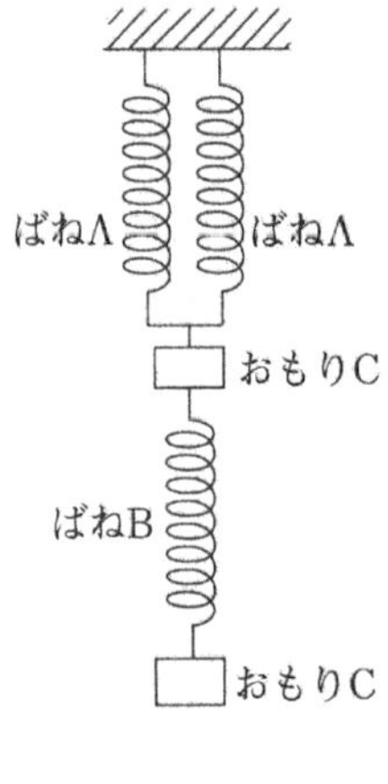

図４

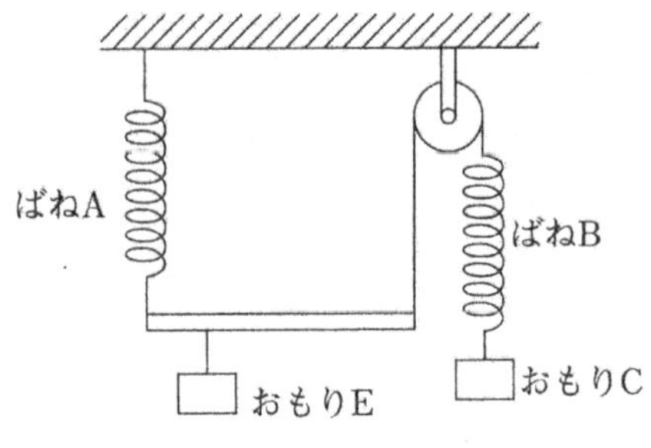

図５

(6)　ばねＡを２つ，ばねＢを１つ，太さがいちようで長さ40㎝，重さ10ｇの棒，半径の比が２：１で重さ10ｇの輪じく，重さ120ｇのおもりＦを図６のように接続しました。棒を水平に保つとき，３つのばねの伸びをすべて足すと何㎝になりますか。

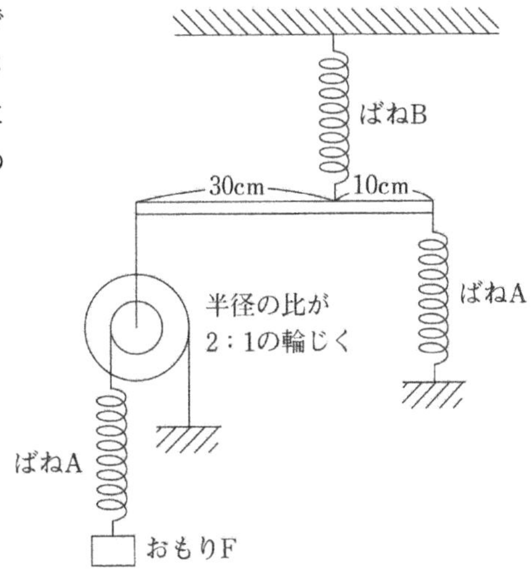

図６

3　次の各問いに答えなさい。

(1)　太陽の中心核《かく》，光球，黒点，コロナの４か所の温度を比べ，温度が高い順に正しく並べたものはどれですか。次の中から１つ選んで，記号で答えなさい。

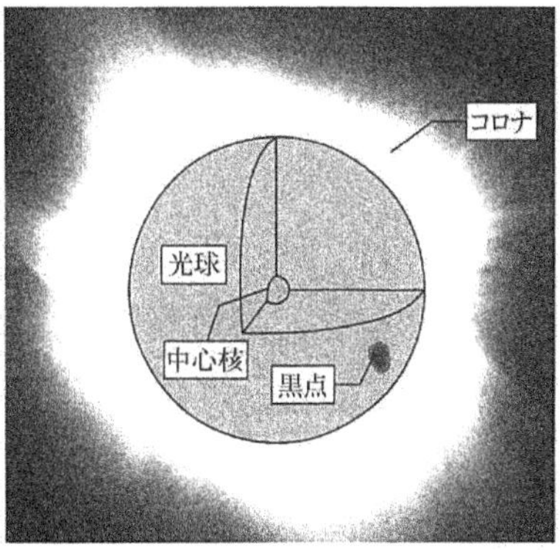

(ア)　中心核→光球→黒点→コロナ
(イ)　中心核→光球→コロナ→黒点
(ウ)　中心核→コロナ→光球→黒点
(エ)　コロナ→中心核→光球→黒点
(オ)　中心核→コロナ→黒点→光球
(カ)　コロナ→中心核→黒点→光球

(2)　太陽について述べた文のうち，正しいものはどれですか。次の中から２つ選んで，記号で答えなさい。

(ア)　太陽は宇宙で１番大きいこう星である。
(イ)　太陽の重さは地球の約109倍である。
(ウ)　黒点の観測から，太陽の自転を調べることができる。
(エ)　黒点部分ではたつ巻が起こり，ちりが集まっている。
(オ)　地上から太陽を観測すると，１時間あたり15°ずつ動いて見える。
(カ)　地球と太陽の１m^3あたりの重さを比べると，太陽の方が重い。

(3)　日食と月食は，太陽と地球と月が一直線に並んだときに見られる現象です。日食の際の太陽の欠け方と，月食の際の月の欠け方の組み合わせとして，正しいものはどれですか。次のページの表の(ア)～(エ)の中から最も適当なものを１つ選んで，記号で答えなさい。ただし，地上から観測していて，雲などのえいきょうはないものとします。

	日食の際の太陽の欠け方	月食の際の月の欠け方
(ア)	東側から欠けていく	東側から欠けていく
(イ)	西側から欠けていく	西側から欠けていく
(ウ)	東側から欠けていく	西側から欠けていく
(エ)	西側から欠けていく	東側から欠けていく

(4)　太陽の30億分の１の大きさである模型を準備しました。模型と空に見える本物の太陽が同じ直径に見えるのは，観測者が模型から何ｍはなれたときですか。最も適当なものを次の中から１つ選んで，記号で答えなさい。

(ア)　2ｍ　　(イ)　3ｍ　　(ウ)　5ｍ　　(エ)　20m　　(オ)　30m　　(カ)　50m

(5)　図１は，水平な台に垂直に立てた棒を表しています。太陽光によってできる棒のかげの先たんにしるしをつけ，その動きを，野外にて１日観測したときの記録はどれですか。図２，図３の①～⑫の中から最も適当なものを１つ選んで，記号で答えなさい。ただし，観測場所は芝学園であり，この日は夏至で，１日を通して快晴だったとします。

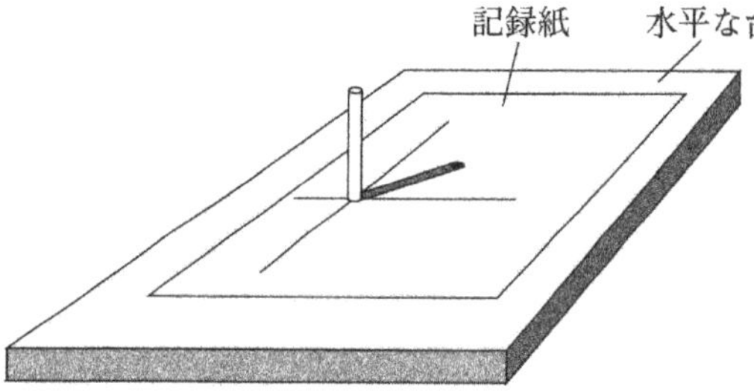

図１

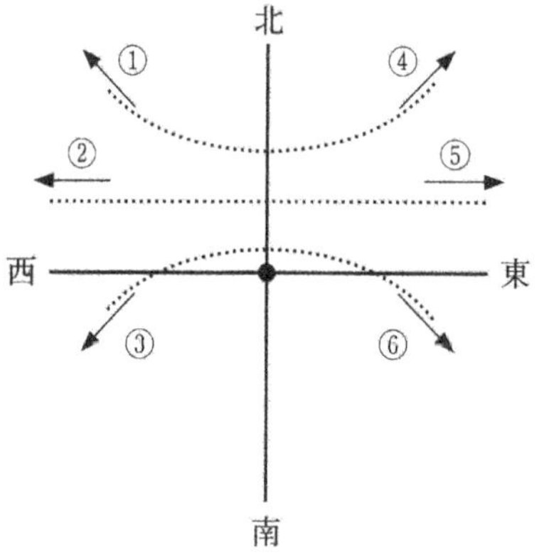

図２

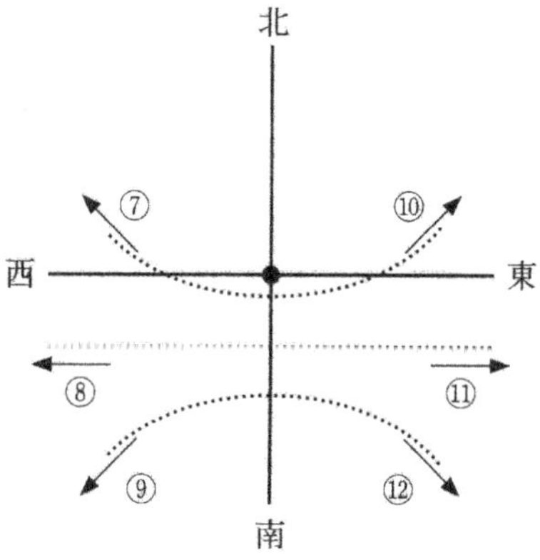

図３

(6)　(5)と同じ観測を，同じ日にオーストラリアのシドニーで行いました。太陽光によってできる棒のかげの先たんの動きを，野外にて１日観測したときの記録はどれですか。上の図２，図３の①～⑫から最も適当なものを１つ選んで，記号で答えなさい。ただし，シドニーも１日を通して快晴だったとします。

4 次の実験内容を読み，問いに答えなさい。

芝太郎君はファラデーの「ロウソクの科学」を読んで，物が燃えることに興味をもち，ファラデーのやった実験を参考に次の【実験１】，【実験２】を行いました。

【実験１】

ロウソクの炎《ほのお》をよく観察すると図１のように炎の色のちがいがわかったので，割りばしをぬらして炎に入れてみました。すると，図２のように黒くなりました。次に，ガラス管を炎の同じ高さに入れてみると，今度は図３のように黒くなりました。

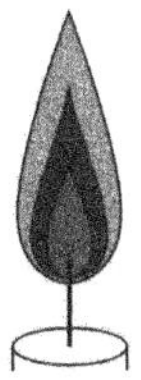

図１

図２

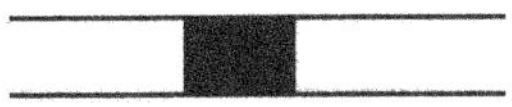

図３

【実験２】

図４のように，試験管の中にかわいた割りばしを小さく切って入れ，ガスバーナーで加熱して蒸し焼きにしました。すると，(A)からは [1] 色のけむりが生じ，(B)には [2] 色の液体がたまった他，茶色のねばり気のある液体も得られました。けむりが発生しなくなったので，火を消しました。よく冷ました後，割りばしを試験管から取り出すと， [3] 色に変化していました。

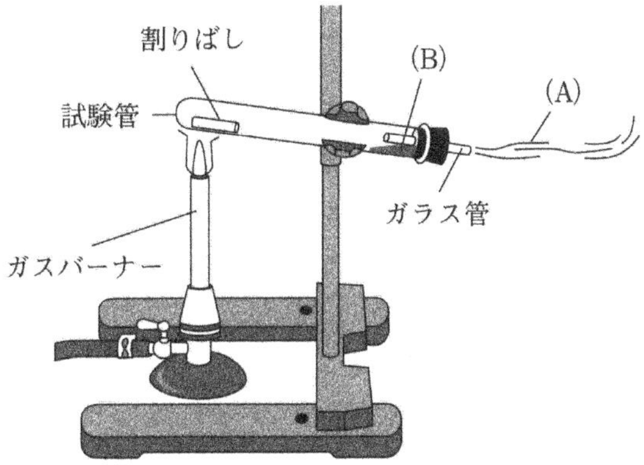

図４

(1) 固体のロウソクが燃焼するまでをよく観察した結果，炎になるまでにロウのたどる状態が分かりました。ロウは燃焼するまでにどのように状態変化をしますか。最も適当なものを次の中から１つ選んで，記号で答えなさい。

(ア) 固体のまま状態変化しない　(イ) 固体→液体　(ウ) 固体→液体→気体

(エ) 固体→気体　(オ) 固体→気体→液体

(2) 【実験１】で，割りばしやガラス管を入れた同じ高さに，今度はうすい木の板をぬらして数秒かざし，取り出しました。うすい木の板にできた模様として最も適当な図を，次のページの(ア)～(ク)から１つ選んで，記号で答えなさい。なお，各図には分かりやすくするため円が描き入れてあり，(ア)～(エ)の円は外側から外えん，内えん，えん心，(オ)～(ク)の円は外側から外えん，内えんを表しています。

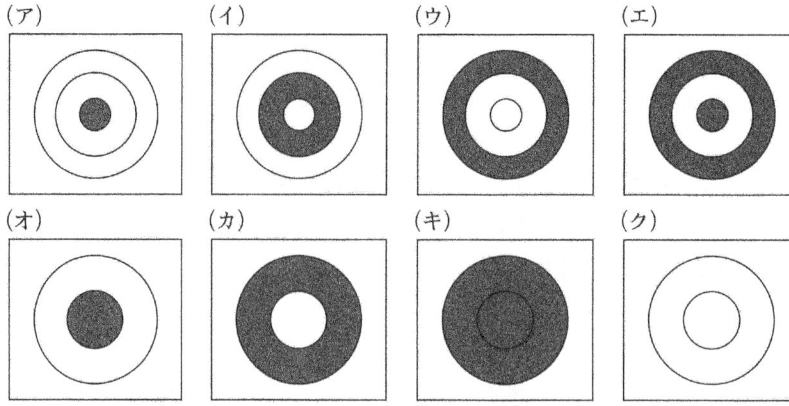

(3) 【実験２】の文章中 [1] ～ [3] に当てはまる語句として正しい組み合わせはどれですか。表の(ア)～(ケ)から１つ選んで，記号で答えなさい。

	(ア)	(イ)	(ウ)	(エ)	(オ)	(カ)	(キ)	(ク)	(ケ)
[1]	黄	黄	黄	白	白	白	黒	黒	黒
[2]	無	黒	黄	無	黒	黄	無	黒	黄
[3]	灰	赤	黒	灰	赤	黒	灰	赤	黒

(4) 【実験２】の結果，割りばしは燃えませんでした。この理由を正しく述べた文はどれですか。次の中から１つ選んで，記号で答えなさい。

(ア) 割りばしが熱で分解すると，たくさんの水分が生じるため。

(イ) 試験管内の空気にも，一定の水蒸気が存在するため。

(ウ) 試験管内の体積が小さく，ふくまれる酸素が少ないため。

(エ) 試験管のガラスはガスバーナーの熱が伝わりにくいため。

(オ) 割りばしはもともと燃えにくい木で出来ているため。

(5) 【実験２】が終わったあと，割りばしを取り出し火をつけると，炎を上げずに赤く燃えました。これは，割りばしが炭になったためと考えられます。

炭（炭素）は完全に燃えると二酸化炭素になりますが，酸素が不足していると不完全燃焼を起こし，一酸化炭素ができます。この一酸化炭素を十分な酸素とともに燃やすと，青白い炎を出して燃え，二酸化炭素を生じます。右のグラフは，炭素が燃焼後すべて一酸化炭素になった場合の重さの関係と，炭素が燃焼後すべて二酸化炭素になった場合の重さの関係を表しています。

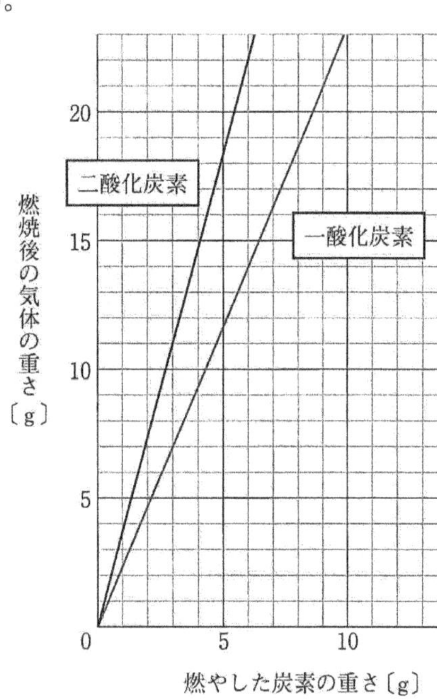

① ３ｇの炭素が燃焼してすべて一酸化炭素になるときと，３ｇの炭素が燃焼してすべて二酸化炭素になるときの重さの差は何ｇですか。整数で求めなさい。

② 一酸化炭素が燃えると，すべて二酸化炭素になります。このときの重さの関係を解答らんにグラフで示しなさい。定規《じょうぎ》は使えないので，ていねいにかくこと。

③ 酸素が不足した状態で炭素を燃やしたところ，一酸化炭素63ｇと二酸化炭素77ｇが発生しました。燃やした炭素は何ｇですか。整数で求めなさい。ただし，値が割り切れない場合は小数第１位を四捨五入すること。

④ 酸素が不足した状態で炭素12ｇをすべて燃やしたところ，二酸化炭素と一酸化炭素が発生し，合わせた重さは40ｇでした。このとき，発生した一酸化炭素は何ｇですか。整数で求めなさい。ただし，値が割り切れない場合は小数第１位を四捨五入すること。

5 次の文を読み，問いに答えなさい。

芝男くんは生物部の活動として，芝公園で生物の観察をしていました。すると，近年数が減っている①カントウタンポポがさいているのを見つけました。その花の上には②ナナホシテントウが１ぴき，くきの上にはアブラムシがたくさん集まっていました。その様子を見て，芝男くんは③アリとアブラムシとテントウムシの関係について思いだし，友達の芝太郎くんに説明してあげました。また，花の周りに飛んでいたモンシロチョウについて深く調べたいと思い，図書館で「生命表」について学びました。

生命表（表１）とは，ある生物の出生後の時間経過とともに，うまれた子の数がどのように減っていくかを示した表です。チョウの幼虫は卵で過ごした後にふ化し，１令幼虫となります。その後，だっ皮するごとに，２令幼虫，３令幼虫，４令幼虫，５令幼虫と成長していき，その後さなぎになります。さなぎから出てきて羽化すると成虫になるので，生命表をつくるためには，これらの８つの時期について調査地域で個体数を調べる必要があります。

表１の「生存個体の割合」とは，出生直後の個体数を「１」とした場合に，それぞれの時期の個体数がいくつになるかを示した値です（例えば，出生直後の個体数が100，ある時期の個体数が80だった場合，「生存個体の割合」は出生直後が１，ある時期が0.8となります）。もともと生息していた個体数に対して，どれくらいの数が減ってしまったかが分かります。

表１の「期間の生存率」とは，ある時期の個体数を「１」とした場合に，その次の時期までに生き残る個体数がいくつになるかを示した値です（例えば，ある時期の個体数が100，その次の時期の個体数が70だった場合，「期間の生存率」は0.7となります）。それぞれの時期で，どれくらいの割合が死んでしまうかについて分かります。

また，生命表の内容をグラフに示したものを生存曲線（図１）と呼びます。横じくには８つの時期を示し，縦じくにはその時期の個体数を示しています。

（表１・図１は次のページにあります。）

(1) 下線部①について。タンポポの特ちょうを説明した文として，まちがっているものはどれですか。次の中から１つ選んで，記号で答えなさい。

(ア) とても花びらが多く，１つの花についている花びらの枚数には個体差がある。

(イ) １つの花におしべは５本，めしべは１本ついている。

(ウ) 黄色い花をさかせる虫ばい花である。

(エ) タンポポは，ヒマワリやコスモスと同じキク科の植物である。

表１　モンシロチョウの生命表

令	個体数	生存個体の割合	期間の生存率
卵	784	1.00	0.73
１令	570	0.73	0.52
２令	295	0.38	0.95
３令	280	0.36	0.97
４令	ア	イ	0.90
５令	245	0.31	0.35
さなぎ	85	0.11	0.78
成虫	66	0.08	

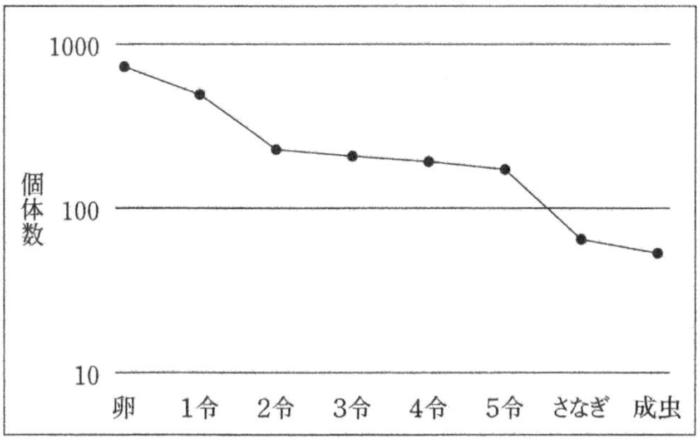

図１　モンシロチョウの生存曲線

⑵　下線部②について。右図は芝男くんが観察したナナホシテントウです。図のように体を３つの部分に分けると，胸部を示すのはどれですか。次の中から１つ選んで，記号で答えなさい。

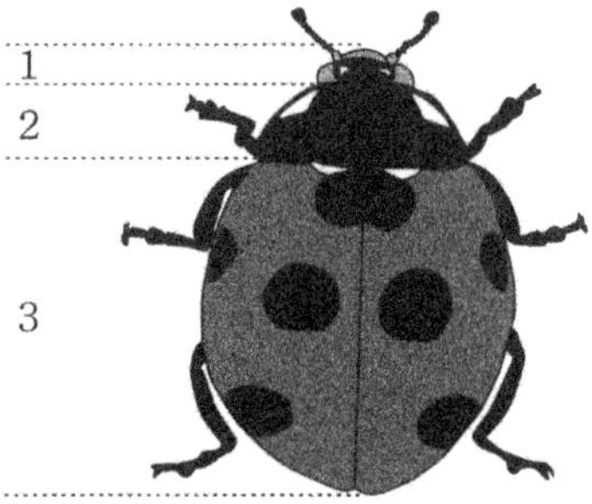

㈠　１のすべて　　㈡　２のすべて　　㈢　３のすべて

㈣　１の一部　　㈤　２の一部　　㈥　３の一部

㈦　１のすべておよび２の一部

㈧　１の一部および２のすべて

㈨　２のすべておよび３の一部

㈩　２の一部および３のすべて

⑶　下線部③について。生物どうしの関係を矢印と記号であらわし，矢印の方向に利益をあたえる場合は＋，不利益を与える場合は－とあらわします。例えばバッタはカマキリに食べられるので，図２の矢印の記号は－になります。では，アリとアブラムシとテントウムシの関係はどのようにあらわせますか。図３中の矢印１～４に入る記号の組み合わせとして正しいものを，次のページの表中㈠～㈩の中から１つ選んで，記号で答えなさい。

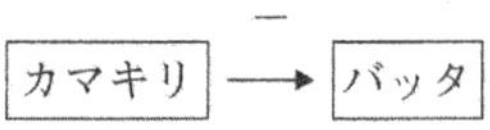

図２

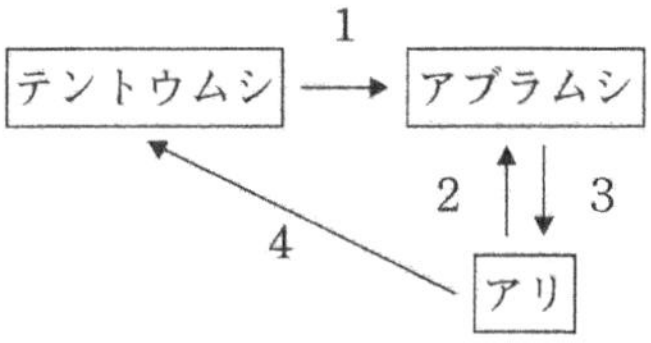

図３

	1	2	3	4
(ア)	＋	＋	＋	＋
(イ)	＋	＋	＋	−
(ウ)	＋	＋	−	−
(エ)	＋	−	−	−
(オ)	＋	−	＋	＋
(カ)	＋	−	＋	−
(キ)	＋	＋	−	＋
(ク)	＋	−	−	＋

	1	2	3	4
(ケ)	−	−	−	−
(コ)	−	−	−	＋
(サ)	−	−	＋	＋
(シ)	−	＋	＋	＋
(ス)	−	＋	−	−
(セ)	−	＋	−	＋
(ソ)	−	−	＋	−
(タ)	−	＋	＋	−

(4) 前のページの表１「モンシロチョウの生命表」中の空らん［ア］・［イ］にあてはまる数値をそれぞれ答えなさい。ただし，空らん［ア］は小数第１位を四捨五入した整数を，空らん［イ］は小数第３位を四捨五入した小数第２位までを答えなさい。

(5) 前のページの図１のようにさまざまな生物でこの生存曲線をつくると，大きく３つのパターンに分けられることが知られています。右の図４はその３つのパターンを表現したものです。縦じくはその生物の集団の生存率（％）を示し，横じくはその生物の年令（相対値）を示しています。

図４のＡ～Ｃの３つのパターンは，それぞれマンボウ，チンパンジー，トカゲのいずれかをあらわしています。Ａ～Ｃのパターンを示す生物の組み合わせとして最も適当なものを表の(ア)～(カ)から１つ選んで，記号で答えなさい。

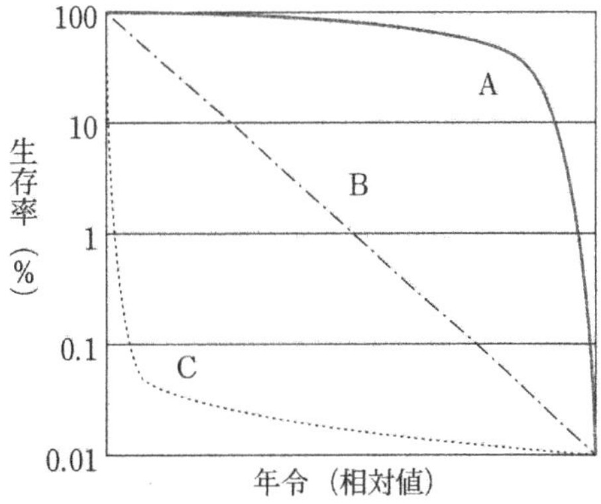

図４

記号	A	B	C
(ア)	マンボウ	トカゲ	チンパンジー
(イ)	マンボウ	チンパンジー	トカゲ
(ウ)	トカゲ	マンボウ	チンパンジー
(エ)	トカゲ	チンパンジー	マンボウ
(オ)	チンパンジー	トカゲ	マンボウ
(カ)	チンパンジー	マンボウ	トカゲ

(6) 表１と図１から分かることを述べた文として，適当なものを次の中から２つ選んで，記号で答えなさい。

(ア) ８つの各時期でのモンシロチョウの生存率はほぼ一定である。
(イ) 卵から成虫のモンシロチョウになれるのは10％未満である。
(ウ) モンシロチョウはさなぎになる直前に死ぬ割合が多い。
(エ) モンシロチョウは幼虫でいる時はあまり死なず，各時期で90％以上は生き残る。
(オ) ８つの各時期で，一番生き残る確率が高いのは２令幼虫の時期である。

【社　会】（40分）　＜満点：75点＞

【１】 関東地方について説明したＡ～Ｅの文を読んで，それぞれにつづく問いに答えなさい。

Ａ　関東地方には，(1)多くの川が流れていて，これらが日本最大の関東平野をつくっています。関東平野は，平野のなかに台地がしめる割合が大きく，おもに(2)畑や市街地に利用されています。台地や丘陵地では，(3)ゴルフ場も多くつくられています。

〔問１〕 下線部(1)に関して，次の文章は，関東地方を流れる河川について説明したものです。文中の [あ] ～ [え] に当てはまる語を答えなさい。

東京では水の確保が重要な課題であり，今日では東京で使う水の約80％は， [あ] 川・ [い] 川水系の水にたよっています。昔の [あ] 川は東京湾に注いでいましたが，江戸時代に千葉県 [う] 市を河口とする現在の流路に付け替えられました。 [い] 川は，甲武信ヶ岳《こぶしがたけ》を源流とし，秩父，長瀞《ながとろ》を流れて関東平野に出て南下し，江東区と江戸川区の区境で東京湾に注ぎます。 [え] 川は，山梨県の笠取山を源流とし，中流域で [え] 丘陵と武蔵野台地の間を流れ，東京湾に注ぎます。高度経済成長期には，汚水流入の増加により水質が悪化しましたが，現在は改善傾向にあります。

〔問２〕 下線部(2)に関して，東京西部では，ほうれんそう，にんじん，日本なしなどを組み合わせ，小さな畑でそれらを少しずつ栽培しています。次の表１は，ほうれんそう，にんじん，日本なしのいずれかについて，収穫上位の都道府県と全国収穫量に占める割合を示したものです。表１中の①～③に当てはまる作物の組み合わせとして正しいものを，以下のア～カの中から一つ選び，記号で答えなさい。

表1

①	
埼玉	11.0
群馬	9.3
千葉	8.6
茨城	7.4
宮崎	7.4

②	
茨城	9.5
千葉	9.2
栃木	8.6
福島	7.6
鳥取	7.0

③	
北海道	32.7
千葉	15.7
徳島	8.6
青森	6.7
長崎	5.2

2019年産　単位は％　『データでみる県勢2021』より作成

	ア	イ	ウ	エ	オ	カ
①	ほうれんそう	ほうれんそう	にんじん	にんじん	日本なし	日本なし
②	にんじん	日本なし	日本なし	ほうれんそう	ほうれんそう	にんじん
③	日本なし	にんじん	ほうれんそう	日本なし	にんじん	ほうれんそう

〔問３〕 下線部(3)に関して，次のページの表２中のＸ～Ｚは，「ゴルフ場」，「*温泉地数」，「テーマパーク・レジャーランド」のいずれかであり，それぞれの上位の都道府県と施設数を示したものです。表２中の①～③に当てはまる都道府県の組み合わせとして正しいものを，あとのア～カの中から一つ選び，記号で答えなさい。

*温泉地数は，宿泊施設のある温泉地

表２

X	
①	161
兵庫	155
②	149
栃木	125
茨城	115
全国	2194

Y	
①	25
大阪	21
②	20
③	19
岡山	14
全国	366

Z	
②	246
③	210
新潟	144
福島	136
青森	125
全国	2982

「ゴルフ場」、「テーマパーク・レジャーランド」は2019年４月末現在
「温泉地数」は2018年末現在　『データでみる県勢2021』より作成

	ア	イ	ウ	エ	オ	カ
①	北海道	北海道	千葉	千葉	長野	長野
②	千葉	長野	長野	北海道	北海道	千葉
③	長野	千葉	北海道	長野	千葉	北海道

B　(4)東京の市街地は，東京23区を中心として，神奈川・埼玉・千葉など，となりの県にまで広くつながっています。東京の人口が増加したのは，1950年代に始まる高度経済成長期からで，1960年代に入ると東京都の人口は伸び悩みます。その代わり近隣の３県を含めた東京圏全体では増加の一途をたどり，郊外化に伴って都心部の人口が空洞化する［ 5 ］現象が見られました。しかし，2000年以降は(6)東京都でも再び増加が見られるようになっています。

〔問４〕　下線部(4)に関して，次のＸ・Ｙは東京での郊外化について述べたものです。Ｘ・Ｙの正誤の組合せとして正しいものを，下のア～エの中から一つ選びなさい。

Ｘ．関東大震災の被害は，都心より西部に広がる低地の密集市街地で大きかったため，被害が少なく都市化も遅れていた東部の山の手に市街地が拡大しました。

Ｙ．戦後の都心の過密化に伴い，1955年ごろから，小田急線に沿って世田谷で住宅の建設・販売が増加し，のちにより郊外の町田駅・相模大野駅周辺へと拡大していきました。

ア．Ｘ－正　Ｙ－正　　イ．Ｘ－正　Ｙ－誤　　ウ．Ｘ－誤　Ｙ－正　　エ．Ｘ－誤　Ｙ－誤

〔問５〕　文中の［ 5 ］に当てはまることばを答えなさい。

〔問６〕　下線部(6)に関して，次の表３は，八王子市，杉並区，港区のいずれかの人口増減率と年齢別人口構成を示したものです。表中のＸ～Ｚと八王子市，杉並区，港区との組み合わせとして正しいものを，次のページのア～カの中から一つ選び，記号で答えなさい。

表3

	人口増減率	0~14歳	15~64歳	65歳以上
X	1.15	13.7	69.4	16.9
Y	0.88	10.5	68.7	20.8
Z	0.00	11.6	61.6	26.9

人口増減率、年齢別人口構成は2020年1月1日
単位は％　『データでみる県勢2021』より作成

	ア	イ	ウ	エ	オ	カ
X	八王子市	八王子市	杉並区	杉並区	港区	港区
Y	杉並区	港区	港区	八王子市	八王子市	杉並区
Z	港区	杉並区	八王子市	港区	杉並区	八王子市

C　関東地方には京浜工業地帯をはじめ，京葉工業地域，関東内陸工業地域があり，地域ごとに製造品出荷額等の構成に特徴があります。

〔問７〕　次の図１中のア～エは，京浜工業地帯，中京工業地帯，阪神工業地帯，関東内陸工業地域の製造品出荷額等の構成を示したものです。京浜工業地帯に当たるものをア～エの中から一つ選び，記号で答えなさい。

図１

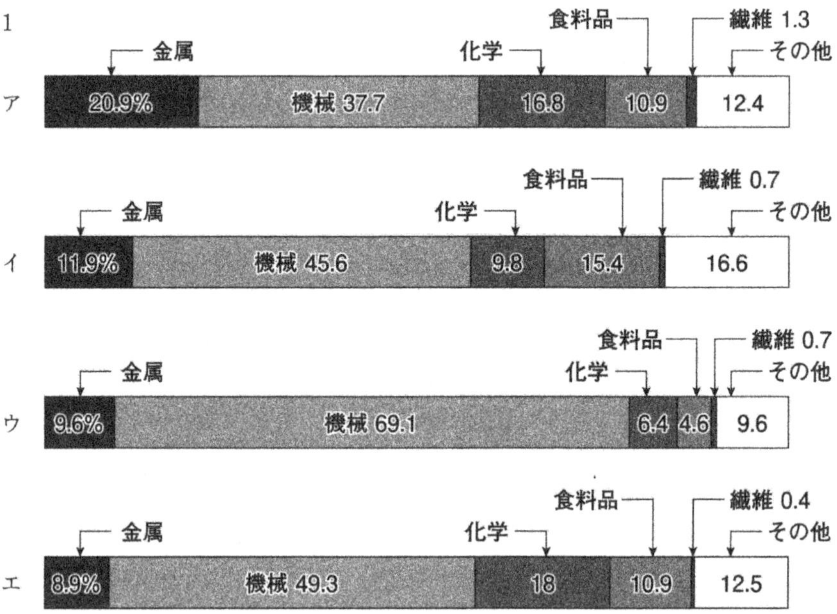

京浜：東京都、神奈川県。中京：愛知県、三重県。阪神：大阪府、兵庫県。関東内陸：栃木県、群馬県、埼玉県。　2018年　単位は％　『日本国勢図会2021/22』より作成

D　東京は地形的な特徴からも湧水が多く存在する地域で，現在でも都内に600以上あります。水質の良い湧水・地下水が入手できる地域には，その水を利用したい食品製造業などが集まるようになります。豆腐屋もその１つで，豆腐づくりには，(7)大豆と水，にがりが欠かせません。豆腐の水分含有量は80％以上といわれており，豆腐づくりにおいて水が重要であることがわかります。

〔問８〕　下線部(7)に関して，大豆は日本人になじみの深い食材ですが，その国内自給率は低いです。次のページの表４は，日本で自給率が低い大豆・小麦・とうもろこしの主な輸入先を示したものです。（X）～（Z）と国名との組み合わせとして正しいものを，あとのア～カの中から一つ選び，記号で答えなさい。

表４

大豆		小麦		とうもろこし	
（　X　）	2376	（　X　）	2632	（　X　）	10006
（　Y　）	448	（　Z　）	1938	（　Y　）	5527
（　Z　）	313	オーストラリア	797	南アフリカ共和国	152

2020年　単位は千ｔ　『日本国勢図会2021/22』より作成

	ア	イ	ウ	エ	オ	カ
（　X　）	アメリカ	アメリカ	カナダ	カナダ	ブラジル	ブラジル
（　Y　）	カナダ	ブラジル	ブラジル	アメリカ	アメリカ	カナダ
（　Z　）	ブラジル	カナダ	アメリカ	ブラジル	カナダ	アメリカ

Ｅ　東京の食は江戸の食に由来するといわれています。江戸の庶民の多くが人足や職人など地方から出てきた単身の男性で，彼らは台所のない長屋に住み，普段の食事はどこかで購入するしかありませんでした。そのため，江戸の街ではファストフードとして安価で楽しめる(8)江戸前ずし，そば，天ぷらなどの外食文化が発展しました。

〔問９〕　下線部(8)に関して，もともと江戸前ずしとは，江戸湾で獲れる魚と酢飯とを合わせる握りずしのことですが，現在，日本は水産物輸入大国で，世界の国々から輸入された魚などが握りずしに多く使われています。次の表５中のア～ウは，「えび」，「さけ・ます」，「まぐろ」のいずれかであり，それぞれの輸入先上位３か国とその割合および輸入額を示したものです。ア～ウの中から「さけ・ます」に当てはまるものを選び，記号で答えなさい。また，「さけ・ます」の空欄に当てはまる国名を答えなさい。それぞれの空欄に同じ国名は入りません。

表５

ア		イ		ウ	
	60.2	台　湾	19.8		21.4
ノルウェー	22.5		12.8	インド	20.3
ロシア	9.5	韓　国	11.5	インドネシア	16.7
計	1996億円	計	1560億円	計	1600億円

2020年金額ベース上位３カ国　単位は％　『日本国勢図会2021/22』より作成

【２】　次のＡ～Ｅの文章を読んで，あとの設問に答えなさい。

Ａ　６世紀末に即位した推古天皇のもとで，1聖徳太子（厩戸王・厩戸皇子）は蘇我馬子と協力して，天皇中心の政治体制を整えていきました。このころ中国では隋が国内を統一し強大な帝国を築いていましたが，聖徳太子は2607年に小野妹子を遣隋使として派遣し，国交を結びました。

〔問１〕　下線部１に関連して述べた次の文Ｘ・Ｙの正誤の組み合わせとして正しいものを，あとのア～エより選び，記号で答えなさい。

Ｘ．仏教や儒教の考え方を取り入れたわが国最初の成文法を定め，豪族たちに役人としての自覚を求めました。

Y．天皇や豪族のもっていた私有地や私有民をなくし，土地や人民は国家のものとする方針が発表されました。

ア．X－正　Y－正　　イ．X－正　Y－誤　　ウ．X－誤　Y－正　　エ．X－誤　Y－誤

〔問２〕　下線部２について，隋の皇帝は小野妹子が持参した国書を無礼としながらも，朝鮮半島のある国と対立していたため，倭と国交を結ぶこととしました。この朝鮮半島のある国とは何という国ですか。次のア～エより正しいものを選び，記号で答えなさい。

ア．百済　　イ．高麗　　ウ．新羅　　エ．高句麗

B　３1429年，北山・中山・南山の３つの王国に分立していた琉球（沖縄）を，中山王の尚氏が統一し，琉球王国が建国されました。国王は明の皇帝より冊封（正式に国王と承認されること）を受け，その権威を背景に４琉球王国は東アジアや東南アジアの国々ともさかんに交易を行って繁栄しました。

〔問３〕　下線部３に最も近い年におこった出来事と関係の深い史料を，次のア～エより一つ選び，記号で答えなさい。ただし史料は読みやすくするため，現代語に訳されており，かつ一部省略したり，書き直したりしているところもあります。

ア．所領を質に入れたり売買したりしてしまったことが，御家人たちの困窮の原因である。今後は御家人の所領の質入れや売買は禁止する。これまでに売却した所領については，もとの持ち主が領有せよ。

イ．今日，山城の国人が集会をした。同じく山城国中の土民たちも群れ集まった。今度の（山城国で戦っている）両陣の処理を話し合って決めるためだという。もっともなことであろう。ただし，これは下剋上がきわまったものだ。

ウ．天下の土民が大勢で武器を持って立ち上がった。「徳政だ」とさけんで，高利貸を営む酒屋・土倉・寺院などを破壊し，質入れした物品などを思うままに略奪し，借金の証文を破り捨てた。……日本の国が始まって以来，土民たちが武器を持って立ち上がったのは，初めてのことだ。

エ．諸国の百姓が，刀・脇差（短い刀）・弓・やり・鉄砲その他の武具を所持することはきびしく禁止する。その理由は，農耕に必要のない道具をもち，年貢やその他の税を出ししぶり，もしも一揆を企て，領主に対してけしからぬ行いをするようになれば，そのような者は当然処罰される。

〔問４〕　下線部４について，明との朝貢貿易を始めた琉球王国は，自国の産物以外に日本の武具・屏風や東南アジア産の香辛料などを明へ持っていき，その返礼として入手した生糸や絹織物・陶磁器などを諸国に転売して利益を得ていましたが，このような形態の貿易を何といいますか。

C　５17世紀のはじめ，徳川家康は対馬藩の宗氏を通じて，豊臣秀吉の侵略によって断絶していた朝鮮との国交を回復させました。同じ頃，琉球王国は薩摩藩の島津氏によって征服され，その支配下に入りましたが，中国との朝貢貿易は継続されました。一方，６蝦夷地では松前藩がアイヌとの交易を独占していました。

〔問５〕　下線部５について，17世紀の出来事について述べた次のページの文X・Yとそれぞれ最も関係の深い事柄・人物は①～④のどれですか。組み合わせとして正しいものを，あとのア～エよ

り選び，記号で答えなさい。

X．キリスト教徒が多かった九州の島原や天草では，重税やキリスト教徒への迫害に苦しんでいた百姓たちが，天草四郎（益田時貞）を頭に大規模な一揆をおこしました。

Y．江戸でおこった明暦の大火の復興費用や，金銀の産出量の減少によって江戸幕府の財政が悪化したため，質を落とした貨幣を大量に発行して財政を立て直そうとしました。

①　朱印状　　②　絵踏　　③　徳川綱吉　　④　新井白石

ア．X－①　Y－③　　イ．X－①　Y－④　　ウ．X－②　Y－③　　エ．X－②　Y－④

〔問6〕　下線部6について，松前藩はアイヌに不利な条件で交易を行ったため，1669年にはアイヌと松前藩との戦いがおこりましたが，この戦いを何といいますか。

D　1871年，7岩倉具視を中心とする総勢100名を超える使節団を乗せた船がアメリカへ向けて横浜港を出発しました。この船には岩倉のほかに，明治政府の中心にあって，8新しい国づくりを進めている人々が大勢乗っていました。

〔問7〕　下線部7に関連して，この使節団の目標の一つであった不平等条約の改正について述べた次の文X～Zの正誤の組み合わせとして正しいものを，下のア～カより選び，記号で答えなさい。

X．井上馨は，外務卿，のちに外務大臣として，領事裁判権を撤廃する代わりに外国人判事を任用することなどを条件に条約改正交渉を進めていましたが，これに対しては政府内外から反発がおこり，また極端な欧化政策に対する反感と相まって，交渉は失敗に終わりました。

Y．日清戦争直前の1894年，イギリスが日本に好意的になったことで条約改正交渉は進展し，外務大臣の陸奥宗光がイギリスと新しい条約を結ぶことに成功して，領事裁判権が撤廃されました。

Z．1911年，外務大臣の小村寿太郎はロシアとの交渉に成功し，関税自主権の回復に成功しました。その後，他の国々もこれにならったため，日本はようやく国際社会で欧米諸国と対等な立場に立つことができるようになりました。

ア．X－正　Y－誤　Z－誤　　イ．X－正　Y－正　Z－誤

ウ．X－正　Y－誤　Z－正　　エ．X・誤　Y－正　Z－正

オ．X－誤　Y－誤　Z－正　　カ．X－誤　Y－正　Z－誤

〔問8〕　下線部8に関連して，明治政府による新しい国づくりについて述べた次の文Ⅰ～Ⅲを，年代の古いものから順に並べかえた場合，正しいものはどれですか。下のア～カより選び，記号で答えなさい。

Ⅰ．政府は徴兵令を公布して，満20歳以上の男性に兵役の義務を負わせました。

Ⅱ．政府は五箇条の御誓文を出して，新しい政治の方針を示しました。

Ⅲ．政府は全国の藩を廃止し，新たに府や県を置きました。

ア．Ⅰ－Ⅱ－Ⅲ　　イ．Ⅰ－Ⅲ－Ⅱ　　ウ．Ⅱ－Ⅰ－Ⅲ

エ．Ⅱ－Ⅲ－Ⅰ　　オ．Ⅲ－Ⅰ－Ⅱ　　カ．Ⅲ－Ⅱ－Ⅰ

E　9 1951年，サンフランシスコにおいて日本は48カ国との間で平和条約を調印しました。この条約によって日本の独立は回復されましたが，10沖縄などの南西諸島や小笠原諸島は引きつづきアメリカ合衆国が支配することとなりました。

〔問９〕 下線部９について，平和条約の調印と同じ日に，日本はアメリカ合衆国との間で日米安全保障条約に調印していますが，このとき日本側の代表であった，当時の首相は誰ですか。

〔問10〕 下線部10に関連して，サンフランシスコ平和条約の調印から沖縄の本土復帰までにおきた出来事として適当でないものを，次のア～オより一つ選び，記号で答えなさい。

ア．東海道新幹線が開通する　　　　イ．第五福竜丸事件がおこる

ウ．テレビ放送が開始される　　　　エ．日本万国博覧会が開催される

オ．湯川秀樹がノーベル賞を受賞する

【３】 次の文章を読んで，あとの設問に答えなさい。

『キテレツ大百科』というテレビアニメがあります。発明好きの小学生が先祖の書物をもとに様々な道具を発明するという話です。その他にも『ドラえもん』などがあげられるように，発明に関連するアニメは少年たちに夢をいだかせ，いつの時代も支持されています。

発明など，人々によって生み出されたアイデアや創造物は，ときには世の中を一変させ，莫大な利益を生みます。場合によっては，利益の奪い合いという問題も出てきてしまうため，最初に考案した人に独占的に利益を得る権利を認めることで，国は適正な競争を促し経済発展につなげようとしてきました。1こうして産業革命以降，欧米各国で特許制度が整備されました。

日本では江戸時代末期から明治初期にかけて，［　Ｘ　］が『西洋事情』のなかで海外の制度を紹介したことをきっかけに，少しずつ2特許権・著作権の考えが広まっていきます。その後，明治政府によって法律が整備されたことで権利の保護が進みました。現在，3国内での特許の出願は，年間で30万件ほどありますが，この数は世界でも有数であり，日本が「ものづくり大国」といわれるゆえんであると言うことができます。

しかしながら，次のページの資料１の国際特許出願件数をみてみると，日本は4アメリカや中国と競ってはいるものの３位に甘んじています。とくに中国の出願数の伸びは著しく，大きく水をあけられている状況です。単純に数だけ競ってもしかたがありませんが，これまでの「ものづくり大国」としての地位が決して安泰というわけではないことを示していると思います。

そもそも，特許の多くは企業が取得していて，どれだけ有用な特許を持っているかによって企業の価値が決まってきます。次いで，大学が多くの特許を取得しており，企業と大学とが連携することで5国の科学技術力がより向上すると考えられます。次のページの資料２の研究開発費の国際比較によると，ここ10年ほど日本は微増にとどまっていることがわかります。企業や大学が研究に対して投資を積極的に行わないと，新たな発見や高度な技術を生み出すことが難しくなります。特許数の国際比較で日本が中国やアメリカに差をつけられ，科学技術力の伸び悩みが指摘される理由には国の経済力が多少なりとも関わっているかもしれません。

また，人材の育成という面でも資金が必要になります。たとえば，6国が大学への予算を削減してしまうと，理学部や工学部での研究が十分にできなくなり，研究者を志す若者が夢を断念せざるを得ない事態になってしまうことが考えられます。2018年に新しいがん治療方法を発見しノーベル医学生理学賞を受賞した京都大学の［　Ｙ　］氏は，「若い人にチャンスを与えるべきだ」と，研究費を広く配分することの大切さを訴えています。今後も日本がお家芸である「ものづくり」を強みにして経済発展を図るのであれば，基礎研究である「科学分野」，特許などに関わる応用研究である「技術分野」まで幅広く投資し，あらゆる手を尽くして人材を育てていく必要があるでしょう。

資料１　【国際特許出願件数（単位　件）】

国籍別	2019	2020（推定）	企業別	2019	2020
中国	59 193	68 720	I （中）	4 411	5 464
アメリカ合衆国	57 499	59 230	サムスン電子（韓）	2 334	3 093
日本	52 693	50 520	三菱電機（日）	2 661	2 810
韓国	19 073	20 060	LGエレクトロニクス（韓）	1 646	2 759
ドイツ	19 358	18 643	クアルコム（米）	2 127	2 173
フランス	7 906	7 904	エリクソン[1]	1 698	1 989
計（その他もふくむ）	**265 381**	**275 900**	BOE（中）	1 864	1 892

1）はスウェーデン　『日本国勢図会2021/22』より

資料２　【主要国の研究開発費】

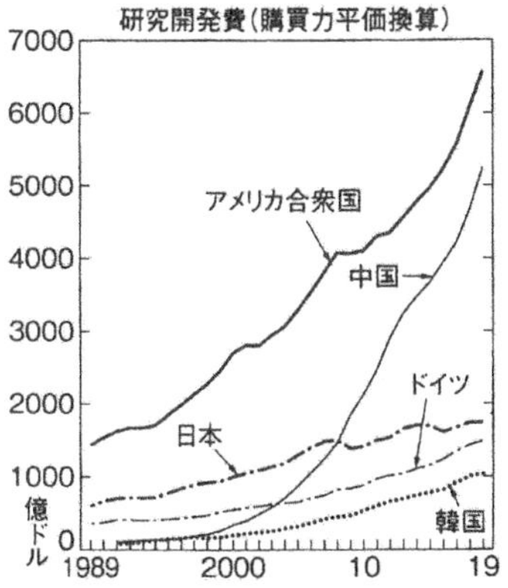

『日本国勢図会2021/22』より

［問１］　文中の空欄ＸとＹには人物名が入ります。以下の選択肢の中から選び記号で答えなさい。

Ｘ　ア．大隈重信　　イ．中江兆民　　ウ．新島襄　　エ．福沢諭吉

Ｙ　オ．利根川進　　カ．本庶佑　　キ．山中伸弥　　ク．吉野彰

［問２］　下線部１に関連して，第16代アメリカ大統領リンカーンは，自ら特許を取得するほど特許制度に力をいれていました。アメリカ旧特許庁の玄関には，以下のようなリンカーンの言葉が今でも刻まれています。以下の空欄にあてはまる語を，本文中から探して答えなさい。

「特許制度は，天才の火に（　　　　）という油を注いだ」

［問３］　下線部２について，近年は特許権や著作権にとどまらずアイデアや創造物を幅広く知的財産権として保護することが積極的に行われています。知的財産権として主張できるものとして誤っているものを一つ選び記号で答えなさい。

ア．高級ブランドメーカーが考えたトレードマーク

イ．スポーツ選手が打ち立てた新記録や獲得したタイトル

ウ．使いやすさを考えて作られた製品の形状

エ．地域の名称と商品名を組み合わせた地域ブランド名

オ．品種改良によって開発された新品種

［問４］　下線部３について，出願の管理を行っている特許庁はどこの外局ですか。正しいものを

下の選択肢から選び記号で答えなさい。

ア．経済産業省　　イ．財務省　　ウ．総務省　　エ．内閣府　　オ．文部科学省

〔問5〕　下線部4に関連した以下の設問に答えなさい。

(1)　日本とアメリカとの間で1980年代～90年代にかけておこった貿易摩擦について述べた文として正しいものを二つ選び，記号で答えなさい。

ア．日本ではアメリカ製品の不買運動が広がった。

イ．日本はアメリカへの輸出を自主的に規制した。

ウ．話し合いにより両国の関税は撤廃された。

エ．摩擦の対象となった品目は自動車や半導体であった。

(2)　前のページの資料1の空欄Ⅰには中国の通信機器メーカーが入ります。とくに無線移動通信システム（いわゆる5G）分野で多くの関連特許を有していることで首位になっています。米中の対立の中でも話題となったこの企業として適切なものを下から選び記号で答えなさい。

ア．アリババ　　イ．新華社通信　　ウ．ヒュンダイ　　エ．ファーウェイ

〔問6〕　下線部5について，資料3は科学誌に掲載された各国の論文数を示しています。どれだけ盛んに論文が書かれているかや，どれだけ注目度の高い論文があるかによって，科学技術分野における国際競争力をみることができます。資料1，2（前のページ）も参考にしながら以下の設問に答えなさい。

(1)　資料3のａ～ｅは，それぞれアメリカ・韓国・中国・ドイツ・日本のどれかが当てはまります。このうち，アメリカと日本はどれにあたりますか。記号で答えなさい。

(2)　資料3の空欄Ⅱに入る国は2004年～2006年にはランクインしていませんでしたが，近年，特にコンピューター・ソフトウェアの開発が盛んで，情報通信技術（ICT）産業の発展が著しいです。この国名を答えなさい。

資料3　【科学誌に掲載された論文数(年平均)】

2004年～2006年の平均

国	論文数	シェア(%)
a	228849	25.7
b	67696	7.6
c	63296	7.1
d	53648	6.0
イギリス	51976	5.8
フランス	38337	4.3
イタリア	31573	3.5
カナダ	29676	3.3
スペイン	23056	2.6
e	22584	2.5

2017年～2019年の平均

国	論文数	シェア(%)
c	353174	21.8
a	285717	17.6
d	68091	4.2
b	65742	4.1
イギリス	63575	3.9
Ⅱ	63435	3.9
e	50286	3.1
イタリア	47772	2.9
フランス	44815	2.8
カナダ	42188	2.6

科学技術・学術政策研究所『科学技術指標』による

〔問7〕　下線部6について，これには財政上の問題も関係しています。2021年3月に成立した2021

年度一般会計予算の国債依存度として，もっとも近いものを下から選び記号で答えなさい。

ア．20%　　イ．40%　　ウ．60%　　エ．80%

【4】 以下の文章を読み，問いに答えなさい。

想像してみてください。１本のペットボトルがあります。「この水は泥水を何度も濾過《ろか》して不純物を完全に取りのぞいたあとに，沸騰させて殺菌処理をしたものです」とラベルに表示されています。仮にAこの水が20円で自動販売機に並んでいたとしたら，皆さんは自分から買いたい，と思うでしょうか。すすんで買うことをためらう人のほうが，多いのではありませんか。

上で考えてもらった水は，おそらく皆さんの体に害のない，いわば安全な水です。ラベルの文章を読めば，みなさんもそのことはすぐに理解できるでしょう。ところが，それを自分から買って飲むことはためらわれます。私たちの心のはたらきが拒否してしまうからです。安心できないのですね。

安全なものに対して安心をよせるというのが理想の状態なのですが，完全な安全というものはこの世に無いに等しく，どんな物ごとも私たちに害をおよぼす可能性を含んでいます。ただそこにあるだけのBタンスだって，地震が起これば倒れてくるかもしれませんし，足の小指をぶつけてものすごく痛い思いをするかもしれません。多くの場合，私たちは完全に安全とは言えないものに，安心して接しています。

それは生きていくうえでは欠かせない態度です。完全に安全でなければ安心できない，というならば私たちの生活は成り立たなくなってしまうのですから。私たちは心のどこかで物ごとの性質，中でも私たちに害をあたえるかどうかを見きわめています。その見きわめには一人ひとり違う基準があり，基準を下回る物ごとにたいしては安心感を持ちます。基準が厳しい人であれば，他の人が安全だと見きわめた物ごとに安心できないこともあるでしょう。

「安全性」「安心感」とは言うけれども，「安全感」「安心性」とは言いません。このことからも明らかなように，安全と安心は異なるものなので，両者を区別したうえで，それぞれに適切に対応することが必要です。安全を正しく評価するためには，物ごとに対する正確な分析，つまり科学的な考え方や知識が不可欠です。誰かにとって都合のいいように，安全性の評価をゆがめてしまうと，多くの人が危険にさらされかねません。

いっぽう安心は，一人ひとりの経験に大きく影響されます。人間は未知のものにおそれをいだきますが，何度も経験するとおそれがうすれるものです。C2011年の大震災のときには，地震が発生してから津波が到達するまでに30分以上の時間があったにもかかわらず，避難しようとせずに命を落とした人が大勢いたそうです。九死に一生をえた人たちからは，「自分のいる場所が安全だと思っていたので，逃げるのが遅くなった」という証言が多く得られました。日本において地震はひんぱんに起こりますが，大津波は数十年，数百年に一度です。それが「自分は安全だ」という心理につながってしまいます。

なんの前提もなく自分の安心感だけを基準にするのはとても危険なことです。むろん，自分自身を危険にさらして安全かどうかを確かめることもできません。安心の基準をより適切なものにするためには，過去において同じような状況がおこったとき，当時の人がどのように行動したか，その結果がどのようなものだったかを知ること，言いかえれば歴史を学ぶことが大いに必要となるはずなのです。

〔問１〕 下線部Aについて，自動販売機で飲み物を購入する際に使用することが多い硬貨のうち，もっとも新しく発行されたものにほどこされたデザインとして，ふさわしいものをア～エより選び，記号で答えなさい。

ア．稲穂　　イ．菊　　ウ．桐　　エ．桜

〔問２〕 下線部Bについて，埼玉県には伝統工芸としてタンスを製造している市があります。国民的アニメに登場する一家が特別住民登録したことでも知られる，この市の名前を答えなさい。

〔問３〕 下線部Cについて，この当時三陸海岸にあった原子力発電所の所在地名を，ア～エより選び，記号で答えなさい。

ア．伊方　　イ．女川　　ウ．川内　　エ．高浜

〔問４〕

(a) 筆者は安全と安心をどのようなものだと考えていますか。以下の空欄に当てはまることばを，問題文中からそれぞれ抜きだして答えなさい。

安全とは□□□□□□□であり，安心とは私たちの△△△△△△である。

(b) (a)をふまえたうえで，筆者はどのようなことが必要だと考えていますか。以下の条件に従って答えなさい。

〈条件〉

① 「安全と安心は◇◇◇◇◇なので，」と書きはじめる。空欄に当てはまることばは問題文中から抜きだして答える。

② ①の文に続き，かつ「と考えている」と続くように，85字以内で答える。

③ 途中に句点（。）を用いない。

姉はすぐに答えた。

「お兄さんがもう弟たちに話していい、と言っていたのでそれに答えるわ。この家で私たちの面倒《めんどう》を見てくれているあのお兄さんも、前の妻と先日亡くなった父の間で生まれたのよ。だからウチのお兄ちゃんはあなたとは異母兄弟。すぐには実感できないでしょうけれどね」

じゃあ、今、ぼくの目の前にいる姉の夏子はどうなのだろう。④一瞬大きな疑問が生まれたが、それは聞けなかった。母がまた別の用件でせかせかと食堂に入ってきたからだが、母がこなくてもぼくにはすぐに聞く勇気はなかった。

（椎名誠『家族のあしあと』より。）

〈注〉1　おなご——女性のこと。

2　鉄面皮——ずうずうしく、あつかましいこと。

3　大仰——おおげさなこと。

4　うちわ——身内のこと。

5　カイチュウジルコ——「懐中じるこ」は乾燥させたあんこをモナカに入れたもので、お湯をかけて食べる。数日前、ぼくは初めてこのことばを聞き、意味がわからず混乱した。

問一　——線部①〈子供扱い〉とありますが、それは〈ぼく〉をどのように扱うことですか。20字以上30字以内で説明しなさい。

問二　——線部②〈順序がヘンテコ〉とありますが、〈ぼく〉が〈つぐも叔父〉の言うことを〈ヘンテコ〉だと思ったのはなぜですか。20字以上30字以内で説明しなさい。

問三　——線部③〈そうするとそういう訳ではないのだろうか〉とありますが、〈ぼく〉が感じたのはどのようなことですか。〈そういう訳〉の内容がわかるように50字以上60字以内で説明しなさい。

問四　——線部④〈一瞬大きな疑問が生まれたが、それは聞けなかった〉とありますが、これはどういうことですか。〈それ〉の内容がわかるように80字以上100字以内で説明しなさい。

下書き用（使っても使わなくてもかまいません）

20

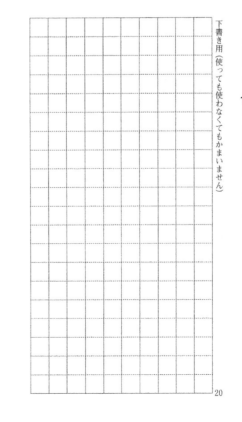

　その顔のこわばりを誤魔化《ごまか》すように姉はそこまで言うと、テーブルの端《はし》にある急須《きゅうす》に魔法瓶《まほうびん》のお湯を注ぎ、ぼくにも「のみますか」と聞いた。姉ははるか歳下《としした》のぼくなどにもよく丁寧《ていねい》なもの言いかたをした。

　ぼくは水でいいので、自分で台所にいって茶碗《ちゃわん》に水をいれて持ってきた。本当はお茶も水もそんなにほしくはなかったのだが、姉が少し落ち着いて話をしようとしている気配がわかったので、そんなことで対応した。

「考えてみたらお父さんの葬儀のときに、注4うちわの人たちの前でお兄さんあたりに話してもらったらよかったのかもしれなかったわね」

　姉は湯飲み茶碗を自分の両手のなかでゆっくり回しながら、静かな声で言った。ぼくは姉が次になにを話そうとしているのかまるでわからなかったので、黙って姉の顔を見ているしかなかった。

　母がいきなり食堂に入ってきた。

「あらま。めずらしく二人で、静かにお話ししてるのね」

　いつもと同じ元気のいい声で言った。それから茶箪笥《ちゃだんす》の小引き出しをいくつかあけて「夏子、ツメキリどこかにいれてあるんだけどどこか知らないかしらね」部屋に入ってきたそのイキオイのまま聞いた。それからすぐに「あった。やっぱりここだった」そう言って母はいつものように小さな台風のように去っていった。

　母が奥の部屋にいってから、姉はさっきまでのような落ち着いた話しかたでぼくに聞いた。

「キミは異母兄弟って知っているかな？」

　わざと明るい口調にしているようだった。

　イボキョウダイ。

　頭に浮《う》かぶのはなんだかキタナイ兄弟のイメージだが、このあいだの注5カイチュウジルコのように耳で聞いただけでは本当のところはわからない言葉のようだ。

「まあ、キミは沢山《たくさん》の本を読んでいるから知っているかと思ったけれど、やはり難しいわよね」

　ぼくは再び姉の話の続きを待っているしかなかった。

「イボのイというのは異なっている、という意味ね。ボは母のことだわ。だからそれがわかれば簡単でしょう。父は同じでも母の違《ちが》う兄弟、もちろん姉妹も含まれるけれど、そういう立場、関係にある家族の一部をそう言うのよ」

　いきなりだったけれど、漸《ようや》くぼくにも少しわかってきた。それをぼくの一族にあてはめろ、と姉は言っているようだった。

「キミたち三兄弟の父は先日亡くなったあの父で、母はさっきやってきたあの母だわ。でもあの母の前に父には別の妻がいたのよ。そうしていま話に出たあの背の高い三人の男たちは、父と前の妻のあいだに生まれたの」

　そこでぼくも姉も少し沈黙《ちんもく》した。

　あの三人は半分だけどちゃんと血のつながっている自分の兄だったのだ。でもいまこの家で暮らしている長兄は自分たちと同じ父母から生まれた、彼《かれ》らとは別の血縁《けつえん》の兄になるのだろう。

　そのことを確かめるためにぼくは姉に聞いた。

　姉はその瞬間に少し困った顔をした。あきらかに姉はその質問を辛《つら》そうにして聞いたようだった。③そうするとそういう訳ではないのだろうか。

せっかちな性分《しょうぶん》なので、一度疑問に思うとすぐにそのことをちゃんとわかっておきたい、という気持ちが胸に充満《じゅうまん》する。ましてや家族のこれからのことに大きく影響《えいきょう》する話だった。

姉は生真面目《きまじめ》な性格なのでいつものように夕食前に帰ってきて、すぐに母の夕食の準備の手伝いにはいった。

なんとなく気にかけながらその様子を見ていたが、姉も母もいつもとあまり変わらないあたりまえの動きと会話をしていた。長兄《ちょうけい》とすぐ上の兄はまだ帰宅しておらず、弟は食事がすむとすぐにどこかにすっとんでいった。最近万華鏡《まんげきょう》の工作にハマっている。

食事と後片付けがすんだ頃《ころ》にぼくは姉にいきなり聞いた。母も別の部屋に行っていて、食堂にはぼくと姉だけしかいなかった。

「お姉ちゃん、お嫁にいくんだって?」

いきなりストレートに聞くしかなかった。

「えっ」

姉はそのとき少し顔をあからめたように見えた。姉は何かに驚《おどろ》いたり、おかしかったり、その反対に悲しいときなどすぐ表情にあらわれる。本人はそのことを気にしているようだったが、つぐも叔父《おじ》などは「夏ちゃんは本当に純情な[注1]おなごたい。[注2]鉄面皮《てつめんぴ》のおいの姉さんなど少しは夏ちゃんを見習わんと」などとよく言っていた。

つぐも叔父の姉さんといったらぼくや姉の夏子の母親ということになる。どうもハナシの②順序がヘンテコだということが、ぼくにもわかった。

「ずいぶん早耳なのね。誰から聞いたの?」

姉は素早《すばや》く落ち着きを取り戻《もど》すと、奥《おく》の部屋に行った母のほうをチラリと気にしながら言った。

豆腐屋さんのことを持ち出すのはどうもよくないのではないかと子供心にも気をつかい、ごく普通《ふつう》に母から今日聞いた、というふうに話した。

「いろいろ話がこんがらがってしまったものだから、わたしもはっきりしたことを言えなくてね。だから様子をうかがっているうちに、あなたにもなかなか話ができなくて」

姉はぼくにいままで黙《だま》っていたのを詫《わ》びるような口調になっていた。

ぼくは急に、こんなときがチャンスかもしれない、と思いそのとき全然別の質問をした。

それは前から気になっていた、父の葬儀《そうぎ》のときに顔を見せた男たちについてだった。

長兄によく似ている三人で、ぼくにはみんな初対面の人々だったけれど、どうも他人とは思えない気配に満ちており、三人のほうもぼくや弟に他人とは思えないような不思議な接し方をしていた。

長兄や、いま目の前にいる夏子姉とも[注3]大仰《おおぎょう》な挨拶《あいさつ》などせずに、すぐに父の最期《さいご》の様子などを話していたのをそばで見ている。あきらかに顔見知り同士が話をしているようでありながら、でも微妙《びみょう》に緊迫感《きんぱくかん》が漂《ただよ》っているように見えた。

「あの三人の背の高い人たちはどんな親戚《しんせき》だったの?」

話題がいきなり変わって、姉は一瞬表情を和《やわ》らげたように見えたが、それも束《つか》の間だった。

「やっぱりねえ。目立っていたものねえ」

姉はそう言いながら、何かをじわじわ決心したような顔つきになっていた。

問四　――線部④〈将来の世代が繁栄するための土台作り〉とありますが、これはどういうことですか。筆者の意見をまとめ、70字以上80字以内で説明しなさい。

下書き用（使っても使わなくてもかまいません）

四　次の文章を読んで後の問いに答えなさい。

　ぼくの家は大家族。同居する兄弟は、ぼくを含《ふく》めて五人。でもそこにはたくさんのヒミツがある。一月に父親が亡《な》くなり、それから二ヶ月が経《た》ち、今度は姉の夏子の縁談《えんだん》の話を、ぼくは近所の豆腐《とうふ》売りのせっちゃんから聞かされる。ぼくはこの春、小学六年生になろうとしていた。

　その日の夕方、姉がまだ帰宅していないのを確かめて、ぼくは母にさきほど豆腐屋のせっちゃんが言っていたことを聞いた。

　もういきなりストレートな質問だ。

「お姉ちゃんがお嫁《よめ》にいくって本当なの？」

　台所仕事にとりかかろうとしていた母は、ぼくのいきなりの質問に一《いっ》瞬《しゅん》動きをとめ、思いがけなく陽気に笑った。

　季節のうつろいには気がつかないことが多かったが、父親が死んだ直後から、どうもいろいろ家族のあいだで感覚的にギコチナイ気配が流れているのを感じていたから、姉の結婚《けっこん》もそういうことに関係して、なにか秘密にしておきたいことがいろいろあるのかもしれない、と思っていたのだ。

「その話、誰《だれ》にいつ聞いたのかい？」

　母は言った。

「ついさっきジョンの散歩の途中《とちゅう》で会った、豆腐屋のせっちゃんからだよ」

「噂《うわさ》がまわるのは早いねえ。夏子の縁談はほんの数日前に正式に決まったばかりなんだよ」

「どうして弟よりも豆腐屋さんのほうがそういうことを先に知っているの？」

「子供にはちょっと難しい話もあったからだよ」

「どんな難しい話？」

　そろそろぼくはなにかにつけての①子供扱《あつか》いに抵抗《ていこう》を感じていた。

「だからそれを説明しても小学生のあんたにはうまく理解できないだろうし、いっそ夏子の口から聞いたほうがいいと思っていたのよ。姉だから弟にわかりやすく説明できるかもしれないしね」

　ぼんやりとは感じていたけれど、ぼくの家にはなんだかよくわからない「ヒミツ」のようなものがいろいろあるようなのだ。でもそれがどういうヒミツなのか、と考えるとやっぱりわからない。

き大目標は、生物種や生態系を救うことではなく、私たち人類を救うことだと理解しなければならない。すなわち、それは人類が経済発展し、繁栄し、そしてよい生活を追求することを可能にすることなのだ。地球自身は、すべてが変わってしまっても何も気にはしないだろう。問題なのは、私たちの世界なのだ。結局のところ、急激な社会的、生態学的な変化で不安定になった世界ではビジネスなどあり得ないことを、すべての企業は理解する必要がある。安定した気候と生態系によってのみ、私たちが都市や村で生きていくために必要な回復力と持続可能性が得られるのだ。

　私たちの変革はまだ間に合うだろうか？　答えは「イエス」である。２０３０年までに世界が必要とする都市地域のおよそ60パーセントはまだ建設されていない。私たちは気候、水、エネルギー、栄養素のリサイクルの観点から環境負荷《ふか》が少なく費用対効果の高いやり方を知っている。また、嵐《あらし》や洪水《こうずい》から自らを守るために、自然の緩衝《かんしょう》地帯を配して抵抗力《ていこうりょく》のある都市計画を立てる方法も知っている。生活の質と自然の多様な機能を高めるべく、さまざまな生態系を密集した都市部にいかにして組《く》み込《こ》むとよいかも知っている。世界は、今後数十年にわたって、新しいインフラに約90兆米ドルを投資するだろう。その投資額をわずか４パーセント増加するだけで、インフラ全体を気候変動の観点から環境負荷のないものにすることができるのだ。

　最終的に私たちを妨《さまた》げるのは、「昨日うまくいったやり方は、明日もうまくいく」という時代遅れな信念である。地球上における安全な機能空間内で繁栄するための、すなわちプラネタリー・バウンダリーの範囲内《はんいない》で成長するための新しいパラダイム[注7]こそが必要なのだ。そのパラダイムにおいて、私たちは、地球に残された美しさを、生活とビジネスにとって副次的なものではなく、必須《ひっす》のものとして守護する役割を果たすことが不可欠だ。私たちは、それをまるで呼吸のように自然なこととして行う必要がある。そうすれば、④将来の世代が繁栄するための土台作りは、ずっと実現に近づくであろう。

（Ｊ・ロックストローム、Ｍ・クルム著　吉田哲郎訳『小さな地球の大きな世界
　プラネタリー・バウンダリーと持続可能な開発』より。
　作問の都合上、表現を改めた部分があります。）

〈注〉
1　ＧＥ――企業名。ゼネラル・エレクトリック社のこと。
2　タービン――エネルギーを利用するための回転型機械。
3　ビジネス・ソリューション　仕事上の問題解決策。
4　ＣＳＲ――それまでの企業活動の社会的責任や貢献《こうけん》のこと。
5　プラネタリー・バウンダリー――地球の限界。
6　人新世――地球表面を人類が支配している現在を地質年代区分として表現したもの。
7　パラダイム――その時代や場所において共有される認識や世界観。

問一　――線部①〈このこと〉とありますが、これはどのようなことを指しますか。「環境」を主語にして**30字以上40字以内**で答えなさい。

問二　――線部②〈これはきわめて間違った認識だ〉とありますが、〈これ〉は、どのような〈世界観〉にもとづいてどのように考えることですか。**50字以上60字以内**で説明しなさい。

問三　――線部③〈筋書きは変わった〉とありますが、それは、どのような〈世界〉において、どのような考えからどのような考えに変わりましたか。**70字以上80字以内**で説明しなさい。

「地球をビジネスの外部要因としてしか見ないことは、もはや許されない」とバッカー会長は述べた。むしろ地球は「企業の本業」である。バッカー会長率いるＷＢＣＳＤは、その「ビジョン２０５０」を「アクション２０２０」計画に作り変え、その中で、気候や生物多様性、水、土地、栄養素などについてのプラネタリー・バウンダリー[注5]に関する科学に基《もと》づいて、今後数十年を見通したグリーン・ビジネスのあるべき形を科学的に明らかにした。

ＥＵは最近、欧州《おうしゅう》の産業の未来の競争力を分析《ぶんせき》する「欧州資源効率プラットフォーム（ＥＲＥＰ）」の作業を完了《かんりょう》した。すべての地球のリスク要因を考慮《こうりょ》すると、欧州が競争に勝ち、将来において成長と雇用《こよう》を創出する唯一《ゆいいつ》の方法は、短期的には資源効率を大幅《おおはば》に改善すること、長期的には循環《じゅんかん》経済へ転換《てんかん》することしかないと結論づけた。グローバル化した世界では、市民一人ひとりが資源を使う権利をもっており、１００パーセントグリーンな方法で発展するやり方が競争力の確保と資源を共有する倫理の視点から、まさに最も合理的なものなのだ。地球規模の環境災害のリスクが急速に高まりつつあることを考えると、その議論はもっと説得力を増す。持続可能性こそが繁栄《はんえい》への最短の経路であり、その成否は、残された生態系と地球全体の美しさを守る私たちの賢明《けんめい》さにかかっている。ニコラス・スターン卿《きょう》が２０１４年の世界経済フォーラムで指摘《してき》したように、「持続可能性は単に一つの成長のあり方ではなく、世界にとって唯一の成長のあり方」なのである。

私たちはなぜ地球環境に配慮《はいりょ》する必要があるのか、その語り口を変える時期にきている。それは、少なくとも40年前には変わっているべきだった。私たち「環境主義者」自身がおそらく最も大きな問題である。私たちは、環境を「保護する」という考え方に基づいて全体の運動を進めてきた。そしてそれは大きな成功を収め、多くの人々の考え方を「汚染《おせん》」した。自然が一方にあり、社会が他方にあるという世界観を広めてしまったのだ。「環境」対「開発」の考え方では、両者は決して交わることがない。経済学者は、地球への影響《えいきょう》を「外部性」として扱《あつか》うという時代遅《おく》れの概念《がいねん》に執着《しゅうちゃく》している。②これはきわめて間違《まちが》った認識《にんしき》だ。すべての富の源泉である地球の上に立ちながら、どうしてそれを外部性だと主張できるのだろうか。

市民や社会、ビジネス、政策による取り組みを通じて環境問題を解決しようとする中で、私たちは人間の圧力から環境を「保護する」という論理にとらわれてしまっている。国連の気候変動に関する交渉《こうしょう》では、気候システムを「保護する」ことと、責任問題を解決するために「負担を分担する」ことについて交渉してきた。また、生物多様性条約では、保全して残すもの、つまり人間から「保護される」ものを最大限増やすことに焦点《しょうてん》を当て、何よりもまず人類以外の種を保護する倫理的責任に訴《うった》えかけている。過去何十年にもわたり、企業は上級のＣＳＲ担当役員や環境部門の責任者を多数配置することによって、このような状況《じょうきょう》に効果的に対処してきた。グローバルな事業展開を目指す企業は皆《みな》、人間の行動による外部性として悪影響を受ける自然の一部を「保護する」べく、公共的見地から取り組むと宣言した。

このような時代はもう終わり、③筋書きは変わった。人新世[注6]は人間活動によって飽和《ほうわ》し不安定になった世界であり、そこでは私たちが地球全体の守護者になる必要がある。地球の守護者になるためには、目指すべ

【国　語】（五〇分）〈満点：一〇〇点〉

一　次の①～⑤の□に当てはまる言葉を語群から選び、漢字で答えなさい。

① あの数学者の□説が正しければ、世界を驚《おどろ》かす大きな発見となる。

② 明治時代、日本はイギリスと同□を結んでいた。

③ 氷河□の世界の平均気温は、約８℃だと推定された。

④ エリザベス二世は、ジョージ六世から王位を継《けい》□した。

⑤ グーテンベルクは、十五世紀、新たな□刷技術を考案した。

《語群》
キ　メイ　イン　ショウ　カ

二　次の①～⑤の□に当てはまる漢字一字を自分で考えて答えなさい。

① あきらめようと思ったが、彼《かれ》の口車《くちぐるま》に□せられ、決意をあらたにした。

② このパソコンの性能はすばらしいが、値段を考えると二の□を踏《ふ》む。

③ 学校の体育の授業の一環《いっかん》として、プールで□ぐ練習をした。

④ 私の突拍子《とっぴょうし》もない言葉に、彼は□をかしげた。

⑤ 祖父の家には、百年の時を□む古時計がある。

三　次の文章を読んで後の問いに答えなさい。

ますます多くの企業《きぎょう》が「持続可能なビジネスはよいビジネスである」という結論に達している。[注1]ＧＥは、エネルギー効率を生産ラインに取り入れることで２００５年以降、３億米ドルを節約し１６００億米ドル以上の収入を生み出したと発表し、注目を集めた。プーマやウォルマート、ユニリーバなどの企業と同様に、風力発電や太陽光発電、超高効率《ちょうこうこうりつ》[注2]タービンなどの持続可能な[注3]ビジネス・ソリューションからますます多くの純利益を上げていることを強調したことが、明確なメッセージになったのだ。環境《かんきょう》はもはや企業の社会的、倫理的《りんりてき》責任の領域にとどまる問題ではない。それはますます、企業の中核《ちゅうかく》ビジネスとなり、企業の核心《かくしん》となる活動となり、企業が市場を席巻《せっけん》するか消滅《しょうめつ》するかを決定づける鍵《かぎ》になりつつある。

先見性のあるビジネス・リーダーは、しばらく前から①このことに気づいている。彼《かれ》らにとっては、人間、地球、利益という三つの基本要素が、つねに不可分の目標であった。しかし、気候や生態系の問題がＣＳＲ部門ではなく取締役会《とりしまりやくかい》の問題となるような、ビジネスの世界での大きな考え方の変化が起きたのは、過去３～５年にすぎない。

２０１４年５月のストックホルム・フード・フォーラムのパネルで、世界経済の約10パーセントを占《し》める２００社の多国籍《たこくせき》企業の世界的ネットワークである「持続可能な開発のための世界経済人会議（ＷＢＣＳＤ）」の会長のピーター・バッカーは、「[注4]ＣＳＲはもう死語だ」と宣言した。有限で枯渇《こかつ》していく資源を求める競争が激化し、化石燃料価格はますます予測不能になり、地球からのフィードバックが社会全体をますます不安定にするおそれがあるような今日の世界で企業が生き抜《ぬ》くためには、

MEMO

大切なことはメモしておこうネ！

第1回

2022年度

解　答　と　解　説

《2022年度の配点は解答欄に掲載してあります。》

＜算数解答＞《学校からの正答の発表はありません。》

1　(1)　17　(2)　0.5　2　90g　3　(1)　10.5cm^2　(2)　3cm
4　(1)　15　(2)　336人　5　(1)　25通り　(2)　15通り　6　3.75cm
7　(1)　12か所　(2)　18分後　8　(1)　7(回反射した後,)B(にあたります。)
(2)　25m　9　(1)　8分48秒　(2)　15分24秒

○推定配点○
8・9　各7点×4(8(1)完答)　他　各6点×12　計100点

＜算数解説＞

1　(四則計算)

(1)　1.7×(8.4＋3.6－6.2÷3.1)＝1.7×10＝17

(2)　$\square=4\div\left(\frac{22}{7}\times\frac{4}{3}\times\frac{84}{11}\right)+\frac{3}{8}=\frac{1}{8}+\frac{3}{8}=\frac{1}{2}$

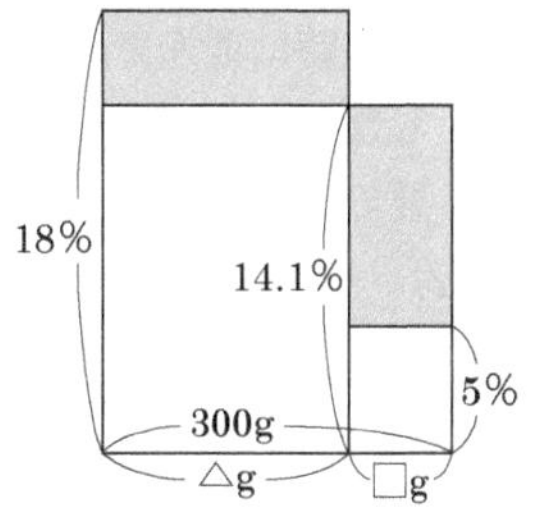

重要　2　(割合と比)

右図より，色がついた部分の面積が等しく△：□は
(14.1－5)：(18－14.1)＝9.1：3.9＝7：3
したがって，取り出した重さは300÷(7＋3)×3＝90(g)

図1
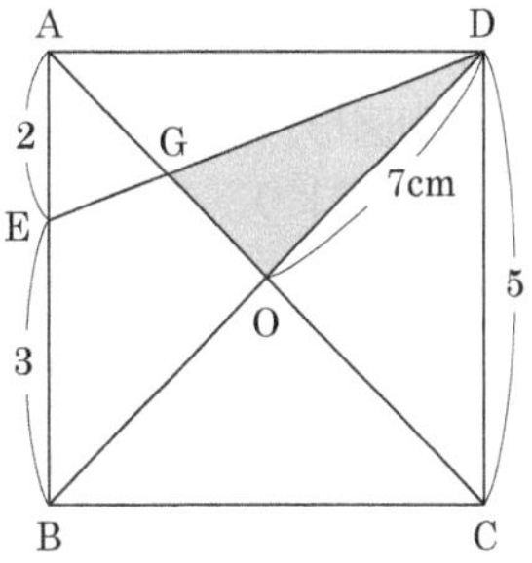

重要　3　(平面図形，相似，割合と比)

(1)　図1より，三角形AEGと三角形CDGの相似比は
2：(2＋3)＝2：5であり，AG：GCも2：5
AO＝COより，ACが2＋5＝7のとき，
AO＝CO＝7÷2＝3.5
AG：GOは2：(3.5－2)＝4：3
したがって，三角形DGOは7×7÷2÷(4＋3)×3
＝10.5(cm^2)

図2
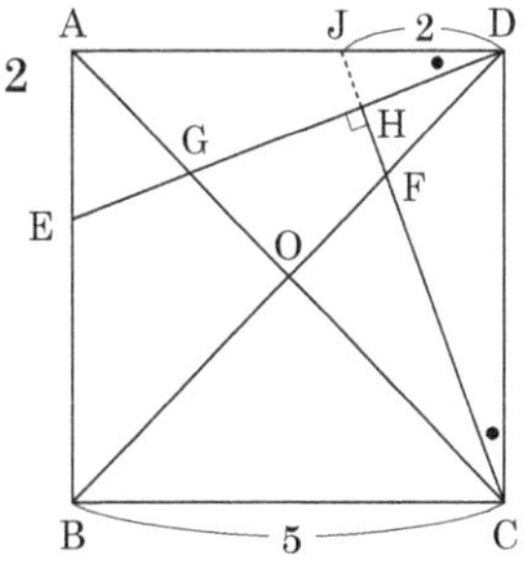

(2)　図2より，三角形AEDと三角形DJCは合同であり，
三角形JFDと三角形CFBの相似比は2：5
(1)より，OF：FDも3：4
したがって，OFは7÷(3＋4)×3＝3(cm)

重要　4　(差集め算，数の性質)

右表において，24×3－□＝72－□は30－24＝6の倍数であり，
(1)　□は10以下より，□＝6
したがって，アの教室数は(72－6)÷(30－24)＝11
すべての教室数は11＋4＝15

24・…・24・24・24・24・×
30・…・30・□・×・×・×
ア

(2)　生徒数…(1)より，30×11＋6＝336(人)　　【別解】24×(15－1)＝336(人)

重要 **5**　**(数の性質，場合の数)**

(1)　以下の25通りがある。　…222・223・224　232・233・234　242・243・244
322・323・324　332・334　342・343・344
422・423・424　432・433・434　442・443

(2)　4枚のカードの数の和が3の倍数の場合
2＋2＋2＋3＝9…1の位が2である4ケタの数は3通り
2＋2＋4＋4＝12…1の位が2か4である4ケタの数は3×2＝6(通り)
2＋3＋3＋4＝12…1の位が2である4ケタの数は6通り
したがって，6で割り切れる4ケタの数は3＋6×2＝15(通り)

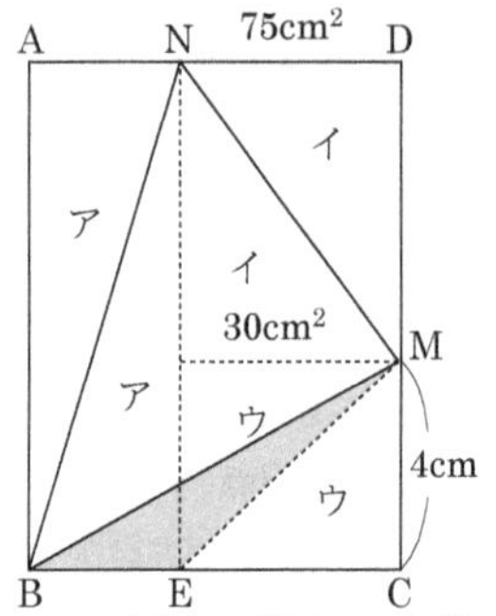

重要 **6**　**(平面図形，割合と比)**

右図より，三角形MBEは75÷2－30＝7.5(cm²)
したがって，BE＝AN＝7.5×2÷4＝3.75(cm)

重要 **7**　**(ニュートン算，割合と比，鶴亀算)**

(1)　入場ゲート1か所を1分で通過する人数を1とする場合，観客が48－24＝24(分)で増える人数は1×(5×48－8×24)＝48　　観客が1分で増える人数…48÷24＝2
開場時に並んでいた人数…(1×5－2)×48＝144
したがって，6時までの15分で列がなくなるには144÷15＋2＝11.6より12か所の入場ゲートが必要である。

(2)　(1)より，入場ゲート5か所の場合…1分で減る人数は　1×5－2＝3
入場ゲート8か所の場合…1分で減る人数は1×8－2＝6
したがって，入場ゲートを8か所にした時刻は(6×33－144)÷(6－3)＝18(分後)

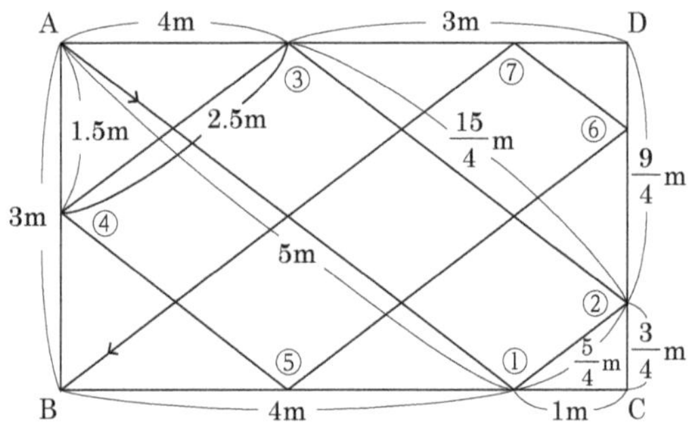

8　**(平面図形，相似，割合と比)**

基本 (1)　右図より，光線は7回反射した後，頂点Bにあたる。

重要 (2)　(1)より，$\left(5+\frac{5}{4}+\frac{15}{4}+2.5\right)\times 2=25$(m)

重要 **9**　**(速さの三公式と比，割合と比，グラフ，単位の換算)**

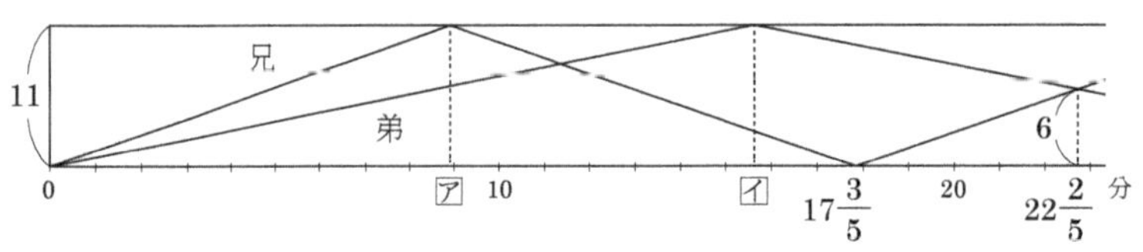

(1)　上図より，アは$17\frac{36}{60}\div 2=8\frac{4}{5}$(分)すなわち8分48秒
…1回目に出会うまでの時間と2回目に出会うまでの時間の比は1：2

(2)　(1)より，$8\frac{4}{5}:\left(22\frac{24}{60}-17\frac{36}{60}\right)=11:6$
兄弟の速さの比…(11×2＋6)：(11×2－6)＝7：4
したがって，イは$8\frac{4}{5}\div 4\times 7=15\frac{2}{5}$(分)すなわち15分24秒

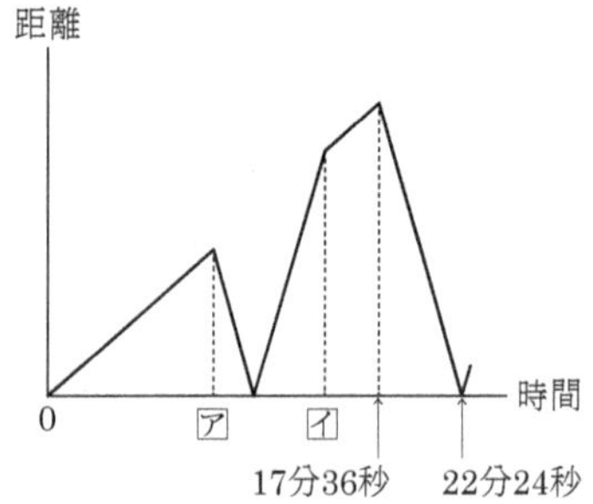

★ワンポイントアドバイス★

簡単に解けそうな問題がない。各人にとって得意・不得意分野があり，一概には断定はできないが，4「教室数と生徒数」，5「7枚のカードと3ケタ・4ケタの整数」，7「入場ゲート」，8「光線反射」は，比較的，解きやすいと思われる。

＜理科解答＞《学校からの正答の発表はありません。》

1 (1) ア，エ　(2) ウ　(3) 880(mL)　(4) イ　(5) オ　(6) エ

2 (1) ア　(2) エ　(3) ア　(4) E，F　(5) C，D　(6) D
(7) 4(通り)

3 (1) ろてん　(2) オ
(3) イ，エ，オ　(4) カ　(5) カ
(6) ア　(7) (例) 供給される水蒸気の量が少なくなるから。

4 (1) イ　(2) ウ，キ
(3) (例) 水に(少し)とける性質
(4) 270(mL)
(5) 体積 540(mL)　記号 ア
(6) 右図
(7) 84.3(%)

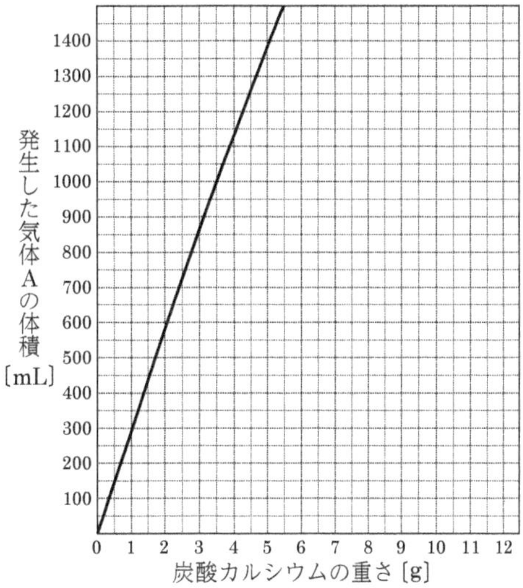

5 (1) エ　(2) ア，ウ　(3) ア，イ
(4) 分解者　(5) イ
(6) イ，ウ　(7) ア，ウ

○推定配点○

1 各2点×6　2 各2点×7　3 各2点×7　4 各3点×7((5)完答)
5 各2点×7　計75点

＜理科解説＞

1 (総合—小問集合)

(1) 背骨をもたない動物で，体や足に節があるなかまを節足動物といい，節足動物には，昆虫類，こうかく類，クモのなかまなどがふくまれる。ダンゴムシとミジンコはエビやカニと同じこうかく類である。サソリとカニムシはクモのなかま，カブトガニはその他の節足動物である。

(2) 最も大きな個体である(ア)が死んでしまうと，それまで2番目に大きな個体であった(オ)の個体がメスになり，3番目に大きな個体であった(ウ)がオスになる。

重要 (3) 氷がとけきったときに5倍に希しゃくされた状態にするには，全体の体積が470(mL)×5＝2350(mL)になればよい。原液と水はどちらも1mLあたりの重さが1gなので，全体の重さは2350gとなる。原液の重さは470gになるので，水と氷を合わせた重さは2350－470＝1880(g)となり，そのうち氷は1kg＝1000gなので，水の重さは1880－1000＝880(g)となる。よって，加える水の体積は880mLである。

基本 (4)　方位磁針のN極がつねに北を指すのは，地球が磁石の性質をもち，北極付近にS極，南極付近にN極があるからである。

基本 (5)　雲量に関わらず，降水があれば天気は雨になる。降水がない場合，雲量が0，1が快晴，2～8が晴れ，9，10がくもりとなる。

基本 (6)　アは晴れ，イはくもり，ウは雪，オは雨の天気記号である。

[2]　(電流のはたらき・電磁石―電磁石と磁石の力)

重要 (1)　100gの棒磁石をのせたはかりの目盛りが110gを示していることから，電磁石からの力によって棒磁石が下向きに10gの力で押されていることがわかる。磁石の同じ極どうしの間には反発し合う力がはたらくので，なん鉄の下側がN極であることがわかる。なん鉄の下側がN極になるのは，なん鉄を真上から見たときに時計回りに電流が流れるときなので，電流の向きはアとなる。

重要 (2)　電磁石のしんをなん鉄から銅にかえると電磁石のはたらきは弱まるが，鉄を引きつけるはたらきはあるので，はかりにのせた鉄は電磁石から10gよりも小さい力で上向きに引きよせられる。よって，はかりは100gより小さく90gより大きい値を示す。

(3)　(1)と(2)で，電磁石のコイルの巻く向きと電流の流れる向きはそれぞれ同じなので，電磁石の極も同じで，下側がN極となっている。

基本 (4)　直列につなぐ豆電球の個数が少ないほど，直列につなぐ電池の個数が多いほど，豆電球に流れる電流が大きくなって豆電球は明るく光る。並列に電池を2個つないだときに回路に流れる電流は，電池1個のときと変わらないので，豆電球の明るさが最も暗い回路は，豆電球2個が直列につながり，電池2個が並列につながったE，Fである。

基本 (5)　並列につなぐ豆電球の個数が多いほど，直列につなぐ電池の個数が多いほど，回路に流れる電流が大きくなり，電池が早く使えなくなる。よって，最も早く電池が使えなくなる回路は，豆電球2個が並列につながり，電池2個が直列につながったC，Dである。

重要 (6)・(7)　回路に流れる電流は，直列につなぐ豆電球の個数に反比例し，並列につなぐ豆電球の個数に比例し，直列につなぐ電池の個数に比例する。また，50巻きの電磁石と100巻きの電磁石に同じ大きさの電流を流すと，100巻きの電磁石の磁力の強さは50巻きの電磁石の2倍になる。これらのことから，回路Eに流れる電流を①，回路Eの電磁石の磁力を[1]とし，A～Hの回路に流れる電流と電磁石の磁力をまとめると次の表のようになる。

回路	A	B	C	D	E	F	G	H
豆電球	直列2個	直列2個	並列2個	並列2個	直列2個	直列2個	並列2個	並列2個
電池	直列2個	直列2個	直列2個	直列2個	並列2個	並列2個	並列2個	並列2個
電流	②	②	④	④	①	①	②	②
巻き数	50巻き	100巻き	50巻き	100巻き	50巻き	100巻き	50巻き	100巻き
磁力	[2]	[4]	[4]	[8]	[1]	[2]	[1]	[4]

表より，最も磁力が大きくなるのは回路Dの電磁石で，磁力の強さは4通りとなる。

[3]　(気象―空気中の水蒸気，雲のでき方)

(1)　空気中の水蒸気が水滴になる温度を露点という。

(2)　$1m^3$の空気がふくむことのできる最大の水蒸気量を飽和水蒸気量といい，気温によって変化する。気温30℃の地表付近では，$1m^3$の空気は約30.4gの水蒸気をふくむことができる。

(3)　ア…空気中にふくまれている水蒸気量が同じならば，気温が上がるほど飽和水蒸気量が大きくなるため，湿度は低くなる。ウ…明け方は気温が下がり，飽和水蒸気量が小さくなるので，湿度が高くなる。

重要 (4)　空気があたためられると体積が大きくなり(ぼう張して)，軽くなって上昇する。上空ほど気圧は低くなるので，空気はさらにぼう張する。空気がぼう張すると温度が低くなるので，空気中の水蒸気はやがて水滴に変化して雲のもとになる。

やや難 (5)　雨つぶの直径は雲つぶの直径の1(mm)÷0.01(mm)＝100(倍)なので，雨つぶの体積は雲つぶの体積の100×100×100＝1000000(倍)となる。なお，球の体積は$\frac{4}{3}$×円周率×半径×半径×半径で求めることができる。

重要 (6)　台風などの低気圧のまわりの地上付近では，反時計回りに中心に向かう風がふく。よって，台風が真上を北上するとき，通過前は低気圧の北側にあたるので東から西に向かう風がふき，通過後は低気圧の南側にあたるので，西から東に向かう風がふく。

(7)　熱帯地方の海上でできた熱帯低気圧が発達し，中心付近の最大風速が約17.2m/秒以上になったものを台風といい，台風は海面などからの水蒸気の供給によって発達する。台風が上陸すると，水蒸気が供給されにくくなるので，勢力は弱まっていく。

4 (気体の発生・性質―炭酸カルシウムと塩酸の反応)

(1)　気泡は高い位置にできるので，図5から，電子てんびんの右上が高くなっていることがわかる。よって，電子てんびんの右上が低くなるようにイの位置についている脚の高さを調節する。

基本 (2)　炭酸カルシウムと塩酸が反応したときに発生する気体Aは二酸化炭素である。アとイでは水素が発生し，酸素中でスチールウールを燃やしたときに気体は発生しない。また，二酸化炭素の水溶液は炭酸水で酸性である。

(3)　二酸化炭素は水に少しとける性質があるため，図1の点線内の装置をもちいることで，水そうやメスシリンダーの水に二酸化炭素がとけて，炭酸カルシウムの入った三角フラスコに水が流れこむのを防ぐ。酸素は水にとけにくいのでこのような装置はもちいない。

やや難 (4)　図1の装置で炭酸カルシウムと塩酸を反応させたとき，はじめにメスシリンダーに集まる気体は三角フラスコにはじめからあった空気である。表1から，炭酸カルシウムの重さが1.0gのときに集まる気体は270mL，炭酸カルシウムを1.0gから2.0gに1.0gふやすと集まる気体の体積は510－270＝240(mL)ふえ，炭酸カルシウムを2.0gから3.0gに1.0gふやすと集まる気体の体積は630－510＝120(mL)ふえていることから，炭酸カルシウムが1.0gから2.0gの間のある重さまではメスシリンダーには空気が集まり，その後，二酸化炭素だけが集まっていくと考えられる。メスシリンダーに集まる気体の体積が途中から少なくなるのは，はじめに集まる空気は水にとけないが，後から集まる二酸化炭素は水に少しとける性質があるからである。よって，炭酸カルシウムと塩酸の反応で発生した二酸化炭素の体積は，発生した二酸化炭素によって押し出されることでメスシリンダーに集まった空気の体積に等しいと考えることができ，表1で，炭酸カルシウム1.0gのときにメスシリンダーに270mLの気体が集まったことから，炭酸カルシウム1.0gと塩酸30mLの反応で発生した二酸化炭素の体積は270mLである。

(参考)　炭酸カルシウム1.0gあたりで集まる気体の体積について，表1の炭酸カルシウムが1.0gのときの結果から空気は270mL，炭酸カルシウムが2.0gと3.0gのときの差から二酸化炭素は120mLであと考えられる。空気が集まるときと二酸化炭素が集まるときとで，炭酸カルシウム1.0gあたり，270－120＝150(mL)の差が生じる。ここで，炭酸カルシウム2.0gのときに集まった気体がすべて空気であったとすると，その体積は270(mL)×2＝540(mL)になる。しかし，実際に集まったのは510mLであることから，(540－510)÷150＝0.2より，炭酸カルシウム2.0－

0.2＝1.8(g)までに集まった気体が空気で，1.8gから二酸化炭素が集まり始めたと考えることができる。

(5) 表1より，炭酸カルシウムが1.0g，2.0g，3.0gと変化したとき，メスシリンダーに集まる気体の体積が増加し続けていることから，塩酸30mLは炭酸カルシウム3.0gを反応させるのに十分な量であることがわかる。このことから，炭酸カルシウム2.0gと塩酸20mLのとき，炭酸カルシウム2.0gはすべて反応し，残るのは塩酸であると考えることができる。(4)より，炭酸カルシウム1.0gが反応すると二酸化炭素が270mL発生することから，炭酸カルシウム2.0gが反応すると二酸化炭素は540mL発生すると考えられる。

やや難 (6) のう度が3倍の塩酸20mLにふくまれている塩化水素(塩酸は塩化水素の水溶液)の量は，実験で用いた塩酸60mLにとけている塩化水素の量と等しい。実験で用いた塩酸では，炭酸カルシウム3.0gまでは十分に反応させることができることはわかっているので，のう度を3倍にした塩酸20mLでは，炭酸カルシウム6.0gまでは十分に反応させることができると考えられる。塩酸ののう度が変わっても，反応した炭酸カルシウムの重さと発生する二酸化炭素の体積との関係は変わらないので，その関係は次の表のようになると考えられる。

炭酸カルシウムの重さ(g)	0	1.0	2.0	3.0	4.0	5.0	6.0
発生した二酸化炭素の体積(mL)	0	270	540	810	1080	1350	1620

(7) 炭酸カルシウム1.0gが反応したときに発生する二酸化炭素は270mLなので，石灰石3.0gにふくまれる炭酸カルシウムをxgとすると，1.0(g)：270(mL)＝x(g)：684(mL)　x＝2.53…より，約2.53gとなる。よって，石灰石にふくまれている純粋な炭酸カルシウムは2.53÷3.0×100＝84.33…より，約84.3%

5 (植物・動物―いろいろな植物，動物)

(1) コケ類は種子ではなく胞子によってなかまをふやす。また，一年草の種子は風以外で運ばれるものもある。

(2) クモ類のからだは頭胸部と腹部に分かれていて，腹部には節は見られずふくろ状のつくりになっている。また，あしは頭胸部に4対(8本)生えていて，昆虫類とは異なりしょっ角はなく頭胸部にしょくしとよばれるつくりがある。

基本 (3) ウ…コオロギは不完全変態の昆虫で，さなぎの時期はなく，土の中で卵のすがたで冬を過ごす。エ…コオロギは4枚のはねをもつ。

基本 (4) 自然界の生物どうしのつながりの中で，光合成を行ってデンプンなどをつくり出す植物を生産者，植物を食べる草食動物やほかの動物を食べる肉食動物を消費者，生物に死体や落ち葉などを分解する生物を分解者という。

基本 (5) アカマツの種子は風によって運ばれやすいように，はねのような形をしている。アはタンポポの綿毛と種子，ウはドングリ(クヌギやコナラなどの実)，エはオナモミの実である。

(6) ア・オ…光の強さが0のとき，植物は呼吸だけを行っている。このとき，図1より，二酸化炭素の放出量は陽樹の方が陰樹よりも多いことがわかる。エ…Cのとき，二酸化炭素吸収量は陰樹の方が多いので，陰樹の方がはやく成長できる。

(7) イ…図3で，亜高木層の上端における相対照度は25%なので，高木層で100－25＝75(%)の光がさえぎられていることがわかる。エ…低木層の上端における相対照度は約10%なので，低木層までとどく光の量は全体の10%くらいである。

★ワンポイントアドバイス★

標準的な問題が中心だが，選択問題の選択肢が多かったり，読解が必要な問題が多かったりするなど，問題に対して試験時間がやや厳しめなので，すばやさや正確さも意識して学習を重ねよう。

＜社会解答＞《学校からの正答の発表はありません。》

【1】 問1 (1) a 天竜(川) b 木曽(山脈・川) c 赤石(山脈) d 遠州(灘)
e 伊勢(湾) (2) 茶 問2 ア，オ 問3 エ 問4 ア 問5 イ
問6 カ 問7 ア 問8 イ

【2】 問1 ウ 問2 エ 問3 エ 問4 エ 問5 ア 問6 枯山水
問7 オ 問8 (2番目) ア (5番目) カ 問9 オ 問10 ア

【3】 問1 ① アイヌ施策推進(法) ② 世界人権(宣言) 問2 エ
問3 (1) ア (2) ウ 問4 再審(制度) 問5 (1) エ (2) 水
(3) NGO 問6 (1) ジェンダー (2) ペン (3) エ

【4】 問1 南極(大陸) 問2 イ 問3 エ
問4 (例) 現実の社会には格差があるが，生まれ育った環境などの偶然も関係し，立場の違いは必ずしも個人の努力や才能だけで決まるのではないことに強い立場の人が気づき，配慮を行うことが必要だと考えている。(93字)

○推定配点○
【1】 問1(1) 各1点×5 他 各2点×8 【2】 各2点×10 【3】 各2点×12
【4】 問1～問3 各2点×3 問4 4点 計75点

＜社会解説＞

【1】 (日本の地理－日本の国土と自然，中部地方，人口，農業，工業)

問1 (1) a 長野県の諏訪湖を源とする河川は，天竜川である。 b 中央アルプスは，木曽山脈のことである。 c 南アルプスは，赤石山脈のことである。なお，飛驒山脈は，北アルプスと呼ばれることがある。 d 天竜川は，静岡県西部で遠州灘に注いでいる。 e 木曽川は，伊勢湾に注いでいる。 (2) ∴の地図記号は，茶畑を示している。茶畑では茶が栽培されている。

問2 アの新潟市とオの静岡市が政令指定都市である。イは上越市付近を示しており，ウは金沢市を示しており，エは松本市を示している。

問3 日本一面積の広い市町村は岐阜県にある高山市なので，Xが高山市となる。また，路面電車などの公共交通を軸としたコンパクトなまちづくりを進めていることで知られるのは富山市であるため，Yは富山市となる。よって，エの組み合わせが正しい。なお，富山市のある富山県は，一住宅あたりの延べ面積が日本一となっている。

重要 問4 富山市は日本海側に位置しており，冬に降水量が多い日本海側の気候がみられることから，Aの雨温図とわかる。高山市と豊橋市を比べると，高山市は内陸部に位置し標高も高いことから，冬の平均気温が0℃前後まで下がる中央高地の気候がみられると考えられることからBの雨温図が高山市となる。太平洋側に位置する豊橋市は夏に降水量が多くなることなどから，Cが豊

橋市となる。よって，アの組み合わせが正しい。

問5　冬にシベリア高気圧から吹く北西の季節風は，日本海をわたるあいだに暖流の対馬海流から大量の水蒸気を吸収し，脊梁山脈にぶつかって日本海側に豪雪をもたらす。また，日本海をわたる距離が長いほど，吸収する水蒸気が多くなる。以上より，Xは正しい。富山湾から駿河湾に抜ける部分には，伊吹山や鈴鹿山脈北部は位置していないので，Yは誤り。よって，イの組み合わせが正しい。

基本　問6　ぶどうとももの都道府県別生産量第1位は山梨県であり，レタスの都道府県別生産量第1位は長野県である。また，ぶどうの都道府県別生産量第2位は長野県である。よって，①がぶどう，②がレタス，③がももと考えられ，カの組み合わせが正しい。なお，レタスの都道府県別生産量第2位は茨城県である。

問7　αは愛知県の瀬戸市や岐阜県の多治見市周辺が含まれることから，陶器づくりがさかんであった地域であるとわかり，(1)の説明があてはまる。βは静岡県西部の浜松市などが含まれている。浜松市は楽器やオートバイなどの生産が盛んなことから，(2)の説明があてはまる。γは静岡県東部の富士市などが含まれている。富士市では製紙・パルプ工業が盛んなことから，(3)の説明があてはまる。よって，アの組み合わせが正しい。

問8　表2で最も在留外国人数が多いAが東京都，2番目に多いBが愛知県と判断できるので，Cは静岡県となる。愛知県と静岡県で最も割合が高いZはブラジル，東京で最も割合が高いXは中国と考えられるので，Yはベトナムとなる。よって，イの組み合わせが正しい。

【2】 (日本の歴史－古代～現代)

問1　兵庫県神戸市にある五色塚古墳は，わが国で最初に復元整備された古墳であり，墳丘上に埴輪が並べられているが，樹木では覆われていないので，Xは誤り。古墳の造営当初は，表面に樹木は植えられていなかったと考えられている。出現期の古墳には，形状や石室，副葬品などに共通する特徴がみられ，古墳をつくった集団の間に政治的なつながりが形成されていたと考えられるので，Yは正しい。よって，ウの組み合わせが正しい。

基本　問2　Xについて，法然は，「南無阿弥陀仏」と念仏を唱えれば死後は誰でも平等に極楽浄土へ往生できると説いたので，②が適当。①の「南無妙法蓮華経」は題目で，日蓮は題目を唱えれば人も国も救われると説いている。Yについて，浄土宗の総本山は④の知恩院である。よって，エの組み合わせが正しい。

問3　弥生時代には稲作が行われるとともに，狩りや漁なども行われていたので，aは誤り。中国の歴史書である『漢書』地理志には，紀元前1世紀ごろの倭には100あまりの小国が分立していたと記されているので，bは正しい。持統天皇は，都を飛鳥浄御原宮から694年に藤原京に移しているので，cは誤り。奈良時代には，人口の増加による口分田不足を補うため，政府は723年に三世一身法を定めて，期限付きで土地の私有を認めているので，dは正しい。よって，エの組合せが正しい。

問4　Ⅰの白河上皇が院政を開始したのは平安時代後期の1086年。Ⅱの最澄と空海がそれぞれ天台宗・真言宗を開いたのは平安時代初期の9世紀前半のこと。Ⅲの藤原純友が瀬戸内海の海賊を率いて反乱をおこしたのは10世紀前半のこと。よって，年代の古いものから順に並べかえるとⅡ→Ⅲ→Ⅰとなり，エが正しい。

問5　≪D≫の時期には，寺社の門前や交通の便の良いところなどで定期市が開かれるようになっていたので，アが正しい。≪D≫の時期には，畿内では二毛作が始まっているが，三毛作は行われていないので，イは誤り。ウは奈良時代の様子について述べている。エのさまざまな特産品が各地で生産されるようになるのは江戸時代である。

問6　≪E≫の時期の禅宗寺院でみられる，岩石と砂利を組み合わせて自然の風景を象徴的に表現した庭園を，枯山水という。

問7　アの彦根は彦根城の城下町なので，正しい。イの品川は東海道の宿場町から発展しているので，正しい。ウの酒田は西廻り航路の拠点で港町として栄えたので，正しい。エの長野は善光寺の門前町であり，正しい。よってすべて正しい「オ」となる。

問8　アは1881年，イは1885年，ウは1910年，エは1895年，オは1873年，カは1902年の出来事である。年代の古いものから順に並べかえると，オ→ア→イ→エ→カ→ウとなり，2番目はア，5番目はカとなる。

重要　問9　民本主義を唱えたのは吉野作造であり，美濃部達吉は天皇機関説を唱えた人物なので，Xは誤り。1925年に普通選挙法が成立し満25歳以上のすべての男性に選挙権が与えられるとともに，治安警察法ではなく治安維持法が制定されたので，Yは誤り。1938年，近衛文麿内閣の時に国家総動員法が制定され，議会の承認がなくても戦争に必要な物資や労働力を動員できるようになったので，Zは正しい。よって，オの組み合わせが正しい。

問10　戦後の民主化政策のなかで，衆議院議員選挙法が改正され満20歳以上の男女に選挙権が与えられており，アが誤っている。選挙権が満18歳以上に引き下げられたのは2016年である。

【3】 (政治－政治のしくみ，国際社会と平和，時事問題)

問1　①　2019年に制定された，アイヌ民族を先住民族と明記した法律は，アイヌ施策推進法(アイヌの人々の誇りが尊重される社会を実現するための施策の推進に関する法律)である。

②　1948年に国連総会で採択された，人権問題に関する宣言は，世界人権宣言である。

問2　2020年の総選挙で民主的な政党が勝利を収めたことに危機感を覚えた国軍が，力ずくで権力を奪い取ったアジアの国は，エのミャンマーである。

問3　(1)　国際連合安全保障理事会は，常任理事国5ヶ国と非常任理事国10ヶ国の計15ヶ国で構成されており，アが正しい。安全保障理事会では常任理事国に拒否権が与えられており，非常任理事国には拒否権はないので，イは誤り。安全保障理事会の議決は，実質事項についてはすべての常任理事国を含む9か国の賛成が必要となっている。日本は何度も非常任理事国となっているので，ウは誤り。国連には常備の国連軍は組織されていないので，エは誤り。　(2)　1992年にPKO協力法が制定され，自衛隊がPKOに参加するようになった。2000年代に入ってからも南スーダンやハイチなどのPKOに参加しており，Ⅰは誤りとわかる。国連分担金は加盟国の経済力に応じて割り当てられ，2021年の国連通常予算分担率は1位がアメリカ，2位が中国，3位が日本，4位がドイツ，5位がイギリスとなっているので，Ⅱは正しい。よって，ウの組み合わせが正しい。

問4　新たな証拠がみつかったなど，確定した有罪判決に疑いが生じたときに，裁判のやり直しをする制度を，再審(再審制度)という。

やや難　問5　(1)　30年以上に渡りアフガニスタンで医療活動を続け，2019年にアフガニスタンで武装勢力に襲撃され亡くなった医師は，エの中村哲である。アの植村直己は登山家。イの緒方貞子は国連難民高等弁務官を務めたことで知られる。ウの杉原千畝は第二次世界大戦中にヨーロッパのリトアニアでドイツの迫害により逃れてきたユダヤ人などに大量のビザを発給し避難民を救った人物。　(2)　ペシャワール会では，医療活動のほかに水の確保のための取り組みを続けている。SDGsでは水・衛生についても目標が設定されている。また，食料生産には水が必要である。

(3)　非政府組織は，アルファベットではNGOとなる。

問6　(1)　日本語で社会的性別と訳されている，「男性はこうあるべき」「女性はこうするべき」という社会の中でつくられたイメージや役割分担を，ジェンダーという。　(2)　「ペンは剣よりも強し」という言葉は，言論の力は政治権力や武力よりも大きな影響を与えることの例えとして使われている。 (3) 2014年にノーベル平和賞を受賞したパキスタン出身の女性人権活動家は，エのマララ・ユスフザイである。アのグレタ・トゥーンベリはスウェーデンの環境活動家。イのジャシンダ・アーダーンはニュージーランドの政治家。ウのマーガレット・サッチャーはイギリスの政治家。

【4】 (総合問題)

問1 どこかの国が領有権を主張することを条約で凍結している大陸は南極大陸で，南極条約で凍結されている。

問2 アルバイトも含めて給与の最低水準に関して最低賃金法で最低賃金制度が定められているので，イが誤っている。

問3 与謝野晶子は日露戦争に出征した弟を思って「君死にたまふことなかれ」を発表しているが，日露戦争は明治時代の1904年から1905年にかけてのできごとなので，エが大正時代のできごととして誤っている。

やや難 問4 筆者は，「現実の社会には格差があり，生まれ育った環境などの偶然も関係します。これは個人にはどうすることもできません。そうしたなかで，弱い立場にいる人びとが自分たちの状況を改善したいと思うのは当然のことですが，そのためには強い立場にいる人がそれを受け入れてくれなければなりません」と述べている。そして，「月の街」に近づくためには「多くの才能に恵まれた者はその力を世のため人のために使わねばならない」とし，せめて強い立場の人が「立場の違いは必ずしも個人の努力や才能だけで決まるのではないこと」に気づいてくれることをポイントとして挙げている。

★ワンポイントアドバイス★

世界の出来事について整理しておこう。

＜国語解答＞《学校からの正答の発表はありません。》

一 ① 弁 ② 牛 ③ 退 ④ 散 ⑤ 布

二 ① 遊 ② 招 ③ 水 ④ 穴 ⑤ 茶

三 問一 (例) コンピュータと結びついた経済的なコスト合理性とコモディティ化の波。(33字)
問二 (例) コンピュータプラットフォームによってローコストで不自由のない生活が全世界的に訪れること。(44字) 問三 (例) 自分で考える習慣をつけ，知識を他の知識と結びつけて自分なりに解釈すること。(37字) 問四 (例) 抱いた疑問に対してネットや他人から得た形式知に満足することなく，自分の問題として考え抜き，自分なりに解釈して深いストーリーを語ることができるかを考えることで思考が深まり，暗黙知になっていくということ。(100字)

四 問一 (例) 全日制高校を受験し進学することを諦めさせること。(24字)
問二 (例) 将校たちが寄付してくれたお金をあてにするのではなく，高校に通うために必要なお金は自分で働いて用意するということ。(56字)
問三 (例) 自分たちの言うことを聞かないとひどい目にあわせるという意図で，「ぼく」を悪人にしようとしている構造。(50字)

問四　(例)　家庭に恵まれた院長は，間違ったことをした人でも正しい道に進むと信じているため，他人の幸せをねたみ続けている船橋や，ぬれ衣を着せられても知らぬふりを通そうとする「ぼく」の気持ちが理解できないということ。(100字)

○推定配点○

一・二　各1点×10　　三　問一～問三　各10点×3　　問四　15点

四　問一～問三　各10点×3　　問四　15点　　計100点

＜国語解説＞

基本　一　(漢字の書き取り)

①の「弁(ベン)護士」は依頼を受けて法律事務を処理することを職務とする人。②の「牛(ギュウ)肉」などに野菜やとうふなどを入れてたれで焼くなどして調理するのがすきやきである。③の「退(タイ)場」は競技場などから立ち去ること。④の「一目散(サン)」はわき目もふらずに走るさま。⑤の「布(フ)教」はある宗教を一般に広めること。

重要　二　(慣用句，漢字の書き取り)

①の「遊んだ」の音読みは「ユウ」。熟語は「回遊(かいゆう)」など。②の「招く」は好ましくない事態を引き起こす，もたらすこと。③の「水に流す」は過去にあったことをすべてなかったことにすること。④の「穴があったら入りたい」は身を隠したいくらいに恥ずかしいと思う気持ちのたとえ。⑤の「お茶を濁す」はいいかげんなその場しのぎで，ごまかしたり，取りつくろったりすること。

三　(論説文－要旨・大意・細部の読み取り，指示語，記述力)

基本　問一　――線部①直後の段落で，「プラットフォームを形成するものは，コンピュータと結びついた経済的なコスト合理性とコモディティ化の波です」と述べているので，この部分を指定字数以内にまとめる。

重要　問二　――線部②は直前の2段落で述べているように，ローコストで不自由のない生活がコンピュータプラットフォームによって，これから全世界的に訪れるという社会の流れのことなので，「その潮流」＝どのような社会の流れかを説明する。

問三　――線部③後で「自分で考える習慣をつけることが，思考体力を高めるための第一歩」であること，「思考体力の基本は『解釈力』」で「知識を他の知識とひたすら結びつけておくことが重要」だということを述べているので，これらの内容を指定字数以内にまとめる。

やや難　問四　「形式知」は「ネットや他人から得た情報」で「ウィキペディア的」なものであり，「暗黙知」は「常に自分の問題について」「一点を考え抜いて深めていく」ものであると述べていることをふまえ，「自分なりに解釈して，そこに書かれていないストーリーを語ることができるかどうか……それを考えることで思考が深まり，形式知が暗黙知になっていく」ということを説明していく。

四　(小説－心情・情景・細部の読み取り，記述力)

基本　問一　――線部①前で描かれているように，小川も佐久間も船橋たちに痛めつけられ，昼間の高校を諦めると約束したが，「ぼく」は諦められなかったため，船橋は①のように言っているので，「ぼく」に全日制高校を受験し進学することを諦めさせることを説明する。

問二　――線部②は，小川と佐久間が働きながら夜間高校へ通うと話したことに対するものなので，将校たちが寄付してくれたお金をあてにするのではなく，高校に通うために必要なお金は自分で働いて用意するということを説明する。

重要 問三　「ハーモニカ事件」＝寄贈された高価なハーモニカが「ぼく」のベッドのマットレスの中に隠されていたことと,「この事件」＝偽ぼくから果物屋の娘へあてた恋文が郵便受に押しこんであったことには，いずれも自分たちの言うことを聞かないとひどい目にあうという船橋たちの「意図」と,「ぼく」を悪人にしてぬれ衣を着せようとしている「構造」が読み取れる。

やや難 問四　院長は「よい家に生まれ……天主の御旨が天において行われるように地にも行われている，と信じている」人物である。恵まれた家庭環境で育ったため，他人の幸せをねたみ続ける船橋や，真犯人をつきとめようとしない「ぼく」の気持ちが，院長には理解できないのである。院長がどのような人物であるかを理由に「理解できないこと」を説明する。

★ワンポイントアドバイス★

小説では誰の視点で描かれているかを確認し，その視点を通した心情を読み取っていくことが重要だ。

第2回

2022年度

解　答　と　解　説

《2022年度の配点は解答欄に掲載してあります。》

＜算数解答＞《学校からの正答の発表はありません。》

1 (1) 13 (2) 2.5　2 150個　3 (1) 196倍 (2) 28倍
4 毎時50L　最初14分後・2回目19分後　5 13才
6 (1) 40分 (2) 23分　7 (1) 15回 (2) 63回
8 (1) 70cm (2) 毎秒7cm (3) ア 14秒　イ $23\frac{1}{3}$秒

○推定配点○
1 各5点×2　他 各6点×15　計100点

＜算数解説＞

1 (四則計算)

(1) 2.3×{1.1＋2.8＋3.9－(0.4＋0.9＋1.3)}＋1.3×(4.2－3.4)＝2.3×5.2＋1.3×0.8＝1.3×(9.2＋0.8)＝13

(2) $□=\frac{5}{6}\div\left(\frac{7}{12}\times\frac{4}{5}-\frac{2}{15}\right)=\frac{5}{6}\times3=2.5$

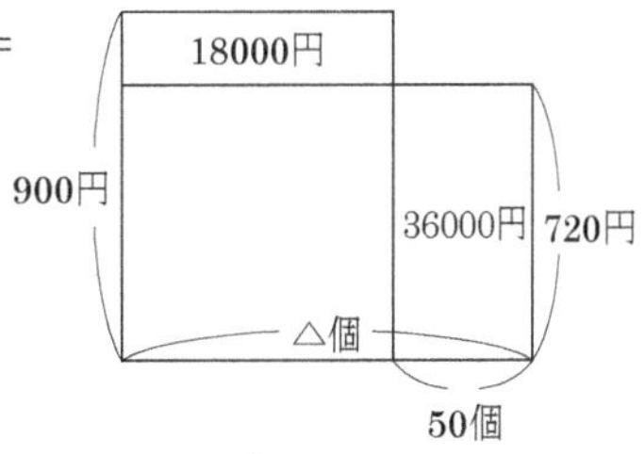

重要 2 (割合と比)
右図より，900×0.8×50－18000
＝720×50－18000＝18000(円)
したがって，今年の個数は18000÷(900－720)＋50
＝150(個)

重要 3 (平面図形，相似，割合と比)
(1) 図1より，HF，AD，BCは平行
三角形ABDは二等辺三角形…BH＝HD
三角形AODと三角形COB…相似比が3：4
BDの長さが(3＋4)×2＝14のとき，
BO＝8，HO＝8－7＝1，OD＝6
図2より，三角形AODの面積が6×6＝36
のとき，三角形ACDは36÷6×(6＋8)＝84
台形ABCDの面積…84÷3×(3＋4)＝196
したがって，台形ABCDの面積は三角形
OHFの196÷(1×1)＝196(倍)
(2) 図2より，三角形OHFの面積が1のとき，
三角形EFHは7であり，台形ABCDの面積は
三角形EFHの196÷7＝28(倍)

図1
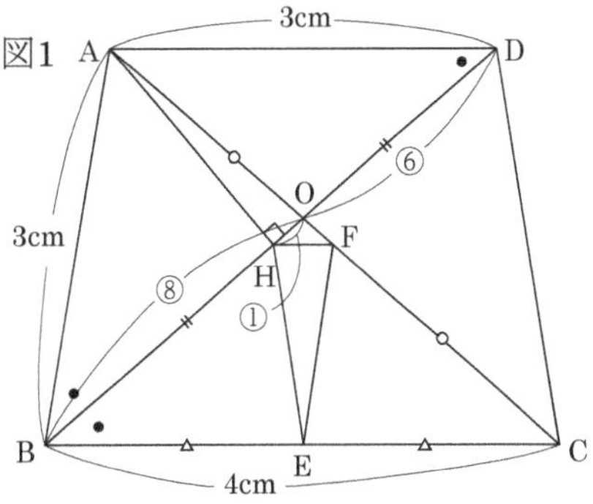

図2
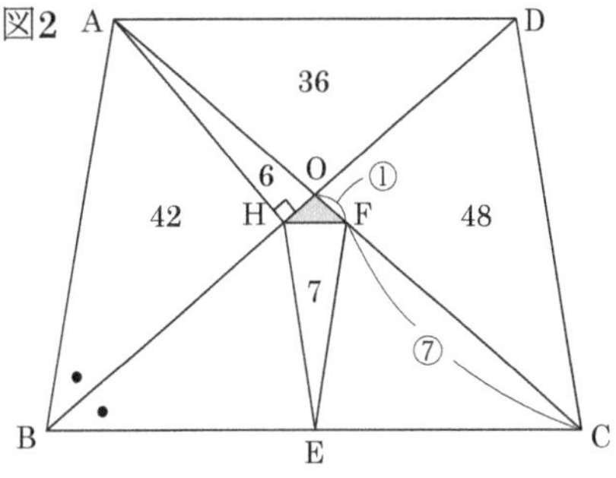

重要 4 (割合と比，規則性，速さの三公式と比，旅人算，単位の換算)

水槽1…給水口A(毎時40L，毎分$\frac{2}{3}$L)

給水口B(毎分□L)

水槽2…給水口C(毎時60L，毎分1L)

給水口B…6分後から給水し，6～8分，14～16分，22～24分に給水する。

給水口C…3分後から給水する。

水槽の容量…$1\times(24-3)=21$(L)

給水口Bの毎分□Lの給水量…$\left(21-\frac{2}{3}\times24\right)\div(2\times3)=\frac{5}{6}$(L)

したがって，毎時$\frac{5}{6}\times60=50$(L)

水槽1の水の体積…　6分：$\frac{2}{3}\times6=4$(L)　　8分：$4+\left(\frac{2}{3}+\frac{5}{6}\right)\times2=4+3=7$(L)

14分：$7+4=11$(L)　　16分：$11+3=14$(L)

22分：$14+4=18$(L)　　24分：$18+3=21$(L)

右図より，水槽2も 14分後 に

$1\times(14-3)=11$(L)になり，

水の体積が等しい。

16分のとき，水槽2の水の体積は$11+2=13$(L)

したがって，2回目に等しくなるのは$16+(14-13)\div\left(1-\frac{2}{3}\right)=19$(分後)

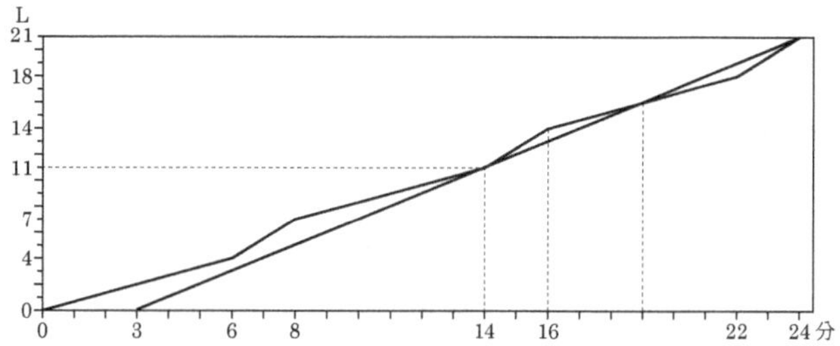

やや難 5 (年齢算，割合と比，和差算)

現在…兄は12才，父母の年齢差が6才，ペットと弟の年齢差が6才，父母は40才～50才

4年前…兄は8才，弟が□才，ペットが□＋6(才)であり，□×2＋8＋6＝□×2＋14(才)

このとき，父母の年齢の和は(□×2＋14)×4＝□×8＋56(才)

父母の年齢の範囲は母が40－4＝36(才)以上，父が36＋6＝42(才)以上～父が50－4＝46(才)以下，母が46－6＝40(才)以下であり，2人の年齢の和の範囲は36＋42＝78(才)～46＋40＝86(才)

□×8＋56＝78のとき，□＝(78－56)÷8＝$2\frac{3}{4}$(才)

□×8＋56＝86のとき，□＝(86－56)÷8＝$3\frac{3}{4}$(才)

□＝3のとき，父は(3×8＋56＋6)÷2＝43(才)，母は43－6＝37(才)

したがって，現在のペットは3＋4＋6＝13(才)…兄12才・弟7才・父47才・母41才

重要 6 (仕事算，割合と比，単位の換算)

1時間40分＝100(分)，2時間＝120分，2時間30分＝150(分)

印刷量を100，120，150の最小公倍数600とする。

1分の印刷量はAが600÷100＝6，

Bが600÷120＝5，Cが600÷150＝4

(1)　600÷(6＋5＋4)＝40(分)

(2)　右図より，600－{6×(15＋30)＋4×15}

＝270

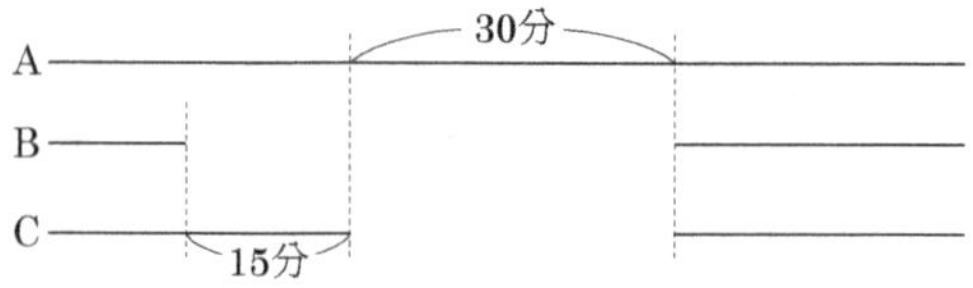

したがって，予定よりも15＋30＋270÷(6＋5＋4)－40＝23(分)多くかかった。

7 (場合の数，規則性)

重要 (1) 箱Aの1～3を7回で箱Cに移し，箱Aの4を1回で箱Cに移し，箱Bの1～3を7回で箱Cに移す。
したがって，全部で7×2＋1＝15(回)

やや難 (2) カード1枚のとき…移動1回　カード2枚のとき…移動3回
カード3枚のとき…移動7回　カード4枚のとき…移動15回
カード5枚のとき…移動31回　したがって，カード6枚のときは移動31＋32＝63(回)

8 (平面図形，図形や点の移動，グラフ，速さの三公式と比，旅人算，割合と比)

(1) AB…700×2÷20＝70(cm)

(2) 5秒後のPQ…(900－700)×2÷20＝20(cm)
10秒後のPQ…20×2＝40(cm)
このとき，PがBに達する。
Pの秒速は70÷10＝7(cm)
Qの秒速は7－20÷5＝3(cm)
10秒後のDR…600×2÷20－40＝20(cm)
12秒後のPQ…200×2÷20＝20(cm)　【別解】40－(7＋3)×(12－10)＝20(cm)
このとき，RがDに達し，この後，PとQが重なる。

(3) ア…12＋12－10＝14(秒後)
20秒後のAQ…600×2÷20＝60(cm)　【別解】3×20＝60(cm)
イ…70÷3＝$\frac{70}{3}$(秒後)

★ワンポイントアドバイス★

難しい問題が並んでいるが，なかでも2「売り上げと個数」，6「印刷時間」は取り組みやすいと思われる。その他では，7(1)「カード移動の回数」，8(1)「長方形の横の長さ」も，それほど難しくはない。

＜理科解答＞《学校からの正答の発表はありません。》

1 (1) A カ　B ア　(2) ア，カ
(3) カ　(4) (例) つつの中の空気があたためられて，体積が大きくなるから。

2 (1) 2.5(cm)　(2) 6(cm)
(3) ① 150(g)　② 12.5(cm)
(4) 20(cm)
(5) ① 27(cm)　② 10(cm)
(6) 61(cm)

3 (1) ウ　(2) ウ，オ　(3) エ
(4) カ　(5) ⑥　(6) ⑫

4 (1) ウ　(2) キ　(3) カ　(4) ウ
(5) ① 4(g)　② 右図
③ 48(g)　④ 7(g)

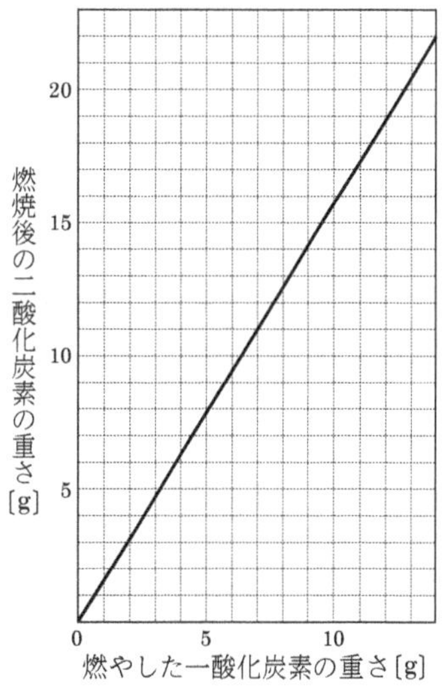

5　(1)　ア　(2)　ケ　(3)　タ　(4)　ア　272　イ　0.35　(5)　オ
(6)　イ，ウ

○推定配点○

1　各2点×4((1)・(2)各完答)　2　(1)　2点　他　各3点×7　3　各2点×7
4　各2点×8　5　各2点×7　計75点

＜理科解説＞

1　(総合―小問集合)

重要　(1)　A…図1のように導線の上に方位磁針があるとき，方位磁針のN極は電流の向きから45度ほど時計回りの向きをさす。電流を流す前後で方位磁針の針が動かなかったことから，電流の向きは方位磁針のN極がさす向きから反時計回りに45度，つまり北から反時計回りに45度の北西向きに電流が流れたことがわかる。　B…図2では，左側の導線を流れる上向きの電流によってできる磁界と，右側の導線を流れる下向きの電流によってできる磁界が打ち消し合うため，方位磁針の針は動かない。

基本　(2)　カマキリとコオロギは卵，モンシロチョウはさなぎ，テントウムシは成虫のすがたで冬をこす。

基本　(3)　生物の体積によってできた堆積岩にはチャートと石灰岩があり，塩酸をかけたときに二酸化炭素が発生するのが石灰岩，気体が発生しないのがチャートである。アは火山岩の流紋岩，イは深成岩のはんれい岩，ウは凝灰岩，エは泥岩の説明である。

(4)　竹の内部には空洞になっている部分が多く，空洞内の空気が加熱によって膨張することで爆発する危険性が生じる。

2　(力とばね―ばね・てこ・滑車・輪軸)

(1)　図1より，切る前のばねAは80gのおもりで4cmのびることから，切った後のばねAは80gのおもりで2cmのびることになる。よって，100gのおもりをつり下げると，$2(\mathrm{cm})\times\dfrac{100(\mathrm{g})}{80(\mathrm{g})}=2.5$(cm)のびる。

基本　(2)　図1より，ばねA，Bののびがそれぞれ4cmになるのは，ばねAに80g，ばねBに120gのおもりをつり下げたときであることから，ばねAとBを図2のようにつなぎ，そこに80＋120＝200(g)のおもりをつり下げると，のびの和が4(cm)×2＝8(cm)になることがわかる。よって，図2で，150gのおもりをつり下げたときのばねののびの和は，$8(\mathrm{cm})\times\dfrac{150(\mathrm{g})}{200(\mathrm{g})}=6(\mathrm{cm})$

重要　(3)　図3のようにばねとおもりを接続してばねやおもりが静止しているとき，おもりDの重さはおもりCの重さと等しく，それぞれのばねにはおもりCの重さと同じ大きさの力がはたらく。よって，おもりDの重さは150gとなる。また，図1より，120gのおもりをつり下げるとばねAは6cm，ばねBは4cmのび，のびの和は6＋4＝10(cm)となることから，図3の場合，ばねAとばねBののびの和は，$10(\mathrm{cm})\times\dfrac{150(\mathrm{g})}{120(\mathrm{g})}=12.5(\mathrm{cm})$

(4)　図4で，2本のばねAには，おもりC2個がつり下げられていると考えることができるので，ばねA1本ずつには，150(g)×2÷2＝150(g)の力が加わっている。ばねAは80gのおもりで4cmのびるので，ばねA1本ずつののびは，$4(\mathrm{cm})\times\dfrac{150(\mathrm{g})}{80(\mathrm{g})}=7.5(\mathrm{cm})$である。ばねBには，おもりC1個がつり下げられていると考えることができるので，ばねBは120gのおもりで4cmのびるから，ばねBののびは，$4(\mathrm{cm})\times\dfrac{150(\mathrm{g})}{120(\mathrm{g})}=5(\mathrm{cm})$である。よって，3つのばねののびをすべて足すと，$7.5(\mathrm{cm})\times2+5(\mathrm{cm})=20(\mathrm{cm})$

やや難 (5) ① ばねBはおもりCによる150gの力がはたらいている。ばねBは120gで4cmのびるので，150gの力がはたらくときののびは，$4(\mathrm{cm})\times\dfrac{150(\mathrm{g})}{120(\mathrm{g})}=5(\mathrm{cm})$である。ばねAとばねBにつながる糸によって，10gの棒と580gのおもりEが支えられていて，ばねBにつながる糸が引く力はおもりCによる150gだから，ばねAが引く力は，$(10+580)(\mathrm{g})-150(\mathrm{g})=440(\mathrm{g})$である。ばねAは80gで4cmのびるので，440gの力がはたらくときののびは，$4(\mathrm{cm})\times\dfrac{440(\mathrm{g})}{80(\mathrm{g})}=22(\mathrm{cm})$である。よって，ばねAとばねBののびの和は，
$5+22=27(\mathrm{cm})$

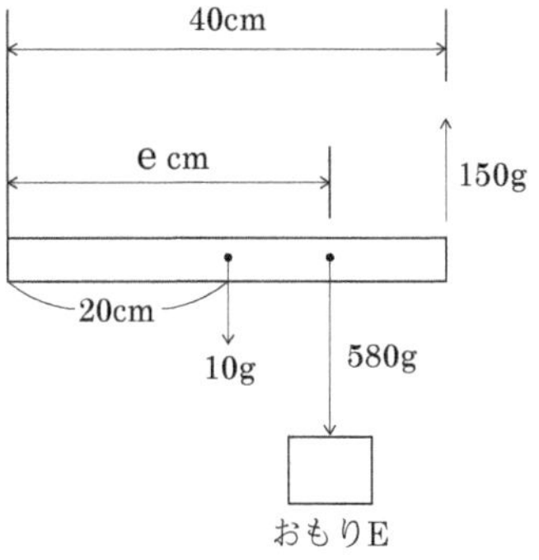

② 棒の左はしからecmの位置におもりEを下げるとすると，右の図のように，棒の重さによる力は棒の中央である左はしから20cmの位置に下向きに10gの大きさで，また，ばねBにつながる糸による力が棒の右はしに上向きに150gの大きさで，さらに，おもりEの重さによる力が棒の左はしからecmの位置に下向きに580gの大きさでそれぞれはたらく。よって，てこのつり合いの関係から，$10(\mathrm{g})\times20(\mathrm{cm})+580(\mathrm{g})\times e(\mathrm{cm})=150(\mathrm{g})\times40(\mathrm{cm})$
$e=10(\mathrm{cm})$

やや難 (6) 図6で，左側のばねAにはおもりFによる120gの力がはたらくので，のびは6cmである。輪じくの半径の比が2：1なので，力の大きさの比は外側：内側＝1：2となる。よって，左側(内側)は下向きに120gの力で引かれているから，右側(外側)にはたらく力は60gである。輪じくの重さは10gなので，棒の左はしは，$120+60+10=190(\mathrm{g})$の力で引かれていることになる。ばねBがつながれている位置を棒の支点として考えると，棒の左はしに下向きに190gの大きさで，また，棒の中央である支点から左に10cmの位置に下向きに10gの大きさで力がそれぞれはたらいているので，棒の右はしが下向きにagの力で引かれているとすると，てこのつり合いの関係から，$190(\mathrm{g})\times30(\mathrm{cm})+10(\mathrm{g})\times10(\mathrm{cm})=a(\mathrm{g})\times10(\mathrm{cm})$　$a=580(\mathrm{g})$となる。2本のばねAののびの合計は，加わる力の大きさの合計が，$120+580=700(\mathrm{g})$なので，$4(\mathrm{cm})\times\dfrac{700(\mathrm{g})}{80(\mathrm{g})}=35(\mathrm{cm})$である。また，ばねBに加わる力は，$190+10+580=780(\mathrm{g})$なので，$4(\mathrm{cm})\times\dfrac{780(\mathrm{g})}{120(\mathrm{g})}=26(\mathrm{cm})$である。これらのことから，3つのばねののびをすべて足すと，$35+26=61(\mathrm{cm})$となる。

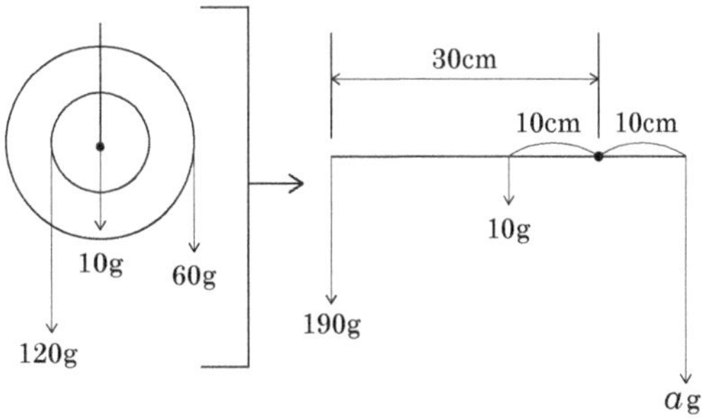

3 (地球と太陽・月―日食，月食，太陽と影)

(1) 太陽の中心核は約1600万℃，光球(表面)は約6000℃，黒点は約4500℃，コロナは約100万℃である。

(2) ア…太陽は太陽系では最大であるが，宇宙には太陽よりも大きい恒星が多く存在する。イ…太陽の大きさ(直径)が地球の約109倍である。エ…黒点部分は，太陽内でつくりだされた磁界によって対流がおさえられていると考えられている。カ…太陽の$1\mathrm{m}^3$あたりの重さは，地球の約

0.26倍である。

重要 (3) 右の図は，地球の北極側から見た日食や月食のときの太陽と月，地球の位置関係を模式的に表わしたものである。図より，日食のとき，太陽の西側から月にかくされていき，月食のとき，月の東側から地球のかげに入っていくことがわかる。

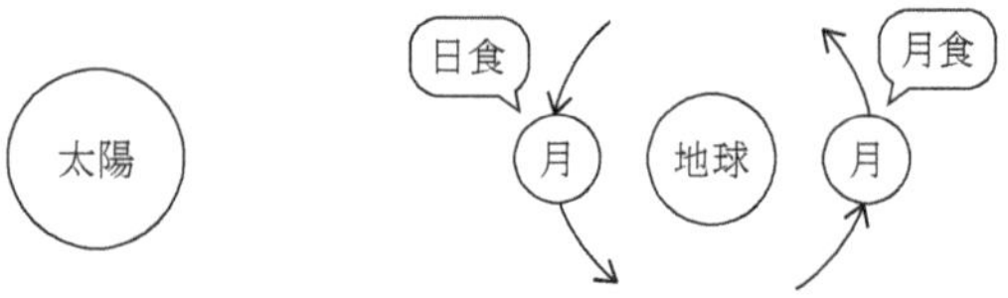

(4) 観測者と太陽の距離が，観測者と模型の間の距離の30億倍になると，模型と空に見える本物の太陽が同じ直径に見える。地球と太陽の間の距離は約1億5000万km＝1.5億kmなので，観測者と太陽の間が，$1.5 \div 30 = 0.05$より，0.05km＝50m

重要 (5) 夏至の日の太陽は，真東よりも北寄りの地平線からのぼり，真南を通って，真西よりも北寄りの地平線にしずむ。棒のかげは太陽とは反対側にできるので，かげの先端は真西よりも南寄りから，真北を通って，真東よりも南寄りへと動く。

(6) 南半球では，太陽は東の地平線からのぼり，真北を通って，西の地平線にしずむ。また，北半球と南半球で季節は逆になるので，日本で夏至の場合，オーストラリアでは冬至となる。よって，太陽は，真東よりも北寄りの地平線からのぼり，真北を通って，真西よりも北寄りの地平線にしずみ，かげの先端は真西よりも南寄りから，真南を通って，真東よりも南寄りへと動く。

4 (燃焼―ロウソクの燃焼)

基本 (1) ロウソクのロウは，熱によって固体→液体→気体と変化し，気体のロウが燃える。

やや難 (2) ロウソクの炎に入れたとき，割りばしやガラス棒にできた黒い部分はロウが完全に燃えていないときにつくすす(炭素のつぶ)である。図3で，黒くなった部分は内えんの部分である。ぬらした割りばしを入れるとロウソクは燃えにくくなるので，ガラス棒ではよく燃えていた外えんの部分で燃えにくくなりすすがつく。これらのことから，割りばしやガラス管を入れた部分は，内えんと外えんの部分であることがわかる。ぬらしたうすい木の板を入れたときの燃え方は，割りばしとガラス管の間くらいであると考えられるので，内えんと外えんのどちらでもロウは完全に燃えずすすがつくと考えられる。

(3) (A)から出てくるけむりは木ガスといい白色で，火をつけると燃える気体である。(B)には，黄色の木さく液とよばれる液体と，黒色でねばりけのある木タールとよばれる液体ができる。また，割りばしは黒色の木炭になる。

基本 (4) 割りばしが燃えるには十分な酸素が必要である。試験管の体積が小さく，ガラス管からの酸素の流れこみもないため割りばしは燃えない。

(5) ① グラフから，3gの炭素を燃やすと，二酸化炭素が11g，一酸化炭素が7gできることがわかる。よって，差は$11-7=4$(g)である。

② 一酸化炭素が酸素と結びつくと二酸化炭素になる。炭素3gが燃えたとき，一酸化炭素の場合は7g，二酸化炭素の場合は11gになることから，一酸化炭素7gが完全燃焼すると11gの二酸化炭素になると考えられる。

③ 炭素3gから一酸化炭素が7gできることから，xgの炭素から一酸化炭素が63gできたとすると，3(g)：7(g)＝x(g)：63(g)　$x=27$(g)とわかる。また，炭素3gから二酸化炭素が11gできることから，ygの炭素から二酸化炭素が77gできたとすると，3(g)：11(g)＝y(g)：77(g)　$y=21$(g)とわかる。よって，燃やした炭素は，$27+21=48$(g)

やや難 ④ 炭素3gから二酸化炭素が11gできることから，炭素12gがすべて二酸化炭素になったとすると，二酸化炭素の重さは$11(\mathrm{g})\times\dfrac{12(\mathrm{g})}{3(\mathrm{g})}=44(\mathrm{g})$となる。①より，3gの炭素からできる一酸化炭素の重さは，3gの炭素からできる二酸化炭素の重さより4g軽いので，1gの炭素では$\dfrac{4}{3}$(g)軽くなることがわかる。発生した気体の重さの合計は40gなので，$(44-40)\div\dfrac{4}{3}=3$より，一酸化炭素になった炭素は3gであることがわかり，発生した一酸化炭素の重さは7gとわかる。

5 (生物総合―生物の生存個体の割合)

(1) タンポポの花びらのように見えるそれぞれが1つの花で，5枚の花びらがもとが1つにつながった花である。

(2) ナナホシテントウのからだで，1のすべてが頭部，2のすべてと3の一部が胸部，3の一部が腹部である。

(3) 1…テントウムシはアブラムシを食べので「－」。2・3…アブラムシはアリにあまいしるを与え，アリは天敵からアブラムシを守っているので，どちらも「＋」。4…テントウムシはアリによってアブラムシに近寄りにくくなっているので「－」。

(4) ア…4令の生存率は，4令の個体数に対する5令の個体数の割合なので，245÷ア＝0.90　ア＝245÷0.90＝272.2…より，272

イ…4令の生存個体の割合は，卵の個体数に対する4令の個体数の割合なので，272÷784＝0.346…より，0.35

(5) 親が卵や子の世話をせず，卵がほかの動物に食べられやすい魚類のマンボウは，早い時期の生存率が低く，大人になるまで育つ個体が非常に少ないので，Cのグラフにあてはまる。親が子の世話をし，ほかの動物に食べられることが非常に少ないほ乳類のチンパンジーは，多くの個体が大人になるまで育つので，Aのグラフにあてはまる。

(6) ア…各時期の生存率は，0.38～0.97と大きな差がある。エ…1令幼虫の個体数が570であるのに対して，さなぎの個体数が85であり，生存個体の割合は0.73－0.11＝0.62と大きく減少している。オ…各時期で一番生き残る確率が高いのは，期間の生存率が0.97の3令幼虫の時期である。

★ワンポイントアドバイス★

与えられた文章，実験の条件や結果などをもとにして，知識だけでなく思考力を要求するような問題が多く出題されているので，典型的なものばかりでなく，いろいろな種類の問題に取り組んで思考力を養っていこう。

＜社会解答＞《学校からの正答の発表はありません。》

【1】 問1　あ　利根(川)　い　荒(川)　う　銚子(市)　え　多摩(川・丘陵)
問2　イ　問3　エ　問4　ウ　問5　ドーナツ化(現象)　問6　カ
問7　エ　問8　イ　問9　(さけ・ます)　ア　(国名)　チリ

【2】 問1　ウ　問2　エ　問3　ウ　問4　中継貿易　問5　ウ
問6　シャクシャイン(の戦い)　問7　イ　問8　エ　問9　吉田茂　問10　オ

【3】 問1　X　福沢諭吉　Y　本庶佑　問2　利益　問3　イ　問4　ア
問5　(1)　イ・エ　(2)　エ　問6　(1)　(アメリカ)　a　(日本)　b
(2)　インド　問7　イ

【4】 問1　ウ　問2　春日部(市)　問3　イ
問4　(a)(安全とは)考え方や知識(であり，安心とは私たちの)心のはたらき(である。)

(b)(安全と安心は)異なるもの(なので,)　(例)両者を区別したうえで，安全を正しく評価するためには，物ごとに対する正確な分析が不可欠であり，安心の基準をより適切なものにするためには歴史に学ぶことが大いに必要である(82字)(と考えている。)

○推定配点○

【1】　問1・問9　各1点×6　　他　各2点×7　　【2】　各2点×10　　【3】　各2点×11

【4】　問1～問3　各2点×3　　問4　(a)　3点　　(b)　4点　　　計75点

＜社会解説＞

【1】　(日本の地理－日本の国土と自然，人口，農業，水産業，工業，貿易)

問1　あ　昔は東京湾に注いでいたのが，江戸時代に流路が付け替えられたのは，利根川である。い　甲武信ヶ岳を源流とし，江東区と江戸川区の区境で東京湾に注ぐのは，荒川である。

う　現在の利根川は，千葉県銚子市を河口としている。　え　山梨県の笠取山を源流とし，東京湾に注ぐのは，多摩川である。多摩川は，中流域で多摩丘陵と武蔵野台地の間を流れている。

問2　ほうれんそうは埼玉県や群馬県などで生産が盛んなことから①と，にんじんは北海道や千葉県などで生産が盛んなことから③と，日本なしは茨城県や千葉県などで生産が盛んなことから②と判断できるので，イの組み合わせが正しい。

やや難　問3　施設数は「ゴルフ場」「温泉地数」に比べると「テーマパーク・レジャーランド」は少ないと考えられるので，Yが「テーマパーク・レジャーランド」と判断できる。「テーマパーク・レジャーランド」が最も多い①の都道府県は千葉県となる。千葉県は東京近郊に位置しており，ゴルフ場も多いと考えられるので，Xが「ゴルフ場」と判断できることから，Zは「温泉地数」となる。「温泉地数」が最も多いのは北海道であり，②が北海道となる。また，「温泉地数」が2番目に多い③は長野県である。よって，エの組み合わせが正しい。

問4　関東大震災の被害は，都心より東部に広がる低地の密集市街地で大きかったため，被害が少なく都市化も遅れていた西部の山の手に市街地が拡大したことから，Xは誤り。戦後の都心の過密化に伴って，1955年ごろから小田急沿線では世田谷などで住宅の建設・販売が増加し，その後に町田や相模大野周辺などへと拡大していったので，Yは正しい。よって，ウの組み合わせが正しい。

基本　問5　郊外化に伴って都心部の人口が空洞化する現象は，ドーナツ化現象という。

問6　八王子市，杉並区，港区のうち，人口に占める65歳以上の割合が最も高く人口増減率が最も低いZが郊外に位置する八王子市，人口増減率が最も高いXは東京では人口の都心回帰の流れがみられることから都心に位置する港区と判断できるため，Yは杉並区となる。よってカの組み合わせが正しい。

問7　4つのグラフのなかで，機械工業の割合が最も高いウが中京工業地帯，金属工業の割合が最も高いアが阪神工業地帯，化学工業の割合が最も高いエが京浜工業地帯，食料品工業の割合が最も高いイが関東内陸工業地域とわかる。

問8　大豆・小麦・とうもろこしの最大の輸入相手国であるXはアメリカである。大豆やとうもろこしはブラジルからの輸入がアメリカに次いで多いので，Yはブラジルとなる。小麦がアメリカに次いで輸入が多いZはカナダである。よって，イの組み合わせが正しい。

問9　「さけ・ます」はノルウェーやロシアなどの寒冷な地域からの輸入が多いことから，アとわかる。また，日本の「さけ・ます」の最大の輸入相手国は南半球に位置し養殖が盛んなチリであることから，アの空欄にはチリがあてはまる。なお，イは「まぐろ」，ウは「えび」であり，イの空欄には中国が，ウの空欄にはベトナムがあてはまる。

【2】 (日本の歴史－古代～現代)

問1　聖徳太子は，仏教や儒教の考え方を取り入れたわが国最初の成文法である十七条憲法を制定しており，十七条憲法では役人や豪族が守るべき心得を示していることから，Xは正しい。天皇や豪族がもっていた私有地や私有民をなくし，土地や人民は国家のものとする方針は，聖徳太子が示したものではなく，中大兄皇子らによる大化の改新で示されたものなので，Yは誤り。よって，ウの組み合わせが正しい。

問2　隋は朝鮮半島北部などに位置していたエの高句麗と対立していた。

問3　アは1297年に出された永仁の徳政令の内容である。イは1485年に始まった山城国一揆に関する内容である。ウは1428年の正長の土一揆に関する内容である。エは1588年に出された刀狩令である。よって，1429年に最も近いのはウとなる。

問4　琉球王国が行っていた，日本の武具・屏風や東南アジア産の香辛料などを中国へもっていき，その返礼として入手した生糸や絹織物・陶磁器などを諸国に転売する形態の貿易を，中継貿易という。

重要 問5　Xの「キリスト教徒への迫害」と関係が深いのは，かくれているキリスト教徒を発見するために行われた②の絵踏である。Yの「質を落とした貨幣を大量に発行して財政を立て直そう」としたのは江戸幕府5代将軍である③の徳川綱吉。よって，ウの組み合わせが正しい。なお，①の朱印状は徳川家康などが貿易を望む大名や商人に発行した東南アジアへの渡航を許可する書状。④の新井白石は江戸幕府6代将軍徳川家宣・7代将軍徳川家継に仕えた儒学者で，貨幣の質を元にもどす政策をとった人物である。

問6　1669年にアイヌと松前藩の間でおこった戦いは，アイヌの首長の名前からシャクシャインの戦いという。

問7　井上馨は外務卿，のちに外務大臣として条約改正交渉を行ったが，領事裁判権を撤廃する代わりに外国人判事を任用するという条件を出したことに対して政府内外から反発が起こった。また，井上馨は鹿鳴館で舞踏会を開くなどして極端な欧化政策をとった人物である。よって，Xは正しい。日清戦争直前の1894年に外務大臣の陸奥宗光が日英通商航海条約を結び領事裁判権が撤廃されたので，Yは正しい。1911年に外務大臣の小村寿太郎はロシアではなくアメリカとの間で関税自主権の回復に成功しており，Zは誤り。以上より，イの組み合わせが正しい。

問8　Ⅰの徴兵令は1873年に出され，Ⅱの五箇条の御誓文は1868年に出され，Ⅲの廃藩置県は1871年に行われた。年代の古いものから順に並べかえると，Ⅱ→Ⅲ→Ⅰとなり，エが正しい。

基本 問9　サンフランシスコ平和条約と日米安全保障条約に調印をした，当時の首相(内閣総理大臣)は吉田茂である。

問10　サンフランシスコ平和条約が調印されたのは1951年で，沖縄の本土復帰は1972年である。アの東海道新幹線が開通したのは1964年，イの第五福竜丸事件は1954年，ウのテレビ放送が開始されたのは1953年，エの日本万国博覧会が開催されたのは1970年，オの湯川秀樹がノーベル賞(ノーベル物理学賞)を受賞したのは1949年である。よって，サンフランシスコ平和条約の調印から沖縄の本土復帰までにおきた出来事として適当でないのはオとなる。

【3】 (日本の歴史，政治－近代，基本的人権，政治のしくみ，財政，時事問題，その他)

問1　X　『西洋事情』は福沢諭吉の著作である。　Y　2018年にノーベル医学生理学賞を受賞した京都大学の人物は，本庶佑である。

問2　リンカーンは，「特許制度は天才の火に利益という油を注いだ」という言葉を残している。

特許制度によって，特許を取得した発明者は利益を得られるようになった。

問3　スポーツ選手が打ち立てた新記録や獲得したタイトルは，アイデアや創造物ではなく記録や結果であり，知的財産権には該当しないので，イが誤っている。ア，ウは「考えた」とあり，オは「開発された」とあることから，アイデアや創造物に当てはまるため，知的財産権として主張できると考えられる。また，エの地域ブランド名も地域の名称と商品名を組み合わせるという部分がアイデアや創造に当たるため，知的財産権として主張できると考えられる。

問4　特許庁は，経済産業省の外局であることから，アが適当。

問5　(1)　1980年代～90年代にかけての日米の貿易摩擦では，日本からアメリカへの自動車の輸出量を自主的に規制したので，イが適当。また，この時の摩擦の対象となった品目には自動車や半導体があるので，エが適当。なお，日米貿易摩擦ではアメリカで日本製品の破壊などが起こったことはあるが，日本でアメリカ製品の不買が起こったわけではないので，アは適当でない。日米貿易摩擦の際に，両国の関税が完全に撤廃されてはいないので，ウは適当でない。　(2)　中国の通信機器メーカーとしては，エのファーウェイがあてはまる。アのアリババは中国の企業であるが，通信機器メーカーではなく電子商取引のサイトなどを運営している。イの新華社通信は中国の国営通信社でニュースなどを配信している。ウのヒュンダイは韓国の自動車メーカーである。

やや難　問6　(1)　aは2004年～2006年の平均が1位で2017年～2019年の平均が2位となっていることからアメリカ，cは2004年～2006年の平均が3位であったものが2017年～2019年の平均が1位となっていることから中国とわかる。日本は2004年～2006年の平均よりも2017年～2019年の平均の順位が下がっていると考えられるので，bとわかる。なお，dがドイツ，eが韓国となる。

(2)　近年，特にコンピューター・ソフトウェアの開発が盛んで，情報通信技術(ICT)産業の発展が著しく，アメリカ・韓国・中国・ドイツ・日本・イギリス・フランス・イタリア・カナダ・スペイン以外の国は，インドと考えられる。

問7　2021年度の予算案における国債依存度は40.9％なので，イがもっとも近い。

【4】 (総合問題)

問1　もっとも新しく発行された硬貨は，2021年から発行されている新しい500円硬貨で，表には桐，裏には竹と橘が描かれていることから，ウがふさわしい。なお，アの稲穂は5円硬貨に，イの菊は50円硬貨に，エの桜は100円硬貨に描かれている。

問2　埼玉県で伝統工芸としてタンスを製造している市としては，春日部市があてはまる。

問3　三陸海岸に立地している原子力発電所は，イの女川が適当。女川は宮城県にある。アの伊方は愛媛県にあり，ウの川内は鹿児島県にあり，エの高浜は福井県にある。

問4　(a)　2段落目に「私たちの心のはたらきが拒否してしまうからです。安心できないのですね。」とあることから，安心とは「私たちの心のはたらきである」と判断できる。「私たちの心のはたらき」と対比できる，安全に関連することばとしては，5段落目に「安全を正しく評価するためには，物ごとに対する正確な分析，つまり科学的な考え方や知識が不可欠です。」とあることから，「安全とは考え方や知識である」と捉えられる。　(b)　5段落目に「安全と安心は異なるものなので，両者を区別したうえで，それぞれに適切に対応することが必要です」とあり，「安全を正しく評価するためには，物ごとに対する正確な分析，つまり科学的な考え方や知識が不可欠」であるとしている。また，6段落目には「安心は，一人ひとりの経験に大きく影響され」ること，7段落目に「安心の基準をより適切なものにするためには」「歴史に学ぶことが大いに必要」としている。

★ワンポイントアドバイス★

日本だけでなく世界のできごとにも注意しておこう。

＜国語解答＞《学校からの正答の発表はありません。》

一 ① 仮　② 盟　③ 期　④ 承　⑤ 印

二 ① 乗　② 足　③ 泳　④ 首　⑤ 刻

三 問一 (例) 環境が企業の中核ビジネスとなって，企業の将来を左右する鍵になりつつあること。(38字)　問二 (例) 自然が一方にあり，社会が他方にあるという世界観にもとづいて，地球への影響を「外部性」として扱うという概念で考えること。(59字)

問三 (例) 人間活動によって飽和し不安定になった世界において，生物種や生態系といった自然の一部を保護する考えから，地球全体の守護者となって人類を救うという考えに変わった。(79字)　問四 (例) 地球に残された美しさを，副次的なものではなく，必須のものとして守護することを当たり前のように行い，インフラ全体を気候変動の観点から環境負荷のないものにすること。(80字)

四 問一 (例) 〈ぼく〉は話を理解できないだろうと思って事情を話さないこと。(30字)

問二 (例) 母親が娘の性格を見習うのは順序が逆だと思ったから。(25字)

問三 (例) 一緒に暮らしている長兄たちは自分と同じ父母から生まれた兄弟だと思っていたが，異母兄弟なのかもしれないということ。(56字)　問四 (例) 一緒に暮らしてきた姉の夏子も長兄たちと同じように異母兄弟なのかということを聞きたかったが，姉が異母兄弟だとしたら，これまでの家族の関係が壊れてしまうかもしれないと思い，聞く勇気が出なかったということ。(100字)

○推定配点○

一・二　各1点×10　三　問一～問三　各10点×3　問四　15点

四　問一～問三　各10点×3　問四　15点　計100点

＜国語解説＞

基本 一 (漢字の書き取り)

①の「仮(カ)説」はある現象や法則性を説明するため，仮に立てる説。②の「同盟(メイ)」は国家などが互いに共通の目的を達成するために同一の行動をとることを約束すること。③の「氷河期(キ)」は地球の気候が寒冷化し，地表と大気の温度が長期にわたって低下する時期のこと。④の「継承(ショウ)」は身分などを受けつぐこと。⑤の「印(イン)」の訓読みは「しるし」。熟語は「目印(めじるし)」など。

二 (慣用句，漢字の書き取り)

①の「口車に乗る」は言葉たくみに言いくるめられること。②の「二の足を踏む」は思い切って物事を進めることができないさま。③の「泳(およ)ぐ」の訓読みは「エイ」。熟語は「競泳(きょうえい)」など。④の「首をかしげる」はふしぎに思ったり，疑わしく思ったりするときの動作。⑤の「刻(きざ)む」の訓読みは「コク」。熟語は「深刻(しんこく)」など。

三 (論説文－主題・要旨・大意・細部の読み取り，指示語，記述力)

基本 問一　――線部①は直前の段落で述べているように，環境が「企業の中核ビジネスとなり，企業の核心となる活動となり，企業が市場を席巻するか消滅するかを決定づける鍵になりつつある」ことなので，この部分を指定字数以内にまとめる。

重要 問二　――線部②は直前で述べているように，「自然が一方にあり，社会が他方にあるという世界観」にもとづいて「地球への影響を『外部性』として扱うという時代遅れの概念」で考えることなので，この部分を指定字数以内にまとめる。

問三　――線部③前後で，現在は人間活動によって飽和し不安定になった世界であり，生物種や生態系といった自然の一部を保護するという時代は終わり，地球全体の守護者となって人類を救う必要がある，ということを述べているので，このことをふまえ，どのような〈世界〉になり，どのような考えからどのような考えに変わったかを説明する。

やや難 問四　――線部④は直前までで述べているように，インフラ全体を気候変動の観点から環境負荷のないものにするために，地球に残された美しさを，副次的なものではなく必須のものとして守護する役割を果たすことが不可欠で，そのことを自然なこととして行うことが「土台作り」である，と筆者は考えているので，これらの内容をふまえ，どのように「土台作り」をするのかを説明する。

四 (小説－心情・情景・細部の読み取り，指示語，記述力)

問一　――線部①は，姉の夏子の縁談の話を「ぼく」が知らなかったことに対するもので，母が「ぼく」に言わなかったのは「『ちょっと難しい話もあったから』」であると話していることから，〈子ども扱い〉＝理解できないだろうと思われて事情を話してもらえないという扱いであることを説明する。

問二　――線部②は，ふつうは子どもが親を見習うものなのに，母親が娘である夏子の性格を見習わないと，とつぐも叔父が言ったことに対するものなので，親と子の順序が逆であることを〈ヘンテコ〉と思った理由として説明する。

重要 問三　――線部③の「そういう訳ではないのだろうか」は，今この家で一緒に暮らしている長兄たちは自分たちと同じ父母から生まれたのではないのかもしれない，ということである。姉の困った表情から，③前で「ぼく」が思っていたこととは違うことに気づいた「ぼく」の心情を具体的に説明する。

やや難 問四　――線部④の「それ」は「ぼくの目の前にいる姉の夏子はどうなのだろう」＝一緒に暮らしてきた姉の夏子も長兄たちと同じように異母兄弟なのか，という疑問である。そのような疑問を姉に聞きたかったが，姉が長兄たちと同じように異母兄弟だとしたら，これまでの家族の関係が壊れてしまうかもしれないと思い，聞く勇気が出なかったのである。「それ」の内容と「聞けなかった」という「ぼく」の心情を読み取って説明する。

★ワンポイントアドバイス★

論理的文章の中で用いられている語句は，筆者がどのような意味で用いているかをしっかり確認しよう。

2021年度

★★★★★★★★★★★★★★★★★★★★★★★

入　試　問　題

2021年度

芝中学校入試問題（第１回）

【算　数】（50分）　＜満点：100点＞

次の問いの □ をうめなさい。

1　次の計算をしなさい。

(1)　$\left(\frac{1}{7}-\frac{1}{9}\right)\times10.5+\frac{2}{11}\times\left(\frac{2}{3}+0.25\right)+\left(\frac{1}{9}-\frac{1}{15}\right)\div0.4=$ □

(2)　$\frac{3}{8}\times1.875\div\left(2+1\frac{4}{7}\right)\div(2-$ □ $)\div0.12=1\frac{5}{16}$

2　７％の食塩水が600ｇあります。これに15％と20％の食塩水を１：２の割合で混ぜて，10％の食塩水を作りました。

このとき，20％の食塩水を □ ｇ混ぜました。

3　整数の中で，１とその数を含めて，約数をちょうど５個持つ整数の中で２番目に小さい整数は，［(1)］です。

また，１とその数を含めて，約数をちょうど８個持つ整数の中で１番小さい整数は，［(2)］です。

4　マスクを □ 箱仕入れ，原価の３割の利益を見込んで定価をつけたところ，200箱しか売れませんでした。そのため，定価の２割引きで売り出したところ，いくつか売れました。売れ残ったマスクは400箱で，定価の半額で売り切りました。

その結果，売り上げと仕入れ値が同じになり，利益は出ませんでした。

5　右の図で，三角形ＡＢＣの面積は100cm^2です。

また，ＡＤ：ＤＢ＝ＤＧ：ＧＥ＝１：３，ＢＥ：ＥＣ＝ＥＨ：ＨＦ＝１：４，ＣＦ：ＦＡ＝ＦＩ：ＩＤ＝２：３です。

(1)　三角形ＡＤＦの面積は □ cm^2です。

(2)　三角形ＧＨＩの面積は □ cm^2です。

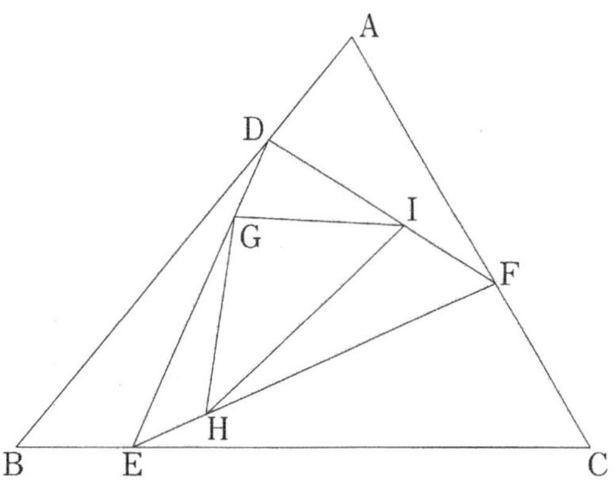

6 ある数Ａをこえない１番大きい整数を表す記号を＜Ａ＞で表すことにします。

例えば，＜1.2＞＝１，$<\frac{15}{7}>=2$，＜３＞＝３のようになります。

このとき，$\frac{5}{7}+\frac{10}{7}+\frac{15}{7}+\frac{20}{7}+\cdots+\frac{310}{7}=$ ［ (1) ］であり，

$<\frac{5}{7}>+<\frac{10}{7}>+<\frac{15}{7}>+<\frac{20}{7}>+\cdots+<\frac{310}{7}>=$ ［ (2) ］です。

7 箱の中の玉を次のルールにしたがって操作します。箱の中の玉がなくなったときこの操作を終了します。

・箱の中の玉が20個未満のときは，箱の中の玉の個数が２倍になるように玉を入れます。

・箱の中の玉が20個以上のときは，箱の中から玉を20個取り出します。

(1) 最初に36個の玉が入っていたとき，この操作を30回行うと箱の中の玉は，［　　］個になります。

(2) この操作を４回行ったところ，箱の中の玉がちょうどなくなりました。最初に箱に入っていた玉の個数で考えられるのは，全部で［　　］通りです。

8 あるホールでコンサートが行われました。受付は開演の１時間前から行われ，受付開始前に，すでに480人が並んでいました。受付開始後も一定の割合で人が集まり，列に並んでいきました。また受付では，一定の割合で人を入場させます。

受付を開始したときは，受付場所を５カ所開け，その10分後には並んでいる人は300人になりました。受付開始20分後に５カ所の受付場所を４カ所にしたところ，開演の20分前には並んでいる人がいなくなりました。

(1) 受付開始20分後には［　　］人が並んでいます。

(2) １分間に［　　］人が列に加わっています。

9 水そうに，蛇《じゃ》口Ａ，蛇口Ｂと排水口Ｃの３つがあり，同じ時間で蛇口Ａと蛇口Ｂから入る水の量の比は５：６です。

ある日，蛇口Ａだけを開けて水を入れましたが，［ (1) ］分後，水そうのちょうど半分まで水が入った時点で，蛇口Ｂも開けました。しかし，途中12分間だけ排水口Ｃが開いてしまい，そのため，水そうの水が満水になるまでに１時間かかりました。

その後，一定時間すべての蛇口と排水口を閉めたあと，再び排水口Ｃを開けたところ，再び排水口Ｃを開けたところから［ (2) ］分間で空になりました。

次のページのグラフは，その時の水そうの水の量と時間の関係を表したグラフです。

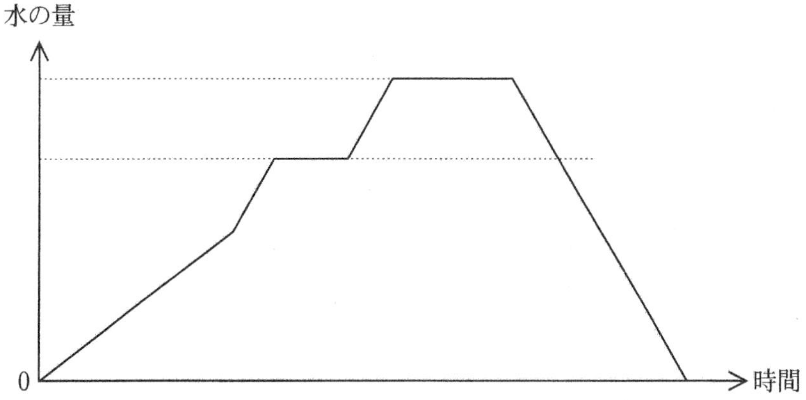

10　下の図のような長方形ＡＢＣＤがあり，点Ｐ，Ｑ，Ｒは辺ＢＣを，点Ｘ，Ｙ，Ｚは辺ＡＤをそれぞれ４等分しています。

(1)　斜線部分①の面積は，長方形ＡＢＣＤの面積の □ 倍です。

(2)　斜線部分②の面積は，長方形ＡＢＣＤの面積の □ 倍です。

(3)　斜線部分をすべて合わせた面積は，長方形ＡＢＣＤの面積の □ 倍です。

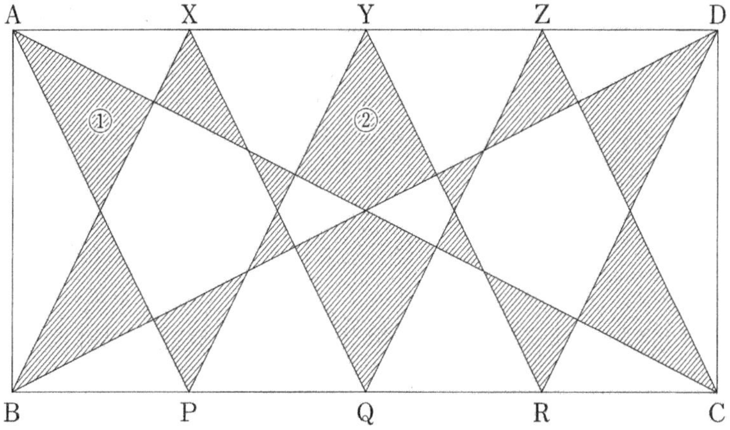

【理　科】（40分）　＜満点：75点＞

1　次の文を読み，問いに答えなさい。

今日は日曜日で，学校も部活もお休みです。いつもよりおそく起きた芝太郎君は，お父さんと将棋《しょうぎ》を指しながら，今日の夕方に見える日食について話していました。

お父さん　「日食は，地球と月と太陽とが一直線になるためにおきるよ。そして①月の見かけの大きさと太陽の見かけの大きさはほとんど同じなので，ちょうど月が太陽をかくす皆既《かいき》日食や，わずかにかくしきれない金環《きんかん》日食などがあるんだ。」

芝太郎君　「日食は太陽がかくれて暗くなるから，肉眼で見てもだいじょうぶかな？」

お父さん　「いや，肉眼で見たり，ましてや②レンズなどを使って太陽を見るのは危険だよ。しっかりと安全な方法を調べておこうね。」

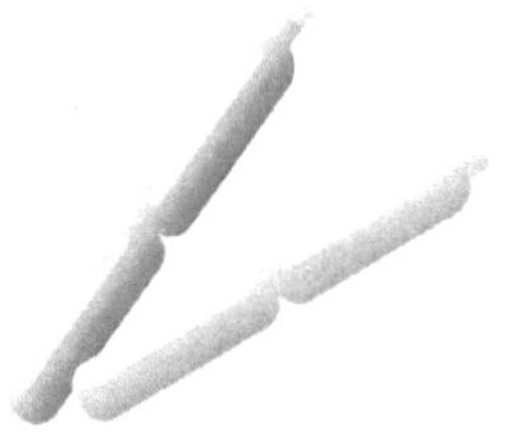

そこへお母さんが，図のようなプラスチック容器に入った棒状のアイスを持ってきてくれたので，二人は将棋が終わったら食べることにしました。お父さんはアイスをテーブルの上に置きっぱなしにしていましたが，芝太郎君はアイスがとけてしまわないようにと思い，自分のアイスだけを氷水の入ったコップに入れました。

10分後に将棋を終えると，③お父さんのアイスはそれほどとけていませんでしたが，芝太郎君のアイスはとけていました。芝太郎君は不思議に思いながら，とけたアイスを食べました。

お昼を過ぎました。天気も良かったので，芝太郎君とお父さんは外に出かけ，お昼ご飯を公園で食べることにしました。公園のベンチにすわった芝太郎君は，お店で買ってきたハンバーガーセットを開けてこう言いました。

芝太郎君　「お父さん，このジュースについているストローは紙製だね。なんでプラスチックじゃないんだろう？」

お父さん　「今，プラスチックごみが深刻な問題になっているからね。たとえば，④細かく砕《くだ》けたプラスチックごみが海に大量に流れこんだ結果，生物の体内にたまったりして，生態系全体に影響《えいきょう》をあたえたりもしているよ。このストローのように使い捨てのプラスチックを減らす取り組みが必要なのかもしれないね」

ふと気づくと，芝太郎君の目の前を，カラスが何羽も歩いていました。⑤芝太郎君はじっくりとカラスの体のつくりや行動を観察して，様々なことを考えました。

(1)　下線部①について。月までのきょりは38万㎞で，太陽までのきょりは１億５千万㎞です。太陽を直径140万㎞の球とすると，月の直径はいくらでしょうか。次の中から１つ選んで，記号で答えなさい。

（ア）552600000㎞　（イ）55260㎞　（ウ）5526㎞　（エ）35470000㎞
（オ）35470㎞　（カ）3547㎞　（キ）28200㎞　（ク）2820㎞
（ケ）0.000282㎞

(2)　下線部②について。次の文を読み，問いに答えなさい。

レンズに平行な光を当てた時，レンズを通過後，次のページの図１のように光が進むのは（　A　）レンズです。

このレンズを使い，図３のように，しょう点よりもレンズから遠い位置にろうそくを置くと，スクリーンに映し出される実像Ｂを見ることが出来ます。

また，このレンズを使い，図４のようにしょう点よりもレンズに近い位置にろうそくを置くと，レンズを通してろうそくのきょ像Ｃを見ることが出来ます。

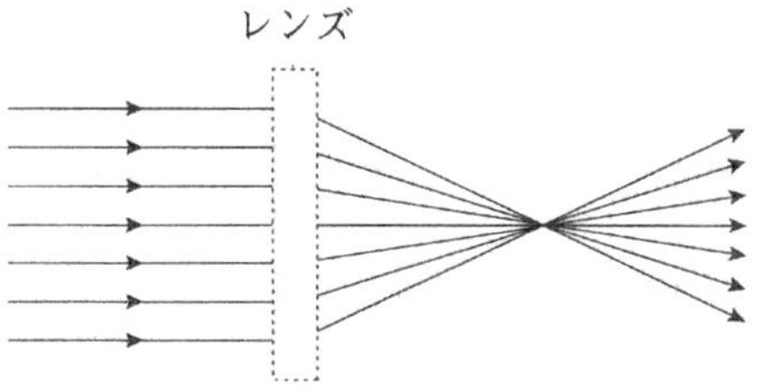

図１

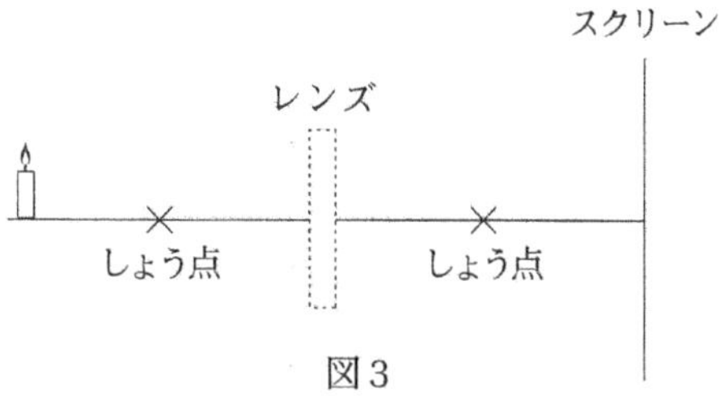

図３

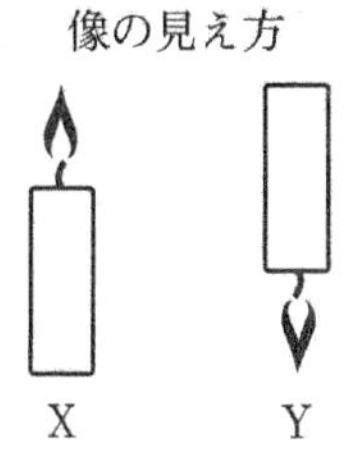

図２

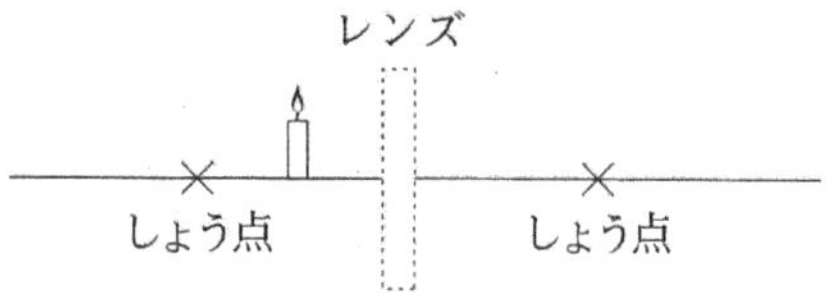

図４

上の文中（A）に適する語と，実像Ｂの見え方，きよ像Ｃの見え方を図２のＸ，Ｙいずれかから選んだ正しい組み合わせを，下の（ア）～（ク）から１つ選んで，記号で答えなさい。

	（ア）	（イ）	（ウ）	（エ）	（オ）	（カ）	（キ）	（ク）
（A）に適する語	とつ	とつ	とつ	とつ	おう	おう	おう	おう
実像Bの見え方	X	X	Y	Y	X	X	Y	Y
きょ像Cの見え方	X	Y	X	Y	X	Y	X	Y

⑶　下線部③について。芝太郎君のアイスの方がお父さんのアイスよりもとけた理由を25字以内で書きなさい。句読点や記号は１字と数えること。なお，部屋の温度は20℃であったとします。

⑷　下線部④について。大きさが直径数㎜以下の小さなプラスチックを何と言いますか。カタカナ10字で答えなさい。

⑸　下線部⑤について。カラスについて説明した次の文のうち，正しいものはどれですか。次の中から１つ選んで，記号で答えなさい。

（ア）くちばしはホ乳類のくちびるの部分がのびたもので，中には骨がない。

（イ）はばたくつばさは内部に骨がなく，軽いために飛ぶのに適している。

（ウ）足は４本あり，これは恐竜《きょうりゅう》の前足と後ろ足が進化したものである。

（エ）ヒトのにょうに相当するものをフンに混ぜて出す。

（オ）尾《お》には尾羽《おばね》がついていてよく動き，その根元には骨がない。

（カ）カラスは都市部に生息するために，巣をつくらずに子育てをする。

（キ）カラスは夜行性で，超《ちょう》音波を出してエサを見つけている。

2 植物について，次の問いに答えなさい。

⑴ 右の図はアブラナの花です。
図のあ，い，うの部分の名前をひらがなで答えなさい。

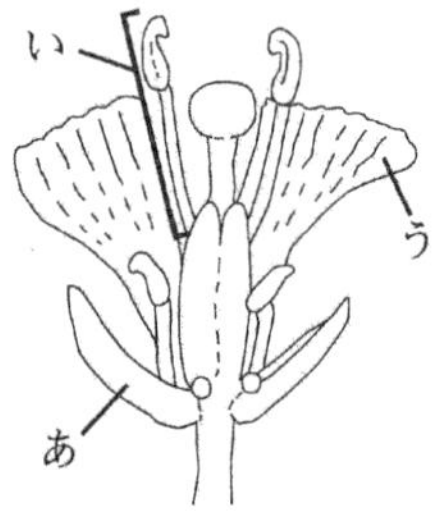

⑵ 日本では昔，アブラナからとった油を「あかり」に利用していました。この油はアブラナのどの部分からとりますか。

⑶ アブラナの仲間（アブラナ科）には，ヒトが食べる野菜となるものが多くあります。

それらの野菜の花はアブラナの花に似ています。次の（あ）～（か）よりアブラナの仲間（アブラナ科）を２つ選んで，記号で答えなさい。

（あ）キャベツ　（い）ナス　（う）トマト
（え）ジャガイモ　（お）ハクサイ　（か）キュウリ

⑷ 最近はツルレイシ（ゴーヤ）をグリーンカーテンとして，日よけに利用します。

ツルレイシは実がなると食べられます。ツルレイシの花はオスの花（お花）とメスの花（め花）が別々にさきます。このような花のさき方をする植物を次の（あ）～（け）より３つ選んで，記号で答えなさい。

（あ）タンポポ　（い）トマト　（う）マツ
（え）ヘチマ　（お）ユリ　（か）ホウセンカ
（き）チューリップ　（く）トウモロコシ　（け）アサガオ

⑸ 下の図で，ツルレイシのメスの花（め花）を１つ選んで，記号で答えなさい。

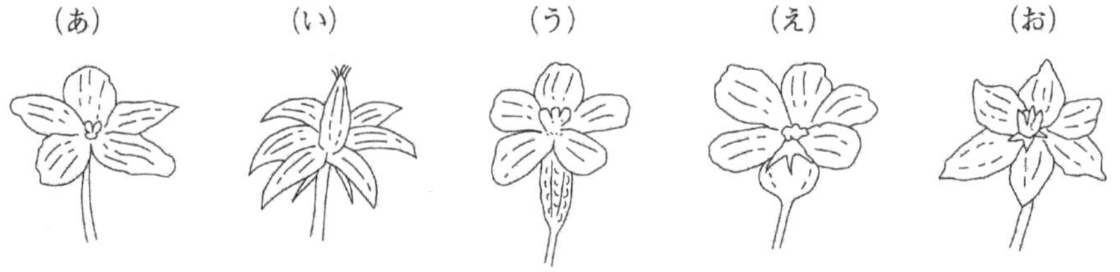

⑹ ツルレイシのメスの花（め花）がつぼみの時に次の実験をしました。

Ａ，Ｂ，Ｃ，３つのツルレイシのめ花のつぼみにビニールのふくろをかぶせる。

Ａのツルレイシ：め花をビニールのふくろをかぶせたまま育てる。

Ｂのツルレイシ：め花がさいたらビニールのふくろをとり，キュウリのお花の花粉をつけ，再びビニールのふくろをかぶせて育てる。

Ｃのツルレイシ：め花がさいたらビニールのふくろをとり，ツルレイシのお花の花粉をつけ，再びビニールのふくろをかぶせて育てる。

(i) 下線部の操作《そうさ》を行う目的は何ですか。簡単に説明しなさい。

(ii) この実験で実がなったのはＣのツルレイシだけでした。このことからどんなことが言えますか。簡単に説明しなさい。

3 次の文を読み，問いに答えなさい。答えは整数とし，小数点以下は四捨五入すること。

芝太郎君は校外学習でボルダリング（かべを垂直に登る競技）体験をしました。登るときに命づなをつけました。そのつなは上にあるかっ車を通って，下にいるインストラクターの人が持っていました。図１のような場合に，登る人が足をすべらせたとしても落下しないように，インストラクターは常に命づながたるまないようにします。

インストラクターがつなを引いて引きとどめておくこれを以下では“支える”と言うことにします）ためには，インストラクターの体重が登る人以上である必要があります。“よゆうを持って支える”ためには“支える”場合よりも，インストラクターの体重が＋５kg必要だとします。

例：図１の場合　インストラクターの体重が50kgだとすると，“支える”ためには登る人の体重が50kg以下，“よゆうを持って支える”ためには登る人の体重が45kg以下である必要があります。

図１

芝太郎君は動かっ車を使うことで，体重の軽い人も命づなを支えるインストラクターが出来ると考えました。なお，命づなの重さは無視できるものとします。

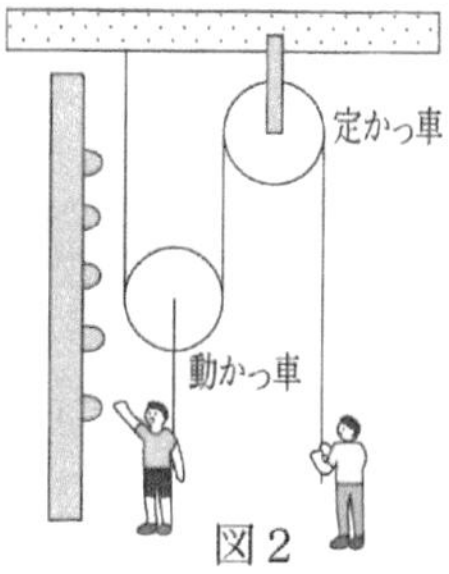

図２

⑴　図２のような装置を考えました。かっ車の重さは無視できるとすると，登る人の体重が110kgの場合，“支える”のに必要なインストラクターの体重は何kgですか。

⑵　図２の装置で登る人が２m登るとき，命づながたるまないようにインストラクターが引く命づなの長さは何mですか。

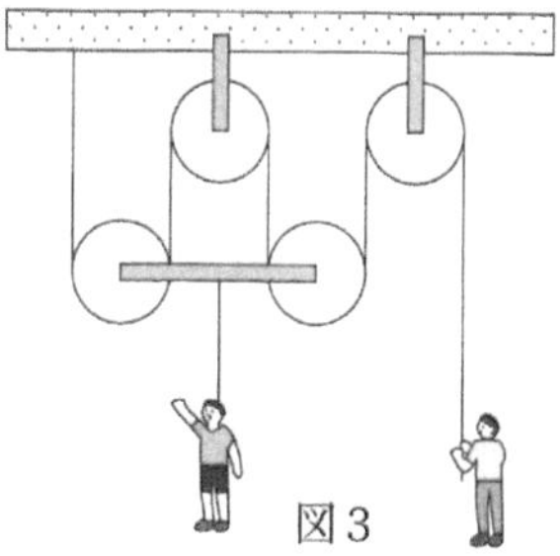
図３

⑶　図３のような装置を考えました。かっ車の重さは無視できるとすると，体重50kgのインストラクターが“よゆうを持って支える”ためには登る人の体重が何kg以下である必要がありますか。

⑷　図４のような装置を考えました。かっ車の重さは無視できるとすると，体重50kgのインストラクターが“よゆうを持って支える”ためには，登る人の体重が何kg以下である必要がありますか。

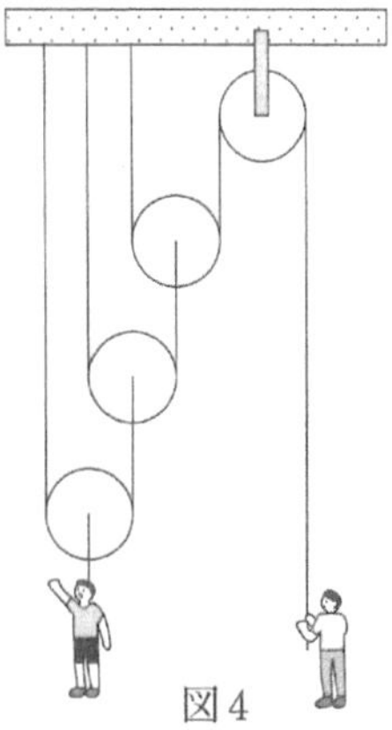
図４

⑸　図３の装置でかっ車の重さがひとつ６kgとします。登る人の体重が100kgの場合，“支える”のに必要なインストラクターの体重は何kgですか。

⑹　図４の装置でかっ車の重さがひとつ６kgとします。登る人の体重が102kgの場合，“よゆうを持って支える”のに必要なインストラクターの体重は何kgですか。

⑺　図４の装置で登る人が２m登るとき，命づながたるまないようにインストラクターが引く命づなの長さは何mですか。

4 図はある場所のがけに見られた地層の様子です。（あ）は砂岩層で（い）はぎょうかい岩層，（う）はれき岩層です。また，（あ）（い）（う）の地層はスコップでもなんとかくずすことができましたが，（え）（お）（か）の地層はハンマーでないと割ることができませんでした。（あ）の地層からは図１の化石（ホタテガイ）が，（え）の地層からはサンゴの化石が，（お）の地層からは図２の化石が，（か）の地層からは図３の化石が見つかりました。

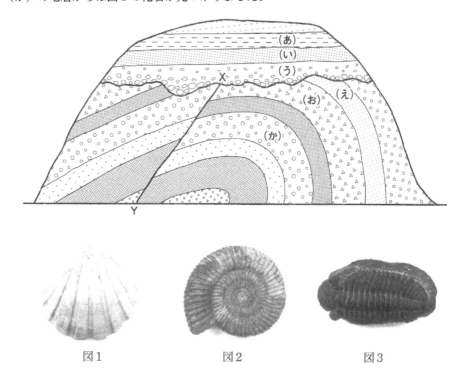

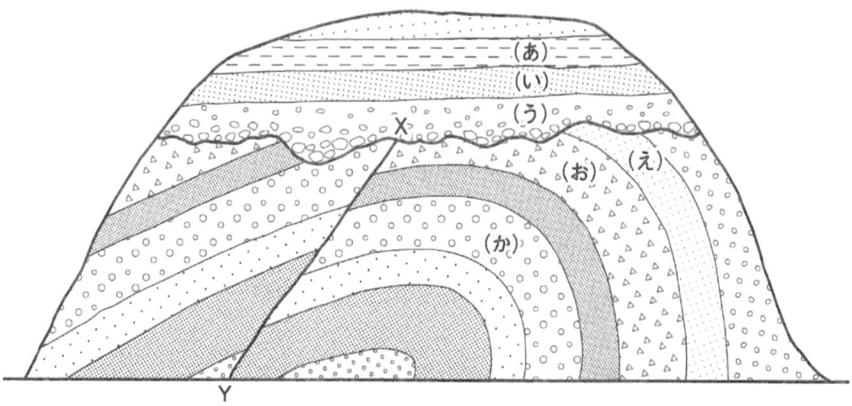

図１

図２

図３

⑴ 図中のX－Yのような地層のずれを何と言いますか。漢字３文字で答えなさい。

⑵ 図中のX－Yのずれができたとき，この地域におきたこととして，最も適当なものを次の中から１つ選んで，記号で答えなさい。

（ア）つ波　（イ）こう水　（ウ）地しん　（エ）いん石の落下　（オ）火山のふん火

⑶ れき岩・砂岩・でい岩はつぶの大きさで分けます。れき岩と砂岩のつぶの大きさの境を（A）ミリメートルとし，砂岩とでい岩のつぶの大きさの境を（B）ミリメートルとしたときの正しい組み合わせを，下の表の（ア）～（ク）の中から１つ選んで，記号で答えなさい。

	（ア）	（イ）	（ウ）	（エ）	（オ）	（カ）	（キ）	（ク）
（A）	10	10	5	5	4	4	2	2
（B）	0.6	0.06	0.6	0.06	0.6	0.06	0.6	0.06

⑷ （あ）の地層，（え）の地層がたい積した時のこの場所のかん境に最も適するものを，次の中から，それぞれ１つ選んで，記号で答えなさい。

（ア）暖かくて深くて静かな海底　（イ）暖かくて浅く光がよく届く海底
（ウ）暖かい湖や河口付近　（エ）冷たくて主に砂のある海底
（オ）冷たくて潮だまりのあるような岩場　（カ）冷たい湖や河口付近

⑸ 次の（ア）～（シ）はこの場所で起きたできごとを表しています。これらを起きた順に並べかえたときの，３番目・７番目・９番目を記号で答えなさい。

（ア）（あ）の地層がたまる　　（イ）（い）の地層がたまる
（ウ）（う）の地層がたまる　　（エ）（え）の地層がたまる
（オ）（お）の地層がたまる　　（カ）（か）の地層がたまる
（キ）地層が曲がる　　（ク）地層のずれが生じる
（ケ）地層がりゅう起して地上に出る　　（コ）地層がちん降して海底になる
（サ）地層がしん食される　　（シ）地層が再びりゅう起して地上に出る

⑹ （あ）の地層と（い）の地層はつぶの形にはっきりとしたちがいがありました。そのちがいとそうなる理由を「（あ）の地層のつぶの形の方が」に続けて説明しなさい。

⑺ 図２の化石が生きていたときの地球の様子として最も適当なものを１つ選んで，記号で答えなさい。

（ア）地球はまだできたばかりで，一面のマグマでおおわれていた。
（イ）地球が全体的にこおりついていた。
（ウ）生物はまだ海の中にしかいなくて，海そうの仲間や魚類がはん栄していた。
（エ）動物はまだ海の中にしかいなかったが，植物は陸上ではん栄して，石炭のもとになった。
（オ）陸上はキョウリュウの仲間がはん栄していて，海にもハチュウ類がいた。
（カ）マンモスやナウマンゾウがいて，人類も出現した。

5 次の図のような，４種類の水よう液が入ったＡ～Ｄのびんを用意しました。これらの水よう液は食塩水，塩酸，アンモニア水，水酸化ナトリウム水よう液のいずれかであることがわかっています。これらの水よう液を用いて【実験１】と【実験２】を行いました。これについて各問いに答えなさい。

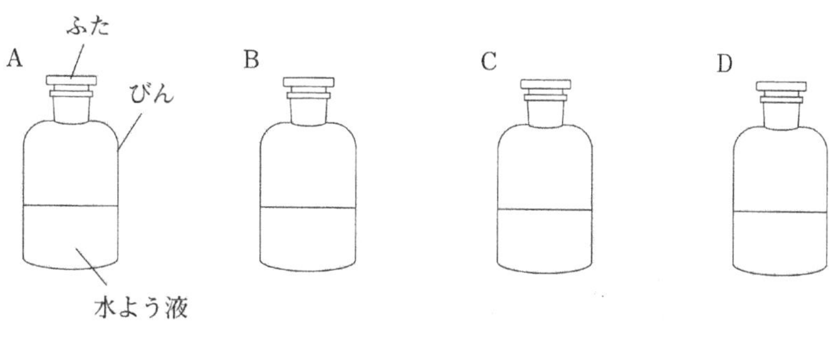

【実験１】

操作① Ａ～Ｄのびんのふたをとり，それぞれの水よう液のにおいをかいでみたところ，ＡとＣの水よう液だけはにおいがあった。

操作② Ａ～Ｄのびんの水よう液をスライドガラスに２，３てきずつとり，加熱してかわかした。その結果，ＡとＣの水よう液ではあとに何も残らなかったが，ＢとＤの水よう液で白いつぶが残った。

操作③ Ａ～Ｄのびんの水よう液を，ガラス棒で赤色リトマス紙につけた。その結果，ＡとＤの水よう液をつけたときにリトマス紙が赤色から青色に変わった。

操作④　Ａ～Ｄのびんの水よう液を，同じ量ずつ試験管にとり，それぞれにスチールウールを入れたところ，Ｃの水よう液のときだけさかんにあわが発生し，スチールウールがとけた。

(1)　この実験の結果から，ＡとＢのびんに入っていた水よう液はそれぞれ何ですか。次の中から１つ選んで，記号で答えなさい。

（ア）食塩水　（イ）塩酸　（ウ）アンモニア水　（エ）水酸化ナトリウム水よう液

【実験２】

操作①　塩酸20㎝³をかわいたじょう発皿に入れた。

操作②　水酸化ナトリウム水よう液を操作①のじょう発皿に加え，十分にかき混ぜて反応させた。

操作③　じょう発皿の水が完全にじょう発するまで加熱した。

操作④　じょう発皿に残った固体の重さを測定した。

塩酸の体積を一定にして水酸化ナトリウム水よう液の体積を変化させながら，操作①～操作④をくり返し行い，水酸化ナトリウム水よう液の体積と残った固体の重さとの関係を記録したところ，図１のようになった。

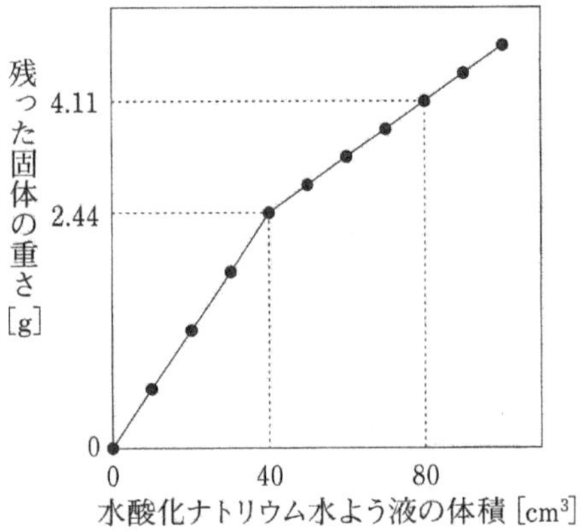

図１

(2)　水酸化ナトリウム水よう液を40㎝³加えたときまでは，残った固体は食塩のみでした。水酸化ナトリウム水よう液を30㎝³加えたときに，残った固体の重さは何ｇですか。値が割り切れない場合は小数第３位を四捨五入して小数第２位まで答えること。

(3)　加えた水酸化ナトリウム水よう液の重さが80㎝³のとき，残った固体は食塩と水酸化ナトリウムでした。水酸化ナトリウム水よう液を100㎝³加えたときに残った固体にふくまれる水酸化ナトリウムの重さは何ｇですか。値が割り切れない場合は小数第３位を四捨五入して小数第２位まで答えること。

(4)　加えた水酸化ナトリウム水よう液のこさは何％ですか。最も適当な値を次から１つ選んで，記号で答えなさい。ただし，１㎝³の水酸化ナトリウム水よう液は1.04ｇであるとします。

（ア）4.0％　（イ）4.1％　（ウ）4.2％　（エ）4.3％　（オ）4.4％

(5)　【実験２】の操作①で，水でぬれたじょう発皿を使用した場合，結果は図１のグラフと比べてどのようになりますか。次のページの図（ア）～（カ）から最も適するものを１つ選んで，記号で答えなさい。図中の(——)を水でぬれたじょう発皿を使って実験をした場合の結果とし，(—●—)

を図１のグラフの結果とします。なお，図１のグラフと結果が変わらない場合は（ア）を選びなさい。

（ア）

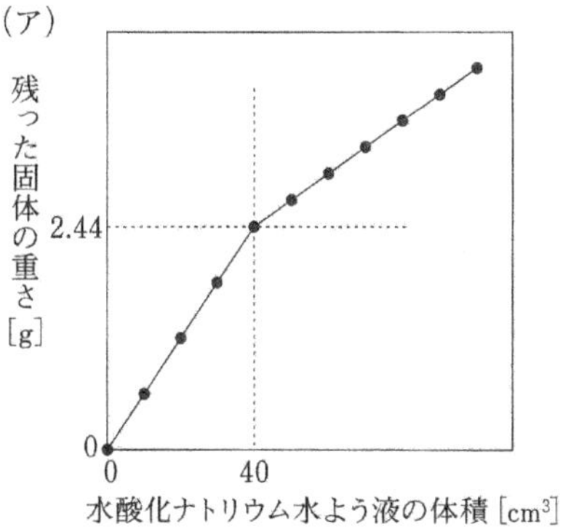

（イ）

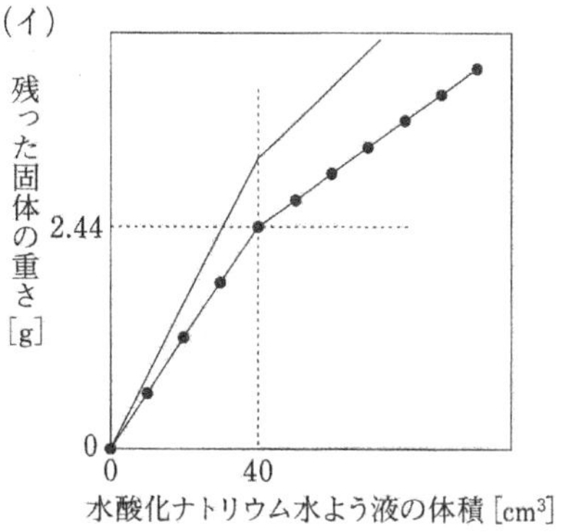

（ウ）

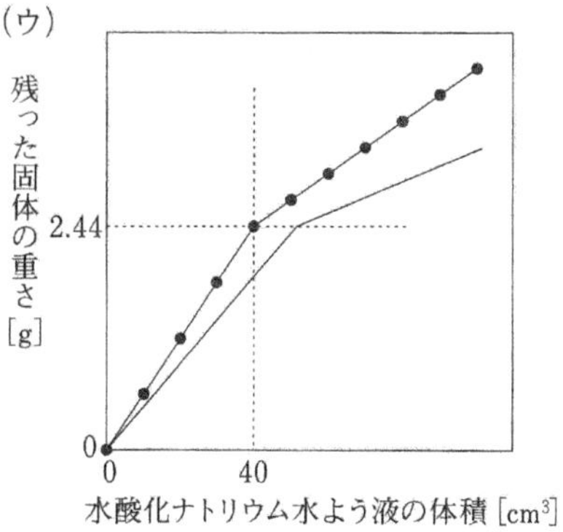

（エ）

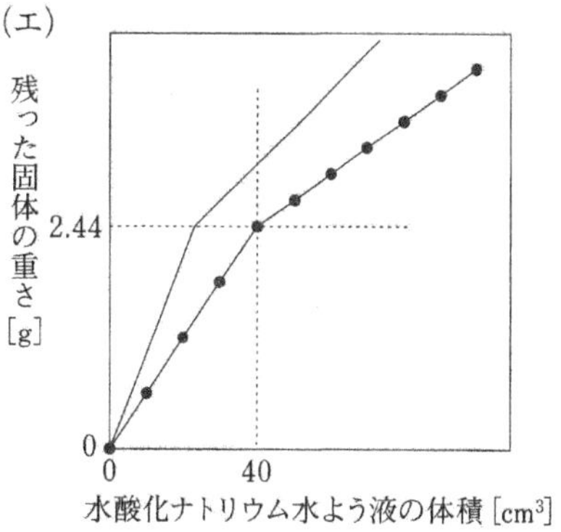

（オ）

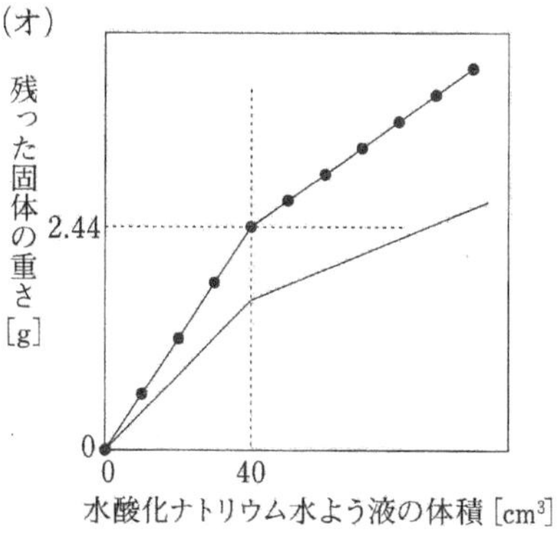

（カ）

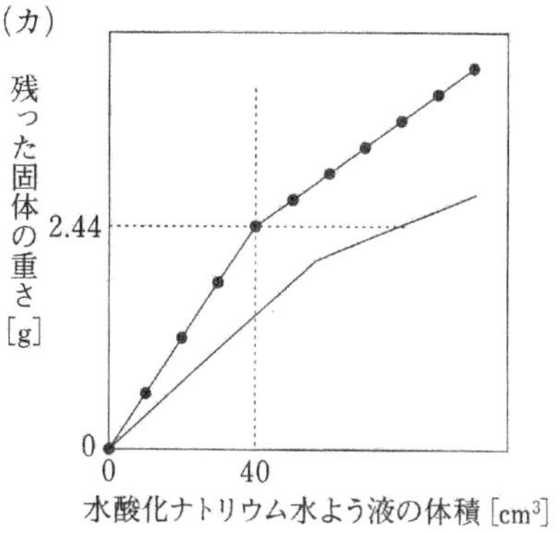

⑹【実験２】の操作②で，よりこい水酸化ナトリウム水よう液を用いて同様の実験をした場合，結果は図１のグラフと比べてどのようになりますか。⑸の図（ア）～（カ）から最も適するものを１つ選んで，記号で答えなさい。図中の（——）をこい水酸化ナトリウム水よう液で実験した場合の結果とし，（—●—）を図１のグラフの結果とします。なお，図１のグラフと結果が変わらない場合は（ア）を選びなさい。

⑺　この【実験２】において，操作①と操作②で用いる水よう液の種類を誤って逆にして実験をしてしまいました。実験の結果はどのようになりますか。グラフの形として最も適するものを次のページの図（ア）～（カ）から１つ選んで，記号で答えなさい。

（ア）

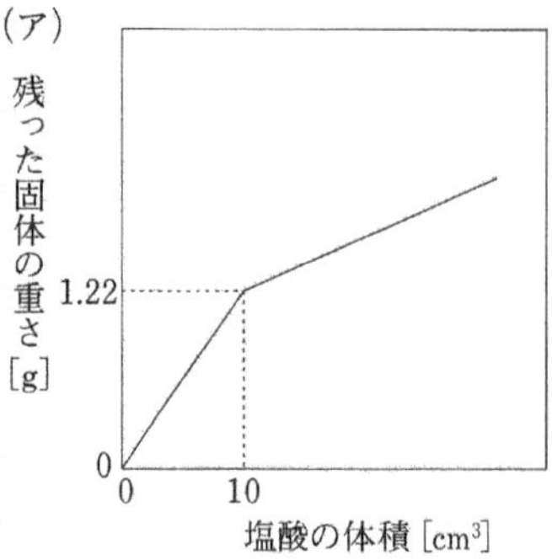
残った固体の重さ[g]
1.22
0
0
10
塩酸の体積[cm^3]

（イ）

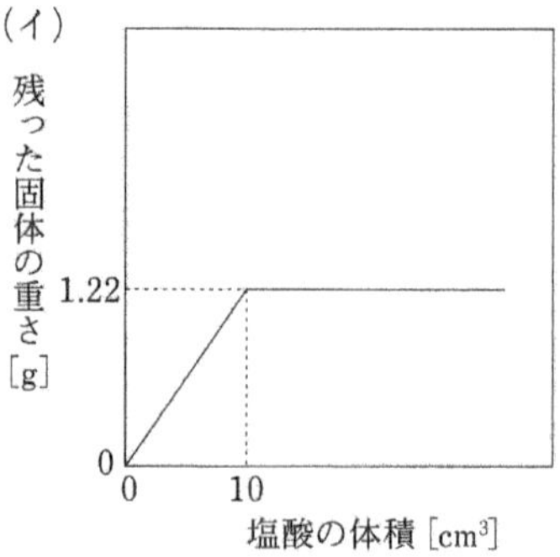
残った固体の重さ[g]
1.22
0
0
10
塩酸の体積[cm^3]

（ウ）

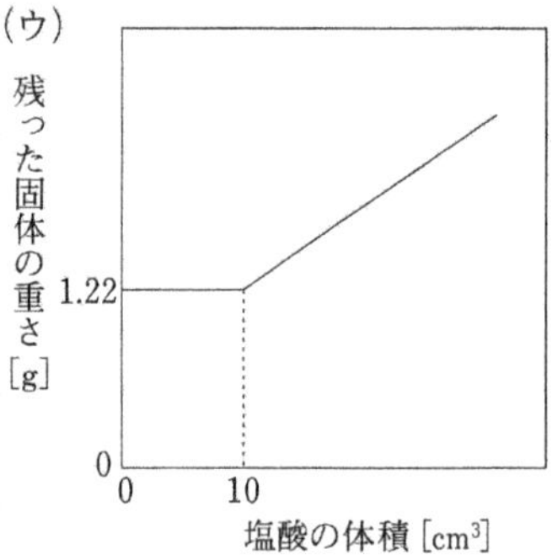
残った固体の重さ[g]
1.22
0
0
10
塩酸の体積[cm^3]

（エ）

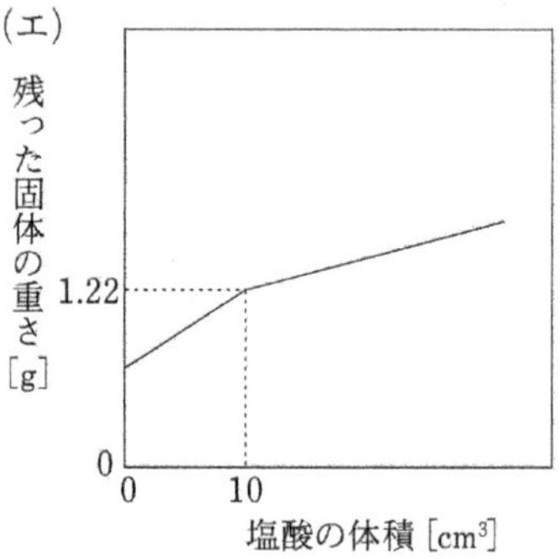
残った固体の重さ[g]
1.22
0
0
10
塩酸の体積[cm^3]

（オ）

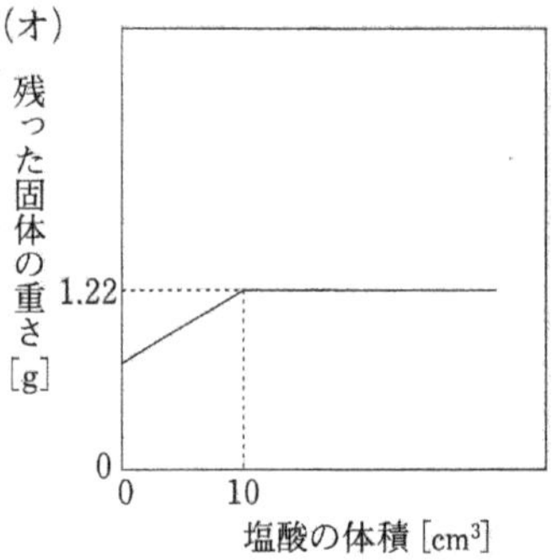
残った固体の重さ[g]
1.22
0
0
10
塩酸の体積[cm^3]

（カ）

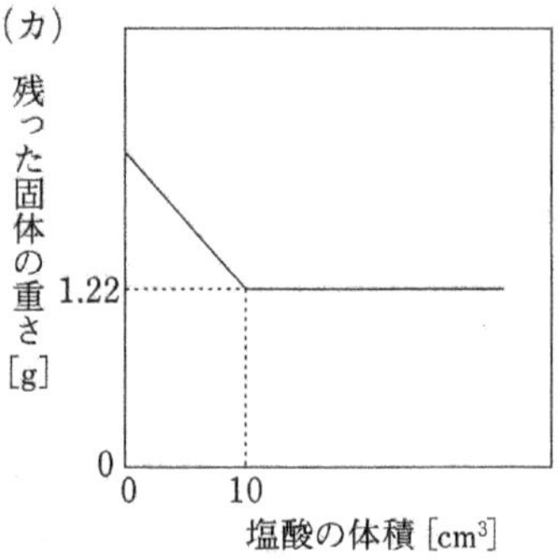
残った固体の重さ[g]
1.22
0
0
10
塩酸の体積[cm^3]

【社　会】（40分）　＜満点：75点＞

【１】 次の文章を読み，あとの設問に答えなさい。

(1)沖縄県は一年を通してあたたかい地域です。一方で(2)台風が多く来る地域でもあります。沖縄県の家には，(3)気候に合わせた独自のくふうがみられます。

沖縄の畑では，日差しに強く，気温や湿度の高い気候に合ったさとうきびが昔からさかんにつくられてきました。現在はそのほかに，ゴーヤーやパイナップルなどの野菜や果物，(4)きくなどの花がつくられています。

沖縄の郷土料理として，柔らかく煮込んだソーキ（豚肉のスペアリブ）をのせた沖縄そばやクーブイリチー（(5)こんぶのいため煮）など独特な食文化があります。

沖縄は(6)観光産業がさかんです。島のまわりには美しいサンゴ礁が広がり，一年を通して多くの観光客が訪れます。なかでも一番沖縄で西に位置する八重山諸島は島ごとに魅力があります。

黒島は島の形が♥（ハート）に似ていて，(7)人口よりも牛の数のほうが多い島です。畜産業がさかんで，たくさんの(8)肉用牛が放牧され，島全体がのんびりとしていて，ゆったり過ごせることがこの島の魅力の一つです。

（　9　）島は熱帯林のような原生林が島全体をおおっています。この島の森には特別天然記念物のイリオモテヤマネコなどの貴重な動物がすみ，淡水と海水がまじりあうところにはマングローブが広がっています。(10)貴重な自然の保護とホテル建設など観光開発との両立が課題となっています。

那覇空港は(11)羽田空港から約1500㎞の距離にありますが，航空機の便数も増え行きやすくなってきており，これから観光客はどんどん増えていくと思われます。

〔問１〕 下線部(1)に関して，沖縄は降水量も多い県です。次の図１は降水量が多い都市として知られる那覇，東京，金沢の月別降水量の変化を示したものです。図１中の①～③と都市名との組み合わせとして正しいものを，以下のア～カの中から一つ選び，記号で答えなさい。

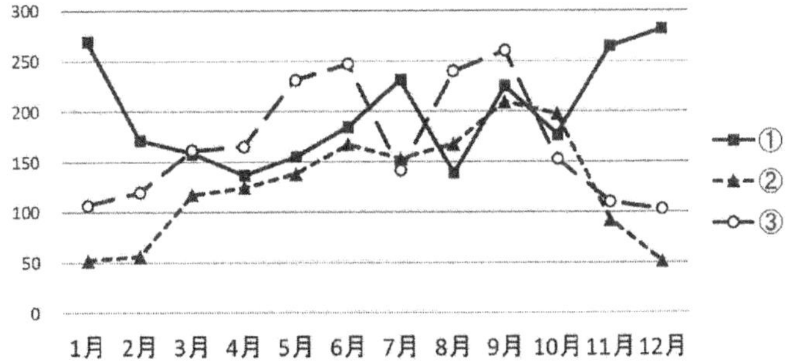

図１

1981～2010年の平均　『日本国勢図会2020/21』より作成

	ア	イ	ウ	エ	オ	カ
①	那覇	那覇	東京	東京	金沢	金沢
②	東京	金沢	金沢	那覇	那覇	東京
③	金沢	東京	那覇	金沢	東京	那覇

〔問２〕　下線部⑵に関して，次の図２は月別の台風の主な進路を示したものです。台風がこのような進路をとる理由を説明した文の [A]・[B] に適当なものをア～クの中から一つずつ選び，記号で答えなさい。

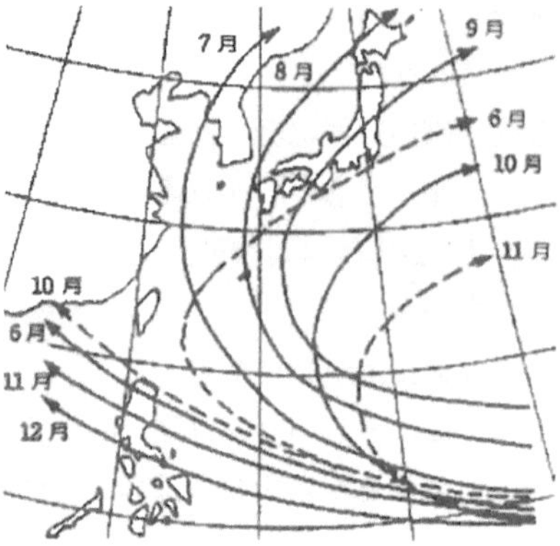

図２
実線は主な経路、破線はそれに準ずる経路。「気象庁資料」より

> 台風は，地球の自転の影響を受けカロリン諸島付近で発生し，低緯度地域から大陸方面へ進むものと，中緯度地域にまで達するものがあります。台風は，７月から10月ごろ，日本付近では [A] 気団の縁《ふち》を迂回《うかい》して北上し，[B] の影響で進路を図２のように東向きに変更する傾向があります。

[A]：ア．オホーツク海　　イ．小笠原　　ウ．シベリア　　エ．長江（揚子江）
[B]：オ．貿易風　　カ．偏西風　　キ．季節風　　ク．極偏東風

〔問３〕　下線部⑶に関して，沖縄の自然環境や家の特徴について述べたア～エの中から，**適当でないものをすべて選び**，記号で答えよ。

ア．伝統的な家は，風で飛ばされないように屋根が低く，赤いかわらは石灰とねん土を混ぜてつくったしっくいで固められている。

イ．伝統的な家は，高い気温や湿度をしのぐため，窓を小さくして外気がはいってこないようにしている。

ウ．伝統的な家は，台風が多いので家のまわりをさんごを積んだ石垣で囲んだり，ふくぎという木を防風林として植えたりしている。

エ．沖縄の河川は長く水が豊富にあるので，現在の家はコンクリートづくりで屋根を平らにし，屋上に貯水タンクを備えていることが多い。

〔問４〕　下線部⑷に関して，沖縄県では暖かい気候を生かして促成栽培・抑制栽培ができます。次のページの表１は，オクラ，きく，らっきょうのいずれかについて，収穫量上位の都道府県と全国収穫量に占める割合を示したものです。表１中の①～③に当てはまる作物の組み合わせとして正しいものを，次のページのア～カの中から一つ選び，記号で答えなさい。

表１

①	
愛知	31.8
沖縄	17.9
福岡	6.7
鹿児島	6.0
長崎	4.1

②	
鹿児島	41.8
沖縄	13.3
高知	13.0
熊本	6.3
福岡	4.6

③	
鳥取	38.2
鹿児島	22.7
宮崎	19.2
沖縄	4.7
徳島	4.4

単位は％　オクラ、らっきょうは2016年産、きくは2018年産
『データでみる県勢2020』より作成

	ア	イ	ウ	エ	オ	カ
①	オクラ	オクラ	きく	きく	らっきょう	らっきょう
②	きく	らっきょう	らっきょう	オクラ	オクラ	きく
③	らっきょう	きく	オクラ	らっきょう	きく	オクラ

〔問５〕　下線部⑸に関して，現在，日本でこんぶの消費が最も多いのは沖縄県です。しかしこんぶは沖縄ではとれません。沖縄でこんぶを多く食べるようになった背景について述べた文中の（C）・（D）に当てはまる語の組み合わせとして正しいものを，以下のア～ケの中から一つ選び，記号で答えなさい。

1700年代の末頃，黒糖をつんだ琉球の船と，蝦夷地の（　C　）藩でとれたこんぶをつんだ北前船が同時期に堺の港に入り，黒糖とこんぶの取引が行われました。この時代に琉球は日本の（　D　）藩に支配されるとともに，中国につかいを送り続けていました。こんぶは琉球を経由して中国へ輸送されていたので，かなりの量のこんぶが沖縄に集められました。そして貿易品として扱えない不良のこんぶや，余ったこんぶを多く食べるようになり，一般家庭に普及したと言われています。

	ア	イ	ウ	エ	オ	カ	キ	ク	ケ
C	陸奥	陸奥	陸奥	松前	松前	松前	津軽	津軽	津軽
D	薩摩	日向	大隅	薩摩	日向	大隅	薩摩	日向	大隅

〔問６〕　下線部⑹は，沖縄県にとって重要な産業で第３次産業に分類されます。次の表２は，東京都と，北海道，秋田県，沖縄県のいずれかにおける第３次産業，年間商品販売額（小売業，卸売業），着工新設住宅のうち持ち家率を示したものです。表２中の①～③と道県名との組み合わせとして正しいものを，次のページのア～カの中から一つ選び，記号で答えなさい。

表２

	第３次産業（％）	年間商品販売額（十億円）		着工新設住宅のうち持ち家率（％）
		小売業	卸売業	
東京都	83.7	20574	179112	10.9
①	80.7	1366	1549	17.2
②	76.5	6581	12310	32.8
③	66.6	1156	1239	61.9
全国	72.5	145104	436523	30.2

第３次産業は2017年、年間商品販売額は2015年、
着工新設住宅のうち持ち家率は2018年　『データでみる県勢2020』より作成

	ア	イ	ウ	エ	オ	カ
①	北海道	北海道	秋田県	秋田県	沖縄県	沖縄県
②	秋田県	沖縄県	沖縄県	北海道	北海道	秋田県
③	沖縄県	秋田県	北海道	沖縄県	秋田県	北海道

〔問７〕 下線部⑺に関して，次の図３中の①～③は，沖縄県，秋田県，東京都のいずれかの人口ピラミッドです。図３の①～③と都県名との組み合わせとして正しいものを，以下のア～カの中から一つ選び，記号で答えなさい。

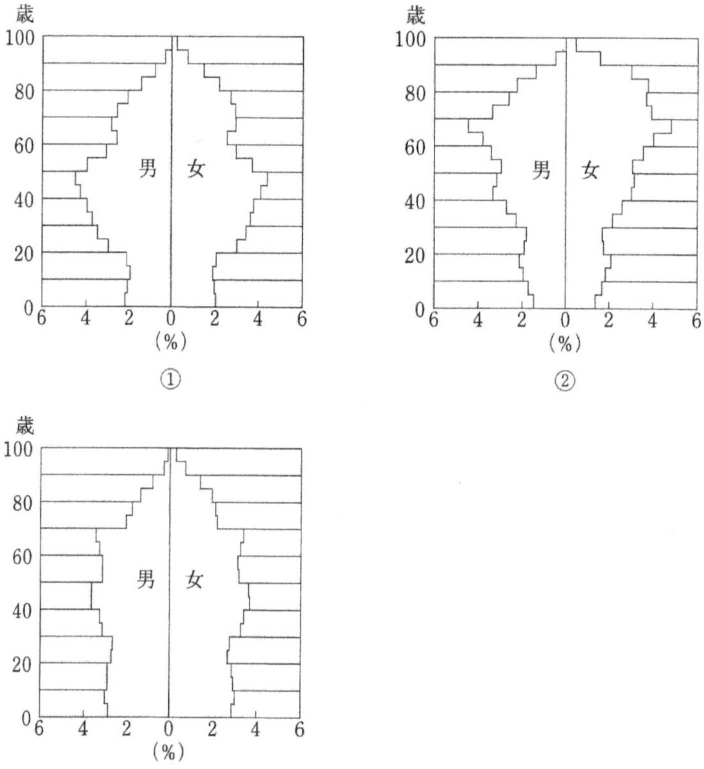

図３

総務省「住民基本台帳に基づく人口、人口動態及び世帯数」による
2019年１月１日現在の人口。外国人を含む。『データでみる県勢2020』より作成

	ア	イ	ウ	エ	オ	カ
①	沖縄県	沖縄県	秋田県	秋田県	東京都	東京都
②	秋田県	東京都	東京都	沖縄県	沖縄県	秋田県
③	東京都	秋田県	沖縄県	東京都	秋田県	沖縄県

〔問８〕 下線部⑻に関して，次のページの表３中のＸ～Ｚは，肉用牛，採卵鶏（卵用にわとり），豚のいずれかであり，それぞれの飼育頭数（羽数）が上位の道県と，全国に占める割合を示したものです。表３中の①～③に当てはまる道県の組み合わせとして正しいものを，次のページのア～カの中から一つ選び，記号で答えなさい。

表３

X	
茨城	8.3
①	6.8
②	6.4
岡山	5.7
広島	5.1

Y	
③	20.5
②	13.5
宮崎	10.0
熊本	5.0
岩手	3.5

Z	
②	13.9
宮崎	9.1
③	7.6
群馬	6.9
①	6.6

単位は％　統計年次は2019年　『日本国勢図会2020/21』より作成

	ア	イ	ウ	エ	オ	カ
①	北海道	北海道	千葉県	千葉県	鹿児島県	鹿児島県
②	千葉県	鹿児島県	鹿児島県	北海道	北海道	千葉県
③	鹿児島県	千葉県	北海道	鹿児島県	千葉県	北海道

〔問９〕 文中の（９）にあてはまる漢字を答えなさい。

〔問10〕 下線部⑽に関して，旅行者に地域の自然環境や歴史についてわかりやすく解説し，それらを守る意識を高めてもらう観光のことを何といいますか。カタカナで答えなさい。

〔問11〕 下線部⑾に関して，次の図４は東京を中心にして描いた正距方位図法の世界地図であり，中心である東京からの距離と方位が正しく表現されています。東京（羽田空港）からの距離が沖縄（那覇空港）よりも近い都市はどこですか。図４を参考にしながら，ア～エの中から一つ選び，記号で答えなさい。

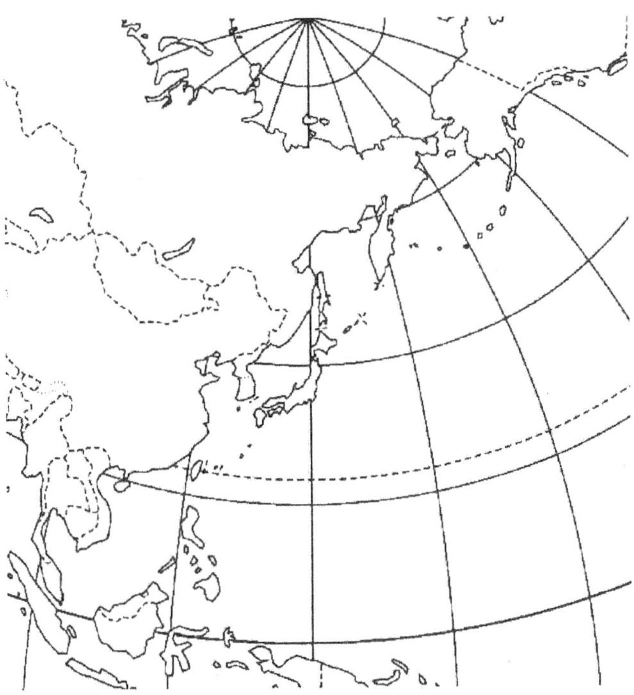

図４

ア．ペキン　　イ．ソウル　　ウ．タイペイ　　エ．ホンコン

【２】 次のＡ～Ｆの文章を読んで，あとの設問に答えなさい。

Ａ　1今からおよそ2500年前の縄文時代の終わりごろ，九州北部で水田による稲作が開始されました。その後稲作は日本各地に広まり，日本列島の大部分は食料採取の時代から食料生産の時代に入りました。稲作の始まりにより人々はたくわえをもつようになり，ムラの中には貧富の差や身分の区別が生まれてきました。そして土地や水の利用をめぐってムラどうしの戦いもおこり，強力なムラが周辺のムラを従えて，2各地にクニというまとまりが形成されました。

〔問１〕 下線部１について述べた次の文Ｘ～Ｚの正誤の組合せとして正しいものを，下のア～カより選び，記号で答えなさい。

Ｘ．佐賀県の吉野ヶ里遺跡では，縄文時代の終わりごろの水田や水路の跡が発見されています。

Ｙ．稲作を基礎とする弥生文化は，紀元前２世紀ころには青森県にまで広まり，その後まもなく北海道にも伝わりました。

Ｚ．銅鐸には，その表面に稲作に関する絵が描かれているものもあることから，豊作を祈る祭りに使用されたと考えられています。

ア．Ｘ－正　Ｙ－誤　Ｚ－誤　　イ．Ｘ－正　Ｙ－正　Ｚ－誤
ウ．Ｘ－正　Ｙ－誤　Ｚ－正　　エ．Ｘ－誤　Ｙ－正　Ｚ－正
オ．Ｘ－誤　Ｙ－誤　Ｚ－正　　カ．Ｘ－誤　Ｙ－正　Ｚ－誤

〔問２〕 下線部２について，『後漢書』東夷伝には，紀元57年に倭の奴国の王が中国へ使いを送り，皇帝から金印を授かったと記されていますが，このときの金印と考えられるものが江戸時代にある島で発見されています。それは何県の何という島ですか。

Ｂ　奈良時代の人々は，国家から与えられた口分田を耕作して租という税を納めたほか，成年男性には調・庸という税や労役，兵役などの負担もあったため，3生活に余裕はありませんでした。さらに天候不順などによる飢《き》饉《きん》もおこりやすく，人々の中には，重い税の負担から逃れるために，4口分田を捨てて他の土地に逃亡する者もいました。

〔問３〕 下線部３について，重い税の負担に苦しむ農民の姿をよんだ「貧窮問答歌」の作者は誰ですか。

〔問４〕 下線部４について，奈良時代には農民の逃亡により口分田が荒れてしまう一方で，人口の増加により，班田収授のための口分田が不足してきました。そこで政府は723年に期限付きで土地の所有を認める法令を出しましたが，これを何といいますか。

Ｃ　平安時代の末から5鎌倉時代にかけて，あいつぐ戦乱や飢饉などで社会は乱れ，人々は不安を強めていました。こうした中で法然上人は，「南無阿弥陀仏」と念仏を唱えれば，だれでも極楽浄土に生まれ変われると説いて6浄土宗を開きました。法然上人のこの教えは，伝統的な仏教の非難を受け，自身も四国へ流されるなどの迫害を受けましたが，公家のほか，武士や庶民にまで広まりました。

〔問５〕 下線部５について，この時代の出来事について述べた文として正しいものを，次のア～ウより一つ選び，記号で答えなさい。ただしすべて誤っている場合は「エ」と答えなさい。

ア．源氏の将軍がとだえると，後醍醐天皇は全国の武士に幕府の打倒をよびかけ，承久の乱を引きおこしましたが，北条氏が率いる幕府軍に敗れ，天皇は隠岐に流されました。

イ．執権北条義時は，争いごとを公平に裁く基準として，御成敗式目を制定しました。これは武士がつくった最初の法律で，のちの時代まで武家法の手本とされました。

ウ．2度にわたる元の襲来は，御家人たちを窮乏させる原因となりました。そこで幕府は永仁の徳政令を出して御家人たちの借金を帳消しにしたため，彼らの幕府に対する信用は回復しました。

〔問6〕　下線部6について，芝中学校の近くには，徳川将軍家の菩提寺としても知られている浄土宗の大本山があります。この寺院の名称を答えなさい。

D　戦国時代から江戸時代にかけて兵農分離が進み，7城下町には武士や商工業者が集住するようになりました。都市では商品に対する需要が高まり，それを満たすために農村ではより一層商品作物の栽培が進みました。その結果，農村でも8貨幣《かへい》を使った取引が行われ，自給自足的な社会のあり方が大きく変わることとなりました。

〔問7〕　下線部7について，次のX・Yの戦国大名と，下の地図上に示した場所a～dの組合せとして正しいものを，あとのア～エより一つ選び，記号で答えなさい。

X．今川氏　　Y．島津氏

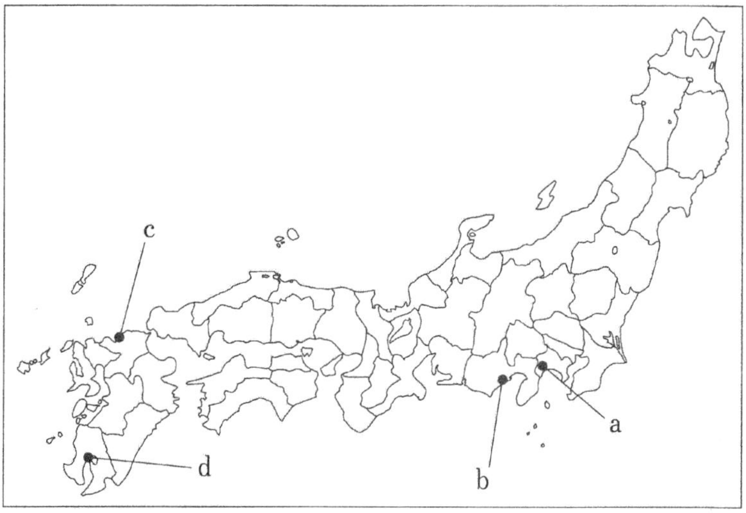

ア．X－a　Y－c　　イ．X－a　Y－d

ウ．X－b　Y－c　　エ．X－b　Y－d

〔問8〕　下線部8に関連して，江戸時代の貨幣制度について述べた文として**誤っているもの**を，次のア～ウより一つ選び，記号で答えなさい。ただしすべて正しい場合は「エ」と答えなさい。

ア．幕府は，佐渡金山や石見銀山などの主要鉱山を直接支配し，全国に流通する貨幣の鋳造権も独占していました。

イ．江戸ではおもに銀貨が，大阪ではおもに金貨が取引に使われていました。

ウ．金・銀・銭の三貨の交換率はつねに変動していたため，都市では両替商が活躍しました。

E　9第一次世界大戦が終わり，ヨーロッパ諸国が復興すると，日本の貿易は輸入が輸出を上回り，日本経済は苦境に立たされました。この戦後恐慌とよばれる経済不況の中，ロシア革命や10米騒動の影響を受けて，国内では社会運動が活発になりました。大戦中の好景気によって労働者が大幅に増えたため，都市では労働運動がしきりにおこり，農村でも小作料の引き下げなどを求める小作争議が発生しました。また11社会的な差別からの解放を求める運動もおこりました。

〔問９〕　下線部９について述べた文として正しいものを，次のア～エより一つ選び，記号で答えなさい。

ア．連合国側について参戦した日本は，欧米諸国のアジアに対する影響力が弱まっていることを利用して，中国に対して二十一か条の要求を提示しましたが，中国側の反発を受けたため，要求を即時撤回しました。

イ．戦場から離れていた日本には，軍需品や日用品の注文が殺到し，重化学工業が急成長しました。成金とよばれる金持ちがあらわれる一方で，好景気は物価の急上昇を招き，それに賃金の上昇が追いつかなかったため，人々の生活は苦しくなりました。

ウ．1919年，パリ郊外のヴェルサイユ宮殿で講和会議が開かれ，戦後の処理が決められました。またこの会議におけるアメリカの提案をもとに，翌年，国際連合が発足し，日本は常任理事国に選ばれました。

エ．講和会議で，中国の山東省にあったドイツの利権を日本が引きつぐことが決定されると，中国国内では三・一独立運動とよばれる民衆運動が各地に広がり，中国政府は講和条約の調印を拒絶しました。

〔問10〕　下線部10について，この事件の責任を取って当時の内閣が総辞職したあと，わが国で最初の本格的な政党内閣が誕生しましたが，このとき立憲政友会の総裁として首相に就任した人物は誰ですか。

〔問11〕　下線部11について，就職や結婚などで社会的な差別を受けていた人々が，自分たちの手で平等な社会の実現をめざして，1922年に結成した団体を何といいますか。

F　1970年代の初め，「日本列島改造論」をかかげた12当時の内閣の政策により，地価や物価が上昇しました。さらに1973年にはじまった第４次中東戦争の影響でおこった13第１次石油危機による原油価格の急上昇が重なり，「狂乱物価」とよばれるほどの激しいインフレーションが発生しました。トイレットペーパーなどの日用品が不足し，人々の生活はパニックにおちいりました。

〔問12〕　下線部12について，この内閣にもっとも関係の深い出来事を，次のア～オより一つ選び，記号で答えなさい。

ア．東京オリンピック開催　　イ．日米安全保障条約改定　　ウ．沖縄返還　　エ．自衛隊発足
オ．日中国交正常化

〔問13〕　下線部13について，第１次石油危機と，それにつづく世界的な不況を打開するため，1975年にフランスで初めて開かれた先進国の首脳による国際会議を何といいますか。**カタカナ４文字**で答えなさい。

【３】 次の文章を読んで，あとの設問に答えなさい。

明治維新以降の急速な近代化への要請から，日本における行政の仕事は，外交や防衛に限らず，インフラの整備，教育制度の確立，農林水産業や商工業などの業界に関するルール作りなど，あらゆる分野に拡大してきました。

戦後になると，A医療・福祉など社会保障制度の充実が求められるようになり，行政の仕組みはさらに複雑化，肥大化していきました。このことによって，我々の生活が保障され，便利さや安心を得られたのは間違いありません。反面，行政にかかる費用は増大し続けたため，国は1970年代から（　１　）を発行し，財政赤字を補うようになりました。また，我々の生活に深く介入することで，自由な経済活動が妨げられてしまうデメリットも生じるようになりました。

そこで1980年代以降，行政の仕事の合理化を図ろうとする行政改革が本格化しました。具体的には，B国が行っていた仕事を民間の企業に行ってもらったり，C国の関わっている組織に対し独立採算性を求めたり，さらにはD経済活動に対する規制を緩和したりすることがあげられます。また，コンパクトにした行政であっても，透明性を図らないと公平性は保たれません。そういった意味でも（　２　）制度は重要な役割を果たしています。

しかしながら，コンパクトになれば何でもよいというわけではありません。近年では，E格差の問題や失業者の問題，F自然災害に対する備えやG環境保全への取り組みなど，民間だけでは解決できない問題が増えており，行政が主体的に担っていかなければならないことも多くなっています。現在のコロナ禍もその一つだと思います。

低福祉・低負担の小さな政府か，それとも高福祉・高負担の大きな政府か，二者択一を迫る単純な話ではなく，苦しい状況の中でも皆で知恵を絞っていかなければなりません。効率的でありながら，国民一人ひとりが最大限の幸福が得られるような形が理想的なのであって，それを追い求めることが必要です。

〔問１〕　文中の（１）にあてはまる語を**漢字２文字**で答えなさい。

〔問２〕　文中の（２）制度について，この制度は一部の地方自治体で先行して実施され，1999年に国の行政を対象とした法律が制定されました。空欄に当てはまる語を**漢字４文字**で答えなさい。

〔問３〕　下線部Aについて，日本の社会保障制度についての記述として正しいものを**２つ**選び，記号で答えなさい。

ア．社会保障制度は，憲法第25条の生存権の規定に基づいて整備されている。

イ．生活に困っている人に年金を給付する仕組みは，社会福祉の一部である。

ウ．医療機関を受診した際にかかる医療費は，すべて税金でまかなわれている。

エ．感染症の予防を含む公衆衛生は，社会保障の一部である。

〔問４〕　下線部Bについて，1980年代に日本で民営化を推し進めた首相は誰ですか。正しいものを下から選び，記号で答えなさい。

ア．小泉純一郎　　イ．佐藤栄作　　ウ．中曽根康弘　　エ．細川護熙

〔問５〕　下線部Cについて，具体的には国立公文書館や造幣局などがそれにあたりますが，このような組織のことを何といいますか。解答欄に合うように**漢字４文字**で答えなさい。

〔問６〕　下線部Dについて，実際に行われた規制緩和の事例について述べた文として誤っているものを選び，記号で答えなさい。

ア．コンビニエンスストアで薬を販売することができるようになった。

イ．ガソリンスタンドで客が自分で給油できるようになった。

ウ．LCCといわれる格安航空会社が設立されるようになった。

エ．新刊の本や雑誌はどのお店で買っても定価で購入できるようになった。

〔問７〕　下線部Eについて，格差の拡大にともなって近年，生活保護受給世帯が増加しています。

以下のグラフのＸ・Ｙ・Ｚには，高齢者世帯，傷病・障害者世帯，母子世帯のいずれかが当てはまります。組み合わせとして正しいものを下のア～カより選び，記号で答えなさい。

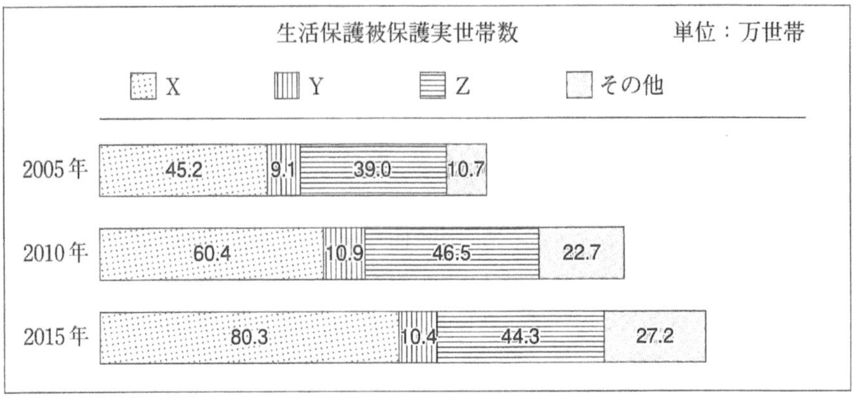

『日本統計年鑑 平成31年』より作成

	X	Y	Z
ア	高齢者世帯	傷病・障害者世帯	母子世帯
イ	高齢者世帯	母子世帯	傷病・障害者世帯
ウ	傷病・障害者世帯	高齢者世帯	母子世帯
エ	傷病・障害者世帯	母子世帯	高齢者世帯
オ	母子世帯	高齢者世帯	傷病・障害者世帯
カ	母子世帯	傷病・障害者世帯	高齢者世帯

〔問８〕 下線部Ｆについて，土砂災害や津波などについて被害の想定範囲や避難場所，避難経路などを示した地図のことを何といいますか。解答欄に合うように**カタカナ４文字**で答えなさい。

〔問９〕 下線部Ｇについて，京都議定書にかわり，2020年以降の温室効果ガス排出削減の新たな目標を定めた国際的な取り決めを何といいますか。

〔問10〕 政府の役割と国民の負担との間には，密接な関わりがあります。国民負担率とは，国税と地方税の国民所得に対する割合である租税負担率に，社会保障負担率を加えたものをいいます。平成30年度の日本の国民負担率に最も近い数値を下から選び，記号で答えなさい。

ア．15%　　イ．30%　　ウ．45%　　エ．60%

【４】 次の文章を読んで，あとの設問に答えなさい。

日本は高度経済成長期よりこんにちまで「大量生産・大量消費・大量廃棄」によって発展してきました。生み出された廃棄物は増大の一途をたどり，環境にさまざまな悪影響を与えています。こうした廃棄物の中で大きな割合を占めたのがプラスチック製の容器・包装でした。プラスチックは軽く安価ですが，ごみになったときにひとりでに分解･消失することはありません。そこで，容器･包装のごみに対して発生を抑制し，あるいはリサイクルをうながすために平成７年に制定されたのが$_{1}$容器包装リサイクル法（以下容リ法）です。

リサイクルは，使い終わったものをもう一度資源に戻して製品を作り直したり，エネルギー源として有効利用したりすることを指します。容リ法制定から25年以上経ち，リサイクルという考え方は日本においても定着しつつあるように思います。皆さんも，リサイクルされることを念頭に置きながら$_2$アルミ缶やペットボトルを捨てていますよね。それくらいリサイクルを意識しながらごみを分別することが自然になっていると思います。

容リ法は容器・包装ごみの３Ｒ（リデュース・リユース・リサイクル）の推進のため平成18年に改正されました。リデュースはごみの量を少なくすること，リユースは繰り返し使うことです。この改正に前後して，例えばプラスチック容器を捨てずに再利用するための詰め替え用の$_3$シャンプーやリンス，洗剤などがスーパーの棚にたくさん並ぶようになりました。この詰め替え製品の事例は，使うプラスチックを減らしている点でリデュースにあたり，容器の再利用という意味ではリユースにもあたります。現在ではこの詰め替え製品を選択して購入することはごく当たり前になりつつありますが，これをリデュースやリユースということばを意識しながら実践している人は，必ずしも多くないように思います。

ところで，令和２年７月から容リ法にもとづくかたちで，小売業を含むすべての事業者は，プラスチック製の買い物袋を有料化することを義務付けられました。これにより，コンビニでもレジ袋が有料化されたことは記憶に新しいと思います。このレジ袋の有料化が始まって以来マイバッグを積極的に用いる人が多くなったように見受けられます。レジ袋を使わないという選択はプラスチックごみを減らすことで，リデュースにつながります。多くの人にとって詰め替え製品を購入する機会よりもレジ袋を利用する機会の方が多いでしょうから，このレジ袋の有料化という体験を通じてリデュースという考え方が，リサイクルと同じくらい社会に定着していくと確信しています。

コロナウィルス問題が大きくなって以来，他人のものを再利用することを避けようとすることで，リユースについては低調になったようにも見えます。一方で，緊急事態宣言下で，自宅で過ごさなければいけなかった人が多かった時期に，インターネットを利用して不用品を売り買いする人が増える傾向も見られました。ですから何かのきっかけでリユースという考え方が広まることは，十分に考えられます。そしてリサイクルがそうであるように，やがてリユースも私たちの生活に定着していくでしょう。３Ｒのすべての要素が根付いたとき，日本は循環型社会になったと言えるのではないでしょうか。

〔問１〕　下線部１とは別に家電リサイクル法が平成10年に制定されましたが，この法律で**対象とされていない家電**を，次のア～エから選んで，記号で答えなさい。

ア．エアコン

イ．テレビ

ウ．パソコン

エ．冷蔵庫

〔問２〕　下線部２に関して，日本はアルミ缶の原料となるアルミニウム地金を多く輸入しています。2018年において，もっとも多く輸入した相手国としてふさわしいものを，次のア～エから選んで，記号で答えなさい。

ア．アメリカ

イ．オーストラリア

ウ．ブラジル

エ．ロシア

〔問３〕　下線部３について，シャンプーとリンスは容器の突起の有無によって区別できることはよく知られていますが，文化や言語，障害の有り無しや性別などにかかわらず全ての人々にとって使いやすいように配慮された設計を何といいますか。カタカナで答えなさい。

〔問４〕 筆者は日本がどのような社会になることが望ましいと考えていますか，以下の条件のもとに120字以内で答えなさい。

《条件》

次のことばを必ず使い，使ったことばには下線を引くこと。同じことばは何回使ってもかまいませんが，そのたびに下線を引くこと。ただし，句読点や記号も１字と数えます。

［ 体験　　生活　　自然 ］

た。

二人は滝を離《はな》れると、青煙の中腹まで登った。そこから中国山地の美しい眺望《ちょうぼう》をひとしきり眺めて下山した。

登山口のバス停で二人は並んでバスを待った。六郎はバスのくる方角を見ていた。

「親方、今日はありがとうございます」

浩太がぽつりと言ってお辞儀《じぎ》をした。

「どうしたんじゃ急に、礼なぞ水臭《みずくさ》い」

六郎はうつむいている浩太を見て、思い出したようにポケットの中を探《さぐ》った。そうしてちいさな石を浩太に差し出した。

「滝のそばで拾うた。みやげに持って行け」

それは鉄鉱石だった。浩太は石をじっと見ていた。

「いつかおまえが大きゅうなったら、この山をもう一度登るとええ。そん時は誰《だれ》かを連れて行って、あの滝を見せてやれ。山も滝もずっと待ってくれとる。きっとおまえは……」

六郎が言いかける前に浩太が六郎の胸に飛《と》び込《こ》んできた。嗚咽《おえつ》が聞こえた。しがみついた手が震《ふる》えていた。オ、ヤ、カ、タ……。途切《とぎ》れ途切《とぎ》れに声が聞こえた。

――この子は④今日の山登りを何のためにしたのか、初めっからわかっていたのかもしれん。

そう思うと泣きじゃくる浩太の背中のふくらみがいとおしく思えた。

（伊集院　静『親方と神様』より。）

問一　――線部①〈浩太を説得してくれ〉とありますが、その〈説得〉の内容を20字以内で答えなさい。

問二　――線部②〈親方が言ったことと同じ話をしてみよう〉とありますが、鍛冶屋の職業の素晴らしさを伝えることで、どうして〈説得とはまったく逆の話〉なのに、浩太を説得することができるのですか。35字以上45字以内で答えなさい。

問三　――線部③〈この砂鉄と同じもんが、浩太の身体の中にある〉とはどういうことですか。〈砂鉄〉が何を象徴しているかを明らかにしながら、20字以上30字以内で答えなさい。

問四　――線部④〈今日の山登りを何のためにしたのか〉とありますが、〈六郎〉は〈山登り〉で〈浩太〉にどのようなことを伝えようとしたのですか。60字以上70字以内で答えなさい。

下書き用（使っても使わなくてもかまいません）

20

もんはない。とにかく丁寧《ていねい》に仕事をやっていけ』

　親方の言葉が耳の底に響《ひび》いた。

　玉鋼は鋼の最上のものである。ちいさな砂鉄をひとつひとつ集めて玉鋼は生まれる。親方はちいさなものをおろそかにせずひとつひとつ集めたものが一番強いということを少年の六郎に言って聞かせた。その時は親方の話の意味がよくわからなかった。それが十年、二十年、三十年と続けて行くうちに理解できるようになった。一日一日も砂鉄のようなものだったのかもしれない……。

　浩太が目を覚ました。

「浩太、鋼は何からできるか知っとるや」

「鉄鉱石」

「そうじゃ。他には」

　浩太は首をかしげた。

「ならそれを見せてやろう。靴《くつ》を脱《ぬ》いで裸足《はだし》になれ」

　六郎は浩太を連れて滝壺の脇《わき》の流れがゆるやかな水に膝《ひざ》まで入り、底の砂を両手で掬《すく》い上《あ》げた。そうして両手を器《うつわ》のようにして砂を洗い出した。浩太は六郎の大きな手の中の砂をのぞきこんでいる。やがて六郎の手の中にきらきらと光る粒《つぶ》が残った。六郎はその光る粒を指先につまんで浩太に見せた。

「これが砂鉄じゃ。この砂鉄を集めて火の中に入れてやると鋼ができる」

「ぼくにも見つけられますか」

「ああできるとも。やってみろ」

　浩太はズボンが濡《ぬ》れるのもかまわず水の中から砂を掬い上げると両手の中で洗うようにした。浩太のちいさな手に砂鉄が数粒《すうつぶ》残った。

「あった、あった。砂鉄があった」

　浩太が嬉《うれ》しそうに声を上げ、六郎を見返した。

「それは真砂砂鉄と言う一等上等な砂鉄じゃ。このあたりにしかない。かなやごさんがこの土地に下さったもんじゃ。その砂鉄をあの岩ほど集めて、これだけの玉鋼ができる」

　六郎は先刻まで二人が座《すわ》っていた大岩を指さし、両手で鋼の大きさを教えた。

「あの岩ほど集めて、それだけの鋼しか取れないんですか」

「そうじゃ。そのかわり鋼を鍛《きた》えて刀に仕上げればどんなものより強い刀ができる。どんなに強い刀も、この砂鉄の一粒が生んどる」

「なら砂鉄が一番大事なものですね」

「そうじゃ。砂鉄はひとつひとつはちいさいが集まれば大きな力になる。③この砂鉄と同じもんが、浩太の身体の中にある」

「ぼくの身体の中に……」

「どんなに大変そうに見えるもんでも、今はすぐにできんでもひとつひとつ丁寧に集めていけばいつか必ずできるようになる。わしの親方がそう言うた」

「ぼくも、ぼくの親方のようにいつかなれるんですね」

「……」

　六郎は浩太の言葉に口ごもった。

「浩太、わしだけがおまえの親方ではない」

「どうしてですか。ぼくの親方はあなただけです。親方だけです」

　浩太の顔が半べそをかきそうになっていた。六郎は浩太の頭を撫《な》で

太は金屋子《かなやご》の神様に何を祈《いの》ったのだろうか。もし浩太が金屋子の神様に自分も立派な鍛冶職人になれるように祈っていたとしたら、六郎が今日、浩太に話して聞かせようとしていることを彼《かれ》は聞き入れてくれない気がした。①浩太を説得してくれと担任の先生から頼まれ、それを承諾《しょうだく》した六郎が浩太に対して説得とはまったく逆の行動をしている。六郎はどうしたものかと滝壺《たきつぼ》を見た。

須崎《すざき》という名前の若い男性教師の顔が滝壺の水面に浮《う》かんだ。

十二月になったばかりの夕暮れ、須崎は六郎の鍛冶《かじ》場に訪ねてくると、仕事場をぐるりと見回して懐《なつ》かしそうに言った。

「いや懐かしいですね。私、生まれ育ったのが出雲《いずも》の佐田町という山の中でしてね。そこに山村の鍛冶屋《かじや》が一軒《けん》あって、職人さんが一人で毎日金槌《かなづち》を打っていたんです。私、子供の時分、その仕事を見るのが好きで、一日中眺《なが》めていました。山で働く人には必要ないろんな道具をこしらえていたんですよ」

「ああ、知っておる。わしの兄弟弟子の一人が山鍛冶職人になったからの。あんたは浩太の担任の先生ですか。あんたがわしの所に来なさった用件はわかっています」

「いや能島さん、違《ちが》うんです。私は浩太君に鍛冶屋になる夢を捨てろとは一度も言っていません。鍛冶屋さんはいい仕事だと言いました。鍛冶屋は人間が最初に作った職業のひとつだと教えたんです。浩太君が鍛冶屋になりたいと言い出したのは私のせいでもあるんです……ですから私の話を聞いてもらいたいんです。浩太君は能島さんの話なら耳を傾《かたむ》けてくれます。あなたのことを本当に尊敬しているんです」

須崎という教師の話には説得力があった。

その翌日、須崎に連れられて浩太の母が神妙《しんみょう》な顔をしてあらわれ、先日の非礼を詫《わ》び、息子《むすこ》を説得して欲しいと頼みにきた。

「ともかく話してみましょう」

六郎は二人に約束した。

承諾はしたものの、口下手な六郎の説得をあの純粋無垢《じゅんすいむく》な浩太が聞き入れてくれるとは思えなかった。進学した方がおまえのためだと話せば話すほど浩太は自分に裏切られたと思うに違いない。

六郎は考えた。妙案《みょうあん》なぞ浮かぶはずはなかった。考えた末、六郎が出した答えは彼がかつて少年の時、親方が彼に鍛冶職人がいかに素晴《すば》らしい職業かを教えてくれた、あの山径に二人で出かけ、②親方が言ったことと同じ話をしてみようということだった。それは説得とはまったく逆の話なのだが、六郎は自分ができる唯一《ゆいいつ》の方法だと思った。

昼食を終えて二人は岩の上で少し昼寝《ひるね》をした。

六郎は眠《ねむ》れなかった。胸元《むなもと》で浩太の寝息《ねいき》が聞こえた。

六郎の胸の上に浩太のちいさな指がかかっている。いつかこの指が大人の男の指になるのだろうと思った。その時は自分はこの世にいない。浩太がどんな大人になるか見てみたい気がする。六郎は独りで生きてきたことを少し後悔《こうかい》した。

——いや、そのかわりにこの子に逢《あ》えた。

親方の言葉がまた聞こえてきた。

『玉鋼《たまはがね》と同じもんがおまえの身体の中にもある。玉鋼のようにいろんなもんが集まって一人前になるもんじゃ。鍛冶の仕事には何ひとつ無駄《むだ》な

のようなことが報告されたのですか。20字以上30字以内で答えなさい。

問二　――線部②〈「持続可能な開発」の再定義〉とありますが、新しく定義されたのはどのようなことですか。25字以上35字以内で答えなさい。

問三　――線部③〈図２は、達成された社会的閾値の数（グッドライフの度合）に対して超過した地球的境界の数（環境への負荷の度合）を国別にプロットしたものである〉とありますが、この図にある日本とベトナムを比べた場合、環境と生活の関係をどのようにするべきだと考えられますか。20字以上30字以内で答えなさい。

問四　――線部④〈文明が持続不可能ということは、それを支える環境と気候が持続不可能ということでもある〉とありますが、これはどういうことですか。「文明は本来、～」につづくかたちで、本文全体の内容をふまえて、現代の文明と環境の関係性を90字以上100字以内で説明しなさい。

下書き用（使っても使わなくてもかまいません）

四　昭和二十三年の夏、五十年以上鍛冶《かじ》仕事をしてきた能島六郎《ろくろう》のもとに、台風で父親と姉を亡《な》くした十二歳の浩太《こうた》が、仕事を見たいとやってきた。やがて、浩太は進学せずに六郎の仕事を継《つ》ぐと母親に告げる。母親は六郎にあきらめさせるように頼《たの》むが、六郎は浩太に仕事を継いで欲《ほ》しいなどとは言っていないと追い返す。その後に続く以下の場面を読んで後の問いに答えなさい。

二人は参拝を済ませると、神社を出て山径《やまみち》に入った。ほどなく地面を揺《ゆ》らすような水音が聞こえてきた。真砂《まさご》の滝《たき》の水音だった。

常緑樹が隧道《すいどう》のようになった山径を抜《ぬ》けると急に視界がひらけて、そこに霧《きり》のような水煙《みずけむり》がかかっていた。冬の陽《ひ》に水煙はきらきらとかがやき大きな光輪が浮《う》かび上《あ》がっていた。その光輪のむこうに数段にわたって水を落とす真砂の滝が見えた。

ワァーッと浩太が声を上げた。走り出そうとする浩太に六郎が声をかけた。

「走ってはならんぞ。足元は苔《こけ》が生えて滑《すべ》るでな」

六郎は浩太と並んで真砂の滝を仰《あお》ぎ見《み》た。

耳の底から親方の声が聞こえた。

『ロク、この水が鍛冶の神様や。よう覚えとくんや』

やさしい声だった。六郎は親方にそう言われた日がつい昨日のように思えた。

二人は滝の中段と同じ高さの岩場に腰《こし》を下ろしてトヨがこしらえた弁当を食べはじめた。山径を歩き続けたせいか、浩太はよほど腹が空《す》いていたとみえて勢い良く弁当を平らげていく。

六郎は先刻、神社で手を合わせていた浩太の姿を思い出していた。浩

ていることが見て取れる。

　オニールらは、検討した一五〇カ国について、持続可能な資源利用でその市民の基本的需要《じゅよう》を満たしている国は一つもなかったと結論している。ただし栄養、衛生、電気へのアクセス、極端《きょくたん》な貧困《ひんこん》の除去のような需要は地球的境界を超えることなくすべての人に対して満たすことができるとしている。一方、より高い生活の満足度を満たすためには現在の技術、社会システムの下では持続可能な消費水準の二～六倍の資源利用を必要とすると述べている。言い換《か》えれば、資源エネルギーの使用には節度が必要だということである。この結論は当たり前のように思えるかもしれないが、詳細《しょうさい》な研究の末に得られた結論であることに意義があると言えよう。使い捨て経済や過剰《かじょう》消費は持続不可能であり、地球倫理的《りんりてき》に許されないのである。

　この研究はドーナツ経済について初めて定量的検討を行ったものであり、さらに詳細な検討が必要なことは言うまでもないが、充足《じゅうそく》と平等を重視した持続可能な経済へ転換《てんかん》するための戦略が必要であることを明確に示している。筆者らは以前、各国のＨＤＩ（人間開発指数）をエコロジカル・フットプリントに対してプロットしたことがある。この研究結果と同様に右肩上がりの相関関係を見出《みいだ》している。すなわちＨＤＩが高ければエコロジカル・フットプリントも高いのである。

　ケイト・ラワースは地球的境界を破らずに生活の質を向上させることは可能だと主張している。すなわち脱炭素《だったんそ》、循環経済を進めれば資源利用を現状程度に止めながら生活の質の向上が可能だというわけである。たとえば栄養不足を解決するためには世界の食糧《しょくりょう》供給の一％あれば足りる、貧しい一九％の人々に電気を供給してもＣO_2の排出量は一％しか増えない、貧しい二一％の所得改善には世界の所得の〇・二％ですむと述べている。デンマーク工科大学のアンダー・ビョルンらは二〇〇〇～二〇一四年の四万もの世界の企業《きぎょう》の持続可能性報告書を分析したところ、エコロジカルな限界（地球的境界）について言及《げんきゅう》していたのはたった五％に過ぎなかったと報告している。企業や市民が地球的境界や社会的境界を真剣《しんけん》に意識し、社会の総力を挙げて取り組めば、ドーナツ経済の実現は不可能ではないかもしれない。

　すでに述べたように、文明の環境負荷が膨大《ぼうだい》でいくつかの環境容量を超えていることから、現在の文明の持続不可能性については明らかである。④文明が持続不可能ということは、それを支える環境と気候が持続不可能ということでもある。

（山本良一『気候危機』より。作問の都合上、表現を改めた部分があります。）

〈注〉
1　コンセンサス――同意。
2　アントロポセン――人類が地球表面を実質上支配している現在を地質年代区分として表現するために提案された、非公式に使用されている学術用語。ここでは現代を意味する。
3　エコロジカルに――自然や環境と調和するように。
4　閾値――境目となる値。
5　マテリアル・フットプリント――消費された天然資源量をしめす指標。
6　プロット――グラフに書き入れる。

問一　――線部①〈この報告書〉とありますが、ここでは結論としてど

ればそれだけ社会的課題が未達成であることを示し、社会的に持続可能でないことを意味する。国連の一七の持続可能な開発目標（ＳＤＧｓ）も直接・間接にこのドーナツに関係している。

ケイト・ラワースのドーナツ経済のコンセプトは大変素晴《すば》らしかったが、具体性に乏《とぼ》しいことが欠点であった。ところが二〇一八年二月にダニエル・オニールらが世界の一五〇カ国について定量的な検討を行い、再び脚光《きゃっこう》を浴びることになった。

オニールらは地球的境界と社会的境界の間ですべての人にとってよい生活が実現できるかどうかを、可能な範囲《はんい》で定量的に分析《ぶんせき》した。地球的境界として採用されたのは一人あたりのＣＯ２排出量《はいしゅつりょう》、リン投入量、窒素投入量、淡水使用量、純一次生産（植物が光合成によりＣＯ２を固定化して生産した有機物の量）、エコロジカル・フットプリント[注5]、マテリアル・フットプリントである。社会的境界として採用されたのは生活の満足度、健康寿命《じゅみょう》、栄養、衛生、所得、エネルギーへのアクセス、教育、社会的支援《しえん》、民主的な質、雇用《こよう》である。

二つの境界の閾値と日本の状況《じょうきょう》を**表１**、２に示した。表１は、淡水と純一次生産を除いて日本は五つの地球的境界を超えていることを示している。表２は、日本が生活の満足度を除く九つの社会的閾値を超えていることを示している。

③**図２**は、達成された社会的閾値の数（グッドライフの度合）に対して超過した地球的境界の数（環境への負荷《ふか》の度合）を国別に[注6]プロットしたものである。この図２で左上にあればあるほど、公正で持続可能な社会が実現されていることになる。ベトナムを除いてほとんどの国は右肩《みぎかた》上がりの曲線近くに分布し、生活の満足を実現するために環境を犠牲《ぎせい》にし

表１　地球的境界と日本の状況

	日本	1人あたりの地球的境界	単位
CO_2	12.4	1.6	1年あたりのCO_2排出量(トン)
P(リン)	4.6	0.9	1年あたりのＰ投入量(kg)
N(窒素)	34.5	8.9	1年あたりのＮ投入量(kg)
淡水	249	574	1年あたりのH_2O使用量(m^3)
eHANPP(純一次生産)	1.6	2.6	1年あたりのＣ生産量(トン)
エコロジカル・フットプリント	3.8	1.7	1年あたりのグローバルヘクタール(gha)
マテリアル・フットプリント	28.5	7.2	1年あたりの重量(トン)

Ref. "A good life for all within planetary boundaries"
Daniel W. O'Neill et al, *Nature Sustainability* 1, 88-95(2018)

表２　社会的境界と日本の状況

	日本	閾値	単位
生活の満足度	6.3	6.5	0～10
健康寿命	73.7	65	健康で過ごせる年数
栄養	2719	2700	1人1日あたりのキロカロリー
衛生	100	95	改善された衛生設備にアクセスできる割合(%)
所得	100	95	1日あたり1.90ドル以上の所得者の割合(%)
エネルギーへのアクセス	100	95	電気へアクセスできる人の割合(%)
教育	101.8	95	中等学校の卒業生の割合(%)
社会的支援	91.7	90	頼ることのできる友人や家族の割合(%)
民主的な質	1	0.8	民主的な質のインデックス
雇用	95.5	94	労働者の雇用率(%)

Ref. "A good life for all within planetary boundaries"
Daniel W. O'Neill et al, *Nature Sustainability* 1, 88-95(2018)

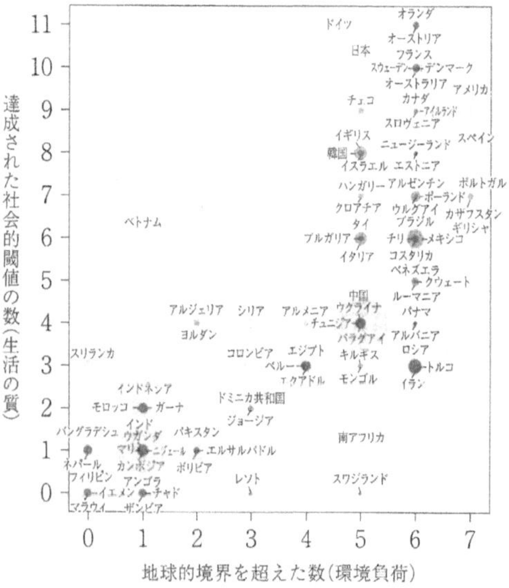

Figure : Biophysical boundaries transgressed
"A good life for all within planetary boundaries"
Daniel W. O'Neill et al (2018)

図２　生活の質と環境負荷の関係

の世代の欲求も満足させるような開発を意味し、①現在の私たちの生活と同じくらい豊かな生活を将来の人々も営む権利があり、経済開発が将来世代の発展の可能性を脅《おびや》かしてはならないという世代的責任（世代間の公平性）、②現在に生きる人々の間でも豊かな暮らしを営むことができるようにすること（世代内での公平性）、が持続可能な開発の内容だった。

[注2]アントロポセンにおける②「持続可能な開発」の再定義は、現在および将来の世代の人類の繁栄が依存《いぞん》している地球の生命維持システムを保護しつつ、現在の世代の欲求を満足させるような開発として定義される（東京大学の北村友人による。ＳＤＧｓ（持続可能な開発目標）を達成するための努力も当然その中に含《ふく》まれる。

さて、現在の文明が持続不可能であることをさらに定量的に示すいくつかの指標が考えられている。たとえば、エコロジカル・フットプリント（環境面積要求量）がある。この指標開発の先駆《さきが》けの研究者である和田喜彦（同志社大学）によれば、エコロジカル・フットプリントは〝ある特定の地域の経済活動または、そこに住む人々の生活を無理なく永続的に支えていくためにどれだけの生産可能な土地が必要かを測定し、ヘクタールなどの視覚でとらえやすい面積単位で表現したもの〟である。

二〇一九年の世界のエコロジカル・フットプリントは地球の年間のバイオキャパシティ（生物生産力）の一・七五倍と計算されている。これを一年間に直して考えると、七月二九日には一年分のバイオキャパシティを消費してしまい、その日以降はそれまでの蓄積《ちくせき》分を取り崩《くず》す事態になることを意味する。七月二九日は、二〇一九年の地球の環境容量をオーバーシュート（超過《ちょうか》）する日であった。

ヨハン・ロックストロームらは地球的境界（Planetary Boundary）について考察し、気候変動、生物多様性消失速度、窒素《ちっそ》循環《じゅんかん》、リンの循環、成層圏《せいそうけん》オゾン消失、海洋酸性化、グローバルな淡水《たんすい》利用と陸地利用変化について、地球的境界を考察している。その中で気候変動、生物多様性消失速度、窒素循環は境界値（臨界値）を超《こ》えていると指摘《してき》している。

ケイト・ラワースは、外側の地球的境界（Environmental Ceiling）と内側の社会的境界あるいは社会的基礎《きそ》（Social Foundation）に挟《はさ》まれたドーナツの部分が人類にとって安全で公正な活動空間であると考えた（ドーナツ経済）。**図１**にドーナツ経済の概念《がいねん》図《ず》を示す。

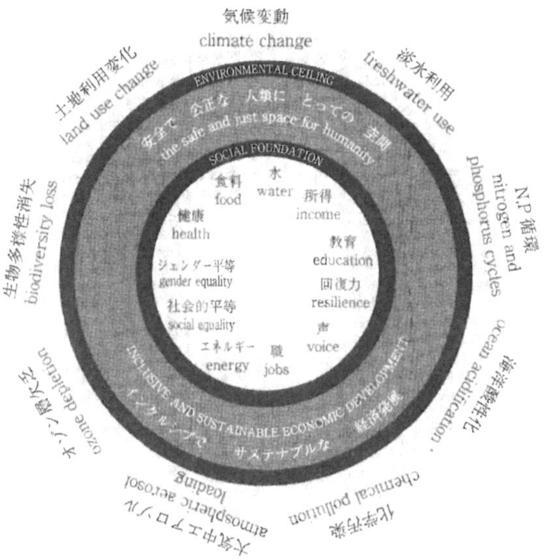

図１　ドーナツ経済の概念図（ケイト・ラワースによる）

地球的境界については、境界値を超えれば超えるほど[注3]エコロジカルに持続可能でないことを意味する。一方、社会的境界は、[注4]閾値《いきち》に達しなけ

【国　語】（五〇分）〈満点：一〇〇点〉

一　次の①～⑤の□に当てはまる言葉を語群から選び、漢字で答えなさい。

①ヘルマン・ヘッセの『□輪の下』を読む。
②□水池の水をかいぼりする。
③たくさんの竹が□生している里山。
④南太平洋諸島は「海の□園」といわれる。
⑤都市と都市が交□をして豊かになる。

《語群》
ミッ　チョ　エキ　ラク　シャ

二　次の①～⑤の□に当てはまる漢字一字を自分で考えて答えなさい。

①誰《だれ》も手を挙げなかったので王様の役を□って出た。
②友人と温泉で骨□めするつもりだ。
③「太陽が東から昇《のぼ》り、□に沈《しず》む」くらいあたりまえのこと。
④「木を見て□を見ず」とならないように気をつける。
⑤得意がっていた彼《かれ》は友人に鼻を□られてしょんぼりしていた。

三　次の文章を読んで、後の問いに答えなさい。

カリフォルニア大学のアンソニー・バーノスキーらは二〇一二年に「地球生命圏《けん》における状態シフト」と題する論文を科学雑誌『ネイチャー』に発表し、人間活動の拡大により生物種の大量絶滅《ぜつめつ》が迫《せま》っていると主張した。当時カリフォルニア州の知事だったジェリー・ブラウンはバーノスキーに電話をかけて、科学者は論文公開だけで社会的責任を果たしたことにはならない、本当に生物種の大量絶滅が迫っているというのなら二階の屋根に上って道行く人に大声で警告しなければならないのではないかと説得した。そこでバーノスキーと夫人のエリザベス・ハドリーはブラウン知事の要請《ようせい》を受け、世界の五〇〇名あまりの生物学者と共同で科学者のコンセンサス[注1]をまとめ。二〇一三年に公表した。①この報告書が「21世紀において人類の生命維持《いじ》システムを維持することに関する科学的コンセンサス」である。

その要点は、人類という生物種が誕生して以来、より速い気候変化が起こっていること、恐竜《きょうりゅう》絶滅以来、多数の生物種と生物個体が陸上と海で急速に絶滅・死亡していること、広範《こうはん》な生態系が一斉《いっせい》に消失していること、大気・水・土地の環境《かんきょう》汚染《おせん》が記録的なレベルで増加しつつあり、予期せぬやり方で人々や野生生物を傷つけつつあること、である。その結果、今日の子どもたちが中年になる頃《ころ》には、人類の繁栄《はんえい》と存在にとって不可欠な地球の生命維持システムは、不可逆的にグローバルに劣化《れっか》してしまうというのである。この報告書はジェリー・ブラウンがＮＡＳＡで発表後、ただちにアメリカのオバマ大統領（当時）と中国の習近平主席に届けられたと言われている。

このエピソードは、科学者の社会的責任の取り方について一つのよい例を示していると思う。

このような認識《にんしき》をもとに、持続可能な開発（Sustainable Development）の概念《がいねん》が変わりつつある。以前は将来の世代の欲求を満たしつつ、現在

2021年度

芝中学校入試問題（第２回）

【算　数】（50分）　＜満点：100点＞

次の問いの □ をうめなさい。

1　次の計算をしなさい。

(1)　$\left(0.5-\frac{1}{7}\right)\div 5+\frac{1}{35}\times 3.75\div 0.75+\left(\frac{1}{3}-\frac{1}{35}\right)\times\left(0.5-\frac{1}{16}\right)\times\frac{5}{14}=\square$

(2)　$50-\square\div\left\{\left(0.15+\frac{9}{20}\right)\div 0.02+(9\times 9-8\times 8)\right\}=7$

2　４％の食塩水Ａと８％の食塩水Ｂがあり，それらを混ぜると，5.2％の食塩水が500ｇできます。
　この食塩水Ａから □ ｇを取り出し，代わりに水を同じ量だけ加えたのち，食塩水Ｂを混ぜると4.6％の食塩水が500ｇ作れます。

3　１以上99以下の奇数の中で，５の倍数でない整数の集まりをＡとします。

(1)　Ａの中の数をすべてたすと □ です。
　また，Ａの中の数をすべてかけてできる整数の一の位の数は □ です。

(2)　Ａの中で，約数の個数が偶数個である整数は全部で □ 個です。

4　Ａ君は午前７時に家から８㎞離れている公園に向かって，時速４㎞で歩き始めました。その途中，早く公園に到着しようと思い，時速12.5㎞で走りました。すると，Ａ君は午前８時９分に公園に到着しました。Ａ君が歩いた時間は □ 分です。
　次の日，Ａ君は午前７時に家から公園に向かって，時速４㎞で歩き始めましたが，家から □ ㎞離れた地点で忘れ物に気がついて，歩いて家に戻りました。家に戻ってから１分36秒後に，今度は公園に向かって時速12.5㎞で走ったところ，午前８時13分に公園に到着しました。

5　水そうに蛇《じゃ》口Ａと排水口Ｂがついています。蛇口Ａを使うと空の水そうが45分で満水になります。また，排水口Ｂを使うと満水の水そうが60分で空になります。
　今，空の水そうに最初の20分間，蛇口Ａと排水口Ｂを開き，その後， □ 分間排水口Ｂを閉めました。次に，排水口Ｂを開き蛇口Ａを閉め，その８分後に蛇口Ａを開けました。蛇口Ａを開けてから36分後には水そうが満水になりました。

6　次のページの図の四角形ABCDは１辺の長さが12㎝の正方形で，点Ｅは辺ABのまん中の点で，三角形FCEは三角形BCEをECについて折り返したものです。また，点Ｇ，Ｈは，CFとEFの延長線と辺ADの交わった点です。

(1)　AGの長さは □ ㎝です。

⑵　GHの長さは　□　㎝です。

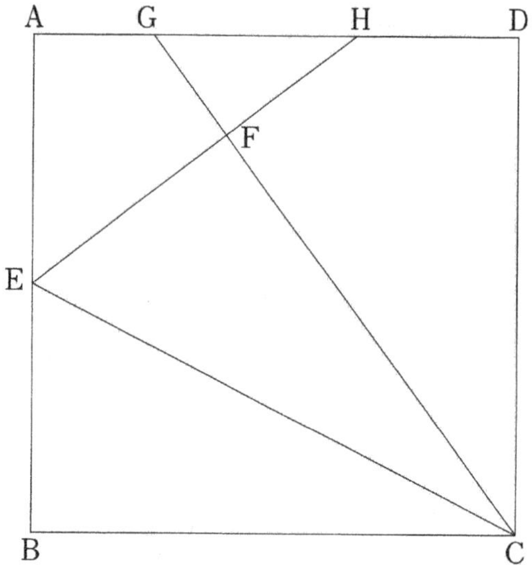

7　Ａさんと B さんは初め14枚ずつカードを持っています。じゃんけんをして勝った人が，以下のルールにしたがってカードを出し，カードがなくなった人を優勝とします。ただし，あいこはないとします。

ルール：グーで勝ったら２枚，チョキまたはパーで勝ったら４枚出すことができます。

⑴　最も少ない回数でＡさんが優勝するとき，２人の手の出し方は　□　通りあります。

⑵　最も多い回数でＡさんが優勝するとき，２人の手の出し方は　□　通りあります。

8　下の図は，AB＝４㎝，BC＝５㎝，CA＝３㎝の三角柱です。

CP＝１㎝，AQ＝AR＝２㎝で，３点Ｐ，Ｑ，Ｒを通る平面で切ったとき，切り口の平面と辺BCの交わった点をＳとするとき，BSの長さは　□　㎝です。

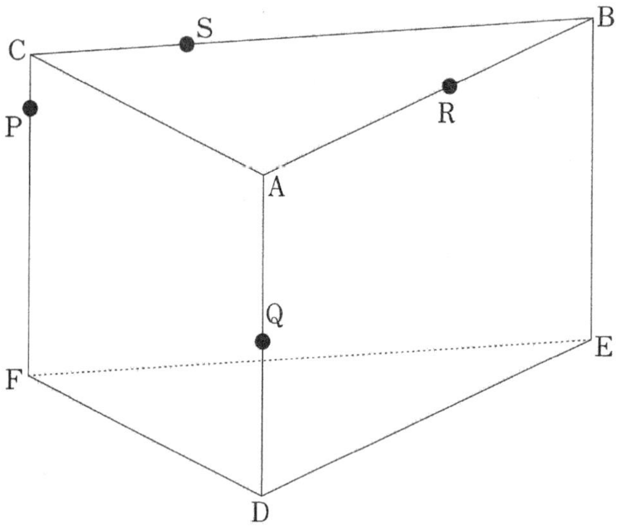

9 次のように，数字がある規則にしたがって並んでいます。

1，2，3，4，2，4，6，8，3，6，9，12，4，8，12，・・・・・・

⑴ 48が２回目に出てくるのは１から数えて □ 番目です。

⑵ １から □ 番目までの数の和は4836です。

10

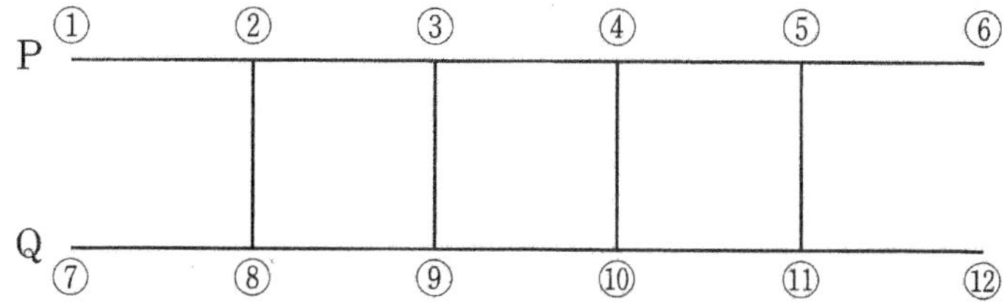

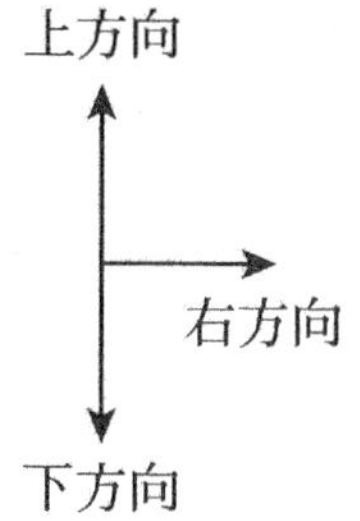

上の図のような経路を，Ｐは地点①から，Ｑは地点⑦から出発します。Ｐ，Ｑは経路上を右方向，上方向，下方向のいずれかの方向に移動し，一度通った経路には戻らないで進みます。各点と点の間の長さはすべて10㎝です。

また，ＰとＱの速さの比は２：１です。

下のグラフは，そのときのＰとＱを結ぶ経路で最も短い長さと時間の関係を表すグラフです。

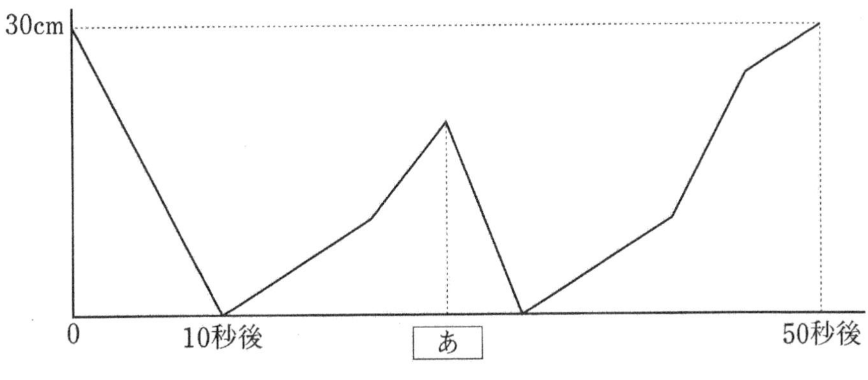

⑴ Ｐの速さは毎秒 □ ㎝です。

⑵ グラフの あ は， □ 秒後です。

⑶ Ｐは30秒後に，①～⑫の □ の地点に到着します。

⑷ Ｐが止まるまでにたどった地点を，たどった順番に並べると，

①→②→□→□→□→□→□→□→□→□

となります。

【理　科】（40分）　＜満点：75点＞

1　次の文を読み，問いに答えなさい。

20XX 年，芝太郎君は目標だった宇宙飛行士となり，有人火星探査計画の一員として，ついに念願の火星に降り立ちました。火星は直径が地球の半分ほどしかなく，表面積も地球の４分の１ほどですが，自転の周期は約25時間で，季節もあるという点で地球に似たわく星と言われています。そのために，人類は長い間，火星への移住を計画してきました。

無事，①火星の表面に宇宙船が着陸した後，芝太郎君たち乗組員は，すぐに基地に入りました。火星は地球と比べて酸素がとても少ないため，気密性の高い基地内で生活をしなくてはなりません。基地の中には，様々なトレーニング用具があります。②火星にたい在する間は，毎日トレーニングをしていないと，筋力がおとろえて足がすぐに細くなってしまうからです。

次の日の朝，芝太郎君は仲間とともに宇宙服を着て，外での作業に出かけました。基地の周りにはいたるところにソーラーパネルが設置してあり，太陽の光をエネルギーに変えています。時間によっては太陽光が得られないときもあるので，ソーラーパネルには③じゅう電のできる電池がつながれていました。芝太郎君はそれらの機器を入念に点検していきました。

作業が終わった後，ふと空をながめ，火星の空が赤いことに気づきました。「そうだ，この赤い色は，④酸化鉄が舞《ま》っているからだった。本で読んだとおりだなぁ」と芝太郎君は感動してつぶやきました。

基地にもどり，トレーニングをしたあと，体をふいてさっぱりとした芝太郎君は，地球から持ってきた大好物の⑤ビン入りジュースをグラスに注いで飲み干し，火星での一日を終えたのでした。

⑴　下線部①について。着陸するときには減速しなければなりませんが，火星は大変減速しにくいと言われています。その理由として最も適当なものを次の中から１つ選んで，記号で答えなさい。

（ア）火星の重さは地球の10分の１しかなく，重力が小さいため。
（イ）火星は地球より太陽から遠いので，太陽の引力によるブレーキがきかないため。
（ウ）火星は地球より太陽に近いので，太陽の引力が火星の引力に加わるため。
（エ）火星は地球より大気がうすいので，ていこうが少ないため。
（オ）火星は地球より自転のスピードがおそいので，宇宙船との速度差が大きいため。
（カ）火星は酸素が少ないので，逆ふん射ロケットに点火できないため。
（キ）火星の大気にある酸化鉄が，ていこうを減らす役割をはたすため。

⑵　下線部②について。火星にいると足が細くなってしまう理由として最も関係の深いものを次の中から１つ選んで，記号で答えなさい。

（ア）火星の気温　（イ）火星のしつ度　（ウ）火星の大きさと重さ
（エ）火星と太陽のきょり　（オ）火星に存在する水の量

⑶　下線部②について。この電池は，現在けい帯電話やパソコン用の電池として最も一ぱん的に使われているじゅう電式の電池でした。この電池の名称《しょう》を答えなさい。

⑷　下線部④について。鉄を強く熱するとこれとは異なる色の酸化物が得られます。何色の酸化物が得られますか。次の中から１つ選んで，記号で答えなさい。

（ア）黒　（イ）白　（ウ）緑　（エ）黄　（オ）銀

⑸　下線部⑤について。下図のような形のビンとグラスを使った以下の実験について，問いに答えなさい。

実験１

ジュースが半分入っているビンの口に横から息をふきかけたら音が鳴りました。

次に空にした同じビンの口に横から息をふきかけたら，このときも音が鳴りました。

実験２

ジュースが入っているグラスの真ん中あたりを棒でたたくと音が鳴りました。

次に空にした同じグラスの真ん中あたりを棒でたたくと，このときも音が鳴りました。

実験１と実験２について，ジュースが入っている時と比べると，ビンまたはグラスが空の時の音の高さはどうなりますか。正しい組み合わせを表中の（ア）～（ケ）から１つ選んで，記号で答えなさい。

	実験１	実験２
（ア）	高くなる	高くなる
（イ）	高くなる	同じ
（ウ）	高くなる	低くなる
（エ）	同じ	高くなる
（オ）	同じ	同じ
（カ）	同じ	低くなる
（キ）	低くなる	高くなる
（ク）	低くなる	同じ
（ケ）	低くなる	低くなる

2　生き物とかん境は密接に関わっています。①私たちヒトも生き物の一種で，そのヒトが今，②地球のかん境に大きなダメージをあたえつつあります。地球にしめる海の面積は約71％で，③生き物は，太古にその海で誕生したといわれています。海の水や地表の水は太陽の熱によって蒸発して水蒸気となり，雲になって雨や雪として地上に降りそそぎます。これらの雨や雪が森林に降り，一部を植物が利用して④光合成をおこなっています。水は地下水などになり，それらの水が集まり，川となって，海に流れこみます。これは自然界の水のじゅんかんです。自然界には他の⑤物質のじゅんかんもあります。そのひとつに⑥食物連さを通した物質のじゅんかんがあります。

⑴　下線部①について。生き物は，モンシロチョウはこんちゅう類，ヒキガエルはりょうせい類のように分類されます。私たちヒトは何類になりますか。ひらがなで答えなさい。

⑵　下線部①について。健康なヒトの成人の体にふくまれる水の割合はどれぐらいですか。次の中から最も適当なものを１つ選んで，記号で答えなさい。

（ア）０～10％　　（イ）20～30％　　（ウ）40～50％　　（エ）60～70％　　（オ）80～90％

⑶　下線部②について。今，地球規模のかん境問題として，「地球温暖化」があります。「地球温暖化」はヒトの活動のえいきょうが大きいと考えられています。そのヒトの活動のえいきょうとはどのようなものですか。次のページの２つの用語を用いて42字以内で説明しなさい。句読点や記

号は1字と数えること。

化石燃料　　　**温室効果**

(4)　下線部③について。「生き物は体内に海を持っている。」という表現があります。

これは生物が海で誕生したため，生物の体液が海水の成分に近い，という考え方です。一方，生物の種類により，その生息かん境のちがいから，体液の塩分のう度は様々です。

右のグラフはウニ，ヒト，カエルのそれぞれの体液と海水の塩分のう度を表したものです。

これを参考にして，下の（あ）～（え）の動物の体液の塩分のう度の大小を＝（等号），＜（不等号）の2種類の記号を使い，左から小さい順に表しなさい。

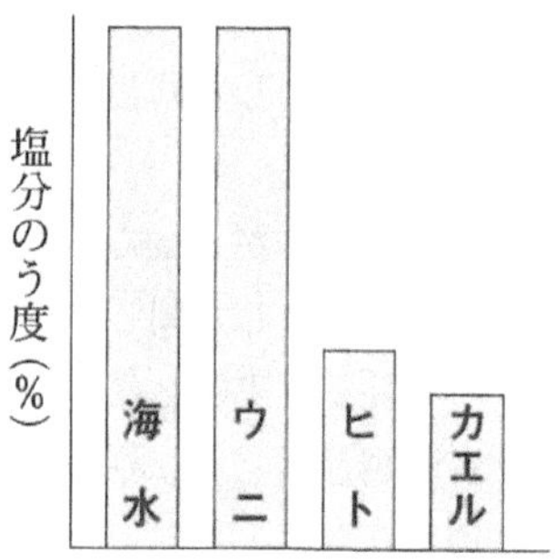

例　あ＜い＝う＜え

（あ）タコ　　（い）ネズミ　　（う）イモリ　　（え）イソギンチャク

(5)　下線部④について。光合成と物質について述べた文のうち，正しいものを次の中から1つ選んで，記号で答えなさい。

（ア）二酸化炭素と水は葉からとり入れられ，葉でデンプンがつくられる。

（イ）二酸化炭素は根から，水は葉からとり入れられ，根でデンプンがつくられる。

（ウ）二酸化炭素は根から，水は葉からとり入れられ，葉でデンプンがつくられる。

（エ）二酸化炭素と水は根からとり入れられ，葉でデンプンがつくられる。

（オ）二酸化炭素は葉から，水は根からとり入れられ，葉でデンプンがつくられる。

（カ）二酸化炭素は葉から，水は根からとり入れられ，根でデンプンがつくられる。

(6)　下線部⑤について。植物は光合成をすることで，二酸化炭素にふくまれている炭素を体に取りこみます。この炭素は物質のじゅんかんによって，私たちヒトの体に入ってきます。私たちの体に入った炭素のゆくえとしてまちがっているものを次の中から1つ選んで，記号で答えなさい。

（ア）骨の主成分となる　　　（イ）はく息にふくまれて空気中にもどっていく

（ウ）血液中に吸収される　　（エ）かみの毛の成分となる

（オ）便の一部としてはい出される　　（カ）筋肉の材料となる

(7)　下線部⑥について。食物連さの中で，自分で養分をつくり出すことができずに他の生物を食べることで養分をとり入れるものを自然界の「消費者」といいます。

自然界の「消費者」は次の（あ）～（こ）のどれですか。すべて選んで，記号を50音順に並べて答えなさい。

（あ）シイタケ　　（い）サメ　　（う）ワカメ　　（え）イネ

（お）アサリ　　（か）ミジンコ　　（き）ミカヅキモ　　（く）バッタ

（け）タンポポ　　（こ）アオカビ

3　同じ太さ，同じ長さの電熱線を使い，電熱線の数や電池の個数を変えた直列回路をつくりました。次に電池の個数と電流の大きさを調べる実験と，一定時間電流を流した時の電熱線の発熱量を調べる実験を行いました。

グラフ1は，電熱線を1本にして，電池の個数と電流の大きさとの関係を示しています。電池1個の時の電流の大きさを１としています。

グラフ２は，電熱線を１本にして，電池の個数と発熱量との関係を示しています。電池１個の時の発熱量を１としています。

グラフ３は，電池を１個にして，電熱線の数と回路全体の発熱量との関係を示しています。電熱線１本の時の発熱量を１としています。

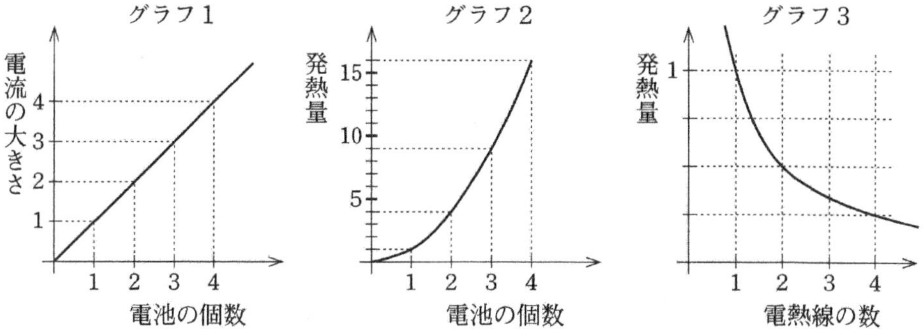

上の実験で用いた電池と電熱線を組み合わせてつくった，下の回路Ａ～Ｈがあります。グラフと回路Ａ～Ｈについて次の各問いに答えなさい。解答は整数または小数で表し，割り切れないときは小数第３位を四捨五入し小数第２位まで求めなさい。

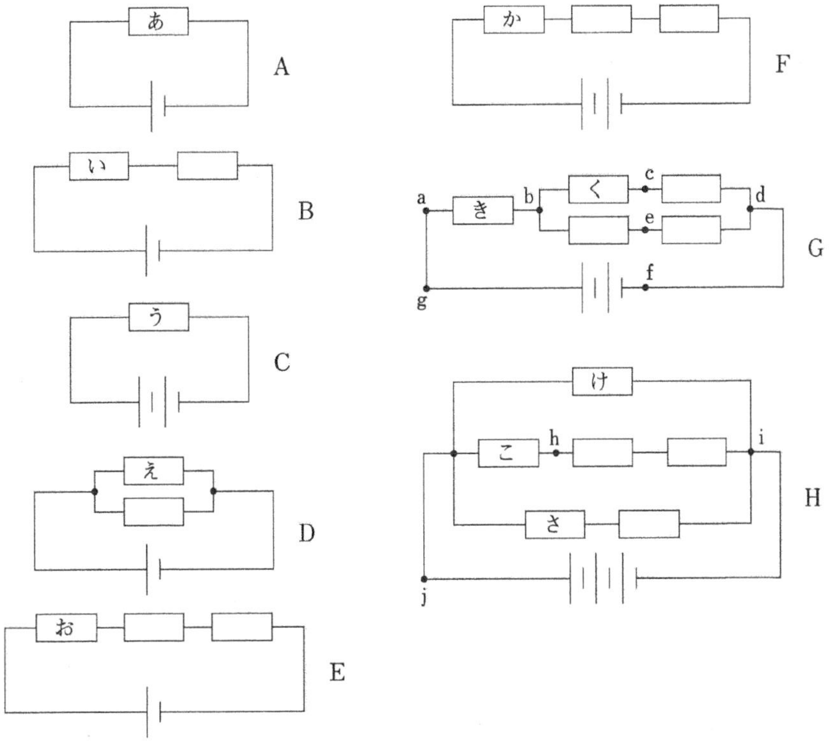

⑴　電熱線 あ と同じ大きさの電流が流れている電熱線を う ～ さ の中からすべて選んで，記号を50音順に並べて答えなさい。

⑵　電熱線 い と同じ大きさの電流が流れている電熱線を う ～ さ の中から１つ選んで，

記号で答えなさい。

⑶　電熱線 [さ] の発熱量は，電熱線 [あ] の発熱量の何倍ですか。

⑷　回路全体の発熱量が，回路Ｄと同じになる回路はどれですか。次の（ア）～（キ）の中から１つ選んで，記号で答えなさい。

（ア）Ａ　（イ）Ｂ　（ウ）Ｃ　（エ）Ｅ　（オ）Ｆ　（カ）Ｇ　（キ）Ｈ

⑸　電熱線 [あ] を20℃の水10ｇの中に入れて１分間電流を流すと，水温が21℃になります。容器の温度変化，外に逃《に》げる熱，外から入ってくる熱について考える必要はありません。

①　電熱線 [あ] を20℃の水30ｇの中に入れて15分間電流を流すと，水温は何℃になりますか。

②　電熱線 [う] を20℃の水80ｇの中に入れて10分間電流を流したときの水温と，電熱線 [か] のみを20℃の水 X〔ｇ〕の中に入れて９分間電流を流したときの水温が同じになるようにしたい。X の値はいくらですか。

⑹　回路Ｇのａ～ｆの中からいろいろな組み合わせの２点を選び導線でつなぎました。この時，つなぐ前後でｇに流れる電流に変化のない組み合わせがありました。組み合わせとして適するものを（ア）～（ソ）の中からすべて選んで，記号を50音順に並べて答えなさい。

（ア）ａとｂ　（イ）ａとｃ　（ウ）ａとｄ　（エ）ａとｅ　（オ）ａとｆ

（カ）ｂとｃ　（キ）ｂとｄ　（ク）ｂとｅ　（ケ）ｂとｆ　（コ）ｃとｄ

（サ）ｃとｅ　（シ）ｃとｆ　（ス）ｄとｅ　（セ）ｄとｆ　（ソ）ｅとｆ

⑺　回路Ｈのｈとｉを導線でつなぎました。ｊに流れる電流はつなぐ前の何倍になりますか。

4　次の各問いに答えなさい。

⑴　星には，さそり座のように星座を形づくっている星（こう星）と，火星や金星のように星座にふくまれない星（わく星）があります。なぜ，火星や金星などのわく星は星座にふくまれないのでしょうか。その理由に最も関係の深いものを，次の中から１つ選んで，記号で答えなさい。

（ア）火星や金星は，自分で光っていないので，明るくなったり暗くなったりするから。

（イ）火星や金星は，星座を形づくっている星にくらべて大変小さいから。

（ウ）火星や金星は，太陽のまわりをまわっているが，星座を形づくっている星は１日１回地球のまわりを回っているから。

（エ）星座を形づくっている星は非常に遠くにあるが，火星や金星はずっと近くにあり，地球と同じく太陽のまわりを回っているから。

（オ）星座を形づくっている星は，みな地球から同じきょりにあるが，火星や金星は，それよりずっと遠くにあるため，見える方向が季節によって変わるから。

（カ）星座が考えられた時代には，火星や金星はよく見えなかったから。

（キ）火星や金星には，よいの明星・あけの明星という特別の名前があるから。

⑵　星について述べた次の文のうち，まちがっているものを２つ選んで，記号を50音順に並べて答えなさい。

（ア）星の等級は明るさによって分けてあり，明るいほど数字が大きくなる。

（イ）オリオン座のリゲルと，さそり座のアンタレスを比べると，リゲルの方が表面温度が高い。

（ウ）オリオン座の三つ星はほぼ真東からのぼって真西にしずむことから，午後６時に真東に見えた三つ星は，真夜中に南中するといえる。

（エ）オリオン座が真夜中に南中する日は，さそり座は見えない。

（オ）全天で一番明るいこう星はシリウスだが，星が放っている光の量がもっとも多いのはシリウスとは限らない。

（カ）七夕のおりひめ星は，はくちょう座のベガで，ひこ星はしし座のアルタイルである。

（キ）夏の大三角はデネブ，アルタイル，ベガで，冬の大三角はベテルギウス，シリウス，プロキオンである。

⑶　星の等級について，１等星と６等星の明るさの差は100倍で，１等級ちがうと明るさは約2.5倍ちがいます。では，１等星と５等星の明るさの差は約何倍ですか。次の中から最も近いものを１つ選んで，記号で答えなさい。

（ア）6.3倍　（イ）10倍　（ウ）16倍　（エ）34倍　（オ）40倍　（カ）97倍

⑷　北極星について述べた次の文のうち，まちがっているものを３つ選んで，記号を50音順に並べて答えなさい。

（ア）北極星は日本では北の方角に見えるが，北極では真上に見える。

（イ）北極星はオーストラリアでは南の方角に見える。

（ウ）北極星は，おおぐま座の頭にあたる。

（エ）日本では，北極星は晴れていれば一晩中見ることができる。

（オ）北極星は，こぐま座の尾《お》にあたる。

（カ）地球の回転する中心のじくを北へのばすと，北極星の方向になる。

（キ）北極星は１等星である。

⑸　月について述べた次の文のうち，まちがっているものを２つ選んで，記号を50音順に並べて答えなさい。

（ア）上げんの月が南中するのは午前６時ころであり，月の右半分が光って見える。

（イ）日本で新月が見えないのは，月が太陽と同じ方向にあるためで，北極では見えることがある。

（ウ）三日月の時期には，月のかげになっている部分が見えることがある。これは，地球が太陽の光を反射するからである。

（エ）下げんの月の時，月から地球を見ると，やはり半分だけが明るく見える。

（オ）月食は満月の時に起こる。

（カ）月が地球のまわりを回る向きは，地球の自転の向きと同じで，北側からみると反時計まわりである。

⑹　次のページの図は，東京で見た北の空を示しています。また，横の点線は高度，縦の点線は方位角をそれぞれ表しますが，数値は入れてありません。高度とは，地平線からの角度を表し，地平線は0°で真上は90°になります。また，方位角とは方角を表す数値で，北を0°として時計回りの角度で表します。そうすると，東は90°で南は180°，西は270°となります。

　では，Ａの星とＢの星の６時間後の高度と方位角の値はどうなりますか。次の中からそれぞれ１つ選んで，記号で答えなさい。同じ記号を２度用いてもかまいません。

（ア）高度は大きくなり，方位角は小さくなる。

（イ）高度は大きくなり，方位角も大きくなる。

（ウ）高度は大きくなり，方位角は変わらない。

（エ）高度は小さくなり，方位角も小さくなる。
（オ）高度は小さくなり，方位角は大きくなる。
（カ）高度は小さくなり，方位角は変わらない。
（キ）高度は変わらず，方位角は小さくなる。
（ク）高度は変わらず，方位角は大きくなる。

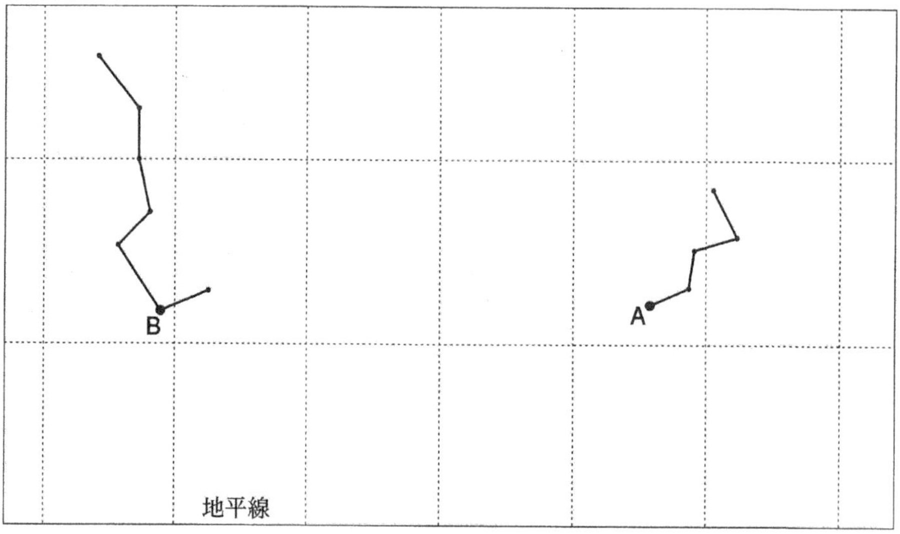

5　次の文を読み，問いに答えなさい。

反応の前後で物質の重さにどのような変化があるかを調べるために，次の実験を行いました。

【実験１】

塩酸に石灰石を加えると，二酸化炭素が発生します。105ｇのビーカーに塩酸100ｇを入れたものを４個用意し，それぞれに重さの異なる石灰石を加えたところ，いずれも二酸化炭素が発生し，石灰石はすべてとけました。

図１のように反応前のビーカーと塩酸の重さの合計をW_1〔ｇ〕，加えた石灰石の重さをW_2〔ｇ〕，反応後のビーカーと水よう液の重さの合計をW_3〔ｇ〕として，測定した結果をまとめると表１（次のページ）のようになりました。

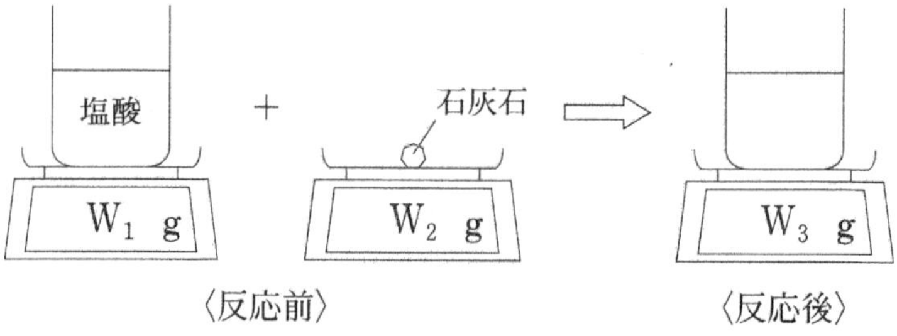

図１

表１

ビーカーと塩酸の重さの合計：W_1〔g〕	205.0	205.0	205.0	205.0
加えた石灰石の重さ：W_2〔g〕	6.0	7.7	8.8	12.2
反応後のビーカーと水よう液の重さの合計：W_3〔g〕	208.6	209.6	(X)	212.3
反応前後の合計の重さの変化：W_4〔g〕	2.4	3.1	3.5	4.9

⑴　二酸化炭素に関する記述として誤りをふくむものを次の中から１つ選んで，記号で答えなさい。

（ア）水よう液は酸性である

（イ）石灰水に通してできるちんでんは炭酸カルシウムである

（ウ）過酸化水素水に二酸化マンガンを加えても発生する

（エ）卵のからにさく酸を加えても発生する

（オ）空気よりも重い

⑵　表１の（X）に当てはまる値を求めなさい。

⑶　W_4の値が示すものとして最も適当なものを次の中から１つ選んで，記号で答えなさい。

（ア）反応した塩酸の重さ

（イ）反応せずに残った塩酸の重さ

（ウ）発生した二酸化炭素の重さ

（エ）反応した塩酸の重さから発生した二酸化炭素の重さを引いた重さ

（オ）反応した塩酸の重さに発生した二酸化炭素の重さを加えた重さ

⑷　ビーカーと塩酸の重さを変えずに石灰石を10.3g加えたとき，W_4は何gになりますか。次の中から最も適するものを１つ選んで，記号で答えなさい。

（ア）3.9g　　（イ）4.1g　　（ウ）4.3g　　（エ）4.5g　　（オ）4.7g

⑸　石灰石の代わりにマグネシウム片10.0gを加えたところ，気体が発生し，全てとけました。このときの反応後のビーカーと水よう液の重さの合計に関する記述として，正しいものを次の中から１つ選んで，記号で答えなさい。

（ア）加えた固体はとけて水よう液の一部となっているので，反応後のビーカーと水よう液の重さの合計は215.0gとなる。

（イ）加えた固体はとけてなくなるので，反応後のビーカーと水よう液の重さの合計は205.0gとなる。

（ウ）空気より軽い気体が発生し，反応後のビーカーと水よう液の重さの合計は215.0gよりも小さくなる。

（エ）空気より軽い気体が発生し，反応後のビーカーと水よう液の重さの合計は215.0gよりも大きくなる。

（オ）空気より重い気体が発生し，反応後のビーカーと水よう液の重さの合計は215.0gよりも小さくなる。

（カ）空気より重い気体が発生し，反応後のビーカーと水よう液の重さの合計は215.0gよりも大きくなる。

気体の反応の前後で物質の体積にどのような変化があるかを調べるために，次の実験を行いました。

【実験２】

図２のような気体の体積を測ることのできる容器に電極を取り付けて，水素と酸素の混合気体100cm^{3}を入れました。電極で電気火花を起こして点火すると水素が燃焼し，気体部分の体積が減少しました。混合気体にふくまれる水素と酸素の体積の割合を表２の①～④のように変えながら，点火後に残った気体の体積を測定しました。測定する時には，容器の内側と外側の水面を同じ高さに合わせました。実験中，容器内の水蒸気は無視できるものとし，水素の燃焼により生じた水はすべて水そうの水の一部になるものとします。また，温度変化による気体の体積の変化はないものとします。

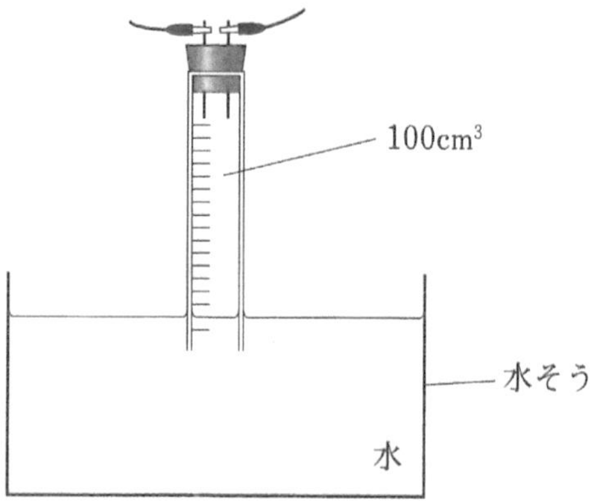

図２

表２

	①	②	③	④
水素〔cm^3〕	20	40	60	80
酸素〔cm^3〕	80	60	40	20
点火後に残った気体〔cm^3〕	70	40	10	(Y)

(6)　水素と酸素が反応するときにはいつも決まった体積比で反応します。表２の（Ｙ）に当てはまる値と，この時残った気体の種類を答えなさい。ただし，値が割り切れない場合は小数第１位を四捨五入して整数で答えること。

(7)　水素と空気を50cm^{3}ずつ入れて点火すると，実験後に残る気体の体積は何cm^{3}になりますか。ただし，空気は体積で80％のちっ素と20％の酸素のみからなるものとします。値が割り切れない場合は小数第１位を四捨五入して整数で答えなさい。

(8)　一酸化炭素は炭素をふくむ物質の不完全燃焼で生じ，空気中で燃やすと二酸化炭素が生じます。いま，実験２の装置の水に水酸化ナトリウムをとかし，一酸化炭素20cm^{3}と空気80cm^{3}を容器に入れて点火すると，一酸化炭素がすべて燃焼し，生じた二酸化炭素は水酸化ナトリウム水よう液にすべて吸収されました。このとき残った気体の体積は70cm^{3}でした。残った気体にふくまれる酸素は何cm^{3}ですか。ただし，空気は体積で80％のちっ素と20％の酸素のみからなるものとします。値が割り切れない場合は小数第１位を四捨五入して整数で答えなさい。

【社　会】（40分）　＜満点：75点＞

【１】 次の地図をみて，あとの設問に答えなさい。

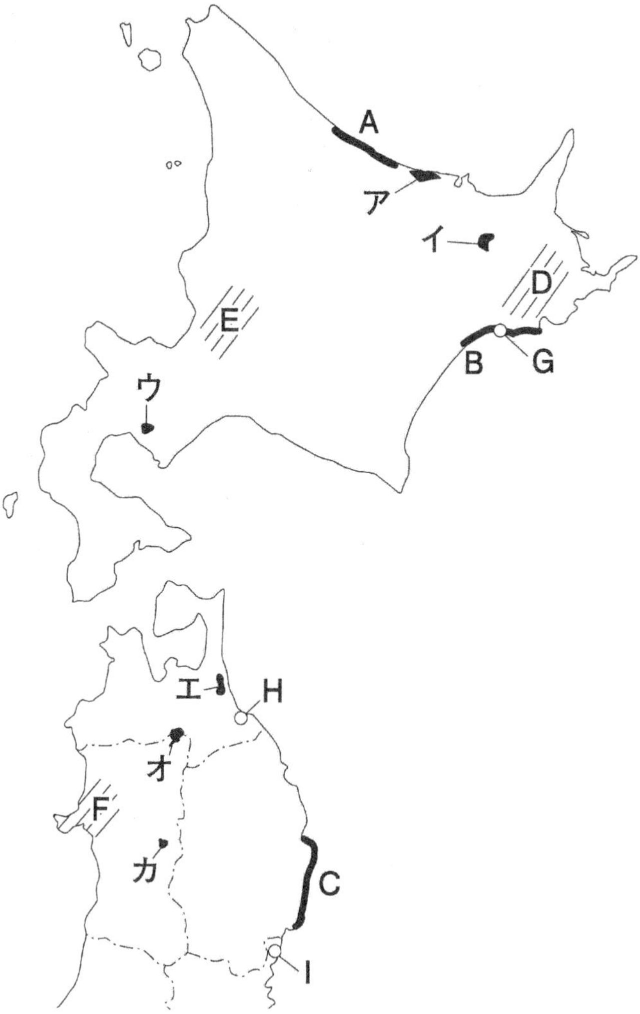

〔問１〕 次の⑴～⑶は，地図中のア～カのいずれかの湖について，特徴を説明したものです。⑴～⑶の特徴に当てはまる湖を地図中のア～カの中からそれぞれ選び，記号で答えなさい。

⑴ ドーナツ型の湖で，中央部に無人島があるカルデラ湖。南岸に活火山をもち，この一帯はジオパークに登録されている。

⑵ 平均水深が10ｍくらいと浅く，しらうおやしじみなどの漁業がさかんな潟湖。冬には凍った湖上で穴を開けてのわかさぎ釣りがみられる。

⑶ 日本で３番目に大きな湖で，長さ25㎞にもおよぶ砂州によって海と仕切られた潟湖。かきやほたて貝の養殖がさかんである。

〔問２〕 次のページの⑷～⑹は，地図中のＡ～Ｃのいずれかの沿岸について，特徴を説明したものです。⑷～⑹とＡ～Ｃとの組み合わせとして正しいものを，次のページのア～カの中から一つ選び，記号で答えなさい。

⑷　この沿岸は，寒流の親潮が流れ春から夏にかけて濃霧が発生しやすい。６～８月にかけては月の半分以上で霧が観測され，気温があまり上がらない。

⑸　この沿岸は，ロシアのアムール川の河口付近でできた流氷が北西の季節風にのって移動し，２～３月ごろにおし寄せてくる。この沿岸の観光資源にもなっている。

⑹　この沿岸は，リアス海岸として有名で，波の静かなおだやかな湾内ではかき，わかめの養殖などの漁業がさかんである。

	ア	イ	ウ	エ	オ	カ
(4)	A	A	B	B	C	C
(5)	B	C	C	A	A	B
(6)	C	B	A	C	B	A

〔問３〕　次の⑺～⑼は，地図中のＤ～Ｆのいずれかの地域について，農業の特徴を説明したものです。⑺～⑼とＤ～Ｆとの組み合わせとして正しいものを，以下のア～カの中から一つ選び，記号で答えなさい。

⑺　第二次世界大戦後，稲作を効率よく行うために耕地整理を行い，日本で２番目に広かった湖を干拓し，広大な稲作地になった。

⑻　泥炭地とよばれる耕作に適さない湿地が広がっていたが，排水路の整備や客土による土壌改良にとり組んだ結果，全国有数の水田単作地帯になった。

⑼　厚い火山灰におおわれているうえ，夏でも低温で霧が多いなど，きびしい自然条件を克服して酪農地帯になった。

	ア	イ	ウ	エ	オ	カ
(7)	D	D	E	E	F	F
(8)	E	F	F	D	D	E
(9)	F	E	D	F	E	D

〔問４〕　次の表１中のⅠ～Ⅲは，地図中の太平洋に面した漁港Ｇ～Ｉのいずれかについて，魚種別の水揚げ量を示したものです。Ⅰ～ⅢとＧ～Ｉとの組み合わせとして正しいものを，次のページのア～カの中から一つ選び，記号で答えなさい。

表１

たら類	56746
いわし類	28805
さば類	10815
いか類	8252
その他	10659
合計	115277
Ⅰ	

さば類	54924
いか類	26592
いわし類	10505
たら類	6717
その他	12626
合計	111364
Ⅱ	

かつお類	22982
さんま	11772
まぐろ類	10734
さめ	9461
その他	21195
合計	76144
Ⅲ	

単位はトン　2015年分「水産物流通調査」より作成

	ア	イ	ウ	エ	オ	カ
Ⅰ	G	G	H	H	I	I
Ⅱ	H	I	I	G	G	H
Ⅲ	I	H	G	I	H	G

〔問５〕 次の表２中のⅣ～Ⅵは，青森県・岩手県・秋田県のいずれかの耕地面積などを示したものです。Ⅳ～Ⅵと青森県・岩手県・秋田県との組み合わせとして正しいものを，以下のア～カの中から一つ選び，記号で答えなさい。

表２

	耕地面積（千 ha）	田（%）	畑（%）		
			普通畑	樹園地	牧草地
Ⅳ	151.0	53	23	15	9
Ⅴ	150.1	63	17	2	18
Ⅵ	147.6	87	8	2	3

統計年次は2018年 『データでみる県勢2020』より作成

	ア	イ	ウ	エ	オ	カ
Ⅳ	青森県	青森県	岩手県	岩手県	秋田県	秋田県
Ⅴ	岩手県	秋田県	秋田県	青森県	青森県	岩手県
Ⅵ	秋田県	岩手県	青森県	秋田県	岩手県	青森県

〔問６〕 次の表３中のＪ～Ｌは，ヨーグルト，ぶり，かまぼこのいずれかについて，１世帯あたりの年間購入額（2016～2018年平均，2人以上世帯）の多い県を示したものです。Ｊ～Ｌとヨーグルト，ぶり，かまぼことの組み合わせとして正しいものを，以下のア～カの中から一つ選び，記号で答えなさい。

表３

Ｊ		Ｋ		Ｌ	
富山	8245	岩手	16600	宮城	10512
石川	6156	千葉	16448	長崎	7148
長崎	5727	山形	15888	富山	5496

単位は円 『データでみる県勢2020』より作成

	ア	イ	ウ	エ	オ	カ
Ｊ	ヨーグルト	ヨーグルト	ぶり	ぶり	かまぼこ	かまぼこ
Ｋ	ぶり	かまぼこ	かまぼこ	ヨーグルト	ヨーグルト	ぶり
Ｌ	かまぼこ	ぶり	ヨーグルト	かまぼこ	ぶり	ヨーグルト

〔問７〕 次のページのＭ～Ｏは，青森県・秋田県・宮城県のいずれかで行われる祭りについて説明したものです。Ｍ～Ｏと青森県・秋田県・宮城県との組み合わせとして正しいものを，次のペー

ジのア～カの中から一つ選び，記号で答えなさい。

M：この祭りは，つらなるちょうちんを米たわらに，竿燈《かんとう》全体を稲穂に見たてており，豊作をいのるものです。

N：この祭りは，ねぶたと呼ばれる山車《だし》灯籠《とうろう》を引いて街中を練り歩き，灯籠流し同様に無病息災をいのるものです。

O：この祭りでは，商売繁盛，無病息災など様々な願いを込めて，七つ飾りといわれる小物が飾られます。街中が色鮮やかな七夕飾りで埋め尽くされます。

	ア	イ	ウ	エ	オ	カ
M	青森県	青森県	秋田県	秋田県	宮城県	宮城県
N	秋田県	宮城県	宮城県	青森県	秋田県	青森県
O	宮城県	秋田県	青森県	宮城県	青森県	秋田県

［問８］ 次の表４は，地図中の道県における太陽光，風力，地熱のいずれかの発電電力量が，全国に占める割合を示したものです。Ｐ～Ｒと太陽光，風力，地熱との組み合わせとして正しいものを，以下のア～カの中から一つ選び，記号で答えなさい。

表４

P	
北海道	14.1
青森	14.1
秋田	10.7
岩手	4.1

Q	
北海道	5.8
青森	3.9
宮城	3.3
岩手	1.9
秋田	1.0

R	
秋田	23.1
岩手	11.4
北海道	5.6

単位は％　統計年次は2018年　『データでみる県勢2020』より作成

	ア	イ	ウ	エ	オ	カ
P	太陽光	太陽光	風力	風力	地熱	地熱
Q	風力	地熱	地熱	太陽光	太陽光	風力
R	地熱	風力	太陽光	地熱	風力	太陽光

［問９］ 次のページの表５中のⅦ～Ⅸは，北海道・岩手県・宮城県のいずれかについて，製造品出荷額等の割合と総出荷額を示したものです。表中のＳ～Ｕには，輸送用機械，食料品，パルプ・紙のいずれかが当てはまります。Ｓ～Ｕと輸送用機械，食料品，パルプ・紙との組み合わせとして正しいものを，次のページのア～カの中から一つ選び，記号で答えなさい。

表５

Ⅶ	
S	13.9
T	12.2
電子部品	11.6
石油・石炭製品	10.7
生産用機械	9.8
その他	41.8
	44953億円

Ⅷ	
S	35.3
石油・石炭製品	14.8
U	6.4
鉄鋼	5.9
T	5.8
その他	31.8
	62126億円

Ⅸ	
T	25.4
S	15.0
生産用機械	8.2
電子部品	7.8
金属製品	5.1
その他	38.5
	25432億円

単位は％　統計年次は2017年　『データでみる県勢2020』より作成

	ア	イ	ウ	エ	オ	カ
S	輸送用機械	輸送用機械	食料品	食料品	パルプ・紙	パルプ・紙
T	食料品	パルプ・紙	パルプ・紙	輸送用機械	輸送用機械	食料品
U	パルプ・紙	食料品	輸送用機械	パルプ・紙	食料品	輸送用機械

〔問10〕　東北地方は米づくりがさかんです。世界では，米を主食とするアジアで人口を養うためにたくさんつくられています。次の表は，世界で米の生産量が多い国と，その国の生産量が世界に占める割合を示したものです。表中の（Ｘ）に当てはまる国名を答えなさい。

	国名	（％）
１位	中国	27.6
２位	インド	21.9
３位	（　Ｘ　）	10.6
４位	バングラデシュ	6.4
５位	ベトナム	5.6

統計年次は2017年　『データブック オブ・ザ・ワールド 2020』より作成

【２】 次のページの略年表を見て，あとの設問に答えなさい。

〔問１〕　下線部１・３の出来事に関係の深い人物について説明した文を，次のア～オよりそれぞれ一つずつ選び，記号で答えなさい。またあわせてその人物名を答えなさい。

ア．朝廷から関白に任じられたこの人物は，伝統的な天皇の権威を利用して大名をおさえ，天下統一を実現しました。

イ．鎌倉を拠点にして関東一帯の支配をかためたこの人物は，朝廷から征夷大将軍に任命され，全国の武士を従える地位につきました。

ウ．関ヶ原の戦いで勝利をおさめたこの人物は，その３年後には朝廷から征夷大将軍に任じられ，江戸に幕府を開きました。

エ．長い間続いた南北朝の争乱を終わらせたこの人物は，京都に「花の御所」とよばれる豪華な屋敷を建て，ここで政治を行いました。

オ．武士としてはじめて太政大臣に就任したこの人物は，娘を天皇の后にし，一族の者も朝廷の高い位や役職を独占しました。

	≪A≫
7 世紀	白村江の戦いがおこる
	≪B≫
9 世紀	遣唐使の派遣が停止される
	≪C≫
12 世紀	1 大輪田泊の修築が行われる
	≪D≫
15 世紀	2 日明貿易が始まる
	≪E≫
16 世紀	3 文禄の役がおこる
	≪F≫
17 世紀	ポルトガル船の来航が禁止される
	≪G≫
19 世紀	異国船打払令が出される
	≪H≫
20 世紀	4 ポーツマス条約が締結される
	≪I≫
	日中戦争が始まる
	≪J≫
	朝鮮戦争がおこる
	≪K≫

〔問２〕 下線部２について述べた次の文Ｘ・Ｙの正誤の組み合わせとして正しいものを，次のア～エより一つ選び，記号で答えなさい。

Ｘ　この貿易では，倭寇と区別するために，室町幕府が発行した勘合という合い札をもった船が，日本と明との間を往復しました。

Ｙ　明からは鉄砲・火薬・生糸・絹織物などが輸入され，日本からは銅・硫黄・刀剣などが輸出されました。

ア．Ｘ－正　Ｙ－正　　イ．Ｘ－正　Ｙ－誤

ウ．Ｘ－誤　Ｙ－正　　エ．Ｘ－誤　Ｙ－誤

〔問３〕 下線部４について，日本側の代表としてこの条約を結んだ人物に，最も関係の深い事柄を，次のア～オより一つ選び，記号で答えなさい。

ア．領事裁判権の撤廃　　イ．ノルマントン号事件

ウ．シベリア出兵　　エ．関税自主権の回復

オ．護憲運動

〔問４〕 ≪A≫の時期について述べた次の文Ⅰ～Ⅲを，年代の古いものから順に並べかえた場合，正しいものはどれですか。次のページのア～カより選び，記号で答えなさい。

Ⅰ　倭王武が中国の皇帝に送った手紙には，ヤマト政権が地方の豪族たちを服属させたことが記されていました。

Ⅱ　百済から公式に伝えられた仏教の受容をめぐって，蘇我氏と物部氏が対立しました。

Ⅲ　朝鮮半島に渡った倭の軍が，好太王に率いられた高句麗の軍と戦いました。

ア．Ⅰ－Ⅱ－Ⅲ　　イ．Ⅰ－Ⅲ－Ⅱ　　ウ．Ⅱ－Ⅰ－Ⅲ

エ．Ⅱ－Ⅲ－Ⅰ　　オ．Ⅲ－Ⅰ－Ⅱ　　カ．Ⅲ－Ⅱ－Ⅰ

〔問５〕　≪Ｂ≫の時期に栄えた天平文化について述べた文として正しいものを，次のア～エより一つ選び，記号で答えなさい。

ア．桓武天皇は，仏教の力で世の中の不安を取り除き，国家を守ろうと考え，国ごとに国分寺と国分尼寺を建てるよう命じました。

イ．都の貴族の間では，和歌をつくることが盛んになり，『古今和歌集』が成立しました。

ウ．天皇が日本を治めるようになったいわれを説明する歴史書として，『古事記』や『日本書紀』が編さんされました。

エ．遣唐使とともに唐に渡って仏教を学んだ最澄と空海は，帰国後にそれぞれ天台宗と真言宗を開きました。

〔問６〕　≪Ｃ≫の時期には，阿弥陀仏を信じて念仏を唱えると，死後，極楽浄土に往生できるという浄土教の教えが広まり，貴族たちもきそって阿弥陀仏をまつる阿弥陀堂を建築しました。右の写真は，その頃に建てられた阿弥陀堂の一つですが，これを建立した人物は誰ですか。

〔問７〕　次の史料は，≪Ｄ≫の時期（13世紀後半）に紀伊国（和歌山県）の阿氏河荘《あてがわのしょう》の農民たちが，地頭の不当な支配を荘園領主に訴えた文書の一部です。これを参考にして，当時の農民や農業に関して述べたａ～ｄの文について，正しいものの組み合わせを，下のア～エより一つ選び，記号で答えなさい。なお史料は読みやすくするため，現代語に訳されていたり，一部書き直したりしているところもあります。

（荘園領主に納める）材木が遅れていますが，地頭が上京するとか，近くの工事の際の労役だなどと言っては，村人をこき使うので，その余裕がありません。わずかに残った人を，材木を運び出すのに山へ行かせたところ，地頭が「逃げた百姓の畑に麦をまけ」と言って，山から追い戻されてしまいます。「お前たちがこの麦をまかなければ，妻たちを閉じ込めて，耳を切り，鼻をそぎ，髪を切って尼にして，縄でしばって痛めつけるぞ」と言って責め立てられるので，材木の納入がますます遅くなります。

ａ　この時代の農民は，荘園領主と地頭による二重の支配を受けており，かれらはそれぞれに対して税を納めなくてはなりませんでした。

ｂ　農民たちは神社などで寄合を開くなどして団結を強め，しばしば一揆を結んで領主の支配に抵抗しました。

ｃ　西日本を中心に，同じ田畑で稲を刈り取ったあとに麦を栽培する二毛作が広まりました。

ｄ　備中ぐわや千歯こきなどの農具が考案され，干鰯《ほしか》や油かすが肥料として用いられるようになりました。

ア．ａ・ｃ　　イ．ａ・ｄ　　ウ．ｂ・ｃ　　エ．ｂ・ｄ

〔問８〕　≪Ｅ≫の時期におきた応仁の乱によって，日本は戦国時代に突入したといわれています。この時代には，下位の者が上位の者を実力で打ち倒してその地位をうばうという特徴が認められますが，このような風潮を何といいますか。**漢字３文字**で答えなさい。

〔問９〕　≪Ｆ≫の時期の江戸幕府による政策に関して述べた次の文Ｘ・Ｙについて，その正誤の組み合わせとして正しいものを，次のア～エより一つ選び，記号で答えなさい。

Ｘ　徳川家康は，日本の商船に朱印状を与えて海外へ渡ることを許可し，外国との貿易を奨励しました。その結果，東南アジアの各地には，日本人の住む日本町ができました。

Ｙ　1635年に武家諸法度が改定され，大名には参勤交代が義務づけられましたが，これは本来大名たちの財力を弱め，幕府に反抗できなくすることを目的としたものでした。

ア．Ｘ－正　Ｙ－正　　　イ．Ｘ－正　Ｙ－誤

ウ．Ｘ－誤　Ｙ－正　　　エ．Ｘ－誤　Ｙ－誤

〔問10〕　≪Ｇ≫の時期におきた次の出来事ア～オを，年代の古いものから順に並べかえた場合，**４番目**にくるものはどれですか。記号で答えなさい。

ア．公事方御定書が制定され，裁判の公正がはかられました。

イ．生類憐みの令の発令により，生類すべての殺生が禁じられました。

ウ．棄捐令を出して，旗本・御家人らの借金を帳消しにしました。

エ．明暦の大火が発生し，江戸の町の半分以上が焼失しました。

オ．商工業者の株仲間を積極的に奨励し，営業税の増収をめざしました。

〔問11〕　≪Ｈ≫の時期に第一国立銀行や大阪紡績会社などを創立して「日本資本主義の父」とよばれ，2024年に発行される予定の新１万円札の図柄に採用された人物は誰ですか。

〔問12〕　≪Ｉ≫の時期について述べた文として**誤っているもの**を，次のア～エより一つ選び，記号で答えなさい。

ア．普通選挙法が成立し，満25歳以上のすべての男性に衆議院議員の選挙権が与えられました。

イ．北京郊外の盧溝橋で，日中両軍が武力衝突したことをきっかけに，満州事変が始まりました。

ウ．電灯が農村にも普及し，東京・大阪・名古屋ではラジオ放送も開始されました。

エ．海軍の青年将校らによって犬養毅首相が暗殺され，政党内閣の時代が終わりました。

〔問13〕　≪Ｊ≫の時期に関して，太平洋戦争終結後の日本の民主化について述べた次の文Ⅰ～Ⅲを，年代の古いものから順に並べかえた場合，正しいものはどれですか。下のア～カより選び，記号で答えなさい。

Ⅰ　連合国軍最高司令官総司令部（ＧＨＱ）の指令で，軍隊の解散が行われました。

Ⅱ　国民主権・平和主義・基本的人権の尊重の３つを原則とする日本国憲法が公布されました。

Ⅲ　戦後初の衆議院議員総選挙が行われ，39名の女性議員が誕生しました。

ア．Ⅰ－Ⅱ－Ⅲ　　イ．Ⅰ－Ⅲ－Ⅱ　　ウ．Ⅱ－Ⅰ－Ⅲ

エ．Ⅱ－Ⅲ－Ⅰ　　オ．Ⅲ－Ⅰ－Ⅱ　　カ．Ⅲ－Ⅱ－Ⅰ

〔問14〕　≪Ｋ≫の時期に関して，次のＸ・Ｙの出来事とそれぞれ最も関係の深い内閣は①～④のどれですか。組み合わせとして正しいものを，次のページのア～エより選び，記号で答えなさい。

Ｘ　日韓基本条約の締結　　　Ｙ　消費税の導入

①　池田勇人内閣　　②　佐藤栄作内閣

②　中曽根康弘内閣　　④　竹下登内閣

ア．Ｘ－①　Ｙ－③　　イ．Ｘ－①　Ｙ－④
ウ．Ｘ－②　Ｙ－③　　エ．Ｘ－②　Ｙ－④

【３】 次の文章を読んで，あとの設問に答えなさい。

江戸時代中期の学者で荻生《おぎゅう》徂徠《そらい》（以下，徂徠）という人物がいます。徂徠は，当時幕府の重職にあった柳沢吉保《やなぎさわよしやす》に抜擢《ばってき》され，のちに８代将軍徳川吉宗の1御用学者にまでなりました。2吉宗に提出した政治改革論『政談』は，物事に対する当時の考えをくつがえすものであり，近代的なものの考え方がみてとれるものとして，現代でも評価されています。

落語の演目にある「徂徠豆腐」という噺《はなし》をご存じでしょうか。これは3芝増上寺周辺が話の舞台で，貧しかった時代に豆腐屋に助けられたことを恩に感じた徂徠が，大火で焼失してしまった豆腐屋に新しいお店を贈るというストーリーです。この大火は，忠臣蔵として知られる赤穂浪士の討ち入りによるものでした。噺のクライマックスでは，討ち入りを果たした47人の浪士に対し，徂徠ら幕府側が下した処罰について，豆腐屋の店主と徂徠との議論が起こります。

浪士に対し切腹を命じた決定に納得がいかない店主は，徂徠から受けた施しをつっぱねますが，これに対し徂徠は「豆腐屋殿は，お金がなくて豆腐をただ食いした私の行為を「出世払い」にして，盗人となることから私を救ってくれた。法を曲げずに情けをかけてくれたから，今の私がある。私も学者として法を曲げずに浪士に最大の情けをかけた。それは豆腐屋殿と同じ」と法の重要性を説きました。さらに，「武士が美しく咲いた以上は，見事に散らせるのも情けのうち。武士の大刀は敵のために，小刀は自らのためにある」と武士の道徳について語りました。これに納得した豆腐屋は，浪士の切腹と徂徠からの贈り物をかけて「先生はあっしのために自腹を切って下さった」と答え，オチがつきます。

実際の4赤穂浪士に対する処分については，幕府の中でも意見が分かれていて，最終的にどのような判断が下されるのか，世の中がとても注目していました。幕府から意見を求められた徂徠は，武士の道徳の重要性とともに，ルールを守ることの重要性をも説き，幕府の下した判断に影響を与えることになりました。徂徠のものの見方は，法と道徳を切り離して政治を考えていくという，冒頭に述べた「近代的なものの見方」の出発点と評価されることとなったのです。

〔問１〕 下線部１について，御用学者とは幕府に雇われて学術研究を行っていた者のことを指します。徳川家康に仕えた林羅山以来，幕府の中心的な学問となっていったものは何ですか。正しいものを下から選び，記号で答えなさい。

ア．神学　　イ．国学　　ウ．儒学　　エ．蘭学

〔問２〕 下線部２に関連して，次のページの設問に答えなさい。

> 近年は，太平が久しくつづいて，世の中に変化がないので，世の風習が一定して，家柄というものが定まり，幕臣の家でも上級から中級・下級にいたるまで，それぞれ大体の立身の限度も定まっているので，人々の心に励みがなくなって，立身しようとするよりも，失敗して家を潰したりしないように考えた方がよいということで，何事につけてもいい加減にして世渡りするという気持ちになり，人々の心が非常に横着（できるだけ楽をしてすまそうとすること）になっている。

尾藤正英　抄訳『政談』より

⑴　前のページの資料は，徂徠が当時の世の中の問題点を述べている部分です。この問題を解決するために，徂徠が実際に考えた政策はどのようなことでしょう。この政策は，のちに将軍に提案し実際に実行されています。もっともふさわしいものを一つ選び，記号で答えなさい。

ア．学歴主義　　イ．年功序列主義　　ウ．能力主義　　エ．身分主義

⑵　政治をする者が，徂徠のような専門家に広く意見をきくことは現代でもよくあることです。国会の法案審議の過程において，委員会が利害関係者や専門家に意見をきく会のことを何といいますか。

〔問３〕　下線部３に関連して，以下の設問に答えなさい。

> 江戸時代の自治は，現代とは大きく違っていました。徂徠が生きていた江戸時代中期には，江戸の人口は，町人だけでも50万人ほどだったと言われています。大勢いる町人たちを管理するためには，多くの役人が必要となるはずなのですが，実際のところは，役人の数はとても少数で，各地区の運営は町人たちに任されている部分が大きかったと言われています。
>
> それに比べ現代のA地方自治制度は，担う仕事がより複雑になっているため，多くの人員を必要とします。現在，B地方の財政は，切迫したものとなっています。財政健全化をめざすには，江戸の世の中のようにC自分たちでできることは協力し合って解決することが必要になってくるのかもしれません。

⑴　次ページの地図中に示されているサクラ川は，描かれた当時は下水の役目を果たしており，川の管理は町内の人々が協力して行っていたと言われています。現代において，下水道の整備や管理を中心的に行っているのはどれですか。下から選び，記号で答えなさい。

ア．国　　イ．地方公共団体　　ウ．民間企業　　エ．町内会

⑵　江戸時代の人々は，武士は武家地，僧侶は寺社地，町人は町人地というように居住地が決められていました。なかでも町人地の人口密度は高く，長屋という集合住宅に多くの町人が住んでいました。江戸の人口増加に伴って，新たに組み込まれた芝増上寺周辺の町人地は，東海道に沿って分布していたことでとてもにぎわっていたようです。地図中のＸ～Ｚはそれぞれどの居住地を示していますか。正しい組み合わせを下から選び，記号で答えなさい。

ア．Ｘ－武家地　Ｙ－寺社地　Ｚ－町人地　　イ．Ｘ－武家地　Ｙ－町人地　Ｚ－寺社地
ウ．Ｘ－寺社地　Ｙ－町人地　Ｚ－武家地　　エ．Ｘ－寺社地　Ｙ－武家地　Ｚ－町人地
オ．Ｘ－町人地　Ｙ－武家地　Ｚ－寺社地　　カ．Ｘ－町人地　Ｙ－寺社地　Ｚ－武家地

⑶　下線部Ａに関連して，選挙管理委員会や教育委員会などのように，政治的中立性を保つため，独立性が求められている機関を何といいますか。

⑷　下線部Ｂについて，地方自治体の歳入のうち，地方公共団体間の財政の不均衡を解消するために国が使い道を限定せずに支給するお金を何といいますか。

⑸　下線部Ｃについて，以下のことばは，本来は防災上の観点から使われますが，最近では，広く政治一般で使われることもあります。空欄には，隣近所で助け合い命を守るという意味の語が入ります。適切な語を答えなさい。

「自助　○○　公助」

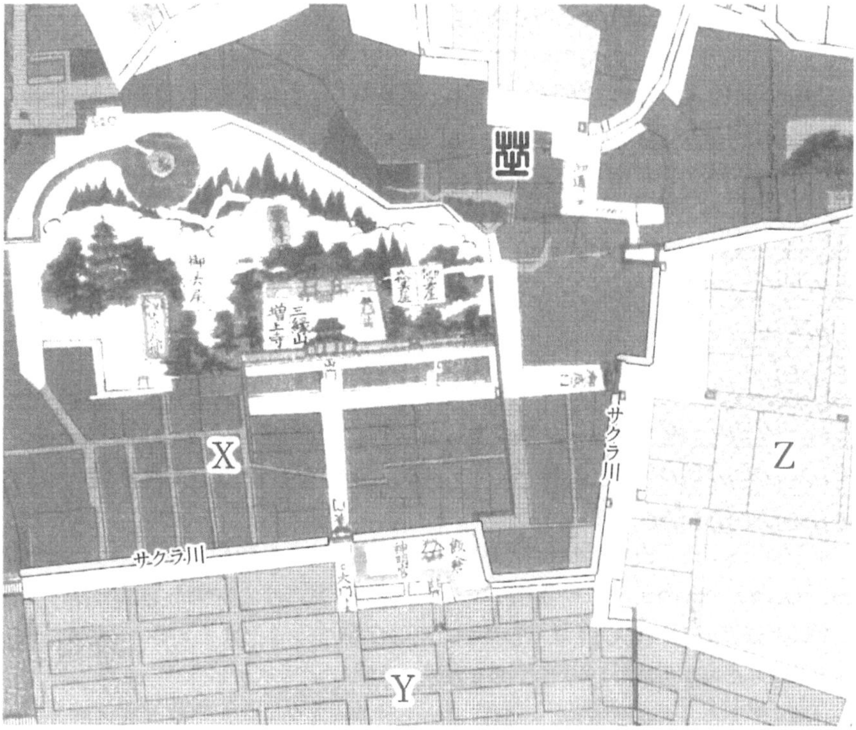

芝… 現在の芝中学校がある場所

江戸時代後期の芝増上寺周辺（『増補改正芝口南西久保愛宕下之図』より）

〔問４〕 下線部４について，旧暦の２月４日は，赤穂浪士の命日と言われています。赤穂浪士のお墓がある寺では，毎年２回，義士祭という行事が開催されています。赤穂浪士と関係が深い寺としてもっともふさわしいものを下から選び，記号で答えなさい。

ア．寛永寺　　イ．泉岳寺　　ウ．浅草寺　　エ．築地本願寺

〔問５〕 徂徠は，赤穂浪士に対する処分について幕府から意見を求められたとき，「徂徠豆腐」と同じような回答をしたと言われています。徂徠の意見にもっとも近いものを下から選び，記号で答えなさい。

ア．武士の忠義を認め，赤穂浪士の討ち入りを全面的に評価した。

イ．武士の忠義を一切認めることなく，幕府側に立って厳しい処罰を下した。

ウ．法にのっとり処罰するとともに，武士の忠義を守る立場にも立った。

エ．新しいルールの必要性を説き，武士の忠義を守る立場に立った。

【４】 次の文章を読んで，あとの設問に答えなさい。

自由にものを売買できる市場においては，基本的に${}_{\text{A}}$ものを欲しがる欲求と，市場に送り出されたものの量との関係によって値段が決まる，ということを勉強してきてくれていると思います。21世紀にはいって，こうした関係によって決まるはずの値段が，著しくバランスをくずしてしまうようなことが，日本でもしばしば見られるようになりました。十分な量の商品が市場には送り出されているのに，実際には消費者に行き渡らず，物不足となって高値で取引される現象です。

家庭用テレビゲーム機が代表的な例です。みなさんの中にも大好きな人が多いことと思います

が，人気のあるものは発売日前から予約がいっぱいになってしまいます。そして発売日になると転売をおこなう人が現れ，店頭価格の何倍もの高値で取り引きしてしまいます。多くの場合，欲しがっている人に対して十分な量の製品を，市場に売り出していると製造会社は主張します。ということは，ある一部にかたよって購入されている，すなわちB買い占めがおこっているのです。

インターネットの普及が，買い占めを組織的におこないやすくしてしまっている側面があります。専用のプログラムを用いて，販売サイトに出品した瞬間に大量に購入を申し込み，商品を買い占めてしまうのです。そしてオークションサイトやフリーマーケットサイトに高額で出品し，大きな利益を得ています。

本来，仕入れた値段に価格を上乗せして品物を販売すること自体は，商業の大原則ともいうべきものです。問題はそれが，多くの人々の欲求を満たさないまま，一部の人の大きな利益になっているという点にあります。専用プログラムを用いるようなやり方は，一般の消費者に対して対等な条件で買い付けているとは言いがたいものです。ですから購入できなかった消費者には，大きな不満が残ることになります。

また，商品を市場に送り出す側の立場からしても，このことで商品に悪いイメージがついてしまい，利益を損ねるという問題があるので，なんとか転売を防ごうと対策を考えることになります。そしてまた転売をしようとする側も，それを上回る手段を生み出すというイタチごっこにおちいり，送り出す側の大きな負担になってしまうのです。

従来，政府は経済的自由を尊重して，買い占めと転売の問題には深く立ち入らないようにしてきていました。しかし，議員立法によって成立したCチケット不正転売禁止法が令和元年６月から施行され，コンサートやスポーツの試合への入場チケットについて，高額転売を禁じる方針に転換しました。イベントの興行主等が，販売したチケットに「転売を禁じる」といった文言を明記し，販売した相手かどうかの本人確認を入場の際に行うことで，販売価格をこえた転売を罰することができるようになったのです。

この法律はあくまでチケットに限定したものでしたが，令和２年３月には国民生活安定緊急措置法がマスクにも適用され，転売が禁じられました。新型ウイルスの流行によって，みなさんもマスクを手に入れづらかった経験をしたはずです。そのことは国民の生活を，ひいては生命をおびやかすものだと政府が認識し，商取引の自由への介入をおこなう形となったのです。

自由を追求することは，とても重要な国民の権利ではありますが，いきすぎた自由は，ほかの人の権利をおびやかすことが多々あります。そうなったときには，内閣や国会が介入して法をつくり，罰則を設けます。転売の問題は，身近な事例として，私たちにそのことを教えてくれます。家庭用ゲーム機の転売を禁じる法律は，現時点では存在しませんが，だからといって公平とは言えない手段を用いて利益をむさぼり，商品を生み出す側に余分な手間ひまをかけさせることが続くのならば，規制することも起こりえます。自由を追い求めようとするならば，何よりもバランス感覚が大事なのだと思います。

〔問１〕　下線部Aについて，この部分を，下の空欄に適するような漢字２字ずつの語で書きかえなさい。その際，順序にも気をつけること。

□□と，□□

〔問２〕　下線部Bについて，以下のア～エより，誤りをふくむものを一つ選び，記号で答えなさい。

ア．天明の飢饉のときに，米を買い占めているとされた商人への打ちこわしがあいつぎ，田沼意次が失脚した。

イ．シベリア出兵のときに，買い占めがあいついだことで米の値段が上がり，栃木県で米騒動が始まった。

ウ．第４次中東戦争のときに，原油価格が高騰して狂乱物価と呼ばれ，トイレットペーパーの買い占めが起こった。

エ．東日本大震災のときに，首都圏での物流が一時的に停滞し，食料品やトイレットペーパーの買い占めが起こった。

〔問３〕　下線部Cについて，チケット不正転売禁止法施行の３ヶ月後には，スポーツの大規模な国際大会が日本で開幕しました。流行語「ONE TEAM」を生み出した，このスポーツは何ですか。

〔問４〕　筆者は，家庭用ゲーム機の転売をめぐってどのようなことが起こりえると考えているでしょうか。以下の条件のもとに120字以内で答えなさい。

《条件》　次のことばを必ず使い，使ったことばには下線を引くこと。同じことばは何回使ってもかまわないが，そのたびに下線を引くこと。また，句読点や記号は１字と数えること。

［　尊重　　対等　　負担　］

続けて、15字以上25字以内で説明しなさい。

問三　――線部③〈小島に接岸する小父さんの手漕ぎボートに同乗したがり、できれば自分でオールを漕ぎたいほどの熱意を見せた〉とありますが、それはどういうことですか。50字以上60字以内で説明しなさい。

問四　――線部④〈兄弟はただ黙って、チョッキと苺とシャンプーと夜更かしの小石がカチカチと鳴る音に、耳を澄ませるばかりだった〉とありますが、それはどういうことですか。お兄さんの言葉の特徴を踏《ふ》まえて70字以上80字以内で説明しなさい。

下書き用（使っても使わなくてもかまいません）

20

それはどの言語であったのに、お兄さんは書き言葉を残さなかった。喋るだけで十分、紙に書く必要などない、という態度だった。逆に言えば、耳と目をつなぐ目印となるものがないままに、一つの言語を編み出したことになる。小鳥のさえずりだけをお手本に、お兄さんはただ一人、自分で自分の耳に音を響《ひび》かせながら、小島に散らばる言葉の小石を、一個一個ポケットに忍《しの》ばせた。小鳥たちのさえずりからこぼれ落ちた言葉の結晶《けっしょう》を、拾い集めていった。

当然ながら母親は、③小島に接岸する小父さんの手漕ぎボートに同乗したがり、できれば自分でオールを漕ぎたいほどの熱意を見せた。小島に上陸できるのならば、どんな努力もいとわなかった。小父さんの手を借りながら、彼女は少しずつ息子の言葉を覚えようとし、実際、最初の頃の訳も分からない状態から脱《だっ》したが、小父さんからすれば十分とは言いがたかった。彼女の耳は既《すで》に、語尾《ごび》の微妙《びみょう》な変化を聞き分ける柔軟性《じゅうなんせい》を失っていたし、しばしば、こうあってほしいという願望を織《お》り込《こ》んで、本来の意味を歪《ゆが》める場合があった。

それでも母親は、自分には息子の言葉が分かる、との自負を持つようになった。お兄さんの言っている意味が分からない時でも、分かった振りをした。振りを続けながら、本当は分かっているのだと自分に思い込ませた。

母親の間違いに気づいても、小父さんは訂正《ていせい》しなかった。例えばある時、

「チクチクするチョッキは嫌だ」

とお兄さんが言った。

「あら、そう？　安物の苺《いちご》だったからかしら」

と母親は答えた。チョッキと苺は、発音がよく似ているのだった。

「今度からは産毛《うぶげ》をちゃんと洗い落とさなくちゃね」

あくまでも昨夜食べた苺について語る母親の言葉を背中で聞きながら、お兄さんは毛糸のチョッキを脱《ぬ》ぎ、タンスの引き出しの一番下に押し込めた。

あるいはお兄さんが、

「シャンプーはしない。髪《かみ》が濡《ぬ》れると半分死んだ気持になるから」

と言った時は、母親は大きくうなずいて同意した。

「本当にそうねえ。あなたの言うとおり。夜遅《よるおそ》くまで起きているのは、体に毒よ」

シャンプーと夜《よ》更《ふ》かしの発音は、さほど似ているとは言えなかった。小父さんもお兄さんも、母親に向って「間違っている」と言わなかった。どんなに形の違う小石でも、一緒《いっしょ》にポケットに入れておくうち、不思議と馴染《なじ》んでくるものだとよく知っていたからだ。④兄弟はただ黙《だま》って、チョッキと苺とシャンプーと夜更かしの小石がカチカチと鳴る音に、耳を澄《す》ませるばかりだった。

（作問の都合上省略した部分があります。）

問一　――線部①〈母親にとって一つ希望の光が差したのは、弟にだけは兄の言葉が通じていると気づいた時だった〉について、ここで母親は、どのように考えることで「希望」を見出《みいだ》したのですか。解答欄《かいとうらん》の「と考えること。」につながる形で、10字以内で説明しなさい。

問二　――線部②〈言語学者は雑音の一言で片付けた〉について、言語学者がこのように判断したのは、お兄さんの言葉がどのようなものだったからですか。解答欄の「お兄さんの言葉が」という書き出しに

せた。

「スプーン」「天道虫《てんとうむし》」「麦藁帽子《むぎわらぼうし》」「ラッパ」「キリン」

お兄さんは自分の言語で答えた。

言語学者によって何度繰《く》り返《かえ》しめくられてきたのだろう。カードはどれも色あせ、手垢《てあか》で薄汚《うすよご》れ、裏側はセロテープで何重にも補強されていた。天道虫は片脚《かたあし》をもがれ、ラッパの口からは何か奇妙《きみょう》な染《し》みが噴《ふ》き出《だ》し、キリンの首は折れ曲がって、打ちしおれた様子になっていた。

それはあまりにも簡単すぎるテストだった。もちろんお兄さんは全部正解したが、正解だと分かるのは小父さん一人だった。

他にもお兄さんは家族構成や好きな勉強について質問されたり、絵本を読まされたり、童謡《どうよう》を歌わされたりした。適宜《てきぎ》言語学者が録音機を回し、簡単なメモを取った。母親は励《はげ》ますように、息子の背中を撫《な》でた。どう形式を変えようと、お兄さんの口から発せられる言語は一貫《いっかん》していた。その間、白いバスケットを握って離《はな》さなかった以外、彼は礼儀正《れいぎただ》しい態度を保ち続けた。（中略）

「どこの言語でもありません」

不意にテープが止まった。

「単なる雑音です」

母親が、えっ、と聞き返す間もなく言語学者は追《お》い討《う》ちをかけた。

「言葉でさえ、ないものですな」

老人はカードを束ね、大きな音を立てて机の引き出しに仕舞《しま》った。それで終わりだった。

研究対象としている少数言語の収集に、何ら役に立たないことが確認《かくにん》された途端《とたん》、老人の表情は一段と無愛想になった。「そうですか……」とただつぶやくばかりの母親を慰《なぐさ》める気配も、お兄さんにいたわりの言葉を掛ける素振《そぶ》りも見せなかった。（中略）

地図にも載《の》らないどこか遠い小島に暮らす、内気で善良な人々が息子の仲間ではないだろうか、という母親の願いは打《う》ち砕《くだ》かれた。小島の住人はお兄さん一人だった。けれどそこは決して荒涼《こうりょう》とした不毛の地ではなかった。波は穏《おだ》やかで、思索《しさく》にふけるに相応しい木陰《こかげ》があちこちにあり、頭上では小鳥たちがさえずっている。そしていつでも小父さんが好きな時に、手漕《てこ》ぎボートに乗って接岸することができる。

お兄さんの言語を知らない人に、それを再現して聞かせるのは、たとえ小父さんでも難しかった。分かることと、喋ることは別だった。カードの絵を当てるように、単語一つ一つを発音するのは可能だとしても、それは単なる断片《だんぺん》に過ぎず、言語の全体を支える骨格と、根底を流れる響《ひび》きの魅力をよみがえらせるのは不可能だった。

②言語学者は雑音の一言で片付けたが、愚《おろ》かとしか言いようがない。お兄さんの言語は乱雑さとは正反対にあった。文法は例外を許さない強固なルールに則《のっ》って組み立てられ、語彙《ごい》は豊富で、時制、人称《にんしょう》、活用形なども整っていた。好ましい素朴《そぼく》さと、長い年月を費《つい》やして形成された地層のような安定と、思いがけない細やかさが絶妙《ぜつみょう》に共存していた。

しかし最も特徴《とくちょう》があるのは発音だった。音節の連なりには、誰も真似《まね》できない独特な抑揚《よくよう》と間があった。ただ単に独り言をつぶやいているだけの時でも、まるでお兄さん一人にしか見えない誰かに向かって、歌を捧《ささ》げているかのように聞こえた。一番近いのは何かと聞かれれば、それはやはり、僕《ぼく》たちが忘れてしまった言葉、といつかお兄さんが言い表した、小鳥のさえずりだった。

①母親にとって一つ希望の光が差したのは、弟にだけは兄の言葉が通じていると気づいた時だった。兄の言葉が変わってしまったあとも、兄弟は以前と同じように顔を突《つ》き合《あ》わせ、二人だけの遊びに熱中していた。そこに混乱は見られなかった。

「なぜ分かるの？」

母親は何度も弟に尋《たず》ねた。しかし弟はもじもじするばかりで何も答えられなかった。

なぜ分かるのか。母親が死に、お兄さんが死んだあとになっても時折、小父さんはその問いについて考えてみたが、やはり適切な理由は思《おも》い浮《う》かばなかった。そもそも分かる、というのがどういうことなのかがあいまいだった。小父さんにとって、その言語は、自分のすぐそばにお兄さんがいるのと同じくらいの確かさを持っていた。威風堂々《いふうどうどう》として、ごく自然で、どこにも疑問を差し挟《はさ》む余地はなかった。お兄さんが一言発すれば、小父さんの鼓膜《こまく》は相応《ふさわ》しい形に窪《くぼ》み、それを受け止め、二人の間を秘密の信号で結んだ。兄弟の鼓膜には、二人だけに通じる、生まれる前からの約束が取《と》り交《か》わされていた、としか言いようがない。（中略）

どういういきさつからか、一度母親が言語学の専門家にお兄さんの言葉を聞いてもらおうと試みたことがあった。息子はただ自分勝手に滅茶《めちゃ》苦茶《くちゃ》に喋っているのではない、周囲の人間が知らないだけで、実はこれは、どこか遠い国の人々が実際に使っている言語なのかもしれない、息子はいつの間にかそれを習得したのだ、誰にも気づかれないうちに、こっそりと……。そう彼女は考えはじめていた。息子の発する言葉の受け手が、弟たった一人ではあまりにもかわいそうすぎて我慢《がまん》ができなかったのか、あるいは、少数言語を独学で身につける特別な才能が、息子に授《さず》けられたのではないかという幻想《げんそう》にすがりたかったのか、いずれにしても母親は必死だった。

その訪問には通訳として小父さんも同行した。お兄さんは十三歳、小父さんは六歳になっていた。言語学者のいる研究施設《しせつ》は、汽車を乗り継《つ》いで三時間近くもかかる遠い海沿いの街にあった。母子三人で一緒《いっしょ》に遠出をするのはそれが初めてで、そして最後になった。（中略）

研究所は古めかしく陰気《いんき》くさい建物で、両側にいくつも扉《とびら》の並ぶ、黒光りする廊下《ろうか》が長く続いていた。母親はお兄さんの手をしっかりと握《にぎ》り、小父さんはその後ろを遅《おく》れないようについていった。時折すれ違う人はあったが、場違いな親子連れに注意を払《はら》う者はいなかった。薄暗《うすくら》がりの中、バスケットの留め金だけがぼんやり光って見えていた。

言語学者はぼそぼそとはっきりしない声で喋る、ほとんど腰《こし》の曲がりかけた老人だった。三人を歓迎《かんげい》していないのは明らかで、母親が手土産《てみやげ》の菓子箱《かしばこ》を差し出しても、面倒《めんどう》そうな表情を見せるばかりだった。呼吸器の病なのか、時折、喉《のど》が破れるような気味の悪い咳《せき》をして小父さんをびっくりさせた。

しかしすぐさま小父さんは、研究室のテーブルにセットされた録音装置に心を奪《うば》われ、言語学者の愛想《あいそ》の悪さも恐《おそ》ろしい咳のことも忘れてしまった。それはかつて彼が見たどんな機械よりも魅惑的《みわくてき》だった。思わず回してみたくてたまらない気持にさせる大小さまざまなつまみ、怯《おび》える昆虫《こんちゅう》の触角《しょっかく》のように左右に振《ふ》れる針、秘密めいた曲線を描《えが》くテープ。何もかもが小父さんを虜《とりこ》にした。

言語学者は絵の描《えが》かれたカードをお兄さんに見せ、それが何か答えさ

下書き用（使っても使わなくてもかまいません）

20

四　この文章は小川洋子の『小鳥』の一部です。よく読んで、後の問いに答えなさい。

幼稚園《ようちえん》の鳥小屋の掃除《そうじ》をしているうちに子供《こども》たちから〈小鳥の小父《おじ》さん〉と呼ばれるようになった主人公には、七つ上のお兄さんがいました。次の文章は兄弟がまだ幼《おさな》い頃《ころ》の話です。

お兄さんが自分で編み出した言語で喋《しゃべ》りはじめたのは、十一歳《さい》を過ぎたあたりの頃《ころ》だったので、小鳥の小父さんが物心ついた時には既《すで》に、その言語は完成され、揺《ゆ》るぎない地位を確立していた。つまり小父さんはお兄さんが、両親や近所のおばさんやラジオのアナウンサーが喋っている、誰《だれ》にでも通じるごく当たり前の言葉を口にするのを、一度も聞いたことがなかった。

よその子供に比べれば、多少ゆっくりとしたペースではあったものの、ちゃんと言葉を覚え、字を書く練習にも取り組んでいたお兄さんが、どういうきっかけからか無口な数か月を過ごしたのち、不意に意味不明の言葉を喋り出した時、母親は驚《おどろ》きうろたえた。脳《のう》の発達途中《とちゅう》に起こる一時的な混乱《こんらん》で、知恵熱《ちえねつ》みたいなものに違《ちが》いないと、自らを納得《なっとく》させてみたり、大人をからかうちょっとした冗談《じょうだん》だろう、明日になればすっかり元通りだと、ことさら楽観的に考えてみたりした。しかし母親の願いは叶《かな》えられなかった。いつまで経《た》っても〝正しい〟言葉は戻《もど》ってこなかった。

もちろんあらゆる努力がなされた。検査入院、精神分析《ぶんせき》、薬物投与《とうよ》、言語訓練、断食療法《だんじきりょうほう》、転地療養……。お兄さんは嫌《いや》がらず、母親をはじめ大人たちの指示に素直《すなお》に従《したが》った。クレヨンで家族の絵を描《えが》き、苦い粉薬を飲み、電流を流す必要があると言われれば黙《だま》って頭を差し出した。けれどお兄さんがそうしたのは、治りたいからではなく、母親をこれ以上がっかりさせないためだった。

彼女《かのじょ》の努力にもかかわらず、お兄さんの新しい言語は廃《すた》れるどころか逆に勢力を伸《の》ばし、彼《かれ》の中にひたひたと浸透《しんとう》していった。日々単語の数は増え、文章は繊細《せんさい》になり、文法は固定化された。声帯と舌と唇《くちびる》は新しい動き方を習得し、たちまちそれに慣れ、以前よりむしろ活発になったようでさえあった。元の言語はひっそりと退場していった。

どんなにじたばたしても無駄《むだ》だと悟《さと》って以降《いこう》の母親は、その問題に関し、思慮《しりょ》深い態度を貫《つらぬ》いた。イライラして声を荒《あら》げたり、泣いて懇願《こんがん》したり、投げやりになったりはしなかった。会話が成立しないと分かっていても息子《むすこ》に話《はな》し掛《か》け、彼が何を言おうとしているか推《お》し量《はか》ろうと努めた。その愛情深い態度は、生涯《しょうがい》を通し、彼女が息子に対して示し続けたものだった。

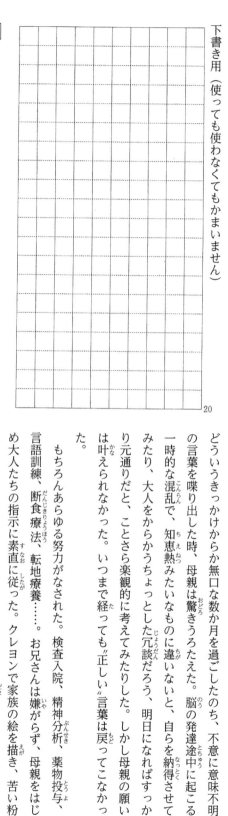

ということになるわけです。そのときの自分の力量（人間性、生き方……）以上のことは、どうあがいてもできないのです。「禅の庭」づくりでいちばん恐《おそ》ろしいのは、そのことだといっていいでしょう。

ですから、「禅の庭」をつくるにあたって最大限にできることはひとつしかありません。

そのときの自分の全力を尽《つ》くす。自分のすべてをそこに投じるというのがそれです。その意味は、無心、つまり、まっさらな心で一つひとつの作業にあたるということです。集中力がもっとも高まるのがその状態なのです。

「禅の庭」では敷《し》いた白砂《はくしゃ》に箒目《ほうきめ》（砂紋《さもん》）をつけます。レーキ注6のようなかたちをした鉄製の専用道具を使うのですが、心に迷いや戸惑《とまど》い、雑念があると、きれいな箒目は引けません。ゆがんだり、曲がったりするのです。

石の置き方にしてもそう。ああでもないこうでもない、と考えてしまって、ピタリと位置が定まりません。そのときは仕切り直しが必要です。「しっくりこないが、まあ、いいか」は「禅の庭」づくりにはないのです。

自分の力量があらわれるということは、④怖《こわ》いことである反面、おもしろさでもあります。つくった「禅の庭」によって力量の向上、自分の成長が感じとれるのです。

（枡野俊明『人生は凸凹だからおもしろい　逆境を乗り越えるための「禅」の作法』より。
問題作成の都合上、表現を改めた部分があります。）

〈注〉　1　古刹――歴史のある古い寺。
2　会得――よく理解して自分のものとする。
3　在野の人――ここでは、僧侶になっていない一般《いっぱん》の民間人のこと。
4　薫陶――よい影響《えいきょう》、感化。
5　指標――目じるし。
6　レーキ――鉄製の歯を、くし形に並べて柄《え》をつけた器具。くま手。

問一　――線部①〈禅寺の庭であっても「禅の庭」ではない〉とありますが、筆者は「禅の庭」であるためには何が必要だと考えていますか。15字以内で答えなさい。

問二　――線部②〈自然という禅の美を映し出した「禅の庭」がそこにつくり出される〉とありますが、筆者は〈自然という禅の美を映し出〉すためには、どのようにすべきだと考えていますか。主語も含めて15字以上25字以内で答えなさい。

問三　――線部③〈「禅の庭」をつくる作業は一瞬一瞬が正念場です〉とありますが、〈「禅の庭」をつくる〉作業が、なぜ「正念場」となるのですか。「禅の世界では」に続く形で、20字以上30字以内で答えなさい。

問四　――線部④〈怖いことである反面、おもしろさ〉とありますが、それはなぜですか。本文全体をふまえて、60字以上70字以内で説明しなさい。

得）した禅的な心の境地が、そこに表現されているか否《いな》か。それが「禅の庭」であるか、ただ形式に倣った庭であるか、を分ける〝指標〟[注5]といっていいでしょう。

（中略）

「自然」は「しぜん」ではなく、「じねん」と読みます。たくまないというのがその意味です。「禅の庭」づくりで不可欠なのがこの姿勢、心の在り様です。庭にかぎらず、何かをつくるときにふと頭をよぎるのが、「うまくつくってやろう」という思いでしょう。そう、自我《じが》が前面に出てしまうのです。

それが作為《さくい》につながります。すなわち、「どうつくったら人が『みごと！』と感じるだろう」「人に『すばらしい！』といわせるにはどうしたらいいのだろう」といったことにとらわれるわけです。たくむ心、たくらみの思いが頭をもたげてくる。

そうしてできあがった「禅の庭」はいたずらに技巧《ぎこう》に走ったものにならざるを得ません。禅の美とはほど遠いものになってしまうのです。

「禅の庭」づくりを担《にな》う石立僧《いしだてそう》であった鉄船宗熙《てっせんそうき》にこんな言葉があります。

「三万里程を寸尺に縮む」

三万里程とは雄大《ゆうだい》な大自然のことです。その大自然の景観、景色をわずかな空間に落《お》とし込《こ》むというのがこの言葉の意味です。これが「禅の庭」、とりわけ枯山水の本来の姿です。もちろん、〝つくる〟という作業をするわけですから、自然をそのまま表現することはできません。しかし、そのなかで、できるかぎりありのままの自然を感じさせるものにしていくことにつとめる。

そのために大切なのは、自我（作為）を削《そ》ぎ落《お》とし、無我（無心）になることです。どこまで無我になることができるかで、「禅の庭」のできばえは決まる。そういってもけっして過言ではありません。無我になることによって、②自然という禅の美を映し出した「禅の庭」がそこにつくり出されるのです。

無我になるとはこういうことだ、とわたしは思っています。

そのときの自分が、その場所（「禅の庭」をつくる空間）で、できることを精いっぱいやっていく。そのことだけにひたすら心血を注ぐ。そうしていたら、たくむ心にとらわれることはなくなります。

（中略）

③「禅の庭」をつくる作業は一瞬《いっしゅん》一瞬が正念場です。禅では行住坐臥《ぎょうじゅうざが》、すなわち、日常の立ち居ふるまいのすべてが修行であると考えます。「禅の庭」づくりも、もちろん修行。それも、厳しく自分を問われる修行だといっていいでしょう。常に正念場に臨《のぞ》む心がまえをもって作業にあたらなければなりません。

自分を問われるのは、「禅の庭」にはそのときの自分が誤魔化《ごまか》しようもなくあらわれてしまうからです。禅僧として修行を重ねてきて達している心の境地、一般的《いっぱんてき》な言葉を使えば人間性や生き方が、「禅の庭」にはそのままあらわれるのです。

小細工や付《つ》け焼《や》き刃《ば》はいっさい通用しません。たとえば、先人がつくったすばらしい「禅の庭」の石組みをまねて、それを自分がつくる「禅の庭」に展開したとしても、歴然たる違《ちが》いがあからさまになってしまう。見る人が見れば、

「ずいぶん背伸《せの》びをしているが、〝本物〟には及《およ》びもつかないな」

【国　語】（五〇分）〈満点：一〇〇点〉

一　次の①～⑤の□に当てはまる言葉を語群から選び、漢字で答えなさい。

①七時三十分発の□行列車に乗る。
②地球の平□気温を調べる。
③温泉の□気で野菜をゆでる。
④人間にとって「□食住」はどれも重要だ。
⑤配送センターの倉□に品物を保管する。

《語群》
ジョウ　イ　コ　キン　キュウ

二　次の①～⑤の□に当てはまる漢字一字を自分で考えて答えなさい。

①人類は遠い昔から畑を□していた。
②誕生日会に家族と食事をしておなかが□たされた。
③古代バビロニアは文字を持ち、農業をすることで□えた。
④釈迦《しゃか》は一本の蜘蛛《くも》の糸を□らした。
⑤かごに入れられたニワトリを□してあげた。

三　次の文章を読んで後の問いに答えなさい。

筆者は禅宗《ぜんしゅう》の僧侶《そうりょ》であり、禅の思想と日本文化に根ざした「禅の庭」を創作する庭園デザイナーとして国内外で活躍《かつやく》しています。

「禅の庭」というと、みなさんは禅寺《ぜんでら》にある庭がすべてそうだと思っているのではないでしょうか。もちろん、「禅の庭」のある禅寺もありますが、その多くは古刹《こさつ》[注1]で、①禅寺の庭であっても「禅の庭」ではないことも少なくないのです。

こんなふうにいうと、禅問答にも似て〝ややこしい〟と感じるかもしれません。説明しましょう。

「禅の庭」であるための要件は端的《たんてき》にいえばひとつです。作者、つまり、つくり手が禅の修行《しゅぎょう》を通して、禅というもの（その考え方や教え、世界観など）を身体で会得《えとく》[注2]しているというのがそれです。

「禅の庭」には一定の形式がありますから、それを知識として理解し、技法を学べば、形式に則《のっと》った庭、形式に倣《なら》った庭をつくることはできます。たとえば、「禅の庭」の代表的な形式である枯山水《かれさんすい》の庭もできてしまう。

しかし、つくり手が行によって禅を会得していない庭師さんや造園業者さんであったら、その枯山水は「禅の庭」ではないのです。枯山水の形式でつくられた庭といういい方しかできません。少なくとも、わたしはそう考えています。

そうであるからといって、「禅の庭」のつくり手は、必ずしも禅僧である必要はないのです。在野の人[注3]であっても、長年にわたって禅寺に赴《おもむ》き、住職である禅僧の薫陶《くんとう》[注4]を受けたり、坐禅《ざぜん》にとり組んだりするなかで、禅を会得していれば（そういう人を居士《こじ》と呼びます）、その人がつくった庭はれっきとした「禅の庭」なのです。

「禅の庭」であるか、そうでないかを分かつのは〝形式〟ではないのです。禅の修行によって、あるいは禅僧の薫陶によって、自分が到達《とうたつ》（会

MEMO

大切なことはメモしておこうネ！

第1回

2021年度

解　答　と　解　説

《2021年度の配点は解答欄に掲載してあります。》

＜算数解答＞《学校からの正答の発表はありません。》

1　(1)　$\frac{11}{18}$　　(2)　$\frac{3}{4}$　　2　144g　　3　(1)　81　　(2)　24

4　2600箱　　5　(1)　15cm^2　　(2)　14.44cm^2　　6　(1)　1395　　(2)　1368

7　(1)　8個　　(2)　4通り　　8　(1)　120人　　(2)　42人

9　(1)　33分後　　(2)　30分間　　10　(1)　$\frac{3}{80}$倍　　(2)　$\frac{1}{20}$倍　　(3)　$\frac{1}{3}$倍

○推定配点○

9・10　各6点×5　　他　各5点×14　　計100点

＜算数解説＞

1　(四則計算)

(1)　$\frac{2}{63}\times\frac{21}{2}+\frac{2}{11}\times\frac{11}{12}+\frac{2}{45}\times\frac{5}{2}=\frac{1}{3}+\frac{1}{6}+\frac{1}{9}=\frac{11}{18}$

(2)　$\square=2-\frac{3}{8}\times\frac{15}{8}\times\frac{7}{25}\times\frac{25}{3}\times\frac{16}{21}=\frac{3}{4}$

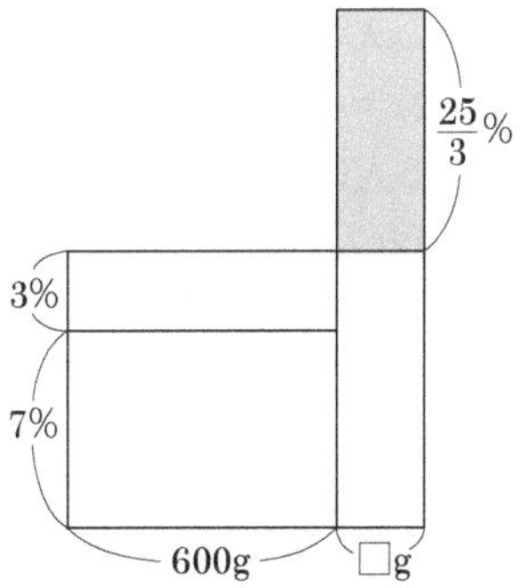

重要　2　(割合と比)

15%と20%の食塩水を1：2で混ぜると，濃さが$(1\times15+2\times20)\div(1+2)=\frac{55}{3}$(%)になる。右図において，色がついた部分の面積が等しく20%の食塩水は$600\times(10-7)\div\frac{25}{3}\div(1+2)\times2=144$(g)

重要　3　(数の性質)

(1)　5個の約数を含む最小の整数は$2\times2\times2\times2=16$，2番目に小さい整数は$3\times3\times3\times3=81$

(2)　$8=2\times2\times2$の約数は4個，3の約数は2個あり，これらの積が$4\times2=8$(個)である。したがって，この最小の整数は$8\times3=24$

重要　4　(割合と比)

原価を10とすると，定価は$10\times1.3=13$，売り値は$13\times(1-0.2)=10.4$，定価の半額は$13\div2=6.5$である。定価の半額で売った損失額は$(10-6.5)\times400=1400$であり，売り値で売った個数は$\{1400-(13-10)\times200\}\div(10.4-10)=2000$(個)　　したがって，仕入れ数は$200+400+2000=2600$(箱)

5　(平面図形，割合と比)

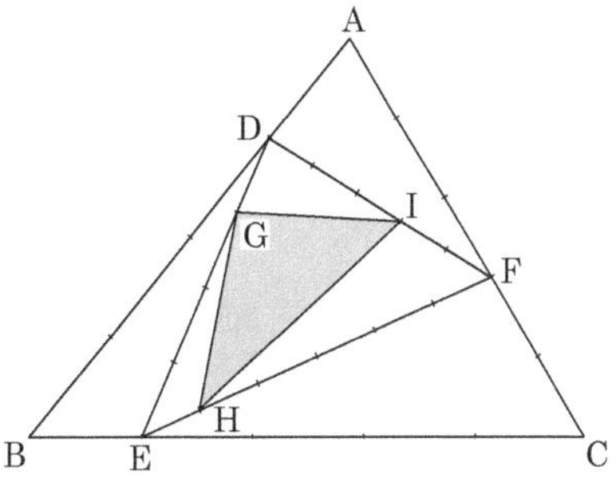

基本　(1)　右図において，三角形ADFは$100\times\frac{1}{4}\times\frac{3}{5}=100\times\frac{3}{20}=15$(cm^2)

重要　(2)　三角形BEDは全体の$\frac{3}{4}\times\frac{1}{5}=\frac{3}{20}$　　三角形CFEは全体の$\frac{4}{5}\times\frac{2}{5}=\frac{8}{25}$　　(1)より，三角形DEFは全体の$1-\left(\frac{3}{20}\times2+\frac{8}{25}\right)=\frac{19}{50}$　　したがって，三角形GHIは

$100 \times \frac{19}{50} \times \frac{19}{50} = 14.44(\text{cm}^2)$

重要 6 (演算記号，数列)

(1)　310÷5＝62　　したがって，分数の和は(5＋310)×62÷2÷7＝1395

(2)　数列は右表のようになり，各段の数の和は17＋17＋35×1＋17＋35×2＋…＋17＋35×8－45＝17×9＋35×36－45＝1368

0 ＋ 1 ＋ 2 ＋ 2 ＋ 3 ＋ 4 ＋ 5
5 ＋ 6 ＋ 7 ＋ 7 ＋ 8 ＋ 9 ＋10
⋮　　　　　　　　　　⋮
35＋36＋37＋37＋38＋39＋40
40＋41＋42＋42＋43＋44　×

重要 7 (数の性質，規則性)

(1)　①36－20＝16　②16×2＝32　③32－20＝12　④12×2＝24　⑤24－20＝4　⑥4×2＝8　この後，7回目に16になり，30÷6＝5より，30回目は6回目と同様，8個になる。

(2)　以下の4通りがある。0←20←10←5←25，0←20←10←30←15，0←20←10←30←50，0←20←40←60←80

重要 8 (ニュートン算，消去算，割合と比，単位の換算)

(1)　最初の10分間で行列が480－300＝180(人)減るので，最初から20分後には行列が300－180＝120(人)になる。

(2)　1分に並ぶ人を△人，1分に1カ所で入場する人を○人とする。最初，受付が5カ所で1分に減った行列の人数…○×5－△＝(480－300)÷10＝18(人)　　受付が4カ所で1分に減った行列の人数…(1)より，○×4－△＝120÷(60－20×2)＝6(人)　　したがって，1分に1カ所で入場する人は18－6＝12(人)，1分に並ぶ人は12×4－6＝42(人)

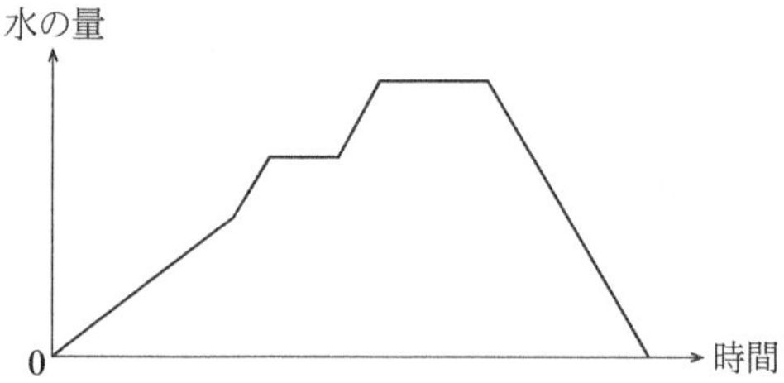

重要 9 (割合と比，グラフ，単位の換算)

(1)　図1において，蛇口Aと蛇口A・Bだけを開けていた時間は60－12＝48(分)であり，蛇口Aで給水した時間と蛇口A・Bで給水した時間の比は(5＋6)：5＝11：5である。したがって，最初，蛇口Aだけで給水したのは48÷(11＋5)×11＝33(分後)まで。

(2)　(1)より，蛇口Aの1分の給水量が5のとき，満水の量は5×33×2＝330である。問題のグラフより，排水口C，1分の排水量は11である。したがって，排水口Cだけを開くと330÷11＝30(分)で空になる。

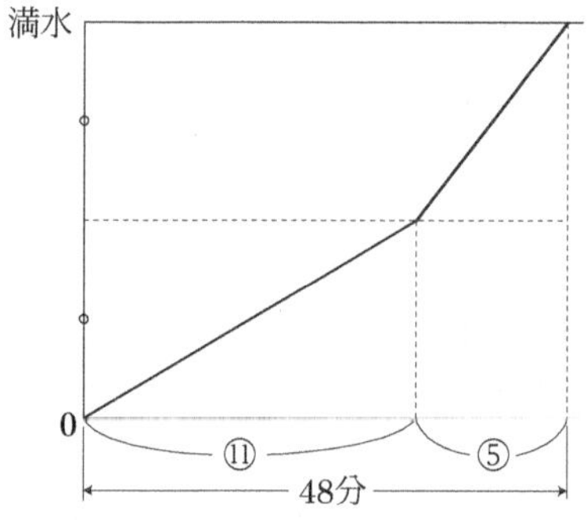

10 (平面図形，相似，割合と比)

重要 (1)　図アにおいて，長方形ABPXは全体の$\frac{1}{4}$である。三角形AHJとAGXは相似であり，相似比が1：2　三角形EFHとXFGも相似であり，相似比は(4－1)：2＝3：2　　したがって，XF：FE：EBは2：3：5であり，三角形AEFの面積は全体の$\frac{1}{4}$÷2÷(2＋3＋5)×3＝$\frac{3}{80}$(倍)

図ア

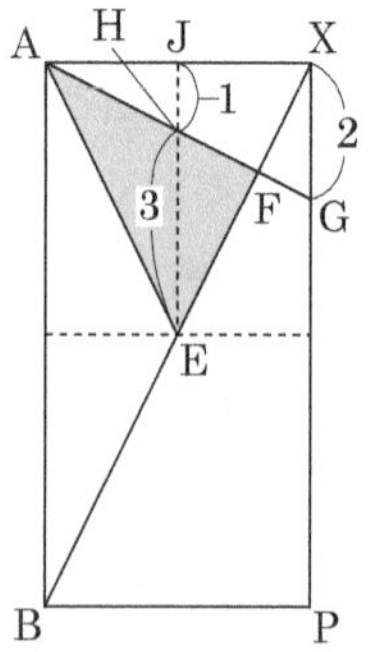

(2)　図イにおいて，三角形MKLとOYLは相似であり，相似比が1：4　AO：LOは{(1＋4)×4}：4＝5：1である。したがって，三角形OYLの面積の2倍は全体の$\frac{1}{4}\div 2\times\frac{1}{5}\times 2=\frac{1}{20}$(倍)

図イ

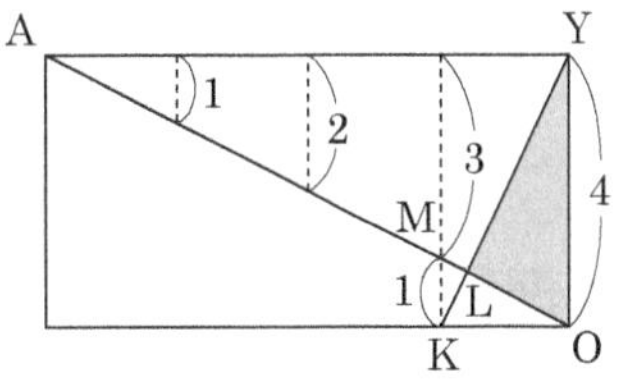

やや難

(3)　右図において，AYの長さを20，YOの長さを4にすると，長方形AWOYの面積は20×4＝80　三角形XQN…$2\times\left(2+\frac{10}{3}\right)\div 2=\frac{16}{3}$　三角形NKL…$1\times\left(\frac{5}{3}+1\right)\div 2=\frac{4}{3}$　したがって，三角形XQNとNKLの面積の和は長方形AWOYの$\left(\frac{16}{3}+\frac{4}{3}\right)\div 80=\frac{1}{12}$であり，(1)の三角形AEFの面積は長方形AWOYの$\frac{3}{80}\times 4=\frac{3}{20}$　(2)の三角形OYLの面積は長方形AWOYの$\frac{1}{20}\div 2\times 4=\frac{1}{10}$であるから，これらを加えると，$\frac{1}{12}+\frac{3}{20}+\frac{1}{10}=\frac{1}{3}$(倍)

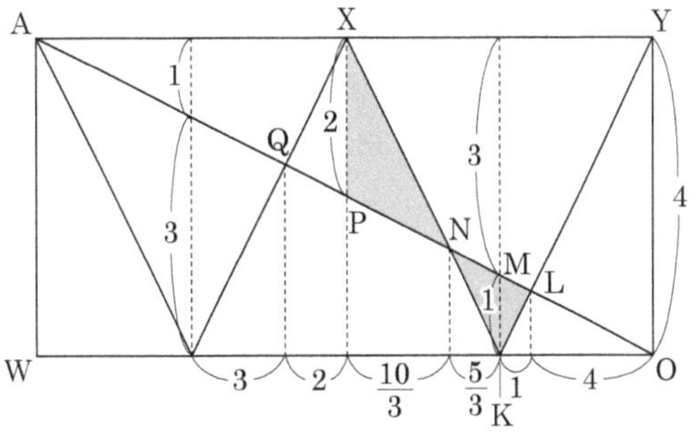

★ワンポイントアドバイス★

3「約数が奇数個」ある整数は「平方数」であり，7「玉の個数の操作」の場合に「最初の玉の個数」がもれやすい。10(3)「斜線部分の面積」は全体の長方形の$\frac{1}{4}$の部分について計算するとらくである。解きやすい問題から解いていこう。

＜理科解答＞《学校からの正答の発表はありません。》

1　(1)　カ　(2)　ウ　(3)　(例)　氷水の方が空気よりも熱が伝わりやすいから。
(4)　マイクロプラスチック　(5)　エ

2　(1)　あ　がく　い　おしべ　う　はなびら[かべん]　(2)　種[種子]
(3)　あ，お　(4)　う，え，く　(5)　う　(6)　(i)　(例)　受粉させないようにするため。　(ii)　(例)　め花に，同じ種類の花のお花の花粉を受粉させたときに実ができること。

3　(1)　55(kg)　(2)　4(m)　(3)　195(kg以下)　(4)　395(kg以下)　(5)　28(kg)
(6)　19(kg)　(7)　16(m)

4　(1)　逆断層　(2)　ウ　(3)　ク　(4)　(あ)　エ　(え)　イ　(5)　3番目　エ　7番目　サ　9番目　ウ　(6)　((あ)の地層のつぶの形の方が)　(例)　丸みをおびている。(その理由は)　(例)　流水で運ばれる間に，ぶつかったりけずられたりして，角がとれたから。　(7)　オ

5　(1)　A　ウ　B　ア　(2)　1.83(g)　(3)　2.51(g)　(4)　ア　(5)　ア
(6)　イ　(7)　オ

○推定配点○

1　各2点×5　2　各2点×9　3　(6)　3点　他　各2点×6

4 (5)・(6) 各3点×2(各完答) 他 各2点×5((4)完答) 5 各2点×8
計75点

＜理科解説＞

1 (総合―小問集合)

(1) 月の見かけの大きさと太陽の見かけの大きさがほぼ同じなのは，地球から月までの距離と地球から太陽までの距離の比と，月の直径と太陽の直径の比がほぼ等しいからである。月の直径を$x$kmとすると，38万(km)：15000万(km)＝x(km)：140万(km)　x＝3546.6…より，x＝3547(km)

重要 (2) 平行な光がレンズを通過後に1点に集まるように進むのはとつレンズである。おうレンズでは，平行な光はレンズを通過後に広がるように進む。とつレンズによってスクリーンに映し出される実像はもとの物体に対して上下左右が逆向きになる。また，とつレンズのしょう点より内側に物体があるとき，レンズを通して見えるきょ像はもとの物体と同じ向きになる。

やや難 (3) 水と空気の熱の伝わり方を比べると，水の方が空気よりも熱が伝わりやすい。熱が伝わりやすいものほどあたたまりやすく冷めやすいので，アイスの冷たさも水の方が空気よりも伝わりやすい。アイスから水や空気に冷たさが伝わると，アイスの温度は上がる。そのため，冷たさが伝わりやすい水と接している芝太郎君のアイスの方がお父さんのアイスよりも温度が上がりやすく，とけやすくなる。

(4) 細かなプラスチックで，大きさが直径5mm以下のものをマイクロプラスチックという。マイクロプラスチックには，はじめから細かなものとしてつくられた一次的マイクロプラスチックと，波などの力や太陽光にふくまれる紫外線など，いろいろな要因で細かくされてできた二次的マイクロプラスチックがある。

(5) ア くちばしにも骨があり，骨のまわりに角質とよばれるつくりがついている。 イ つばさの内部にも骨があり，骨は内部が空洞になっていて，軽くなっている。 ウ 前足はつばさに進化した。 オ 尾羽は，尾にあたる部分の骨の先端部分についている。 カ カラスも巣をつくり，針金やプラスチックなどを利用して巣をつくることもある。 キ カラスは昼行性の動物である。

2 (植物―花のつくり・実のでき方)

基本 (1) アブラナの花のつくりは，外側から順に，がく→花びら(花弁)→おしべ→めしべとなっている。

(2) アブラナの種(種子)から油がとられる。アブラナからとった油は「なたね油(菜種油)」とも呼ばれる。

(3) キャベツとハクサイは，アブラナと同じアブラナ科の植物である。アブラナ科の植物にはほかに，ダイコンやブロッコリー，カリフラワー，ワサビなどがある。ナスとトマト，ジャガイモはナス科の植物，キュウリはウリ科の植物である。

(4) マツ，ヘチマ，トウモロコシは，めしべのないお花とおしべのないめ花が別々の花がさく。このような花を単性花という。一方，1つの花におしべとめしべがある花を両性花という。

基本 (5) ツルレイシのメスの花(め花)には，5枚の花びらがあり，花の下には成長して実になる細長い形の子房がある。

重要 (6) ツルレイシの花粉は虫によって運ばれるため，め花のつぼみにビニールのふくろをかぶせると，虫がめ花に近寄ることができず，ツルレイシは受粉できなくなる。Aのツルレイシはビニールのふくろをかぶせたままなので，受粉することはできない。実験では，キュウリの花粉を受粉させたBでは実ができず，ツルレイシの花粉を受粉させたCでは実ができたことから，ツルレイシに実ができるためには，ツルレイシの花粉がめ花に受粉する必要があることがわかる。

3 (滑車—いろいろな滑車)

重要 (1)　登る人の体重が110kgなので，“支える”ためには，登る人を110kgで引く必要がある。動かっ車を用いると，インストラクターがつなを引く力の大きさは，登る人を命づなが引く力の大きさの半分になる。よって，110(kg)÷2＝55(kg)より，“支える”のに必要なインストラクターの体重は55kgとなる。

重要 (2)　動かっ車を1個用いると，つなを引く長さは2倍になるので，2(m)×2＝4(m)

(3)　図3の装置では，2個の動かっ車が4本のつなで支えられているので，登る人は，命づなに 50(kg)×4＝200(kg)の力で引かれている。“よゆうを持って支える”とき，命づなが引く力の大きさは，登る人の体重の＋5kgなので，“よゆうを持って支える”ためには登る人の体重は，200−5＝195(kg)以下である必要がある。

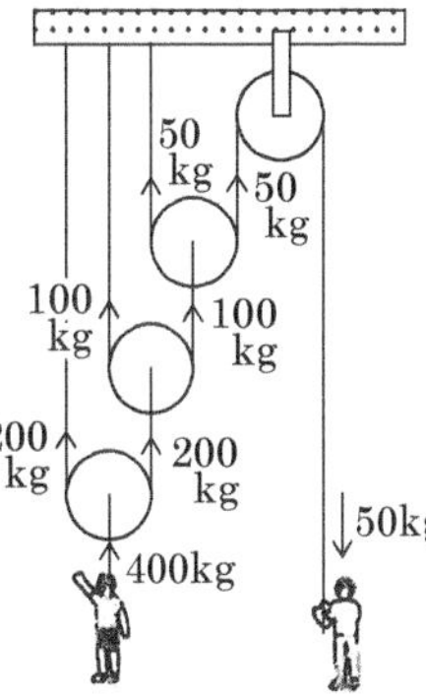

や難 (4)　図4のように動かっ車を組み合わせると，右の図のように，1個の動かっ車ごとに，上向きに引く力の大きさが2倍になっていく。よって，登る人を命づなが引く力の大きさは，50(kg)×2×2×2＝400(kg)となり，“よゆうを持って支える”ためには登る人の体重は，400−5＝395(kg)以下である必要がある。

や難 (5)　かっ車の重さがひとつ6kgのとき，2つの動かっ車を支える4本のつなは，かっ車2つと登る人の体重を合わせた 6(kg)×2＋100(kg)＝112(kg)を支えることになる。よって，つな1本の力は，112(kg)÷4＝28(kg)

や難 (6)　“よゆうを持って支える”ときについて考えるので，登る人の体重は 102＋5＝107(kg)として考える。かっ車の重さがひとつ6kgのとき，いちばん下のかっ車を上向きに引く2本のつなで，かっ車1つと登る人を合わせた 6＋107＝113(kg)を支えることになるので，つな1本では 113(kg)÷2＝56.5(kg)を支えることになる。真ん中のかっ車を上向きに引く2本のつなで，かっ車1つといちばん下のかっ車を上向きに引くつな1本を合わせた 6＋56.5＝62.5(kg)を支えることになるので，つな1本では 62.5(kg)÷2＝31.25(kg)を支えることになる。いちばん上のかっ車を上向きに引く2本のつなで，かっ車1つと真ん中のかっ車を上向きに引くつな1本を合わせた 6＋31.25＝37.25(kg)を支えることになるので，つな1本では 37.25(kg)÷2＝18.625(kg)を支えることになる。よって，“よゆうを持って支える”のに必要なインストラクターの体重は19kgとなる。

(7)　(4)より，図4の装置では，力の大きさが$\frac{1}{8}$になっていることから，インストラクターがつなを引く長さは8倍になることがわかる。よって，2(m)×8＝16(m)

4 (流水・地層・岩石—地層の観察)

基本 (1)　地層に大きな力がはたらいたときなどにできるずれを断層といい，図のX−Yのように，地層におし合う力がはたらき，地層上のある2地点間の距離が短くなるようにできた断層を逆断層という。

基本 (2)　地震が発生すると断層ができる。断層のうち，今後も地震が発生する可能性が高いものを活断層という。

(3)　れき岩のつぶの大きさは2ミリメートル以上，砂岩のつぶの大きさは0.06～2ミリメートル，でい岩のつぶの大きさは0.06ミリメートル以下である。

重要 (4)　(あ)の地層からはホタテガイの化石が見つかったことから，(あ)の地層がたい積した当時，この場所は冷たくて主に砂のある浅い海底であったと考えられる。(え)の地層からはサンゴの化石が見つかったことから，(え)の地層がたい積した当時，この場所は暖かくて浅く光がよく届く海底であったと考えられる。

やや難　(5)　地層は下にあるものほど古いので，(あ)～(か)の地層は古いものから順に，『(か)→(お)→(え)→(う)→(い)→(あ)』となる。(あ)～(う)の層と(え)～(か)の層の間には不連続な重なり(不整合面)がある。これは，りゅう起して地上に現れた地層が風や雨などのはたらきでけずられ，ちん降して再び海底で地層がたい積するときにできる。このことから，『「(え)～(か)の地層ができる」→「地層がりゅう起して地上に出る」(ケ)→「地層がけずられる」(サ)→「地層がちん降して海底になる」(コ)→「(あ)～(う)の地層ができる」→「再びりゅう起して地上に出る」(シ)』という順になる。曲がった地層(しゅう曲)は，(え)～(か)の地層にだけ見られることから，「(え)～(か)の地層ができ」た後，「地層がりゅう起して地上に出る」前にできたことがわかる。また，X－Yのずれ(断層)は，曲がった(え)～(か)の地層ごとずれていることから，曲がった地層ができた後にずれが生じたことがわかる。これらのことから，『「(え)～(か)の地層ができる」→「地層が曲がる」(キ)→「地層のずれが生じる」(ク)→「地層がりゅう起して地上に出る」(ケ)』という順になる。これらすべてをまとめ，ア～シを順に並べると，『カ→オ→エ→キ→ク→ケ→サ→コ→ウ→イ→ア→シ』となる。

重要　(6)　(あ)の地層をつくる砂岩は，川の上流付近でけずられた土砂が流水のはたらきで運ばれて，海底でたい積してできたものである。砂岩のつぶは，流水で運ばれる間に，つぶどうしがぶつかったり，つぶが水のはたらきでけずられたりすることで角がとれ，丸みをおびた形をしている。(い)の地層をつくるぎょうかい岩は，火山からふき出した火山灰などがたい積してできたものである。ぎょうかい岩のつぶは風によって運ばれ，つぶがけずられることがほとんどないため，角ばった形をしている。

(7)　図2は，アンモナイトの化石で，アンモナイトは古生代の中期ごろに現れ，中生代にはん栄した生物である。アンモナイトがはん栄していた中生代は，キョウリュウなどの大型ハチュウ類がはん栄えいして，海にもハチュウ類がいた。石炭のもととなった植物が陸上ではん栄していた時代にもアンモナイトは生きていたが，このころにはすでに陸上で生活する動物がいた。

5　(水溶液の性質・物質との反応―水溶液の性質・中和)

重要　(1)　実験1の操作③で，赤色リトマス紙を青色に変えるのはアルカリ性の水よう液であることから，A，Dのびんの水よう液はアルカリ性であることがわかる。操作①～③より，Aのびんの水よう液は，液体か気体のとけた，においのあるアルカリ性の水よう液であることから，アンモニア水であることがわかり，Dのびんの水よう液は，固体のとけた，においのないアルカリ性の水よう液であることから水酸化ナトリウム水よう液であることがわかる。実験1の操作④で，Cのびんの水よう液にスチールウールを入れると，さかんにあわが発生してスチールウールがとけたことから，Cのびんの水よう液は塩酸であることがわかる。そして，残ったBのびんの水よう液は食塩水である。

重要　(2)　塩酸と水酸化ナトリウムが反応すると，食塩(塩化ナトリウム)ができる。図1から，塩酸20cm^3と水酸化ナトリウム水よう液40cm^3がちょうど反応して，食塩が2.44gできることがわかる。このことから，塩酸20cm^3に水酸化ナトリウム水よう液30cm^3を加えると，水酸化ナトリウム水よう液30cm^3がすべて反応して塩酸が残る。よって，水酸化ナトリウム水よう液30cm^3がすべて反応したときに食塩がxgできるとすると，40(cm^3)：2.44(g)＝30(cm^3)：x(g)　x＝1.83(g)

やや難　(3)　加えた水酸化ナトリウム水よう液が40cm^3より多くなると，塩酸と反応する水酸化ナトリウム水よう液は40cm^3までなので，40cm^3をこえた分は反応せずにそのまま残る。図1で，水酸化ナトリウム水よう液40cm^3から80cm^3で，残った固体の重さは 4.11－2.44＝1.67(g)ふえていることから，水酸化ナトリウム水よう液40cm^{3}にふくまれる水酸化ナトリウムは1.67gとわかる。水酸化ナトリウム水よう液を100cm^{3}加えたとき，塩酸と反応する水酸化ナトリウム水よう液は40cm^{3}で，この反応によって食塩が2.44g生じる。100－40＝60(cm^3)の水酸化ナトリウム水よう液はそのまま残る。水酸化ナトリウム水よう液60cm^{3}にふくまれる水酸化ナトリウムをxgとすると，40(cm^3)：1.67(g)＝60(cm^3)：x(g)　　x＝2.505(g)となる。よって，水酸化ナトリウム水よう液を100cm^{3}加えたときに残った固体にふくまれる水酸化ナトリウムの重さは2.51gである。

や難 (4)　(3)より，水酸化ナトリウム水よう液40cm^{3}にふくまれる水酸化ナトリウムは1.67gである。また，1cm^{3}の水酸化ナトリウム水よう液は1.04gなので，40cm^{3}の水酸化ナトリウム水よう液の重さは，$1.04(g) \times \frac{40(cm^3)}{1(cm^3)} = 41.6(g)$である。よって，水酸化ナトリウム水よう液41.6g中に水酸化ナトリウムが1.67gとけていることになるので，こさは，1.67(g)÷41.4(g)×100＝4.04…(%)より，約4.0%

(5)　塩酸は塩化水素という気体の水よう液である。かわいたじょう発皿を使用した場合でも，水にぬれたじょう発皿を使用した場合でも，塩酸にふくまれている塩化水素の量は変わらないので，加えた水酸化ナトリウム水よう液の体積と残った固体の重さの関係は変わらない。

重要 (6)　よりこい水酸化ナトリウム水よう液を用いると，同じ体積の水よう液中にふくまれている水酸化ナトリウムの量が多くなる。ただし，塩酸のこさや体積は変えていないため，塩酸と水酸化ナトリウム水よう液がちょうど反応したときにできる固体の重さは変わらない。よって，水酸化ナトリウム水よう液が40cm^{3}よりも少ないときに塩酸とちょうど反応し，そのときの残った固体の重さが2.44gの(エ)のようなグラフとなる。

重要 (7)　実験2の操作①と操作②で用いる水よう液を逆にした実験は，水酸化ナトリウム水よう液20cm^{3}に塩酸を加えていくという操作になる。(3)より，水酸化ナトリウム水よう液40cm^{3}にふくまれる水酸化ナトリウムは1.67gなので，水酸化ナトリウム水よう液20cm^{3}には，水酸化ナトリウムが$1.67(g) \times \frac{20(cm^3)}{40(cm^3)} = 0.835(g)$ふくまれている。そのため，塩酸を加えていないとき(グラフの加えた塩酸が0cm^{3}のとき)の水よう液の水を完全にじょう発させると，残った固体の重さは0.835gになる。また，塩酸20cm^{3}と水酸化ナトリウム水よう液40cm^{3}がちょうど反応するので，水酸化ナトリウム水よう液20cm^{3}と反応する塩酸は10cm^{3}とわかる。このとき，実験2を正しく行ったときと比べて，反応した水よう液が半分になっているので，ちょうど反応したときの水よう液の水を完全にじょう発させると，残った固体の重さは，2.44(g)÷2＝1.22(g)になる。塩酸の体積が10cm^{3}より大きいとき，水酸化ナトリウム水よう液はすべて塩酸と反応し，水酸化ナトリウム水よう液と反応しなかった塩酸だけが残り，塩酸の量が多くなっても残る固体の重さは変化しない。よって，塩酸の体積が0cm^{3}のとき，残った固体が0gと1.22gの間で，塩酸の体積が10cm^{3}のときに残った固体が1.22g，塩酸の体積が10cm^{3}以上では残った固体が1.22gのまま変化しない(オ)のようなグラフとなる。

★ワンポイントアドバイス★

試験時間に対する問題が多めなので，すばやく正確に解答できるように，やや複雑な条件などがあたえられた実験や観察に関する問題，計算問題などにできるだけ多く取り組んで慣れておこう。

＜社会解答＞《学校からの正答の発表はありません。》

【1】 問1 カ　問2 A イ　B カ　問3 イ　問4 エ　問5 エ　問6 オ
問7 カ　問8 ウ　問9 西表(島)　問10 エコツーリズム　問11 イ

【2】 問1 オ　問2 福岡(県)志賀(島)　問3 山上憶良　問4 三世一身法　問5 エ
問6 増上寺　問7 エ　問8 イ　問9 イ　問10 原敬　問11 全国水平社
問12 オ　問13 サミット

【3】 問1 国債　問2 情報公開(制度)　問3 ア(と)エ　問4 ウ　問5 独立行政(法人)　問6 エ　問7 イ　問8 ハザード(マップ)　問9 パリ協定　問10 ウ

【4】 問1 ウ　問2 イ　問3 ユニバーサルデザイン　問4 (例) リサイクル・リユース・リデュースという3Rの考え方が体験を通して社会に定着し，3Rを意識しながら生活していくことが自然になり，3Rのすべての要素が生活に定着している循環型社会になることが望ましいと考えている。

○推定配点○

【1】 問2・問5　各1点×3　他　各2点×9　【2】 各2点×13　【3】 各2点×10
【4】 問1・問2　各1点×2　問3　2点　問4　4点　計75点

＜社会解説＞

【1】 (日本の地理，日本の歴史－日本の国土と自然，気候，人口，産業，近世)

問1　金沢は日本海側に位置しており，冬に降水量の多い日本海側の気候がみられることから，12月や1月の降水量が250mmを超えている①となる。那覇は南西諸島の気候がみられ，梅雨の時期や台風が襲来する時期に特に降水量が多くなることから，③となる。東京は太平洋側の気候がみられ，冬に比べると夏の降水量が多くなることから，②となる。よって，カの組み合わせが正しい。

問2　台風は，7月から10月ごろ，日本付近では小笠原気団(太平洋高気圧)の縁を迂回して北上し，偏西風の影響で進路を東(北東)に変更する傾向がみられる。

問3　沖縄の伝統的な家では，風通しをよくするために大きな窓が設けられているので，イが適当でないとわかる。

問4　きくは，電照菊の栽培が愛知県の渥美半島で盛んなことなどから，愛知県が1位となっている①とわかる。らっきょうは鳥取砂丘周辺などで栽培が盛んなことから，鳥取県が1位となっている③とわかる。よって，オクラは②となり，エの組み合わせが正しい。

基本　問5　江戸時代に蝦夷地にあった藩は，松前藩である。また，琉球は1609年に薩摩藩に攻められ服属させられている。よって，エの組み合わせが正しい。

問6　北海道，秋田県，沖縄県の3道県のうち，第3次産業の割合が最も高いのは観光業などが盛んな沖縄県なので，①が沖縄県とわかる。また，北海道は秋田県に比べると小売業や卸売業の年間商品販売額が大きいと考えられることなどから，②が北海道，③が秋田県とわかる。よって，オの組み合わせが正しい。

問7　沖縄県，秋田県，東京都の3都県のうち，高齢化率が最も高いのは秋田県であることから，65歳以上の占める割合が3つの人口ピラミッドの中で最も高いことが読み取れる②が秋田県とわかる。東京都へは進学や就職で東京へ移住する人が毎年多くいることから，20歳代から40歳代にかけての人口が多くなっている①が東京都とわかる。沖縄県は合計特殊出生率が比較的高いことなどから0～19歳の割合が比較的高い③とわかる。よって，カの組み合わせが正しい。

問8　Xは茨城県が最も多いことから採卵鶏，Yは宮崎県や熊本県が上位に入っていることなどから肉用牛とわかり，Zは豚となる。肉用牛の飼育頭数が最も多い③は北海道，豚の飼育頭数が最も多い②は鹿児島県であることから，①は千葉県となり，ウの組み合わせが正しい。

問9　イリオモテヤマネコは西表島に固有の動物である。

問10　旅行者に地域の自然環境や歴史についてわかりやすく解説し，それらを守る意識を高めてもらう観光を，エコツーリズムという。

やや難　問11　地図中で東京から最も近い位置にあるのは，韓国の首都であるイのソウルである。アのペキンは中国北部に位置しており，東京からの距離はソウルよりも遠い。ウのタイペイは東京からの距離が沖縄よりも遠い位置にある。エのホンコンは中国南東部に位置しており，東京からの距離は沖縄よりも遠い。

【2】（日本の歴史－古代～現代）

問1　佐賀県の吉野ケ里遺跡は弥生時代の環濠集落の跡などが発見されているが，縄文時代の終わりごろの水田や水路の跡は発見されていないので，Xは誤り。稲作を基礎とする弥生文化は北海道には伝わらず，続縄文文化などがみられたので，Yは誤り。銅鐸のなかには，表面に絵が描かれているものもあり，描かれた絵のなかには稲作に関するものもあったことから，豊作を祈る祭りに使用されたと考えられ，Zは正しい。よって，オの組合せが正しい。

問2　『後漢書』東夷伝に記されている，倭の奴国王が中国の皇帝から授かったと考えられる金印は，江戸時代に福岡県志賀島で発見された。

問3　奈良時代に「貧窮問答歌」をよんだのは，山上憶良。「貧窮問答歌」は「万葉集」におさめられている。

問4　723年に出された，期限つきで新たに開墾した土地の私有を認めた法令を，三世一身法という。なお，新たに開墾した土地の永久私有を認めた法令は，743年に出された墾田永年私財法という。

基本　問5　承久の乱をおこしたのは後醍醐天皇ではなく後鳥羽上皇なので，アは誤り。御成敗式目を制定したのは北条義時ではなく北条泰時なので，イは誤り。永仁の徳政令を出したあとも，御家人の幕府に対する信用は回復しなかったので，ウは誤り。よってすべて誤っており，答えはエとなる。

問6　芝中学校の近くにある，徳川将軍家の菩提寺である浄土宗の寺院は，増上寺である。なお，徳川将軍家の菩提寺には増上寺のほかに，上野にある天台宗の寛永寺がある。

問7　Xの今川氏は駿河(現在の静岡県中部)を根拠とした戦国大名なので，位置はbとなる。Yの島津氏は薩摩国(現在の鹿児島県)を根拠とした戦国大名なので，位置はdとなる。よって，エの組合せが正しい。

問8　江戸では主に金貨が，大阪では主に銀貨が取引に使われていたので，イが誤っている。江戸幕府は佐渡金山や岩見銀山などの主要鉱山については直接支配するとともに，全国に流通する貨幣の鋳造権についても独占したので，アは正しい。金・銀・銭の三貨の交換率はつねに変動していたことから，都市では両替商が三貨の交換を行っていたため，ウは正しい。

問9　第一次世界大戦の主な戦場はヨーロッパであったため，戦場から離れた日本には軍需品や日用品の注文が殺到し，重化学工業が急成長した一方，好況による物価上昇などもあったため，人々の生活は苦しくなったので，イが正しい。第一次世界大戦中の1915年に日本は中国に対して二十一か条の要求を提示し，大部分を認めさせたので，アは誤り。1920年に発足した国際機関は，国際連合ではなく国際連盟なので，ウは誤り。第一次世界大戦後に中国で起こった民衆運動は五・四運動であり，三・一独立運動は朝鮮で起こったものなので，エは誤り。

問10　米騒動後に成立した，日本で最初の本格的な政党内閣は，立憲政友会総裁の原敬を首相とした原敬内閣である。

問11　就職や結婚などで社会的な差別を受けていた被差別部落の人々が1922年に結成した，自分たちの手で平等な社会の実現を目指した団体は，全国水平社である。

やや難 問12 「日本列島改造論」をかかげたのは，田中角栄内閣である。田中角栄内閣は1972年に日中共同声明を出して，日中の国交を正常化しており，オが最も関係が深い。アの東京オリンピック(第18回夏季オリンピック)は池田勇人内閣の1964年に行われた。イの日米安全保障条約改定は岸信介内閣の1960年に行われた。ウの沖縄返還は1972年の佐藤栄作内閣のときの出来事である。エの自衛隊発足は1954年の吉田茂内閣のときの出来事である。

問13　1975年にフランスで第1回の会議が開かれた先進国首脳会議を，サミットという。

【3】 (政治－政治のしくみ，経済のしくみ，環境問題)

問1　国が発行する，歳入の不足を補うためのものは，国債という。

問2　行政の透明性を図るための制度で，一部の地方自治体で先行して実施され，1999年に国の行政を対象とした法律が制定されたのは，情報公開制度である。1999年に情報公開法が制定され，2001年から施行されている。また，情報公開法が制定される以前から，一部の地方自治体では情報公開条例が制定されている。

重要 問3　日本の社会保障制度は，日本国憲法第25条の規定に基づいて整備されているので，アは正しい。日本の社会保障制度の四つの柱は社会保険，公的扶助，社会福祉，公衆衛生で，感染症の予防は公衆衛生に含まれるので，エは正しい。生活に困っている人に対して扶助をおこなうのは公的扶助であり，保険料を支払うことで老齢などの理由によって失う所得を保障する年金保険は社会保険に含まれるので，イは誤り。医療機関で受診した際にかかる医療費については，一定の自己負担分を除いて国民健康保険などの医療保険でまかなわれるが，すべて税金でまかなわれているわけではないので，ウは誤り。

問4　1980年代に日本で民営化を推し進めた首相は，ウの中曽根康弘である。中曽根康弘は1982年から1987年にかけて首相をつとめ，専売公社・電電公社・国鉄の民営化を行った。アの小泉純一郎は2001年から2006年にかけての首相，イの佐藤栄作は1964年から1972年にかけての首相，エの細川護熙は1993年から1994年にかけての首相である。

問5　国立公文書館や造幣局など，国の関わっている組織ではあるが独立採算性が求められている組織を，独立行政法人という。

問6　新刊の本や雑誌は，どのお店で買っても定価であり値引き等はされない状況は，何らかの規制がされているためと考えられるので，エが規制緩和の事例として誤っていると判断できる。アについて，コンビニエンスストアで薬を販売することができるようになったのは，薬局・薬店以外でも一部の薬が販売できるようにするという規制緩和の事例といえる。イについて，ガソリンスタンドで客が自分で給油できるようにすることは，給油の方法についての規制緩和の事例といえる。ウについて，LCCといわれる格安航空会社が設立されるようになったのは，航空産業への参入の規制が緩和された事例といえる。

問7　高齢化の進行とともに高齢者世帯の生活保護受給が増えていると考えられるので，Xが高齢者世帯となる。母子世帯と傷病・障害者世帯を比べると，傷病・障害者世帯のほうが世帯数は多いと考えられるので，Zが傷病・障害者世帯，Yが母子世帯となる。よって，イの組み合わせが正しい。

重要 問8　土砂災害や津波などの災害について，被害の想定範囲や避難場所，避難経路などを示した地図のことを，ハザードマップという。

問9　京都議定書にかわり，2020年以降の温室効果ガス排出削減についての新たな目標を定めた国際的な取り決めは，2015年にフランスのパリで開催された第21回気候変動枠組条約締約国会議(COP21)で採択された，パリ協定である。

問10　平成30年度の国民負担率は42.8％であったことから，ウ(45％)が最も近い。なお，平成30年度の租税負担率は25.3％，社会保障負担率は17.5％であった。

【4】 (総合問題－リサイクル)

問1　家電リサイクル法では，エアコン，テレビ，冷蔵庫・冷凍庫，洗濯機・衣類乾燥機の4品目が対象となっており，ウのパソコンは対象となっていない。

問2　2018年における日本のアルミニウム地金の最大の輸入相手国は，イのオーストラリアである。

問3　文化や言語，障害の有り無しや性別などにかかわらず全ての人々にとって使いやすいように配慮された設計は，ユニバーサルデザインという。なお，バリアフリーは障害のある人や高齢者などが社会生活に参加していく上で障壁(バリア)となるものを取り除いていくことをいう。

やや難 問4　筆者は，最後の一文で「3Rのすべての要素が根付いたとき，日本は循環型社会になったと言えるのではないでしょうか。」と述べており，日本が循環型社会になることが望ましいと考えていることがわかる。3Rはリサイクル・リデュース・リユースであるが，このうちリサイクルについては2段落目に日本では「リサイクルを意識しながらごみを分別することが自然になっていると思います。」とあり，リデュースとリユースについては3段落目に「リデュースやリユースということばを意識しながら実践している人は，必ずしも多くないように思います。」とある。そして，リデュースについては4段落目で「このレジ袋の有料化という体験を通じてリデュースという考え方が，リサイクルと同じくらい社会に定着していくと確信しています。」，リユースについては5段落目で「何かのきっかけでリユースという考え方が広まることは，十分に考えられます。そして，リサイクルがそうであるように，やがてリユースも私たちの生活に定着していくでしょう。」としている。以上から，筆者はリサイクル・リユース・リデュースという3Rの考え方が体験を通して社会に定着し，3Rを意識しながら生活していくことが自然になり，3Rのすべての要素が生活に定着している循環型社会になることが望ましいと考えていると読み取れる。

★ワンポイントアドバイス★

日常生活の中でも，社会科に関連する内容を意識しておこう。

＜国語解答＞《学校からの正答の発表はありません。》

一　① 車　② 貯　③ 密　④ 楽　⑤ 易

二　① 買　② 休　③ 西　④ 森　⑤ 折

三　問一　(例)　将来，地球の生命維持システムは劣化してしまうということ。

問二　(例)　地球の生命維持システムを保護しつつ，現在の世代の欲求を満足させる開発。

問三　(例)　環境を犠牲にせず，生活の満足を実現すべきだと考えられる。

問四　(例)　(文明は本来，)豊かな暮らしを営むためのものだが，現代の文明は生活の満足を実現するために消費水準以上の資源を必要とするので，人類の繁栄と存在に不可欠な地球の生命維持システムを劣化させ，環境を犠牲にしているということ。

四　問一　(例)　六郎の仕事を継がずに進学すること。　問二　(例)　鍛冶屋の仕事に無駄なものはないという親方の話は，鍛冶屋以外の進路にも通じるものがあるから。

問三　(例)　さまざまな経験が浩太という人間を作っているということ。

問四　(例)　どんなに強い刀も砂鉄の一粒が生んでいるように，どのような経験も大きな力になるのだから，鍛治屋の仕事以外の経験をたくさんして欲しいということ。

○推定配点○

一・二　各1点×10　　三　問四　15点　　他　各10点×3
四　問四　15点　　他　各10点×3　　計100点

＜国語解説＞

基本　**一　(漢字の書き取り)**

①の『車輪の下』は，ヘッセの最も有名な作品の一つ。②の「貯水池」は，用水を貯めておく池。「かいぼり」は，池などの水をくみ出して魚をとること。③は，すきまなく生えていること。④は，楽しさに満ちあふれた場所のこと。パラダイスともいう。⑤は，品物の交換や売買をすること。

重要　**二　(慣用句，漢字の書き取り)**

①の「買って出る」は，自分からすすんで引き受けること。②の「骨休め」は，からだを休めて疲れをいやすこと。③の「太陽が東から昇り，西に沈む」は，あたりまえのことのたとえ。④の「木を見て森を見ず」は，細かい点や一部にとらわれて全体を見失うこと。⑤の「鼻を折られる」は，恥をかかせられること。

三　(論説文－主題・要旨・大意・細部の読み取り，記述力)

基本　問一　傍線部①直後の段落で，「人類という生物種が誕生して以来，」気候変化，生物種や生物個体の絶滅・死亡，生態系の消失，環境汚染の増加などによって，「その結果，」「人類の繁栄と存在にとって不可欠な地球の生命維持システムは，不可逆的(もとの状態にもどれないこと)にグローバル(世界的規模であるさま)に劣化してしまう」ことを述べている。設問では「結論としてどのようなことが報告された」か，を説明するので，「その結果，」以降の内容を指定字数以内にまとめる。

問二　傍線部②直後で②の説明として，現在および将来の人類の繁栄が依存している「地球の生命維持システムを保護しつつ，現在の世代の欲求を満足させるような開発として定義される」と述べているので，この部分を指定字数以内にまとめる。

重要　問三　傍線部③直後で，図2について，「ベトナムを除いてほとんどの国は」「生活の満足を実現するために環境を犠牲にしていることが見て取れる」と述べているので，この部分をふまえて，「環境と生活の関係」で「すべき」ことを説明する。

やや難　問四　「さて，現在の……」で始まる段落で「現在の文明が持続不可能であること」について述べており，「現在の文明」は直前の段落までで述べているように，私たちの「豊かな生活」「豊かな暮らし」「欲求を満足させる」ものであることをおさえる。冒頭の2段落で，バーノスキーらの「報告書」の要点として，このままでは人類の繁栄と存在に不可欠な地球の生命維持システムは劣化してしまう，ということを述べている。さらに「図2は，……」から続く2段落で，オニールらが定量的に検討・分析した世界の150カ国のほとんどの国は，生活の満足を実現するために環境を犠牲にしており，より高い生活の満足度を満たすためには，持続可能な消費水準の2～6倍の資源利用を必要とする，と述べている。これらの内容をふまえ，文明は本来，豊かな暮らしを営むためのものであること→現代の文明は生活の満足を実現するために消費水準以上の資源が必要→人類の繁栄と存在に不可欠な地球の生命維持システムを劣化させ，環境を犠牲にしている，というような内容で「現代の文明と環境の関係性」を説明する。

四　(小説－心情・情景・細部の読み取り，記述力)

基本　問一　「その翌日，……」で始まる場面で描かれているように，傍線部①は「進学した方がおまえのためだ」と浩太に話すことなので，この部分をふまえて端的にまとめる。

やや難 問二　傍線部②後の場面で，「鍛冶屋の仕事に無駄なもんはない」という親方の言葉と「ちいさなものをおろそかにせずひとつひとつ集めたものが一番強い」ということを，親方は少年の六郎に言って聞かせたことが描かれており，これらの話が②の「親方が言ったことと同じ話」である。親方が鍛冶屋の仕事として話してくれたことは，鍛冶屋の仕事以外にも通じるものがあり，この話をすることが今の「自分ができる唯一の方法だと思った」ため，六郎は②のようにしているので，鍛冶屋の仕事の話を通じて浩太に伝えようと思った六郎の心情を説明する。

重要 問三　傍線部③後で「どんなに大変そうに見えるもんでも，今はすぐにできんでもひとつひとつ丁寧に集めていけばいつか必ずできるようになる。」ということも六郎が話している。このことから「砂鉄」は，ひとつひとつの経験を象徴していることが読み取れるので，さまざまな経験が浩太を作っている，というような内容で説明する。

重要 問四　浩太との山登りで，砂鉄の話をしながら，どんなに強い刀も砂鉄の一粒が生んでいること，この砂鉄と同じものが浩太の身体の中にあり，どんなに大変そうに見えるものでも，今はすぐにできなくてもひとつひとつ丁寧に集めていけばいつか必ずできるようになること，を六郎は浩太に話している。これらの話をふまえて，砂鉄のたとえを通して，さまざまな経験をしてほしい，ということを伝えようとしている六郎の思いを説明していく。

★ワンポイントアドバイス★

小説では，登場人物同士がどのような関係であるか，それぞれの相手に対する心情もしっかり読み取っていこう。

第2回

2021年度

解　答　と　解　説

《2021年度の配点は解答欄に掲載してあります。》

＜算数解答＞《学校からの正答の発表はありません。》

1 (1) $\frac{11}{42}$　(2) 2021　2 75g　3 (1) 2000　(一の位) 1　(2) 36個

4 45分，1.1km　5 37分間　6 (1) 3cm　(2) 5cm

7 (1) 32通り　(2) 924通り　8 $3\frac{1}{3}$cm　9 (1) 63番目　(2) 123番目

10 (1) 2cm　(2) $23\frac{1}{3}$秒後　(3) ⑩　(4) 解説参照

○推定配点○

各5点×20　計100点

＜算数解説＞

1 (四則計算)

(1) $\frac{1}{14}+\frac{1}{35}\times\frac{15}{4}\times\frac{4}{3}+\frac{32}{105}\times\frac{7}{16}\times\frac{5}{14}=\frac{1}{14}+\frac{4}{21}=\frac{11}{42}$

(2) □$=(50-7)\times(30+17)=2021$

重要 2 (割合と比)

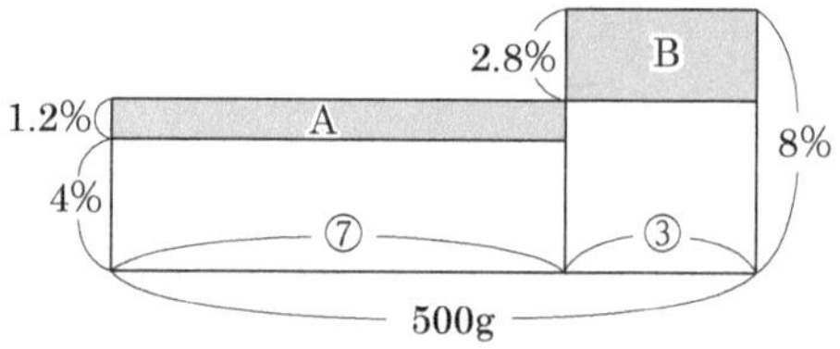

右図において，色がついた部分の面積が等しく食塩水AとBの重さの比は$(8-5.2):(5.2-4)=7:3$，これらの重さは$500\div(7+3)\times7=350$(g)と$500-350=150$(g)である。4.6%の食塩水のなかの食塩の量と食塩水Bのなかの食塩の量の差は$500\times0.046-150\times0.08=11$(g)であり，食塩水Aの重さは$11\div0.04=275$(g)である。したがって，$350-275=75$(g)を水と入れかえた。

重要 3 (数の性質，数列)

(1) ・99までの奇数の和…$(1+99)\times50\div2=2500$　95までの5の倍数の奇数の和…$(5+95)\times10\div2=500$　したがって，求める奇数の和は$2500-500=2000$　【別解】$(1+99)\times4\times10\div2$

・99までの5の倍数の奇数を除く，奇数の積の一位の数…1，3，1，9，9，7，9，1，～，の8個が反復する。したがって，$50-10=40$(番目)の数は$40\div8=5$より，1

(2) 平方数1，9，49，81の4個は約数が奇数個あり，約数が偶数個ある奇数は$40-4=36$(個)

重要 4 (速さの三公式と比，鶴亀算，単位の換算)

・8時9分までの69分は$\frac{69}{60}=1.15$(時間)であり，歩いた時間は，$(12.5\times1.15-8)\div(12.5-4)=0.75$(時間)，すなわち，45分　・翌日，公園まで走った時間は，$8\div12.5=0.64$(時間)，すなわち，38.4分　家にもどった時刻は，8時13分－(1.6分＋38.4分)＝7時33分　したがって，引き返した距離は$4\times33\div2\div60=1.1$(km)

重要 5 (仕事算，割合と比)

満水の量を45，60の最小公倍数180にすると，蛇口Aは1分に$180\div45=4$給水し，排水口は1分に

180÷60＝3排水する。最初の20分で，(4－3)×20＝20たまる。排水だけ8分で，3×8＝24排水する。最後の36分で，(4－3)×36＝36たまる。したがって，給水の時間は，{180－(20＋36－24)}÷4＝37(分間)

やや難 6 (平面図形，相似)

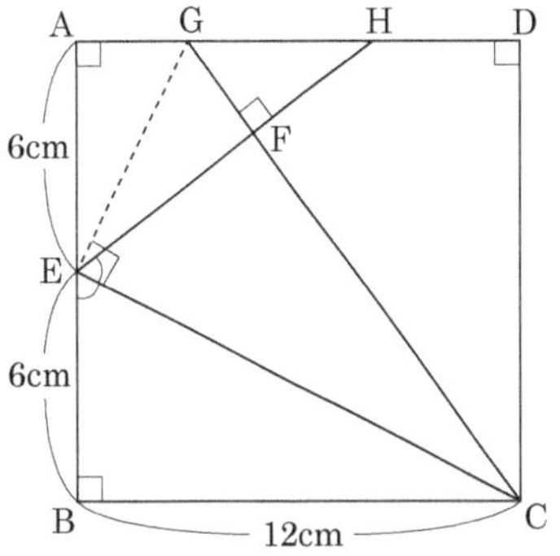

(1) 右図において，角GECは180÷2＝90(度)であり，直角三角形AEGとBCEは相似である。したがって，AGは6÷2＝3(cm)

(2) 直角三角形GDC，GFH，EAHは相似であり，(1)より，それぞれの3辺の比は(12－3)：12：15＝3：4：5である。したがって，GHは6÷3×4－3＝5(cm)

重要 7 (場合の数)

(1) 14＝4×3＋2である。チョキで3回勝つ場合…4通り　パーで3回勝つ場合…4通り　チョキで2回，パーで1回勝つ場合…4×3＝12(通り)　チョキで1回，パーで2回勝つ場合…12通り　したがって，全部で(4＋12)×2＝32(通り)

(2) Aさんは，最後にグーで勝ち，2人ともグーで勝つことを繰り返す。したがって，2人が6回ずつグーを出して勝つ順列は，12×11×10×…×1÷(6×5×…×1)÷(6×5×…×1)＝924(通り)

重要 8 (立体図形，平面図形，相似)

図1において，辺PLとQRは平行である。図2において，三角形CSLとBSRは相似であり，相似比は1：2である。したがって，BSは5÷(1＋2)×2＝$\frac{10}{3}$(cm)

図2

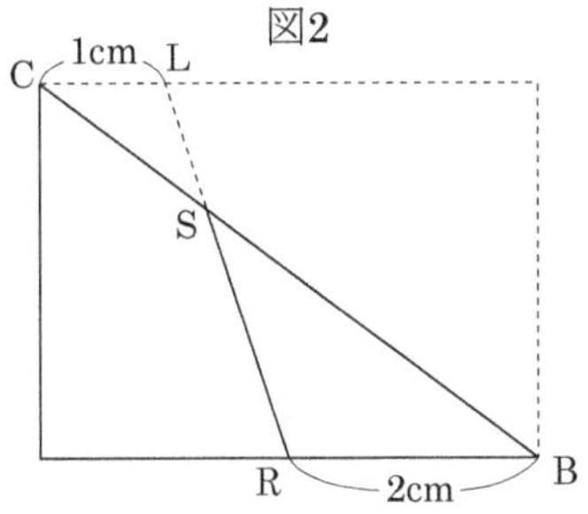

図1

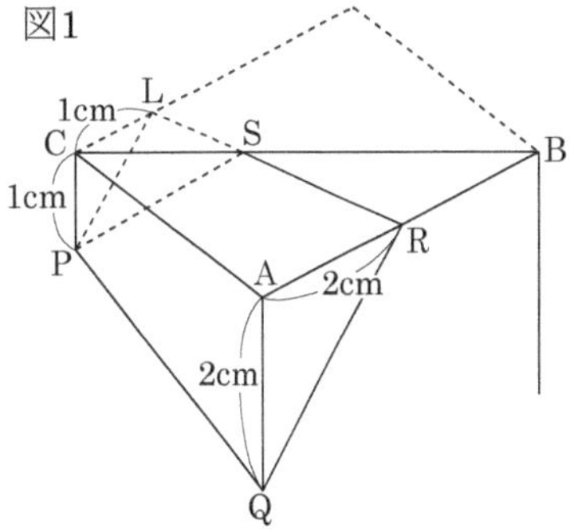

重要 9 (数の性質，数列)

(1) 右表において，4列目の12行目に48が現れる。さらに，3列目の48÷3＝16(行目)に48が現れる。したがって，2回目の48は4×16－1＝63(番目)

1	2	3	4
2	4	6	8
	⋮		
12	24	36	48

(2) (1)より，各行の4つずつの数の和は1行目から順に10，20，30，…，と続く。1から○までの整数の和の式は(1＋○)×○÷2であり，連続する整数の和が約480と見なす場合，(1＋○)×○＝480×2＝960であるから，960に近くなり(1＋○)×○にあてはまる数を調べると，○＝30，31×30÷2＝465になる。したがって，4列目30行目まで，4×30＝120(番目)までの数の和が4650，120番目の数は120，121番目は31，122番目は62，123番目は93であり，4650＋31＋62＋93＝4836であるから，123番目までの数の和になる。

10 (平面図形，図形や点の移動，速さの三公式と比，グラフ，割合と比)

グラフより，経路上のPとQの位置関係は，下図のようになる。

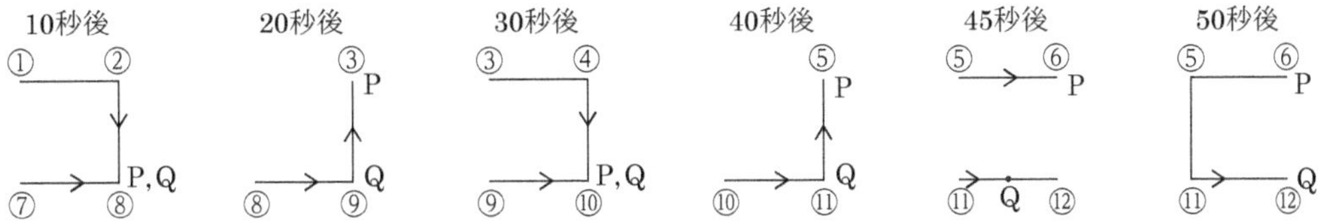

基本 (1) Pは10秒で20cm進むので，秒速20÷10＝2(cm)

やや難 (2)　右図において，20秒を過ぎた後，PとQの間の長さが左側の経路にそった場合も右側の経路にそった場合も20cmで等しくなるときがあり，これが[あ]の時刻である。したがって，

$20+10\div(2+1)=23\frac{1}{3}$(秒後)

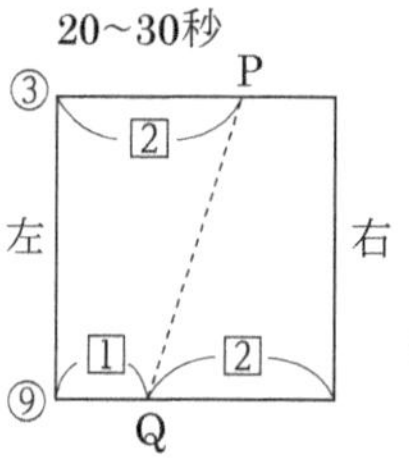

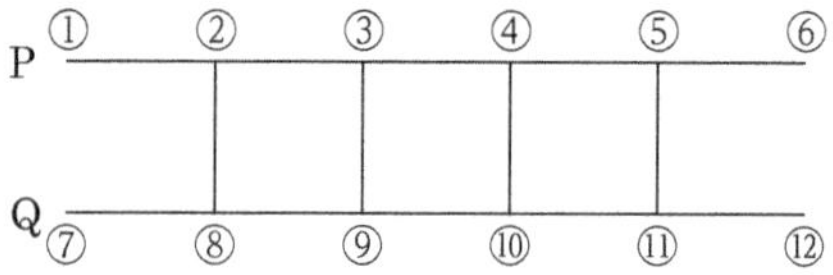

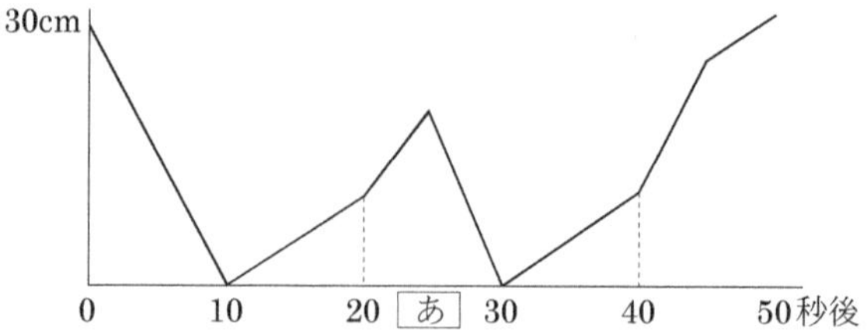

(3)　上の図より，Pは⑩でQと出合う。

(4)　上の図より，(①→②→)⑧→⑨→③→④→⑩→⑪→⑤→⑥

★ワンポイントアドバイス★

[2]「食塩水A・B」の重さを条件にそって計算し，それぞれの重さにもとづいて，次の計算を行うという読み取りが難しい。[6]「直角三角形の相似」に気づき難く，[10]「2点を結ぶ経路」とは，経路にそって長さを考える，という意味である。

<理科解答>《学校からの正答の発表はありません。》

[1]　(1)　エ　(2)　ウ　(3)　リチウムイオン電池　(4)　ア　(5)　キ

[2]　(1)　ほにゅう(類)　(2)　エ　(3)　(例)　化石燃料の大量消費によって発生する，温室効果をもつ二酸化炭素の空気中の割合の増加。　(4)　う<い<あ=え[う<い<え=あ]　(5)　オ　(6)　ア　(7)　い，お，か，く

[3]　(1)　え，き，こ　(2)　く　(3)　2.25(倍)　(4)　G　(5)　①　25(℃)　②　8(g)　(6)　サ，セ　(7)　1.36(倍)

[4]　(1)　エ　(2)　ア，カ　(3)　オ　(4)　イ，ウ，キ　(5)　ア，イ　(6)　A　ア　B　エ

[5]　(1)　ウ　(2)　210.3　(3)　ウ　(4)　イ　(5)　ウ　(6)　(値)　40　(気体)　水素　(7)　70(cm^3)　(8)　6(cm^3)

○推定配点○

[1]　各2点×5　[2]　(3)・(4)　各3点×2　他　各2点×5

[3]　(5)　各3点×2　他　各2点×6　[4]　各2点×7

[5]　(6)　3点(完答)　他　各2点×7　計75点

<理科解説>

[1]　(総合—小問集合)

(1)　火星は地球より大気がうすいため，着陸しようとしたときに空気のていこうを利用した減速がしにくくなる。　ウ　火星は地球より太陽から遠い。　オ　火星は地球よりも自転のスピード

が速い。　カ　ロケットの逆ふん射装置には，燃焼用の酸素も用意されている。　キ　酸化鉄は火星の地表面に多くある。

(2)　天体上にある物体にはたらく重力(引力)の大きさは，天体が重いほど大きくなる。そのため，火星は地球より軽いので，重力も地球より小さくなる。重力が小さいと足が体を支えるのに必要な力は小さくなり，筋肉をあまり使わなくなるため足が細くなってしまう。

(3)　現在，ソーラーパネルのほかにもいろいろな電気機器のじゅう電式の電池としてリチウムイオン電池が多く使われている。2019年にノーベル化学賞を受賞した吉野彰は，リチウムイオン電池の発明者のひとりである。

基本　(4)　鉄が酸素と結びついてできる酸化鉄には，さびのようにゆっくりと酸素と結びついてできた赤色のものや，強く熱したときにはげしく酸素と結びついてできた黒色のものがある。

重要　(5)　ビンの口に横から息をふきかけて音を出すとき，ビンの中の水が少ないほど(ビンの口と水面との間が長いほど)音は低くなる。グラスをたたいて音を出すとき，グラスの中の水が少ないほど音は高くなる。

[2] (生物総合―生物と環境)

基本　(1)　ヒトは，背骨のあるセキツイ動物の中のほにゅう類に分類される。ほにゅう類には，母親の体内であるていど育ってから生まれる，外界の温度が変化しても体温が一定に保たれる，親が子を育てるなどの特徴がある。

基本　(2)　ヒトの成人の体にふくまれる水の割合は約60％で，その多くは細胞にふくまれている。

重要　(3)　化石燃料は大昔の生物のいがいなどが長い年月をかけてできたものと考えられ，炭素がふくまれているために燃やすと二酸化炭素が発生する。地球から宇宙へ放出される熱の一部を地球の表面にもどすはたらきを温室効果といい，二酸化炭素には温室効果がある。二酸化炭素などの温室効果ガスによるえいきょうで地球温暖化が起こっていると考えられている。

(4)　図から，海水中で生活するウニは体液の塩分のう度が海水とほぼ等しいことがわかる。また，ヒトとカエルは体液の塩分のう度が海水より低いが，淡水中で生活する期間のあるカエルのほうがより体液の塩分のう度が低いことがわかる。このことから，海水中で生活するタコとイソギンチャクはウニのように体液の塩分のう度が海水とほぼ等しいと考えられ，海水中で生活することがないネズミとイモリはどちらも体液の塩分のう度が低いが，淡水中で生活する時期のあるイモリのほうがより体液の塩分のう度が低いと考えられる。よって，体液の塩分のう度の関係は，イモリ＜ネズミ＜タコ＝イソギンチャクのようになる。

基本　(5)　光合成は，葉で光を受けて二酸化炭素と水からデンプンなどの養分をつくりだすはたらきで，光合成では酸素もできる。光合成で使われる二酸化炭素は葉の気孔から，水は根からとり入れらる。

重要　(6)　骨の主成分はカルシウムである。　イ　はく息には二酸化炭素が多くふくまれている。　ウ　からだの細胞のはたらきで生じた二酸化炭素は，血液によって肺まで運ばれて体外に出される。　エ・カ　かみの毛の成分や筋肉の材料となるものはタンパク質で，タンパク質は主に，炭素や酸素，窒素からできている物質である。　オ　炭素をふくむ物質を有機物といい，便には食物中の有機物のうちで体に吸収されなかったものがふくまれている。

(7)　シイタケとアオカビは，生物のいがいや排出物を分解することで養分をとり入れる生物で，そのはたらきから分解者と呼ばれる。ワカメやイネ，ミカヅキモ，タンポポは，自分で養分をつくり出すことができ，生産者と呼ばれる。

[3] (電流のはたらき―電流回路と発熱)

A　電池1個と電熱線1本の回路なので，電熱線[あ]に流れる電流の大きさは1である。　B　同じ電熱線を直列につなぐと，1本の電熱線に流れる電流の大きさは電熱線の本数に反比例する。電池が1個，電熱線が2本なので，電熱線[い]に流れる電流の大きさは1÷2＝0.5である。　C　回路に流れる電流の大きさは，直列につなぐ電池の個数に比例する。電池が2個，電熱線が1本なので，電熱線[う]に流れる電流の大きさは1×2＝2である。　D　電熱線を並列につなぐと，それぞれの電熱線に電池1個がつながれているときと同じ大きさの電流が流れる。よって，電熱線[え]に流れる電流の大きさは1である。　E　電池が1個，電熱線が3本なので，電熱線[お]に流れる電流の大きさは1÷3＝0.333より，0.33である。　F　電池が2個，電熱線が3本なので，電熱線[か]に流れる電流の大きさは1×2÷3＝0.666…より，0.67である。　G　同じ大きさの電熱線2本をつなぐとき，直列につなぐと電流の流れにくさは本数に比例し，並列につなぐと電流の流れにくさは本数に反比例する。このことから，b－d間の4本の電熱線をまとめて考えると，2本を直列につないだものを2組並列につないでいるので，電流の流れにくさは電熱線1本のときと同じとなり，回路全体は電熱線2本を直列につないだものと電池2個でできていると考えることができる。そのため，回路全体には，1÷2×2＝1の電流が流れる。よって，電熱線[き]に流れる電流の大きさは1となり，電熱線[き]に流れた電流がb－c－d，b－e－dの2つの区間に分かれて流れるので，電熱線[く]に流れる電流の大きさは1÷2＝0.5である。　H　並列部分のそれぞれが電池3個につながっていると考えられるので，電熱線[け]に流れる電流の大きさは1×3＝3，電熱線[こ]に流れる電流の大きさは1×3÷3＝1，電熱線[さ]に流れる電流の大きさは1×3÷2＝1.5となる。

やや難　(1)　電熱線[あ]と同じ1の大きさの電流が流れるのは，回路Dの電熱線[え]，回路Gの電熱線[き]，回路Hの電熱線[こ]となる。

やや難　(2)　電熱線[い]と同じ0.5の大きさの電流が流れるのは，回路Gの電熱線[く]である。

やや難　(3)　グラフ2から，電池の個数が2倍，3倍，4倍…になると，発熱量は4倍，6倍，9倍…となっていることがわかる。回路Hの電熱線[さ]をふくむ直列部分について考えると，電池が3個，電熱線が2本なので，電熱線[さ]には，電池が1×3÷2＝1.5(個)つながれていると考えることができる。電熱線[あ]につながれている電池は1個なので，電熱線[さ]につながれている電池の個数は，電熱線[あ]につながれている電池の個数の1.5倍となり，発熱量は，1.5×1.5＝2.25(倍)とわかる。

やや難　(4)　グラフ3から，電熱線の数が2倍, 4倍…になると，発熱量が$\frac{1}{2}$倍，$\frac{1}{4}$倍…となることがわかる。電熱線の数が2倍，3倍，4倍…になると，電熱線に流れる電流の大きさは$\frac{1}{2}$倍，$\frac{1}{3}$倍，$\frac{1}{4}$倍…となることから，電池の個数が同じとき，電熱線を流れる電流の大きさと発熱量は比例することがわかる。これらのことから，発熱量は，電池の個数と電熱線に流れる電流の大きさのそれぞれに比例する，つまり，(電池の個数)×(電熱線を流れる電流の大きさ)に比例することがわかる。回路Dでは，電池の個数は1個，回路全体に流れる電流の大きさは2なので，発熱量は1×2＝②となる。これと等しくなるのは，電池の個数が2個，回路全体に流れる電流の大きさが1で，発熱量が2×1＝②となる回路Gである。

やや難　(5)　①　電熱線[あ]を20℃の水10gの中に入れて1分間電流を流したときの水の上昇温度は21－20＝1(℃)である。発熱量は電流を流す時間に比例する。また，発熱量が同じとき，水の上昇温度は水の重さに反比例する。よって，電熱線[あ]を20℃の水30gの中に入れて15分間電流を流したときの水の上昇温度は，$1(℃)\times\frac{10(℃)}{30(℃)}\times\frac{15(分)}{1(分)}=5(℃)$となる。したがって，水の温度は，20＋5＝25(℃)

②　回路Cは回路Aと比べて電池の個数が2倍になっているので，電熱線[う]には電池が2個つながっていると考えられ，その発熱量は，グラフ2より，電熱線[あ]の2×2＝4倍になることがわかる。回路Fは，回路Aと比べて電池の個数が2倍，電池の個数が直列に3倍になっているので，電

熱線かには電池が$1\times2\times\frac{1}{3}=\frac{2}{3}$(個)つながっていると考えられ，その発熱量は，グラフ2より，電熱線あの$\frac{2}{3}\times\frac{2}{3}=\frac{4}{9}$(倍)になっていることがわかる。電熱線うの発熱量を$\boxed{4}$，電熱線かの発熱量を$\boxed{\frac{4}{9}}$とすると，電熱線うからの10分間の発熱量は，$\boxed{4}\times10$(分)$=\boxed{40}$，電熱線かからの9分間の発熱量は，$\boxed{\frac{4}{9}}\times9$(分)$=\boxed{4}$となる。また，電熱線うから1gの水が得る熱量は，$\boxed{40}\div80(g)=\boxed{0.5}$である。水温が等しくなるのは，水1gあたりの得た熱量が等しくなるときだから，電熱線かからxgの水が$\boxed{0.5}$の熱を得ると考えればよいので，$\boxed{4}\div x$(g)$=\boxed{0.5}$　　$x=8$(g)

(6)　電熱線の両端どうしを導線でつなぐと回路に流れる電流の流れやすさが変化する。(ア)～(ソ)のつなぎ方のうち，(セ)のdとfの間を導線でつないでも導線の両端をつないでいることになるので，回路に流れる電流の流れやすさは変化しない。また，同じ電熱線を2つ直列につないだもの2組を並列につなぎ，それぞれの電熱線の間どうしをつないだ場合(サ)のcとeをつないだ場合)，回路に流れる電流の流れやすさは変化しない。

(7)　回路Hのhとiを導線でつなぐと，電熱線こと直列につながっている2つの電熱線には電流が流れなくなる。そのため，電熱線こに電池3個がつながれていることになるので，電熱線こに流れる電流の大きさは$1\times3=3$となる。導線をつなぐ前のjに流れる電流は $3+1+1.5=5.5$，導線をつないだ後のjに流れる電流は $3+3+1.5=7.5$なので，つないだ後の電流は，つなぐ前の$7.5\div5.5=1.363\cdots$より，1.36倍

$\boxed{4}$ (星と星座・月―星座の星や月の特徴)

(1)　星座を形づくっている星は位置を変えない天体で，非常に遠くにあるためそれぞれの星の位置関係が変化しない。そのため地球からは決まった形に見える。一方，火星や金星はずっと地球の近くにあり，地球と同じように太陽の周りを公転しているが，その速さはそれぞれ異なるので，位置関係が変化するため星座にはふくまれていない。

重要　(2)　ア　星の等級は明るさによって分けられ，明るいほど数字が小さくなる。　カ　七夕のおりひめ星は，こと座のベガで，ひこ星はわし座のアルタイルである。

(3)　$2.5\times2.5\times2.5\times2.5=39.0625$より，約40倍

(4)　イ　オーストラリアなどの南半球からは，北極星は見えない。　ウ・キ　北極星はこぐま座の尾にあたるポラリスとよばれる2等星である。

重要　(5)　ア　上げんの月は右半分が光って見える月であるが，南中するのは午後6時ごろである。
イ　新月が見えないのは，月が太陽と同じ方向にあり，月のかがやいていない面が地球側に向いているからで，北極からでも見ることはできない。

重要　(6)　Aの星をふくむ星座はカシオペヤ座，Bをふくむ星の集まりは北斗七星なので，図の中央付近がほぼ真北であることがわかる。北の空の星は北極星付近を中心に反時計回りに回転して動くように見えるので，A，Bどちらの星も方位角は小さくなる。また，星の動く速さは1時間に15°なので，6時間では90°動く。よって，Aの星の高度は大きくなり，Bの星の高度は小さくなる。

$\boxed{5}$ (気体の性質・物質との反応―塩酸と石灰石の反応，水素と酸素の反応)

基本　(1)　過酸化水素水に二酸化マンガンを加えたときに発生する気体は酸素である。

(2)　表1では，$(W_1+W_2)-W_3=W_4$の関係が成り立つので，$205.0+8.8-X=3.5$　　$X=210.3$

重要　(3)　塩酸と石灰石が反応すると二酸化炭素が発生する。発生した二酸化炭素は容器から出ていく。このことから，反応前後の合計の重さの変化が表しているものは，発生した二酸化炭素の重さであることがわかる。

や難　(4)　表1のW_2とW_4の比は，$W_2:W_4=5:2$でほぼ一定であることがわかる。このことから，石灰

石を10.3g加えたときのW_4をxgとすると，5：2＝10.3(g)：x(g)　x＝4.12(g)より，選択肢の中で最も適するものは，(イ)4.1gとなる。

重要　(5)　塩酸とマグネシウムが反応すると水素が発生する。水素は空気よりも軽い気体で，発生した水素は容器の外に出ていくため，反応後の合計の重さは反応前(205.0＋10.0＝215.0g)よりも小さくなる。

やや難　(6)　点火後に残る気体は水素か酸素のどちらか一方だけなので，表2の①では，点火後に残った気体の体積が70cm^{3}であることから，はじめに70cm^{3}以上あった酸素が残ったことがわかる。このことから，水素20cm^{3}と酸素80－70＝10(cm^3)がちょうど反応し，体積比は，水素：酸素＝2：1とわかる。④では，水素の方が多いので酸素はすべて反応し水素が残る。酸素20cm^{3}と反応する水素の体積を$x$cm^{3}とすると，2：1＝x(cm^3)：20(cm^3)　x＝40(cm^3)とわかる。よって，点火後に残った気体の体積Yは，80－40＝40(cm^3)である。

やや難　(7)　空気50cm^{3}中には，ちっ素が50(cm^3)×0.8＝40(cm^3)，酸素が50－40＝10(cm^3)ある。酸素10cm^{3}と反応する水素の体積を$y$cm^{3}とすると，2：1＝y(cm^3)：10(cm^3)　y＝20(cm^3)より，水素は50－20＝30(cm^3)残る。また，ちっ素も反応せずに残っているので，実験後に残った気体の体積は30＋40＝70(cm^3)

(8)　反応前の容器の中にある気体は，一酸化炭素20cm^3，ちっ素80(cm^3)×0.8＝64(cm^3)，酸素80－64＝16(cm^3)である。また，一酸化炭素はすべて反応し，発生した二酸化炭素はすべて水酸化ナトリウム水よう液に吸収されたことから，反応後の容器の中にある気体は，ちっ素と反応せずに残った酸素だけであることがわかる。反応後の容器中のちっ素は64cm^{3}なので，酸素は70－64＝6(cm^3)とわかる。

★ワンポイントアドバイス★

計算問題の設定も複雑で，記号選択問題の選択肢も多いものがあるため，試験時間に対する問題のボリュームがとても大きいので，すばやく正確に解答できるように難易度の高めの問題で練習を重ねておこう。

＜社会解答＞《学校からの正答の発表はありません。》

【1】　問1　(1)　ウ　(2)　エ　(3)　ア　問2　エ　問3　カ　問4　ア　問5　ア　問6　エ　問7　エ　問8　エ　問9　エ　問10　インドネシア

【2】　問1　下線部1　(記号)　オ　(人物名)　平清盛　下線部3　(記号)　ア　(人物名)　豊臣秀吉　問2　エ　問3　エ　問4　オ　問5　ウ　問6　藤原頼通　問7　ア　問8　下剋上　問9　ア　問10　オ　問11　渋沢栄一　問12　イ　問13　イ　問14　エ

【3】　問1　ウ　問2　(1)　ウ　(2)　公聴会　問3　(1)　イ　(2)　ウ　(3)　行政委員会　(4)　地方交付税交付金　(5)　共助　問4　イ　問5　ウ

【4】　問1　需要(と)供給　問2　イ　問3　ラグビー　問4　(例)　政府は経済的自由を尊重し，買い占めと転売の問題には深く立ち入らないできたが，一般の消費者が対等な条件で買い付けることができず，商品を市場に送り出す側に大きな負担となる状況が続けば，政府が規制することも起こりえると考えている。

○推定配点○

【1】　問1・問10　各1点×4　　他　各2点×8

【2】　問1・問6・問8・問11　各1点×7　　他　各2点×10

【3】　各2点×9(問2完答)　【4】　問4　4点　　他　各2点×3　　計75点

＜社会解説＞

【1】（地理－日本の国土と自然，農業，水産業，工業，資源・エネルギー，世界地理）

問1　地図中のアはサロマ湖，イは屈斜路湖，ウは洞爺湖，エは小川原湖，オは十和田湖，カは田沢湖を示している。(1)は中央部に無人島があるカルデラ湖で，南岸に活火山をもち，一帯がジオパークに登録されていることから，ウの洞爺湖とわかる。洞爺湖の南岸には有珠山があり，洞爺湖周辺は洞爺湖有珠山ジオパークとなっている。(2)は，「しらうおやしじみなどの漁業が盛ん」なことから，エの小川原湖とわかる。小川原湖では冬には湖面が結氷し，わかさぎの穴釣りがみられる。(3)は，「日本で3番目に大きな湖」からアのサロマ湖とわかる。

重要　問2　(4)について，「春から夏にかけて濃霧が発生しやすい」のは北海道東部の太平洋に面したBである。(5)について，流氷がおしよせるのは北海道のオホーツク海沿岸なので，Aとわかる。(6)について，A～Cのなかでリアス海岸がみられるのはCである。よって，エの組み合わせが正しい。

問3　Dは根釧台地，Eは石狩平野，Fは秋田県の八郎潟周辺を示している。(7)は「日本で2番目に広かった湖を干拓し，広大な稲作地になった」が八郎潟について述べているとわかるので，Fについての説明となる。(8)は泥炭地が排水路の整備や土壌改良によって全国有数の水田単作地帯となったことから，Eの石狩平野について述べているとわかる。(9)は「夏でも低温で霧が多い」「酪農地帯」からDの根釧台地について述べているとわかる。よって，カの組み合わせが正しい。

問4　Gは釧路港，Hは八戸港，Iは気仙沼港を示している。釧路港は北海道東部に位置し，たら類やいわし類などの水揚げが特に多いことから，Ⅰとなる。八戸港は青森県の太平洋側に位置し，さば類やいか類などの水揚げが特に多いことから，Ⅱとなる。気仙沼港は宮城県に位置し，かつお類やさんま，まぐろ類などの水揚げ量が特に多いことから，Ⅲとわかる。よって，アの組み合わせが正しい。

問5　青森県・岩手県・秋田県の3県のなかで，耕地面積に占める田の割合が最も高いのは秋田県と考えられるので，Ⅵが秋田県となる。青森県はりんごの都道府県別生産量が全国第1位であり，果樹栽培が盛んなことから，樹園地の割合が高いと考えられるので，Ⅳと考えられる。岩手県は牧畜が比較的盛んであることから，牧草地の割合が高いと考えられるので，Ⅴと考えられる。よって，アの組み合わせが正しい。

問6　ヨーグルトは乳用牛の飼育が盛んな岩手県が上位に入ると考えられるのでK，かまぼこは「笹かまぼこ」が名産品となっている宮城県が上位に入っていると考えられるのでL，ぶりは富山県氷見市が「寒ブリ」で知られることなどから富山県が上位に入るJと考えられる。よって，エの組み合わせが正しい。

基本　問7　Mの竿燈は秋田県で，Nのねぶたは青森県で行われる祭りである。Oの七夕は，宮城県の仙台市で行われるものが，街中が色鮮やかな七夕飾りで埋め尽くされる。よって，エの組み合わせが正しい。

問8　地熱発電は，地図中の道県のなかでは秋田県で特に発電電力量が多いことから，Rとわかる。風力発電は北海道や青森県，秋田県などで比較的盛んであることから，Pとわかる。太陽光発電は全国各地で行われていることから，地図中のすべての道県でも行われていると考えられるので，Qとわかる。よって，エの組み合わせが正しい。

問9　北海道・岩手県・宮城県の3道県のなかで，製造品出荷額等が最も多いのは北海道，2番目に多いのが宮城県，最も少ないのが岩手県なので，Ⅶが宮城県，Ⅷが北海道，Ⅸが岩手県となる。北海道と宮城県の製造品出荷額等に占める割合が最も高いSは食料品である。輸送用機械が製造品出荷額等に占める割合は，岩手県や宮城県では上位に入ると考えられるので，Tが輸送用機械となり，Uがパルプ・紙となる。よって，エの組み合わせが正しい。

問10　2017年における米の生産量が世界第3位となった国は，東南アジアに位置するインドネシアである。

【2】（日本の歴史－古代～現代）

問1　アは豊臣秀吉について，イは源頼朝について，ウは徳川家康について，エは足利義満について，オは平清盛について述べている。下線部1の「大輪田泊の修築」を行ったのは，日宋貿易をおこなった平清盛なので，オと関係が深い。下線部3の文禄の役は豊臣秀吉の1回目の朝鮮出兵なので，アと関係が深い。

問2　日明貿易では，室町幕府ではなく明が発行した勘合が用いられたので，Xは誤り。日明貿易では，明からは銅銭や生糸・絹織物などが輸入されたが，鉄砲や火薬は輸入されていないので，Yは誤り。よって，エの組み合わせが正しい。なお，日明貿易では，日本からは銅・硫黄・刀剣などが輸出されている。

問3　日本側の代表としてポーツマス条約を結んだのは，小村寿太郎である。小村寿太郎は，1911年に関税自主権の回復に成功しているので，エが最も関係が深い事柄である。

問4　Ⅰの倭王武が中国の皇帝に手紙を送ったのは478年。Ⅱの蘇我氏と物部氏が対立したのは6世紀後半。Ⅲの好太王は4世紀末から5世紀初頭にかけての高句麗の王。年代の古いものから順に並べかえると，Ⅲ→Ⅰ→Ⅱとなり，オが正しい。

問5　仏教の力で世の中の不安を取り除き，国家を守ろうと考え，国ごとに国分寺と国分尼寺を建てるよう命じたのは，桓武天皇ではなく聖武天皇なので，アは誤り。『古今和歌集』が成立したのは，平安時代なので，イは天平文化について述べた文としては誤り。『古事記』は712年に天皇に献上されており，『日本書紀』は720年に完成しており，いずれも天平文化の内容なので，ウが正しい。最澄が天台宗を，空海が真言宗を開いたのは，いずれも平安時代のことなので，エは天平文化について述べた文としては誤り。

問6　写真は平等院鳳凰堂である。平等院鳳凰堂は，藤原頼通によって建立された。

問7　13世紀後半は鎌倉時代である。鎌倉時代の農民は，荘園領主と地頭による二重支配を受けており，aがあてはまる。また，鎌倉時代には西日本を中心に二毛作が広まったので，cがあてはまる。よって，アの組み合わせが正しい。bについて，農民たちが神社などで寄合を開くなどして団結を強め，しばしば一揆を結んで領主の支配に抵抗するようになったのは，室町時代のことである。dについて，備中ぐわや千歯こきなどの農具が考案され，干鰯や油かすが肥料として用いられるようになったのは，江戸時代である。

基本　問8　戦国時代にみられた，下位の者が上位の者を実力で打ち倒してその地位をうばうという風潮は，下剋上という。

問9　徳川家康は日本船が海外へ渡ることを許す朱印状を発行し，外国との貿易を奨励したため，東南アジア各地に日本町ができたので，Xは正しい。1635年に徳川家光が武家諸法度に参勤交代の制度を追加しており，参勤交代によって大名は多くの出費をしいられたので，Yは正しい。よって，アの組み合わせが正しい。

問10　アの公事方御定書は江戸幕府8代将軍徳川吉宗が制定したもの。イの生類憐みの令は江戸幕府5代将軍徳川綱吉が制定したもの。ウの棄捐令を出したのは寛政の改革を行った老中松平定信。エの明暦の大火は1657年の出来事である。オの株仲間を積極的に奨励したのは老中田沼意次。年代の古いものから順に並べかえると，エ→イ→ア→オ→ウとなり，4番目にくるものはオとなる。

問11　第一国立銀行や大阪紡績会社などを創立し，「日本資本主義の父」と呼ばれたのは，渋沢栄一である。

重要 問12　北京郊外の盧溝橋で日中両軍が武力衝突したことをきっかけに始まったのは，満州事変ではなく日中戦争なので，イが誤っている。満州事変は奉天郊外で日本軍(関東軍)が南満州鉄道を爆破して軍事行動を開始した出来事である。アの普通選挙法は1925年に成立した。ウのラジオ放送は1925年に始まった。エの海軍の青年将校らによって犬養毅首相が暗殺された出来事は，1932年の五・一五事件である。

問13　Ⅰの軍隊が解散したのは1945年。Ⅱの日本国憲法が公布されたのは1946年11月3日。Ⅲの戦後初の衆議院議員総選挙が行われたのは1946年4月で，大日本帝国憲法下での最後の衆議院議員総選挙であった。年代の古いものから順に並べかえると，Ⅰ→Ⅲ→Ⅱとなりイが正しい。

問14　Xの日韓基本条約が締結されたのは1965年で，②の佐藤栄作内閣のときである。Yの消費税が導入されたのは1989年で，④の竹下登内閣のときである。よって，エの組み合わせが正しい。

【3】 (日本の歴史，政治－近世，政治のしくみ，地方自治)

問1　林羅山は儒学者であり，江戸幕府の中心的な学問となっていたのはウの儒学である。

問2　(1)　荻生徂徠は立身の限度が定まっている，つまり身分によってどこまで出世できるかが決まっている状態が問題であると指摘しているので，その解決策としては，ウの能力主義がふさわしいと考えられる。　(2)　国会における法案審議の過程において，委員会が利害関係者や専門家に意見をきく場を，公聴会という。

や難 問3　(1)　現代において，下水道の整備や管理はイの地方公共団体の仕事とされている。

(2)　Xは増上寺周辺なので寺社地とわかる。YとZを比べると，Zのほうが敷地は大きいこと，Yは整然と区画された敷地で集合住宅が建てられているように見えることから，Yが町人地，Zが武家地と考えられる。よって，ウの組み合わせが正しい。　(3)　教育委員会や選挙管理委員会などの，政治的中立性を保つため，独立性が求められている機関を，行政委員会という。

(4)　地方公共団体間の財政の不均衡を解消するために，国が使いみちを限定せずに支給するお金を，地方交付税交付金という。　(5)　隣近所で助け合い命を守るという意味で使われる言葉に，共助がある。

問4　赤穂浪士の墓は泉岳寺にあるので，イが赤穂浪士と関係が深い寺といえる。

問5　荻生徂徠は，「法を曲げずに浪士に最大の情けをかけた」として法の重要性と武士の道徳の重要性について述べているので，ウの法にのっとり処罰するとともに，武士の忠義を守る立場にも立ったと考えられる。

【4】 (総合問題－経済)

問1　市場において，「ものを欲しがる欲求」は需要という。また，市場に送り出されたものの量を供給(供給量)という。

問2　シベリア出兵のときに，買い占めがあいついだことで米の値段が上がり，栃木県ではなく富山県から米騒動が始まったので，イが誤りをふくむ。

問3　令和元年(2019年)9月から11月にかけて，ラグビーワールドカップが日本で開催された。ラグビーワールドカップ2019では，日本代表のチームスローガンである「ONE TEAM」が流行語となった。

やや難 問4　筆者は家庭用ゲーム機の転売について,「従来，政府は経済的自由を尊重して，買い占めと転売の問題に深く立ち入らないようにしてきた」が,「専用プログラムを用いるようなやり方は,一般の消費者に対して対等な条件で買い付けているとは言いがたいもの」で,「購入できなかった消費者には大きな不満が残ることになり」「商品を市場に送り出す側の立場からしても，このことで商品に悪いイメージがついてしまい，利益を損ね」大きな負担となっているとして,「家庭用ゲーム機の転売を禁じる法律は，現時点では存在しませが，だからといって公平とは言えない手段を用いて利益をむさぼり，商品を生み出す側に余分な手間ひまをかけさせることが続くのならば，規制することも起こりえます。」と述べ，将来的な規制の可能性について指摘している。

★ワンポイントアドバイス★

地理・歴史・政治の知識だけでなく，時事問題についてもしっかりと整理しておこう。

<国語解答>《学校からの正答の発表はありません。》

一　①　急　②　均　③　蒸　④　衣　⑤　庫

二　①　耕　②　満　③　栄　④　垂　⑤　放

三　問一　(例)　禅を会得した人がつくること。　問二　(例)　つくり手が自我を削ぎ落とし，無我になるべきである。　問三　(例)　(禅の世界では,)「禅の庭」も修行であり，自分がそのままあらわれてしまうから。　問四　(例)「禅の庭」は，自分の人間性や生き方などの力量以上のことはどうあがいてもできないが，今の自分の力量や成長を感じとることができるから。

四　問一　(例)　少数言語を習得した(と考えること。)　問二　(例)　(お兄さんの言葉が,)どこの言語でもなく，言葉でさえないものだったから。　問三　(例)　お兄さんの言葉が分かる小父さんに教えてもらうだけでなく，自分も直接お兄さんと会話をしたいと強く思っているということ。　問四　(例)　小鳥のさえずりをお手本とし，発音に特徴があるお兄さんの言葉は，語尾の微妙な変化を聞き分けるのが難しいが，使っていくうちに正しい意味が分かるようになるということ。

○推定配点○

一・二　各1点×10　三　問四　15点　他　各10点×3

四　問四　15点　他　各10点×3　計100点

<国語解説>

基本 一　(漢字の書き取り)

①の「急行列車」は，一部の主要な駅だけに停車する列車。②の「平均」は，いくつかの数や量などの中間の数値。③の「蒸」の訓読みは「む(す，れる，らす)」。④の「衣食住」は，衣服と食物と住居のことで，生活の基礎となるもの。⑤の「倉庫」は，物品などを貯蔵，保管しておくための建物。

二 (漢字の書き取り)

①の「耕(たがや)していた」は，農作物を作るために田畑をほり返すこと。②の「満(み)たされた」の音読みは「マン」。熟語は「満足」など。③の「栄(さか)えた」は，勢いが盛んになること。④の「垂(た)らした」は，下に向くようにすること。⑤の「放(はな)して」は，自由にしてあげること。

三 (論説文－主題・要旨・大意・細部の読み取り，記述力)

基本 問一　傍線部①直後の2段落で，「作者，つまり，つくり手が禅の修行を通して……禅というものを身体で会得している」ことが「『禅の庭』であるための要件」であること，また，「そうであるから……」で始まる段落でも，「禅を会得していれば……その人がつくった庭はれっきとした『禅の庭』なのです」と述べているので，これらの部分をふまえて指定字数以内にまとめる。

問二　傍線部②前の(中略)～②までで，「禅の庭」づくりで不可欠なのが「自然」の姿勢，在り様で，「禅の庭」をできるかぎりありのままの自然を感じさせるものにしていくために大切なのは，「自我(作為)を削ぎ落とし，無我(無心)になることです」と述べている。これらの内容をふまえて，設問の指示にある「主語」＝「つくり手」として説明する。

重要 問三　傍線部③のある段落と次段落で，日常の立ち居ふるまいすべてが修行である禅では，「禅の庭」づくりも厳しく自分を問われる修行なので，常に正念場に臨む心がまえで作業にあたらなければならないこと，自分を問われるのは「禅の庭」には自分の人間性や生き方がそのままあらわれてしまうからであることを述べている。これらの内容をふまえて，〈「禅の庭」をつくる〉作業が「正念場」となる理由を説明する。

や難 問四　傍線部④の「怖いこと」については，「ということに……」で始まる段落で，自分の力量(人間性，生き方……)以上のことは，どうあがいてもできないことが「禅の庭」づくりでいちばん恐ろしい，ということを述べている。「おもしろさ」は，直後で述べているように「つくった『禅の庭』によって力量の向上，自分の成長が感じとれる」ことなので，これらの内容をふまえて，「怖いこと」と「おもしろさ」の理由を具体的に説明する。

四 (小説－心情・情景・細部の読み取り，記述力)

問一　傍線部①後「どういういきさつ……」で始まる段落で，息子(＝お兄さん)は滅茶苦茶に喋っているのではなく，周囲の人間が知らない，どこか遠い国の人々が実際に使っている言語すなわち少数言語を，息子はいつの間にか習得したのだ，と母親が考えはじめていたことが描かれている。このことが①の〈希望の光〉なので，この部分を指定字数以内に端的にまとめる。

基本 問二　言語学者のいる研究施設の研究室でお兄さんがさまざまなテストを受けた後，言語学者は「『どこの言語でもありません』『単なる雑音です』『言葉でさえ，ないものですな』」ということを話している。言語学者のこれらの発言をふまえて，言語学者が「雑音」と判断したお兄さんの言葉を説明する。

重要 問三　「地図にも乗らない……」で始まる段落で描かれているように，小父さんは「好きな時に，手漕ぎボートに乗って接岸することができる」，すなわち，小父さんだけはお兄さんの言葉が分かる，ということである。傍線部③の〈小島に接岸する小父さんの手漕ぎボートに同乗したがり〉は，お兄さんの言葉が分かる小父さんに，お兄さんの言葉を教えてもらいたい，ということを表している。また〈できれば自分でオールを漕ぎたいほどの熱意を見せた〉は，直接お兄さんと会話をしたいと強く思っていることを表しているので，〈手漕ぎボートに同乗したがり……自分でオールを漕ぎたい〉が，どのようなことをたとえているのかを具体的に説明する。

や難 問四　「しかし最も特徴が……」から続く3段落で描かれているように，「お兄さんの言葉」は「小鳥のさえずり」をお手本として，発音に最も特徴があり，語尾に微妙な変化がある言葉である。傍線部④前で描かれているように，お兄さんの言葉に対して母親の間違いを訂正しないのは「一緒にポケットに入れておくうち，不思議と馴染んでくるもの」→使っていくうちに正しい意味が分かるようになる，ということなので，これらの内容をふまえて「お兄さんの言葉」について説明する。

★ワンポイントアドバイス★

論理的文章では，テーマに対して，筆者がどのように考えているかをしっかり読み取っていこう。

データ対応

収録から外れてしまった年度の
問題・解答解説・解答用紙を弊社ホームページで公開しております。
巻頭ページ＜収録内容＞下方のQRコードからアクセス可。

※都合によりホームページでの公開ができない内容については，
次ページ以降に収録しております。

バルでいいんじゃないかな。ぼくは初段になったばかりだから、三段になろうとしているきみをライバルっていうのは、おこがましいけど」

ぼくの心ははずんでいた。個人競技である将棋にチームメイトはいないが、ライバルはきっといくらでもあらわれる。勝ったり負けたりをくりかえしながら、一緒に強くなっていけばいい。

「そういえば、有賀先生のおとうさんが教えた大辻弓彦《おおつじゆみひこ》さんっていうひとが、関西の奨励会でがんばっているんだってね。大辻さんが先にプロになって、きみとぼくもプロになって、いつかプロ同士で対局できたら、すごいよね」

奨励会試験に合格するにはアマ四段の実力が必要とされる。それに試験では奨励会員との対局で五分以上の星をあげなければならない。合格して奨励会に入っても、四段＝プロになれるのは20パーセント以下だという。

それがどれほど困難なことか、正直なところ、ぼくにはよくわかっていなかった。でも、どれほど苦しい道でも、絶対にやりぬいてみせる。

「このあと、となりの図書館で棋譜をつけるんだ。今日の、引き分けだった対局の」

ぼくが言うと、④山沢君の表情がほんの少しやわらかくなった。

「それじゃあ、またね」

三つも年下のライバルに言うと、⑤ぼくはかけ足で図書館にむかった。

（佐川光晴『駒音高く』より。）

〈注〉
1　棋譜——将棋や碁の対局での手順を記録したもの。
2　賛辞——ほめたたえる言葉。
3　奨励会——プロ棋士を目指す者が所属する研修機関。

問一　——線部①〈目にもの見せてやる〉とありますが、この時の〈ぼく〉はどのような気持ちですか。解答欄《かいとうらん》の「～という気持ち。」につながるように20字以上30字以内で答えなさい。

問二　——線部②〈ぼくは呆然としていた〉とありますが〈ぼく〉はどうして〈呆然としていた〉のですか。30字以上40字以内で答えなさい。

問三　——線部③〈将棋では、自分以外はみんな敵なんだ〉から——線部④〈山沢君の表情がほんの少しやわらかくなった〉までで、〈山沢君〉にはある気づきが芽生えたと思われます。〈山沢君〉の心に芽生えた気づきとは何ですか。気づいた理由と合わせて45字以上55字以内で答えなさい。

問四　——線部⑤〈ぼくはかけ足で図書館にむかった〉とありますが、この時の〈ぼく〉はどのような気持ちですか。〈山沢君〉との対局前までの様子と、〈かけ足〉となったきっかけも合わせて80字以上90字以内で答えなさい。

下書き用（使っても使わなくてもかまいません）

20

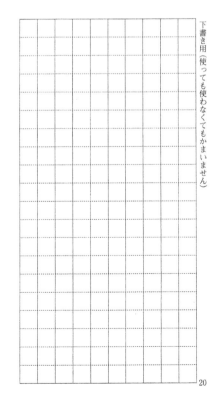

「プロ同士の対局では、時間切れ引き分けなんてない。それは研修会でも、注3奨励会《しょうれいかい》でも同じで、将棋の対局はかならず決着がつく。でも、ここは、小中学生むけのこども将棋教室だからね。今日の野崎君と山沢君の対局は引き分けとします」

有賀先生のことばに、ぼくはうなずいた。

「さあ、二人とも礼をして」

「ありがとうございました」

山沢君とぼくは同時に頭をさげた。そして顔をあげたとき、山沢君のうしろにぼくの両親が立っていた。

「えっ、あれっ。ああ、そうか」

ぼくは母が3時前に来る約束になっていたことを思いだしたが、まさか父まで来てくれるとは思ってもみなかった。もうBコースの生徒たちが部屋に入ってきていたので、ぼくは急いで駒を箱にしまった。

「みなさん、ちょっと注目。これから野崎君に認定書《にんていしょ》を交付します」

ふつうは教室が始まるときにするのだが、有賀先生はぼくの両親に合わせてくれたのだ。

「野崎翔太殿《どの》。あなたを、朝霞こども将棋教室初段に認定《にんてい》します」

みんなの前で賞状をもらうなんて、生まれて初めてだ。そのあと有賀先生の奥《おく》さんが賞状を持ったぼくと有賀先生のツーショット写真を撮《と》ってくれた。両親が入った4人での写真も撮ってくれた。

「野崎さん、ちょっといいですか。翔太君も」

有賀先生に手招きされて、ぼくと両親は廊下《ろうか》に出た。

「もう少し、むこうで話しましょうか」

どんな用件なのかと心配になりながら、ぼくは先生についていった。

「翔太君ですが、成長のスピードが著《いちじる》しいし、とてもまじめです。今日の一局も、じつにすばらしかった」

有賀先生によると、山沢君は小学生低学年の部で埼玉県《さいたまけん》のベスト4に入るほどの実力者なのだという。来年には研修会に入り、奨励会試験の合格、さらにはプロの棋士《きし》になることを目標にしているとのことだった。

「小学5年生の5月でアマチュア初段というのは、正直に言えば、プロを目ざすには遅《おそ》すぎます。しかし野崎君には伸びしろが相当あると思いますので、親御《おやご》さんのほうでも、これまで以上に応援《おうえん》してあげてください」

そう言うと、有賀先生は足早に廊下を戻っていった。

まさか、ここまで認めてもらっているとは思わなかったので、②ぼくは呆然《ぼうぜん》としていた。将棋界《しょうぎかい》のことをなにも知らない父と母はキツネにつままれたような顔をしている。二人とも、すぐに仕事に戻らなければならないというので、詳《くわ》しいことは今晩話すことにした。

１０３号室に戻り、カバンを持って出入り口にむかうと、山沢君が立っていた。ぼくより20センチは小さくて、腕《うで》も脚《あし》もまるきり細いのに、負けん気の強そうな顔でこっちを見ている。

「つぎの対局は負けないよ。絶対に勝ってやる」

「うん、また指そう。そして、一緒《いっしょ》に強くなろうよ」

ぼくが言うと、山沢君がメガネの奥の目をつりあげた。

「なに言ってんだよ。③将棋では、自分以外はみんな敵なんだ」

小学2年生らしいムキになった態度がおかしかったし、「自分以外はみんな敵だ」と、ぼくだって思っていた。

「たしかに対局中は敵だけど、盤を離《はな》れたら、同じ将棋教室に通うライ

を突いた。どうせまた振《ふ》り飛車でくると思っていたはずだから、居飛車《いびしゃ》を選んだぼくに合わせようとしているのだ。

（よし、そうこなくちゃな）

　ぼくは飛車先の歩を突き、山沢君も飛車先の歩を突いた。ぼくが飛車先の歩を伸《の》ばせば、山沢君も飛車先の歩を伸ばす。この流れなら、まずまちがいなく横歩《よこふ》取りになる。あとは、研究の成果と、自分の読みを信じて、一手一手を力強く指すのみ。

　序盤《じょばん》から大駒《おおごま》を切り合う激しい展開で、80手を越《こ》えると双方《そうほう》の玉が露《ろ》出《しゅつ》して、どこからでも王手がかかるようになった。しかし、どちらにも決め手がない。ぼくも山沢君もとっくに持ち時間はつかいきり、ますます難しくなっていく局面を一手30秒以内で指し続ける。壁《かべ》の時計に目をやる暇《ひま》などないが、たぶん40分くらい経っているのではないだろうか。持ち時間が10分の将棋は30分あれば終わるから、ぼくはこんなに長い将棋を指したことはなかった。これでは有賀先生との2局目を指す時間がなくなってしまう。

「そのまま、最後まで指しなさい」

　有賀先生が言って、そうこなくちゃと、ぼくは気合いが入った。かなり疲《つか》れていたが、絶対に負けるわけにはいかない。山沢君だって、そう思っているはずだ。

（勝ちをあせるな。相手玉を詰《つ》ますことよりも、自玉が詰まされないようにすることを第一に考えろ）

　細心の注意を払《はら》って指していくうちに、形勢がぼくに傾《かたむ》いてきた。ただし、頭が疲れすぎていて、目がチカチカする。指がふるえて、駒をまっすぐにおけない。

「残念だけど、今日はここまでにしよう」

　ぼくに手番がまわってきたところで、有賀先生が対局時計を止めた。

「もうすぐ3時だからね」

　そう言われて壁の時計を見ると、短針は「3」を指し、長針が「12」にかかっている。40分どころか、1時間半も対局していたのだ。

　ぼくは盤面《ばんめん》に視線を戻《もど》した。ぼくの玉はすでに相手陣《あいてじん》に入っていて、詰ませられることはない。山沢君も入玉をねらっているが、10手あれば詰ませられそうな気がする。ただし手順がはっきり見えているわけではなかった。

「すごい勝負だったね。ぼくが将棋教室を始めてから一番の熱戦だった」

　プロ五段の有賀先生から最高の注2賛辞《さんじ》をもらったが、ぼくは詰み筋《すじ》を懸命《けんめい》に探し続けた。

「馬引きからの7手詰《づ》めだよ」

　山沢君が悔しそうに言って、ぼくの馬を動かした。

「えっ？」

　まさか山沢君が話しかけてくるとは思わなかったので、ぼくはうまく返事ができなかった。

「こうして、こうなって」

　詰《つ》め将棋《しょうぎ》をするように、山沢君が盤上《ばんじょう》の駒を動かしていく。

「ほら、これで詰みだよ」

（なるほど、そのとおりだ）

　頭のなかで答えながら、ぼくはあらためてメガネをかけた小学2年生の実力に感心していた。

4　精神分析家――主に精神分析という理論を用いて活動する医師や心理士のこと。

問一　――線部①〈このようないびつな承認の現象〉とは、どのような現象ですか。15字以上25字以内で答えなさい。

問二　――線部②〈自分が嫌いという人はしばしば、プライドは高いけど自信がない〉とありますが、〈自分が嫌いという人〉に〈自信がない〉のは、なぜですか。25字以上35字以内で答えなさい。

問三　――線部③〈自己愛とは、そうやって鍛えられてゆくものです〉とありますが、〈自己愛〉は、どうすることで〈鍛えられ〉ますか。25字以上35字以内で答えなさい。

問四　――線部④〈承認を得るより人を承認することから始めてください〉とありますが、〈いまの若い世代〉に向けた、こうした一見遠回りな提案は、筆者のどのような考えによるものですか。本文全体の内容を踏《ふ》まえ、80字以上90字以内で答えなさい。

下書き用（使っても使わなくてもかまいません）

20

四　次の文章を読んで後の問いに答えなさい

小学5年生の「ぼく」（野崎翔太《のざきしょうた》）は、将棋《しょうぎ》を始めてから負けたことがなかったが、半年ほど経《た》ち小学2年生の山沢貴司《やまさわたかし》との対局で初めて負けた。その悔《くや》しさから、しっかりと注1棋譜《きふ》の研究をして山沢君への対策を練ってきた。

朝霞《あさか》こども将棋教室では、最初の30分はクラス別に講義がおこなわれる。ぼくは初段になったので、今日から山沢君たちと同じ、一番上のクラスだ。ところが、有段者で来ているのはぼくと山沢君だけだった。

「そうなんだ。みんな、かぜをひいたり、法事だったりでね」

講義のあとは、ぼくと山沢君が対戦し、2局目は有賀《ありが》先生がぼくたち二人を相手に二面指しをするという。前にも、先生が3人の生徒と同時に対局するところを見たが、手を読む速さに驚《おどろ》いた。プロが本気になったらどれほど強いのか、ぼくは想像もつかなかった。

「前回と同じ対局になってしまうけど、それでもいいかな？　先手は野崎君で」

「はい」

ぼくは自分を奮い立たせるように答えたが、山沢君はつまらなそうだった。

（よし。①目にもの見せてやる）

ぼくは椅子《いす》にすわり、盤《ばん》に駒《こま》を並べていった。

「おねがいします」

二人が同時に礼をした。山沢君が対局時計のボタンを押《お》すと、ぼくはすぐに角道を開けた。山沢君もノータイムで角道を開けた。続いて、ぼくが飛車先の歩を突《つ》くと、山沢君は少し考えてから、同じく飛車先の歩

神医学的に、そうした人は非常に困った意識状態にあると言えます。なぜなら、その人は自分が他人から見てどんな人間か、また自分がいかにだめな人間であるかという苦しい自問自答を延々と続けなければならないからです。自信とプライドとのギャップはできるだけ縮めておくに越《こ》したことはない。

　ギャップに苦しむ人には、より高い社会的なポジションに就《つ》くことで自信が回復すると思っている人がたいへん多いのですが、これは誤りです。高い社会的地位を達成したとしても、自信がそれに追いつかないという現象がしばしば起こる。なぜか？　自信の拠り所が承認だからです。ただし、他者からの承認を得るということは、スクールカーストにおいて上位に位置するということではありません。先ほどの「人間の自己愛は一生涯成長し続ける」と言った精神分析家は、思春期・青年期において、大人でも同年代の友達でも彼氏《かれし》や彼女《かのじょ》でもいい、大事な他者との関係が長く続いていくことが一番価値のある承認だという意味のことを言っています。私もまったく同感です。

　自信を高めるには、他者との持続的で安定的で良好な関係が重要です。一人や二人でもいい、長持ちする関係を保つことが非常に大きな意味を持ちます。③自己愛とは、そうやって鍛《きた》えられてゆくものです。

　ここまでが現状分析の話です。では、みなさんにこれからどうしてほしいかを少し話したいと思います。

　まず、自分が置かれている「状況《じょうきょう》」を自覚してください。それを認識《にんしき》しないと空気やカーストというものに流されてしまう可能性があります。よく認識を深め、知恵《ちえ》や趣味《しゅみ》で武装することで、不本意な状況に流されるのを防いでください。

　それから、面と向かっての対話をたくさんしてください。対話は適切に使うと、人を癒《いや》す力や人を成長させる力がある。メールやＬＩＮＥではなく、面と向かって相手の存在に配慮《はいりょ》しながら、言葉を生み出していく作業をしてください。欧米圏《おうべいけん》では言葉＝現実です。新しい言葉が生まれれば、新しい現実が生まれることと同じことです。私自身もそう思いますし、みなさんにもそう思ってほしい。

　また先ほどから自信を持つためには承認を得ることだと話していますが、④承認を得るより人を承認することから始めてください。愛されたければ、まず人を愛せとよく言いますが、同じことです。

（『学ぶということ〈続・中学生からの大学講義〉1』所収
斎藤環「つながることと認められること」より。
作問の都合上、表現を改めた部分があります。）

〈注〉

1　フォロワー――ネット上に存在する特定の人物の発言（ツイート）などに注目し、その最新情報を自動的に追いかけられる状態にしている人のこと。

2　ＳＮＳ――ソーシャル・ネットワーキング・サービスの略。インターネットを介《かい》して、実際に対面することなしに人間関係を構築することを目的としたサービスの総称《そうしょう》。FacebookやTwitter、LINEなどが含まれる。

3　スクールカースト――学校のクラス内で、自然と各人をレベル分けし、上下関係として固定したもの。インドに古来伝わる階級制度である「カースト」をもとにした造語。

価値がないのです。なぜ、①このようないびつな承認の現象が起こったかは、先ほどの注3スクールカーストの話とつながっています。

　スクールカーストの上位下位を決めるのはほとんど「コミュ力」の評価で、そこには友人が多いとか、異性にもてるかどうかという一元化された評価軸《じく》しか存在しません。そうした評価軸になじみすぎた人は、ほんとうの評価軸となるべき個人の才能ではなく、いびつな承認欲求を持ちやすい。たとえば、あの人は無口だけれども絵がすごく上手《うま》いとか、将棋《しょうぎ》の才能があるだとか、他の評価軸で尊敬することができれば救いがあるのですが、対人評価が一元化しているとスクールカーストのような全体主義を受け入れやすくなるのです。本来、対人評価は多様であればあるほど面白《おもしろ》いのですが、残念ながらいまの教室からは多様性が失われつつあるのではないでしょうか。

　また、承認は誰からされても良い訳ではないようです。承認にもいくつかの段階があって、たとえば思春期を過ぎて家族から承認されてもあまり嬉《うれ》しくない。家族が自分を認めてくれるのはある意味当たり前なので、どちらかと言うと仲間内で承認されるほうが嬉しい。もっと言えば、より親密な関係の人、たとえば親友や仲の良い友達からの承認の価値のほうが高く、さらに異性からの承認はもっとも価値が高いようです。

　もちろん本来は人間の価値は承認のみでは決まりません。ところが人は親密な関係の人や異性からの承認がより価値のあるものだという考えにしばしば囚《とら》われます。このような考え方を中学や高校で身につけると、その人の人生に長く影《かげ》を落とします。ですから、私が今日、場合によってはみなさんにとって耳の痛い話をしているのは、みなさんがいま抱《いだ》いている価値観はほんとうに正しいのか、ということを問いかけているのです。それはひょっとすると、現代の日本の教室空間でしか通用しない、狭《せま》い価値観かもしれない。その可能性を考えてみて欲《ほ》しいのです。

（中略）

　みなさんは「自己愛」ということばにどんな印象を持ちますか？　このことばは意外なほど評判が悪い。「自己愛的な人」というと「自己中心的な人」と混同しがちですが、じつはちがいます。自己愛とは自分という存在を温存していこう、サバイバルしていこうという欲望のことを呼びます。とすればみなさん全員、自己愛を持っていますよね。ある注4精神分析家《ぶんせきか》は「人間の自己愛は一生涯《いっしょうがい》成長し続ける」と言っています。私はこれを真理だと思う。成長や成熟は大人になったら終わるのではなく、特に自己愛は一生成熟・成長が続いていくのです。

　自己愛を成長させるのは「他者」です。あとで詳《くわ》しく説明しますから覚えておいてください。自分が親密に感じている「他者」が自己愛に成長のエネルギーを補充《ほじゅう》してくれる、この成長のメカニズムをよくイメージしてください。イメージを持っていないと自分が成長・成熟する可能性がないといった間違《まちが》った考えに陥《おちい》ることがあります。とくに中学、高校、大学と進むにつれ若い人はしばしば自己嫌悪《けんお》や自分には価値がない、そんな自分が嫌《きら》いであるという意識に囚われてしまうことがあります。

　自己愛には二種類あって、ひとつはプライド、もうひとつは自信です。②自分が嫌いという人はしばしば、プライドは高いけど自信がない。精

【国　語】（五〇分）〈満点：一〇〇点〉

一　次の①～⑤の□に当てはまる言葉を語群から選び、漢字で答えなさい。

① 五・七・五の□句を作った。
② 体操選手がみごとな□返りで着地した。
③ 園□たちが手をつないで歩いている。
④ 食べ過ぎは体に□だ。
⑤ □相を変えて飛びこんできたが、たいしたことではなかった。

《語群》　チュウ　ハイ　ドク　ケッ　ジ

二　次の①～⑤の□に当てはまる漢字一字を自分で考えて答えなさい。

① 冷たく固い□でも、とけると水になる。
② うまくいったからといって、決してぬか□びをしてはならない。
③ 男の子はうれしくなって、口□を吹《ふ》き始めた。
④ 「立つ□あとを濁《にご》さず」で、試合後のロッカールームはとてもきれいだった。
⑤ 今晩はあたたかい□船につかってゆっくり休もう。

三　次の文章は、精神科医の斎藤環《さいとうたまき》が、「つながることと認められること」と題した講演の中で「承認《しょうにん》の問題」について述べた部分をもとにしたものである。よく読んで、後の問いに答えなさい。

社会とのつながりにおいて人から承認されることが、ほとんどの人が持っている自信の拠《よ》り所《どころ》で、承認はとても重要な意味を持つ。まだ社会的なポジションが定まっていなくても、偉大《いだい》な業績を残していなくても、自信を持つことができるとしたら、それは承認の力なのです。

Facebookを利用したことがある人はわかると思いますが、あの「いいね！」ボタンこそが承認です。Twitterだと[注1]フォロワー数とかリツイートの数が承認に当たります。いまや[注2]ＳＮＳは、人からの承認を数値化できるという身もふたもないものになりましたが、ある意味わかりやすい。バイト先の冷蔵庫に自分が入った写真をツイートするなど、いわゆるバカッターという現象が流行《はや》ったことがありました。全世界から馬鹿《ばか》にされ炎上騒《えんじょうさわ》ぎになりましたが、あれをやった人たちは「バカな行為《こうい》」を承知の上で、仲間内で笑いを取り承認してほしいがためにやったのでしょう。承認稼《かせ》ぎが暴走すること、これがバカッターのメカニズムです。

このように逸脱《いつだつ》したケースを見ると、いまの若い世代がどれだけ承認されることに対して飢《う》えているか、それ以外の自信の拠り所を失っているかがよくわかる。かつては家柄《いえがら》や家の財産、成績がいい、スポーツができる、絵の才能があるなど、誰《だれ》もが認める客観的な能力評価から自信を得ることもありましたが、いまはちがいます。能力があってもなくても承認がすべてだからです。人に認めてもらって、ついでに「いいね！」ボタン一〇〇個くらい押《お》してもらってなんぼです。承認されない能力は

9　板垣先生――一止の上司（部長）。大狸《おおだぬき》先生の本名。
10　カンファレンス――会議のこと。
11　壮年――元気盛んで働き盛りの年頃。少壮はその手前。
12　症例――具体的な病気や症状の例。
13　限局型のＡＩＰ――とても珍しい自己免疫《めんえき》型膵炎のこと。
14　諄々と――相手が十分理解できるようていねいに。
15　胆膵班――医局における胆のうと膵臓を中心に研究するグループ。
16　膵嚢胞――膵臓の内部や周囲にできる様々な大きさの「袋」のこと。時に悪化して癌になることがある。
17　嘆息――ため息のこと。
18　疾患――病気のこと。
19　苛烈――厳しく激しいさま。

問一　――線部①〈まだ底冷えのする冷気の中に、なぜか私は春の気配を汲み取った気がした〉とありますが、これは比喩です。一止はなぜ〈雲之上先生〉の言葉に〈春の気配〉を感じ取ったのでしょうか。〈冷気〉と〈春の気配〉が意味するものを含めて**55**字以上**65**字以内でわかりやすく答えなさい。

問二　――線部②〈余計なこと〉とありますが、誰が何をしたことが〈余計〉だというのですか。**45**字以上**55**字以内で答えなさい。

問三　――線部③〈ふいにまた、冷たい風が流れた〉とありますが、ここには一止の心に生じた気持ちが喩《たと》えられています。それはどのような気持ちですか。**20**字以上**30**字以内で答えなさい。

問四　――線部④〈上昇気流を捉まえたのであろう。鳶は羽ばたきもせぬのに、高度をあげ、やがてかなたの空へと溶けて行った〉とありますが、ここには一止の新しい職場に向き合う気持ちが喩えられています。それはどのような気持ちですか。この情景が〈冬将軍〉の中のものだということに注意しながら**60**字以上**70**字以内で答えなさい。

下書き用（使っても使わなくてもかまいません）

20

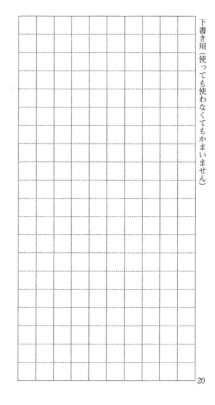

電撃《でんげき》のような一言であった。

「胆膵班として膵臓を学んでいた小幡先生は、自分の夫の検査を自分で進め、自分で判断をしていたのですよ」

「では、膵嚢胞と診断して半年後に再検と決めたのは……」

「小幡先生自身です」

言葉を失ったのは、私の方であった。

「膵嚢胞の多くは確かに小幡先生の判断で問題なく経過します。あの結果は、きわめて特異なものと言ってよいでしょう。しかし、膵嚢胞がきわめて難しい注18疾患《しっかん》で、注意を要するということを充分に理解していなかったことは、確かと言わざるを得ません」

雲之上先生の述べる言葉が、どこか遠くを通りすぎて行くような心地《ここち》がした。

にわかに事態を了解《りょうかい》することができなかった。

心中には、あの言葉が鳴《な》り響《ひび》いていた。

〃いまだにそのときの主治医が許せないの〃

小幡先生が吐《は》き捨《す》てるように告げたその言葉は、ほかでもない自分自身に向けたものであったのだ。凍《い》てつくようなあの怜悧《れいり》な瞳は、自身に対する悔《く》いと憤《いきどお》りと悲哀《ひあい》そのものであった。

過去に決着をつけるどころではなかった。小幡先生は、今も十年前の自分の影と全身全霊《ぜんしんぜんれい》で闘《たたか》い続けているのである。

なんと注19苛烈《かれつ》な道を歩んできた人であろうか。

「栗原先生、どうかしましたか？」

雲之上先生の気遣う声に、私はなんとか自制を得た。

絶句したままそれでも何か返答をした私の態度は、お世辞にも自然であったとは言い難《がた》い。にも拘《かかわ》らず、雲之上先生は多くを問わぬまま、ただうなずいただけであった。

眼鏡の奥の瞳に、かすかな悲哀の色を見せたまま、つぶやくように語を継《つ》いだ。

「もしかしたら」

そっと窓外に目を向けた。

「小幡先生は自分にはできなかったことを、あなたならやってくれると思ったのかもしれませんね」

③ふいにまた、冷たい風が流れた。

私はいまだ落ち着く先を見いだせない動揺《どうよう》を抱《かか》えたまま、先生の視線を追うように、窓外を眺めやった。

いつのまにか日は暮れはじめ、空は鮮《あざ》やかな紅に染められつつある。

夕景の空を、ゆったりと旋回《せんかい》しつつ昇《のぼ》っていく一羽《わ》の鳶《とび》が見えた。

④上昇気流を捉《つか》まえたのであろう。鳶は羽ばたきもせぬのに、高度をあげ、やがてかなたの空へと溶《と》けて行った。

（夏川草介『神様のカルテ３』より）

〈注〉
1 冬将軍――厳しい冬の寒さを人にたとえていう語。
2 信州――現在の長野県のこと。
3 日和――穏やかに晴れた日。
4 医局長――病院の部署の一つである医局を取り仕切る人。
5 雲之上先生――本名不明。板垣先生のかつての部下。
6 准教授――大学において教授に次ぐ地位にある人。
7 在野――ここでは大学組織に属さないこと。
8 古狐先生――一止のかつての上司で、亡くなった内藤医師のこと。

これはなかなか濃《こ》いメンバーであったと言わざるを得ない。

「その板垣先生から引《ひ》き継《つ》いだのが、今の胆膵班です。そこに板垣先生の弟《で》子《し》とも言える栗原先生が加わってくれるということは、私としても嬉《うれ》しい限りです」

できうるなら、と雲之上先生がほのかに苦笑《くしょう》を浮かべた。

「ここに小幡先生も戻《もど》ってきてくれれば、すべてが安泰《あんたい》なのですが、こればかりは厳しいようでしてね……」

当方が戸惑《とまど》うような言葉が漏《も》れた。

と同時に、先生の苦笑の中に、複雑な感情が含《ふく》まれていることを私は聞《き》き逃《のが》さなかった。

なるほど、雲之上先生の立場からすれば、小幡先生に戻ってきてほしいと考えることは当然の発想かもしれない。しかし……、脳裏《のうり》をよぎったのは、大晦日《おおみそか》の夜に見た、小幡先生の険しい横顔であった。

小幡先生にとっては、大学は辛《つら》い過去を思い出させる場所でもあろう。その過去が今でも先生にとって過去になっていない以上、大学病院に戻るとは考えにくい話であった。

「その様子では、小幡先生が大学を出て行った時の事情は聞いているようですね」

ふいの言葉に顔をあげれば、雲之上先生が、凪《なぎ》のように静まった目を向けていた。いささか難しい顔で思案に沈《しず》んでいた私の表情から、おおかたを察したのであろう。

私はただ静かに頷くしかない。

「彼女《かのじょ》のような優秀《ゆうしゅう》な人材には、ぜひとも大学で後進の育成に当たってほしいと思って、声はかけたのですがね。にべもなく拒絶《きょぜつ》されました。彼女の気持ちを考えれば、無理もないことかもしれませんが……」

雲之上先生は、そっと遠くを眺《なが》めやるような目をして、ため息をついた。

「悠々と構えているように見えても、十年前の自分のミスに、まだ決着をつけられずにいるのかもしれません」

何気ない雲之上先生の言葉を、私はあやうく聞き流すところであった。

短い言葉の中に紛《まぎ》れ込んだ異質な一言を、私はかろうじて引きあげることができた。

「自分のミス、ですか？」

「夫の診断のことです。膵癌を[注16]膵嚢胞《すいのうほう》と診断してしまった自分の……」

言いかけた雲之上先生がふいに口をつぐんだ。

そっと私を見返す瞳《ひとみ》に、問いかけるような色がよぎり、やがて[注17]嘆《たん》息《そく》が漏れた。

「どうやら、②余計なことを言ったかもしれませんね」

「小幡先生のご主人が、診断が遅《おく》れたために亡《な》くなったという話は聞いていましたが……」

私はその先に続く問いを、発することはできなかった。

その発することのできなかったものを、しかし雲之上先生は正確に汲み取ったのだろう。目を閉じ、それからゆっくりと開くと、黙《だま》っていてもいずれわかることでしょうから、と断った上で、静かに告げた。

「小幡先生の夫の主治医は小幡先生自身だったのです」

事務員の女性が持ってきてくれたコーヒーを、雲之上先生は、ありがとう、と変わらぬ丁重《ていちょう》さで受け取りつつ、いくらかくだけた口調で会話を再開した。

「それにしても、あの板垣先生から目をかけられるというのは、栗原先生も隅《すみ》には置けませんね。預かる私の方が、身が引《ひ》き締《し》まる思いがしますよ」

あくまでにこやかに告げる雲之上先生に対して、当方は笑うどころではない。

「部長先生にはご迷惑《めいわく》をおかけするばかりでした。ただ恐縮《きょうしゅく》するばかりです」

「ＡＩＰと膵《すい》癌の鑑別のことであれば、ひとつ言っておきましょう」

雲之上先生は、目もとの笑みを少し抑《おさ》えて、

「注13限局型のＡＩＰの診断はきわめて困難です。時に術前診断は不可能と言ってもよいこともあり、大学病院でも確定ができぬままに手術になる症例もあります。それが今の医学の限界だと言ってもよいでしょう。医師として、その限界を充分《じゅうぶん》に理解しておくことも、大切な役割です」

コーヒーカップに手を添《そ》えたまま、注14諄々《じゅんじゅん》と説く声が続いた。

「誰《だれ》もが最先端の医療《いりょう》を身に付けるためだけの大学ではありません。最先端の限界を知り、無理なものは無理であると、自信を持って言える医師になれば、それは意味があることではありませんか？」

眩《まぶ》しい言葉であった。

新鮮《しんせん》と言ってもよかった。

ふいに冷たい外気が流《なが》れ込《こ》んできたのは、事務の女性が換気《かんき》のために窓を少し開けたからだ。①まだ底冷えのする冷気の中に、なぜか私は春の気配を汲《く》み取《と》った気がした。

「実はね、栗原先生」

雲之上先生の声に、いつのまにか若干《じゃっかん》の楽しげな空気が混じっている。

「先生のことは、板垣先生からだけでなく、小幡先生からも頼《たの》まれていましてね」

「小幡先生から？」

意外の感がある。

「もしかしたら、面白《おもしろ》い男が行くかもしれないから、面倒《めんどう》を見てやってくれと。六年目の医師を捕《つか》まえて、面白い男という表現はどうかと思いますが」

「先生は小幡先生と懇意《こんい》なのですか？」

問えば、ああ、それも知りませんでしたか、と頷《うなず》いて説明を加えた。

「小幡先生が研修医だったころの注15胆膵《たんすい》班の班長が板垣先生で、副長が私だったんです。胆膵班は三人しかいませんでしたから、それで全員です」

いくつかの風景が急に明らかになっていく。

つまりは大狸先生、雲之上先生、小幡先生は三人でひとつのチームを組んで働いていたということだ。

ふいに小幡先生の言葉が蘇《よみがえ》った。

〝班長は鬼《おに》の板垣先生だったが、副長はいつでもにこにこ笑って見守るばかりの人だった〟と。その副長が、眼前の雲之上先生ということである。

四　次の文章は、夏川草介《なつかわそうすけ》『神様のカルテ３』の一節である。主人公の栗原一止《くりはらいちと》は、診断《しんだん》ミスから夫を失った経験を持つ先輩《せんぱい》医師の小幡奈美《おばたなみ》から医師としての無力さを指摘《してき》され、その後膵臓《すいぞう》の炎症《えんしょう》（ＡＩＰ）を膵癌《すいがん》と鑑別《かんべつ》した診断ミスで自分の限界を思い知らされた。もう一度学び直そうと決意した彼《かれ》は、一度は断った大学病院への転職を志願する決意をし未来の職場へ挨拶《あいさつ》に訪《おとず》れる。その後に続く以下の場面を読んで後の問に答えなさい。**なお、この部分最初の〈冬将軍〉は彼が抱《いだ》いた自責の念や医師としての迷いの比喩《ひゆ》である。**

今年の注1冬将軍は容易に注2信州を立ち去るつもりはないようである。

三月に入っても、寒さはわずかもほころびを見せず、時に注3日和《ひより》が続いたかと思うと雪がちらつき、まだまだ冬だと囁《ささや》くような北風が町中を吹《ふ》き抜《ぬ》けて行った。

その寒空の中、大学病院を訪ねて行った私を出迎《でむか》えてくれたのは、注4医局長を務める注5雲之上《くものうえ》先生であった。

雲之上先生は、信濃《しなの》大学消化器内科の注6准教授《じゅんきょうじゅ》でもある先生で、注7在野の私のような医者からしてみれば、雲の上のような人だから、雲之上先生と呼んでいる。昨年、注8古狐《ふるぎつね》先生が私を大学病院の見学へと導いてくれたとき、深い気遣《きづか》いとともに迎《むか》えてくれたのも、雲之上先生であった。

先生は昨年と変わらぬ穏《おだ》やかな笑顔《えがお》で私を迎え、「消化器内科医局」の表札がさがった広々とした部屋へと導いた。

医局と言っても、室内はまことに整然としたもので、本庄《ほんじょう》病院のように、飲みかけのコーヒーカップや食べかけの林檎《りんご》の芯《しん》が転がっているということもない。壁際《かべぎわ》の本棚《ほんだな》には多彩《たさい》な学会誌が隙間《すきま》なく並び、窓際《まどぎわ》のポットからは湯気が立ち上っている。事務員らしき女性が、起立して私に軽く会釈《えしゃく》した。

「ここに来るのは、一年ぶりですね。たしかあの時は内藤《ないとう》先生の紹介《しょうかい》でしたか……」

テーブルに腰《こし》を落ちつけながら、雲之上先生がふいに口をつぐんだのは、古狐先生の喪《も》を思い出したからであろう。一瞬《いっしゅん》視線を落としたが、すぐに対面に腰を下ろす私に続けた。

「あの時とは、結論が変わったようですね、栗原先生」

うなずいた私は、堅苦《かたくる》しい口上を述べてのち、深く頭をさげた。

雲之上先生は眼鏡の奥《おく》の目を細めて微笑《ほほえ》んだ。

「注9板垣《いたがき》先生から聞いています。心配はいりませんよ」

その穏やかな声が、返答のすべてであった。

もう一度、深々とさげた頭の中に、つい先刻見学してきたばかりの医局注10カンファレンスの様子が思い出された。

薄暗《うすぐら》い会議室で、スクリーンに向かってずらりと席を並べた、二十人を越《こ》える白衣の影《かげ》。

気難しい顔でスクリーンを睨《にら》みつけている男性や、いかにも切れ者めいた女医の姿がある。腕組《うでぐ》みをして涼《すず》しげな目を向ける注11壮年《そうねん》の医師もいれば、いささか場違《ばちが》いな茶髪《ちゃぱつ》の下に悠々《ゆうゆう》たる笑《え》みを浮かべた少壮《しょうそう》の医師もいる。それらの視線の中央で、青白い顔でたどたどしくも注12症《しょう》例《れい》を提示していた青年は、研修医であろう。

まことに多様な人々の集団であった。

その多様な集団の中に、私も加わるということなのだ。

そういった様々な方向で進む人々の中から、より適したやり方・仮説が生き残り、次の世界を担《にな》っていく。それが生きている「科学」の姿であり、職業的科学者だけでなく、④すべての人がその生き様を通して参加できる〝人類の営み〟ではないかと思うのである。

（中屋敷均『科学と非科学　その正体を探る』より。
作問の都合上、表現を改めた部分があります。）

〈注〉
1　内包――内部にもつこと。
2　漸進的――順を追って徐々《じょじょ》に目的を実現しようとするさま。
3　玉石混交――すぐれたものと劣ったものとが入りまじっていること。
4　有用性――役にたつ。
5　適者生存――生存競争において、ある環境に最も適した生物が生存しうるという考え。
6　教条主義――事実を無視して、融通《ゆうずう》が利かない態度。
7　可塑性――変化に適応して形や質をさまざまに変化させる性質。
8　峻別――きびしく区別すること。
9　指向性――ある特定の方向に向かおうとする傾向。
10　神託――神のお告げ。　11　倒錯――さかさまになること。
12　寓言――たとえ話。
13　妄信――それが正しいかを考えず、むやみやたらと信じてしまうこと。
14　伽藍――おごそかな寺院のこと。ここでは、寺院、教会などの象徴的な建物をさす。
15　バザール――さまざまな人々が、さまざまなものを持ち寄ってできた市場。
16　真摯――まじめでひたむきなこと。
17　ランダム――偶然《ぐうぜん》にまかせること。

問一　――線部①〈科学と生命は、実はとても似ている〉とありますが、筆者は〈科学と生命〉の〈似ている〉性質を二つの段階で説明しています。それは、どのような性質ですか。**15字以上20字以内**で答えなさい。

問二　――線部②〈それはまるで生態系における生物の「適者生存」のようである〉とありますが、生物のように〈適者生存〉できた科学は、なぜ生き残ってきたのですか。「社会」という言葉を用いて、**15字以上20字以内**で答えなさい。

問三　――線部③〈こういった人の不安と権威という構図〉とありますが、筆者は、この構図が、人々に〈安易に「正解」を得〉ようとさせる原因だと主張しています。では、私たちがどのような行動をとれば、〈科学〉を生かすことができますか。**30字以上40字以内**で答えなさい。

問四　――線部④〈すべての人がその生き様を通して参加できる。〝人類の営み〟〉とありますが、〈科学〉は、どのような存在で、どうして〈人類の営み〉だと言えるのですか。**85字以上95字以内**で答えなさい。

下書き用（使っても使わなくてもかまいません）

20

置に置くことになる。注10「神託《しんたく》を担《にな》う科学」である。注11倒錯《とうさく》した権威主義の最たるものが、科学に従事《じゅうじ》している研究者の言うことなら正しい、というような誤解《ごかい》であり（それはこのエッセイの信頼性《しんらいせい》もまた然《しか》りなのだが……）、また逆に科学に従事する者たちが、非専門家からの批判は無知に由来するものとして、聖典《せいてん》の注12寓言《ぐうげん》のような専門用語や科学論文の引用を披露《ひろう》することで、高圧的かつ一方的に封《ふう》じ込めてしまうようなことも、「科学と社会の接点」ではよく見られる現象である。これまで何度も書いてきたように、科学の知見は決して１００％の真実ではないにもかかわらず、である。

③こういった人の不安と権威という構図は、宗教《しゅうきょう》によく見られるものであり、「科学こそが、最も新しく、最も攻撃的《こうげきてき》で、最も教条的な宗教的制度」というポール・カール・ファイヤアーベントの言は、示唆《しさ》に富んでいる。「権威が言っているから正しい」というのは、本質的に注13妄信《もうしん》的な考え方であり、いかに美辞を弄《ろう》しようと、とどのつまりは何かにしがみついているだけなのだ。

また、もう一つ指摘《してき》しておかなければならないことは、権威主義が〝科学の生命力〟を蝕《むしば》む性質を持っていることだ。権威は人々の信頼から成り立っており、一度間違えるとそれは失墜《しっつい》し、地に落ちてしまう。権威と名のつくものは、王でも教会でも同じなのだろうが、この失墜への恐《きょう》怖《ふ》感が〝硬直《こうちょく》したもの〟を生む。「権威は間違えられない」のだ。また、権威主義者に見られる典型的な特徴が、それを構築する体系《たいけい》から逸脱《いつだつ》するものを頑《かたく》なに認めない、という姿勢《しせい》である。それは権威主義が本質的に人々の不安に応えるために存在しているという要素があるからであり、権威主義者はその世界観が瓦解《がかい》し、その体系の中にある自分が信じた価値《かち》が崩壊《ほうかい》する恐怖に耐《た》えられないのである。

現代の民主主義国家では、宗教裁判《さいばん》にかけられたガリレオ・ガリレイの地動説のような、権威《けんい》主義による強権《きょうけん》的な異論《いろん》の封じ込めはもう起こらないと信じたいが、特定の分野において「権威ある研究者」の間違った学説が、その人が存命《ぞんめい》の間はまかり通っているというようなことは、今もしばしば見られるようには思う。権威主義に陥ってしまえば、科学の可塑性、その生命力が毒されてしまうことは、その意味で、今も昔も変わらない。科学が「生きた」ものであるためには、その中の何物も「不動の真実」ではなく、それが修正され変わり得る可塑性を持たなければならない。権威主義はそれを蝕んでしまう。

そして、何より妄信的な権威主義と、自らの理性でこの世界の姿を解き明かそうとする科学は、その精神性において実はまったく正反対のものである。科学を支える理性主義の根底にあるのは、物事を先入観なくあるがままに見て、自らの理性でその意味や仕組みを考えることである。それは何かに頼って安易に「正解」を得ることとは、根本的に真逆の行為《こうい》だ。

だから、科学には注14伽藍《がらん》ではなく、注15バザールが似合う。権威ではなく、個々の自由な営為《えいい》の集合体なのだ。〝科学的に生きる〟ことにとっては、〝信頼に足る情報を集め、注16真摯《しんし》に考える〟、そのことが唯《ゆい》一《いつ》大切なことではないかと思う。その考えが正しいか間違っているかは、厳密《げんみつ》に言えば答えのない問いのようなものである。それが真摯な営みである限り、様々な個性を持った個々人の指向のまま、生物の遺伝子《いでんし》の変異《へんい》のように、注17ランダムな方向を持ったものの集合体で良いのだ。

そこからまったく変化しないものに発展はない。注6教条主義に陥《おちい》らない〝注7可塑性《かそせい》〟こそが科学の生命線である。

（中略）

では、我々《われわれ》はそのような「原理的に不完全な」科学的知見をどう捉《とら》えて、どのように使っていけば良いのだろうか？　一体、何が信じるに足るもので、何を頼《たよ》りに行動すれば良いのだろう？　優等生《ゆうとうせい》的な回答をするなら、より正確な判断のために、対象となる科学的知見の確からしさに対して、正しい認識《にんしき》を持つべきだ、ということになるのだろう。

「科学的な知見」という大雑把《おおざっぱ》なくくりの中には、それが基礎《きそ》科学なのか、応用科学なのか、成熟《せいじゅく》した分野のものか、まだ成長過程にあるような分野なのか、あるいはどんな手法で調べられたものなのかなどによって、確度が大きく異《こと》なったものが混在している。ほぼ例外なく現実を説明できる非常に確度の高い法則のようなものから、その事象を説明する多くの仮説のうちの一つに過ぎないような確度の低いものまで、幅広《はばひろ》く存在している。それらの確からしさを正確に把握《はあく》して注8峻別《しゅんべつ》していけば、少なくともより良い判断ができるはずである。

（中略）

こういった科学的知見の確度の判定という現実的な困難さに忍《しの》び寄《よ》って来るのが、いわゆる権威《けんい》主義である。たとえばノーベル賞を取ったから、『ネイチャー』に載《の》った業績だから、有名大学の教授が言っていることだから、といった権威の高さと情報の確度を同一視《どういつし》して判断するというやり方だ。この手法の利点は、なんと言っても分かりやすいことで、現在の社会で「科学的な根拠《こんきょ》」の確からしさを判断する方法として採用されているのは、この権威主義に基《もと》づいたものが主であると言わざるを得ないだろう。

もちろんこういった権威ある賞に選ばれたり、権威ある雑誌《ざっし》に論文が掲載《けいさい》されるためには、多くの専門家の厳《きび》しい審査《しんさ》があり、それに耐えてきた知見はそうでないものより強靭《きょうじん》さを持っている傾向《けいこう》が一般《いっぱん》的に認《みと》められることは、間違いのないことである。また、科学に限らず、音楽家であろうが、塗師《ぬりし》であろうが、ヒヨコ鑑定士《かんていし》であろうが、専門家は非専門家よりもその対象をよく知っている。だから、何事に関しても専門家の意見は参考にすべきである。それも間違いない。多少の不具合はあったとしても、どんな指標も万能《ばんのう》ではないし、権威主義による判断も分かりやすくある程度、役に立つなら、それで十分だという考え方もあろうかと思う。

しかし、なんと言えばよいのだろう。かつてアインシュタインは「何も考えずに権威を敬《うやま》うことは、真実に対する最大の敵である」と述べたが、この権威主義による言説の確度の判定という手法には、どこか拭《ぬぐ》い難《がた》い危《あや》うさが感じられる。それは人の心が持つ弱さと言えばいいのか、人の心理というシステムが持つバグ、あるいはセキュリティーホールとでも言うべき弱点と関連した危うさである。端的《たんてき》に言えば、人は権威にすがりつき安心してしまいたい、そんな心理をどこかに持っているのではないかと思うのだ。拠《よ》りどころのない「分からない」という不安定な状態でいるよりは、とりあえず何かを信じて、その不安から逃《のが》れてしまいたいという注9指向性が、心のどこかに潜《ひそ》んでいる。権威主義は、そこに忍《しの》び込む。

そして行き過ぎた権威主義は、科学そのものを社会において特別な位

【国語】（五〇分）〈満点：一〇〇点〉

一
次の①～⑤の□に当てはまる言葉を語群から選び、漢字で答えなさい。

① お世話になった先生に□中見舞いを出した。
② □極大陸にすむペンギン。
③ なべに入っている□厚のしいたけ。
④ □断をしないで、もう一度、見直しをしよう。
⑤ あまいもので□分を補給して、もうひとがんばりする。

《語群》　ニク　トウ　ショ　ナン　ユ

二
次の①～⑤の□に当てはまる漢字一字を自分で考えて答えなさい。

① 夜空に流れ□をみたら、決まって同じ願い事をする。
② つかれているのか、きょうの母はなんだか□の居所が悪い。
③ 恐竜《きょうりゅう》のトリケラトプスは頭に三本の□を持つ。
④ リコーダーや尺□のことを「たてぶえ」という。
⑤ 小□粉でおいしそうなパンを焼いた。

三
次の文章を読んで後の問いに答えなさい。

①科学と生命は、実はとても似ている。それはどちらも、その存在《そんざい》を現在の姿《すがた》からさらに発展《はってん》・展開《てんかい》させていく性質を注1内包しているという点においてである。その特徴的《とくちょうてき》な性質を生み出す要点は二つあり、一つは過去の蓄積《ちくせき》をきちんと記録する仕組みを持っていること、そしてもう一つはそこから変化したバリエーションを生み出す能力が内在していることである。この二つの特徴が注2漸進《ぜんしん》的な改変を繰《く》り返すことを可能にし、それを長い時間続けることで、生命も科学も大きく発展してきた。

だから、と言って良いのかよく分からないが、科学の歴史を紐《ひも》解けば、たくさんの間違《まちが》いが発見され、そして消えていった。科学における最高の栄誉《えいよ》とされるノーベル賞を受賞した業績でも、後に間違いであることが判明した例もある。

（中略）

ノーベル賞を受賞した業績でも、こんなことが起こるのだから、多くの「普通《ふつう》の発見」であれば、誤《あやま》りであった事例など、実は枚挙《まいきょ》にいとまがない。誤り、つまり現実に合わない、現実を説明していない仮説が提出されることは、科学において日常茶飯事《にちじょうさはんじ》であり、２０１３年の『ネイチャー』誌《し》には、医学生物学論文《ろんぶん》の70％以上で結果を再現できなかったという衝撃《しょうげき》的なレポートも出ている。

しかし、そういった注3玉石混交の科学的知見と称《しょう》されるものの中でも、現実をよく説明する「適応度の高い仮説」は長い時間の中で批判《ひはん》に耐《た》え、その注4有用性や再現性故《ゆえ》に、後世に残っていくことになる。そして、その仮説の適応度をさらに上げる修正仮説が提出されるサイクルが繰り返される。②それはまるで生態系《せいたいけい》における生物の「注5適者生存《てきしゃせいぞん》」のようである。ある意味、科学は「生きて」おり、生物のように変化を生み出し、より適応していたものが生き残り、どんどん成長・進化していく。それが最大の長所である。現在の姿が、いかに素晴《すば》らしくとも、

しばらく先生を見上げて、胸の中を漂《ただよ》う、一つだけ確かな気持ちを見つけた。

サエに会いたい。

ごめんねって、言いたいよ。

頷くと、先生は微笑《ほほえ》んで、背中を見せた。

それから、クリーム色の仕切り壁を動かして、あたしが進むべき場所を教えてくれる。

急に、④狭かった世界が開けた気がした。

（相沢沙呼『雨の降る日は学校に行かない』「ねえ、卵の殻が付いている」より。
作問の都合上、表現を改めた部分があります。）

〈注〉1　嗚咽を零す——声をつまらせて泣くこと。また、その泣き声を出すこと。

2　喧噪——物音や人の声などが、やかましいこと。

3　かぶりを振る——頭を左右に振って、否定の意をあらわすこと。

4　ひしゃげる——押されてつぶれる。

問一　——線部①〈なじんだ景色のはずなのに、急に知らない場所に閉じ込められてしまったみたいに〉とありますが、〈ナツ〉がこのように感じるのは、二つの出来事があったからです。その一つは、〈サエ〉とケンカをしたことですが、もう一つの出来事は、どのようなことですか。**20**字以上**25**字以内で答えなさい。

問二　——線部②〈ぐちゃぐちゃになった卵〉は、〈ナツ〉の、どうしてよいかわからない状態の比喩《ひゆ》です。〈ナツ〉が、そのような状態になったのは、なぜですか。**20**字以上**30**字以内で答えなさい。

問三　——線部③〈なっちゃんは気付いていないかもしれないけれど、今もじゅうぶん、大きくなっているんだよ〉とありますが、この〈長谷部先生〉の言葉通り、この後、〈ナツ〉は、〈生きていく場所〉や〈人との関わり〉を広げる可能性を持つ気持ちを、自分の中に見つけることになります。その気持ちを**15**字以上**20**字以内で答えなさい。

問四　——線部④〈狭かった世界が開けた気がした〉とありますが、ここから〈ナツ〉の気持ちの変化が読み取れます。当初の〈ナツ〉はどのような気持ちで、そこからどのように変化しましたか。**90**字以上**100**字以内で説明しなさい。

下書き用（使っても使わなくてもかまいません）

20

「きっと、あなたたちが過ごすには、ここはもう狭すぎるんだ」

先生の手が伸《の》びる。スチール机に置いたままの、もう一つの卵を取り上げた。

「どんな生き物だって、生きていれば大きくなるんだよ。どんどん大きくなって、部屋にも、家にも、学校にも閉じこもっていられなくなるんだ」

なにそれ、と思った。家や学校より大きくなるなんて、ゴジラじゃん。あたしは、半分だけ。そう、半分だけ笑う。

「あたしは、教室なんて戻らないよ。高校にだって行かない。就職だってしないもん。ずっと部屋に閉じこもってる。それでいいんだ。それでいいんだもん」

そう、だから進路希望なんて考えない。このまま保健室にこもって、家に閉じこもって、肩を小さくして、息をひそめながら生きていく。死んじゃったってかまわない。かまわないから。だから、学校になんて、教室になんて、行きたくない。それでいいんだ。

だだをこねるような言葉を、先生は最後まで黙《だま》って聞いていてくれた。

「でもね」と、先生は言う。「やっぱり、なっちゃんは大きくなっちゃうんだよ。部屋に閉じこもっているつもりでも、身体がどんどん大きくなって、そこに収まらなくなっちゃうんだよ」

意味わかんない。意味わかんないよ。

「あたし、怪獣《かいじゅう》じゃない」

先生の言葉、すべて否定したくて、かぶりを振った。

「うん。でもね、人間って、大きくなるの。身体じゃなくて、生きていく場所とか、人との関《かか》わりだとか、そういうのがすっごく大きくなって、収まらなくなっちゃうんだ。身体は勝手に大きくなるの。ぐーんと大きくなったら、なっちゃんは大きくなったぶん、外で生きていかないといけないんだよ」

先生の言葉を聞きながら、あたしは想像していた。小さな居心地《いごこち》の良い空間を、自然と突《つ》き破《やぶ》ってしまうほどに、でかくなっていく自分の身体を。部屋を突き破って、家を破壊《はかい》して、街よりも大きくなっていく、怪獣みたいな自分の姿を。

「あたし、大きくなんないよ。絶対、途中《とちゅう》で死んじゃうよ」

「それでも、今は生きているじゃないの。③なっちゃんは気付いていないかもしれないけれど、今もじゅうぶん、大きくなっているんだよ」

視界に、先生の手が入り込む。アルミに包まれた銀色の卵が差し出されていた。ぐちゃぐちゃになってしまった卵を置いて、代わりにそれを受け取る。顔を上げると、先生はもう立ち上がっていた。

「なっちゃんにとって、教室がまだ怖《こわ》いところなら、無理をして戻らなくてもいいんだ。でも、サエちゃんにはきちんと謝《あやま》りにいかなきゃ。なっちゃんは、だから泣いているんでしょう？」

泣いてる？　あたし、泣いてる。

銀の卵を両手で包んで、唇《くちびる》を噛みしめる。どうだろう。謝りたいから、泣いているのだろうか。わからない。もしかしたら、一人になりたくなくて、だから泣いているのかもしれない。そんな自分勝手な理由で涙《なみだ》を零しているだけなのかもしれない。自分のことなのに、わからないことがたくさんある。ほんとうに、わからない。わからないよ。けれど、自分のことを教えてくれる人は、きっとどこにもいないんだ。

空腹に、お腹が鳴った。

あたしは卵に張り付く殻を取り除きながら、注3かぶりを振《ふ》る。寂しいねぇ。長谷部先生の声は、耳に入り込んで、あたしを身体の中から揺《ゆ》さぶった。寂しいねぇ。サエちゃんがいないと。いつの間にか指に力がこもって、柔《やわ》らかな卵殻《らんかく》を強く凹《くぼ》ませていた。罅《ひび》が入り、その全身に波紋《はもん》のような痕《あと》を残していく。寂しくない。あたしは誰にも聞こえないようにつぶやく。寂しくない。寂しくなんかない。

先生は聞く。

「サエちゃんが教室に戻れるようになって、嬉《うれ》しくないの？」

手元で半ば注4ひしゃげてしまった不細工な卵を見下ろす。は？　って思った。意味、わかんない。教室に戻るって、嬉しいことなの？　だって、あそこ、あたしを笑う人たちしかいない。あたしのことばかにして、掃除《そうじ》を押《お》しつけて、陰口《かげぐち》を叩《たた》いて、くすくす笑って。

わかってるよ。あれって、べつに、いじめっていうほどひどい仕打ちじゃないし、みんなだって意識してやってることじゃない。ただ、教室の隅《すみ》っこにいる大人しいあたしのことなんて、なんとも思っていないだけで。

なにかひどいことをされたわけじゃない。明確な理由があって傷ついたわけじゃない。ただ、ばかにされてるような気がするだけ。だから、どうして教室に行かないのって聞かれると、答えられなくなる。教えて欲《ほ》しくなる。わからない。わからないんだ。自分にもどうしてなのか。どうして、脚《あし》が震《ふる》えるのか、身体がすくんでしまうのか、ほんとうに、わからない。サエはどうだったんだろう。サエにとって、教室ってどんな場所だったんだろう。

「サエは……」これはあたしの姿みたい。みすぼらしく、②ぐちゃぐちゃになった卵を見下ろしながら、あたしは聞いた。「教室に、戻りたかったの？」

「そうね」先生は答えた。難しい問題に考《かんが》え込《こ》むように時間を掛《か》けて。

「戻りたかったから、ここを出て行ったんじゃないのかな」

教室に戻ることができて、サエは嬉しい？

「もし、そうだったら」

言葉が震えた。先生は聞いた。嬉しくないのって。そんなの決まってる。だって、サエが望んだことなんでしょ。先生、あたしね、サエに訪《おとず》れるラッキーは、全部、自分のことみたいに嬉しい。嬉しいんだよ。あの子が幸せそうに鼻歌を歌ってると、あたしまで、今日はいいことあるんじゃないかなって、そう思えるんだ。それなのに。

それなのに、どうしてあんなふうに言ってしまったんだろう。頑張ってねって。負けないでねって。たまには、ここに顔を出してねって。どうして言えなかったんだろう。なんて、なんて、自分勝手なんだろう。

「嬉しい、よ。それなのに、ぜんぜん嬉しくない。嬉しくないんだ」

あたしの喉《のど》は、風邪《かぜ》のときみたいに熱く震えて、だから、言葉がうまく出てこなかった。頬《ほお》を手の甲《こう》の感触《かんしょく》が通り過ぎていく。ニットベストの肩で、溢《あふ》れるそれを拭《ぬぐ》った。

「なっちゃんは、教室には戻りたくない？」

「戻りたくない。あんなとこ、戻りたくない」繰《く》り返《かえ》し、かぶりを振った。「どうして、サエは平気なの。どうして、今になって教室に戻っちゃったの」

そうね、と長谷部先生は頷《うなず》いた。

生きている。①なじんだ景色のはずなのに、急に知らない場所に閉《と》じ込《こ》められてしまったみたいに。

ときどき知らない生徒が保健室にやって来て、長谷部先生と会話をしているとき、あたしはスチール机に突《つ》っ伏《ぶ》して、ひたすらに瞼《まぶた》を閉ざす。ここには誰《だれ》もいませんよ。誰もいないんです。だから、どうかこちらの方に誰も来ませんように。長谷部先生も、あたしなんかに手伝いを頼《たの》みませんように。クリーム色の仕切り壁《かべ》の向こう。理由もなく教室に行けなくて、一年近くも保健室登校を続けている可哀想《かわいそう》な生徒がいるなんてこと、誰にも知られたくはなかった。だから長谷部先生が、なっちゃん、ノート取っておいてと呼びかけるたびに、屈辱《くつじょく》に奥歯《おくば》がきしんだ。パーティションから姿を現して、訪問した生徒のクラスと出席番号、名前や怪我《けが》の症状《しょうじょう》などをノートに書《か》き込《こ》む仕事だった。先生が生徒の面倒《めんどう》を見ている間、彼《かれ》、あるいは彼女《かのじょ》は、奥《おく》から突然《とつぜん》現れたあたしを奇異《きい》の目で観察し、ああ、保健室登校なのか可哀想に、なんていうふうに納得《なっとく》した表情を浮《う》かべる。

どうしてこんなみじめな思いをしなきゃいけないの。見ないで。聞かないで。気付かないで。だって、あたし、べつに好きでここに閉じこもっているわけじゃない。違《ちが》うの。ほんとうに、違うんだよ。でも、それならどうして、テレビや漫画《まんが》があって、好きなだけ遊んでいられる自分の部屋から、学校の保健室までわざわざ通うんだろう。ずっと前に、長谷部先生にそう聞かれたことがある。そのときは、だって、サエと遊べるんだもんって答えて、二人してトランプのスピードで勝負をしていた。その答えに嘘《うそ》はないんだ。でも、その前はどうだったろう。サエが保健室に通うようになるまでの、ここで一人きりで過ごしていたときは？　先生を交えて、お昼休みにＵＮＯで遊んだときのことを思い出した。ここでやる遊びって、部屋にあるパソコンやＷｉｉと比べると、すっごくローテク。ださくて、くだらなくて、小学生みたいで。それなのに——。

気がついたら、ゆで卵の殻《から》を剝《む》いていた。いつの間にかお昼で、そして、いつの間にか一人だった。長谷部先生の気配がない。今日も、職員室まで給食を取りに行く気になれなくて、あたしは脆《もろ》くひび割れた卵の殻に指を食《く》い込《こ》ませていた。今朝はパン一枚だったから、すっごくお腹《なか》がすいたけれど、でも、いいんだ。時計を見ると、お昼休みの真っ最中。こんな時間に、廊下《ろうか》は歩けない。眩《まぶ》しい陽射《ひざ》しに怯《おび》える吸血鬼《きゅうけつき》みたいに、あたしにはお昼休みの注2喧噪《けんそう》が合わないんだ。無邪気《むじゃき》にあがる楽しそうな声や、廊下を駆《か》け抜《ぬ》ける上履きの音は、あたしの身体を容赦《ようしゃ》なく焼いてしまうから。

サエは、どうなんだろう。もう、教室に戻《もど》って、なじめちゃったわけ？　泣き言を言いに、保健室に来たりしないの？　今日はどうしてるとか、メールくれないわけ？

「昨日の課題、ちゃんと終わらせた？」

長谷部先生が戻ってきて、パーティションの中に入ってきた。閉じたノートに視線を移す。昨日の課題だから、本当は昨日までに終わらせないといけないものだった。けれど、一人でする勉強はひどくみじめで。卵の殻は、今日もうまく剝けなくて、表面に爪痕《つめあと》が残ってしまう。

長谷部先生は向かいの椅子を引いて、そこに腰掛《こしか》けた。それから、「サエちゃんがいないと、寂《さび》しいねぇ」と言う。

下書き用（使っても使わなくてもかまいません）

四 次の文章を読んで、後の問いに答えなさい。

どうして素直《すなお》に、頑張《がんば》ってねって言えないんだろう。苛立《いらだ》ちに任せるように言葉をぶつける間、あたしはどこか冷静な眼《め》で自分の態度を分析《ぶんせき》していた。だって、なんて言えばいいの。

あんたが、あたしを見捨てて、この場所から出て行こうとしているのに。

「わたしは、平気だから」サエは視線を落として、アルミホイルの上に載《の》っている、つるりと光沢《こうたく》を帯びたゆで卵を眺《なが》めた。「ナツは、どうなの？」

あたし？

「ナツは、どうなの？　どうして、教室に行かなくなっちゃったの？」

勢《いきお》い込《こ》んで言葉を投げつけた姿勢のまま、急に弾切《たまぎ》れを起こした銃《じゅう》みたいに、なにも言えなくなった。

あたしたちはこれまで、ここに通うようになった理由を互《たが》いに話したことはなかった。理解してもらえるなんてかけらも思っていなかったし、サエの事情だって、きっと聞かれたくないことだろうから。六ケ月《ろっかげつ》間。ずっとここで一緒《いっしょ》に過ごしてきたけれど、あたしはサエのことをなにひとつ知らない。そしてまた、サエもあたしのことを、なにひとつわかってくれていないのだと思った。

どうして？

そんなの、あたしが聞きたいよ。

「そんなの、サエには関係ないじゃん」

視界を意識すると、スチール机のねずみ色の表面が見えた。顔を上げられなかった。

「もういいよ。サエなんて、どっか行っちゃえばいい。あたしなんて放って、教室に行っちゃえばいいじゃん。絶対にうまくいきっこないんだから」

だから、二度とここには来ないでよ。この裏切り者。

言いながらとてもみじめだと思った。堪《た》えきれずに、そのまま席を立ってカーテンをかき分けた。注1嗚咽《おえつ》を零《こぼ》さないように息を殺して毛布に入《はい》り込《こ》むと、雨音が騒《さわ》がしいのにどうしてだろう、椅子《いす》が鳴って、部屋を去って行く上履《うわば》きの音が聞こえた。

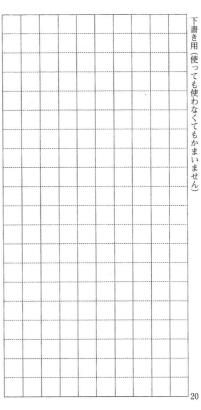

サエが保健室登校を卒業してから、三日が経《た》つ。

あたしはここへ通い始めた頃《ころ》の退屈《たいくつ》さを噛《か》みしめていた。出された課題に対して文句を言い合う相手も、わからない問題に対して知恵《ちえ》を借りるべき相手もいない。狭《せま》く区切られたパーティションの中で、たった一人、そこに存在していることをひた隠《かく》しにするように、肩《かた》を小さくして

私たちの行動によってしか証明しようがないのだ。第三世界の生活状況を改善するために使う資金を用意し、エイズのような恐《おそ》ろしい問題を解決するために時間と労力を費やし、兵士の命を人間性のために犠牲《ぎせい》にする覚悟をすることによってである。

軍人として、私たちは自国の主権を守るために山中を移動するのはいつものことであるし、生活をリスクにさらしている。将来私たちは、国益を越《こ》えて、人類のために注13リソースを投入し、血を流す覚悟をしておかなければならない。私たちは啓蒙《けいもう》の、理性の、革命の、産業化の、注14グローバル化の世紀を生きてきた。どんなに理想主義的に聞こえようとも、④この二一世紀は人間性の世紀にしなければならない。

（中略）子供たちのために、私たちの未来のために。求めよ、さらば開かれん。

（ロメオ・ダレール著　金田耕一訳
『なぜ、世界はルワンダを救えなかったのか』より。）

〈注〉1　ルワンダ――アフリカ中部の国。ベルギーの旧植民地。
2　第一世界――民主的で高い技術水準を持ち、市民の生活水準が高い国々のこと。
3　第三世界――アジア・アフリカ・ラテンアメリカなどの開発途上国のこと。
4　シエラレオネ――アフリカ西部の国。イギリスの旧植民地。
5　パレスチナ――地中海東岸南部の地域名称。イギリスの旧植民地。
6　チェチェン――チェチェン共和国。ロシア連邦の一部。
7　ペンタゴン――本来は五角形を意味するが、アメリカ合衆国国防総省の庁舎が五角形をしているためこのように呼ぶ。
8　インテラハムウェ――ルワンダにおける民族虐殺を行った中心的組織。
9　九・一一――二〇〇一年九月一一日に起こった同時多発テロのこと。
10　アルカイダ――アフガニスタンのテロリスト集団の呼称。九・一一の実行犯だとされる。
11　コンゴ――中央アフリカの地域。フランスの旧植民地で、現在は二つの国に分かれている。
12　士官――軍隊において兵に命令を下す立場の軍人。将校。
13　リソース――資源や資産のこと。ここでは人材やお金を指す。
14　グローバル化――国家の境界を越え、地球単位で世界が一つだとする考え方。または、それを実現しようとする動き。

問一　――部①〈第一世界に住む私たちが当然のことであると思っているような環境〉とありますが、私たち日本人も〈第一世界〉の住人です。私たちが〈当然〉と思っている環境について本文の内容を、否定表現を使わずに整理し、30字以上40字以内で説明しなさい。

問二　――部②〈彼らの怒りの原因〉とありますが、〈彼ら〉は自分たちが置かれたどのような状況に〈怒り〉を感じていますか。15字以上25字以内で説明しなさい。ただし【人生】という言葉を最低一度は使うこと。

問三　――部③〈もし私たちがすべての人間が同じ人間であると信じているのであれば〉とありますが、筆者には〈私たち〉への疑いがあると考えられます。筆者にそう思わせる原因となった経験を、〈私たち〉が何かを明確にして40字以上50字以内で説明しなさい。

問四　――部④〈この二一世紀は人間性の世紀にしなければならない〉とありますが、筆者のいう〈人間性の世紀〉とはどのような時代だと考えられますか。本文全体の内容を踏《ふ》まえて90字以上100字以内で説明しなさい。

界貿易センタービルと注7ペンタゴンに飛行機で突《つ》っ込《こ》んだ若きテロリストにいたるまで、これ以上彼《かれ》らを無視するわけにはいかないのだ。私たちは、②彼らの怒《いか》りの原因となっているものを取り除くための具体的な方策をとらなければならない。そうしないならば、重大な結果に見舞《みま》われることを覚悟《かくご》しなければならない。

　地球村の状態は急速に悪化しており、その結果、世界中の子供たちが怒りを覚えている。その怒りは、私がルワンダの注8インテラハムウェの十代の少年兵の目の中に見たものであり、シエラレオネの子供たちの心中にあるのに気づいたものであり、ルワンダの普通《ふつう》の市民の群衆の中にあるのを感じたものである。そしてそれは、注9九・一一を引き起こした怒りである。権利も、安全も、未来も、希望も生き延びる術《すべ》もない人間たちは自暴自棄《じぼうじき》な集団となって、自分たちが必要とし、自分たちはそれに価《あたい》すると信じているものを手にするために、自暴自棄な事件を起こすだろう。

　もし九・一一が私たちに「テロとの戦い」をおこない、それに勝利しなければならないということを教えたとしても、それはまた、若きテロリストたちの怒りの原因（たとえそれが見当違《けんとうちが》いのものであったとしても）をすぐにでも解決することに取り組まなければ、この戦いに勝つことはできないということも教えたはずである。私たちがいくら注10アルカイダの爆破犯《ばくははん》を殺しても、世界中から彼の代わりをするたくさんの志願者が集まってくるだろう。次の一〇年間で、テロリストは大量破壊《はかい》兵器を手に入れるだろう。才能のある若い化学者あるいは密輸業者が核《かく》兵器《へいき》や生物あるいは化学兵器を手に入れ、私たちに対してそのきわめて個人的な怒りをぶつけるために、それらを使用することはもはや時間の問題である。

　こうした怒りはどこから来るのだろうか？　本書ではその原因のいくつかを説明してきた。強い部族意識、人権の欠如《けつじょ》、経済の崩壊《ほうかい》、粗暴《そぼう》で堕落《だらく》した軍事独裁政権、エイズの蔓延《まんえん》、国家財政の赤字の結果、環境悪化、人口過剰《かじょう》、貧困、飢餓《きが》。このリストはまだまだつづく。これらの要因とさらに他の理由からただちに、人びとが未来への希望を失い、貧困と絶望の中で、生き延びるために暴力に訴えざるをえなくなってしまうという事態が起こりうるのである。この、未来への希望がないということ、それこそが怒りの原因なのだ。もし私たちが、こういった世界中の数え切れないぐらい多くの人びとに希望を与《あた》えることができないとすれば、未来はルワンダやシエラレオネや注11コンゴや九・一一の繰《く》り返《かえ》しでしかなくなるだろう。

　本書で私は何度も問いかけてきた。「私たちは同じ人間なのだろうか？　あるいは人間としての価値には違《ちが》いがあるのだろうか？」と。間《ま》違《ちが》いなく、先進国で暮らす私たちは、自分たちの命の方が地球上の他の人びとの命よりも価値があると信じているかのような行動をとる。あるアメリカ人注12士官は、八〇万人のルワンダ人の命はアメリカ人兵士一〇人の命を危険にさらすにしか価しない、そう言って恥《は》じるところはなかった。またベルギー人は、兵士が一〇人戦死した後で、ルワンダ人の命のためにベルギー人兵士の命をこれ以上一人たりとも危険にさらすことなどできないと主張した。私がたどりつくことのできた唯一《ゆいいつ》の結論は、私たちの中に人間性を注《そそ》ぎ込《こ》むことが是非《ぜひ》とも必要だということである。③もし私たちがすべての人間が同じ人間であると信じているのであれば、私たちはどのようにしてそれを証明しようとするだろうか？

【国　語】（五〇分）〈満点：一〇〇点〉

一　次の①～⑤の□に当てはまる言葉を語群から選び、漢字で答えなさい。

① 夏も終わり、□暖の差の厳しい季節になった。

② 関東一□に広く初雪が降るでしょう。

③ □度いいぐあいに、具もにえてきた。

④ □伝大会では、たすきが次の走者へのバトンとなる。

⑤ とても□重な体験をした。

《語群》
エン　チョウ　カン　キ　エキ

二　次の①～⑤の□に当てはまる漢字一字を自分で考えて答えなさい。

① 夜空を見上げると、□の川に多くの星がまたたいていた。

② 仕返しをして全てのうらみを□らしても、本当の解決にはならない。

③ 気持ちを切りかえよう。くよくよしても後の□りだ。

④ いやな事を言われても、あまり□に持たず、忘れたほうがいい。

⑤ この小説の結末は「言わぬが□」だ。

三　次の文章は、国際連合注1ルワンダ支援《しえん》団（UNAMIR）の総司令官だったカナダ陸軍の将軍が、活動後にまとめた手記の結論の一部である。一九九四年、ルワンダでは激しい民族対立から、国連平和維持《いじ》活動部隊が見ている目の前で八〇万もの人々が虐殺《ぎゃくさつ》された。この手記で筆者は自身が関《かか》わったUNAMIRの活動を「このルワンダ人の物語は、危機にさらされた人々の助けを求める声に耳を傾《かたむ》けることができなかった、人類の失敗の物語である」と指摘《してき》している。その後に続く以下の部分を読んで後の問いに答えなさい。

カナダ軍平和支援訓練センターでは、教官がカナダ軍兵士に世界の状況《じょうきょう》を説明するためにあるスライドを使う。地球全体の人口を一〇〇人とすると、五七人がアジアに、二一人がヨーロッパに、一四人が南北アメリカに、八人がアフリカに住んでいることになる。アジアとアフリカの人口は毎年増加しているが、ヨーロッパと北アメリカの人口は減少している。世界の富の五〇％は六人に握《にぎ》られ、その全員がアメリカ人である。七〇人は読み書きができない。五〇人は栄養不足のために栄養失調になっている。三五人は安全な飲み水を手に入れることができない。八〇人はきちんとした家に住んでいない。大学教育を受けるのはたった一人である。地球に住む人びとのほとんどは、①注2第一世界に住む私たちが当然のことであると思っているような環境《かんきょう》とは大いに異なる環境で暮らしているのである。

しかし、注3第三世界の若者は未来への希望が見出《みいだ》せない環境で生きていくことにこれ以上我慢《がまん》できないだろう、という事実を示す多くの兆候が見られる。私が注4シエラレオネの復員キャンプで出会った少年たちから、注5パレスチナや注6チェチェンの自爆《じばく》テロリスト、そして世

茶の間でぼんやりと祖母の帰りを待ちながら私は考えた。答えはひとつしかなかった。

④それは保護色によって石のまねをすることでも、巣にうずくまったきり外へでないことでもない。〈一日も早くひなでなくなってつばさを持つ〉ことであった。

（舟崎克彦『雨の動物園』より「コジュケイ」の全文）

〈注〉1　コジッケ——コジュケイのこと。大正時代に猟《りょう》鳥として輸入され、本州以南で野生化したキジ科の鳥。

2　べらんめえ——べらんめい口調のこと。江戸の下町の職人たちが使った、巻き舌でまくしたてる荒《あら》っぽい口調のこと。

3　灯明——神仏に供える灯火。

4　お点前——茶の湯でお茶をたてること。

5　ねえや——若い召使《めしつか》いの女。

6　上がりかまち——玄関の造りの一部。

7　たたき——玄関の造りの一部。

8　駒げた——一つの材から台と歯をくりぬいてつくったげた。

9　大谷石——宇都宮市大谷町付近から産出する淡青緑色の石材。

問一　——線部①〈母親に死なれてから、私はしじゅうこの家に遊びにきていた〉のは、幼い「私」が母親の死をどのように感じていたからですか。解答欄《かいとうらん》の「～と感じているから。」につながるように、**5**字以上**10**字以内で答えなさい。

問二　——線部②〈ジャックはつばさという《おの》で、みごとに大男との世界をたち切ってしまったのである〉について。

Ⅰ　〈大男との世界〉とは、「私」にとってどのような世界を指しますか。**15**字以上**25**字以内で答えなさい。

Ⅱ　〈つばさという《おの》〉とは、どのようなものをたとえていますか。**10**字以上**15**字以内で答えなさい。

問三　——線部③〈すでになにごとかが起こってしまったときはどうだろう〉とありますが、これは、当時の「私」が自分自身に対して問いかけたことばです。それはどのような問いかけですか。〈すでになにごとかがおこってしまったとき〉が、当時の「私」の、どのような状況を指しているのか、を明らかにしながら、〈問いかけ〉の内容を**35**字以上**40**字以内でまとめなさい。

問四　——線部④〈それは保護色によって石のまねをすることでも、巣にうずくまったきり外へでないことでもない。《一日も早くひなでなくなってつばさを持つ》ことであった〉とありますが、「私」は、この時、どう思うようになったのでしょうか。**85**字以上**95**字以内で説明しなさい。ただし、こう思う以前の「私」とこう思うようになった「私」の違《ちが》い、ならびに、そのような変化をもたらした「私」の気づきの内容を明らかにすること。

下書き用（使っても使わなくてもかまいません）

20

ところがどうしたことだろう。その親鳥はけがをしているらしく、つばさをバタバタとあおぎながら地面をのたうっている。

それも、手をのばせばつかまりそうなところをあやうくはばたきながら、坂道へ坂道へと逃《に》げてゆく。

そのあわれな姿にひきかえ、ゴム長ぐつをブカブカ鳴らしながら、へっぴり腰で追いすがってゆく青年の姿はこっけいだった。私は『ジャックと豆の木』にでてくる大男が、雲の上を逃げるジャックを追いかけてゆくあの姿を思いうかべた。

が、やがて一人と一羽が坂道のまぎわまできたとき、思いがけないことが起こった。

バサバサバサッ。はげしい羽音がしたかと思うと、ひん死の鳥がいきおいよく地面から飛びたったのである。

そしてあっけにとられている若者の頭上をちょんぎって、それきり小ぐらい屋敷のしげみに消えてしまった。

それは鳥が敵をひなから遠ざけるためによくつかう〈擬傷《ぎしょう》〉という手段だった。童話のとおり、②ジャックはつばさという〈おの〉で、みごとに大男との世界をたち切ってしまったのである。

魚屋はキツネにつままれたようにあんぐりと口をあけて立ちすくんでいる。

が、しばらくするとくるりとこちらにむきなおり、もう気がぬけたように、私のことも、石の下のひなのこともほったらかしてさっさと帰ってしまった。

私は胸をなでおろした。

たしかに私もひなの一団を見たときには、とっさにつかまえたいと思ったにちがいない。

だがもし私がその仕事をうまくやっつけていたらさきはどうなっただろう。

魚屋はその獲物《えもの》を持ち帰って、飼いかたも知らないまま死なせてしまうか、小鳥屋にでも売りとばすか、腹のなかにおさめてしまうか、どうせそんなところだろう。

そんな不安を感じていた私は、だからあんちゃんが〈コジッケ〉をあきらめたとき、心の底からほっとした。

だがそれは、小さなものに対する人間らしい思いやりなどというものとも、すこしちがっていた。

私はただ、鳥の母子が自分たちの手でちりぢりにされてしまうのを見ていられなかったのだ。

私の母の命をうばっていったものが、どんな世界のどんな力だったのか私にはわからない。だが、すくなくとも自分がその運命の手のようなものになってほかの生命をおびやかしたり、家庭をこわしたりすることだけはできなかった。

これは、カエルのおなかをパンクさせてよろこんでいたあの子どもにとって、思いがけない発見だった。

ともかくもコジュケイの家族はぶじに悪魔《あくま》の手からのがれることができた。

彼らはふたたびなにごともなかったように自分たちの巣へぞろぞろ帰っていったにちがいない。そう、なにごともなく——これは家庭にとってたいせつなことだ。

だが、③すでになにごとかが起こってしまったときはどうだろう。もしあんちゃんがまんまと母鳥をつかまえていたなら、このつぎからひなたちはどうやって身をまもるのだろう。

ひなをつれて……？　そのことばをきいて私の心が動いた。母鳥にまつわりつくひなのようすがふと心に浮《う》かんだのである。そしてそれは、かつての私と母親の姿にかさなった。

　私は土間にころがっているとしやの注8駒《こま》げたをつっかけると、あんちゃんのうしろからうら木戸をかけぬけていった。あんちゃんが路上にほうりだした魚のてんびんのすきまから、空をあおぐ魚たちの金色の目がのぞいていた。

　北がわの道を屋敷《やしき》づたいにいくと、注9大谷石《おおやいし》のへいはやがて右におれる。そこからは祖父の家と、クスノキやタブノキの老木のおいしげる無人の屋敷の石垣《いしがき》にはさまれたうすぐらい道が二十メートルほどつづいていた。

　そしてその行く手には真夏の、はだかの陽《ひ》をあびた坂道が白っぽくかたむいていた。

　いきなりのくらがりで、私にはコジッケという鳥がどのあたりにいるかよくわからない。と、あんちゃんは立ちどまって耳うちをした。

「いいかい。おれはあっちがしから追いこむから、ぼっちゃんはここにいてはさみ討《う》ちにするんだ。」

　彼《かれ》があんなに熱心に私をさそったわけがやっとのみこめた。そんなわけでもなければ、この人一倍たくましい青年が、私のような子どもの手を必要とするはずがない。

　私はいわれるままにうなずくと、道のまんなかに立って、木立の影《かげ》にすっぽりつつまれた路上に目をこらした。

　あんちゃんは祖父の家の石べいにそって忍者《にんじゃ》のように背をこごめながら、坂道のほうへかけてゆく。

と、十メートルほどいったところで、あんちゃんのからだがいきなりおどった。それと同時に、

　ケエーッ!!

かん高い声が起こると、一羽《わ》の大がらな鳥が路上にはねあがるのが見えた。

　それは〈コジッケ〉なんかではなく、祖父の庭にもしじゅう遊びにくるコジュケイという鳥であった。と、つぎに、親鳥と、それをつかまえようとするあんちゃんの足の下をかいくぐって、茶色い綿くずのようなものが列をなしてかけぬけてくる。

　私はバネではじかれたようにその一団めがけてとびだしていった。しかしそれは彼らの思うつぼだった。

　ひなたちは私のすぐ前までくると、いきなり列をくずしてかたわらの石垣のくずれめにもぐりこんでしまった。

　ふたかかえもありそうな石が、いくつにもつらなって道ばたにころがっているのである。彼らはその、石と道とのわずかなすきまからおくぶかいくらやみのなかへ、じゅずつなぎになって息をひそめているのにちがいなかった。

　もう私には手のだしようがない。それに私は、もとからつかまえるつもりなどなかったのである。

　が、私が魚屋の青年からもらった役めをはたせなかったこともたしかだった。

　私はうしろめたい気持ちになると、石の下をさがすふりをしながら相棒のようすをうかがってみた。

　彼は親鳥を追いまわしているさいちゅうである。

下書き用（使っても使わなくてもかまいません）

四　次の文章を読んで、後の問いに答えなさい。

「ぼっちゃん、そこの坂道で注1コジッケが遊んでますよ。つかまえにいかねえか。」

魚屋のあんちゃんが、ねじりはちまき、いせいのいい注2べらんめえでとびこんできた。

昭和二十七年、夏。祖父の家である。そのおなじ年の六月に①母親に死なれてから、私はしじゅうこの家に遊びにきていた。

おそらく七歳《さい》の子どもには、注3灯明のゆれる祭壇《さいだん》や線香《せんこう》のたなびく広間のようすなどがなんとなくおそろしく、そしてまたどこからどこまで母のにおいがしみこんだわが家が帰りづらいものに思えたのだろう。

私は小学校がひけると、国電の四谷駅から池袋《いけぶくろ》駅までこれはいつもどおりの道をきて、そこからは帰り道のバスに乗らずに路面電車に乗りつぐ。そして軌道《きどう》のわきにのこっている焼けあとに立つそまつなサーカス小屋や、小屋のまわりに点てんとおいてあるライオンやクマのおりをぼんやりとながめながら、雑司ケ谷《ぞうしがや》にある祖父の家に寄り道をした。

会社を経営していた祖父はいついってもるすだったが、祖母のほうは電話さえしておけば、蔵《くら》のぶ厚い鉄とびらのあるふうがわりな茶の間でトランプ占《うらな》いをしながらいつも私を待っていてくれた。

だがその日の私は電話をわすれたのだろう。どこかで注4お点前《てまえ》があるということで祖母もるすであった。そんなとき相手になってくれるのは注5ねえやしかいない。

私の相手をすることはねえやたちにはいやな役めではなかった。そんなときこそ彼女《かのじょ》たちはおおっぴらにいやな水仕事をさぼれるのである。

私と「としや」とよんでいたねえやは、くらくだだっぴろい台所の注6上がりかまちにならんで腰《こし》をかけ、たぶんチャンバラ映画の話をしていたと思う。そこへいきなり魚屋のあんちゃんである。

「コジッケって、いったいなんだよう。」

としやがいなかことばまるだしで、注7たたきの外に立っている若者にききかえした。

「チェッ、コジッケも知らねえのかよ。」

あんちゃんは舌うちをして、

「ほら、地べたをチョコチョコ歩く、ウズラをでっかくしたみてえな鳥がいっだろう。あれのこった。」

じれったそうにいうと、

「さあ、ぼっちゃん。早く、早く。」

と私のうでをひっぱった。

「ひなをぞろぞろつれて歩いているんだよう。早くいかねえと逃げっちまうぜ。」

ある。しかし、現場には不安定さがつきまとう。私はなんとしてでも論文を出し続けなければならない。

　このままでは本物のバッタ研究者になれないのでは、と悩《なや》んでいた。だったら迷うことなくアフリカに行けばいいではないかと思われるだろう。だが、以前に一度、モーリタニアのバッタ研究所を訪《おとず》れたことがあったが、飼育室はないし、生活は過酷《かこく》そうだし、安定した研究はできそうになく、論文を出せる確証はなかった。

　進むべき道は二つ。誰《だれ》かに雇《やと》われてこのまま実験室で確実に業績を積み上げていくか、それとも未知数のアフリカに渡《わた》るか。安定をとるか、本物をとるか。どちらに進んだほうが自分のなりたい昆虫学者、ファーブルに近づけるだろうか。アフリカに渡ってもやっていける勝算があれば……。気持ちはアフリカに傾《かたむ》いている。何か後押《あとお》しとなる勝算がないか考《かんが》え込《こ》むと、かすかな光が見えてきた。

　実は、サバクトビバッタの野外観察はほとんど行われておらず、手つかずの状態だった。簡単な観察でも新発見ができそうだし、注4フィールドワーク初心者の私でもやっていけるのではないか。発見の数だけ論文にできたら、念願の昆虫学者にもなれる。業績も上げられるし、本物のバッタ研究者にもなれる。しかも、人類の悲願であるバッタ問題の解決をこの手で成《な》し遂《と》げられるかもしれない。

　たぶん、人生には勝負を賭《か》けなければならないときがあり、今がそのときに違《ちが》いない。自分ならどうにかなるだろうという不確かな自信を胸に、④アフリカンドリームに夢を賭けることに決めた。

（前野　ウルド　浩太郎『バッタを倒しにアフリカへ』より。
作問の都合上、表現を改めた部分があります。）

〈注〉1　トップジャーナル――その分野で権威《けんい》があり、かつ影響《えいきょう》力のある雑誌。
2　しがない――とるにたりないこと。
3　ポスドク――博士号は取得したが、正式な研究職または教育職についていない者。
4　フィールドワーク――研究室外で行う調査・研究。

問一　――線部①〈相変異のメカニズムの解明は、バッタ問題解決の「カギ」を握っているとされ、1世紀にわたって世界的に研究が積み重ねられてきた〉とありますが、ここでいう〈バッタ問題〉とは、どのような災害ですか。20字以上30字以内で答えなさい。

問二　――線部②〈生物を研究する本来の目的は自然を理解するためなので、野外での観察は基本中の基本であり、研究の礎となる〉とありますが、この考えを筆者のバッタ研究に当てはめた場合、どのような環境で、どのような研究をすることになりますか。30字以上40字以内で説明しなさい。

問三　――線部③〈私は実験室で研究をしてきた〉とありますが、〈実験室〉とは、〈私〉にとってどのような環境だったといえますか。これ以前の内容から15字以上25字以内で説明しなさい。

問四　――線部④〈アフリカンドリームに夢を賭ける〉とありますが、これはどういうことですか。90字以上100字以内で説明しなさい。

大発生時には、全《すべ》ての個体が群生相になって害虫化する。そのため群生相になることを阻止《そし》できれば、大発生そのものを未然に防ぐことができると考えられた。①相変異のメカニズムの解明は、バッタ問題解決の「カギ」を握《にぎ》っているとされ、1世紀にわたって世界的に研究が積み重ねられてきた。バッタに関する論文数は1万報を軽く超《こ》え、昆虫の中でも群を抜《ぬ》いて歴史と伝統がある学問分野であり、現在でも新発見があると超《ちょう》注1トップジャーナルの表紙を飾《かざ》る。

ちなみに、バッタとイナゴは相変異を示すか示さないかで区別されている。相変異を示すものがバッタ（**Locust**）、示さないものがイナゴ（**Grasshopper**）と呼ばれる。日本では、オンブバッタやショウリョウバッタなどと呼ばれるが、厳密にはイナゴの仲間である。**Locust**の由来はラテン語の「焼野原」だ。彼《かれ》らが過ぎ去った後は、緑という緑が全て消えることからきている。

アフリカに行きさえすれば、サバクトビバッタの群れに出会えるかもしれない。しかし、私は注2しがない注3ポスドクのため、職を得るためには論文を発表し続けなければならない。アフリカに行ったからといって論文のネタとなる新発見ができる保証はどこにもない。なぜなら、室内の実験設備が整っておらず、研究の全ては野外で行われるからだ。自分の運命を自然に委ねるのは、あまりにも危険すぎた。しかし、日本には、給料をもらいながら自由に研究できる制度はもはや皆無《かいむ》だった。

生物の研究は、大きく分けて屋内と屋外のどちらかで行われている。屋内は温度や湿度《しつど》、日照時間の長さなどを人工的に制御《せいぎょ》しており、安定した環境《かんきょう》で実験を行うことができる。ノイズとなる余計な要因を排除《はいじょ》でき、綺麗《きれい》な状態で実験できる上、研究者は自身の都合でいつでも自由に研究できる。

一方の屋外では、予期せぬ事態が起こることが往々にしてある。不安定な環境に加え、研究対象の生物と同じ環境に己《おのれ》の身を投じなければならないため、研究者の都合はお構いなしで野外に束縛《そくばく》される。しかし、②生物を研究する本来の目的は自然を理解するためなので、野外での観察は基本中の基本であり、研究の礎《いしずえ》となる。

③私は実験室で研究をしてきた。安定して実験できたため、論文のタネとなるデータを出しまくっていた。バッタを育てるだけでも、脱皮《だっぴ》の回数や成虫になるまでにかかる発育日数、体の色はどうなっているのか、何個卵を産むのかなど、生活史に関《かか》わるいくつもの生物現象を同時に研究できる。一匹《ぴき》のバッタから様々な生命データをとることで、効率よく研究を進めていた。周りの研究者たちにも大いに助けられ、続けざまに論文を発表して研究生活は順調だったが、やはり野生のバッタをまともに見たことがないことが気がかりで、恥《は》ずかしく思っていた。

狭《せま》いケージの中でもバッタは本能のままに動くが、なぜそのように振《ふ》る舞《ま》っているのか理解しかねていた。例えば、バッタはなぜかケージの天井《てんじょう》にいることが多い。野外には天井などないので、この行動の意味は不明だった。また、飼育室の照明が消えると立ち入り禁止になるため、扉《とびら》の向こう側で繰《く》り広《ひろ》げられている夜の秘《ひ》め事《ごと》には迫《せま》れなかった。いくら妄想《もうそう》力に長《た》けていたとしても、現場を知らないため、机上《きじょう》の空論の域を超えられない。生息地で過ごす本来のバッタの姿を知らなければ、実験室でいくら緻密《ちみつ》な実験をやろうが、誤解したまま研究を進める恐れが

【国　語】（五〇分）〈満点：一〇〇点〉

一

次の①～⑤の□に当てはまる言葉を語群から選び、漢字で答えなさい。

① 格上の相手に□戦し、勝ちをおさめた。
② くぎが□石によって引き寄せられた。
③ 彼は投手としても□格外の素晴らしい選手だ。
④ あなたは□得を考えない立派な人物になった。
⑤ 機は□した。さあ、大海にこぎ出そう。

《語群》
ジ　フン　キ　ジュク　ソン

二

次の①～⑤の□に当てはまる漢字一字を自分で考えて答えなさい。

① 台風のために、試合が明日に□びた。
② あまりの暗さに身の□もよだつ思いがした。
③ 時間が無いので、□ちにその仕事に取りかかろう。
④ 彼のするどい意見は的を□ていて、いつも正しい。
⑤ 賛成、反対の決を□って、プランを実行にうつす。

三

次の文章を読んで後の問いに答えなさい。

バッタは漢字で「飛蝗」と書き、虫の皇帝《こうてい》と称《しょう》される。世界各地の穀倉地帯には必ず固有種のバッタが生息している。私が研究しているサバクトビバッタは、アフリカの半砂漠《はんさばく》地帯に生息し、しばしば大発生して農業に甚大《じんだい》な被害《ひがい》を及《およ》ぼす。その被害は聖書やコーランにも記され、ひとたび大発生すると、数百億匹《ひき》が群れ、天地を覆《おお》いつくし、東京都くらいの広さの土地がすっぽりとバッタに覆い尽《つ》くされる。農作物のみならず緑という緑を食い尽くし、成虫は風に乗ると一日に１００㎞以上移動するため、被害は一気に拡大する。地球上の陸地面積の20％がこのバッタの被害に遭《あ》い、年間の被害総額は西アフリカだけで４００億円以上にも及び、アフリカの貧困に拍車《はくしゃ》をかける一因となっている。

バッタの翅《はね》には独特の模様があり、古代エジプト人は、その模様はヘブライ語で「神の罰《ばつ》」と刻まれていると言い伝えた。「蝗害《こうがい》」というバッタによる被害を表す言葉があるように、世界的に天災として恐《おそ》れられている。

なぜサバクトビバッタは大発生できるのか？　それはこのバッタが、混《こ》み合《あ》うと変身する特殊《とくしゅ》能力を秘《ひ》めているからに他《ほか》ならない。まばらに生息している低密度下で発育した個体は孤独相《こどくそう》と呼ばれ、一般的《いっぱんてき》な緑色をしたおとなしいバッタになり、お互《たが》いを避《さ》け合う。一方、辺りにたくさんの仲間がいる高密度下で発育したものは、群れを成して活発に動き回り、幼虫は黄色や黒の目立つバッタになる。これらは、群生相と呼ばれ、黒い悪魔《あくま》として恐れられている。成虫になると、群生相は体に対して翅が長くなり、飛翔《ひしょう》に適した形態になる。

長年にわたって、孤独相と群生相はそれぞれ別種のバッタだと考えられてきた。その後１９２１年、ロシアの昆虫《こんちゅう》学者ウバロフ卿《きょう》が、普段《ふだん》は孤独相のバッタが混み合うと群生相に変身することを突《つ》き止め、この現象は「相変異」と名付けられた。

④あと少し、もう少しだけでもいい。僕は進んでいきたいのだ。僕の神様の光る背中、いや、輝《かがや》きを失った、敗れ去るその背に向かって。

もう少し待って、もう少しここにいさせてくれよ、親父。

いつか、僕はそう語りかけていることに気付く。子供のころ、そう言って駄々《だだ》をこねたように、もう少し、もう少しだけと、僕は祈《いの》るように思い続けている。

（加藤元「四百三十円の神様」より。）

〈注〉１　泥酔――ひどく酔《よ》うこと。

〈注〉２　奈落――これ以上どうにもならないどん底。

問一　――線部①〈僕はそれを信じたくなかった〉とありますが、〈それ〉は誰の、どういう姿ですか。15字以上25字以内で説明しなさい。

問二　――線部②〈あのおじさん〉とありますが、〈おじさん〉とは誰で、何をしている人ですか。25字以上30字以内で説明しなさい。

問三　――線部③〈僕が進み続ける限り、その行く末は決まっている。待ち受けているのは、親父が落ち、あのひとでさえ逃れることができなかった深い奈落だ〉とありますが、ここでいう、〈行く末〉とは〈僕〉がどうなる状態をさしていますか。具体的に25字以上35字以内で説明しなさい。

問四　――線部④〈あと少し、もう少しだけでもいい。僕は進んでいきたいのだ。僕の神様の光る背中、いや、輝きを失った、敗れ去るその背に向かって〉とありますが、〈僕〉のこのときの思いを、そう思うようになったきっかけもふくめて80字以上90字以内で説明しなさい。

下書き用（使っても使わなくてもかまいません）

20

一瞬《いっしゅん》ののち、黒い電話機は男の掌《てのひら》の中に収まっていた。

「ねえ、もう朝だよ」

赤毛の女の声が、僕の耳に届いた。

「遅《おそ》くなって、本当にごめんね。大丈夫《だいじょうぶ》なの、練習?」

男の返事は聞こえなかった。

「喜んでたもんね、みんな。おっちゃんのコーチを受けて、チームの力が飛躍的《ひやくてき》に上がった、なんて。たかが草野球なのにさ」

呼び止めかけて、口を閉ざす。言うべき言葉を、僕はひとつも持たない。蠅《はえ》が飛《と》び交《か》い、汚物《おぶつ》が点々と散乱する朝の街に、そのひとの背中が遠ざかっていくのを、僕は黙《だま》って見送っている。

たまたま僕の働いていた店に、偶然《ぐうぜん》あのひとが立ち寄った。それは、世界の誰《だれ》にとっても意味はない、僕にだけ価値のある小さな奇跡《きせき》だった。

「岩田さん、どうしたの」

西崎の彼女の声で我に返った。

「あのおじさん、よく来るひとなの?」

僕は首を横に振った。

「また来るかしら」

西崎の彼女はくすりと笑った。

「助けてもらって、こんなこと言っちゃ悪いけど、あのおじさんもうちの彼氏《かれし》と変わらないみたい。神様なんかじゃなかったみたいね。彼女に牛丼屋の支払《しはら》いまでぜんぶ頼《たよ》りきりだなんて」

違《ちが》うよ。

あのひとは神様なんだ。世界中でただひとり、この僕にとっては。

勤務はあと二時間と少し。今日はこのまま家には帰らず、野球部の練習グラウンドへ行こうと思った。日曜日だが、大会を目前にしている。練習に休みはない。チームメイトのみんなに会いたい。そして、監督《かんとく》に会ってきちんと話をしたい。

半年以上の空白期間《ブランク》。危険《リスク》を抱《かか》えた腰。以前の状態には戻れないかもしれないが、できる限りのことはしたい。その時間と機会を与《あた》えて欲《ほ》しいと、監督に頭を下げておきたい。

今年の選手権大会を、ベンチにすら入ることなく、僕は見守ることになる。だが、来年がある。僕にはまだ最終学年が残されている。

牛丼屋の店長にも、アルバイトを辞《や》めることを伝え、謝《あやま》らねばならない。西崎のことをとやかくは言えない。僕は実に身勝手なアルバイト学生である。

そして、それからどうなる? 来年の選手権大会に間に合うにせよ、それが不可能であるにせよ、③僕が進み続ける限り、その行く末は決まっている。待ち受けているのは、親父《おやじ》が落ち、あのひとでさえ逃《のが》れることができなかった深い〈注〉2奈落《ならく》だ。それはわかりきっている。だが、それでも僕はそちらへ向かって歩いていきたい。

家に帰ったら、母親にも自分の意志を伝えなければならない。母親は怒《おこ》るだろう。いずれは負けるとわかっていながらその先へ向かうなんて、信じられないほど愚《おろ》かな話だと。けれど仕方がない。母親には、ろくでなしの元の夫と、父親に劣《おと》らず大馬鹿者の息子《むすこ》を持って、運が悪かったと嘆《なげ》いてもらうしかない。

は常に経営難に喘《あえ》いでいたし、彼の本領は守備である。お立ち台に立ち、スポーツ紙の見出しを飾《かざ》ることは滅多《めった》になかった。

奥《おく》さんと離婚《りこん》して、生活が荒《あ》れている。注1泥酔《でいすい》し、盛り場で暴れ、警察沙汰《ざた》になったこともある。

同級生が、父親の読む夕刊紙に書かれていた、と言って、そんな話を教えてくれた。①僕はそれを信じたくなかった。

あのひとはいつまでもユニフォームを着て、グラウンドを蹴《け》って走っている。腕《うで》を伸《の》ばして、宙を飛ぶ。グラブの中に球が吸《す》い込《こ》まれる。

その姿だけを、僕はいつまでも追いかけていたかった。

中略

「あら」

西崎の彼女《かのじょ》が小さく叫《さけ》んだ。「忘れ物をしているみたいよ、②あのおじさん」

テーブルの上に、黒い携帯《けいたい》電話が投げ出すように置いてある。僕は慌《あわ》てて自動扉《とびら》の外へと飛び出した。

店のすぐ前にあるごみ収集所で、大きなカラスが袋《ふくろ》の中の生ごみを撒《ま》き散らしている。朝日にさらけ出された汚《きたな》らしい路上を、男と赤毛の女とが、駅の方に向かってふらふらと歩いていくのが見えた。

「お客さん、忘れ物ですよ」

声をかける。反応したのは赤毛の女の方だった。

「携帯電話をお忘れです」

赤毛の女が身を翻《ひるがえ》し、小走りでこちらに戻《もど》って来る。男はその場に立ち止まっている。西崎の彼女も店から出て来て、携帯電話を赤毛の女に手渡《てわた》した。

「ありがとうね」

赤毛の女はにっこり笑った。「おっちゃん、いつもなの。いつもいつも、何かしら置き忘れるんだよね」

そう言ってから、赤毛の女は僕らに背を向けた。

「おっちゃん、忘れ物」

男の方に歩み寄りつつ、赤毛の女が声を張り上げる。

「あんたの唯一《ゆいいつ》の財産、携帯電話だよ」

僕の横で、西崎の彼女がぷっと吹《ふ》き出《だ》した。男が振《ふ》り向《む》く。正面から朝日を浴びて、まぶしげに眼《め》を細める。

「ほら」

赤毛の女が電話機を高く抛《ほう》り投《な》げた。男が腰《こし》を落とし、左腕《ひだりうで》を伸ばす。

僕ははっとした。

腰を軽く落とし気味にボールを受ける、歓声《かんせい》の中に立つ男の姿。

まさか。僕は呟《つぶや》いた。まさか、そんなことってあるのだろうか。

ネットの遥《はる》か向こうにある、遠い背中。ＴＶ画面や雑誌で見た笑顔《えがお》。

確かに見覚えのある、その顔。

そのひとは、僕の記憶《きおく》にある姿より小柄だった。いくらか肥《ふと》って、髪《かみ》が薄《うす》くなってもいた。

ほんの瞬間《しゅんかん》の動作だった。

増やすことができるのだろうか〉とありますが、その答えを10字以上15字以内で説明しなさい。

問二　――線部②〈オスとメスという二つのグループ〉とありますが、生物にはなぜ二つしかグループがないのですか。40字以上50字以内で説明しなさい。

問三　――線部③小さな配偶子は、より小さくなっていく〉とありますが、配偶子にとって小さいことはどのような点で有利なのですか。40字以上50字以内で説明しなさい。

問四　――線部④〈男と女というのは、時間もコストも掛かる面倒くさいシステムである〉とありますが、生物がこのようなシステムをわざわざ採用するのは、ある危険を回避するためです。生物にはどのような危険があり、その危険にどのように対応しているのですか。75字以上85字以内で説明しなさい。

下書き用（使っても使わなくてもかまいません）

20

四　次の文章を読んで後の問に答えなさい。

元プロ野球選手の父に連れられ、ある選手のプレーを見に球場へ来た「僕《ぼく》」は、そのプレーに魅了《みりょう》され、やがて彼《かれ》は「僕」にとっての「神様」になりました。そのあこがれから「僕」は中学・高校と野球に打《う》ち込《こ》んできましたが、大学に在学している現在、大けがをして野球をあきらめかけています。無気力なまま、友人の西崎《にしざき》の紹介《しょうかい》で牛丼《ぎゅうどん》屋のアルバイトをはじめます。次の文章は、アルバイトをしながら当時を回想している場面です。

僕が小学校五年生の時だった。

併殺《へいさつ》を処理する時、ベースカバーに入った神様は、二塁《るい》に走りこんで来た一塁走者と激しく衝突《しょうとつ》した。地面に転がり、そのまま立ち上がれなかった。肩《かた》を負傷したのである。一塁走者は大柄《おおがら》な外国人選手だった。

神様は小柄《こがら》で、年齢《ねんれい》も若くはなかった。

ほんの二、三年前なら、あんなにまともにぶつかることはなかった。もっとうまくかわせたことだろう。

後になって、神様がそう話していたのを、僕は野球雑誌の記事で知った。

神様はそのシーズンを棒に振《ふ》った。そればかりではない。次のシーズンの途中《とちゅう》で、彼は引退を表明した。

神様の守備は、もう二度と見られなくなったのだった。

引退してしばらくは守備コーチをしていたようだが、いつしかその名を聞くことはなくなった。そのひとは、僕にとっての神様ではあったが、一般《いっぱん》に知られた華《はな》やかなスター選手ではなかった。所属するチーム

自らが動いて、他の配偶子のところに行かなければならなくなる。移動するためには、大きな体よりも小さな体の方が有利だ。そこで、一方の配偶子は逆に体を小さくして移動能力を高めた。

こうして大きな配偶子は、より大きくなっていくし、③小さな配偶子は、より小さくなっていく。こうして体の大きいメスの配偶子と体の小さいオスの配偶子が生まれたのだ。ちょうど卵子《らんし》と精子のようなものだ。

オスの配偶子が、体を小さくすると、生存率は低くなってしまう。しかし、他の配偶子に負けないように移動しなければ、ペアになることはできないから、オスの配偶子は移動能力を優先して、メスの配偶子の元に遺伝子を持って駆《か》け付《つ》けるだけの存在になった。

こうして、遺伝子を運ぶだけのオスの配偶子と、遺伝子を受け取って子孫を残すメスの配偶子という役割分担ができたのである。

やがて、オスの配偶子のみを作る「オス」という個体と、メスの配偶子のみを作る「メス」という個体が発達した。こうして、子孫を産むことのない「オス」という特別な存在が誕生したのである。

どんなに強がって虚勢《きょせい》を張ってみても、生物学的にはオスはメスのために作られた。これは紛《まぎ》れもない真実である。本稿《ほんこう》はずっと「男と女」と書いてきたが、本当は「女と男」なのだ。

生物にとって子孫を残すことがもっとも大切であるとすれば、やはりメスの方が大切である。メスは子孫を残すために莫大《ばくだい》なエネルギーを必要とする。

これに対して、オスが繁殖《はんしょく》に必要とするエネルギーは、メスに比べるとずっと少ない。そのため、オスは余ったエネルギーを使って、メスをサポートするようになったのである。

たとえば、オスは外敵と戦ってメスを守り、メスが安心して子孫を残せるようにする。あるいは、オス同士が戦い合うこともある。しかし、これも、強いオスを選ぶメスの手間を省いているのだ。メスは子孫を残すために、コストのかかる作業をすべてオスに任せているのである。

単独で子孫を残すことのできないオスは切ない。

クジャクのように必死にメスにアピールするものもいれば、シカのオスのようにメスを巡《めぐ》って争い合うものもいる。ハーレムを作るゾウアザラシは、うらやましく思うかも知れないが、ハーレムを守るために神経をすり減らし、寿命《じゅみょう》が短くなってしまうというから切ない。

これもそれも、すべてはメスのためなのだ。

④男と女というのは、時間もコストも掛かる面倒《めんどう》くさいシステムである。しかし、男と女は生物の進化が創《つく》り出《だ》した発明だ。そして、男と女は、多様性ある子孫を残すためのものだった。それは、言いかえれば個性ある子孫と言っていい。

そうして苦労して手に入れた個性なのに、人間は、型にはめようとしたり、成績で比べようとしたり、と個性を失くそうと懸命《けんめい》なのが面白《おもしろ》い。

世の中に男と女がいる。そして、さまざまな個性がある。本当はそれだけで、十分に楽しく豊かなことなのである。

（稲垣栄洋「オスはメスのために作られた!?　この世界に男と女がいる簡単な理由」より。）

〈注〉1　配偶子――生物の生殖細胞のうち、接合して新しい個体をつくるもの。ヒトの場合は卵子と精子がそれに当たる。

問一　――線部①〈どのようにすれば自分とは異なる性質を持つ子孫を

一方、色々な性質の個体があれば、環境が変化しても、どれかは生き残ることができる。

そのため、生物が同じ性質の個体が増えていくよりも、性質の異なる個体を増やしていったほうが、生物種として生き残っていくには有利なのである。それでは、①どのようにすれば自分とは異なる性質を持つ子孫を増やすことができるのだろうか。

自分の遺伝子だけで子孫を作ろうとすれば、自分と同じか、自分と似たような性質を持つ子孫しか作ることができない。自分と異なる子孫を作ろうと思えば、他者から遺伝子をもらうしかない。つまり、遺伝子を交換《こうかん》すれば良いのである。

しかし、せっかく手間を掛けて交換するのであれば、自分と同じような相手と遺伝子を交換するのは残念である。

たとえば、せっかく異業種交流会に参加しても、自分と同じ業界の人としか名刺《めいし》交換しなかったとすれば、意義は小さい。それならば、業界ごとにグループを作り、見た目でグループが違《ちが》うようにしたらどうだろう。そうすれば、効率よく異業種の人を選んで名刺交換ができることだろう。

②オスとメスという二つのグループも、同じしくみである。異業種交流が新しい世界を生むように、オスとメスとが遺伝子を交換することによってバラエティに富んだ子孫が産まれるのだ。

それならば、オスとメスだけでなく、いくつもグループを作った方が良いような気もするが、グループが多すぎると組み合わせが多すぎて、結局、うまく子孫を残せないグループができてしまう。

結果的には、二つのグループで交流する方がもっとも効率良く、確実に子孫を残すことができるのである。つまり、オスとメスである。

しかし、不思議である。

もし、すべての個体がメスであれば、ペアになったどちらもが子孫を残すことができる。つまり、子孫の数は倍になるのだ。それなのに、どうして子どもを産むことができないオスという存在があるのだろうか。

じつは「どうしてオスが必要なのか?」というあまりに素朴《そぼく》な問いに対する明確な答えは、残念ながら出ていない。それでもしかし、世の中には「オス」が存在している。

きっと、オスは確かな存在価値を持って存在しているはずである。男性の皆《みな》さんは、せめて、そう思うしかないだろう。

生物に二つのグループが作られたとき、最初からオスの個体とメスの個体とが作られたわけではない。もともと生物に作られたのは、生殖《せいしょく》細胞としてのオスの注1配偶子《はいぐうし》とメスの配偶子である。

配偶子は大きい方が栄養分を豊富に持つことができるから、生存に有利である。そのため、大きい配偶子は人気がある。大きい配偶子とペアになることができれば生存できる可能性が高まるからだ。

ただし、大きければ大きいほど良いというわけではない。配偶子が大きくなると、移動しにくくなってしまうのだ。遺伝子を交換して、子孫を残すためには、配偶子同士が出会わなければならないから、これでは都合が悪い。

もっとも、人気のある大きな配偶子は、他の配偶子の方から寄ってくるから、そんなに動く必要はない。それでは、大きさに劣《おと》る配偶子はどうすれば良いだろうか。

ただ、待っているだけでは、人気のない配偶子はペアになれないから、

【国　語】（五〇分）〈満点：一〇〇点〉

一 次の①～⑤の□に当てはまる言葉を語群から選び、漢字で答えなさい。

① 水分を□給する。
② 油断は□物だ。
③ 乳□が抜《ぬ》けて生えかわる。
④ □密に調査する。
⑤ 彼《かれ》とは水□の交わりだ。

《語群》　シ　ゲン　キン　ホ　ギョ

二 次の①～⑤の□に当てはまる漢字一字を自分で考えて答えなさい。

① まゆから生□をつむぐ。
② 台風で急に□足が強くなる。
③ □けは人のためならず。
④ □をつかむようなお話だ。
⑤ 試験後、肩《かた》の□がおりた気になる。

三 次の文章を読んで後の問に答えなさい。ただし設問の都合上、文言を改めた部分があります。

男性にとっても、女性にとっても異性とは気になる存在である。

女性はアクセサリーや服装にお金を掛《か》けて美しくオシャレをして男性の気を惹《ひ》こうとするし、男性も女性にいいところを見せようと格好をつけてデートで奮発したり、贈《おく》り物《もの》をしたりする。好きな人ができれば眠《ねむ》れぬ夜を過ごさなければならないし、失恋《しつれん》すれば、何日も落《お》ち込《こ》まなければならない。

それもこれも、男と女という存在があるからなのだ。

男と女は謎《なぞ》に満ちている。

それは、「男心や女心がわからない」とか「恋《こい》は異なもの」などという意味ではない。

そもそも、どうして、この世の中に男と女はいるのだろうか。

動物にも鳥にも虫にもオスとメスとがある。植物にだって雄《お》しべと雌《め》しべがある。

しかし考えてみれば、オスとメスとがあるのは、けっして当たり前のことではない。

どうして、生物にはオスとメスという性があるのだろう。

38億年前に思いを馳《は》せてみよう。

それは地球に生命が誕生した頃《ころ》である。その頃、誕生した単細胞《たんさいぼう》生物には、雌雄《しゆう》の区別はなかった。単純に細胞分裂《さいぼうぶんれつ》をして増えていたのである。オスとメスとがいるのは、子孫を残すためだと思うかも知れないが、別にオスとメスとがなくても、子孫を残すことはできるのだ。

細胞分裂をして増殖《ぞうしょく》していくということは、元の個体と同じ性質を持つコピーを作り続けていくことになる。つまり、すべての個体が同じ性質であるということは、どんなに増えても弱点は同じということになってしまう。そのため、もし環境《かんきょう》が変化してしまうと、個体が全滅《ぜんめつ》してしまうということが起こりうるのだ。

5　木叢――木のむらがり茂ったところ。
6　隧道――墓の中に斜めに掘り下げた通路。
7　パナマ――パナマ帽のこと。夏用の広いつば付の帽子。
8　ヤッちゃん――妻の兄・保夫のこと。
9　おじさん――妻と保夫の父。

問一　――線部①〈卑怯者になりたくなかったからな〉とありますが、これは〈父〉のある行為を、〈卑怯〉だと恭一が思っているからです。その行為を10字以上20字以内で答えなさい。

問二　――線部②〈恭一は生れて初めて愚痴を言った〉について。恭一の〈愚痴〉の内容から、恭一のこれまでの生き方がわかります。それはどのような生き方ですか。30字以上40字以内で答えなさい。

問三　――線部③〈ほほえみながら、父の姿はおぼろに霞んで行った〉について。この時、〈父〉は恭一の様子を見て「安心」したのだと考えられます。どのようなことに「安心」したのですか。30字以上40字以内で答えなさい。

問四　〈父〉と再会した後、恭一は、〈妻〉の呼び方を変えています。これまでの呼び方からどのように変わったのか。その理由も含《ふく》めて90字以上100字以内で説明しなさい。

下書き用（使っても使わなくてもかまいません）

20

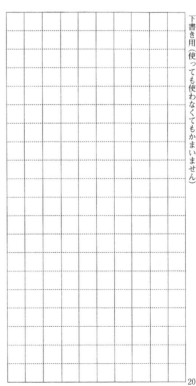

母が死んだあとの、二人きりの淋《さび》しいくらしが胸に甦《よみがえ》った。父は二年の間、母の代りをしてくれた。

「ごめんね、おとうさん。ぼく、今やっとわかった。おとうさんは疲《つか》れてたんだ。ねえ、そうだよね。会社もだめになって、毎日ごはんを炊《た》いて、洗濯《せんたく》をして、おとうさんはもうくたくただったんだ。ごめんね、ぼく、知らなかった」

「そんなことは、子供を捨てる理由にはならないよ。おとうさんは、いくじがなかった。卑怯者だったよ。そのうえ体をこわして、おまえを迎えにも行けなかった。だから——おじさんに、もうひとつだけお願いした」

「なにを？」

そこで初めて、父は泣きながらほほえんだ。

「わかるだろう、それは」

「……わからない。何を頼んだの」

「もし迎えに行けなくても、恭ちゃんをひとりにしないでくれって。おまえ、淋しがりだからな。できたらクミちゃんを嫁《よめ》にして、ずっと親類でいてやってくれって。そうしてくれたんだろう？」

父をまっすぐに見据《みす》えて、恭一は肯いた。親にしか予見のできないたしかな未来を、父は置いて行ってくれた。

「うまくやってるのか？」

おそらく、自分の人格を保証できる女は、自分に幸福を授《さず》けてくれる女は、世界中で久美子ひとりしかいなかったはずだ。

③ほほえみながら、父の姿はおぼろに霞《かす》んで行った。恭一は気を付けをして、深々とこうべを垂れた。

「ありがとう、おとうさん。ありがとうございました」

父の声だけが答えた。

「苦労をかけてすまなかった。ごめんな、恭ちゃん——」

頭を上げると、そこには雨にしおれた暗い木立ちのあるばかりだった。

妻が背中から傘をさしかけた。

「あれ、お札は？」

「お札——ああ、もう社務所が閉まってた。行こう」

「変な人。こんなところでお参りなんかして」

鳥居をくぐるとき、恭一はもういちど雨の石畳を振《ふ》り返《かえ》った。

「久美子——」

「え？……はい。何よいきなり。いま何て言った？」

「クミコ。まずいか」

「え、いいわよ。いいけど、何だか照れるわね、その呼び方」

角筈は雨に煙《けむ》っていた。父がその街角に現れることは、もうないだろう。

妻の肩を傘の下で抱《だ》きながら、成田についたら、フライトまでの間に寿司《すし》でも食おうと、恭一は思った。

ふるさとには何の未練もなかった。

（浅田次郎「角筈にて」より。）

〈注〉1　角筈——かつて東京都新宿区にあった地名。

2　流刑地——刑として流される辺地。

3　科——あやまち。

4　恢復——一度失ったものを取り戻すこと。

「そうか。たいしたもんだ。えらいぞ」

「誰《だれ》にも負けなかったよ。小学校でも中学でも高校でも、ずっと一番で、誰にも負けたことはなかったんだ。会社に入ってからもね、ずっと一番だった」

「がんばったんだな、恭ちゃん」

「うん、がんばったよ。本当のことをいうと、ぼくはおとうさんの子供だから頭なんて良くはないんだ」

「おいおい。ひどいな、それは」

「それに、気も小さいし、体だってそう強くはないし。だからその分、ものすごくがんばった。だってそうだろう、ぼくはみなしごだから、誰にも負けるわけにはいかないんだ。もし負けたら、みなしごだからって、おとうさんに捨てられた子供だからって言われるだろ。それは、おとうさんとおかあさんに罪を作ることだから、できるわけないんだ。たとえ二番だって、一番のやつからはそう言われるにきまってるから、誰にも負けちゃいけなかったんだ」

聞きながら父は、溢《あふ》れ出る感情をこらえるように口を押《お》さえ、パナマの庇《ひさし》を上げて街灯を仰《あお》ぎ見《み》た。

本当はもっと辛《つら》いことがあった。立派なサラリーマンにはなったがひとりの父親にはなれなかったのだと、恭一は言いかけて唇《くちびる》を噛《か》んだ。父を苦しませたくはなかった。

頭の隅《すみ》のさめた部分で、これは父の亡霊《ぼうれい》なのだろうと思った。だとすると、父はすでにこの世の人ではないということになる。父と再会した喜びは、たちまち深い悲しみに変わった。

「おとうさん」

「なんだよ」

「おとうさんは、もう死んじゃったの？」

答えるかわりに、父はパナマの庇で顔を隠した。唇《くちびる》が慄《ふる》えていた。

「ねえ。どこで、いつ、どうして死んじゃったの」

死者にとって、それは最も辛い問いなのだろう。父は何度も苦しげに息をついた。

「九州で死んだ。おまえと別れて、いくらもたたないころだよ。酒と薬とで、肝臓《かんぞう》がかちかちになっちゃったんだ」

「じゃあ、それでぼくのことを迎《むか》えにこれなかったんだね」

肯く父の細い顎《あご》から、涙《なみだ》が滴《したた》り落ちた。

「病院から電話をしたんだが。死ぬ前に、どうしてもおまえと会いたかった」

「そんなの、知らなかったよ」

「おじさんが黙っていたんだろう。会わせるわけにはいかねえって、叱《しか》られた。だが、そのとき頼《たの》んだことは、してくれたと思う」

「頼んだこと、って？」

風が木々の枝をたわませて渡《わた》った。大粒《おおつぶ》の滴《しずく》が、ぱらぱらと音立ててパナマに降りかかった。父は静かに顔を上げた。

「必ずおまえを迎えに行くから、苗字《みょうじ》は変えないでいてくれ、って頼んだんだよ。姓《せい》が変わるのは不憫《ふびん》だから」

「そんなの、勝手だよ。ぼくは、おじさんちの子になりたかった」

「もう迎えに行けないことはわかっていた。自分の体だからな。でもな、おとうさんはおまえをよその子にはしたくなかった。ずっと二人きりでくらしたんだから」

息を抜いてシートに沈《しず》みこもうとしたとき、恭一は花園神社の暗い参道の奥《おく》に、白い夏背広を見たように思った。

「すまん、ちょっと止めてくれないか」

車は信号の手前で急停止した。

「どうしたの？」

「いや、たいしたことじゃない。花園神社のお札を買って行こうと思って。すぐ戻るから、待っていてくれ」

また錯覚かも知れない。通りの先は霧雨《きりさめ》に翳《かげ》っていた。

花園神社の参道は銀杏《いちょう》と桜の注5木叢《こむら》に被《おお》われていた。鳥居をくぐる前に、恭一はネクタイを直し、背広の前ボタンを留《と》めた。

「おとうさん？……」

注6隧道《ずいどう》のように暗い石畳《いしだたみ》の、街灯《がいとう》の丸い輪の中に、父はぼんやりと佇《たたず》んでいた。白い注7パナマに麻《あさ》の夏背広。別れたあの日のままだった。

「やあ、恭ちゃん。探したんだぞ。こんなところにいたのか」

メガネが靖国通りの灯《ひ》を映しこんでいた。

「戻ってきて、くれたんだね」

父は答えを躊《ためら》って、ゆっくりと恭一に歩み寄った。懐《なつ》かしいポマードの匂いが、鼻をついた。

いったい何を話せば良いのだろう。

「おとうさん……長嶋《ながしま》はやっぱりジャイアンツに入ったよ」

「へえ、そうか。おまえとは、キャッチボールもしてやれなかったな」

「いいよ。毎日注8ヤッちゃんとしてるから。注9おじさんにユニホームも買ってもらった。背番号は３番なんだよ」

父は聞きながら俯《うつむ》いてしまった。しばらく黙《だま》りこくってからメガネのフレームを押《お》し上《あ》げ、父は思い切ったように言った。

「おまえに、話があるんだが。聞いてくれるか」

「うん。聞かせてよ。ぼく、ぜったいに泣いたり怒《おこ》ったりしないから、おとうさんの考えていること、みんな聞かせてよ」

手の届くほどに近寄って、父は肯《うなず》いた。背丈《せたけ》はちょうど同じほどだ。

「おとうさんはいま、大変なんだ」

「うん。わかってる」

「おかあさんに死なれて、会社もだめになって、もう東京にはいられなくなった。遠くに行かなければならないんだが、小さなおまえを連れて行くわけにはいかない。それに――あのおねえちゃんも、おまえと一緒《いっしょ》じゃいやだって言うし」

父は、子供と女とを秤《はかり》にかけたのだろうか。いや、それはちがうだろう。子供の幸福のために、父はその方法を選んだにちがいない。表情は苦渋《くじゅう》に満ちていたが、瞳《ひとみ》はやさしかった。

父はきっぱりと言った。

「恭ちゃん、すまないけど、おとうさんはおまえを捨てる」

この一言だけを聞きたかった。恭一は背広の袖《そで》を目がしらに当てて泣いた。

父の手が肩《かた》に触《ふ》れた。声を上げて泣きながら、②恭一は生れて初めて愚痴《ぐち》を言った。

「おとうさん、ぼく、ちゃんとサラリーマンになったよ。おとうさんに言われたとおりにしっかり勉強して、大学に行って、おとうさんのなりたかったサラリーマンになった」

父はしげしげと恭一の身なりを見つめた。

夕方のラッシュ・アワーで、新都心からの上りインターチェンジは閉《へい》鎖《さ》されていた。午後十時のフライト時刻までには、まだ余裕《よゆう》がある。靖《やす》国《くに》通りに戻《もど》り、都心のインターから高速に乗ってくれるよう、運転手に告げた。

「クミちゃん。変なこと訊《き》いていいかな」

「どうぞ。あんまりびっくりさせないでね」

なごりおしげにふるさとの風景を見つめながら、妻は答えた。

「俺《おれ》のおやじを、覚えてるか」

「中野のおじさん？――うっすらね。メガネかけてたでしょう。いつもネクタイしめて、背広を着てた。それから、ポマードの匂《にお》い」

「おしゃれだったのかな。たしかにいつもそんなふうだった。帽子《ぼうし》も必ずかぶっていたし」

本社ビルは、中層から上を雨雲の中に隠《かく》していた。

「このあたり、昔は浄水場《じょうすいじょう》だったのよね。魚捕《と》りに行ったの、覚えてる」

「警備員に追いかけられて、クミちゃんが捕《つか》まった」

「おにいちゃんは逃《に》げちゃったのに、恭ちゃんは戻ってきてくれた。私ね、あのときからあなたのこと、ちょっと好きになったの」

「べつにクミちゃんを助けに戻ったわけじゃないよ」

「あら、そうだったの。ガッカリ」

「①卑怯者《ひきょうもの》になりたくなかったからな。いつだってそう思ってきたんだけど」

自分の人生を誇《ほこ》ったつもりだったが、妻に向かって言える言葉ではあるまい。

新宿にはやわらかな雨が降り続いていた。たそがれの歌舞伎町《かぶきちょう》を望む大ガードのあたりまできて、妻はようやく気付いたように訊《たず》ねた。

「恭ちゃん、きのうのこと考えてるんでしょう」

恭一は答えずに、往来の傘《かさ》の波を見つめた。

「錯覚《さっかく》よ。そんなことをいつまでも思いつめてると、頭が変になっちゃうわよ。ボケって四十から始まるんだって、テレビでやってた」

錯覚だと思う。まぼろしも幽霊《ゆうれい》も、タイムスリップも信じはしない。ただひとつ、信じたかった。

自分が最終バスで伯父《おじ》の家に向かったあと、父は女と別れて注1角筈《つのはず》に戻ってきてくれたのだ、と。そして、夜更《よふ》けの街路を走り回って、通行人や浮浪《ふろう》者や店じまいをする店員たちに、このあたりで八歳ぐらいの男の子を見かけませんでしたかと、尋《たず》ね歩いたのだ、と。

探しあぐねて、また女のもとに帰ってしまったとしても、それはそれでいい。子供を捨てる意思に変わりがなかったとしてもそれでいい。ただ、はっきりと別れを告げるために、父は自分を探しに戻ったと信じたかった。

それなりの事情はあったのだと思う。自分だって親の勝手な事情で子供を殺してしまったのだから、今さら父を責めはしない。しかし男ならば、嘘《うそ》はつかずにきっぱりと捨てて欲《ほ》しかった。

ネオンのともり始めた歌舞伎町の大通りを、タクシーは走る。バス停の人ごみに目を凝《こ》らして、恭一は父の姿を探した。

どうしても会いたい。見も知らぬ注2流刑地《るけいち》でのくらしと、注3科《とが》なくてともに流されねばならぬ妻のために、すべてを注4恢復《かいふく》せねばならなかった。

車は角筈の雑踏《ざっとう》を過ぎてしまった。

また、みなさんには実際にオリジナル作品の創作に取り組んでもらいたいと思っています。

③私の役割はみなさんの「創作力」増進のための、〈筋力アップ私設トレーナー〉を務めること。といっても、恐《おそ》れることはありません。まずは学校で取り上げられる教材を教室でしっかり理解すること。その上でこの本を[注]ひもといてみてください。学校で取り上げられる国語教材の読解だけにとどまらない、社会に出てからも役立つ表現の技術やヒントを学ぶことができるでしょう。

そして最終的には、個人の感情や考えを誰かに伝えるための、あなた自身の言葉を見つけてほしいと思います。国語の授業を理解しただけで、あるいは読解問題や漢字テストで満点をとっただけで満足してしまっては本当にもったいない。④「読解」という山の頂上に、「自己表現」という旗をぜひ立ててほしいのです。

（原和久『創作力トレーニング』より。）

〈注〉ひもとく――書物を開いて読むこと。

問一　――線部①〈このこと〉とはどういうことを指しますか。30字以上35字以内で説明しなさい。

問二　――線部②〈アメリカの子供たちの言語生活のなんと豊かなことか。私は、愕然としました〉について。「愕然」とは「ひどく驚《おどろ》くこと」を意味しますが、このように強い肯定的《こうてい》な評価をするのは、筆者がどのような考えを持っているからですか。その考えを、解答らんの「という考え。」につながるように、20字以上25字以内で説明しなさい。

問三　――線部③〈私の役割はみなさんの「創作力」増進のための、《筋力アップ私設トレーナー》を務めること〉とありますが、筆者は、〈この本〉を使って、子供たちにまずどのような力を付けてほしいと思っていますか。35字以上45字以内で説明しなさい。

問四　――線部④〈「読解」という山の頂上に、「自己表現」という旗をぜひ立ててほしいのです〉とはどういうことですか。90字以上100字以内でわかりやすく説明しなさい。

下書き用（使っても使わなくてもかまいません）

20

四

次の文章を読んで、後の問いに答えなさい。

大手商社に勤める恭一《きょういち》は、プロジェクトの失敗の責任をとらされブラジルのリオ支店への転勤を命じられました。今日、日本を離《はな》れる前に恭一にはどうしても知りたいことがありました。それは八歳《さい》の時に別れた父のことでした。昨日、四〇年近く前に父の帰りを待ち続けた場所を通りかかったとき、父の姿を見かけたのでした。いまその場所をタクシーは通り過ぎようとしていました。

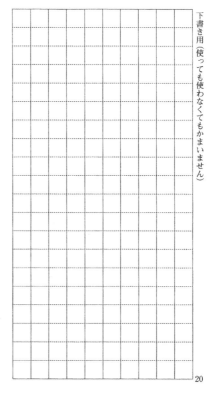

を養ったり、新聞に投書して意見を表明したりすることも、「映画」を見たり「音楽」を聴《き》いたりすることと同じくらい、生活に潤《うるお》いを与《あた》えるための大切な要素なのです。実際、社会人になってからの人生の質を決めるのは、どれだけ豊かな言語生活を送ることができるかにかかっているといっても過言《かごん》ではありません。その意味で、私の学生時代の「国語」体験が、いかに硬直《こうちょく》し、想像力を欠いたものであったかは、アメリカの子供たちの言語生活の豊かさと比較《ひかく》してみれば一目瞭然《いちもくりょうぜん》でした。②アメリカの子供たちの言語生活のなんと豊かなことか。私は、愕然《がくぜん》としました。

　もう一つ、私が言葉を教える教師として、アメリカの教育から学んだことがあります。それは、文学作品を子供たちに教えるときには必ず、そこで使われている表現の技術も教え、その技術を使って自分自身の作品を創作させるという、いわば実践《じっせん》トレーニングを、「美術」「音楽」「社会科」などの他教科とも連携《れんけい》しながら行なっているということです。

　つまり、文学作品を読解した後には、必ず表現の技術を分析《ぶんせき》し、そして分析した後には、その技術を本当に自分のものにできたかどうかを確《かく》認《にん》するためにオリジナル作品の創作をする、という一連の流れがあらかじめ用意されているのです。現地の先生によれば、その学校が特別なのではなく、どの学校でも一二年間継続的《けいぞくてき》にそのようなトレーニングを行なっているということでした。

　みなさんも、小学生の時に、創作のためのトレーニングをやったことがありませんか。物語を読んだ後に、主人公になったつもりで物語を書いてみたり、自分の作った物語に絵をつけてみたり、自作の詩に曲をつけてみたりしたのは、まさにこのような創作力をつけるためのトレーニングだったのです。

　ただ、残念なことに、日本の中学校や高校ではこのようなトレーニングはあまり行なわれていないようです。日本の場合、学年が上がるにつれて、「理解力」や「正確さ」が「想像力」「発想力」あるいは「表現力」よりもはるかに重視されていくように思います。高校や大学の入試に、読解問題が大きな比重をしめていることがその一因になっているのかもしれません。

　しかし、読解力の向上を重視するあまり、多くの場合、教室の中の学びが教科書の受動的な読みだけで終わってしまっていることはとても残念です。なぜなら、教科書に載《の》っている文章の読解から一歩進んで、そこから受けた自分の感情や考えを誰《だれ》かに表現してみることこそが、社会生活をおくる上でとても大切なことだからです。そしてそのような技術を身につけるためには、実際に時間をかけて自分の感情や考えを表現してみなければなりません。

　何かを発想し、想像力を働かせてオリジナルの作品を創造し外に向かって表現する力のことを、私は「創作力」と呼んでいますが、「創作力」は今までに取り組んだことのないものにチャレンジする精神と、実際に時間をかけて作品制作に取り組んでみようとする意志によってはじめて生み出されるものなのです。

　私はみなさんが今教室で学んでいることをどのように「創作」につなげたらよいのか、わかりやすく説明したいと思い、この本を書きました。学校で学ぶ文学作品を題材にしながら、その読解によって得られた感動や考えを、いかに自分自身の表現方法で他の人に伝えるか、そのためのさまざまな文章表現の技術や創作のヒントを紹介《しょうかい》したいと思います。

【国　語】（五〇分）〈満点：一〇〇点〉

一 次の①～⑤の□に当てはまる言葉を語群から選び、漢字で答えなさい。

① サードの彼《かれ》は電光石□の早業《はやわざ》で送球した。
② 彼のすばらしい功□をたたえる。
③ 地球環《かん》□問題は国家というより人類の問題だ。
④ 広大な太平洋を□下に見下ろす。
⑤ あれは□前絶後の出来事だった。

《語群》　カ　クウ　キョウ　セキ　ガン

二 次の①～⑤の□に当てはまる漢字一字を自分で考えて答えなさい。

① 彼には何を言っても□の耳に念仏だよ。
② 姉夫婦《ふうふ》はスープが□めない距離《きょり》に新居を構えた。
③ 祖父が手□にかけて育てたおいしい野菜。
④ 白く降る□を見ながら温泉につかりたい。
⑤ 恋人《こいびと》と黄色く染まったポプラ□木を散策した。

三 次の文章は、ある本の「まえがき」に当たる部分です。読んで、後の問いに答えなさい。

私は、大学を卒業した後、アメリカで現地の子供たちに日本語を教えるという機会に恵《めぐ》まれました。大学時代に自分が教育について学んだこともあり、またせっかくのアメリカの学校教育に触《ふ》れる機会でしたので、自分のクラスで教えるだけでなく、時間を見つけては他のクラスにも足をはこびました。現地の子供たちがどのように英語を学んでいるのか観察したかったのです。実際に、学校の中の様子を見るのははじめてのことだったのでいろいろと学ぶところがありました。なかでも一番びっくりしたのは、教室や図書館で子供たちがごく自然に小説や詩、あるいは日記や漫画《まんが》などを楽しみながら書いている姿でした。

「先生、こんな物語を書いたんだよ。将来は小説家になりたいんだ。」

「私は漫画を描《えが》いてるの。日本のMANGAって面白《おもしろ》いよね?」

「僕《ぼく》は毎日、詩を作ってるんだ。ノートを見てほしいな……」

小学生から高校生まで程度の差はあれ、どの子供も「書くこと」が本当に好きらしく、いろいろなジャンルの作品を作っては私に見せにきました。

高校を卒業するまでの一二年間、教科書を読んで問題集や漢字の勉強に励《はげ》むことが、いわゆる国語の勉強であると考えていた私にとって、①このことはちょっとした驚《おどろ》きでした。まったくもって受験勉強の弊害《へいがい》としか言いようがありませんが、いつのまにか私は理由もなく、「漫画」は勉強の邪魔《じゃま》、「詩」や「小説」は文芸クラブの「もの好きな」生徒のやることぐらいにしか考えることができなくなっていたのです。

もちろん、文章を読んで問題集に取り組み、そこに書かれていることを正確に読み取る力を養うことはとても大切です。しかし、学校を卒業して社会に出てみればすぐにわかりますが、私たちの言語生活を豊かにしているのはいわゆる「読解力」だけではありません。

たとえば、詩を書いて感情を表わしたり、漫画や小説を書いて想像力

おそるおそる手をのばして肌をなでる。ぼっこりと盛りあがった傷痕はツルンとしている。傷の部分は血色のいい桃色《ももいろ》で、そのまわりの肌は砂地みたいにざらついている。地面の上にできたくぼみは目にとまらないのに、お腹にできたくぼみからは、どうして目が離《はな》せないんだろう。

胸がドキドキして呼吸が浅くなる。これまでのことを、すべてあやまりたい衝動《しょうどう》にかられる。

「ごめん」

口にしたあとで失言だったと気がついた。けどもう遅《おそ》い。

「ごめん」

ごめんなんて言って、ごめん。

長谷川さんは、わたしがあやまるたびに首を横に振り、悲しそうに笑った。

その顔は、「きれいだね」って褒《ほ》められたときに似ている。

ついさっきまで長谷川さんに抱いていた、どす黒いこんがらがった感情は、跡形《あとかた》もなく消え去っている。

お腹にこんな傷があるなんて、まったく気づかなかった。

雑誌に載《の》っていた、向かうところ敵なしってかんじの強気な笑顔《えがお》が胸に刺《さ》さる。

がんばれ。

ストンと、そう思った。

わたしはつくづく単純で、つまらない人間だ。

こんなにひどい傷を見て、また長谷川さんと友だちになりたいと思ってるなんて！

だけど……④必死に自分の弱い部分をさらけ出してくれた、彼女の勇気に応《こた》えてあげたい。

（河合二湖『向かい風に髪なびかせて』より。）

問一　——線部①〈どうしてほかの女の子たちが長谷川さんと仲よくならないのか、いまはわかる〉とありますが、みんなが長谷川さんと仲よくならないのはなぜだと〈わたし〉は考えていますか。25字以上35字以内で説明しなさい。

問二　——線部②〈数日前にあんなことがあったばかりだから、彼女の体に触れるのはただでさえ気を遣う〉とありますが、〈あんなこと〉とはどのようなことですか。30字以上40字以内で説明しなさい。

問三　——線部③〈この季節に腹巻き?〉とありますが、長谷川さんはなんのために季節外れの腹巻きをしているのですか。15字以上20字以内で説明しなさい。

問四　——線部④〈必死に自分の弱い部分をさらけ出してくれた、彼女の勇気に応えてあげたい〉とありますが、長谷川さんとの関係に対する〈わたし〉の感情は、何をきっかけにどのように変化したのですか。80字以上90字以内で説明しなさい。

下書き用（使っても使わなくてもかまいません）

20

「わたしも平気」

長谷川さんは、髪《かみ》や体についた砂をはらいながら言った。よかった。顔に傷がついてなくて。

「保健室、行ってきなよ。ケガしてる」

誰《だれ》かの声。見ると、長谷川さんの脚《あし》に血がにじんでいる。

「すぐに連れてく。行こっ、長谷川さん」

わたしは言った。

「このくらいぜんぜん平気。それより、卜部さんも血が出てる」

そういえば、校庭の砂がめりこんだ手のひらやひざが焼けつくように痛い。

「わたしのことなんか、どうでもいいよ」

連れだって校舎へと向かいながら言った。

「よくない」

長谷川さんはちょっと怒《おこ》ったように言った。

「だって、わたしのせいで長谷川さんにケガさせたんだもん。顔も体も、大事な商売道具なんでしょ？」

長谷川さんは、小さくため息をついて歩きだした。

同い年なのに、すべてを悟《さと》りきってるような顔。刺《とげ》のある言葉なんか、まともに相手にしている暇《ひま》はないって顔をされると、ますますみじめになってくる。

保健室に、先生はいなかった。

「しずかだね」

沈黙《ちんもく》に耐《た》えられなくて話しかけた。

窓の外から、ホイッスルの音とみんなの声がきこえてくる。消毒液と薬品のまざったような苦味のあるかおりが、部屋のなかを満たしている。

「卜部さん」

流しの水で傷口を洗っていたら、うしろから声がした。

水を止めてふり向くと、長谷川さんは片脚《かたあし》に血をにじませたまま、うつむいて体操着のウエストのあたりをごそごそとなおしている。

「ちょっと、見てほしいものがあるの」

白シャツがまくりあげられ、その下からあざやかなピンク色の布地が現れた。布は、筒《つつ》のようにお腹《なか》のまわりに巻きついている。

③この季節に腹巻き？

彼女は両手で腹巻きを一気にずりあげた。

すこしのあいだ、わたしはそれがなんなのか、わからなかった。

そこにあるのは、胴体《どうたい》しかありえないのに。

彼女の胴体は褐色《かっしょく》で、浅くえぐれていた。干《ひ》からびた水たまりみたいに乾《かわ》いた肌《はだ》の上を、極太《ごくぶと》のミミズのような傷が這《は》っている。左胸のすぐ下あたりからはじまって、右の脇腹《わきばら》までななめにのびた、一本の長い傷《きず》痕《あと》。

「それ、どうしたの？」

口からしぼりだした声はかすれていた。

「事故に遭《あ》って、手術した跡《あと》。たぶん一生残ると思う」

「痛くない？」

「ごくたまに違和感《いわかん》はあるけど。何年も前のことだから、もう普段《ふだん》の生活に支障はない。よかったらさわってみる？　意外に感触《かんしょく》いいの。卜部さんにならさわらせてあげる」

長谷川さんは、体をびくっとさせてふり向いた。
「なに⁉」
とがった声。かたい表情。
「あの、ごめん。ちょっと下着が出てたから」
「ああ、下着……ありがと」
長谷川さんは、はみ出ていた下着をさっと短パンの内側に入れる。
長谷川さんが近寄りがたいのは、見た目のせいなんじゃないかと思ってたけど。さっきの彼女はなんだかこわかった。警戒心《けいかいしん》をみなぎらせたするどい瞳《ひとみ》……。わたしたちが知らないだけで、彼女はほかにも学校では見せていない顔をたくさん持っているのかもしれない。
「長谷川さんがうちのクラスで浮いてるのって、見た目のせいじゃないよね」
授業のあと、更衣室《こういしつ》で古賀さんと横山さんがしゃべってた。
「わたしもそう思う。だって亜梨紗なんて、美人だけど女子にも人気あるじゃん？」
「あたしも亜梨紗、綺麗《きれい》だから大好きっ」
「こらユメちゃん、汗臭《あせくさ》いからやめてーっ」
ユメちゃんに抱《だ》きつかれたまま、亜梨紗が身をよじる。
「あの人って、表情も話すこともなんか上《うわ》っ面《つら》だけっていうか、本心が読めないんだよね。浮いてるのは性格に原因があるんだって、いいかげん気づけよってかんじ」
更衣室に、長谷川さんの姿はない。
みんなはこのときを待っていたかのように、長谷川さんについて思っていたことをぶちまける。
「小春は長谷川さんのこと、どう思う？」
とっさになんて答えていいかわからなくて、首をぶんぶん横に振《ふ》った。
「まあ、そんなところだよね」
まわりの子たちは、神妙《しんみょう》な顔でうなずいている。
次の体育の時間はあっというまにやってきた。
「じゃあ、今度は馬跳《と》び十回ずつ！」
二人組の準備体操。長谷川さんはかがみこんだわたしの背中に手をついて、先に十回跳びこえる。次はわたしの番。
②数日前にあんなことがあったばかりだから、彼女の体に触《ふ》れるのはただでさえ気を遣《つか》う。それに、背の高い長谷川さんの上を跳びこえるのはけっこうきつい。
「あの、もうすこしかがんでくれる？」
二回跳んだところで、お願いした。
「うん」
長谷川さんは体操着の裾をぎゅっと引っぱってから、かがみこむ。
下着がはみ出てないか、気になってるのかな。
もっと姿勢を低くしてほしいんだけど……。
なんとか跳びこえようとして、バランスをくずしてしまった。
わたしは長谷川さんごと砂の上にころがった。
「大丈夫《だいじょうぶ》⁉」
駆《か》け寄ってきたまわりの子たちに助け起こされる。
「……うん。長谷川さんは？」

下書き用（使っても使わなくてもかまいません）

20

四　次の文章を読んで後の問いに答えなさい。

卜部《うらべ》小春（わたし）は、中学二年生になり、学校で話題の美人である長谷川優貴（長谷川さん）と同じクラスになりました。中学一年の三学期に転入してきたばかりの長谷川さんはなぜかクラスで孤立《こりつ》していましたが、興味を持った「わたし」はそんなことにかまわず、長谷川さんの唯一《ゆいいつ》の友だちとなります。しかし、ちょっとしたすれ違《ちが》いから、「わたし」が長谷川さんと一緒《いっしょ》にいる時間は減り、長谷川さんを良く思っていない望月亜梨紗（亜梨紗）や袴田《はかまだ》夢美（ユメちゃん）と一緒にいる時間が増えるようになります。本文はそれに続く場面です。

ふたたび学校がはじまった。

わたしはこれまでどおり、亜梨紗やユメちゃんといっしょにいる。

長谷川さんがときどきこっちを見ている気がするけど、気づかないふりをした。

でも、体育の準備体操のときだけは、そういうわけにはいかない。

先生が合図をするとすぐにほかの子たちは二人組になってしまって、仕方なく長谷川さんのところへ行く。ぎこちなく挨拶《あいさつ》を交《か》わして背中合わせのストレッチをはじめる。

「手足、長っ」

「ウエスト細っ」

まわりからささやく声がする。わたしはきこえないふりをして準備体操をつづけた。きっとわたしの体型が、長谷川さんのスタイルのよさをよけいに引き立ててる。

べつに彼女《かのじょ》のことが嫌《きら》いになったわけじゃない。

嫌《いや》でたまらないのは、勝手にいろんなものを長谷川さんと比べて卑屈《ひくつ》になってしまう、自分自身だ。

長谷川さんとなんか、友だちにならなければよかった。

①どうしてほかの女の子たちが長谷川さんと仲よくならないのか、いまはわかる。

テレビや雑誌に出ている芸能人やモデルみたいに、ずっと遠い世界の人でいてくれたら、わたしも純粋《じゅんすい》にあこがれていられたのに。

やっと準備体操がおわって先生の話がはじまった。

前に座《すわ》った長谷川さんのシャツが上にずれ、腰《こし》のあたりの下着がすこしはみ出ている。ショッキングピンクの派手な下着。体育座りの長谷川さんがひざをかかえると、体操着はさらに上にずりあがる。

これって、教えてあげたほうがいいのかな。のぞいた下着をそばで見ているのも落ちつかなくて、やっぱり教えてあげることにした。

そっと手をのばして体操着の裾《すそ》をくいっと引っぱったとたん。

もともと、何であれモノは、それを使いたい人が自分でつくっていた。こんなふうに使いたいというモノのできあがりのイメージは、使用者であり製作者でもある人の頭の中に、ぼんやりとした形である。とはいえモノの加工はイメージどおりに進んだりしない。天然の材料は不均質で癖《くせ》があって狂《くる》ったり暴れたりする。つくり手はつくりながら、材料のもつ癖にそってイメージを修正しつつ作業を進める。だいたいできたら、ちょっと試《ため》してみる。いまいちだったら直す。満足なら、すぐに使いはじめるだろう。もっと直したいところがあっても、とりあえず使えるし、こんなもんでいいやと妥協《だきょう》したりしながら。あり合わせの食材で料理をしたり、雪だるまをつくったりするときは、今もこんな感じだ。その場で器用につくるのだ。

　プロセスが場当たり的に見えても、最終的に物体が秩序だてられているから機能する。素朴《そぼく》な物づくりのプロセスにおいては、「つくり方」は「あらかじめ」何かの形で外在的に示されているわけではない。すべてはつくり手の頭の中にあり、つくられていくと同時に修正されていく。それが集団によって行われる場合でも、息が合っているなどと呼ばれるイメージが共有されている状態が前提にある。言葉はいらない。このとき、つくられるモノとそのつくり方は一体である。すなわちモノと情報は不可分だ。

　しかし、つくる対象が一定の注2閾値《いきち》を超《こ》えて大規模かつ複雑で、多種多様な主体が関《かか》わる場合には、そして何より使う人とつくる人が異なる場合には、製作作業にかかる前に「あらかじめ」、達成されるべき秩序の有り様について、何らかの情報によって「つくり方」を外部に記述し、共有しておくことが必要になる。このとき、つくられるモノからつくり方が分離《ぶんり》する。つくり方が情報としてモノから独立して操作されるようになる。注3施工者《しこうしゃ》ではない設計者、④「建築家」の誕生である。

（五十嵐太郎編『14歳からのケンチク学』より。）

〈注〉１　鉄骨トラス――地上や地下にしかれたケーブルを防護するもの。

２　閾値――境目となる値。

３　施工者――工事を行う人。

問一　――線部①〈この２つの言葉は字面もよく似ているけれど、私たちはちゃんと使い分けている〉とありますが、〈私たち〉は、〈建物〉という言葉を〈文字どおり「建てられた物」〉の意味で使っています。では、〈建築〉という言葉をどのような意味で使用していると筆者は考えていますか。**30**字以上**40**字以内で説明しなさい。

問二　――線部②〈どんなに大量のコンクリートを敷地に運び込んでも、ただ闇雲にぶちまけたのだとしたら、それはただのコンクリートの塊であって、建物と呼ぶことはできない。磨きあげた材木をどんなに揃えても、横たわっている限りはただの材木の束にすぎない〉とありますが、それはなぜですか。〈建物〉を主語にして**45**字以上**55**字以内で説明しなさい。

問三　――線部③〈「建築とは世界を秩序だてることである」〉とありますが、これはどういうことですか。**50**字以上**60**字以内で説明しなさい。

問四　――線部④〈「建築家」の誕生である〉とありますが、これはどういうことですか。**75**字以上**85**字以内で説明しなさい。

すべての行為が「建てる」というコトであり、その積み重ねによって建物が実現するということは間違《まちが》いない。

しかしながら、②どんなに大量のコンクリートを敷地《しきち》に運《はこ》び込んでも、ただ闇雲《やみくも》にぶちまけたのだとしたら、それはただのコンクリートの塊《かたまり》であって、建物と呼ぶことはできない。磨《みが》きあげた材木をどんなに揃《そろ》えても、横たわっている限りはただの材木の束にすぎない。コンクリートの塊や材木の束が、建物になるためには、意味ある位置に、意味ある形で配置され、組み合わされる必要がある。

そこに、「建築家」と呼ばれる人たちが登場する。

建築家は、直接自分で建物をつくるわけではない。レンガを積んだり、ノミをふるったりはしない。建築家は、何を、どこに、どんな形で、どんなふうに置くのか、を決めている。つまり、建物のつくり方をつくるのだ。この、「つくり方をつくる」というコトによって、「建てる」コト全体が統御《とうぎょ》されているからこそ、コンクリートは壁《かべ》になり、材木は柱になり、建物になることができる。

このことを、ミース・ファン・デル・ローエという建築家は「すべてのものを適切な場所におき、すべてのものにその性質に従った役割を与《あた》えることによって、われわれは秩序《ちつじょ》を持ちうるはずである」と言った。

またミースは「二個の煉瓦《れんが》を注意深く置くときに、建築が始まる」とした。煉瓦はどうでもよい。2個というのが本質だ。1個ならどう置いてもただの煉瓦だが、2個目を置くときに両者の「関係」が生まれる。

モノとモノの「関係」が「秩序」だてられていること。その関係が社会に開かれ、使い手を迎《むか》えるとき「機能」が生まれる。一般《いっぱん》に「機能」というものはあらかじめ決まっていると考えてしまいがちだが、それはかならずしも正確ではない。たとえば、住宅の場合、敷地の中にさまざまな大きさの部屋をバラバラに置いて、それぞれに居間や厨房《ちゅうぼう》、寝室《しんしつ》、書斎《しょさい》などと名前をつけてみたところで、それぞれの部屋がそれぞれの役割をきちんと果たすことができるわけではない。機能もまた、コンクリートや材木と同じように、意味ある位置に、意味ある形で配置され、関係づけられることによって、すなわち秩序だてられることによってはじめてあらわれる――機能する――のだ。そして、諸室として機能しうるよう秩序だてられた物体が、エネルギーの流れの場に適切に置かれ、生じる光や熱や風や音の状態が、そこにいる人間にとって快適な水準で安定していることではじめて、建築が成立する。

そこいらに転がっているコンクリートの塊や材木の束。バラバラに散らばっているさまざまな大きさの部屋。そうした、そのままではわけのわからない複雑で混沌《こんとん》とした状態にある物体と機能に――すなわち「世界」に――秩序を与え、人間にとって了解《りょうかい》可能なものにとりまとめることが、建てるというコト、建築というコトなのだ。

③「建築とは世界を秩序だてることである」なんて聞くと大げさに感じるが、「建築」をこんなふうにより抽象的《ちゅうしょうてき》な水準で了解しておくことが、建築と「情報」の関係を考えていく上で重要な意味をもってくる。さらに先へ進むことにしよう。

建築家は自分ではつくらない。つくり方をつくるのだ、と書いた。暗《あん》黙《もく》の前提がある。「つくり方」はつくる前に「あらかじめ」つくられている、という前提である。当然のように聞こえるかもしれないが、これは決して当然のことではない。

【国　語】（五〇分）〈満点：一〇〇点〉

一　次の①～⑤の□に当てはまる言葉を語群から選び、漢字で答えなさい。

① 困難な□題に直面する。
② 一人でお□守番をする。
③ 大統領は職□を全うする誠実な人だ。
④ 二□流で活躍する大谷選手。
⑤ 学級委員に立□補する。

《語群》
カ　セキ　ル　コウ　トウ

二　次の①～⑤の□に当てはまる漢字一字を自分で考えて答えなさい。

① 信長が天下を□める。
② ようやく環境に□れる。
③ 鳥の鳴き声で目が□める。
④ 白羽の□を立てる。
⑤ 写真は光と陰が□りなす芸術だ。

三　次の文章を読んで後の問いに答えなさい。

建築と情報の関係を考えるために、まずは建築と建物を区別してみることから、話をはじめたい。

①この2つの言葉は字面《じづら》もよく似ているけれど、私たちはちゃんと使い分けている。たとえば「建築する」とか「建築中である」とは言うけれど、「建物する」とか「建物中」とは決して言わない。

「建物」とは文字どおり「建てられた物」であり、物理的なモノそれ自体のことだ。石や木やコンクリートやガラスなどを組み合わせてつくられたモノそのものであり、重さがあり、体積があり、燃えたり、潰《つぶ》れたりする。

それに対し、「建築」という言葉はモノそれ自体を指すと同時に、それをつくる行為《こうい》、つまりコトの意味を含《ふく》んでいる。「建物」が「建てられたモノ」である、のと対比させていうと、「建築」とは「建て築くコト」だ。つまり、モノとしてだけでなく、コトに意味がある場合、「建物」ではなく「建築」という言葉が用いられる。

また、「建物」や「建築」に似た「建」のつく言葉には、他《ほか》に「建設」「建造」「建立《こんりゅう》」などがある。ニュアンスの差はあるが、どれも「(構造物などを) つくるコト」で、モノの意味はない。モノを指すためには、それぞれに「物」をつけて、建設物、建造物、建立物と言わなければならない。

「建築」という言葉の面白《おもしろ》さは、それが建てられたモノであり、同時に、建てるというコトである点にある。

建物を建てるという作業を思《おも》い浮《う》かべてみてほしい。どんな情景が目に浮かぶだろうか。長い材木に鉋《かんな》をかける大工の姿、注1鉄骨トラスを吊《つ》り上《あ》げるクレーン、それとも生コン車から送り出されるコンクリートを型枠《かたわく》に注《そそ》ぎ込《こ》むパイプの脈動だろうか。確かにそうした建設現場での

られてしまう。残酷《ざんこく》な仕打ちだと思わない？　でも、あたしは運命を恨むわけにはいかない。運命が、あなたをあたしの前に連れてきたのよ。だからあたしは、④この運命を、喜んで受け入れようと思うの」

直美は微笑《びしょう》を浮《う》かべた。不思議な明るさをたたえた、人の表情とも思えない、彫像《ちょうぞう》みたいな微笑《ほほえ》みだった。

（三田誠広『いちご同盟』より。）

問一　――線部①〈こんな直美〉とありますが、これは、どのような直美のことですか。30字以上40字以内で説明しなさい。

問二　――線部②〈とてもみじめな気分になる〉とありますが、ここで、このように思うぼくには、ある誤解があります。ぼくの誤解を20字以上30字以内で説明しなさい。

問三　――線部③〈あたしは……〉とありますが、この時、直美はどのようなことを言おうとしたのですか。〈あたしは……〉に続く直美の言葉を想像して、15字以上25字以内で答えなさい。

問四　――線部④〈この運命を、喜んで受け入れようと思うの〉とありますが、これはどういうことですか。70字以上80字以内で説明しなさい。

下書き用（使っても使わなくてもかまいません）

20

いかけた。直美は一瞬《いっしゅん》、おびえたような表情を見せた。おびえながら、期待をこめて、次の言葉を待ちうけている。そんな直美の気配に勇気づけられて、ぼくは言った。
「ぼくはきみが好きだ」
直美は目を伏《ふ》せた。上気していた顔が、さらに赤く染まった。ぼくも視線をそらせた。思わず、声がふるえそうになった。
「でも、ぼくはどうすることもできない」
言ってしまったあとで、では、どうなれば自分は満足したのだろう、と思った。初めから答えの出ない問いに悩《なや》んできたような気もした。
直美の息の音が聞こえた。何か甘《あま》ずっぱいような香《かお》りが漂《ただよ》ってくるようだ。ベッドの上に寝《ね》ているはずの直美の吐息《といき》が、耳もとで響《ひび》く。
「あたしも、あなたが好き」
直美がささやいた。
ぼくは直美の方を見なかった。嬉しかったが、同時に、大きな壁《かべ》の前に立たされた感じもした。
「でも、徹也のことも好きだろう」
窓の外に目をやったまま、ぼくは言った。
直美は、小さく息をついた。
「好きよ」
早口に、直美は言った。
「テッちゃんはあたしにとって、特別の人よ」
「わかってるよ。ぼくも、徹也が好きだ。ぼくたちは三人で、仲良くやっていける」
ぼくはベッドの方に振《ふ》り向《む》いた。
直美はぼくの言い方が気に入らなかったようで、むきになって言った。
「そんなんじゃないわ。③あたしは……」
言葉が続かなかった。
ぼくは直美の目を見つめた。直美もぼくを見ていた。昂奮《こうふん》は鎮《しず》まっていた。かえって冷ややかなほど落ち着いた表情で、直美はこちらを見ていた。なぜかひどく大人びた顔つきに見えた。
「良一さん」
直美がぼくの名を呼んだ。こんなふうに名前で呼ばれるのは、初めてだった。ぼくの顔をじっと見つめながら、直美は静かに語り始めた。
「病気にならなければ、あなたとは会えなかったかもしれない。あたしも、あなたも、ぜんぜん知らない世界で生きていくことになったはずよ。でも、どういうわけかあたしは病気になり、あなたと出会った。この運命に、感謝すべきなのかしら。病気にならなければ、たぶんテッちゃんと、幸福な人生を歩んでいたはず。それが本当の幸福なのか、いまは何とも言えないけど。あたしはあなたに会ってしまったのだし、この病気はたぶん、治らないのよ。それが現実。でもあたしは欲ばりだから、こんな状態になっても、夢を見ていたいの。テッちゃんがいて、あなたがいて、そして病気がすっかり治る。そうすると、どういうことになるのかしら。つらいことが起こるかもしれないわ。人を傷つけたり、傷つけられて恨《うら》んだり、いろいろと哀《かな》しい体験をして、そうしてたぶん、泣きながら、これが生きるってことなんだと思う。つらくてもいいから、生きていたい……。でも、どうしようもないのよ。あたしには選ぶ権利がない。ドラマが始まったのに、山場も来ないうちに、チャンネルを換《か》え

「もう来ないかと思ったわ」
ぼくが病室に入るなり、鋭《するど》い声で直美は言った。
必ず見舞いに行ってくれ、と徹也に言われたのに、ぼくは行かなかった。あの時、徹也といっしょに行っていればよかったのかもしれない。一人で病室に入って、直美とどんな話をすればいいのか。そのことを思うと、気がめいって、病院に行くふんぎりがつかなかった。
ぼくはドアの前に立ったまま、黙《だま》っていた。
直美は挑《いど》むような眼差《まなざ》しでぼくを見つめた。ただ見つめられるだけで痛みを覚えるような視線だった。長く続いた残暑が急に衰《おとろ》え、冷えびえとした秋雨《あきさめ》が窓ガラスをぬらしていた。冷気が病室を満たしている。その冷気に抗《あらが》うように、ピンク色に染まった直美の顔や、全身から、熱気があふれだしてくる。①こんな直美を見るのは、初めてだった。
見舞客《みまいきゃく》はいなかった。ぼくが部屋に入るまで、直美は一人きりでいたはずだ。それなのに、まるでぼくが来るのを待ち構えていたみたいに、直美は気分を昂《たか》ぶらせていた。
「あなたはいつも、黙っているのね」
ぼくは力なく笑った。
「わざと黙っているわけじゃない。考えてるんだ。考えているうちに、きみの質問が先に進んでしまう」
「あたしずっと、あなたを待ってたのよ」
「ぼくだって、ずっと、きみのことを考えていた」
「そう。嬉《うれ》しいわ」
直美は少しも嬉しそうではなかった。こみあげてくる感情のうねりを自分でもコントロールできないといった様子だった。
「そんなとこに立ってないで、座《すわ》りなさいよ」
激しい口調で直美は言った。ぼくはあわてて椅子《いす》に座り、はらはらしながら、次に直美が何を言いだすか、見守るばかりだった。
「あたしのことを考えていたって、どんなことを考えていたの？」
試《ため》すような目つきでぼくの顔を眺《なが》めながら、直美は尋《たず》ねた。
すぐには答えられなかった。直美のことを考えていたというのは、嘘《うそ》ではない。けれども、直美の病気のことや、徹也のこと、それからぼくの個人的な問題など、いろんな要素が絡《から》んでいるので、ひとくちで説明するわけにはいかなかった。
あれこれと思い迷っているうちに、だしぬけに、言葉が飛び出した。
「徹也は、女の子に人気がある」
とぼくは言った。
直美は唇《くちびる》をとがらせた。
「どうしてテッちゃんのことなんか言いだすの」
なぜ徹也のことを口にしたのか、自分でも意外だった。でも、口にしたあとで考えてみると、そこから話し始めるしかないという気がした。
「聞いてくれよ。徹也は野球部のスターだし、明るくて、いいやつだ。羽根本徹也と自分とを比べるなんて、考えたこともなかった……」
直美の目が、真剣《しんけん》な光を帯び始めた。
「でも、きみのことを考えると、自然と、徹也のことを考えてしまう。するとぼくは、②とてもみじめな気分になる」
「なぜなの」
「なぜって、それは……」
ぼくは直美の目を見つめた。なぜそんなことを訊《き》くんだ、と無言で問

わせたり、同じくたまたま病気に強かった稲の品種を交配させたりすることで行います。これと同じことが自然界でも起こっているのではないかと考えたのです。たまたま首の部分がめくれた甲羅を持つゾウガメが、サボテンの多い島に生まれたが、他のゾウガメに比べて食べ物が手に入りやすかった。結果、その子孫が増えて、その島のゾウガメはめくれた甲羅を持つようになったということです。つまり突然《とつぜん》変異で生まれたものが、たまたま環境に適応して、生き残ってしまうということです。畜産業者や農業者のように人が品種改良を行うことを「人為《じんい》選択」と呼ぶのに対して、ダーウィンは自然がこのような選択を行うことを「自然選択」と呼びました。

　以上のように、ダーウィンは生物は進化するという今までとまったく違うことを発想しました。そしてそれは当時支配的だったキリスト教に真っ向から反対するものでした。しかしダーウィンは長い時間はかかったものの、自分が正しいと信じた進化論を発表したのです。非難を恐れず、勇気を持って。自分の考えが正しいものだと思っても、周りに非難されると分かっている中で、それを主張していくのは、大変難しいことです。でもダーウィンは自らが信じることを発表しました。このおかげで、現代の科学は進歩したと言っても、過言ではないでしょう。このように考えるとダーウィンは大変勇敢な人だったと言えるのではないでしょうか。

（この文章は本校教員の手による）

問一　——線部①〈父に反対され〉とありますが、なぜ〈父〉は反対したと考えられますか。その理由を本文中から探し、25字以上35字以内でまとめなさい。

問二　——線部②〈自然選択〉とありますが、どういうことですか。30字以上40字以内で説明しなさい。

問三　——線部③〈この考えはキリスト教の神に逆らうことになります〉とありますが、それはなぜですか。40字以上50字以内で説明しなさい。

問四　〰〰線部〈ダーウィンはとても勇敢な人だった〉とありますが、なぜそう言えるのですか。本文全体の内容をよく考え、50字以上60字以内で説明しなさい。

下書き用（使っても使わなくてもかまいません）

20

四　次の文章を読んで後の問いに答えなさい。

中学三年生の良一は、同級生で野球部のエースの徹也《てつや》から、重い病気で入院している直美を紹介《しょうかい》されます。徹也と直美は幼なじみで仲が良く、それを気にした良一は、直美の見舞《みま》いに行くことをためらうようになります。そんな良一に徹也は、直美が待っているから、と言って病院に見舞いに行くことを勧《すす》めます。本文はそれに続く場面です。

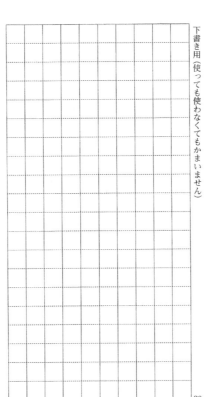

ありませんでした。①父に反対され、一度は断念しかけましたが、あきらめきれないダーウィンは根気よく父を説得し、遂《つい》にビーグル号に乗《の》り込《こ》むこととなりました。

　一八三一年にダーウィンは、世界一周の航海に出発します。ヨーロッパを出て大西洋をへて、南アメリカに渡《わた》り、今度は太平洋を横断してオーストラリアへ、そしてインド洋を経由して、アフリカにたどり着き、喜望峰《きぼうほう》を回り、もう一度南アメリカに行き、ようやくヨーロッパに戻るという大航海でした。この航海の中で、ダーウィンは多くの動物や植物、様々な化石などに触《ふ》れ、後の進化論にとって数多くのヒントを得たのでした。

　では、ダーウィンが『種の起源』で述べた進化論とはどのようなものなのでしょうか。『種の起源』の中でダーウィンは二つの重要な事柄《ことがら》を述べています。一つ目は、種は進化し、自分たちの生活する状況《じょうきょう》に合わせて適応するということ。二つ目は、新しい種を形成する仕組みは、「②自然選択《せんたく》」であるということです。

　ダーウィンはビーグル号で世界をまわり多くの動植物を観察しましたが、その中でも特にガラパゴス諸島の動物に興味を持ちました。ガラパゴス諸島は多くの島々から構成されているのですが、それぞれの島で、同じ動物が少しずつ違っていたのです。例えば、ゾウガメは島によって甲羅《こうら》の形が異なりました。フィンチという小鳥は、島ごとにくちばしの形が違っていました。もう少し詳《くわ》しく説明しましょう。ゾウガメは大きく二つに分けることができました。甲羅全体が丸みを帯びたタイプと甲羅の首の部分がめくれ上がったタイプです。草が多い島のゾウガメの甲羅は丸みを帯びていましたが、草が少なくサボテンが多い島のゾウガメは首の部分がめくれ上がったタイプの甲羅でした。丸みを帯びた甲羅は、首を下に向けて草を食べるのに適しており、首の部分がめくれ上がった甲羅は、首を持ち上げてサボテンを食べるのに適しているようでした。次にフィンチですが、主にたねを食べるフィンチは、たねが食べやすい、大きくてがっしりしたくちばしをしていました。また主に昆虫《こんちゅう》を食べるフィンチは、木の穴に入れやすい、細く小さなくちばしをしていました。このような例からダーウィンは、生物は進化するのではと考えました。生物は環境《かんきょう》に適応して、よりうまく生きていけるように進化すると推測したのでした。当時、ヨーロッパではキリスト教が支配的だったため、世界は神によって創《つく》られたと信じられていました。神によって、サルは最初からサルとして創られ、ヒトは最初からヒトとして創られたと信じられていました。ですから、ダーウィンが生物は進化すると考えたことは、とても大きな発見でした。しかし、③この考えはキリスト教の神に逆らうことになります。そしてそれはキリスト教が信じられていたヨーロッパ全体を敵に回すことと同じでした。そのためキリスト教を信じる人たちからの反論を恐《おそ》れて、ダーウィンが『種の起源』を発表したのは、ビーグル号の航海から帰ってきて、なんと二〇年以上たってからのことでした。

　次にダーウィンはなぜ進化が起こるのかを考えました。どうしてサボテンの多い島ではゾウガメの甲羅がめくれていくのか。どうしてたねを食べるフィンチはくちばしが大きくなっていくのか。ダーウィンは次のように考えました。畜産《ちくさん》業者や農業者は、動物や植物の品種改良を行います。例えばよく乳の出る牛を作ったり、病気に強い稲《いね》を作ったりすることです。これらの品種改良は、たまたま乳のよく出る牛と牛を掛《か》け合《あ》

【国語】（五〇分）〈満点：一〇〇点〉

一 次の①～⑤の□に当てはまる言葉を語群から選び、漢字で答えなさい。

① 細かい説明を□略する。
② そこで家康は一□を案じた。
③ お茶会で茶道の作□を守る。
④ 君は□人君子のような人だね。
⑤ 日本の芸術の真□が問われる。

《語群》
ホウ　セイ　カ　ケイ　ショウ

二 次の①～⑤の□に当てはまる漢字一字を自分で考えて答えなさい。

① カラスが「カァ」と□いて飛び去る。
② 芝中学は温泉のように□心地が良い。
③ 感動して□を熱くする。
④ 干潟に□が満ちてくる。
⑤ ハチが花にとまり蜜を□う。

三 次の文章を読んで後の問いに答えなさい。

みなさんはチャールズ・ダーウィンという人を知っていますか。ダーウィンは一八五九年に『種の起源』という本を書いて、進化論を唱えた自然科学者です。そしてダーウィンはとても勇敢《ゆうかん》な人だったと思われます。自然科学者が勇敢なんて、少し変な感じがしますね。ではどうしてそう思われるのか、彼《かれ》の生《お》い立《た》ちや進化論の中身を説明しながら、考えていきましょう。

ダーウィンは一八〇九年、イギリスに生まれました。医者だったダーウィンの父は、息子《むすこ》も医者にしようと考え、ダーウィンを大学の医学部に通わせます。ところがダーウィンは医学部になじめず、勉強もしませんでした。そこで父は医学部をやめさせ、今度は息子をキリスト教の牧師にしようとします。仕方なくダーウィンは、牧師になるためケンブリッジ大学で学ぶこととなります。しかし、そこでダーウィンの人生を大きく変えることが起こります。

ダーウィンはケンブリッジで、牧師の勉強をしていたある日、ジョン・スティーブンズ・ヘンズローという牧師兼《けん》植物学者と出会います。豊富な知識を持つヘンズローの植物学の講義に熱中し、多くのことを学びました。月日が流れ、大学を卒業したダーウィンは故郷に戻《もど》り、牧師として平凡《へいぼん》に暮らすはずでした。ところがある日、ヘンズローから一通の手紙が来ました。そこには、ビーグル号という海軍の船に乗って世界一周の航海に行かないかと書いてありました。ビーグル号に欠員があると聞いて、ヘンズローがダーウィンを推薦《すいせん》してくれたのでした。世界の海岸線を測量するビーグル号に乗れば、世界中で自然を観察できます。しかし今と違《ちが》って当時の船は木でできています。その木の船で航海することは大変危険でした。そして期間も長くかかります。測量をしながら進んでいくので五年近くもかかるのです。さらに測量の範囲《はんい》は広く、世界を一回りすることになるのです。それでもダーウィンはうれしくてしかた

MEMO

大切なことはメモしておこうネ！

解答用紙集

○月×日　△曜日　天気（合格日和）

◆ご利用のみなさまへ
＊解答用紙の公表を行っていない学校につきましては、弊社の責任において、解答用紙を制作いたしました。
＊編集上の理由により一部縮小掲載した解答用紙がございます。
＊編集上の理由により一部実物と異なる形式の解答用紙がございます。

人間の最も偉大な力とは、その一番の弱点を克服したところから生まれてくるものである。――カール・ヒルティ――

東京学参株式会社

芝中学校(第1回)　2024年度　　◇算数◇

※ 145%に拡大していただくと，解答欄は実物大になります。

1　(1)　　　(2)

2　(1)　人　(2)　人　(3)　人

3　(1)　：　　(2)　cm^2

4　通り　3個入り　袋　5個入り　袋

5　(1)　少ない場合　個　多い場合　個

(2)　本

6　(1)　分　秒後　(2)　分後　(3)　分後

7　(1)　通り　(2)　通り

8　(1)　毎秒　cm　(2)　cm^2　秒

(3)　最初に　秒後　次に　秒後

芝中学校(第1回)　2024年度　　◇理科◇

※ 128%に拡大していただくと，解答欄は実物大になります。

1

(1)	(2)		(3)	(4)
	(a)	(b)		

(5)	(6)

2

(1)－(a)	(1)－(b)	(2)
岩		

(3)			(4)-(a)	(4)－(b)	(5)
(a)	(b)	(c)			

3

(1)	(2)	(3)

(4)			
(a)-②	(a)-③	(a)-④	(b)
			L

4

(1)	(2)		
	(ア)	(イ)	(ウ)

(3)			(4)	
(ア)	(イ)	(ウ)	電流	水温
			mA	℃

5

(1)	(2)	(3)
	g	

(4)　水	(4)　エタノール	(5)
cm^3	cm^3	cm^3

(6)	(7)
	%

芝中学校(第1回)　2024年度　　◇社会◇

※130%に拡大していただくと，解答欄は実物大になります。

【1】

問1	A	平野
	B	平野
	C	半島
	D	海
問2		
問3		県

問4	
問5	
問6	
問7	
問8	
問9	

【2】

問1	
問2	
問3	
問4	
問5	
問6	

問7	
問8	
問9	
問10	
問11	
問12	
問13	

【3】

問1	(1)	
	(2)	
問2		
問3		
問4	I	
	Ⅱ	

問5	合計特殊出生率	
	男性の育児休業取得率	
問6		
問7	(1)	
	(2)	
問8		

【4】

問1	
問2	
問3	
問4	

5　10　15　20

◇国語◇

芝中学校（第１回）　２０２４年度

※１３５％に拡大していただくと、解答欄は実物大になります。

一

① ② ③ ④ ⑤

二

① ② ③ ④ ⑤

三

問一

30　35

問二

25　30

問三

30　40

問四

80　100

四

問一

30　40

問二

50　60

問三

25　35

問四

80　100

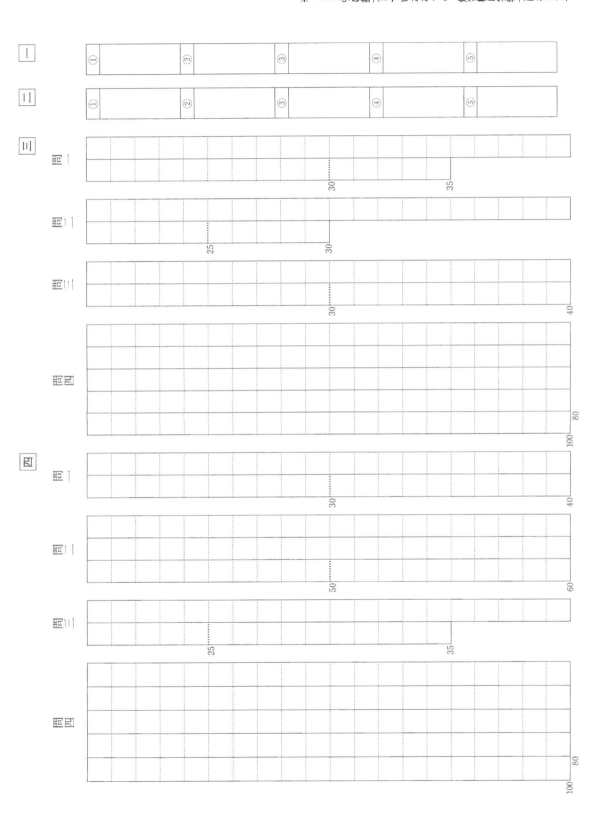

芝中学校(第2回)　2024年度　　◇算数◇

※ 147%に拡大していただくと，解答欄は実物大になります。

1	(1)			(2)					
2	Aは		個	Cは		個			
3			cm^2						
4	(1)		分後	(2) 分速		m	(3)		m
5	(1)		通り						
	(2) Aを		個	Bを		個	Cを		個
6	(1)	：		(2)	：	：	(3)	：	
7	(1)		cm	(2)		cm^2	(3)		回

芝中学校(第2回)　2024年度

◇理科◇

※ 125％に拡大していただくと，解答欄は実物大になります。

1

(1)	(2)	(3)
層		

(4)-(a)	(4)—(b)	(5)

(6)—(ア)	(6)—(イ)	(6)—(ウ)

2

(1)	(2)		(3)	(4)
	(a)	(b)		

(5)	(6)
化石	

3

(1)	(2)	(3)			(4)
		①	③	⑤	
					g

(5)	(6)
%	

4

(1)	(2)	(3)

(4)		(5)			
けんび鏡Ⅰ	けんび鏡Ⅱ	(あ)	(い)	(う)	(え)

5

(1)	(2)	(3)
g	g	cm^3

6

(1)	(2)	(3)

芝中学校(第2回)　2024年度

◇社会◇

※ 133%に拡大していただくと，解答欄は実物大になります。

【1】

問1	A	半島
	B	湾
	C	川
	D	岬
問2		
問3		
問4		
問5		
問6		
問7		プラスチック
問8		
問9		

【2】

問1		
問2	P	
	Q	
問3		
問4		2番目　　5番目
問5		
問6		
問7		
問8		2番目　　5番目
問9		
問10		
問11		

【3】

問1			
問2	(1)	A	
		B	
	(2)		
	(3)		
問3			
問4	(1)		
	(2)		
問5	E		追求
	F		の福祉
問6			
問7	(1)		財産権
	(2)		

【4】

問1		権
問2		
問3		
問4	(a)	にもとづいた企業努力と、
		消費者の　　　　や　　　　が一致したこと。
	(b)	するものである規制が　　　　　　　　となり、
		が起こるから。

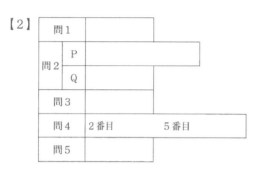

◇国語◇

芝中学校（第２回）　２０２４年度

※ １３７％に拡大していただくと、解答欄は実物大になります。

一

① ② ③ ④ ⑤

二

① ② ③ ④ ⑤

三

問一　25　35

問二　30　40

問三　50　60

問四　80　100

四

問一　30　40

問二

ぼくがランナーになってしまったら、

45　55

問三　40　50

問四　80　100

芝中学校(第1回)　2023年度

◇算数◇

※ 143%に拡大していただくと，解答欄は実物大になります。

1	(1)			(2)				
2	(1)		%	(2)				
3	ア		本	イ		本		
4	(1) ア		個	イ		(2)		
5	(1)		:		(2)		倍	
6	(1)		m	(2)	:		(3)	分後
7	ア		通り	イ		通り		
	ウ		通り	エ		通り		
8	(1) 時速		km	(2) ア		分間	イ	分
	(3)		km					

芝中学校(第1回)　2023年度

◇理科◇

※ 143％に拡大していただくと，解答欄は実物大になります。

1

(1)	(2)	(3)
cm³		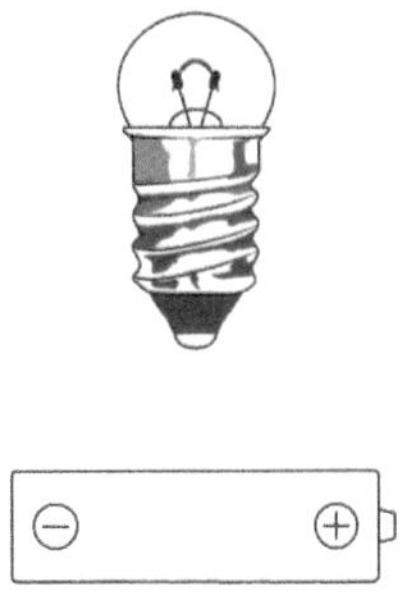

(4)	(5)	(6)

(7)	
(ア)	(イ)

2

(1)	(2)	(3)	(4)	(5)	(6)	(7)
m					cm	

3

(1)	(2)	(3)	(4)	(5)	(6)

4

(1)	(2)	(3)	(4)	(5)		
				A-(あ)	A-(い)	B

5

(1)	(2)	(3)

(4)

(5)

(a)

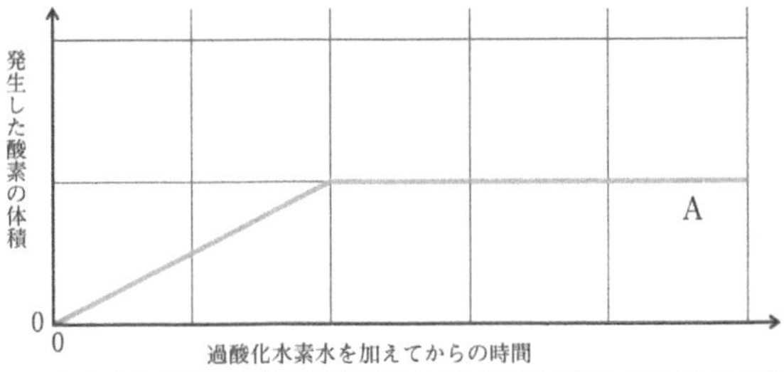

(b)

体積	倍
時間	倍

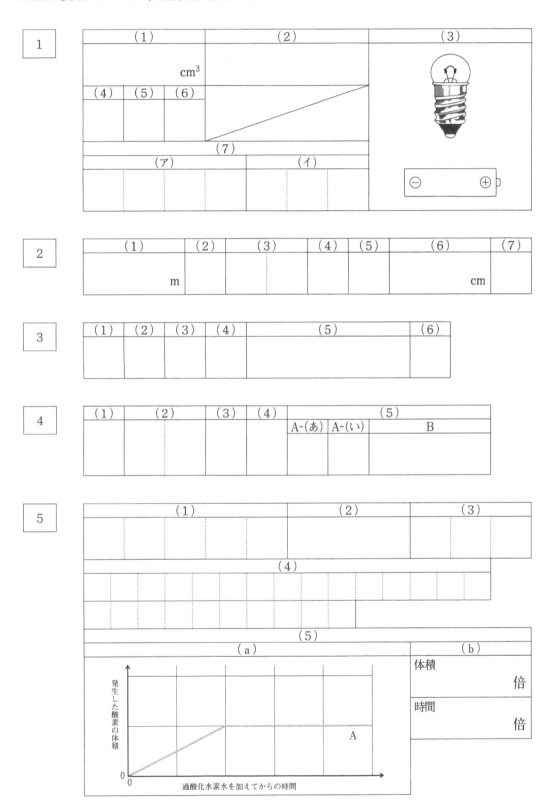

芝中学校(第1回)　2023年度

◇社会◇

※ 143%に拡大していただくと，解答欄は実物大になります。

【1】

問1	①	海
	②	川
	③	山地
	④	平野
問2		
問3		

問4	
問5	
問6	
問7	
問8	空港
問9	

【2】

問1	①	
	②	
問2		
問3		
問4		
問5		

問6	
問7	
問8	
問9	
問10	2番目　5番目

【3】

問1	Ⅰ	ア	
		イ	
	Ⅱ		
問2			
問3	1		議会
	2		
	3		歳
	4		

問4	Ⅰ		
	Ⅱ	エ	歳
		オ	法
問5			
問6			
問7			

【4】

問1		
問2		
問3		
問4	(1)	
	(2)	

5　10　15　20

◇国語◇

芝中学校（第一回）　２０２３年度

※１４３%に拡大していただくと、解答欄は実物大になります。

一

① ② ③ ④ ⑤

二

① ② ③ ④ ⑤

三

問一　30　40

問二　30　40

問三　20　30

問四　80　100

四

問一　10　15

問二　35　45

問三　30　40

問四

年長の車掌は、男の死を、

80　100

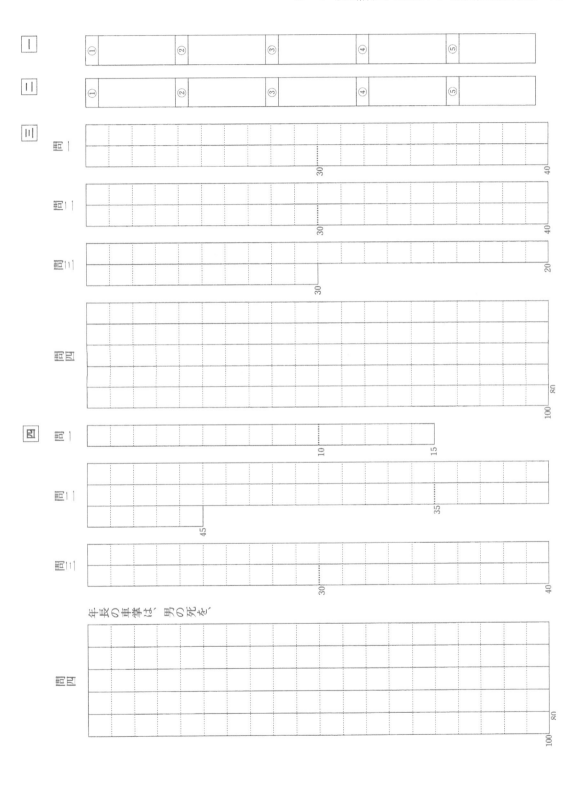

芝中学校(第2回)　2023年度　　◇算数◇

※ 143%に拡大していただくと，解答欄は実物大になります。

1　(1)　　(2)

2　ア　人　イ　個

3　(1)　倍　(2)　倍

4　(1)　回　(2)　時　分　(3)　回

5　(1)　cm^2　(2)　cm^2

6　(1)　　(2)

7　(1)　分　秒　(2)　分　秒

8　(1)　通り　(2)　通り

9　(1) 毎秒　cm　(2)　秒

(3)　秒　(4)　cm

芝中学校(第2回)　2023年度　◇理科◇

※ 143%に拡大していただくと，解答欄は実物大になります。

1

(1)	(2)	(3)	(4)		(5)	(6)
			い,ろ	は,に		
		kg				

2

問1			問2				
(1)	(2)	(3)	(1)	(2)	(3)	(4)	(5)
						分	

3

(1)		(2)
クエン酸	重曹	

(3)

(4)	(5)	
	クエン酸	重曹
g	g	g

4

(1)			(2)	(3)			

(4)		(5)		
		(A)	(B)	(C)
				℃

5

(1)		
P	Q	R

(2)		
①	②	③

(3)	
図5	図6

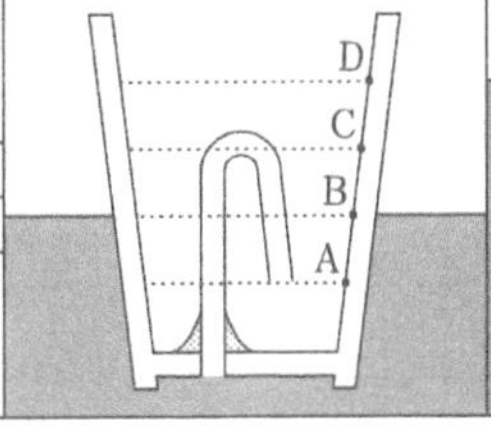

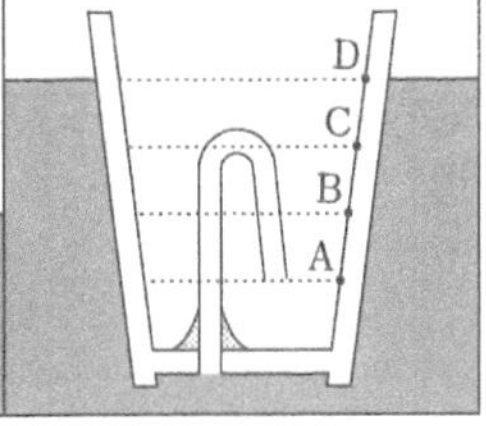

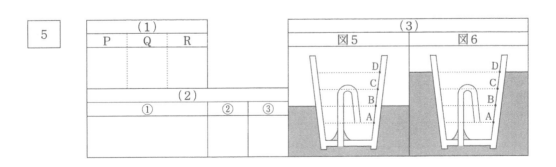

芝中学校（第2回）　2023年度　◇社会◇

※ 143%に拡大していただくと，解答欄は実物大になります。

【1】

問1	①	島
	②	平野
	③	湾
	④	湖
問2		
問3		
問4		
問5		
問6		
問7		
問8		
問9		

【2】

問1		
問2		
問3		
問4	①	
	②	
問5		
問6		
問7		
問8		
問9		会談
問10		2番目　5番目
問11		
問12		

【3】

問1		
問2	(1)	
	(2)	
問3	(1)	と
	(2)	
問4		
問5	(1)	
	(2)	
問6		
問7		
問8		

【4】

問1		
問2		
問3		制度
問4	(a)	生地をぬい合わせる難しさをこえる、　　　　　があったから。
	(b)	児島は
		という強みをいかし、
		と考えている。

◇国語◇

芝中学校（第２回）　２０２３年度

※１４３％に拡大していただくと、解答欄は実物大になります。

一

①　②　③　④　⑤

二

①　②　③　④　⑤

三

問一　15

問二　65　75

問三　50　60

問四　80　100

四

問一　25　35

問二　45　55

問三　30　40

問四　80　100

芝中学校(第1回)　2022年度　◇算数◇

※ 137%に拡大していただくと，解答欄は実物大になります。

1　(1)　　(2)

2　g

3　(1)　cm²　(2)　cm

4　(1)　(2)　人

5　(1)　通り　(2)　通り

6　cm

7　(1)　か所　(2)　分後

8　(1)　回反射した後，　にあたります。

(2)　m

9　(1)　分　秒

(2)　分　秒

芝中学校（第1回）　2022年度

◇理科◇

※ 137％に拡大していただくと，解答欄は実物大になります。

1

(1)		(2)	(3)	(4)	(5)	(6)
			mL			

2

(1)	(2)	(3)	(4)	(5)

(6)	(7)
	通り

3

(1)			(2)	(3)			(4)	(5)	(6)

(7)									

4

(1)	(2)

(3)

(4)
mL

(5)	
体積 mL	記号

(7)
%

(6)

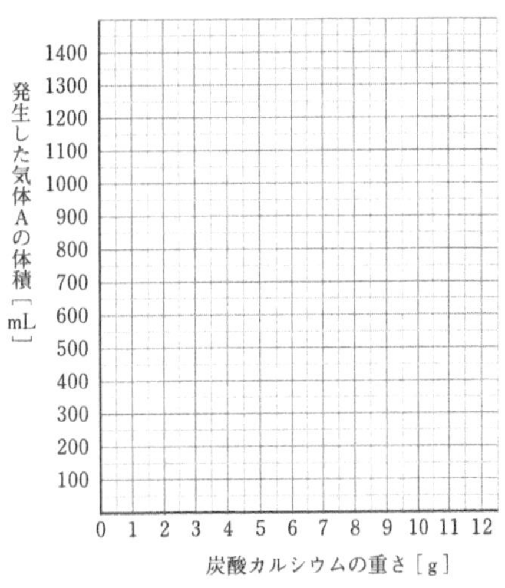

5

(1)	(2)		(3)		(4)			(5)	(6)	

(7)

芝中学校(第1回)　2022年度

◇社会◇

※ 132%に拡大していただくと，解答欄は実物大になります。

【1】

問1	(1)	a	川
		b	山脈 川
		c	山脈
		d	灘
		e	湾
	(2)		

問2	
問3	
問4	
問5	
問6	
問7	
問8	

【2】

問1	
問2	
問3	
問4	
問5	

問6		
問7		
問8	2番目	5番目
問9		
問10		

【3】

問1	①	法
	②	宣言
問2		
問3	(1)	
	(2)	
問4		制度

問5	(1)	
	(2)	
	(3)	
問6	(1)	
	(2)	
	(3)	

【4】

問1	大陸
問2	
問3	
問4	

5　10　15　20

◇国語◇

芝中学校（第１回）　２０２２年度

※１３９％に拡大していただくと、解答欄は実物大になります。

一

①　②　③　④　⑤

二

①　②　③　④　⑤

三

問一

問二

問三

問四

四

問一

問二

問三

問四

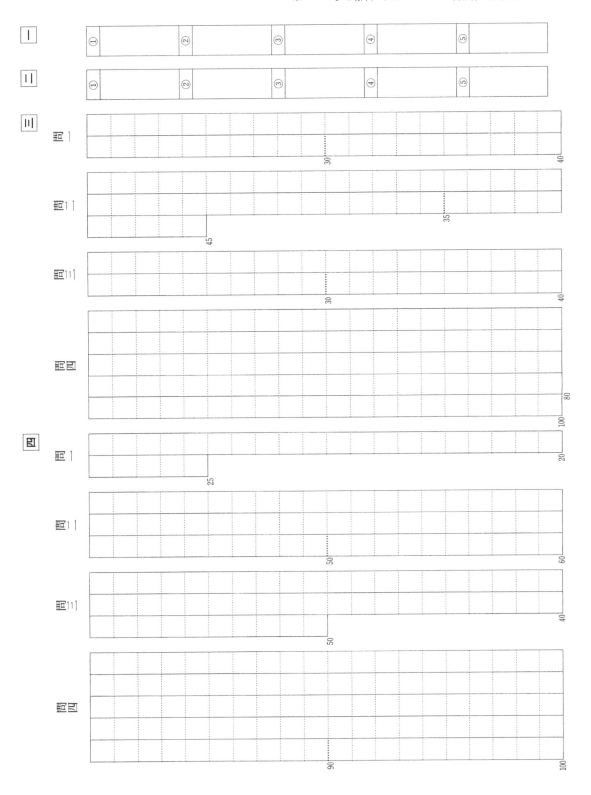

※ 147％に拡大していただくと，解答欄は実物大になります。

1	（1）	（2）
2	個	
3	（1）　倍	（2）　倍
4	毎時　L	
	最初に等しくなるのは　分後	2回目に等しくなるのは　分後
5	才	
6	（1）　分	（2）　分
7	（1）　回	（2）　回
8	（1）　cm	（2）毎秒　. cm
	（3）ア は　秒，	イ は　秒

芝中学校(第2回)　2022年度

◇理科◇

※ 132%に拡大していただくと，解答欄は実物大になります。

1

(1)		(2)	(3)	(4)
A	B			

2

(1)	(2)	(3)	
		①	②
cm	cm	g	cm

(4)	(5)		(6)
	①	②	
cm	cm	cm	cm

3

(1)	(2)	(3)	(4)	(5)	(6)

4

(1)	(2)	(3)	(4)

(5)
① g
③ g
④ g

(5)の②

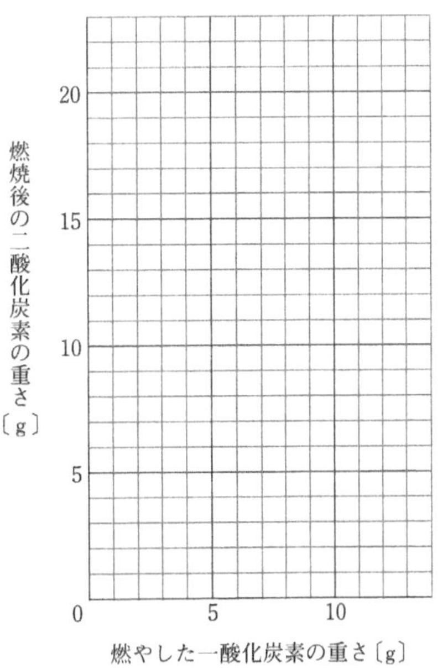

5

(1)	(2)	(3)	(4)		(5)	(6)
			ア	イ		

※ 135%に拡大していただくと，解答欄は実物大になります。

【1】

問1	あ	川
	い	川
	う	市
	え	川 丘陵
問2		
問3		
問4		
問5		現象
問6		
問7		
問8		
問9	さけ・ます	
	国名	

【2】

問1	
問2	
問3	
問4	
問5	
問6	の戦い
問7	
問8	
問9	
問10	

【3】

問1	X		
	Y		
問2			
問3			
問4			
問5	(1)		・
	(2)		
問6	(1)	アメリカ	
		日本	
	(2)		
問7			

【4】

問1		
問2		市
問3		
問4	(a)	安全とは　　　　　　であり、安心とは私たちの　　　　　　である。
	(b)	安全と安心は　　　　　なので、 　　　　　と考えている。

5　10　15　20

◇国語◇

芝中学校(第2回)　２０２２年度

※ １３９％に拡大していただくと、解答欄は実物大になります。

一

①

②

③

④

⑤

二

①

②

③

④

⑤

三

問一 (40)

問二 (60)

問三 (80)

問四 (80)

四

問一 (30)

問二 (30)

問三 (60)

問四 (100)

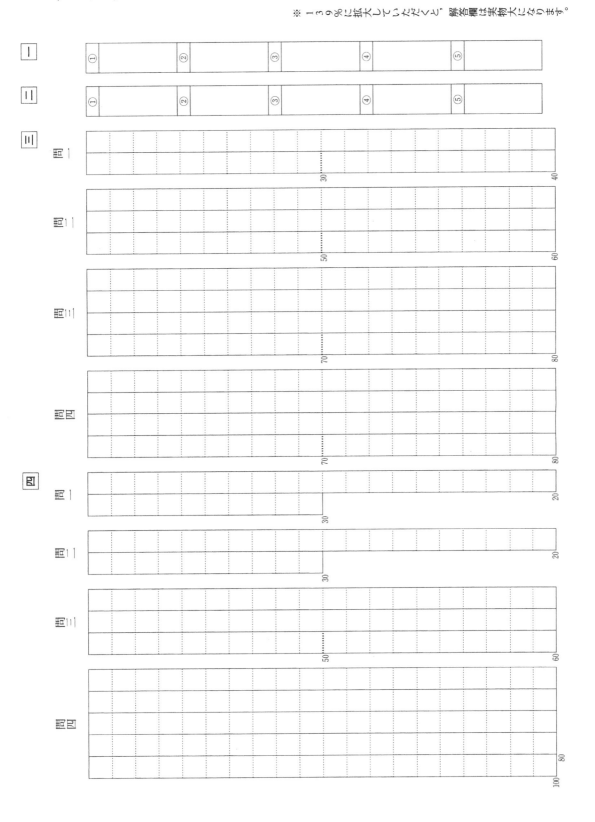

芝中学校(第1回)　2021年度

◇算数◇

※ 143%に拡大していただくと，解答欄は実物大になります。

1	(1)	(2)
2	g	
3	(1)	(2)
4	箱	
5	(1) cm^2	(2) cm^2
6	(1)	(2)
7	(1) 個	(2) 通り
8	(1) 人	(2) 人
9	(1) 分後	(2) 分間
10	(1) 倍　(2) 倍	(3) 倍

芝中学校(第1回)　2021年度　◇理科◇

※ 133％に拡大していただくと，解答欄は実物大になります。

1

(1)	(2)	(4)	(5)

(3)

2

(1) あ	(1) い	(1) う

(2)	(3)	(4)	(5)

(6) (i)	(6) (ii)

3

(1)	(2)	(3)	(4)
kg	m	kg 以下	kg 以下

(5)	(6)	(7)
kg	kg	m

4

(1)	(2)	(3)	(4) (あ)	(4) (え)	(5) 3番目	(5) 7番目	(5) 9番目

(6)	(7)
(あ) の地層のつぶの形の方が その理由は	

5

(1) A	(1) B	(2)	(3)	(4)	(5)	(6)	(7)
		g	g				

◇社会◇

※ 139%に拡大していただくと，解答欄は実物大になります。

【1】

問1		
問2	A	
	B	
問3		
問4		
問5		

問6	
問7	
問8	
問9	島
問10	
問11	

【2】

問1	
問2	県　島
問3	
問4	
問5	
問6	
問7	

問8	
問9	
問10	
問11	
問12	
問13	

【3】

問1	
問2	制度
問3	と
問4	
問5	法人

問6	
問7	
問8	マップ
問9	
問10	

【4】

問1	
問2	
問3	
問4	

5　10　15　20

◇国語◇

芝中学校(第1回)　２０２１年度

※１３７％に拡大していただくと，解答欄は実物大になります。

一

①

②

③

④

⑤

二

①

②

③

④

⑤

三

問一

20

30

問二

25

35

問三

20

30

問四

文明は本来、

90

100

四

問一

20

問二

35

45

問三

20

30

問四

60

70

芝中学校(第2回)　2021年度　　◇算数◇

※ 149％に拡大していただくと，解答欄は実物大になります。

1　(1)　　(2)

2　g

3　(1)　一の位の数　(2)　個

4　分　km

5　分間

6　(1)　cm　(2)　cm

7　(1)　通り　(2)　通り

8　cm

9　(1)　番目　(2)　番目

10　(1)　cm　(2)　秒後　(3)

(4)　①→②→　→　→　→　→　→　→　→

◇理科◇

※ 133％に拡大していただくと，解答欄は実物大になります。

1

(1)	(2)	(3)	(4)	(5)

2

(1)	(2)
類	

(3)

(4)	(5)	(6)	(7)

3

(1)	(2)	(3)	(4)
		倍	

(5)		(6)	(7)
①	②		
℃	g		倍

4

(1)	(2)	(3)	(4)	(5)	(6)	
					A	B

5

(1)	(2)	(3)	(4)	(5)	(6)	
					値	気体の種類

(7)	(8)
cm^3	cm^3

芝中学校（第2回）　2021年度

◇社会◇

※ 137％に拡大していただくと，解答欄は実物大になります。

【1】

問1	(1)	
	(2)	
	(3)	
問2		
問3		
問4		

問5	
問6	
問7	
問8	
問9	
問10	

【2】

問1	下線部1	記号	
		人物名	
	下線部3	記号	
		人物名	
問2			
問3			
問4			
問5			

問6	
問7	
問8	
問9	
問10	
問11	
問12	
問13	
問14	

【3】

問1		
問2	(1)	
	(2)	

問3	(1)	
	(2)	
	(3)	
	(4)	
	(5)	
問4		
問5		

【4】

問1	と、
問2	
問3	
問4	

5　10　15　20

◇国語◇

芝中学校（第２回）　２０２１年度

※１３９％に拡大していただくと、解答欄は実物大になります。

一

① ② ③ ④ ⑤

二

① ② ③ ④ ⑤

三

問一

問二

問三　禅の世界では、

問四

四

問一　と考えること。

問二　お兄さんの言葉が、

問三

問四

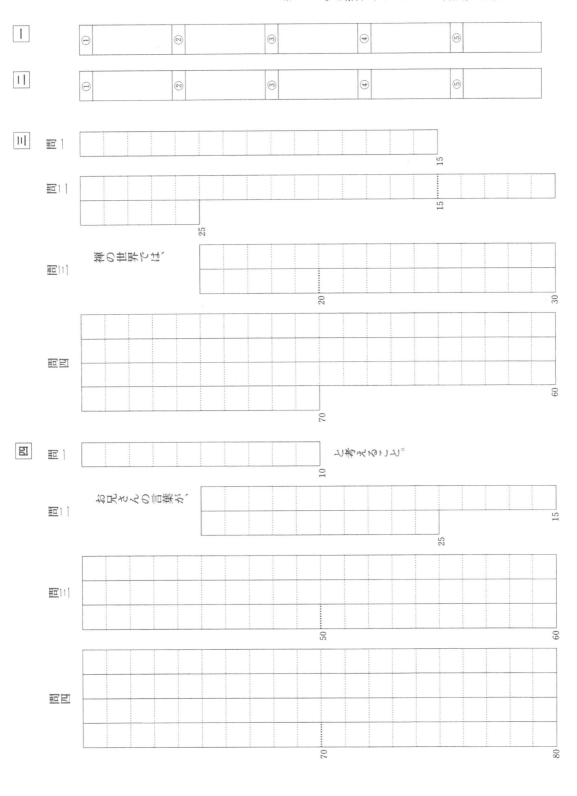

MEMO

大切なことはメモしておこうネ！

MEMO

大切なことはメモしておこうネ！

東京学参の

中学校別入試過去問題シリーズ

＊出版校は一部変更することがあります。一覧にない学校はお問い合わせください。

東京ラインナップ

あ　青山学院中等部(L04)
麻布中学(K01)
桜蔭中学(K02)
お茶の水女子大附属中学(K07)
か　海城中学(K09)
開成中学(M01)
学習院中等科(M03)
慶應義塾中等部(K04)
啓明学園中学(N29)
晃華学園中学(N13)
攻玉社中学(L11)
国学院大久我山中学
（一般・CC）(N22)
（ＳＴ）(N23)
駒場東邦中学(L01)
さ　芝中学(K16)
芝浦工業大附属中学(M06)
城北中学(M05)
女子学院中学(K03)
巣鴨中学(M02)
成蹊中学(N06)
成城中学(K28)
成城学園中学(L05)
青稜中学(K23)
創価中学(N14)★
た　玉川学園中学部(N17)
中央大附属中学(N08)
筑波大附属中学(K06)
筑波大附属駒場中学(L02)
帝京大中学(N16)
東海大菅生高中等部(N27)
東京学芸大附属竹早中学(K08)
東京都市大付属中学(L13)
桐朋中学(N03)
東洋英和女学院中学部(K15)
豊島岡女子学園中学(M12)
な　日本大第一中学(M14)
日本大第三中学(N19)
日本大第二中学(N10)
は　雙葉中学(K05)
法政大学中学(N11)
本郷中学(M08)
ま　武蔵中学(N01)
明治大付属中野中学(N05)
明治大付属八王子中学(N07)
明治大付属明治中学(K13)
ら　立教池袋中学(M04)
わ　和光中学(N21)
早稲田中学(K10)
早稲田実業学校中等部(K11)
早稲田大高等学院中学部(N12)

神奈川ラインナップ

あ　浅野中学(O04)
栄光学園中学(O06)
か　神奈川大附属中学(O08)
鎌倉女学院中学(O27)
関東学院六浦中学(O31)
慶應義塾湘南藤沢中等部(O07)
慶應義塾普通部(O01)
さ　相模女子大中学部(O32)
サレジオ学院中学(O17)
逗子開成中学(O22)
聖光学院中学(O11)
清泉女学院中学(O20)
洗足学園中学(O18)
捜真女学校中学部(O29)
た　桐蔭学園中等教育学校(O02)
東海大付属相模高中等部(O24)
桐光学園中学(O16)
な　日本大中学(O09)
は　フェリス女学院中学(O03)
法政大第二中学(O19)
や　山手学院中学(O15)
横浜隼人中学(O26)

千・埼・茨・他ラインナップ

あ　市川中学(P01)
浦和明の星女子中学(Q06)
か　海陽中等教育学校
（入試Ⅰ・Ⅱ）(T01)
（特別給費生選抜）(T02)
久留米大附設中学(Y04)
さ　栄東中学（東大・難関大）(Q09)
栄東中学（東大特待）(Q10)
狭山ヶ丘高校付属中学(Q01)
芝浦工業大柏中学(P14)
渋谷教育学園幕張中学(P09)
城北埼玉中学(Q07)
昭和学院秀英中学(P05)
清真学園中学(S01)
西南学院中学(Y02)
西武学園文理中学(Q03)
西武台新座中学(Q02)
専修大松戸中学(P13)
た　筑紫女学園中学(Y03)
千葉日本大第一中学(P07)
千葉明徳中学(P12)
東海大付属浦安高中等部(P06)
東邦大付属東邦中学(P08)
東洋大附属牛久中学(S02)
獨協埼玉中学(Q08)
な　長崎日本大中学(Y01)
成田高校付属中学(P15)
は　函館ラ・サール中学(X01)
日出学園中学(P03)
福岡大附属大濠中学(Y05)
北嶺中学(X03)
細田学園中学(Q04)
や　八千代松陰中学(P10)
ら　ラ・サール中学(Y07)
立命館慶祥中学(X02)
立教新座中学(Q05)
わ　早稲田佐賀中学(Y06)

公立中高一貫校ラインナップ

北海道　市立札幌開成中等教育学校(J22)
宮　城　宮城県仙台二華・古川黎明中学校(J17)
市立仙台青陵中等教育学校(J33)
山　形　県立東桜学館・致道館中学校(J27)
茨　城　茨城県立中学・中等教育学校(J09)
栃　木　県立宇都宮東・佐野・矢板東高校附属中学校(J11)
群　馬　県立中央・市立四ツ葉学園中等教育学校・
市立太田中学校(J10)
埼　玉　市立浦和中学校(J06)
県立伊奈学園中学校(J31)
さいたま市立大宮国際中等教育学校(J32)
川口市立高等学校附属中学校(J35)
千　葉　県立千葉・東葛飾中学校(J07)
市立稲毛国際中等教育学校(J25)
東　京　区立九段中等教育学校(J21)
都立大泉高等学校附属中学校(J28)
都立両国高等学校附属中学校(J01)
都立白鷗高等学校附属中学校(J02)
都立富士高等学校附属中学校(J03)
都立三鷹中等教育学校(J29)
都立南多摩中等教育学校(J30)
都立武蔵高等学校附属中学校(J04)
都立立川国際中等教育学校(J05)
都立小石川中等教育学校(J23)
都立桜修館中等教育学校(J24)
神奈川　川崎市立川崎高等学校附属中学校(J26)
県立平塚・相模原中等教育学校(J08)
横浜市立南高等学校附属中学校(J20)
横浜サイエンスフロンティア高校附属中学校(J34)
広　島　県立広島中学校(J16)
県立三次中学校(J37)
徳　島　県立城ノ内中等教育学校・富岡東・川島中学校(J18)
愛　媛　県立今治東・松山西中等教育学校(J19)
福　岡　福岡県立中学校・中等教育学校(J12)
佐　賀　県立香楠・致遠館・唐津東・武雄青陵中学校(J13)
宮　崎　県立五ヶ瀬中等教育学校・宮崎西・都城泉ヶ丘高校附属中学校(J15)
長　崎　県立長崎東・佐世保北・諫早高校附属中学校(J14)

公立中高一貫校「適性検査対策」問題集シリーズ

総合編　作文問題編　資料問題編　数と図形編　生活と科学編　実力確認テスト編

私立中・高スクールガイド

THE《ザ》私立

私立中学&高校の学校生活がわかる！

〈ダウンロードコンテンツについて〉

本問題集のダウンロードコンテンツ、弊社ホームページで配信しております。現在ご利用いただけるのは「2025年度受験用」に対応したもので、**2025年3月末日**までダウンロード可能です。弊社ホームページにアクセスの上、ご利用ください。
※配信期間が終了いたしますと、ご利用いただけませんのでご了承ください。

中学別入試過去問題シリーズ
芝中学校　2025年度
ISBN978-4-8141-3152-5

[発行所] 東京学参株式会社
〒153-0043　東京都目黒区東山2-6-4

書籍の内容についてのお問い合わせは右のQRコードから　⇒

※書籍の内容についてのお電話でのお問い合わせ、本書の内容を超えたご質問には対応できませんのでご了承ください。

2024年4月30日　初版